Der Bezugsrechtsausschluss beim genehmigten Kapital

Europäische Hochschulschriften
Publications Universitaires Européennes
European University Studies

Reihe II
Rechtswissenschaft

Série II Series II
Droit
Law

Bd./Vol. 4243

PETER LANG
Frankfurt am Main · Berlin · Bern · Bruxelles · New York · Oxford · Wien

Nina Böttger

Der Bezugsrechtsausschluss beim genehmigten Kapital

PETER LANG
Europäischer Verlag der Wissenschaften

Bibliografische Information Der Deutschen Bibliothek
Die Deutsche Bibliothek verzeichnet diese Publikation in der Deutschen Nationalbibliografie; detaillierte bibliografische Daten sind im Internet über <http://dnb.ddb.de> abrufbar.

Zugl.: Frankfurt (Main), Univ., Diss., 2005

D 30
ISSN 0531-7312
ISBN 3-631-53903-7

www.peterlang.de

Meinen Lieben

Vorwort

Die vorliegende Arbeit hat der Juristischen Fakultät der Johann Wolfgang Goethe-Universität Frankfurt im Sommersemester 2004 zur Annahme als Dissertation vorgelegen.

Für die Veröffentlichung der Arbeit wurde bis zum Frühjahr 2005 erschienene Rechtsprechung und Literatur eingearbeitet.

Zum Gelingen der Arbeit haben viele Menschen beigetragen – all ihnen gilt mein ganz herzlicher Dank.

An erster Stelle ist hier mein Doktorvater Professor Dr. Andreas Cahn zu nennen, der durch seine zahlreichen Anregungen und Hinweise wesentlich zum Erfolg dieser Arbeit beigetragen hat. Meinem Zweitgutachter, Herrn Professor Dr. Rehbinder, danke ich für die kurzfristige Erstellung seines Gutachtens.

Danken möchte ich auch all meinen Freunden, die mich während der gesamten Zeit unterstützt und ermutigt haben.

Schließlich gilt mein ganz besonderer Dank meiner lieben Familie, die mir die Anfertigung dieser Arbeit ermöglicht hat und auf deren Unterstützung ich in jeder Hinsicht und jederzeit zählen konnte.

Düsseldorf, im Juni 2005 *Nina Böttger*

Inhaltsverzeichnis

Abkürzungsverzeichnis

a.A. .... anderer Ansicht
Abs. .... Absatz
AcP .... Archiv für die civilistische Praxis
a.F. .... alter Fassung
AG .... Aktiengesellschaft
AktG .... Aktiengesetz
allgem. .... Allgemeine
Anm. .... Anmerkung
Art. .... Artikel
BaFin .... Bundesanstalt für Finanzdienstleistungsaufsicht
BB .... Der Betriebs-Berater
Begr. .... Begründung
BewG .... Bewertungsgesetz
BGB .... Bürgerliches Gesetzbuch
BGBl. .... Bundesgesetzblatt
BGH .... Bundesgerichtshof
BGHZ .... Entscheidungen des Bundesgerichtshofs in Zivilsachen
BT-Drucks .... Bundestags-Drucksache
BVerfG .... Bundesverfassungsgericht
BVerfGE .... Entscheidungen des Bundesverfassungsgerichts
bzw. .... beziehungsweise
ca. .... circa
DB .... Der Betrieb
ders. .... derselbe
d.h. .... das heißt
DStR .... Deutsches Steuerrecht
DZWir .... Deutsche Zeitschrift für Wirtschaftsrecht
EG .... Europäische Gemeinschaften
Einl. .... Einleitung
EuGH .... Europäischer Gerichtshof
EuZw .... Europäische Zeitschrift für Wirtschaftsrecht
EWiR .... Entscheidungen zum Wirtschaftsrecht
f. .... folgende
FAZ .... Frankfurter Allgemeine Zeitung
ff. .... fortfolgende
Fußn. .... Fußnote
gem. .... gemäß
GewStG .... Gewerbesteuergesetz
GKG .... Gerichtskostengesetz
GmbHG .... Gesetz betreffend die Gesellschaften mit beschränkter Haftung
GmbHR .... GmbH-Rundschau
GVG .... Gerichtsverfassungsgesetz

HGB	Handelsgesetzbuch
Hrsg.	Herausgeber
HS	Halbsatz
i.E.	im Ergebnis
i.R.d.	im Rahmen des (der)
i.S.d.	im Sinne des (der)
i.S.v.	im Sinne von
i.ü.	im übrigen
i.V.m.	in Verbindung mit
JR	Juristische Rundschau
JZ	Juristenzeitung
KonTraG	Gesetz zur Kontrolle und Transparenz im Unternehmensbereich
LG	Landgericht
LM	Nachschlagewerk des Bundesgerichtshofs, hrsg. von Lindenmaier, Möhring u.a.
m. Anm.	mit Anmerkung
Mio	Million (-en)
m.N.	mit Nachweisen
m.w.N.	mit weiteren Nachweisen
n.F.	neuer Fassung
NJW	Neue Juristische Wochenschrift
NJW-RR	NJW-Rechtsprechungs-Report Zivilrecht
Nr.	Nummer
NZG	Neue Zeitschrift für Gesellschaftsrecht
OLG	Oberlandesgericht
pVV	positive Vertragsverletzung
RegBegr	Regierungsbegründung
RegE	Regierungsentwurf
RG	Reichsgericht
RGZ	Entscheidungen des Reichsgerichts in Zivilsachen
RdA	Recht der Arbeit
Rdn.	Randnummer
S.	Seite
S.	Satz
sog.	sogenannte
StGB	Strafgesetzbuch
StückAG	Stückaktiengesetz
u.a.	unter anderem
UMAG	Gesetz zur Verbesserung der Unternehmensintegrität und Modernisierung des Anfechtungsrechts
UmwG	Umwandlungsgesetz
u.U.	unter Umständen
vgl.	vergleiche
WM	Wertpapier-Mitteilungen
WPg	Die Wirtschaftsprüfung
WP-Hdb	Handbuch der Wirtschaftsprüfung
WpHG	Wertpapierhandelsgesetz

WuB .... Entscheidungssammlung zum Wirtschafts- und Bankrecht
ZBB .... Zeitschrift für Bankrecht und Bankwirtschaft
ZfbF .... Schmalenbachs Zeitschrift für betriebswirtschaftliche Forschung
ZGR .... Zeitschrift für Unternehmens- und Gesellschaftsrecht
ZHR .... Zeitschrift für das gesamte Handels- und Wirtschaftsrecht
ZIP .... Zeitschrift für Wirtschaftsrecht
ZPO .... Zivilprozessordnung

Einleitung

Das Verfahren der genehmigten Kapitalerhöhung (§§ 202 ff. AktG) hat sich zum unverzichtbaren Normalfall einer Kapitalerhöhung entwickelt. Für die Unternehmensfinanzierung kommt dieser Kapitalerhöhungsart deswegen entscheidende Bedeutung zu, weil sie den Aktiengesellschaften die Möglichkeit bietet, das Grundkapital zu dem für sie günstigsten Zeitpunkt heraufzusetzen, ohne den schwerfälligen und kostspieligen Apparat einer Hauptversammlung in Gang setzen zu müssen. Die Unternehmen verfügen dadurch über die erforderliche finanzpolitische Flexibilität und Schnelligkeit, um jederzeitig auf die Kapitalmarktverhältnisse reagieren zu können[1].

Häufig kann das mit einer solchen Kapitalerhöhung verfolgte Ziel allerdings nur erreicht werden, wenn das in § 186 I AktG geregelte Bezugsrecht der Aktionäre gem. § 186 III, IV AktG ausgeschlossen wird.

Nach § 186 I 1 AktG steht den Aktionären bei einer Kapitalerhöhung gegen Einlagen ein Bezugsrecht auf die jungen Aktien zu. Bevor die Aktien an Dritte veräußert werden dürfen, müssen sie den Aktionären im Verhältnis ihrer Beteiligung zum Erwerb angeboten werden. Dieses Bezugsrecht gilt gem. § 203 I 1 AktG auch für das genehmigte Kapital. Es stellt sicher, dass die Aktionäre bei einer Kapitalerhöhung ihren Anteil an Stimmrechtsmacht und Vermögen pro rata erhalten können[2].

Da die technische Abwicklung von Kapitalmaßnahmen mit Bezugsrecht mehrere Wochen erfordert[3], steht es einer schnellen und flexiblen Unternehmensfinanzierung entgegen[4]. Das Bezugsrecht der Aktionäre verhindert zudem eine kostengünstige Unternehmensfinanzierung, da das Verfahren der Bezugsrechtsabwicklung einen sog. Sicherheitsabschlag bei dem Ausgabebetrag der neuen Aktien von dem aktuellen Börsenkurs verlangt[5]. Unter dem Aspekt „höchster Emissionskurse“ für die jungen Aktien gestaltet es sich „teuer“. Der AG geht

---

[1] Vgl. dazu *Lutter*, in: Kölner Kommentar zum AktG, Vorb. § 202, Rdn.1, 5; *Hefermehl/Bungeroth*, in: Geßler/Hefermehl/Eckardt/Kropff, Kommentar zum AktG, § 202, Rdn. 1 ff.; *Heinsius*, in: Festschrift Kellermann, S. 115 ff.; *Martens* ZIP 1992, 1671, 1681; *Aubel*, Der vereinfachte Bezugsrechtsausschluß, S. 8.

[2] *Lutter*, in: Kölner Kommentar zum AktG, § 186, Rdn. 7; *Wiedemann*, in: Großkommentar zum AktG, § 186, Rdn. 13, 56 ff.; *Hüffer*, AktG, § 186, Rdn. 2; *Hirte*, Bezugsrechtsausschluß und Konzernbildung, S. 7.

[3] Vgl. dazu die eingehenden Ausführungen von *Heinsius*, in: Festschrift Kellermann, S. 115, 124 f., der im Ergebnis einen Zeitraum von 51 Tagen im Fall des genehmigten Kapitals veranschlagt; ebenso *Timm* DB 1982, 211, 216; differenzierend *Ekkenga* AG 1994, 59 f.

[4] *Aubel*, Der vereinfachte Bezugsrechtsausschluß, S. 9.

[5] Vgl. dazu *Wellkamp*, Aktionärsschutz, S. 145; *Marsch-Barner* AG 1994, 532, wonach der Abschlag vom Börsenkurs im Regelfall bei 20-25 % liegt.

die Differenz zwischen dem Börsenkurs und dem eher vorsichtiger festgesetzten Emissionskurs „verloren“[6].
Unternehmen und Teile des Schrifttums[7] beklagen vor diesem Hintergrund die Schwerfälligkeit des Bezugsrechts und die Dauer seiner Abwicklung.

Eine Kapitalerhöhung ohne Bezugsrecht im Rahmen eines genehmigten Kapitals kann dagegen innerhalb weniger Tage abgewickelt werden[8]. Der Ausgabebetrag kann sich in diesem Fall am aktuellen Börsenkurs orientieren, so dass die AG eine optimale Kapitalschöpfung erzielen kann[9].
Ein Bezugsrechtsausschluss unterlag allerdings bislang Voraussetzungen, die über die vom Gesetzgeber in § 186 III, IV AktG vorgesehenen formellen Voraussetzungen weit hinausgingen. Dem Bezugsrecht wurde von der Rechtsprechung[10] sowie weiten Teilen der Literatur[11] solch überragende Bedeutung für den Schutz der Aktionäre zugesprochen, dass im Wege richterlicher Rechtsfortbildung eine sachliche Inhaltskontrolle für den Ausschluss des Bezugsrechts entwickelt wurde. Die Überprüfung des Bezugsrechtsausschlusses erfolgte dabei nach den Kriterien des Interesses der Gesellschaft am Ausschluss des Bezugsrechts, der Eignung und Erforderlichkeit des Bezugsrechtsausschlusses zur Erreichung eines im Gesellschaftsinteresse liegenden Zwecks sowie des Grundsatzes der Verhältnismäßigkeit und Angemessenheit der Kapitalmaßnahme[12].

---

[6] *Lutter* AG 1994, 429, 440; *Wellkamp*, Aktionärsschutz, S. 145; *Aubel*, Der vereinfachte Bezugsrechtsausschluß, S. 9; nach *Martens* ZIP 1992, 1677, 1688 entgeht der Gesellschaft bei einer Kapitalerhöhung mit Bezugsrecht der Aktionäre ein Emissionserlös, der ca. 15 % des am Börsenkurs bemessenen Werts der neuen Aktien entspricht.

[7] *Kübler* ZBB 1993, 1ff.; *Martens* ZIP 1992, 1677 ff.; *ders.* ZIP 1994, 669 ff.; *Heinsius*, in: Festschrift Kellermann, S. 115 ff.

[8] Der Gesellschaft könnte das neue Kapital im günstigsten Fall bereits zwei Tage nach der Beschlussfassung von Vorstand und Aufsichtsrat über die Ausnutzung des genehmigten Kapitals zur Verfügung stehen: vgl. dazu *Heinsius*, in Festschrift Kellermann, S. 115, 124 ff.; *Timm* DB 1982, 211, 216; *Seibert/Köster/Kiem*, Die kleine Aktiengesellschaft, Rdn. 193.

[9] Siehe dazu *Seibert/Köster/Kiem*, Die kleine Aktiengesellschaft, Rdn. 193 f.; *Korthals*, Kapitalerhöhung zu höchsten Kursen, S. 99 f.

[10] Grundlegend dazu BGHZ 71, 40, 44 („Kali & Salz"); BGHZ 83, 319, 321 („Holzmann").

[11] Vgl. eingehend dazu insbesondere *Hirte*, Bezugsrechtsausschluß und Konzernbildung, S. 31, der den Ausschluss des Bezugsrechts insoweit sogar als „Gesellschafterausschluss auf Raten" bezeichnet; *Schockenhoff*, Gesellschaftsinteresse und Gleichbehandlung beim Bezugsrechtsausschluß, S. 7; *Raiser*, Recht der Kapitalgesellschaften, S. 226 f.; *Lutter*, in: Kölner Kommentar zum AktG, § 186, Rdn. 7; *ders.* ZGR 1979, 401, 403.

[12] Siehe dazu die vom BGH in der „Kali & Salz"-Entscheidung (BGHZ 71, 40) und im „Holzmann"-Urteil (BGHZ 83, 319) entwickelten Grundsätze. Vgl. zur Entwicklung der formellen und materiellen Schranken eines Bezugsrechtsausschlusses auch eingehend *Hirte*, Bezugsrechtsausschluß und Konzernbildung, S. 11 ff.; *Heinsius*, in: Festschrift Kellermann, S. 115, 117 ff.; *Wiedemann*, in: Großkommentar zum AktG, § 186, Rdn. 134 ff. und *Bayer* ZHR 163 (1999), 505, 509 f.

Mit einem Ausschluss des Bezugsrechts kann der einzelne Aktionär in doppelter Weise beeinträchtigt werden. Einerseits sinkt der Anteil am Grundkapital, was stets einen Verlust an relativer Stimmrechtsmacht (vgl. § 134 I 1 AktG) zur Folge hat und zu einem Verlust von Minderheitsrechten (vgl. etwa §§ 93 IV 3, 122 I 1, 142 II, 147 I, 309 III AktG[13]) oder des steuerlichen Schachtelprivilegs (§ 102 BewG, § 9 Nr. 2 a GewStG) führen kann[14]. Andererseits kann der Aktionär insofern einen Vermögensverlust erleiden, als die Kapitalerhöhung eine Kursverwässerung mit sich bringen und der innere Wert der Beteiligung, „je nach den Ausgabebedingungen für die neuen Aktien", verwässert werden kann[15]. Ferner können sich Verschlechterungen bei der Gewinn- und Liquidationsverteilung (§§ 60 I, 271 II AktG) ergeben[16].

Die sachlichen Anforderungen an den Bezugsrechtsausschluss, die die Rechtsprechung in Anbetracht dieser Schutzfunktion des gesetzlichen Bezugsrechts entwickelt hatte, wurden im Fall des genehmigten Kapitals immer wieder zum Kritikpunkt in der Unternehmenspraxis. Obwohl die Ermächtigung zur bezugsrechtsfreien genehmigten Kapitalerhöhung u.U. erst lange nach ihrer Erteilung ausgenutzt werden sollte, bedurften bereits sowohl der Ausschluss des Bezugsrechts durch die Hauptversammlung (§ 203 I AktG i.V.m. § 186 III AktG) als auch die Ermächtigung des Vorstandes, das Bezugsrecht der Aktionäre auszuschließen (§ 203 II AktG), einer sachlichen Rechtfertigung nach den Grundsätzen, die der BGH in der „Kali&Salz"-Entscheidung[17] sowie im „Holzmann"-Urteil[18] angenommen hatte[19].

Die Rechtsprechung stellte dabei an die dem Vorstand nach §§ 186 IV 2, 203 I 1, II 2 AktG zum Zeitpunkt der Ermächtigung gegenüber der Hauptversammlung obliegenden Berichtspflicht Ansprüche, die kaum zu erfüllen waren[20]. Der Vorstand durfte sich bei der Berichterstattung nicht auf abstrakte Umschreibungen oder auf das Aufzählen theoretischer Möglichkeiten für die Verwendung des genehmigten Kapitals beschränken. Vielmehr musste er „im Rahmen des

---

[13] BGHZ 71, 40, 45.

[14] Vgl. dazu *Hüffer*, AktG, § 186, Rdn. 2; *Heinsius*, in: Festschrift Kellermann, S. 115, 118; *Aubel*, Der vereinfachte Bezugsrechtsausschluß, S. 17.

[15] BGHZ 71, 40, 45.

[16] Siehe dazu BGHZ 71, 40, 45; *Heinsius*, in: Festschrift Kellermann, S. 115, 118; *Schockenhoff*, Gesellschaftsinteresse und Gleichbehandlung beim Bezugsrechtsausschluß, S. 7 m.w.N.; *Hirte*, Bezugsrechtsausschluß und Konzernbildung, S. 8; *Lutter* ZGR 1979, 401, 403; *Hüffer*, AktG, § 186, Rdn. 2.

[17] BGHZ 71, 40.

[18] BGHZ 83, 319.

[19] Vgl. zu der Entwicklung der Rechtsprechung zu den materiellen Voraussetzungen eines Bezugsrechtsausschlusses unten, 1. Teil, § 1 A I.

[20] Grundlegend dazu etwa *Martens* ZIP 1992, 1677, 1681 f.; *Kimpler* DB 1994, 767 ff.; *Sethe* AG 1994, 342, 351 ff.; ebenso *Seibert/Köster/Kiem*, Die kleine Aktiengesellschaft, Rdn. 185 f. und *Heinsius*, in: Festschrift Kellermann, S. 115, 120; *ders.* ZGR 1984, 383, 386 f.

Möglichen und im Interesse der Gesellschaft Vertretbaren"[21] wenigstens so viele Tatsachen mit den dazu angestellten Überlegungen anführen, dass die Hauptversammlung die Erforderlichkeit des Bezugsrechtsausschlusses bzw. der Ermächtigung dazu sachgerecht beurteilen konnte. Vorratsermächtigungen zu bezugsrechtsfreien Kapitalerhöhungen, welche die Verwaltung nach ihrem Ermessen ausnutzen konnte, waren demnach nicht zulässig[22].
Die Kompetenzen der Hauptversammlung wurden dadurch zwar gestärkt. Dies hatte jedoch zur Folge, dass der Ermächtigungszeitraum nach § 202 II 1 AktG durch die Verwaltung praktisch nicht ausgeschöpft werden konnte. Konkrete Planungen erstrecken sich regelmäßig gerade nicht über derartig lange Zeiträume.
Die nur sehr vage Umschreibung der Berichtsanforderungen bedeutete zudem ein enormes Potential für die Anfechtung von Ermächtigungsbeschlüssen. Nicht selten brachten Kleinstaktionäre durch ihre auf ungenügende Information durch den Vorstand gestützten Klagen wichtige Kapitalerhöhungen mit Bezugsrechtsausschluss zu Fall[23]. Der Bezugsrechtsausschluss wurde mithin zu einem unkalkulierbaren Risiko für die Aktiengesellschaften[24].
Aus diesem Grund entwickelten Unternehmen pragmatische Gegenstrategien, wie etwa finanzielle Zuwendungen an die Kläger gegen Rücknahme der Klagen[25], die Einführung eines Vorab-Bezugsrechts als milderes Mittel[26], die Aufspaltung der Kapitalerhöhung in ein Kapital I mit Bezugsrecht und ein Kapital II ohne Bezugsrecht[27].

Dem Reiz zur Anfechtung konnte allerdings nicht wirkungsvoller begegnet werden, als durch eine Herabsetzung der Anforderungen an die Berichtspflichten des Vorstandes selbst. Dies hat der BGH durch Erlass des „Siemens/Nold"-

---

[21] BGHZ 83, 319, 327.

[22] BGHZ 83, 319, 325; vgl. dazu auch *Semler* BB 1983, 1566, 1568.

[23] Vgl. LG Frankfurt AG 1990, 551 ff. (Ausschluss des Bezugsrechts bei Wandel- und Gewinnschuldverschreibungen); OLG München ZIP 1991, 726 ff. (Ausschluss des Bezugsrechts für im Ausland zu plazierende Optionsschuldverschreibungen); OLG Frankfurt ZIP 1993, 509 ff.; LG München I WM 1996, 305, 307 f.; siehe dazu auch die Ausführungen von *Martens* ZIP 1992, 1677, 1678 f., 1688 ff.; *Schockenhoff* AG 1994, 45, 46 ff.; *Seibert/Köster/Kiem*, Die kleine Aktiengesellschaft, Rdn. 188; ebenso *Volhard* AG 1998, 397, 398, 403 m.w.N., der insbesondere auf die Gefahr rechtsmissbräuchlicher Klagen verweist („räuberische Aktionäre").

[24] *Martens* ZIP 1994, 669 spricht von einer „nahezu totalen Blockade jeglichen Bezugsrechtsausschlusses"; vgl. auch *Seibert/Köster/Kiem*, Die kleine Aktiengesellschaft, Rdn. 186.

[25] Beispiele: BGHZ 107, 296 („Kochs Adler"); BGH WM 1990, 2073 = ZIP 1990, 1560 („SEN").

[26] Vgl. zu den Einzelheiten dieses Modells eines Vorab-Bezugsrechts *Frey/Hirte* ZIP 1991, 697, 702 ff. mit Verweis in Fußn. 10 auf ein Beispiel aus der gesellschaftsrechtlichen Praxis (Hauptversammlung der Dresdner Bank AG im Jahre 1989).

[27] Vgl. dazu *Martens* ZIP 1992, 1677, 1694 f.; *Heinsius*, in: Festschrift Kellermann, S. 115 ff., 132 ff.

Urteils[28] vom 23.06.1997 mit der Aufgabe der strengen Berichtspflichten des Vorstandes getan. Der BGH hat mit dieser Entscheidung seine bisherige Rechtsprechung[29] zu den Berichtspflichten des Vorstandes bei Schaffung bezugsrechtsfreien genehmigten Kapitals explizit aufgegeben. Die Schranken einer Ermächtigung des Vorstandes zur Kapitalerhöhung mit Ausschluss des Bezugsrechts wurden auf diese Weise deutlich herabgesetzt.

Ziel der vorliegenden Arbeit ist die Analyse der mit dem Erlass des „Siemens/Nold“-Urteils eintretenden Rechtsprechungsänderung. Die Arbeit gliedert sich in drei Teile: die Liberalisierung des Bezugsrechtsausschlusses, die Pflichten des Vorstandes nach der „Siemens/Nold"-Rechtsprechung und die Kontrolle der Vorstandsentscheidung durch den Aufsichtsrat und die Aktionäre.
Zur Verdeutlichung der mit der neuen Rechtsprechung einhergehenden Liberalisierung des Bezugsrechtsausschlusses (1. Teil der Arbeit) werden zunächst die bisherige Rechtslage dargestellt und die sich daraus ergebende Problematik erörtert. Die ersten Schritte der Rechtsprechung und des Gesetzgebers im Rahmen der Liberalisierung des Bezugsrechtsausschlusses werden aufgezeigt. Dabei spielt die jeweilige Grundposition zum gesetzlichen Bezugsrecht und zum Bezugsrechtsausschluss – gesellschaftsrechtliche oder finanzierungsorientierte Betrachtungsweise – eine entscheidende Rolle (unten § 1).
Des weiteren werden die Grundsätze der „Siemens/Nold“-Entscheidung, deren Umsetzung, Reichweite und Auswirkungen erläutert (unten § 2). Vor allem stellt sich die Frage, ob die anerkannten und im Rahmen der Kapitalbeschaffung einer AG bislang durch die Gewährung eines Bezugsrechts geschützten Aktionärsinteressen auch im Rahmen der neuen Rechtsprechung hinreichend gewahrt werden.

Der 2. Teil der Arbeit widmet sich zunächst den formellen Pflichtenbindungen des Vorstandes im Vorfeld der Ermächtigung (unten § 1) sowie den Informationspflichten des Vorstandes unmittelbar vor Durchführung der Kapitalerhöhung mit Bezugsrechtsausschluss (unten § 2). Im Anschluss daran werden die materiellen Handlungsgrenzen des Vorstandes beim Gebrauchmachen von der Ermächtigung aufgezeigt und auf ihre Bedeutung für den Minderheitenschutz überprüft (unten § 3). Für den Minderheitenschutz ist insbesondere die Frage von entscheidender Relevanz, welche Auswirkungen das „Siemens/Nold“-Urteil auf das Erfordernis sachlicher Rechtfertigung des Bezugsrechtsausschlusses hat. Überdies bedürfen die Pflichten des Vorstandes bei der Ausgabe der neuen Aktien im Hinblick auf die Festsetzung des Ausgabepreises, die Aktienzuteilung und die Auswahl der Zeichner einer näheren Untersuchung (unten § 4).

---

[28] BGHZ 136, 133 = NJW 1997, 2815 = AG 1997, 165 = WM 1997, 1704 = ZIP 1997, 1499 = JZ 1998, 47 m. Bespr. v. *Lutter* JZ 1998, 50 ff. = EWiR 1997, § 203 AktG 1.97, 1013 (*Hirte*) = WuB II A. § 186 AktG 3.97 (*Heinsius*) = LM AktG § 186 Nr. 9 (*Schwark*).
[29] BGHZ 83, 319.

Der 3. Teil der Arbeit behandelt die Kontrolle der Vorstandsentscheidung über den Einsatz des bezugsrechtsfreien genehmigten Kapitals. Der Zustimmungsvorbehalt des Aufsichtsrats gem. § 204 I 2 AktG wird erörtert (unten § 1) und die direkte Kontrolle des Verwaltungshandelns durch die Aktionäre wird überprüft (unten § 2). Einerseits ist zu klären, ob die nachträgliche Kontrolle der Vorstandsentscheidung nach „Siemens/Nold"[30] in Form einer möglichen Entlastungsverweigerung und einer Vorstandshaftung nach § 93 II AktG einen gleichwertigen Ersatz für eine Kontrolle des Ermächtigungsbeschlusses im Wege des Anfechtungsverfahrens darstellt (unten § 2 B). Andererseits stellt sich die Frage, ob die Möglichkeit einer Überprüfung der Vorstandsentscheidung in Gestalt der Aktionärsklage (unten § 2 C) den Wegfall einer präventiven Kontrolle des Ermächtigungsbeschlusses ausgleichen kann.
Da bislang noch kein Fall bekannt wurde, in dem ein Aktionär gegen die (drohende) rechtswidrige Ausnutzung der Ermächtigung durch den Vorstand gerichtlich vorgegangen ist[31] und der BGH bisher noch nicht über die Form der Kontrolle im zweiten Abschnitt der genehmigten Kapitalerhöhung zu entscheiden hatte[32], ist ein Schwerpunkt der vorliegenden Arbeit, die einzelnen Rechtsschutzmöglichkeiten der Aktionäre in diesem zweiten Verfahrensabschnitt herauszustellen und ihre Effektivität zu prüfen (unten § 2 D). Zum Schluss werden die haftungsrechtlichen Risiken von Pflichtverletzungen der Verwaltungsmitglieder bei Ausnutzung der Ermächtigung zur Kapitalerhöhung unter Ausschluss des Bezugsrechts der Altaktionäre analysiert (unten § 2 E und F).

---

[30] BGHZ 136, 133, 140 f.

[31] Vgl. allerdings zur Durchsetzung einer ergänzenden Berichtspflicht im einstweiligen Verfügungsverfahren („Commerzbank"-Verfahren): LG Frankfurt WM 2000, 2159 f.; OLG Frankfurt AG 2000, 268 f. Siehe zur Berufung im Hauptsacheverfahren: OLG Frankfurt ZIP 2003, 902 ff.

[32] In der „Holzmann"-Entscheidung (BGHZ 83, 319, 327) hat der BGH die Frage gerichtlicher Kontrolle des Vorstandshandelns ausdrücklich offengelassen.

1. Teil: Die Liberalisierung des Bezugsrechtsausschlusses im Fall des genehmigten Kapitals

Vor Erlass des „Siemens/Nold“-Urteils[33] am 23.06.1997 stellte die Rechtsprechung Anforderungen an die Information der Hauptversammlung bei Beschlüssen über einen Bezugsrechtsausschluss beim genehmigten Kapital und über die Ermächtigung des Vorstandes zu einer solchen Maßnahme, welche die Unternehmen regelmäßig nicht erfüllen konnten[34].
Die Liberalisierung des Bezugsrechtsausschlusses im Fall des genehmigten Kapitals beruht nach der Rechtsprechungsänderung des BGH im „Siemens/Nold”-Verfahren auf der Herabsetzung der Berichtspflichten des Vorstandes gegenüber der Hauptversammlung gem. §§ 186 IV 2, 203 I 1, II 2 AktG. Ob der BGH mit seiner neuen Rechtsprechung auch die Voraussetzungen an die sachliche Rechtfertigung des Bezugsrechtsausschlusses bei Schaffung von genehmigtem Kapital abgeschwächt hat, ist dagegen unklar[35].

Im folgenden werden zunächst die bislang geltenden Berichtsanforderungen dargestellt und einer kritischen Betrachtung unterzogen. Da die Berichtspflichten des Vorstandes vor dem Hintergrund der materiellen Zulässigkeitsvoraussetzungen eines Bezugsrechtsausschlusses gesehen werden müssen[36], ist zudem die Entwicklung der Rechtsprechung hinsichtlich der sachlichen Rechtfertigung eines Bezugsrechtsauschlusses aufzuzeigen.

§ 1 Die Berichtspflichten des Vorstandes beim genehmigten Kapital in Rechtsprechung und Schrifttum

Die Ansichten zu den Berichtspflichten des Vorstandes gegenüber der Hauptversammlung bei der Schaffung genehmigten Kapitals werden entscheidend durch die jeweilige Grundposition zum gesetzlichen Bezugsrecht gem. § 186 I 1 AktG und zum Bezugsrechtsausschluss gem. § 186 III, IV AktG bestimmt. Es existieren im wesentlichen zwei Theorien. Die erste wird von der Rechtsprechung[37] und weiten Teilen des Schrifttums[38] vertreten (sog. Lehre von der sach-

---

[33] BGHZ 136, 133.

[34] Siehe dazu bereits die Quellenangaben in Fußn. 20.

[35] Diese Frage bedarf einer eingehenden Eröterung im Rahmen der Handlungsgrenzen des Vorstandes beim Gebrauchmachen von der Ermächtigung (Formel vom „wohlverstandenen“ Gesellschaftsinteresse), vgl. unten, 2. Teil, § 3 C.

[36] So zutreffend etwa *Schockenhoff* AG 1994, 45, 54.

[37] BGHZ 71, 40 („Kali & Salz”); BGHZ 83, 322 („Holzmann”) sowie BGHZ 125, 239 („Deutsche Bank”).

[38] Vgl. eingehend *Lutter*, in: Kölner Kommentar zum AktG, § 186, Rdn. 7 ff.; *ders.* ZGR 1979, 401, 403; *Hefermehl/Bungeroth*, in: Geßler/Hefermehl/Eckardt/Kropff, Kommentar zum AktG, § 186, Rdn. 83 ff.; *Wiedemann*, in: Großkommentar zum AktG, § 186, Rdn. 13, 56 ff., 134 ff.

lichen Rechtfertigung - „gesellschaftsrechtliche Betrachtungsweise"). Die zweite ist in jüngerer Zeit von der Literatur entwickelt[39] und vom Gesetzgeber im Rahmen der letzten Aktienrechtsnovelle übernommen worden[40] („finanzierungsorientierte Betrachtungsweise")[41]. Während nach der Lehre von der sachlichen Rechtfertigung das Recht zum Bezug neuer Aktien bei einer Kapitalerhöhung ein grundlegendes Recht von überragender Bedeutung für den Schutz der Altaktionäre darstellt, relativieren die Vertreter der finanzierungsorientierten Betrachtungsweise die wirtschaftliche Bedeutung und Funktion des Aktienbezugsrechts erheblich und stellen die Flexibilität der Unternehmensfinanzierung stärker in den Vordergrund.

A. Die Lehre von der sachlichen Rechtfertigung - gesellschaftsrechtliche Betrachtungsweise

Der Lehre von der sachlichen Rechtfertigung des Bezugsrechtsausschlusses liegt der Gedanke zugrunde, dass mit Ausschluss des Bezugsrechts gem. § 186 III, IV AktG den Aktionären der Gesellschaft im Hinblick auf den Wert ihrer Beteiligung in mitgliedschaftlicher sowie in vermögensrechtlicher Hinsicht erhebliche Gefahren drohen[42]. Aus diesem Grund soll das Interesse der Gesellschaft an einer schnellen und flexiblen Unternehmensfinanzierung hinter das Interesse der Aktionäre am Bezug neuer Aktien gem. § 186 I 1 AktG zurücktreten[43].

Zum Schutz der Minderheitsaktionäre muss danach jeder Bezugsrechtsausschluss zusätzlich zu den formellen Voraussetzungen gem. § 186 III, IV AktG - wie etwa dem Erfordernis einer qualifizierten Beschlussmehrheit nach § 186 III 2, 3 AktG - auch die folgenden materiellen Anforderungen erfüllen, die in der Rechtsprechung entwickelt worden sind[44].

---

[39] Vgl. dazu grundlegend *Kübler* ZBB 1993, 1 ff.; *Kübler/Mendelson/Mundheim* AG 1990, 461, 474 f.; *Martens* ZIP 1992, 1677, 1691; *Heinsius*, in: Festschrift Kellermann, S. 115, 128 f.

[40] Siehe *Seibert/Köster/Kiem*, Die kleine Aktiengesellschaft, Rdn. 189 ff.

[41] So ähnlich *Schwark*, in: Festschrift Claussen, S. 357, 361; *Aubel*, Der vereinfachte Bezugsrechtsausschluß, S. 20 f.

[42] Siehe dazu bereits die Ausführungen in der Einleitung und insbesondere BGHZ 71, 40, 45 sowie etwa *Lutter*, in: Kölner Kommentar zum AktG, § 186, Rdn. 7; *ders.* ZGR 1979, 401, 403; *Hüffer*, AktG, § 186, Rdn. 2; *Hirte*, Bezugsrechtsausschluß und Konzernbildung, S. 8; *Schockenhoff*, Gesellschaftsinteresse und Gleichbehandlung beim Bezugsrechtsausschluß, S. 7 m.w.N.

[43] *Lutter*, in: Kölner Kommentar zum AktG, § 186, Rdn. 76.

[44] Vgl. dazu grundlegend für die Kapitalerhöhung gegen Bareinlage: BGHZ 71, 40, 44 f.; zur Übertragung dieser Grundsätze auf die Schaffung eines genehmigten Kapitals: BGHZ 83, 319, 321; siehe in der Literatur etwa *Wiedemann*, in: Großkommentar zum AktG, § 186, Rdn. 134 ff.; *Hüffer*, AktG, § 186, Rdn. 25 ff.; *Lutter*, in: Kölner Kommentar zum AktG,

I. Die Entwicklung der Rechtsprechung hinsichtlich der materiellen Voraussetzungen eines Bezugsrechtsausschlusses

Nach der Rechtsprechung des RG stand der Ausschluss der Bezugsrechte allein im Ermessen der Hauptversammlung. Er war nur begrenzt durch das Verbot sittenwidriger Rechtsgeschäfte (§ 138 I BGB) und das Verbot der Verschaffung von Sondervorteilen (§ 243 II AktG)[45]. Erst mit Erlass des „Victoria"-Urteils[46] des RG begann die Rechtsprechung weitergehende materielle Anforderungen an die sachliche Rechtfertigung eines Bezugsrechtsausschlusses zu stellen[47].
In der Rechtsprechung des BGH markierten bisher zwei bedeutende Grundsatzurteile den Weg der richterlichen Rechtsfortbildung:
Nach dem „Kali&Salz"-Urteil[48] war ein Ausschluss des Bezugsrechts nur dann zulässig, wenn er zur Erreichung eines im Gesellschaftsinteresse liegenden Zwecks geeignet und erforderlich war und der für die Gesellschaft dadurch erzielbare Nutzen in einem angemessenen Verhältnis zu den für die Aktionäre mit ihm verbundenen Nachteil stand. Der Bezugsrechtsausschluss musste unter Berücksichtigung der Folgen für die ausgeschlossenen Aktionäre durch sachliche Gründe im Gesellschaftsinteresse gerechtfertigt sein. Dies schloss eine Abwägung der Interessen und der Verhältnismäßigkeit von Mittel und Zweck ein.
Noch einen Schritt weiter ging der BGH in der „Holzmann"-Entscheidung[49]. Die entwickelten Grundsätze für die sachliche Rechtfertigung eines Bezugsrechtsausschlusses sowie die im folgenden Abschnitt näher zu erörternden Berichtspflichten des Vorstandes gem. § 186 IV 2 AktG wurden hier auf Ermächtigungsbeschlüsse im Rahmen des genehmigten Kapitals erstreckt[50]. Der Bezugsrechtsausschluss musste danach das angemessene und am besten geeignete Mittel zur Verfolgung überwiegender Gesellschaftsinteressen sein[51]. Die Hauptversammlung musste die erforderliche Interessenabwägung bereits im Zeitpunkt

---

§ 186, Rdn. 58 ff.; *ders.* ZGR 1979, 401, 402 ff.; *Hirte*, Bezugsrechtsausschluß und Konzernbildung, S. 11 ff.

[45] RGZ 68, 235, 243 ff. („Hibernia"); vgl. dazu *Hüffer*, AktG, § 186, Rdn. 25 m.w.N.; *Lutter* ZGR 1979, 401, 402.

[46] RGZ 132, 149, 163 („Victoria").

[47] Vgl. dazu *Schockenhoff* AG 1994, 45; *Kindler* ZGR 1998, 35, 38.

[48] BGHZ 71, 40, 44 f.; vgl. dazu *Martens*, in: Festschrift Fischer, S. 437, 442 ff.; *Lutter* ZGR 1979, 401 ff.; *Hüffer*, AktG, § 186, Rdn. 25.

[49] BGHZ 83, 319 ff.

[50] Vgl. dazu *Semler* BB 1983, 1566, 1568; *Heinsius* ZGR 1984, 383, 386 f.; *ders.*, in: Festschrift Kellermann, S. 115, 120; *Kindler* ZGR 1998, 35, 39; insgesamt zur instanzgerichtlichen Judikatur vgl. die Nachweise bei *Schockenhoff* AG 1994, 45, 46 f. (Fußn. 22 ff.) und *Martens* ZIP 1992, 1677 (Fußn. 1).

[51] BGHZ 83, 319, 321 unter Hinweis auf BGHZ 21, 354, 357, wo diese Anforderungen allerdings nicht so detailliert formuliert worden sind.

der Ermächtigung des Vorstandes zur Kapitalerhöhung unter Ausschluss des Bezugsrechts der Aktionäre vornehmen[52].
Obwohl der BGH in den angeführten Entscheidungen jeweils unterschiedliche Aspekte der sachlichen Rechtfertigung hervorhob, war insofern keine sachliche Abweichung bezweckt, wie die Verweisung der späteren Urteile des BGH[53] auf die beiden Entscheidungen belegt.

Das Schrifttum[54] fasste die von der Rechtsprechung entwickelten materiellen Rechtfertigungsvoraussetzungen meist dahingehend zusammen, dass der Bezugsrechtsausschluss zur Förderung der Gesellschaftsinteressen geeignet, erforderlich und unter Berücksichtigung des damit verbundenen Eingriffs in die Aktionärsinteressen verhältnismäßig sein muss.

II. Die Berichtspflichten des Vorstandes nach der Lehre von der sachlichen Rechtfertigung

Die Vertreter der Lehre von der sachlichen Rechtfertigung bestimmten die Anforderungen an Inhalt und Umfang des Vorstandsberichts beim genehmigten Kapital gem. §§ 186 IV 2, 203 I 1, II 2 AktG mit Blick auf die von der Rechtsprechung entwickelten materiellen Zulässigkeitsvoraussetzungen eines Bezugsrechtsausschlusses[55]. Dabei räumten sie der Berichtspflicht des Vorstandes einen zentralen Stellenwert für den Aktionärsschutz ein[56].
Der Vorstandsbericht sollte der Hauptversammlung eine sachgerechte Entscheidung über die vom Vorstand geplante Kapitalmaßnahme ermöglichen. Er sollte die zur Beschlussfassung berufenen Aktionäre „zuverlässig in die Lage versetzen, die Interessen der Gesellschaft an einer Kapitalerhöhung mit Bezugsrechtsausschluss gegenüber anderen Alternativen zu bewerten, die Nachteile für die ausgeschlossenen Aktionäre zu erkennen und beides gegeneinander abzuwägen"[57]. Dieser Berichtszweck bestimmte den Berichtsinhalt. Der Vorstands-

[52] Siehe *Heinsius*, in: Festschrift Kellermann, S. 115, 120.
[53] BGHZ 120, 141, 145; BGHZ 125, 239, 241.
[54] Vgl. etwa *Hefermehl/Bungeroth*, in: Geßler/Hefermehl/Eckardt/Kropff, Kommentar zum AktG, § 186, Rdn. 104 ff., § 203, Rdn. 18 ff.; *Hüffer*, AktG, § 186, Rdn. 25 ff., § 203, Rdn. 11, 27; *Lutter*, in: Kölner Kommentar zum AktG, § 186, Rdn. 61 ff., § 203, Rdn. 11; *ders.* ZGR 1979, 401, 403; *Seibert/Köster/Kiem*, Die kleine Aktiengesellschaft, Rdn. 183; eingehend zur Entwicklung der Sachkontrolle und zum Meinungsstand: *Kreß*, Gerichtliche Beschlußkontrolle im Kapitalgesellschaftsrecht, S. 17 ff.
[55] Siehe *Schockenhoff* AG 1994, 45, 54 f.
[56] Vgl. eingehend zum Vorstandsbericht: *Hüffer*, AktG, § 186, Rdn. 23 f., § 203, Rdn. 25 f.; *Hefermehl/Bungeroth*, in: Geßler/Hefermehl/Eckardt/Kropff, Kommentar zum AktG, § 186, Rdn. 97 ff., § 203, Rdn. 24 ff.; *Lutter*, in: Kölner Kommentar zum AktG, § 186, Rdn. 56 ff., § 203, Rdn. 14 ff.
[57] BGHZ 83, 319, 326.

bericht bildete die Grundlage für eine gerichtliche Überprüfung des Hauptversammlungsbeschlusses im Anfechtungsprozess[58].
Im Fall der genehmigten Kapitalerhöhung unter Ausschluss des Bezugsrechts der Aktionäre war insbesondere das Erfordernis konkreter Angaben über den Verwendungszweck des genehmigten Kapitals bei der Darlegung der Gründe des Bezugsrechtsausschlusses von entscheidender Bedeutung. Hiernach musste der Vorstand bereits im Zeitpunkt des Hauptversammlungsbeschlusses konkrete Anhaltspunkte dafür darlegen, dass er während der Dauer seiner Ermächtigung im Gesellschaftsinteresse genötigt sein könnte, die Kapitalerhöhung mit einem Bezugsrechtsausschluss durchzuführen, und dass dies auch im Hinblick auf die Rechte der betroffenen Aktionäre gerechtfertigt wäre[59]. Der Vorstand durfte den Bericht nicht auf abstrakte Umschreibungen oder auf das Aufzählen theoretischer Möglichkeiten reduzieren. Vielmehr musste er „im Rahmen des Möglichen und im Interesse der Gesellschaft Vertretbaren" wenigstens so viele Tatsachen mit den dazu angestellten Überlegungen anführen, dass sich die Aktionäre ein Bild von der Stichhaltigkeit des Strebens nach einer Ermächtigung gem. § 203 II AktG machen konnten[60].
Danach war es nicht zulässig, die Ermächtigung des Vorstandes, ohne jeden konkreten Anlass und ohne sorgfältige sachliche Prüfung, gewissermaßen „auf Vorrat" mit einem Beschluss nach § 202 II AktG zu verbinden, von der die Verwaltung nach ihrem Ermessen Gebrauch machen konnte. Als Begründung hierfür führte der BGH aus, dass andernfalls die gebotene Interessenabwägung beim Ausschluss des Bezugsrechts ohne aktuellen triftigen Grund vollständig auf die Verwaltung verlagert werde, dies der Tragweite einer solchen Entscheidung nicht gerecht werde und den Aktionären die Möglichkeit erschweren könnte, berechtigte sachliche Einwendungen gegen den Bezugsrechtsausschluss vorzubringen[61]. Die Rechtsprechung basierte insoweit auf der Vorstellung, die Verwaltung könne im Bedarfsfall, wenn also konkreter Anlass zur Vornahme einer bezugsrechtsfreien Kapitalerhöhung besteht, rechtzeitig wieder eine Hauptversammlung einberufen, die über eine Kapitalerhöhung mit Bezugsrechtsausschluss oder einer Ermächtigung dazu beschließt[62].

Die Untergerichte konkretisierten die vom BGH entwickelten strengen Berichtsanforderungen in zahlreichen Einzelfällen dahin, dass der Vorstand gegenüber der Hauptversammlung den Ablauf der geplanten Finanzierungsmaß-

---

[58] BGHZ 83, 319, 326; OLG Celle AG 2002, 292 f.; siehe auch *Hüffer*, AktG, § 186, Rdn. 23 f.; *Hefermehl/Bungeroth*, in: Geßler/Hefermehl/Eckardt/Kropff, Kommentar zum AktG, § 186, Rdn. 152; *Lutter* ZGR 1979, 401, 415; *Schockenhoff* AG 1994, 45, 54.
[59] BGHZ 83, 319, 325.
[60] BGHZ 83, 319, 327.
[61] BGHZ 83, 319, 322.
[62] So BGHZ 83, 319, 325.

nahme in allen Einzelheiten konkret darzulegen habe[63]. Der Vorstand konnte dabei einen unzureichender Vorstandsbericht auch nicht durch nachgeschobene Erläuterungen im Verlaufe der Hauptversammlung heilen[64].

Umstritten ist die Frage, ob zum Schutz der Aktionäre noch unmittelbar vor der Ausnutzung der Ermächtigung ein zusätzlicher Bericht des Vorstandes erforderlich ist[65]. Teile des Schrifttums[66] fordern eine solche ergänzende Berichtspflicht. Das OLG Frankfurt[67] hat dagegen eine zusätzliche Berichtspflicht des Vorstandes abgelehnt. Im übrigen hat die Rechtsprechung dazu bislang noch keine Stellung bezogen. Nach der bisherigen Rechtsprechung war ein ergänzender Bericht des Vorstandes auch nicht von Bedeutung, da der Vorstand bereits bei Beschlussfassung der Hauptversammlung einen konkreten Bericht erstatten musste. In der „Holzmann"-Entscheidung[68] ließ der BGH die Frage bewusst offen, weil die geplante Kapitalmaßnahme bereits an einem Verstoß gegen die dem Vorstand im Vorfeld des Hauptversammlungsbeschlusses obliegenden Berichtspflichten scheiterte. Auch im Anschluss an die „Holzmann"-Entscheidung ergab sich für den BGH keine Möglichkeit, zu dem Erfordernis einer zusätzlichen Berichterstattung des Vorstandes Stellung zu nehmen.

III. Problemstellung

Nach der „Holzmann"-Doktrin[69] musste der Vorstand „im Rahmen des Möglichen und im Interesse der Gesellschaft Vertretbaren" wenigstens so viele Tatsachen mit den dazu angestellten Überlegungen anführen, dass die Hauptver-

---

[63] Vgl. dazu beispielhaft die Entscheidung des OLG Frankfurt ZIP 1993, 509 m. Anm. *Martens* ZIP 1993, 512 f. nach der eine deutsche Großbank verpflichtet sein soll, Umfang und Reihenfolge der für die nächsten fünf Jahre vorgesehenen Auslandsplazierungen bereits im Voraus minutiös darzulegen.

[64] Siehe dazu LG Frankfurt AG 1990, 551 f.; OLG München ZIP 1991, 726, 728 f.; jüngst OLG Celle AG 2002, 292 f.; vgl. auch *Wiedemann*, in: Großkommentar zum AktG, § 186, Rdn. 122 m.w.N.; *Lutter* ZGR 1979, 401, 410 ff.; *ders.* WuB II A. § 221 AktG 1.91, S. 141; *Hirte*, Bezugsrechtsausschluß und Konzernbildung, S. 228; *Seibert/Köster/Kiem*, Die kleine Aktiengesellschaft, Rdn. 195; ähnlich *Hefermehl/Bungeroth*, in: Geßler/Hefermehl/Eckardt/Kropff, Kommentar zum AktG, § 186, Rdn. 101, der seinen Standpunkt allerdings auf die Heilung schwerwiegender Mängel begrenzt. Kritisch dagegen etwa *Sethe* AG 1994, 342, 356 ff.; *Martens* ZIP 1992, 1677, 1684 ff.

[65] Vgl. eingehend dazu die Ausführungen im 2. Teil, unter § 2 A (I-V).

[66] So etwa *Lutter*, in: Kölner Kommentar zum AktG, § 203, Rdn. 30 ff., 42, § 204, Rdn. 21; *ders.* BB 1981, 861, 863 f.; *Timm* DB 1982, 211, 214 ff.; *Hirte*, Bezugsrechtsausschluß und Konzernbildung, S. 120 ff.

[67] OLG Frankfurt ZIP 2003, 902, 905 im Hauptsacheverfahren; dagegen offenlassend LG Frankfurt WM 2000, 2159 f.; OLG Frankfurt AG 2000, 268 im einstweiligen Verfügungsverfahren.

[68] BGHZ 83, 319, 327.

[69] BGHZ 83, 319, 327.

sammlung die Erforderlichkeit des Bezugsrechtsausschlusses bzw. der Ermächtigung dazu sachgerecht beurteilen konnte. Diese Formel wies ein spürbares Risikopotential für die Praxis auf. Denn der BGH statuierte damit Voraussetzungen an die inhaltliche Darstellung der die sachlichen Gründe eines Bezugsrechtsausschlusses dokumentierenden Berichtsgründe, die viel zu unbestimmt waren[70].

Die Unternehmen konnten zudem die Anforderungen an den Vorstandsbericht gem. §§ 186 IV 2, 203 I 1, II 2 AktG im Regelfall nicht erfüllen[71], weil die Rechtsprechung von ihnen eine viel zu frühzeitige Festlegung der Geschäftsstrategie auf Einzelentscheidungen forderte. Da das genehmigte Kapital für bis zu fünf Jahre im Voraus bereitgestellt werden kann, ist der Gegenstand des „Ermächtigungsberichts" nach §§ 186 IV 2, 203 I 1, II 2 AktG im Gegensatz zu dem des „Ausschlussberichts" nach § 186 IV 2 AktG ein zukünftiges Ereignis, welches per se ungewiss und aus diesem Grunde zum Zeitpunkt der Beschlussfassung von den Unternehmen nur in groben Umrissen dargestellt werden konnte, in den Einzelheiten jedoch zwangsläufig offen bleiben musste[72]. Dies erkannte auch bereits der Gesetzgeber. In der Begründung zum Regierungsentwurf zum AktG 1965 heißt es: „Da beim genehmigten Kapital die Kapitalerhöhung erst in der Zukunft... durchgeführt wird und sich die wirtschaftlichen Verhältnisse in der Zwischenzeit ändern können, ermöglicht der Entwurf eine den wirtschaftlichen Gegebenheiten angepasste Entscheidung über das Bezugsrecht dadurch, dass er der Hauptversammlung das Recht einräumt, dem Vorstand die Entscheidung über das Bezugsrecht zu überlassen..."[73]

Die Unternehmen konnten konkrete Gründe für die Vornahme eines Bezugsrechtsausschlusses nur dann anführen, wenn sie bewusst auf die mit der Schaffung genehmigten Kapitals verbundene Flexibilität verzichteten. Nicht zuletzt konnte die Bekanntgabe von Einzelheiten aus den beabsichtigten Finanzierungsvorgängen bedeutende Unternehmensstrategien für Konkurrenzunternehmen vorzeitig durchschaubar machen.

Die vom BGH vertretene Gleichstellung des „Ermächtigungsberichts" nach §§ 186 IV 2, 203 I 1, II 2 AktG einerseits und des „Ausschlussberichts" nach § 186 IV 2 AktG andererseits[74] bedingte damit eine zu extensive Berichtspflicht des Vorstandes beim genehmigten Kapital[75].

---

[70] Kritisch dazu etwa *Martens*, in: Festschrift Steindorff, S. 151, 152 ff.

[71] Vgl. dazu die von *Heinsius*, in: Festschrift Kellermann, S. 115, 132 veröffentlichten Berichte, welche mit nur wenigen Ausnahmen, gemessen an den vom BGH geforderten Berichtsstandard, unvollständig sind.

[72] *Martens* ZIP 1992, 1677, 1682.

[73] Zitiert nach *Kropff*, AktG, S. 305.

[74] BGHZ 83, 319 ff.

[75] *Martens* ZIP 1992, 1677, 1681.

Die angeführte Erwägung des BGH[76], die Verwaltung könne im Bedarfsfall rechtzeitig wieder eine Hauptversammlung zur Frage des Bezugsrechtsausschlusses einberufen, widerspricht dem Sinn und Zweck des Instituts des genehmigten Kapitals. Denn mit einer solchen Vorgehensweise würden die Vorteile dieser Kapitalerhöhungsart, rasch und flexibel auf akute Finanzierungsbedürfnisse und/oder auf günstige Kapitalmarktsituationen reagieren zu können, verloren gehen[77].

Die praktischen Schwierigkeiten, die Berichtspflichten zu erfüllen, standen im Vordergrund der Diskussion um die Zulässigkeit des Bezugsrechtsausschlusses. Die Überprüfung der sachlichen Rechtfertigung wurde weitgehend durch die als mangelhaft beurteilte Erfüllung der gesetzlichen Berichtspflicht und das Verbot von „Vorratsermächtigungen" überlagert und verdrängt[78].
Das Institut des genehmigten Kapitals wurde damit weitgehend aus der Unternehmenspraxis eliminiert. Die vorsorgliche Ermächtigung des Vorstandes, neue Aktien zu einem für die Plazierung günstig erscheinenden Zeitpunkt zu dann zu bestimmenden Bedingungen auszugeben, scheiterte meist daran, dass konkrete Anhaltspunkte für künftige Vorhaben im Zeitpunkt der Ermächtigung noch nicht angeführt werden konnten.
Aktionäre mit einer sehr geringen Beteiligungsquote brachten nicht selten durch ihre auf ungenügende Information durch den Vorstand gestützten Klagen wichtige Kapitalerhöhungen mit Bezugsrechtsausschluss zu Fall[79]. Die Prozessdauer, die Ermächtigung des Vorstandes für höchstens fünf Jahre, das Grundkapital zu erhöhen (§ 202 I, II 1 AktG) und die Unzulässigkeit der Ausnutzung der Ermächtigung sowie der Ausgabe von Aktien vor Prozessende (vgl. § 191 i.V.m. § 203 I 1 AktG)[80] machte die Ausnutzung des genehmigten Kapitals praktisch

---

[76] BGHZ 83, 319, 325.

[77] Die fehlende Praktikabiltät solcher und ähnlicher Vorstellungen wurde auch von den Vertretern der finanzierungsorientierten Betrachtungsweise heftigst kritisiert, vgl. etwa *Kübler* ZBB 1993, 1, 2; *Martens* ZIP 1992, 1677, 1681 ff.; *Heinsius*, in: Festschrift Kellermann, S. 115, 120; *ders.* ZGR 1984, 383, 386 f. und überzeugend *Röhricht*, in: RWS Forum Gesellschaftsrecht 1997, S. 191, 219 f.

[78] Vgl. dazu etwa *Martens* ZIP 1992, 1677, 1686.

[79] Vgl. LG Frankfurt AG 1990, 551 ff. (Ausschluss des Bezugsrechts bei Wandel- und Gewinnschuldverschreibungen); OLG München ZIP 1991, 726 ff. (Ausschluss des Bezugsrechts für im Ausland zu plazierende Optionsschuldverschreibungen); OLG Frankfurt ZIP 1993, 509 ff.; LG München I WM 1996, 305, 307 f.; siehe dazu auch die Ausführungen von *Martens* ZIP 1992, 1677, 1678 f., 1688 ff.; *Schockenhoff* AG 1994, 45, 46 ff.; *Seibert/Köster/Kiem*, Die kleine Aktiengesellschaft, Rdn. 188; ebenso *Volhard* AG 1998, 397, 398, 403 m.w.N., der insbesondere auf die Gefahr rechtsmissbräuchlicher Klagen verweist („räuberische Aktionäre").

[80] Soweit bei Anfechtung der Kapitalerhöhung mit Bezugsrechtsausschluss das Registergericht die Eintragung der Durchführung der Kapitalerhöhung im Handelsregister verweigert, dürfen nach § 191 S. 1 AktG neue Anteilsrechte nicht übertragen und neue Aktien und Zwischenscheine nicht ausgegeben werden.

unmöglich. Erst wenn der Prozess abgeschlossen und die Ermächtigung mit Eintragung in das Handelsregister wirksam wurde (vgl. § 181 III AktG), durfte der Vorstand von ihr mit Zustimmung des Aufsichtsrats nach § 204 I 2 AktG Gebrauch machen[81].

Vor diesem Hintergrund ist es nicht verwunderlich, dass im Schrifttum[82] häufiger die Forderung laut wurde, die von der Rechtsprechung weitgehend praeter legem entwickelten Berichtspflichten des Vorstandes auf ein für die Unternehmen weniger belastendes Maß zu reduzieren. Dies könne angesichts der Formulierung „sinngemäße Anwendung" in § 203 I, II AktG auch im Einklang mit dem Gesetz geschehen[83]. Wegen der Andersartigkeit der Ausgangslage bei Schaffung genehmigten Kapitals müsse der Umfang der Berichtspflicht entsprechend der objektiven Leistungsfähigkeit der berichtspflichtigen Gesellschaften in der spezifischen Unternehmenssituation eingeschränkt werden. Die Vorteile der genehmigten Kapitalerhöhung seien nur auf diesem Wege zu verwirklichen[84].

B. Die finanzierungsorientierte Betrachtungsweise

Entscheidender Ansatzpunkt der finanzierungsorientierten Betrachtungsweise ist die Finanzierungsfunktion von Kapitalmaßnahmen der Gesellschaft[85]. Im Rahmen der Abwägung zwischen den Interessen der AG und den Belangen der Aktionäre steht danach das mit dem Bezugsrecht und seinem Ausschluss einhergehende Interesse der AG an einer schnellen und flexiblen Finanzierung im Vordergrund. Die Optimierung der Unternehmensfinanzierung - durch die Vermeidung bezugsrechtsbedingter Preisabschläge bei Ausschluss des Bezugs-

---

[81] Vgl. dazu *Volhard* AG 1998, 397, 399; die Folgen der strengen Berichtspflichten werden aufschlussreich dargelegt von *Martens* ZIP 1992, 1677 ff. und *Schockenhoff* AG 1994, 45, 46 f.

[82] Vgl. etwa *Martens* ZIP 1992, 1677, 1681 ff.; *Kübler* ZBB 1993, 1, 2; *Heinsius*, in: Festschrift Kellermann, S. 115, 120; *ders.* ZGR 1984, 383, 386 f.; *Sethe* AG 1994, 342, 356 ff.

[83] Zu weitgehend dagegen *van Venrooy* DB 1982, 735, 738, der aus der Tatsache, dass die Vorschrift des § 186 IV 2 AktG erst durch das 2. EG-KoordG von 1978 eingefügt wurde und damit ursprünglich nicht Verweisungsgegenstand des § 203 II 2 AktG war, eine Berichtspflicht im Fall des genehmigten Kapitals von vornherein ablehnt; enger *Marsch* AG 1981, 211, 212, der allein den letzten HS des § 186 IV 2 AktG beim genehmigten Kapital für unanwendbar hält; vgl. dazu auch *Lutter* BB 1981, 861, 863.

[84] Vgl. dazu insbesondere *Martens* ZIP 1992, 1677, 1682 ff., 1697; früher schon *Marsch* AG 1981, 211, 212 und ähnlich *Becker* BB 1981, 394, 395.

[85] *Kübler*, Aktie, Unternehmensfinanzierung und Kapitalmarkt, S. 55 ff.; *ders.* AG 1994, 141, 146 f.; *Kübler/Mendelson/Mundheim* AG 1990, 461, 463 ff.; *Martens* ZIP 1992, 1677, 1688; *Seibert/Köster/Kiem*, Die kleine Aktiengesellschaft, Rdn. 190 ff.; siehe dazu auch die Begründung des Initiativentwurfs für das Gesetz für kleine Aktiengesellschaften und zur Deregulierung des Aktienrechts, BT-Drucks.12/6721 vom 01.02.1994, S. 10, abgedruckt bei *Seibert/Köster/ Kiem*, Die kleine Aktiengesellschaft, Rdn. 359 ff.

rechts[86] - liege nicht allein im Gesellschaftsinteresse, sondern auch im Interesse jedes einzelnen Aktionärs. Der nach der Lehre von der sachlichen Rechtfertigung des Bezugsrechtsausschlusses zugrundegelegte Interessenkonflikt zwischen den Gesellschaftsinteressen einerseits und den Belangen der den Bezugsrechtsausschluss ablehnenden Aktionäre andererseits sei daher in seiner Bedeutung erheblich zu relativieren[87].

Die Vertreter der finanzierungsorientierten Betrachtungsweise nehmen an, dass ein Bezugsrechtsausschluss zulässig sein müsse, soweit den von einer Kapitalerhöhung ausgeschlossenen Aktionären weder ein Kurswert- noch ein Einflussverlust drohe[88]. Wenn der Ausgabebetrag der jungen Aktien bei Kapitalerhöhungen börsennotierter Aktiengesellschaften so hoch angesetzt werde, dass eine nennenswerte Wertdifferenz zum Börsenkurs nicht entstehe, existiere nicht die Gefahr der Verwässerung des Wertes der Altaktien. In diesem Fall werde das Bezugsrecht funktionslos, da der rechnerische Wert des Bezugsrechts bei börsenkursorientierter Ausgabe der neuen Aktien gegen Null tendiere. Im übrigen könnten interessierte Aktionäre durch den Nachkauf von Aktien über die Börse ihre ursprüngliche Beteiligungsquote aufrechterhalten[89].

Diese Grundhaltung der finanzierungsorientierten Betrachtungsweise, die der Gesetzgeber im Rahmen der letzten Aktienrechtsnovelle von 1994 übernommen hat und ebenso in der „Deutsche Bank"-Entscheidung[90] zum Ausdruck kommt, wirkte sich offensichtlich auch auf die Bestimmung der Berichtspflichten des Vorstandes gem. § 186 IV 2 AktG aus.
Die Einführung des erleichterten Bezugsrechtsausschlusses nach § 186 III 4 AktG durch das Gesetz für kleine Aktiengesellschaften und zur Deregulierung des Aktienrechts[91] stellt gemeinsam mit dem viel beachteten „Deutsche Bank"-Urteil einen ersten Wendepunkt in der bislang auf immer weitere Einschränkung der Zulässigkeit eines Bezugsrechtsausschlusses gerichteten Praxis dar[92].

---

[86] Vgl. dazu bereits die Ausführungen in der Einleitung.

[87] *Kübler* ZBB 1993, 1, 2; *Martens* ZIP 1994, 669, 673; *ders.* ZIP 1992, 1677, 1688; *ders.*, in: Festschrift Steindorff, S. 151, 159 f.

[88] *Groß* EuZW 1994, 395, 400; *Seibert/Köster/Kiem*, Die kleine Aktiengesellschaft, Rdn. 196.

[89] *Kübler* ZBB 1993, 1, 5; *Kübler/Mendelson/Mundheim* AG 1990, 461, 475; *Martens* ZIP 1992, 1677, 1692 ff.; *ders.* ZIP 1994, 669, 672; *Seibert/Köster/Kiem*, Die kleine Aktiengesellschaft, Rdn. 197 ff.; vgl. wohl auch bereits *Heinsius*, in: Festschrift Kellermann, S. 115, 128.

[90] BGHZ 125, 239 („Deutsche Bank") = NJW 1994, 1410 = AG 1994, 276 = WM 1994, 635 = ZIP 1994, 529 mit Anm. *Martens* ZIP 1994, 669 ff. = EWiR § 186 AktG 1.94, 425 f. *(Wiedemann)* = JZ 1994, 910 mit Anm. *Lutter* JZ 1994, 914 ff.; Vorinstanzen: OLG Frankfurt ZIP 1993, 509 = AG 1993, 281; LG Frankfurt WM 1992, 437; vgl. dazu auch *Schwark*, in: Festschrift Claussen, S. 357, 362.

[91] Ausgefertigt am 02.08.1994, verkündet im BGBl. I 1994, S. 1961 ff., in Kraft getreten gem. Art. 5 zum 10.08.1994; zu den Motiven des Gesetzgebers vgl. eingehend *Seibert/Köster/Kiem*, Die kleine Aktiengesellschaft, Rdn. 180 a ff.

[92] Siehe *Bungert* WM 1995, 1, 18; *Kübler* WM 1994, 1970; *Martens* ZIP 1994, 669 ff.

I. Erste Erleichterung der Berichtspflichten des Vorstandes durch das „Deutsche Bank"-Urteil

Der BGH reduzierte die richterrechtlich statuierten Berichtspflichten des Vorstandes beim genehmigten Kapital im Vorfeld des Ermächtigungsbeschlusses zunächst durch das „Deutsche Bank"-Urteil[93] vom 07.03.1994. Dies gilt jedenfalls für bezugsrechtsfreie Kapitalerhöhungen zwecks Aktieneinführung an ausländischen Börsen, bei denen sich der Ausgabebetrag der neuen Aktien am aktuellen Börsenkurs orientiert. Für derartige Fälle hat der BGH den Vorstand nicht als verpflichtet angesehen, in seinem nach §§ 186 IV 2, 203 I 1, II 2 AktG zu erstattenden Bericht eine bestimmte Reihenfolge bei mehreren für eine Aktienplazierung im Ausland in Betracht gezogenen Börsenplätzen festzulegen. Nach Ansicht des zweiten Senats des BGH musste es den Verwaltungsmitgliedern möglich sein, ihre Planung zu ändern, soweit dies wegen einer Wandlung der wirtschaftlichen Verhältnisse im Gesellschaftsinteresse notwendig erscheint[94]. Umfassendere Berichtspflichten würden den unternehmerischen Ermessensspielraum der Verwaltungsorgane bei der Ausnutzung genehmigten Kapitals in unzulässiger Weise begrenzen[95].

Die Vertreter der Lehre von der sachlichen Rechtfertigung bezogen ihre restriktive Grundhaltung gegenüber Kapitalmaßnahmen mit Ausschluss des Bezugsrechts auch auf ihre Interpretation des „Deutsche Bank"-Urteils. Sie bewerteten das Urteil lediglich als Entscheidung des Sonderfalls der Auslandsplazierung neuer Aktien, welcher nicht verallgemeinerungsfähig sei und kaum Ansätze für eine Änderung der Rechtsprechung zeige[96].

Die finanzierungsorientierte Betrachtungsweise entnahm dem „Deutsche Bank"-Urteil dagegen zu Recht bereits richtungsweisende Gesichtspunkte. Denn erstmals wurde die Anerkennung eines unternehmerischen Ermessensspielraums für eine wirtschaftliche Prognoseentscheidung beim Bezugsrechtsausschluss im Fall des genehmigten Kapitals hervorgehoben[97].

II. Zweite Erleichterung der Berichtspflichten des Vorstandes im Fall des erleichterten Bezugsrechtsausschlusses nach § 186 III 4 AktG

Bei der Frage, ob mit dem durch die Aktienrechtsnovelle von 1994 eingeführten vereinfachten Bezugsrechtsausschluss in § 186 III 4 AktG eine Herabsetzung

---

93 BGHZ 125, 239.

94 BGHZ 125, 239, 248 f.

95 BGHZ 125, 239, 246 ff.; so auch *Martens* ZIP 1994, 669 ff. und *Aubel*, Der vereinfachte Bezugsrechtsausschluß, S. 10.

96 So *Wiedemann* EWiR § 186 AktG 1.94, 425 f.; zustimmend *Kindler* ZGR 1998, 35, 39.

97 Siehe *Bungert* NJW 1998, 488, 489; *ders.* WM 1995, 1, 17 f.; ähnlich *Schwark*, in: Festschrift für Claussen, S. 357, 362.

der Berichtspflichten des Vorstandes für diesen Fall verbunden ist, stehen sich wiederum die beiden erwähnten gegensätzlichen Grundpositionen gegenüber[98]. Der genaue Umfang der Berichtspflichten des Vorstandes im Fall des erleichterten Bezugsrechtsausschlusses ist dabei bislang noch weitgehend ungeklärt[99].
Die Vertreter der gesellschaftsrechtlichen Betrachtungsweise nehmen im Rahmen der Auslegung des vereinfachten Bezugsrechtsausschlusses in § 186 III 4 AktG wiederum einen äußerst reservierten Standpunkt hinsichtlich der Berichtspflichten des Vorstandes gegenüber der Hauptversammlung ein[100].
Das Gesetz bestimme zwar nunmehr für eine bestimmte Konstellation auch die inhaltlichen Voraussetzungen des Bezugsrechtsausschlusses. § 186 III 4 AktG stelle aber keine Exemtion von den Erfordernissen eines Bezugsrechtsausschlusses dar. Aus gesellschaftsrechtlicher Sicht seien auch bei einem erleichterten Bezugsrechtsausschluss nach Maßgabe des § 186 III 4 AktG alle von ihr im Rahmen eines regulären Bezugsrechtsausschlusses entwickelten formellen wie materiellen Zulässigkeitsvoraussetzungen zu beachten. Der Vorstandsbericht sei wegen des Eingriffs in die Mitgliedschaft auch bei einer Kapitalerhöhung mit vereinfachtem Bezugsrechtsausschluss von großer Bedeutung und daher keineswegs als bloße Formalie zu betrachten[101]. So hat das LG München I[102] die Ermächtigung des Vorstandes eines Kreditinstituts, das Grundkapital nach Maßgabe des § 186 III 4 AktG zu erhöhen und dabei über einen Bezugsrechtsausschluss zu entscheiden, insbesondere wegen eines Verstoßes gegen die dem Vorstand obliegenden Berichtspflichten für unzulässig erklärt[103].

Demgegenüber nehmen die Vertreter der finanzierungsorientierten Betrachtungsweise den Standpunkt ein, dass die von der Rechtsprechung geforderte Interessenabwägung bei einem erleichterten Bezugsrechtsausschluss gem. § 186 III 4 AktG stets zugunsten der Gesellschaft ausfalle. Für den Schutz der Aktionäre bei Einhaltung der Voraussetzungen des § 186 III 4 AktG sei hinreichend gesorgt. Zum einen sei die Gefahr des Einflussverlustes durch die Beschränkung auf börsennotierte Gesellschaften und eine Kapitalgrenze von 10 % ausgeschlossen und zum anderen werde die Gefahr der Verwässerung des Kurswer-

---

[98] Siehe dazu etwa *Schwark*, in: Festschrift Claussen, S. 357, 366 f. m.w.N.

[99] Vgl. dazu eingehend *Aubel*, Der vereinfachte Bezugsrechtsausschluß, S. 98 ff. m.w.N und insbesondere für den Fall des genehmigten Kapitals, S. 107 ff. m.w.N.; ferner *Schwark*, in: Festschrift Claussen, S. 357, 366 f.

[100] Vgl. dazu die Angaben bei *Aubel*, Der vereinfachte Bezugsrechtsausschluß, S. 25 f. m.w.N. und *Schwark*, in: Festschrift Claussen, S. 357, 366 f.

[101] *Lutter*, in: Kölner Kommentar zum AktG, Nachtrag zu § 186, Rdn. 18 ff.; *ders*. AG 1994, 429, 443; zustimmend *Hüffer*, AktG, § 186, Rdn. 39 f, 39 g.

[102] LG München I WM 1996, 305, 306 ff. („Bayerische Hypotheken- und Wechsel-Bank AG"), bestätigt durch OLG München WM 1996, 1910 f.

[103] Siehe dazu *Aubel*, Der vereinfachte Bezugsrechtsausschluß, S. 25 f. m.w.N. in Fußn. 75, 76 und S. 101.

tes der Altaktien dadurch begrenzt, dass der Ausgabebetrag den Börsenpreis nicht wesentlich unterschreiten darf[104].
Vor diesem Hintergrund seien auch die Möglichkeiten der Aktionäre begrenzt, einen Kapitalerhöhungsbeschluss mit Bezugsrechtsausschluss anzufechten, da der erleichterte Bezugsrechtsausschluss nach § 186 III 4 AktG nur einer allgemeinen Missbrauchskontrolle unterliege[105]. Ein den Anforderungen des § 186 III 4 AktG entsprechender Ausschluss des Bezugsrechts sei stets zulässig.
Demnach bestehe für den Vorstand bei einer derart gestalteten Kapitalerhöhung nur eine eingeschränkte Berichtspflicht[106]. Die reduzierte Berichtspflicht sei vor allem im Rahmen der genehmigten Kapitalerhöhung von Bedeutung. Der Vorstand müsse in seinem Bericht nur noch pauschal das Gesellschaftsinteresse an einem Bezugsrechtsausschluss sowie das Vorliegen bzw. im Fall des genehmigten Kapitals die beabsichtigte Erfüllung der von § 186 III 4 AktG geforderten Voraussetzungen darlegen. Bereits die Gesetzesmaterialien zu § 186 III 4 AktG zeigten die Tendenz, ausgedünnte Vorstandsberichte ausreichen zu lassen. Danach erfülle der Vorstand die ihm obliegenden Berichtspflicht bereits dann, wenn er als Motiv für den von ihm vorgeschlagenen Bezugsrechtsausschluss die „Stärkung der Eigenkapitalbasis des Unternehmens“ angibt[107].
Von der Rechtsprechung bisher für unzulässig erachtete Vorratsermächtigungen seien damit zumindest für den Fall des erleichterten Bezugsrechtsausschlusses beim genehmigten Kapital statthaft[108]. Da die Regelung des § 186 III 4 AktG keinerlei Zweckbindung voraussetze, bedürfe es nämlich auch keiner berichtsrelevanten Zwecksetzung, so dass dem Vorstand innerhalb der Grenzen der Regelung eine Generalermächtigung erteilt werden könne[109].

---

[104] Vgl. *Aubel*, Der vereinfachte Bezugsrechtsausschluß, S. 28.
[105] Siehe dazu *Seibert/Köster/Kiem*, Die kleine Aktiengesellschaft, Rdn. 212, 216 ff.; zustimmend wohl auch *Marsch-Barner* AG 1994, 532 f.; *Groß* DB 1994, 2431 f., 2439.
[106] Vgl. etwa *Martens* ZIP 1994, 669, 675; *Hoffmann-Becking* ZIP 1995, 1, 10; *Kübler* WM 1994, 1970; *Claussen* WM 1996, 609, 613 f.; *Marsch-Barner* AG 1994, 532, 538; *Seibert/Köster/Kiem*, Die kleine Aktiengesellschaft, Rdn. 214 f.
[107] Vgl. dazu die Begründung des Rechtsausschusses zum Entwurf des Gesetzes für kleine Aktiengesellschaften und zur Deregulierung des Aktienrechts, BT-Drucks. 12/6721, S. 10, BT-Drucks. 12/7848 vom 13.06.1994, S. 9, abgedruckt bei *Seibert/Köster/Kiem*, Die kleine Aktiengesellschaft, Rdn. 367 ff.
[108] Siehe *Seibert/Köster/Kiem*, Die kleine Aktiengesellschaft, Rdn. 214 f.; vgl. auch *Martens* ZIP 1994, 669, 675; *Claussen* WM 1996, 609, 613 f.; *Marsch-Barner* AG 1994, 532, 538; ähnlich auch *Hoffmann-Becking* ZIP 1995, 1, 9 f.
[109] *Martens* ZIP 1994, 669, 675.

C. Stellungnahme

Der BGH hat in seiner „Deutsche Bank"-Entscheidung deutlich gemacht, dass er zwar nicht zur völligen Aufgabe seiner Rechtsprechung, wohl aber zu ihrer Korrektur und zur Lockerung ihrer Konsequenzen bereit war[110].
Das notwendige unternehmerische Ermessen für eine wirtschaftliche Prognoseentscheidung, das im „Deutsche Bank"-Verfahren erstmals ausdrücklich hervorgehoben wurde, wird vom Vorstand zwar nicht in eigener, aus § 76 AktG abgeleiteter Autonomie ausgeübt. Es beruht aber auf einer Delegation durch die Hauptversammlung, die den Vorstandsbericht über den Bezugsrechtsausschluss in ihren Beschluss einbezogen und dadurch dem Vorstand einen entsprechenden Entscheidungs- und Handlungsspielraum eröffnet hat. Die von der Berufungsinstanz[111] und vor allem in der Literatur vertretenen, aber auch in der bisherigen Rechtsprechung des BGH[112] angelegten Vorbehalte gegenüber einer reduzierten Berichtspflicht beruhen demnach auf einer unzulässigen Einschränkung des unternehmerischen Ermessens des Vorstandes. Da das unternehmerische Ermessen des Vorstandes auch im Rahmen der §§ 186 IV 2, 203 I 1, II 2 AktG angemessen zu berücksichtigen ist, muss die Hauptversammlung diesen Ermessenspielraum durch eine entsprechend weitgehende Ermächtigung des Vorstandes zum Ausschluss des Bezugsrechts verwirklichen und der Vorstand seinen Bericht über den Bezugsrechtsausschluss hinsichtlich der von ihm verfolgten Ziele weitgehend offen gestalten können[113].

Die finanzierungsorientierte Betrachtungsweise ist durch die Regierungsbegründung[114] zum Gesetz für kleine Aktiengesellschaften und zur Deregulierung des Aktienrechts bestätigt worden[115]. Dort heißt es ausdrücklich, dass es bei Vorliegen der gesetzlichen Voraussetzungen des § 186 III 4 AktG weder einer Interessenabwägung noch weiterer sachlicher Rechtfertigungsgründe für den Bezugsrechtsausschluss bedürfe. Nach nahezu einhelliger Ansicht genügt allein das Motiv, durch höchstmögliche Emissionserlöse unter Vermeidung bezugsrechtsbedingter Preisabschläge die Eigenkapitalbasis der AG zu stärken, im allgemeinen nicht, um einen Bezugsrechtsausschluss zu rechtfertigen[116]. Eine

---

[110] So auch *Röhricht*, in: RWS Forum Gesellschaftsrecht 1997, S. 191, 218.
[111] OLG Frankfurt ZIP 1993, 509.
[112] Vgl. dazu insbesondere die „Holzmann"-Entscheidung (BGHZ 83, 329).
[113] Vgl. *Martens* ZIP 1994, 669, 670.
[114] Begr., BT-Drucks. 12/6271, S. 10; BT-Drucks. 12/7848, S. 9.
[115] So auch *Schwark*, in: Festschrift Claussen, S. 357, 367.
[116] Vgl. etwa *Hüffer*, AktG, § 186, Rdn. 33; *Lutter*, in: Kölner Kommentar zum AktG, § 186, Rdn. 76; *Groß* ZHR 162 (1998), 318, 334 f.; *Hirte*, Bezugsrechtsausschluß und Konzernbildung, S. 67; *Kindler* ZGR 1998, 35, 65; a.A. *Hefermehl/Bungeroth*, in: Geßler/Hefermehl/ Eckardt/ Kropff, Kommentar zum AktG, § 186, Rdn. 130.

Ausnahme soll jedoch beim vereinfachten Bezugsrechtsausschluss gelten[117]. Dies erscheint auch sachgerecht, da die vom Bezugsrecht ausgeschlossenen Aktionäre durch die in § 186 III 4 AktG festgelegten Grenzen stärker geschützt sind als im Fall des regulären Bezugsrechtsausschlusses[118]. Der Gesetzgeber hat dem Finanzierungsinteresse der AG allein unter der Prämisse Rechnung getragen, dass der Aktionärsschutz in der Substanz nicht angegriffen wird[119].
Der Gesetzgeber verfolgte mit der Einführung des § 186 III 4 AktG das Ziel, den Bezugsrechtsausschluss praktisch handhabbarer zu machen[120]. Erstmals wird insoweit das Interesse der Gesellschaft an einer bestmöglichen Unternehmensfinanzierung vom Gesetzgeber anerkannt und – unter Einhaltung bestimmter Voraussetzungen – über die Interessen der von der Kapitalerhöhung ausgeschlossenen Altaktionäre gestellt[121]. Der Gesetzgeber hat sich damit bei börsennotierten Gesellschaften eindeutig von der herkömmlichen gesellschaftsrechtlichen Betrachtungsweise distanziert und bei Barkapitalerhöhungen bis zu 10 % des Grundkapitals, auch im Rahmen des genehmigten Kapitals, der finanzierungsorientierten Betrachtungsweise den Vorzug gegeben.

Die Einführung des erleichterten Bezugsrechtsausschlusses stellt allerdings keine Rückkehr zur bloßen Missbrauchskontrolle (§ 138 I BGB, § 243 II AktG) in allen Bezugsrechtsausschlussfällen dar[122]. In den sonstigen Bezugsrechtsausschlussfällen findet die vom BGH bislang praktizierte Sachkontrolle nach wie vor Anwendung[123]. Die Regelung des § 186 III 4 AktG bildet damit allen-

---

[117] Siehe LG München I WM 1996, 305, 307; *Marsch-Barner* AG 1994, 532, 538; *Groß* ZHR 162 (1998), 318, 334; *Hoffmann-Becking* ZIP 1995, 1, 10; kritisch *Hüffer*, AktG, § 186, Rdn. 39 f.

[118] Vgl. dazu nur die Begründung des Rechtsausschusses zum Entwurf des Gesetzes für kleine Aktiengesellschaften und zur Deregulierung des Aktienrechts, BT-Drucks. 12/6721, S. 10, BT-Drucks. 12/7848 vom 13.06.1994, S. 9, abgedruckt bei *Seibert/Köster/Kiem*, Die kleine Aktiengesellschaft, Rdn. 367 ff.

[119] So formuliert der Rechtsausschuss, BT-Drucks. 12/7848, S. 9: „Flexibilisierung der Unternehmensfinanzierung... ohne dabei schutzwürdige Interessen der Altaktionäre, insbesondere der Kleinaktionäre, zu beeinträchtigen".

[120] *Seibert/Köster/Kiem*, Die kleine Aktiengesellschaft, Rdn. 190.

[121] *Wellkamp*, Aktionärsschutz, S. 146.

[122] So aber wohl *Kindler* ZHR 158 (1994), 339 ff., 367 f. und *Schwark*, in: Festschrift Claussen, S. 357, 362 f., 380 (mit Bezugnahme auf *Mülbert*, Aktiengesellschaft, Unternehmensgruppe und Kapitalmarkt, S. 339 ff., 344 f., der eine über § 255 II AktG hinausreichende sachliche Inhaltskontrolle des normalen Bezugsrechtsausschlusses bereits in Frage stellt; kritisch dazu *Habersack*, Die Mitgliedschaft, subjektives und „sonstiges" Recht, S. 264 f.).

[123] Siehe dazu auch *Martens* ZIP 1994, 669, 674 f.; *Lutter* AG 1994, 429, 441; *Seibert* ZIP 1994, 914 ff.; *Seibert/Köster/Kiem*, Die kleine Aktiengesellschaft, Rdn. 224; *Marsch-Barner* AG 1994, 532, 533; ebenso *Wiedemann*, in: Großkommentar zum AktG, § 186, Rdn. 149, der § 186 III 4 AktG so versteht, dass der Gesetzgeber damit die Interessenabwägung i.S.d. „Kali&Salz"-Entscheidung (BGHZ 71, 40) bestätigend zugrundegelegt habe. Näher zu den Aus-

falls eine Teillösung für die Problematik des Bezugsrechtsausschlusses im Fall des genehmigten Kapitals. Die Einführung des erleichterten Bezugsrechtsausschlusses kann aber bereits als Signal für zukünftig größere Flexibilität angesehen werden[124]. Auch den Gerichten sollte damit ein deutliches Zeichen des Gesetzgebers in Richtung auf eine Liberalisierung des Bezugsrechtsausschlusses gegeben werden[125]. Dies bestätigt auch der Erlass des im folgenden näher zu analysierenden „Siemens/Nold"-Urteils[126].

§ 2 Die Rechtsprechungsänderung durch das „Siemens/Nold"-Urteil

A. Einführung: Der Bezugsrechtsausschluss im Fall „Siemens/Nold" – Sachverhalt und Prozessgeschichte

Die letztinstanzliche Abweisung einer Anfechtungsklage gegen einen Kapitalerhöhungsbeschluss mit Bezugsrechtsausschluss der Siemens AG brachte einen aufsehenerregenden aktienrechtlichen Rechtsstreit zum Abschluss. Folgender Sachverhalt lag dem Rechtsstreit zugrunde:
Die Hauptversammlung der Siemens AG hatte den Vorstand am 28.3.1991 ermächtigt, das Grundkapital bis zum 01.3.1996 zu erhöhen, und zwar gesplittet in ein genehmigtes Kapital I[127] und ein genehmigtes Kapital II[128]. Für das genehmigte Kapital II schloss die Hauptversammlung das Bezugsrecht der Aktionäre aus. In dem der Hauptversammlung erstatteten Bericht führte der Vorstand hinsichtlich dieses Teils aus, dass die Aktien zum einen den Arbeitnehmern wie bisher angeboten werden sollten und es zum anderen der Gesellschaft ermöglicht werden sollte, in geeigneten Einzelfällen Beteiligungen gegen die Überlassung von Stammaktien der AG zu erwerben. Gegen beide Beschlüsse (genehmigtes Kapital I und II) erhob der Aktionär Nold Anfechtungsklage.
Da der Vorstand der Siemens AG das genehmigte Kapital nicht in Anspruch nehmen konnte – die fünfjährige Ermächtigungsfrist war bei Verkündung des „Siemens/Nold"-Urteils des BGH bereits über 15 Monate abgelaufen -, ging es allein um die Wirksamkeit des Ermächtigungsbeschlusses.

---

wirkungen des „Siemens/Nold"-Urteils auf das Erfordernis sachlicher Rechtfertigung des Bezugsrechtsausschlusses, unten 2. Teil, § 3 C.

[124] So auch *Marsch-Barner* AG 1994, 532, 533.

[125] Vgl. *Seibert/Köster/Kiem*, Die kleine Aktiengesellschaft, Rdn. 190.

[126] BGHZ 136, 133.

[127] Kapitalerhöhung gegen Geldeinlagen um bis zu nominal 500 Mio. DM durch die Ausgabe von Stammaktien und Vorzugsaktien oder von Stammaktien allein.

[128] Erhöhung des Grundkapitals um bis zu nominal 300 Mio. DM durch die Ausgabe von Stammaktien gegen Geld- oder Sacheinlagen.

Das LG München I[129] hat der Anfechtungsklage insoweit stattgegeben, als sie sich gegen den Beschluss über das genehmigte Kapital II richtete. Der Ermächtigungsbeschluss sowie die entsprechende Begründung im Vorstandsbericht entsprachen nach Auffassung des LG nicht den an sie zu stellenden Voraussetzungen[130]. Für den Fall, dass die Aktien den Arbeitnehmern als Belegschaftsaktien angeboten werden sollen, genüge zwar die Begründung für den Bezugsrechtsausschluss. Die Ausführungen zum zweiten Fall, in geeigneten Einzelfällen Beteiligungen gegen die Überlassung von Stammaktien der Siemens AG erwerben zu können, seien jedoch unzureichend. Das LG München verwies insoweit auf die Rechtsprechung des BGH in der „Holzmann"-Entscheidung[131]. Da der Vorstand weder konkrete Absichten noch längerfristige Strategien der AG vorgetragen hat, konnte er nach Auffassung des LG lediglich auf dem normalen gesetzlichen Wege, d.h. mit einem Bezugsrecht der Aktionäre, vorgehen[132].

Das Berufungsgericht[133] hat dieses Urteil bestätigt. Es sei zwar zulässig, dass sich eine AG in Verfolgung einer bestimmten wirtschaftlichen Strategie im vorgesehenen Zeitraum im Weg einer Vorratshaltung genehmigtes Kapital beschafft. Dies gelte insofern, als dass sie diese Strategie in dem Bericht an die Hauptversammlung nachvollziehbar darlegt und als Zielsetzung beispielsweise die Abwehr feindlicher Aufkäufe, die Übernahme konkurrierender Unternehmen oder die Erweiterung der Firmenaktivitäten auf bestimmte Tätigkeitsfelder anführt[134]. Nach Ansicht des OLG München genüge allerdings allein die Behauptung, der Erwerb von Beteiligungen bei sich bietender Gelegenheit sei eine längerfristige Strategie der Gesellschaft, nicht als Begründung für den Ausschluss des Bezugsrechts[135]. Auf der Grundlage der „Holzmann"-Doktrin kam das OLG ebenso wie das LG zu dem Ergebnis, dass die Voraussetzungen für den Bezugsrechtsausschluss bei Schaffung genehmigten Kapitals nicht gegeben waren. Das Berufungsgericht bemängelte insbesondere den Umstand, dass sich der Bezugsrechtsausschluss durch die Formulierung im Vorstandsbericht („die Ausnutzung des erbetenen genehmigten Kapitals II *soll* auf zwei Fälle begrenzt werden") nicht auf die Fälle der Ausgabe von Belegschaftsaktien oder des Beteiligungserwerbs beschränkt und der Vorstand durch den Beschluss hinsichtlich des Zwecks der Aktienausgabe nicht gebunden sei. Zudem beschränke sich

---

129 LG München I WM 1992, 1151.
130 LG München I WM 1992, 1155.
131 BGHZ 83, 319, 325.
132 LG München I WM 1992, 1155.
133 OLG München WM 1993, 840.
134 Vgl. dazu den 4. Leitsatz der Entscheidung.
135 OLG München WM 1993, 840.

der Bericht des Vorstandes unzulässigerweise darauf, etwa für einen zukünftigen Beteiligungserwerb den Grund nur abstrakt und kurz darzulegen[136].

Der BGH hätte den Hauptversammlungsbeschluss der Siemens AG hinsichtlich des genehmigten Kapitals II nach seiner bisherigen Rechtsprechung[137] an sich aufheben müssen. Jedenfalls für den zweiten Fall des geplanten Bezugsrechtsausschlusses (Erwerb von Beteiligungen gegen Überlassung von Aktien „in geeigneten Einzelfällen") waren die Angaben im Vorstandsbericht nicht konkret genug. Unter expliziter Aufgabe der „Holzmann"-Doktrin hat der BGH jedoch die Anfechtungsklage des Aktionärs Nold gegen den Kapitalerhöhungsbeschluss der Siemens AG abgewiesen.

Das „Siemens/Nold"-Urteil[138] erging nach einer Vorabentscheidung des EuGH[139]. Danach war die deutsche Rechtsprechung zum Bezugsrechtsausschluss bei Kapitalerhöhungen gegen Sacheinlagen entsprechend den Grundsätzen der „Kali&Salz"-Entscheidung und des „Holzmann"-Urteils mit der Zweiten Gesellschaftsrechtlichen Richtlinie vereinbar[140].

B. Die „Siemens/Nold"Rechtsprechung – „Aufgabe von BGHZ 83, 319"

Die Zulässigkeitsvoraussetzungen für einen Bezugsrechtsausschluss im Fall des genehmigten Kapitals lassen sich mit der „Siemens/Nold"-Rechtsprechung nunmehr wie folgt umschreiben:

Die Hauptversammlung kann das Bezugsrecht der Aktionäre bereits dann ausschließen oder den Vorstand zu dem Bezugsrechtsausschluss ermächtigen, „wenn die Maßnahme, zu deren Durchführung der Vorstand ermächtigt werden soll, im wohlverstandenen Interesse der Gesellschaft liegt und der Hauptversammlung allgemein und in abstrakter Form bekannt gegeben wird"[141]. An den Bezugsrechtsausschluss bei Schaffung des genehmigten Kapitals und an die Ermächtigung des Vorstandes, über den Ausschluss des Bezugsrechts zu entscheiden, werden damit die gleichen Voraussetzungen gestellt.

Der Vorstand darf die Ermächtigung zur bezugsrechtsfreien Kapitalerhöhung ausnutzen, wenn die Realisierung des konkreten Finanzierungsvorhabens in Übereinstimmung mit dem in der Satzung festgelegten Unternehmensgegenstand steht, die zugrundeliegenden konkreten Tatsachen der abstrakten Um-

---

[136] OLG München WM 1993, 844 f.

[137] Vgl. hierzu die oben dargelegte „Holzmann"-Doktrin (BGHZ 83, 319 ff.).

[138] BGHZ 136, 133.

[139] Vgl. den Vorlagebeschluss des BGH WM 1995, 390 und das Urteil des EuGH WM 1996, 2200.

[140] Im Vorlagebeschluss BGH WM 1995, 390, 391 und später in WM 1997, 1704, 1705 unter I. 1. a) der Entscheidungsgründe hat der Senat bereits zutreffend betont, dass der im Zuge einer solchen (Bar-) Kapitalerhöhung erforderliche Bezugsrechtsausschluss zur Ausgabe von Belegschaftsaktien unbedenklich sei. Dies ist daher nicht weiter zu vertiefen.

[141] BGHZ 136, 133 (erster Leitsatz a)), 139.

schreibung entsprechen und die konkrete Kapitalmaßnahme auch im Zeitpunkt ihrer Realisierung noch im wohlverstandenen Interesse der Gesellschaft liegt. Die Erfüllung dieser Voraussetzungen hat der Vorstand im Rahmen seines unternehmerischen Ermessens sorgfältig zu prüfen[142]. Soweit er schließlich von der ihm erteilten Ermächtigung Gebrauch macht, hat er auf der nächsten ordentlichen Hauptversammlung über die Einzelheiten seines Vorgehens umfassend zu berichten und Rede und Antwort zu stehen[143].

Der BGH hat somit das Erfordernis konkreter Angaben über den Zweck des Bezugsrechtsausschlusses aufgehoben und die damit verbundenen strengen Anforderungen an die Berichtspflicht des Vorstandes beim genehmigten Kapital deutlich herabgesetzt. Er hat die Prüfung der Angemessenheit des Bezugsrechtsausschlusses in Ansehung der konkreten Maßnahme dem unternehmerischen Ermessen des Vorstandes übertragen[144] und insoweit der Kritik an seiner bisherigen Entscheidungspraxis[145] Rechnung getragen. Der Senat hat sich dabei entscheidend von der Erwägung leiten lassen, dass das gesetzliche Instrument des Bezugsrechtsausschlusses leer liefe, wenn die in der bisherigen Rechtsprechung errichteten Schranken bestehen blieben[146]. Dies ergebe sich aus der Praxis der Unternehmen und der Rechtsprechung der Tatsachengerichte[147].
In seinen Entscheidungsgründen hat der BGH insbesondere den Zweck des Instituts des genehmigten Kapitals betont[148]. Er hat eingeräumt, dass seine bisherige Linie zum Bezugsrechtsausschluss als zu streng und nicht praktikabel dem genehmigten Kapital die Flexibilität genommen habe, die den Unternehmen zur Verfügung stehen müsse, um rasch und erfolgreich auf vorteilhafte Angebote oder sonstige Gelegenheiten reagieren und Möglichkeiten zur Unternehmenserweiterung wahrnehmen zu können[149]. Die Vorgabe, wonach bereits im Zeitpunkt des Ermächtigungsbeschlusses die sachliche Rechtfertigung feststehen musste, schließt nach der neuen Einschätzung des BGH kurzfristige Entscheidungen der Unternehmensleitung aus[150].

[142] BGHZ 136, 133 (zweiter Leitsatz b)), 140; auf die etwaige Missverständlichkeit dieser Formulierung wird im 2. Teil, unter § 3 C II 1 noch näher eingegangen.
[143] BGHZ 136, 133, 140.
[144] BGHZ 136, 133, 139; fortführend BGHZ 144, 290 („Adidas") mit Anm. *Hirte* EWiR § 203 AktG 1/2000, 941 f.
[145] Vgl. eingehend dazu *Martens* ZIP 1992, 1677 ff.; *Heinsius*, in: Festschrift Kellermann, S. 115, 119 ff.
[146] Anm. *Goette* DStR 1997, 1463.
[147] BGHZ 136, 133, 136 ff.
[148] BGHZ 136, 133, 136 ff.
[149] BGHZ 136, 133, 136 unter Berufung auf die Vertreter der finanzierungsorientierten Betrachtungsweise: *Heinsius*, in: Festschrift Kellermann, S. 115, 120 ff.; *ders.* WuB II A. § 186 AktG 4.93, 1171 f. und *Martens* ZIP 1992, 1677 ff. Der BGH sah dieses Problem auch bereits in BGHZ 83, 319, 324 f.; vgl. auch *Marsch* AG 1981, 211, 215.
[150] BGHZ 136, 133, 137; zustimmend *Kindler* ZGR 1998, 35, 40.

Vor diesem Hintergrund hat der Senat die Voraussetzungen, unter denen von dem bezugsrechtsfreien genehmigten Kapital Gebrauch gemacht werden darf, neu bestimmt.

C. Die Umsetzung der „Siemens/Nold“-Rechtsprechung, ihre Reichweite und ihre Auswirkungen

I. Die Umsetzung der „Siemens/Nold“-Rechtsprechung

1. Die Reaktion der Unternehmen

Die Unternehmen haben auf die Kehrtwende der Rechtsprechung des BGH in Sachen Bezugsrechtsausschluss vom 23.06.1997 prompt reagiert. Unmittelbar im Anschluss an die Veröffentlichung des „Siemens/Nold“-Urteils hat eine außerordentliche Hauptversammlung der Metro AG am 11.9.1997 ein genehmigtes Kapital II ausschließlich für Kapitalerhöhungen gegen Sacheinlagen in Höhe von 350 Mio. DM mit Ermächtigung des Vorstandes zum Bezugsrechtsausschluss beschlossen[151]. Der Vorstand hat in seinem Bericht an die Hauptversammlung gem. §§ 186 IV 2, 203 I 1, II 2 AktG ausdrücklich und umfassend auf die Rechtsprechungsänderung im „Siemens/Nold“-Verfahren Bezug genommen[152].
Ebenso andere Gesellschaften, wie etwa die Metallgesellschaft AG[153], die Bayerische Vereinsbank AG, die Sachsenring Automobiltechnik AG, die Data Modul AG[154], die Schlott AG und namentlich auch die Siemens AG, haben mittlerweile von der „Siemens/Nold“-Rechtsprechung Gebrauch gemacht.
Bei den jeweils der Hauptversammlung erstatteten Berichten ist die verhältnismäßige Ausführlichkeit und der Hinweis auf die „Siemens/Nold“-Rechtsprechung auffallend[155]. Es hat fast den Anschein, als traue die Unternehmenspraxis dem Frieden nicht. Gleichwohl enthalten die Berichte auch jeweils eine Klausel, die nach früherer „Holzmann“-Rechtsprechung jedenfalls als alleinige Begründung unzureichend gewesen wäre. So führt etwa der Vorstand der Metro AG in seinem Bericht an die Hauptversammlung an „auch der Erwerb anderer Handelsunternehmen im In- und Ausland soll auf diese Weise möglich sein“[156] oder der Vorstand der Metallgesellschaft AG formuliert „... wird [die

---

[151] Vgl. *Bungert* NJW 1998, 488, 491; Einladung zur außerordentlichen Hauptversammlung der Metro AG für den 11.9.1997, abgedruckt in BanZ v. 01.08.1997, S. 9610.
[152] Siehe FAZ v. 12.09.1997, S. 22.
[153] Siehe FAZ v. 19.2.1998, S, 22 f.
[154] Siehe FAZ v. 10.6.1998, S. 31.
[155] Ein Beispiel für einen „Minimalbericht“ nach der neuen Rechtslage ist dagegen der Bericht des Vorstandes der Data Modul AG an die Hauptversammlung vom 21.7.1998, siehe FAZ v. 10.6.1998, S. 31.
[156] Siehe FAZ v. 12.09.1997, S. 22.

Gesellschaft] in die Lage versetzt in geeigneten Einzelfällen Unternehmen oder Beteiligungen nicht nur im Wege einer Barkaufpreiszahlung,... erwerben zu können"[157].

Unmittelbar nach dem „Siemens/Nold"-Urteil hat sich für die Vorstandsberichte zum Bezugsrechtsausschluss ein gewisser Marktstandard etabliert[158]. Der Vorstand einer AG führt in seinem Bericht - meist unter ausdrücklicher Bezugnahme auf die Rechtsprechungsänderung - typischerweise an, dass die Gesellschaft im Rahmen ihrer Akquisitionspolitik in die Lage versetzt werden solle, in geeigneten Einzelfällen Unternehmen oder Unternehmensbeteiligungen nicht nur im Wege einer Barkaufpreiszahlung, sondern auch im Wege einer Sachgegenleistung durch (teilweise) Überlassung von Aktien der Gesellschaft erwerben zu können. Nur eine solche Flexibilität stelle in der modernen Marktpraxis sicher, dass attraktive Akquisitionsobjekte überhaupt erworben werden könnten. Da eine Kapitalerhöhung bei sich abzeichnenden Erwerbsmöglichkeiten kurzfristig erfolgen müsse, sei dies nicht im Wege der Sachkapitalerhöhung möglich, sondern erfordere die Schaffung eines genehmigten Kapitals. Denn kurzfristig lasse sich in der Regel eine Hauptversammlung zum Beschluss über die Sachkapitalerhöhung nicht abhalten.

In vielen Fällen weist der Vorstand in seinem Bericht weiter darauf hin, dass es zur Zeit keine konkreten Akquisitionsvorhaben gebe. Die Akquisitionspolitik wird damit im Regelfall nicht auf einen bestimmten Geschäftszweig des Unternehmens beschränkt[159]. Soweit sich die Möglichkeiten zum Erwerb konkretisierten, werde der Vorstand aber sorgfältig prüfen, ob er von der Ermächtigung zur Sachkapitalerhöhung unter Bezugsrechtsausschluss Gebrauch machen solle. Der Vorstand werde dies nur tun, wenn sich der Erwerb im Rahmen der Akquisitionsvorhaben halte, die der Hauptversammlung im Vorstandsbericht abstrakt umschrieben worden seien, und wenn der Erwerb gegen Ausgabe von Aktien der Gesellschaft im „wohlverstandenen" Interesse der Gesellschaft liege. In der auf die Ausnutzung der Ermächtigung folgenden Hauptversammlung werde der Vorstand über die Einzelheiten seines Vorgehens berichten.

---

[157] Siehe FAZ v. 19.2.1998, S, 22 f.

[158] Vgl. etwa die Einladung zur Hauptversammlung Deutsche Bank 1998, BAnz v. 8.4.1998, 5422; Einladung zur Hauptversammlung der Mannesmann AG 1999, BAnz v. 14.4.1999, 6275; Einladung zur Hauptversammlung der Metallgesellschaft AG 2000, BAnz v. 17.2.2000, 2433; Einladung zur Hauptversammlung der Winkler + Dünnebier AG 2000, BAnz v. 6.4.2000, 6266.

[159] Ausnahme etwa die Deutsche Bank AG, die das „Siemens/Nold"-genehmigte Kapital auf den Erwerb von Unternehmen/Unternehmensbeteiligungen, die Finanzdienstleistungs- oder Versicherungsgeschäfte betreiben, beschränkte, BAnz v. 8.4.1998, 5422, 5423.

2. Die Reaktion der Rechtsprechung

In der „Adidas"-Entscheidung[160] vom 15.5.2000 hat der BGH die Berichtspflichten des Vorstandes gem. §§ 186 IV 2, 203 I 1, II 2 AktG nur in einem Randbereich angesprochen. Danach genügten die Ausführungen des Vorstandes den Anforderungen, die nach der „Siemens/Nold"-Rechtsprechung an den Inhalt des Ermächtigungsbeschlusses zu stellen sind. Der Vorstand müsse in seinem Bericht z.B. keine generalisierenden Ausführungen über den Wert von Nutzungsrechten machen, wenn der Bezugsrechtsausschluss dem Erwerb von Lizenzen dienen soll. Die sachgemäße Abwägung der Einzelheiten habe vielmehr der Vorstand im Rahmen seiner Leitungsverantwortung und seines Leitungsermessens vorzunehmen. Der Vorstand sei nicht verpflichtet, vorausschauende Angaben im Bericht anzuführen mit der Folge, dass sein Handlungsspielraum eingeschränkt wird. Damit hält der BGH - unter ausdrücklicher Bezugnahme - an der „Siemens/Nold"-Rechtsprechung fest.

Das LG München I[161] hat sich in einem Urteil vom 25.1.2001 als bisher erstes Instanzgericht näher mit dem Umfang und Inhalt des Vorstandsberichts zum Bezugsrechtsausschluss im Rahmen eines genehmigten Kapitals beschäftigt. Die Entscheidung zeigt, dass die Instanzgerichte der „Siemens/Nold"-Rechtsprechung nicht durchweg vorbehaltlos folgen. Das LG München I hat weitergehende inhaltliche Anforderungen an den Vorstandsbericht für den Fall aufgestellt, dass sich der Vorstand durch die geplante Kapitalmaßnahme von der bisherigen Geschäftspolitik der Gesellschaft abwendet. Die Frage nach der Reichweite der Reduzierung der Berichtspflichten des Vorstandes, die der BGH in der „Siemens/Nold"-Entscheidung vorgenommen hat, hat das LG dahinstehen lassen. Nach Auffassung der Kammer habe der streitgegenständliche Bericht bereits den Mindestanforderungen der „Siemens/Nold"-Rechtsprechung nicht entsprochen, da der Vorstand die angestrebte „strategische Neuorientierung" der Gesellschaft nicht hinreichend erläutert habe[162].

Die Entscheidung des LG München I stellt insoweit keine vollständige Abkehr von der „Siemens/Nold"-Rechtsprechung dar. Auch nach dem Urteil des LG München I sind weiterhin Vorstandsberichte der in der Praxis verwandten abstrakten Art möglich, in der die Ausnutzung des genehmigten Kapitals nicht auf eine bestimmte, jetzt schon im Detail definierte Geschäftspolitik begrenzt wird. Soweit jedoch das genehmigte Kapital - wie in dem der Entscheidung zugrundeliegenden Fall - ausnahmsweise auf bestimmte Investitionsvorhaben oder eine bestimmte strategische Neuorientierung beschränkt wird, sind diese

---

160 BGHZ 144, 290, 294 f.

161 LG München AG 2001, 319.

162 LG München AG 2001, 319, 320; so auch OLG München AG 2003, 451 f. in der Berufungsinstanz.

im Vorstandsbericht näher zu erörtern[163]. Die Forderung des LG München I[164], der Vorstand habe anhand von Zahlen zu begründen, weshalb die neu definierten Ziele nicht allein durch vorhandenes Eigen- bzw. Fremdkapital erreicht werden konnten, geht über die Anforderungen des BGH im „Siemens/Nold"“Urteil an die Berichtspflichten des Vorstandes hinaus. Ebenso die in der Entscheidung des LG München I möglicherweise angedeutete Verhältnismäßigkeitskontrolle dergestalt, dass die Anforderungen an die Berichtspflichten umso höher sind, je höher der relative Betrag des genehmigten Kapitals ist, findet sich nicht in den Ausführungen des BGH wieder. Ob die Ausführungen des LG München I insoweit überzeugen können, wird an anderer Stelle[165] erörtert.

In der Entscheidung des LG Heidelberg[166] vom 26.6.2001, in der über eine Ermächtigung des Vorstandes zur Sachkapitalerhöhung unter Ausschluss des Bezugsrechts der Aktionäre in Höhe von bis zu 37,25 % des bisherigen Grundkapitals zu entscheiden war, ist dagegen eine stringente Konkretisierung der „Siemens/Nold“-Rechtsprechung zu erblicken. Das LG Heidelberg hat auch bei einer erheblichen Sachkapitalerhöhung die materiellen und insbesondere die formalen Anforderungen an den Bezugsrechtsausschluss nicht verschärft[167].

II. Die Reichweite der „Siemens/Nold“-Rechtsprechung

1. Die Zulässigkeit von „Vorratsermächtigungen“

Der BGH hat durch seine Rechtsprechungsänderung im „Siemens/Nold“-Verfahren den praktischen Anwendungsbereich der §§ 202 ff. AktG erheblich erweitert[168]. Ein Ermächtigungsbeschluss der Hauptversammlung ist nicht mehr deswegen unzulässig, weil die darin genannten Erwerbsmöglichkeiten nur in Aussicht genommen sind, ohne dass sie bereits konkret feststünden, offengelegt werden könnten und der Hauptversammlung eine endgültige Abwägung der Gesellschafts- sowie Aktionärsinteressen und der Verhältnismäßigkeit von Mittel und Zweck erlaubten[169]. Die Erteilung von „Vorratsermächtigungen” an den Vorstand zur Schaffung bezugsrechtsfreien genehmigten Kapitals ist nunmehr zulässig. Dem ausführenden Vorstand wird auf diese Weise gegenüber dem Er-

---

[163] Vgl. dazu die Ausführungen im 2. Teil, unter § 1 B III.

[164] LG München AG 2001, 319, 320.

[165] Im 2. Teil, unter § 1 B III.

[166] LG Heidelberg BB 2001, 1809.

[167] Siehe dazu unten im 2. Teil, § 1 B II.

[168] Vgl. etwa *Hüffer*, AktG, § 186, Rdn. 1.

[169] *Bungert* NJW 1998, 488, 491 erwägt in diesem Zusammenhang ferner, dass die Liberalisierung der Berichterstattungspflicht des Vorstandes bei Schaffung bezugsrechtsfreien genehmigten Kapitals auch für andere Berichtspflichten im Aktien- und Umwandlungsrecht, insbesondere für den Verschmelzungs- oder Spaltungsbericht allgemeine Geltung beanspruchen könnte.

mächtigungsbeschluss, der häufig in die unbestimmte Zukunft hineinwirkt, ein ausreichendes Maß an Flexibilität garantiert, um bei der Umsetzung von Finanzierungsvorhaben im Hinblick auf die dann gegebenen Marktverhältnisse schnelle Entscheidungen im Interesse der Gesellschaft treffen zu können. So ermöglicht die „Siemens/Nold"-Rechtsprechung insbesondere die flexible Umsetzung von Akquisitionsvorhaben[170].

2. Genehmigte Sach- und Barkapitalerhöhungen

Die „Siemens/Nold"-Entscheidung betraf einen Bezugsrechtsausschluss im Rahmen einer genehmigten Sachkapitalerhöhung. Dem Vorstand sollte insbesondere ermöglicht werden, in geeigneten Einzelfällen Unternehmensbeteiligungen gegen Überlassung von Aktien der AG zu erwerben.
Fraglich ist zunächst, ob sich die „Siemens/Nold"-Rechtsprechung allein auf den Erwerb von Unternehmensbeteiligungen als Unterfall der Sachkapitalerhöhung oder auch auf andere Formen der Sacheinlage erstreckt. Darüber hinaus stellt sich die Frage, ob die mit der „Siemens/Nold"-Entscheidung bewirkte Liberalisierung für das genehmigte Kapital gegen Sacheinlagen auch für den Bezugsrechtsausschluss im Rahmen einer genehmigten Barkapitalerhöhung gilt.

a) „Siemens/Nold"-Grundsätze bei der Sachkapitalerhöhung

Vereinzelte Stimmen in der Literatur[171] beziehen die neue Linie der Rechtsprechung lediglich auf den im Wege genehmigten Kapitals zu finanzierenden Beteiligungserwerb als Unterfall der Sachkapitalerhöhung. Dieser Standpunkt ist jedoch nicht haltbar. Denn der BGH hat in der Urteilsbegründung allgemein auf die Rechtsunsicherheit bei der genehmigten Kapitalerhöhung mit Bezugsrechtsausschluss abgestellt, die durch die strengen Anforderungen an die Berichtspflichten des Vorstandes hervorgerufen wurde. Auf Unternehmenserweiterungen durch einen Unternehmens- oder Beteiligungserwerb, die grundsätzlich rasche Entscheidungen erfordern, hat er nur im Besonderen verwiesen[172].
In der „Adidas"-Entscheidung[173] hat der BGH zudem klargestellt, dass die „Siemens/Nold"-Grundsätze nicht nur für den Erwerb von Beteiligungen oder Unternehmen gelten, sondern auch für andere Formen der Sacheinlage, insbesondere Vermögensgegenstände mit feststellbarem wirtschaftlichen Wert (z.B. Lizenzen). Das LG München I[174] ist dieser Entscheidung gefolgt. Das Gericht

---

[170] *Bungert* NJW 1998, 488, 492.
[171] So Anm. *Goette* DStR 1997, 1463 und *Schwark* LM § 186 AktG Nr. 9.
[172] BGHZ 136, 133, 137.
[173] BGHZ 144, 290.
[174] LG München I AG 2001, 319 f.; so auch OLG München AG 2003, 451 f. in der Berufungsinstanz.

hat die Ausführungen des Vorstandes, dass auch Marken, Lizenzen oder sonstige Vermögensgegenstände eingelegt werden könnten, in den Urteilsgründen nicht beanstandet.

b) „Siemens/Nold"-Grundsätze bei der Barkapitalerhöhung

Die Rechtsprechung sowie die Literatur haben die allgemeinen materiellen Voraussetzungen für den Bezugsrechtsausschluss bei der genehmigten Kapitalerhöhung bislang für Bar- und Sachkapitalerhöhungen gleichermaßen bestimmt. Ebenso hat der BGH die Leitsätze für die Beschlussfassungen zum genehmigten Kapital im „Siemens/Nold"-Urteil für Bar- und Sachkapitalerhöhungen formuliert und dabei nicht spezifisch auf den zu entscheidenden Fall der Sachkapitalerhöhung abgestellt. In Teilen der Urteilsbegründung hat der BGH allgemein die bestehende Rechtsunsicherheit bei der genehmigten Kapitalerhöhung betont, die durch die Unwägbarkeiten der bisherigen Wirksamkeitsvoraussetzungen entstanden ist. Der Sinn des genehmigten Kapitals, der Gesellschaft schnelle und flexible Reaktionen auf sich verändernde Kapitalmarktbedingungen zu ermöglichen, auf den sich die Urteilsbegründung maßgeblich stützt, ergreift Sach- und Barkapitalerhöhungen in gleicher Weise. Die Sachkapitalerhöhung anlässlich des günstigen Erwerbs einer Unternehmensbeteiligung gegen Überlassung von Aktien der eigenen Gesellschaft ist dabei nur eine denkbare Konstellation. Ein flexibles Timing und eine schnelle Reaktion sind auch bei einer geplanten Barkapitalerhöhung von erheblicher Bedeutung, etwa um ein freundliches Börsenklima für die Aktieneinführung an ausländischen Börsen auszunutzen. Soweit die Hauptversammlung den Vorstand zum Erwerb von Unternehmensbeteiligungen oder zur Finanzierung sonstiger Großinvestitionen im Rahmen der Akquisitionspolitik oder der strategischen Ausrichtung der Gesellschaft ermächtigt, muss es letztlich auch unerheblich sein, ob der Verkäufer in Aktien oder in bar bezahlt werden möchte.
Vor diesem Hintergrund ist davon auszugehen, dass der BGH dem Vorstand sowohl im Rahmen einer Sachkapitalerhöhung als auch im Fall der Barkapitalerhöhung einen erweiterten Freiraum bei der Unternehmensfinanzierung gewähren wollte[175]. Die mit der „Siemens/Nold"-Entscheidung bewirkte Liberalisierung für das genehmigte Kapital gegen Sacheinlagen gilt daher auch für den Bezugsrechtsausschluss bei einer genehmigten Barkapitalerhöhung.

3. Kapitalerhöhungen gegen Einlagen?

Da die „Siemens/Nold"-Rechtsprechung auch bei anderen Formen der Sacheinlage als Unternehmensbeteiligungen Anwendung findet und ebenso für den Be-

[175] OLG Frankfurt ZIP 2003, 902, 907; so auch *Bungert* NJW 1998, 488, 490; *Volhard* AG 1998, 397, 403 und *Kindler* ZGR 1998, 35, 64; anders dagegen OLG Celle AG 2002, 292 f.

zugsrechtsausschluss bei einer genehmigten Barkapitalerhöhung gilt, fragt es sich, ob sie auch auf die in §§ 182 ff. AktG geregelte Kapitalerhöhung gegen Einlagen in Form der Sach- bzw. Barkapitalerhöhung zu erstrecken ist[176]. Dagegen spricht vor allem die Tatsache, dass es bei der Kapitalerhöhung gegen Einlagen gerade keiner Reduzierung der dem Vorstand obliegenden Berichtspflichten auf eine abstrakte Umschreibung des Kapitalerhöhungszwecks bedarf[177]. Wie bereits ausgeführt[178], betrifft der Gegenstand des „Ausschlussberichts“ nach § 186 IV 2 AktG im Gegensatz zu dem des „Ermächtigungsberichts“ nach §§ 186 IV 2, 203 I 1, II 2 AktG ein gegenwärtiges Ereignis, welches zum Zeitpunkt der Beschlussfassung der Hauptversammlung konkret dargestellt werden kann und muss. Bei einer Kapitalerhöhung gegen Einlagen beschließt die Hauptversammlung somit abschließend und auf konkreter Tatsachengrundlage. Es kommt alsbald zur Erhöhung des Kapitals; eine Flexibilität, die dem Vorstand beim genehmigten Kapital eingeräumt werden muss, ist dabei nicht entscheidend. Die Problematik einer zu frühzeitigen Festlegung der Geschäftsstrategie auf Einzelentscheidungen ergibt sich bei der Kapitalerhöhung gegen Einlagen nicht. Die „Siemens/Nold“-Rechtsprechung ist daher nicht auf Kapitalerhöhungen gegen Einlagen zu erstrecken.

4. Beschränkung der „Siemens/Nold“-Rechtsprechung auf genehmigte Kapitalerhöhungen börsennotierter Gesellschaften?

Da der BGH im „Siemens/Nold“-Verfahren über einen vom Kapitalmarkt und dessen Recht geprägten Fall zu entscheiden hatte, fragt es sich, ob die neue Rechtsprechung zum Bezugsrechtsausschluss auf genehmigte Kapitalerhöhungen börsennotierter Gesellschaften (vgl. § 3 II AktG) zu beschränken ist[179].

Der BGH hat seinen Entscheidungsgründen im „Siemens/Nold“-Verfahren die finanzierungsorientierte Betrachtungsweise zugrundegelegt, deren Vertreter die Finanzierungsinteressen der Gesellschaft in den Vordergrund stellen[180]. Danach relativiert sich die Bedeutung des Bezugsrechts und die Schutzbedürftigkeit der Aktionäre erheblich, soweit es sich um börsennotierte Gesellschaften handelt, die den Ausgabepreis ihrer neuen Aktien regelmäßig am Börsenkurs orientiert festsetzen und ihren Gesellschaftern eine Zukaufsmöglichkeit von Ak-

---

[176] So etwa *Kindler* ZGR 1998, 35, 48 ff., 65, der eine entsprechende Erstreckung der neuen Maßstäbe befürwortet

[177] Vgl. auch *Cahn* ZHR 163 (1999), 554, 570 (Fußn. 62).

[178] Siehe oben, 1. Teil, § 1 A III.

[179] So etwa *Lutter*, in: Festschrift Zöllner, S. 363, 373 f.; vgl. dazu auch die Differenzierung von *Bayer* ZHR 163 (1999), 505, 540, 543 zwischen der geschlossenen AG (Familiengesellschaft) und der Publikumsaktiengesellschaft.

[180] BGHZ 136, 133, 136 mit ausdrücklichem Verweis auf *Heinsius*, in: Festschrift Kellermann, S. 115, 120 ff.; *ders.* WUB II A. § 186 AktG 4.93, S. 1171 f.; *Martens* ZIP 1992, 1677.

tien über die Börse gewähren. Wie die gesetzgeberische Reaktion auf die Problematik des Bezugsrechtsausschlusses in Form der Einführung des erleichterten Bezugsrechtsausschlusses in § 186 III 4 AktG belegt, kann die Gefahr von Vermögensverlusten sowie von Einbußen an Teilhabe- und Herrschaftsrechten bei Kapitalerhöhungen börsennotierter Gesellschaften bis zu 10 % des Grundkapitals durch Orientierung des Ausgabepreises der jungen Aktien am Börsenkurs und aufgrund von Zukaufsmöglichkeiten von Aktien über die Börse infolge eines begrenzten Erhöhungsbetrages zumindest reduziert werden[181].
Für eine Beschränkung der neuen Rechtsprechung zum Bezugsrechtsausschluss auf Kapitalerhöhungen börsennotierter Gesellschaften lässt sich daher anführen, dass die Interessen der unternehmerisch engagierten Aktionäre nicht börsennotierter Gesellschaften gerade nicht wie bei börsennotierten Gesellschaften geschützt werden können[182]: hier gibt es weder einen Marktpreis für die Aktien als Orientierungspunkt einer angemessenen Bestimmung des Ausgabepreises der neuen Aktien noch eine Möglichkeit des Zukaufs von neuen Aktien über die Börse oder des Austritts über die Börse[183]. Kapitalerhöhungen mit Bezugsrechtsausschluss begründen bei der nicht börsennotierten Gesellschaft aufgrund der regelmäßig fehlenden Zukaufsmöglichkeit stets die Gefahr, dass relevante Stimmrechtsquoten verändert werden, Herrschaftsrechte endgültig verloren gehen und somit die Machtbalance zum Nachteil der Minderheit verschoben wird[184].

Mit dem Gesetz für kleine Aktiengesellschaften und zur Deregulierung des Aktienrechts[185] hat der Gesetzgeber begonnen, eine kapitalmarktorientierte Trennlinie zu ziehen zwischen Aktiengesellschaften, deren Aktien zum Handel an einer Börse zugelassen sind, und solchen, bei denen dies nicht der Fall ist. Wegen ihrer exponierten Stellung im Kapitalmarkt, so meint der Gesetzgeber, seien an börsennotierte Aktiengesellschaften höhere Anforderungen zu stellen. Nichtbörsennotierten Aktiengesellschaften kommen dagegen einige im Jahre 1994 eingeführte Deregulierungen zugute (vgl. §§ 58 II 2, 130 I 3 AktG). Trotz

---

181 Vgl. dazu die Begründung des Rechtsausschusses zum Entwurf des Gesetzes für kleine Aktiengesellschaften und zur Deregulierung des Aktienrechts, BT-Drucks. 12/6721, S. 10, BT-Drucks. 12/7848 vom 13.06.1994, S. 9, abgedruckt bei *Seibert/Köster/Kiem*, Die kleine Aktiengesellschaft, Rdn. 367 ff.; siehe auch *Lutter* JZ 1998, 50.

182 Zu den besonderen Gefahren des Bezugsrechtsausschlusses bei solchen Gesellschaften, vgl. etwa Anm. *Lutter* JZ 1998, 50, 52 sowie *Zöllner* AG 1994, 336, 341.

183 Diese Unterschiede sind nach *Cahn* ZHR 163 (1999), 554, 580 insbesondere bei der Frage nach der Verhältnismäßigkeit eines Bezugsrechtsausschlusses bei einer nicht börsennotierten Gesellschaft zu berücksichtigen.

184 Vgl. *Bayer* ZHR 163 (1999), 505, 540; *Lutter* JZ 1998, 50, 51; ebenso *Schwark*, in: Festschrift Claussen, S. 357, 365.

185 Gesetz für kleine Aktiengesellschaften und zur Deregulierung des Aktienrechts vom 2.8.1994, BGBl. I S. 1961.

der vereinzelt geäußerten Kritik[186] an der im Jahre 1994 eingeführten Differenzierung hat der Gesetzgeber mit dem KonTraG[187] die kapitalmarktorientierte Trennlinie zwischen börsennotierten und nicht börsennotierten Gesellschaften vertieft, indem er weitere Erleichterungen für Aktiengesellschaften, die nicht dem Regelungsbereich des § 3 II AktG unterfallen, eingeführt hat (vgl. §§ 110 III, 125 I 3, 134 I 2, 171 II 2, 328 III AktG).
Die kapitalmarktorientierte Trennung zwischen börsennotierten und nicht börsennotierten Gesellschaften ist zu begrüßen. Formalien und Verhaltenspflichten, die bei börsennotierten Aktiengesellschaften aus Gründen des Anlegerschutzes erforderlich sind, lassen sich bei den nicht gleichermaßen am Kapitalmarkt agierenden und zumeist auch weit kleineren Aktiengesellschaften nicht rechtfertigen. Das Aktiengesetz hat demnach immer stärkeren unterschiedlichen Inhalt, je nach dem, ob es sich um eine börsennotierte Gesellschaft handelt oder nicht. Wie noch zu zeigen sein wird[188], begrenzen zudem die Vorschriften der §§ 13 I Nr. 1, 14 I Nr. 2, 38 I Nr. 2 WpHG i.V.m. § 131 III Nr. 5 AktG die Pflicht zur Offenlegung von Informationen nur bei börsennotierten Aktiengesellschaften. Die gesellschaftsrechtliche Geheimhaltungspflicht nach § 131 III Nr. 1 AktG findet dagegen Anwendung, unabhängig davon, ob es sich um eine börsennotierte Gesellschaft handelt oder nicht.

Die angeführte unterschiedliche Behandlung der Aktiengesellschaften macht zwar deutlich, dass eine Differenzierung nach Kapitalmarktzugang für unterschiedliche rechtliche Anforderungen griffig ist. Der BGH hat sich im „Siemens/Nold"-Urteil jedoch gerade nicht für eine Differenzierung zwischen Kapitalerhöhungen börsennotierter und nicht börsennotierter Gesellschaften ausgesprochen. Das Ziel der Rechtsprechungsänderung, den Gesellschaften bei der Ausnutzung genehmigten Kapitals die erforderliche finanzpolitische Flexibilität und Bewegungsfreiheit zu garantieren, um die sich auf den nationalen und internationalen (Kapital)Märkten bietenden Gelegenheiten wahrnehmen zu können[189], betrifft vielmehr börsennotierte und nicht börsennotierte Aktiengesellschaften gleichermaßen[190]. Der Erfolg von Kapitalmaßnahmen hängt sowohl für börsennotierte als auch für nicht börsennotierte Gesellschaften entscheidend von der Reaktionsmöglichkeit der Unternehmen auf kurzfristige (Kapital)Marktänderungen ab.

Würden Gesellschaften ohne Börsenzulassung weiterhin den durch die „Holzmann"-Doktrin statuierten strengen Berichtspflichten unterliegen, könnten sie diese regelmäßig nicht erfüllen, weil von ihnen eine viel zu frühzeitige Fest-

---

[186] Siehe etwa *Claussen* AG 1996, 481, 493 f.
[187] Gesetz zur Kontrolle und Transparenz im Unternehmensbereich, BGBl. I 1998, 786.
[188] Eingehend dazu unten, 2. Teil, § 1 C I 2.
[189] Vgl. BGHZ 136, 133, 136.
[190] Anders dagegen *Lutter*, in: Festschrift Zöllner, S. 363, 374 f.

legung der Geschäftsstrategie auf Einzelentscheidungen verlangt würde[191]. Das genehmigte Kapital würde damit weitgehend aus der Unternehmenspraxis nicht börsennotierter Gesellschaften eliminiert.

Es ist zwar einzuräumen, dass nicht börsennotierte Gesellschaften meist einen weit kleineren Aktionärskreis als börsennotierte Gesellschaften haben, so dass die Erleichterungen für kleine Aktiengesellschaften Anwendung finden. Eine Hauptversammlung einer nicht börsennotierten Gesellschaft, bei welcher der Aktionärskreis bekannt und überschaubar ist, kann danach zunächst unter den erleichternden Bedingungen der §§ 121 IV, VI, 124 I 3 AktG[192] rasch und kostengünstig einberufen werden[193]. Eine „kleine AG" kann ihre Aktionäre - wie die GmbH - durch eingeschriebenen Brief laden, soweit ihr die Aktionäre namentlich bekannt sind und über die Tagesordnung informieren (§§ 121 IV, 124 I 3 AktG). Dabei liegt es nahe, die Aktionäre auf diesem Wege auch über die Gründe eines Bezugsrechtsausschlusses zu informieren. Da die Zusendung gegenüber der Auslegung das gesellschafterfreundlichere Verfahren ist, spricht nichts dagegen, dass die „kleine AG" dieses Verfahren anstelle der Auslegung wählen kann. Ein nicht unerheblicher Zeitverlust wird jedoch auch auf diesem Wege nicht zu vermeiden sein, der die Flexibilität des genehmigten Kapitals bei Gesellschaften ohne Börsenzulassung über Gebühr beeinträchtigen kann.
Die mit der „Siemens/Nold"-Rechtsprechung einhergehende Herabsetzung der Berichtspflichten des Vorstandes ist daher für nicht börsennotierte Aktiengesellschaften ebenso erforderlich wie für börsennotierte Aktiengesellschaften, so dass sie für beide Gesellschaften gleichermaßen gilt.

III. Die Auswirkungen der „Siemens/Nold"-Rechtsprechung

Da mit Erlass des „Siemens/Nold"-Urteils nunmehr die abstrakte Bezeichnung von Finanzierungsvorhaben zur Begründung des geplanten Bezugsrechtsausschlusses im Vorstandsbericht genügt, wird der Ermächtigungsbeschluss nur noch selten wegen nicht hinreichender Erfüllung der Berichtspflichten mit Erfolg angefochten werden können[194]. Ebenso wird eine erfolgreiche Anfechtung des Ermächtigungsbeschlusses wegen inhaltlicher Mängel in der Regel deswegen scheitern, weil die abstrakten Umschreibungen der Gründe für einen Bezugsrechtsausschluss kaum jemals in Widerspruch zum wohlverstandenen Gesellschaftsinteresse stehen werden. Je weniger der Vorstand letztlich konkret zu

[191] Vgl. zu dieser Problematik bereits oben, 1. Teil, § 1 A III.
[192] Siehe dazu etwa *Lutter* AG 1994, 429 ff.
[193] *Lutter*, in: Festschrift Zöllner, S. 363, 374 f.; *ders*. JZ 1998, 50, 52.
[194] Nur ausnahmsweise besteht die Gefahr von begründeten Anfechtungsklagen, soweit der Vorstand die Aktionäre in Fällen einer bereits fortgeschrittenen Planung der Kapitalmaßnahme umfassend über die Gründe des Bezugsrechtsausschlusses unterrichten muss, vgl. dazu die Ausführungen im 2. Teil, unter § 1 C III 3 a) cc).

berichten hat, desto mehr Freiraum hat er bei der Unternehmensfinanzierung, und desto weniger kann kritisch erörtert und im Anfechtungsverfahren gerichtlich überprüft werden.
Die Erfolgschancen von Anfechtungsklagen werden sich mithin drastisch reduzieren[195]. Der Ausschluss des Bezugsrechts beim genehmigten Kapital wird daher nicht mehr zwangsläufig zum Risiko für die Aktiengesellschaften. Die Anfechtungsprozesse werden auf der Grundlage der „Siemens/Nold"-Rechtsprechung innerhalb der fünfjährigen Ermächtigungsfrist rechtskräftig abgeschlossen werden können[196]. Auch die Registergerichte müssen insoweit ihr Aussetzungsermessen (vgl. § 127 FGG) entsprechend den verringerten Anforderungen an die Konkretisierung der Gründe für einen Ausschluss des Bezugsrechts ausüben. Wenn nach ihrer Bewertung die Anfechtungsklage keine Erfolgsaussichten hat und ein überwiegendes Interesse der AG an baldiger Eintragung besteht, sollten sie die Eintragung der Kapitalerhöhung verfügen[197].
Die Rechtsprechungsänderung wird in diesem Zusammenhang vereinzelt als „Quittung" dafür angesehen, dass weder Rechtsprechung und Lehre noch der Gesetzgeber die Aktivitäten „räuberischer Aktionäre" kontrollieren konnten[198].

D. Stellungnahmen in der Literatur zur „Siemens/Nold"-Rechtsprechung

Vor den aufgezeigten Hintergründen wird das Urteil des BGH im „Siemens/Nold"-Verfahren überwiegend positiv aufgenommen[199]. Einige Stimmen in der Literatur bezeichnen es als sehr begrüßenswert[200] und als „deutliches Ja zum Wirtschaftsstandort Deutschland"[201].

Es darf allerdings nicht außer Acht gelassen werden, dass mit Erlass des „Siemens/Nold"-Urteils des BGH und der damit verbundenen Beschränkung der Informationspflichten des Vorstandes der Schutz der Aktionäre durch die bislang postulierten strengen Berichtspflichten des Vorstandes erheblich abge-

---

[195] Siehe etwa *Cahn* ZHR 163 (1999), 554, 556; *Bayer* ZHR 163 (1999), 505, 544.
[196] *Volhard* AG 1998, 397, 402, 404.
[197] Siehe dazu *Volhard* AG 1998, 397, 404 und Fußn. 104.
[198] Vgl. *Volhard* AG 1998, 397, 403.
[199] So etwa *Heinsius* WuB II A. § 186 AktG 3.97; ebenso im Ergebnis befürwortend *Kindler* ZGR 1998, 35 ff.; *Schwark* LM AktG § 186 Nr. 9; *Röhricht*, in: RWS Forum Gesellschaftsrecht 1997, S. 191, 218 ff.; zunächst differenzierend *Hirte* EWiR 1997, § 203 AktG 1.97, 1013 f.; *ders.*, in: RWS Forum Gesellschaftsrecht 1997, S. 233 und *Hommelhoff*, in: RWS Forum Gesellschaftsrecht 1997, 232 f.; befürwortend *Hirte* EWiR § 203 AktG 1/2000, 941 f.
[200] *Volhard* AG 1998, 397, 402.
[201] *Bungert* NJW 1988, 488, 492; so auch die Presseerklärung des BGH Nr. 41/97, abgedruckt in GmbHR 1997, R. 220 f.

schwächt wird[202]. Die Aktionäre können sich auf der Grundlage eines Vorstandsberichts, welcher die geplante Finanzierungsmaßnahme nur noch abstrakt bezeichnet, keinerlei konkrete Vorstellungen über den Grund des geplanten Bezugsrechtsausschlusses machen. Für den Schutz der Aktionäre ist daher entscheidend, welche sachlichen Voraussetzungen erfüllt sein müssen, um die Vorstandsentscheidung über den Einsatz des bezugsrechtsfreien genehmigten Kapitals zu rechtfertigen.

Die eigentliche Entscheidung über den Bezugsrechtsausschluss wird auf die Verwaltung verlagert[203], die in der Regel die Interessen der für eine Bestätigung im Amt ausreichenden einfachen Aktionärsmehrheit im Blick haben wird, wohingegen der Ermächtigungsbeschluss mit qualifizierter Mehrheit gefasst wird[204].

Der Rechtsschutz der Aktionäre verlagert sich demzufolge zwangsläufig auf die zweite Verfahrensstufe der genehmigten Kapitalerhöhung, nämlich auf die Überprüfung der Rechtmäßigkeit des Handelns der Verwaltung beim Gebrauchmachen von der Ermächtigung. Gegenstand der gerichtlichen Nachprüfung ist praktisch nur noch die Vorstandsentscheidung; eine erfolgreiche Anfechtung des Ermächtigungsbeschlusses der Hauptversammlung ist dagegen kaum mehr denkbar[205].

Vor dem Hintergrund möglicher Rechtsschutzdefizite für die vom Bezugsrecht ausgeschlossenen Aktionäre beurteilen einige Stimmen in der Literatur die Entscheidung des BGH sehr kritisch[206]. Vereinzelt bezeichnen sie die „Siemens/Nold"-Entscheidung als „Unglück"[207] und beklagen die Reduzierung des Minderheitenschutzes in der Gesellschaft sowie den Eingriff in die Aktionärsrechte. Der BGH habe sich in Wertungswidersprüche verstrickt, weil die Entscheidung weit über die berechtigten Bedürfnisse der Praxis hinausgehe. *Lut-*

---

[202] *Pluta*, in: Das Wertpapier, Heft 22/1997, S. 182 ff.; *ders.*, in: RWS Forum Gesellschaftsrecht 1997, S. 231 spricht von einer Entwertung der Kontrollrechte der Aktionäre.

[203] Siehe *Röhricht*, in: RWS Forum Gesellschaftsrecht 1997, S. 191, 221; kritisch dazu *Pluta*, in: Das Wertpapier, Heft 22/1997, S. 182 ff.

[204] Siehe *Cahn* ZHR 163 (1999), 554, 569 f.

[205] Nach *Kindler* ZGR 1998, 35, 61 f., verliere damit auch die Diskussion, ob bereits der Ermächtigungsbeschluss einer Beschlusskontrolle oder allein die Vorstandsentscheidung über die Ausnutzung der Ermächtigung einer gerichtlichen Inhaltskontrolle unterliege, an Bedeutung. Siehe dazu auch *Bayer* ZHR 163 (1999), 505, 544.

[206] Im Zusammenhang mit der ersten Umsetzung der Rechtsprechungsänderung in der Praxis durch die Metro AG kommentierte die Vertreterin der Deutschen Schutzvereinigung für Wertpapierbesitz (DSW) die Entscheidung des BGH als Schlag in das Gesicht der Aktionäre (vgl. dazu *Pluta*, in: Das Wertpapier, Heft 22/1997, S. 182 ff.; *ders.*, in: RWS Forum Gesellschaftsrecht 1997, S. 231); siehe dazu auch *Bayer* ZHR 163 (1999), 505, 507, 522, 539, 544 („nicht akzeptable Rechtsschutzdefizite"); Bedenken ebenso bei *Wenger*, in: RWS Forum Gesellschaftsrecht 1997, S. 233.

[207] So Anm. *Lutter* JZ 1998, 50 ff.

ter[208] verweist insbesondere auf die bereits erwähnte fehlende Differenzierung zwischen Kapitalerhöhungen börsennotierter und nicht börsennotierter Aktiengesellschaften[209].

Inwieweit diese kritische Betrachtung gegenüber den eindeutigen Vorteilen einer flexiblen Unternehmensfinanzierung nach der „Siemens/Nold“-Entscheidung durchgreifen kann, wird im folgenden geklärt. Von Bedeutung ist vor allem die Frage, ob die Aktionäre auf der Grundlage der neuen Rechtsprechung hinreichend effektiven Rechtsschutz gegen Pflichtverletzungen der Verwaltungsmitglieder bei Ausnutzung der Ermächtigung zur Kapitalerhöhung erreichen können[210].

In der „Holzmann”-Entscheidung[211] hat der BGH die Ansicht vertreten, dass die Verlagerung der Entscheidung über den Bezugsrechtsausschluss auf den Vorstand die Möglichkeit, berechtigte sachliche Einwendungen gegen sie vorzubringen, erheblich erschweren könne. In der „Siemens/Nold“-Entscheidung[212] hat er dagegen auf die Möglichkeit verwiesen, eine präventive gerichtliche Kontrolle der Vorstandsentscheidung in Gestalt einer Feststellungs- oder Unterlassungsklage und eine nachträgliche Kontrolle in Form einer Entlastungsverweigerung oder der Inanspruchnahme der Vorstandsmitglieder nach § 93 II AktG zu erreichen. Ob diese Rechtsschutzmöglichkeiten den Wegfall präventiver gerichtlicher Kontrolle des Ermächtigungsbeschlusses im Wege eines Anfechtungsverfahrens ausgleichen können, wird bei der Kontrolle der Vorstandsentscheidung durch die Aktionäre eingehend untersucht[213].

Für den Schutz der Aktionäre ist letztlich entscheidend, welche inhaltlichen Voraussetzungen erfüllt sein müssen, um die Vorstandsentscheidung über die Finanzierung eines Vorhabens unter Ausschluss des Bezugsrechts zu rechtfertigen. Welche Auswirkungen das „Siemens/Nold”-Urteil auf das Erfordernis der sachlichen Rechtfertigung hat, wird im Rahmen der Handlungsgrenzen des Vorstandes beim Gebrauchmachen von der Ermächtigung geprüft[214].

Im folgenden Abschnitt gilt es zunächst, die Pflichten des Vorstandes im Vorfeld der Ermächtigung nach der Rechtsprechungsänderung näher zu konkretisieren. Insbesondere der Umfang der Informationspflichten des Vorstandes ist schließlich für die Bewertung der mit der „Siemens/Nold“-Rechtsprechung ein-

---

208 *Lutter*, in: Festschrift Zöllner, S. 363, 372 ff., der dem BGH ganz ungewöhnlich platten Pragmatismus vorwirft, der jegliche Systematik und Differenzierung vermissen lasse; vgl. ebenso *Götz*, in: RWS Forum Gesellschaftsrecht 1997, S. 233.

209 Dazu bereits oben, 1. Teil, § 2 C II 3.

210 Vgl. dazu die gesamten Ausführungen im 3. Teil, unter § 2.

211 BGHZ 83, 319, 322.

212 BGHZ 136, 133, 140 f.

213 Vgl. dazu die Ausführungen im 3. Teil, unter § 2.

214 Siehe dazu unten, 2. Teil, § 3 C.

hergehenden Einschränkung der Aktionärsrechte von entscheidender Bedeutung.

2. Teil: Die Pflichten des Vorstandes nach der „Siemens/Nold"-Rechtsprechung

§ 1 Die Pflichten des Vorstandes im Vorfeld der Ermächtigung nach der „Siemens/Nold"-Rechtsprechung

A. Einleitung

Nach der „Siemens/Nold"-Rechtsprechung erfüllt der Vorstand seine Berichtspflichten gem. §§ 186 IV 2, 203 I 1, II 2 AktG bereits dann, wenn er die geplante Kapitalmaßnahme abstrakt umschreibt. Damit hat der BGH lediglich eine Mindestanforderung für die Informationspflichten aufgestellt, die der Vorstand gegenüber der Hauptversammlung wahrzunehmen hat. Die abstrakte Bezeichnung des Finanzierungsvorhabens kann nicht in jeder Fallkonstellation, ungeachtet der Tatsache, ob bereits konkrete Pläne für die Durchführung der bezugsrechtsfreien Kapitalerhöhung vorliegen oder nicht, als Erfüllung der Berichtspflichten angesehen werden. Dies wäre zu weitgehend und im übrigen auch nach der neuen Rechtsprechung nicht notwendig. Der BGH wollte mit der Rechtsprechungsänderung eine Ermächtigung des Vorstandes zur bezugsrechtsfreien Kapitalerhöhung nur für diejenigen Fälle ermöglichen, in denen noch keine konkreten Vorhaben in Aussicht genommen sind[215]. Allein in diesen Fällen drohten die herkömmlichen richterrechtlich statuierten Berichtspflichten des Vorstandes das Institut des genehmigten Kapitals aus der Unternehmenspraxis zu verdrängen. Die Herabsetzung der Informationspflichten ist dagegen nicht für Fälle vorgesehen, in denen die Erteilung einer Ermächtigung gerade nicht davon abhängt.

Ist die Planung für den Einsatz des genehmigten Kapitals demnach weit fortgeschritten, so spricht nichts dagegen, den Vorstand grundsätzlich als verpflichtet anzusehen, der Hauptversammlung über die abstrakte Bezeichnung des Finanzierungsvorhabens hinausgehende bestimmte Einzelumstände bekannt zu geben oder die Aktionäre sogar über die ganze Planung zu unterrichten[216]. So kann der Vorstand beispielsweise bei einer Kapitalerhöhung mit Bezugsrechtsausschluss zwecks Aktieneinführung an ausländischen Börsen bereits im Vorfeld der Er-

---

[215] BGHZ 136, 133, 136 ff. unter Aufgabe von BGHZ 83, 319, 325; zustimmend *Cahn* ZHR 163 (1999), 554, 559.

[216] Insbesondere *Lutter*, in: Kölner Kommentar zum AktG, § 186, Rdn. 25 und *Hüffer*, AktG, § 203, Rdn. 11, 29 befürworten letzteres. Eine frühzeitige Information der Hauptversammlung vermag danach eine gewisse Entlastung des Vorstandes bringen.

mächtigung konkrete Vorstellungen von den in Frage kommenden Börsenplätzen sowie der Höhe des jeweils an ihnen einzusetzenden Aktiennennkapitals haben. Soweit die Ermächtigung zur bezugsrechtsfreien Kapitalerhöhung die Bedienung von Wandelungs- und Optionsrechten aus Schuldverschreibungen ermöglichen soll, kann der Vorstand ebenso schon im Vorfeld der Beschlussfassung den Ausgabebetrag für die Wandel- bzw. Optionsschuldverschreibungen sowie die Umtausch- bzw. Bezugskonditionen für die Aktionäre vor Augen haben. In diesen Fällen liegen bereits im Zeitpunkt der Ermächtigung konkrete Pläne für den Einsatz des bezugsrechtsfreien genehmigten Kapitals vor, die dem Vorstand eine umfassende Information der Hauptversammlung ermöglichen und ihn zugleich dazu verpflichten.

Bei der Bewertung der Berichtsanforderungen ist also zunächst entscheidend, ob bereits konkrete Pläne für die Verwendung des genehmigten Kapitals im Zeitpunkt der Berichterstattung vorliegen oder nicht[217].
Gegen eine solche differenzierte Beurteilung der Berichtspflichten lässt sich zwar einwenden, dass allein die Vorstandsmitglieder wissen, wie konkret die Planung ist, nicht dagegen die Aktionäre, die möglicherweise gegen die Ermächtigung des Vorstandes vorgehen wollen. Wären die Gesellschafter insoweit darlegungs- und beweisbelastet, könnten sie die Kapitalerhöhung mit Bezugsrechtsausschluss kaum erfolgreich wegen der Verletzung der Informationspflichten des Vorstandes gegenüber der Hauptversammlung angreifen. Ein Vortrag dahingehend, dass der Vorstand die Aktionäre aufgrund einer konkreten Planung für den Einsatz des genehmigten Kapitals hätte näher informieren müssen, es aber unterlassen hat, wird ihnen kaum gelingen. Wie im Rahmen der Darlegungs- und Beweislastverteilung im Prozess noch erörtert wird[218], kommen den Aktionären abweichend von dem allgemeinen Beweislastprinzip bei der Verletzung von Informationspflichten jedoch Beweiserleichterungen zugute.

Die Aktionäre können sich folglich auch bei einer differenzierten Bewertung der Berichtspflichten danach, ob bereits konkrete Pläne für den Einsatz des genehmigten Kapitals im Zeitpunkt der Berichterstattung vorliegen oder nicht, aufgrund der Beweiserleichterungen im Prozess erfolgreich gegen die Ermächtigung des Vorstandes zur Kapitalerhöhung wegen Verletzung der Informationspflichten wenden. Der rechtliche Zusammenhang zwischen dem erforderlichen Berichtsinhalt und dem konkreten Stadium der Planung für die Verwendung des genehmigten Kapitals ist letztlich unverkennbar.

---

[217] Vgl. eingehend zu dieser differenzierten Betrachtung der Informationspflichten des Vorstandes: *Cahn* ZHR 163 (1999), 554, 557 ff.

[218] Siehe dazu die Ausführungen im 3. Teil, § 2 D V 4.

B. Die Information der Hauptversammlung durch den Vorstand bei Fehlen konkreter Pläne

Bestehen zum Zeitpunkt der Ermächtigung des Vorstandes zur bezugsrechtsfreien Kapitalerhöhung noch keine konkreten Pläne für den Einsatz des genehmigten Kapitals, muss sich der Vorstand weder im Hinblick auf die Art der zu finanzierenden Maßnahme noch im Hinblick auf die Art der Einlageleistung binden[219]. Der Vorstand kann sich demnach zunächst dazu ermächtigen lassen, die Aktien je nach Bedarf, also entsprechend der später ins Auge gefassten Kapitalmaßnahme gegen Bar- oder Sacheinlagen auszugeben[220]. Er darf weiterhin – kumulativ oder alternativ – verschiedene Gründe für die Kapitalerhöhung anführen, wie beispielsweise die Ausgabe von Arbeitnehmeraktien und/oder den Erwerb von Beteiligungen an einem anderen Unternehmen gegen Überlassung von Aktien[221]. Der BGH hat es im „Siemens/Nold“-Verfahren[222] als zulässig erachtet, dass sich der Bezugsrechtsausschluss (durch die Formulierung im Vorstandsbericht: „die Ausnutzung des erbetenen genehmigten Kapitals II *soll* auf zwei Fälle begrenzt werden”) nicht auf die Fälle der Ausgabe von Belegschaftsaktien und/oder des Beteiligungserwerbs beschränkte und der Vorstand damit hinsichtlich des Zwecks der Aktienausgabe nicht gebunden war.

Die Anzahl der Zwecke, die mit einem Bezugsrechtsausschluss verfolgt werden, ist überschaubar[223]. Neben den soeben angeführten Fällen sind vor allem die Aktieneinführung an ausländischen Börsen[224], die Begründung der Kooperation mit anderen Unternehmen[225] oder von Sanierungsbeteiligungen[226], die Bedienung von Wandelungs- und Optionsrechten aus Schuldverschreibungen[227], die Aufrechterhaltung des Verhältnisses verschiedener Aktiengattungen bei Kapitalerhöhungen[228], die Abwehr des Einflusses bestimmter Aktionäre[229] und

---

[219] *Cahn* ZHR 163 (1999), 554, 557.

[220] BGHZ 136, 133, 134; *Lutter*, in: Kölner Kommentar zum AktG, § 202, Rdn. 31.

[221] Vgl. insoweit BGHZ 136, 133, 134.

[222] BGHZ 136, 133.

[223] Dies belegen die bisher entschiedenen Fälle sowie die Literatur zu diesem Themenbereich.

[224] BGHZ 125, 239, 242 f.; *Hefermehl/Bungeroth*, in: Geßler/Hefermehl/Eckardt/Kropff, Kommentar zum AktG, § 186, Rdn. 133; *Lutter*, in: Kölner Kommentar zum AktG, § 186, Rdn. 72.

[225] *Lutter*, in: Kölner Kommentar zum AktG, § 186, Rdn. 69; *Krieger*, in: Münchener Handbuch, Aktiengesellschaft, § 56, Rdn. 74; *Martens*, in: Festschrift Fischer, S. 437, 448.

[226] LG Heidelberg ZIP 1988, 1257, 1258; *Hüffer*, AktG, § 186, Rdn. 31; *Hefermehl/Bungeroth*, in: Geßler/Hefermehl/Eckardt/Kropff, Kommentar zum AktG, § 186, Rdn. 131.

[227] OLG Stuttgart ZIP 1998, 1482; LG Frankfurt ZIP 1997, 1030; *Hüffer*, AktG, § 186, Rdn. 30; *Krieger*, in: Münchener Handbuch, Aktiengesellschaft, § 56, Rdn. 72.

[228] Sogenannter gekreuzter Bezugsrechtsausschluss, vgl. *Hüffer*, AktG, § 186, Rdn. 30; *Lutter*, in: Kölner Kommentar zum AktG, § 186, Rdn. 17, 68; *Scheifele* BB 1990, 497, 499; dagegen für ein allein auf Erwerb von Aktien der bislang gehaltenen Gattung gerichtetes Bezugsrecht,

schließlich der Ausschluss von Spitzenbeträgen[230] Ziel eines Bezugsrechtsausschlusses. Die Aufzählung mehrerer oder gar aller in Frage kommender Verwendungsmöglichkeiten für ein genehmigtes Kapital mit Bezugsrechtsausschluss, die vom Vorstand ins Auge gefasst wurden, ist nunmehr im Vorstandsbericht zulässig. Aus dem Sinn und Zweck der Berichterstattungspflicht des Vorstandes lässt sich keine Höchstzahl von Kapitalerhöhungsgründen ableiten, die im Vorstandsbericht und im Beschlussvorschlag des Vorstandes nicht überschritten werden dürfte. Wie noch zu zeigen sein wird[231], muss allerdings aus dem Kreis möglicher Bezugsrechtsausschlusszwecke die Entscheidung der Aktionäre zumindest eine Auswahl enthalten, damit der Ermächtigungsbeschluss der Hauptversammlung nicht jegliche das Vorstandsermessen begrenzende Wirkung verliert. Eine Pauschalermächtigung des Vorstandes, in der die Hauptversammlung eine Vielzahl von Kapitalerhöhungsgründen aufführt, um dem Vorstand gewissermaßen einen Freibrief zur Durchführung bezugsrechtsfreier Kapitalerhöhungen einzuräumen, ist unzulässig.

Die bloße Beschreibung des Effekts einer Kapitalerhöhung, mit Hilfe des genehmigten Kapitals solle die Eigenkapitalbasis der AG verstärkt werden, wie sie nach der Regierungsbegründung im Sonderfall des erleichterten Bezugsrechtsausschlusses nach § 186 III 4 AktG genügen soll[232], reicht hingegen auch nach den „Siemens/Nold"-Grundsätzen zur Information der Hauptversammlung nicht aus[233]. Der Vorstand darf sich bei regulären Bezugsrechtsausschlussfällen in Zukunft gerade nicht mit ähnlichen Formulierungen begnügen. Ebenso wenig reicht es aus, dass sich der Vorstand zur Ausgabe von Aktien zur Durchführung eines von ihm bei Bedarf festzulegenden, zulässigen und im Interesse der Gesellschaft liegenden Vorhabens ermächtigen lässt. Nach wie vor muss der Vorstand vielmehr einen über die bloße Zuführung neuer Eigenmittel hinausgehenden Zweck angeben, dessen Realisierung die Kapitalerhöhung dienen soll[234].

---

das einen sog. gekreuzten Bezugsrechtsausschluss entbehrlich machen würde, z.B. *Wiedemann*, in: Großkommentar zum AktG, § 186, Rdn. 69 und *Groß* AG 1993, 449, 452.

[229] BGHZ 33, 175, 186 f.; vgl. *Hefermehl/Bungeroth*, in: Geßler/Hefermehl/Eckardt/Kropff, Kommentar zum AktG, § 186, Rdn. 135 f.; *Hüffer*, AktG, § 186, Rdn. 32.

[230] BGHZ 83, 319, 323; *Lutter*, in: Kölner Kommentar zum AktG, § 186, Rdn. 66; *Hüffer*, AktG, § 186, Rdn. 29.

[231] Näher dazu unten, 2. Teil, § 3 B III (1-3).

[232] Vgl. dazu oben, 1. Teil, § 1 B II.

[233] So zutreffend *Cahn* ZHR 163 (1999), 554, 557. *Bungert* NJW 1998, 488, 491 verweist dagegen fälschlicherweise auf gewisse Ähnlichkeiten zwischen der nach der „neuen Formel" des BGH nunmehr ausreichenden abstrakten Umschreibung der Maßnahme und der abstrakten Formulierung des Vorstandsberichts für die Vorbereitung eines erleichterten Bezugsrechtsausschlusses nach § 186 III 4 AktG.

[234] Vgl. dazu *Cahn* ZHR 163 (1999), 554, 557 f.

I. Reduzierte Berichtspflichten bei einfach gelagerten Bezugsrechtsausschlussfällen

In einfach gelagerten Bezugsrechtsausschlussfällen, wie zum Zweck der Ausgabe von Belegschaftsaktien, der Vermeidung von Spitzenbeträgen sowie zwecks Aufrechterhaltung des Verhältnisses verschiedener Aktiengattungen, sind an die Rechtfertigung des Bezugsrechtsausschlusses nur geringe Anforderungen zu stellen.

1. Ausgabe von Belegschaftsaktien

Soweit die Ermächtigung zur Kapitalerhöhung und der Bezugsrechtsausschluss der Gesellschaft die Ausgabe von Belegschaftsaktien ermöglichen soll, sind nur geringe Anforderungen an die Berichtspflichten des Vorstandes zu stellen[235]. Denn dieser von vielen Gesellschaften dargelegte Zweck zum Ausschluss des Bezugsrechts ist allgemein anerkannt und bereitet demzufolge keine Probleme[236]. Das Ziel der Ausgabe von Belegschaftsaktien ist bereits gesetzlich verankert (vgl. §§ 71 I Nr. 2, 192 II Nr. 3 AktG). Diese Vorschriften stehen in einer Reihe mit anderen Regelungen, die den Erwerb von Belegschaftsaktien begünstigen (vgl. §§ 71 a I 2, 194 III, 202 IV, 203 IV, 204 III, 205 V AktG). Wegen dieser vom Gesetzgeber anerkannten Förderungswürdigkeit von Belegschaftsaktien liegt die Ausgabe von Belegschaftsaktien regelmäßig im Interesse der Gesellschaft[237]. Nach überwiegender Ansicht trägt bereits diese Zweckbestimmung die Rechtfertigung des Bezugsrechtsausschlusses in sich[238].
Vor diesem Hintergrund genügt es, wenn der Vorstand gegenüber der Hauptversammlung berichtet, dass ihn die beantragte Ermächtigung zur Ausgabe genehmigten Kapitals mit Bezugsrechtsausschluss in die Lage versetzen soll, den Arbeitnehmern der Gesellschaft sowie den Arbeitnehmern verbundener Unternehmen Aktien zur Zeichnung anzubieten. Der Ausschluss des Bezugsrechts dient dem Interesse der Gesellschaft, die Verbundenheit der Arbeitnehmer mit dem Unternehmen zu stärken, indem es sie auch kapitalmäßig an sich bindet und die Arbeitnehmer an dem von ihnen erwirtschaftetem Ergebnis interessiert. Bei der Bemessung des Kapitalerhöhungsvolumens ist der Zeitraum zur Aus-

---

[235] Ebenso *Hefermehl/Bungeroth*, in: Geßler/Hefermehl/Eckardt/Kropff, Kommentar zum AktG, § 186, Rdn. 127; *Hüffer*, AktG, § 186, Rdn. 29.

[236] *Heinsius*, in: Festschrift Kellermann, S. 115, 126; *Lutter*, in: Kölner Kommentar zum AktG, § 186, Rdn. 67.

[237] BGHZ 144, 290 mit Anm. *Hirte* EWiR § 203 AktG 1/2000, 941.

[238] Siehe etwa *Timm* DB 1982, 211 (Fußn. 9); *Hirte*, Bezugsrechtsausschluß und Konzernbildung, S. 61; im Ergebnis wohl auch *Lutter*, in: Kölner Kommentar zum AktG, § 186, Rdn. 67 und *Wiedemann*, in: Großkommentar zum AktG, § 186, Rdn. 156 („Vorrang des sozialpolitischen Auftrags"); anders dagegen *Hüffer*, AktG, § 186, Rdn. 29.

nutzung des genehmigten Kapitals von fünf Jahren, die Anzahl der Arbeitnehmer sowie die bisherige Akzeptanz der Angebote zum Bezug von Aktien maßgeblich. Soweit das genehmigte Kapital ein erhebliches Volumen hat, also etwa die Kapitalgrenze von der Hälfte des Grundkapitals erreicht, und es für verschiedene Zwecke eingesetzt werden soll, hat der Vorstand die Hauptversammlung auch darüber zu informieren, in welchem Umfang Belegschaftsaktien ausgegeben werden sollen. Für die Frage, ob sich die Ausgabe von Belegschaftsaktien in angemessenen Grenzen hält[239], macht es schließlich einen erheblichen Unterschied, ob etwa 5 % oder 30 % des genehmigten Kapitals dafür verwendet werden sollen. Nähere Einzelheiten hat der Vorstand dagegen nicht offen zu legen, da allein die Angabe des Verwendungszwecks (Ausgabe von Belegschaftsaktien) schon indiziert, dass der Bezugsrechtsausschluss im Gesellschaftsinteresse liegt.

2. Ausschluss von Spitzenbeträgen

Ähnliche Überlegungen wie im Fall der Ausgabe von Belegschaftsaktien gelten für die Berichtspflichten des Vorstandes, wenn der Ausschluss des Bezugsrechts dazu dient, freie Spitzen möglichst zu vermeiden. Soweit der Kapitalerhöhungsbetrag nicht so gewählt werden kann, dass praktikable Bezugsverhältnisse gegeben sind, trägt diese Zweckbestimmung die Rechtfertigung des Bezugsrechtsausschlusses bereits in sich, so dass der Vorstand allein mit der Darlegung des Verwendungszwecks, der Vermeidung von Spitzenbeträgen, seinen Berichtspflichten genügt[240]. Der Bezugsrechtsausschluss ist allerdings in diesem Fall nur insoweit notwendig und die entsprechende Ermächtigung selbst, die auf eben diesen Ausschluss gerichtet ist, nur in dem Maße erforderlich, als dass mit Hilfe des späteren Bezugsrechtsausschlusses durch den Vorstand sog. Spitzenbeträge auch tatsächlich ausgeglichen werden sollen[241].

3. Aufrechterhaltung des Verhältnisses verschiedener Aktiengattungen

Es entspricht der gängigen Praxis von Aktiengesellschaften mit verschiedenen Aktiengattungen, den alten Stammaktionären lediglich das Recht auf den Bezug neuer Stammaktien und den alten Vorzugsaktionären nur das Recht auf den Bezug neuer Vorzugsaktien einzuräumen, während das Bezugsrecht der Stammaktionäre auf neue Vorzugsaktien und das der Vorzugsaktionäre auf neue Stammaktien ausgeschlossen wird. Für die Begründung dieses gekreuzten Bezugs-

---

[239] Siehe dazu *Krieger*, in: Münchener Handbuch, Aktiengesellschaft, § 58, Rdn. 58 ff.

[240] Vgl. dazu auch *Lutter*, in: Kölner Kommentar zum AktG, § 186, Rdn. 66, 88, der diesen Fall des Bezugsrechtsausschlusses in Anlehnung an BGHZ 83, 319, 323 als unproblematisch bezeichnet und eine kurze Fassung des Vorstandsberichts insoweit genügen lässt.

[241] *Timm* DB 1982, 211, 215.

rechtsausschlusses genügt daher die Absicht, das bisherige Verhältnis der Aktiengattungen zueinander unverändert zu lassen. So reicht es aus, wenn der Vorstand in seinem nach §§ 186 IV 2, 203 I 1, II 2 AktG zu erstattenden Bericht ausführt, dass mit dem Ausschluss des Bezugsrechts auf Aktien der jeweils anderen Gattung der bisherigen Aktionärsstruktur Rechnung getragen und der Besitzstand der Aktionärsgruppen im Verhältnis zueinander unverändert erhalten werden soll[242].

II. Erweiterte Berichtspflichten bei erheblichem Kapitalerhöhungsvolumen?

Das LG München I[243] hat in seiner Entscheidung vom 25.1.2001 möglicherweise eine Verhältnismäßigkeitskontrolle dergestalt angedeutet, dass die Anforderungen an die Berichtspflichten des Vorstandes umso höher sind, je höher der relative Betrag des genehmigten Kapitals ist. In dem der Entscheidung zugrundeliegenden Fall ermächtigte die Hauptversammlung den Vorstand zur Kapitalerhöhung unter Ausschluss des Bezugsrechts der Aktionäre in Höhe von fast 50 % des bisherigen Grundkapitals, für einen Zeitraum von über vier Jahren. Eine solche Ermächtigung, welche die gesetzlichen Grenzen einer genehmigten Kapitalerhöhung sowohl zeitlich wie auch vom Umfang vollständig ausschöpft, bedeute nach Auffassung des LG München I einen erheblichen Vertrauensvorschuss für den Vorstand. Ein derartiger Vertrauensvorschuss setze eine den Umständen entsprechende vollständige Information der Hauptversammlung durch den Vorstand voraus, die den Vertrauenserweis erbringen soll.
Vereinzelte Stimmen in der Literatur[244] vertreten ebenso die Ansicht, dass bei einer Ermächtigung zur Kapitalerhöhung unter Ausschluss des Bezugsrechts, welche die Hälfte des derzeitigen Grundkapitals erreicht, eine abstrakt-generelle Berichterstattung nach den Grundsätzen des „Siemens/Nold"-Urteils nicht genüge.
Das LG Heidelberg[245] hat dagegen in seiner Entscheidung vom 26.6.2001 den Standpunkt des LG München I abgelehnt. In dem der Entscheidung zugrundeliegenden Fall ermächtigte die Hauptversammlung der beklagten Gesellschaft den Vorstand zu einer Sachkapitalerhöhung unter Ausschluss des Bezugsrechts der Aktionäre in Höhe von 37,25 % des bisherigen Grundkapitals. Das LG Heidelberg hat ausgeführt, dass auch angesichts der relativen Höhe des genehmigten Kapitals im Verhältnis zum bisherigen Grundkapital keine verschärften Berichtspflichten an den vom Vorstand gem. §§ 186 IV 2, 203 I 1, II 2 AktG zu erstattenden Bericht zu stellen waren.

---

[242] Vgl. dazu etwa *Scheifele* BB 1990, 497, 498 m.w.N.
[243] LG München AG 2001, 319.
[244] So etwa *Hirte* EWiR § 203 AktG 1/01, 507.
[245] LG Heidelberg BB 2001, 1809.

Das Informationsdefizit der Aktionäre im Vorfeld der Ermächtigung stößt bei Investitionsentscheidungen der Gesellschaft von besonders großer Tragweite jedoch in der Tat auf Bedenken. Je höher das Volumen einer genehmigten Kapitalerhöhung mit Bezugsrechtsausschluss ist, desto schwerwiegender ist der Eingriff in die Mitgliedschaftsrechte der Aktionäre. Denn die Beteiligungsquote der Aktionäre und damit ihr Anteil an Stimmrechtsmacht und Vermögen wird umso mehr verringert, je höher das Volumen der Kapitalerhöhung ist. Es fragt sich, ob der Vorstand bei Einräumung eines besonders hohen bezugsrechtsfreien Kapitalerhöhungsvolumens befugt sein soll, auf der Grundlage einer lediglich abstrakt-generellen Ermächtigung der Hauptversammlung Entscheidungen zu treffen, die in beträchtlicher Weise die Aktionärsinteressen tangieren. Bereits die Hauptversammlung könnte ihrer Verantwortung für die Finanzierungsvorgänge der Gesellschaft im Fall eines erheblichen Kapitalerhöhungsvolumens nur dann sachgerecht nachkommen, wenn sie den Vorstand auf der Grundlage umfassender Information zu einem konkreten Finanzierungsvorhaben ermächtigt.

Eine Formel dergestalt, je höher der relative Betrag des genehmigten Kapitals ist, desto höher sind die Anforderungen an die Informationspflichten des Vorstandes, würde jedoch mehr Rechtsunsicherheit mit sich bringen als sie Rechtssicherheit schaffen könnte. Denn es fragt sich, ab welcher Höhe des genehmigten Kapitals (30 %, 40 % oder 50 % des Grundkapitals) verschärfte Berichtspflichten gelten sollten. Der Vorstand könnte zudem strengeren Berichtspflichten dadurch entgehen, dass er eine Ermächtigung zur Kapitalerhöhung in mehreren kleinen Erhöhungstranchen anstrebt, was allerdings eine offensichtliche Umgehung wäre.

Darüber hinaus ist es unklar, wie „gesteigerte Anforderungen" an den Vorstandsbericht je höher der relative Betrag des genehmigten Kapitals ist, inhaltlich auszusehen haben. Entweder muss der Vorstand bei Vorliegen konkreter Pläne für den Einsatz des genehmigten Kapitals, die nicht geheimhaltungsbedürftig sind, die Hauptversammlung umfassend informieren oder mangels konkreter Pläne das Finanzierungsvorhaben nur abstrakt umschreiben. Es wäre nicht sachgerecht, bei einem geringen Kapitalerhöhungsvolumen nur eine begrenzte Informationspflicht des Vorstandes gegenüber der Hauptversammlung anzunehmen. Liegen bereits konkrete Pläne für die Ausnutzung des genehmigten Kapitals vor, besteht nämlich in der Regel kein Grund, den Aktionären die konkreten Vorstellungen des Vorstandes von der Kapitalmaßnahme vorzuenthalten. Die Aktionäre müssen vielmehr auf der gleichen Tatsachenbasis wie der Vorstand über die Ermächtigung zur Kapitalerhöhung mit Bezugsrechtsausschluss entscheiden können.

Durch verschärfte Berichtspflichten des Vorstandes bei einem erheblichen Kapitalerhöhungsvolumen würde zudem die Flexibilität und die Möglichkeit des Vorstandes, auch bei Fehlen konkreter Pläne für den Einsatz des genehmigten Kapitals eine Ermächtigung zur Kapitalerhöhung zu erhalten, verloren gehen. Die Liberalisierung des Bezugsrechtsausschlusses nach Erlass des „Siemens/Nold“-Urteils würde dadurch wieder aufgegeben. Soweit der Vorstand ein beachtliches Kapitalerhöhungsvolumen anstrebt, ohne Einzelheiten der Kapitalmaßnahme offen legen zu können, könnte ihm die Hauptversammlung keine Ermächtigung erteilen und dies obwohl sie befugt ist, den Vorstand gem. § 202 III 1 AktG zu einer Kapitalerhöhung bis zur Hälfte des Grundkapitals zu ermächtigen. Selbst wenn der Vorstand die Ermächtigung zur Kapitalerhöhung mit Bezugsrechtsausschluss später nicht vollständig ausnutzt, müsste er im Vorfeld der Ermächtigung umfassenden Bericht erstatten. Die Ermächtigung des Vorstandes zur bezugsrechtsfreien Kapitalerhöhung würde dadurch bereits im Ansatz blockiert.

Gegen die Annahme verschärfter Berichtspflichten des Vorstandes bei einem erheblichen Kapitalerhöhungsvolumen spricht letztlich folgende Überlegung: Ermächtigt die Hauptversammlung den Vorstand zur Kapitalerhöhung mit Bezugsrechtsausschluss zum Zweck des Erwerbs eines anderen Unternehmens oder einer Unternehmensbeteiligung, räumt sie dem Vorstand regelmäßig ein hohes Kapitalerhöhungsvolumen ein. Denn die erfolgreiche Umsetzung eines Akquisitionsvorhabens erfordert häufig ein genehmigtes Kapital bis zur Hälfte des Grundkapitals. Wie noch zu zeigen sein wird[246], ist der Vorstand allerdings bei einer geplanten Beteiligung an einem anderen Unternehmen gegen Ausgabe neuer Aktien selbst bei Vorliegen konkreter Finanzierungspläne nicht verpflichtet, die Aktionäre umfassend zu informieren. Die gesellschaftsrechtlichen Geheimhaltungspflichten in Gestalt der aktienrechtlichen Verschwiegenheitspflicht und dem kapitalmarktrechtlichen Weitergabeverbot verbieten es ihm, in diesem Fall nähere Einzelheiten seiner Planung offen zu legen. Daran ändert auch nichts die Tatsache, dass es sich um ein beachtliches Kapitalerhöhungsvolumen handelt.

III. Maßgeblichkeit der bisherigen Unternehmenspraxis für den Umfang der Berichtspflichten bei Akquisitionsvorhaben

Der BGH hat im „Siemens/Nold“-Urteil eine ordnungsgemäße Information der Hauptversammlung bei mangelnden konkreten Plänen für die zu finanzierende Maßnahme bereits angenommen, wenn der Vorstand den Erwerb von Beteiligungen gegen Überlassung von Aktien „in geeigneten Einzelfällen” in Aussicht stellt[247]. Für den Fall, wie er etwa der „Siemens/Nold“-Entscheidung zugrunde lag, ist es zwar durchaus sachgerecht, dass ein etwaiger Beteiligungserwerb nicht hinsichtlich der Branche, der geographischen Belegenheit, seiner strategischen Bedeutung, seines Umfangs und seiner zukünftigen Verwendung be-

---

[246] Siehe unten, 2. Teil, § 1 C I (1-2).
[247] BGHZ 136, 133, 134; kritisch insofern Anm. *Lutter* JZ 1998, 50, 51.

grenzt werden muss. Die vollständige Aufzählung aller potentiellen Akquisitionsbereiche wäre ebenso überflüssig wie irritierend für die Anteilsinhaber. Zudem macht es keinen Sinn, dem Vorstand aufzugeben, den Bericht und damit auch die Ermächtigung zur Kapitalerhöhung mit Bezugsrechtsausschluss auf einzelne wenige Erwerbsfälle zu beschränken. Denn in Anbetracht der umfassenden Akquisitionsinteressen einer großen Publikumsgesellschaft wie der Siemens AG bliebe es dem Zufall überlassen, ob ein berichtskonformer oder ein berichtsfremder Erwerbsfall eintreten wird[248].

Die dargelegte pauschale Berichtspflicht des Vorstandes im Fall eines Bezugsrechtsausschlusses zum Erwerb einer Unternehmensbeteiligung wird jedoch nur dann einer ordnungsgemäßen Information der Hauptversammlung gerecht, wenn es sich um große Publikumsaktiengesellschaften wie die Siemens AG handelt, die weltweit auf zahlreichen Geschäftsfeldern tätig werden und damit fortlaufend Beteiligungen an anderen Unternehmen erwerben. Für jeden mit dem Marktverhalten einer solchen Gesellschaft vertrauten Aktionär wird schließlich auch ohne eine ausführliche Berichterstattung der Anlass des Bezugsrechtsausschlusses und somit auch die Bedeutung eines entsprechenden Ermächtigungsbeschlusses im Hinblick auf die notwendige flexible Umsetzung von Akquisitionsvorhaben hinreichend erkennbar sein. Der Aktionärsschutz wird damit in solchen Fällen durch die Herabsetzung der Berichtspflichten des Vorstandes nicht übermäßig beeinträchtigt[249]. Soweit sich eine im Wege einer bezugsrechtsfreien Kapitalerhöhung zu finanzierende Unternehmenserweiterung aus der tatsächlichen Entwicklung des Unternehmens sowie seiner bisherigen Akquisitionspolitik ergibt, ist es sachgerecht, an die Erfüllung der Berichtspflichten bei Fehlen konkreter Pläne nur minimale Anforderungen zu stellen. So gibt es etwa keine Bedenken gegen die Herabsetzung der Berichtspflichten aus dem Gesichtspunkt der Vorhersehbarkeit, wenn eine reine Holdinggesellschaft zu einer Reihe bereits vorhandener Beteiligungen gegen Gewährung junger Aktien unter Ausschluss des Bezugsrechts der übrigen Aktionäre gegebenenfalls eine weitere gleichartige erwerben will.

Handelt es sich dagegen bei der kapitalerhöhenden Gesellschaft um eine Gesellschaft, die in der Vergangenheit keinen wesentlichen Beteiligungserwerb gegen Aktien zu verzeichnen hat, besteht ein größerer Erklärungsbedarf. Die im „Siemens/Nold“-Verfahren angeführte Formulierung, wonach es genügt, wenn der Vorstand den Erwerb von Beteiligungen gegen Überlassung von Aktien „in geeigneten Einzelfällen" in Aussicht stellt[250], muss in derartigen Fällen näher konkretisiert werden. Der Vorstand einer Gesellschaft, die in ihrer bisherigen Entwicklung keine Unternehmenserweiterungen im Wege des Erwerbs von Beteiligungen unternommen hat, muss den Aktionären jedenfalls allgemeine In-

---

[248] Vgl. dazu bereits *Martens* ZIP 1992, 1677, 1684.
[249] So bereits *Martens* ZIP 1992, 1677, 1684.
[250] BGHZ 136, 133, 134.

formationen mitteilen, die zumindest für das Verständnis eines Akquisitionsvorhabens erforderlich sind. So hat der Vorstand gegenüber der Hauptversammlung etwa offen zu legen, warum in der nächsten Zeit die Erweiterung des Unternehmens für die künftige Geschäftsentwicklung notwendig erscheint und welche Akquisitionsbereiche dafür in Frage kommen. Bei der Beschreibung des Akquisitionsbereichs kann sowohl beispielhaft der Erwerb von Beteiligungen an Zulieferern oder Abnehmern mit dem Ziel einer Sicherung von Bezugsquellen oder Absatzmärkten als auch eine Beteiligung an konkurrierenden Unternehmen mit dem Ziel einer Stärkung der Wettbewerbsfähigkeit angeführt werden. Auf diese Weise können sich die Aktionäre der Gesellschaft zumindest ein Bild von der neuen Akquisitionspolitik machen. Die Begrenzung des Vorstandsberichts und damit der Ermächtigung auf einzelne bestimmte Erwerbsfälle geht dagegen im Hinblick auf die weiterhin zu garantierende Flexibilität des Vorstandshandelns auch in diesen Fällen zu weit.

Vor dem Hintergrund einer Änderung der bisherigen Geschäftspolitik hat auch das LG München I[251] mit Urteil vom 25.1.2001 weitergehende inhaltliche Anforderungen an den Vorstandsbericht aufgestellt. Die Frage nach der Reichweite der Reduzierung der inhaltlichen Anforderungen an den Vorstandsbericht, die der BGH in der „Siemens/Nold"-Entscheidung vorgenommen hat, hat das LG München I dahinstehen lassen. Nach Auffassung der Kammer genügte der streitgegenständliche Bericht bereits nicht den Mindestanforderungen der „Siemens/Nold"-Rechtsprechung, da der Vorstand die angestrebte „strategische Neuorientierung" nicht hinreichend erläutert habe[252]. Der Vorstand begründete in seinem Bericht den Ausschluss des Bezugsrechts für die Aktionäre mit folgenden Worten: *„Der Gesellschaft soll im Rahmen ihrer strategischen Neuorientierung die Möglichkeit gegeben werden, in geeigneten Einzelfällen Beteiligungen und/oder Marken und/oder Lizenzen und/oder sonstige Vermögensgegenstände von Unternehmen gegen Überlassung von Aktien der Gesellschaft erwerben zu können. Der Gesellschaft soll weiter die Möglichkeit gegeben werden können, strategisch wichtigen Partnern in geeigneten Einzelfällen eine Beteiligung gegen Bareinlage zu gewähren. ..."* Das LG München I hat die Ansicht vertreten, dass es dem Vorstand möglich und er daher auch verpflichtet gewesen sei, die Hauptversammlung über die globalen (neuen) Pläne und Absichten zum Zeitpunkt der Ermächtigung zu informieren. Solche Ausführungen im Bericht seien insbesondere deshalb notwendig gewesen, weil eine neue auf Expansion gerichtete Geschäftspolitik der bisherigen auf Reduzierung bestehender Beteiligungen abzielenden Geschäftspolitik widerspreche. Weiterhin habe der Vorstand anhand von Zahlen näher begründen können und müssen, weshalb die neu definierten Ziele nicht allein durch vorhandenes Eigen- bzw. Fremdkapital erreicht werden konnten.

---

[251] LG München AG 2001, 319.
[252] LG München AG 2001, 319, 320.

Den Ausführungen des LG München I ist insoweit zuzustimmen, als der allgemeine Hinweis auf eine strategische Neuausrichtung im Vorstandsbericht nicht genügt, und zwar angesichts der im konkreten Fall darin liegenden Abkehr von der bisherigen Geschäftspolitik. Der Vorstand hätte den Aktionären seine neue auf Expansion gerichtete Geschäftspolitik näher erörtern müssen. Zu weitgehend ist dagegen die Forderung des Gerichts, anhand von Zahlen zu begründen, inwieweit alternative Finanzierungen nicht ausreichen. Denn dadurch würde dem Vorstand die durch die „Siemens/Nold"-Rechtsprechung geschaffene Flexibilität wieder verloren gehen. Im Zeitpunkt der Ausnutzung des genehmigten Kapitals, die mehrere Jahre später erfolgen kann, kann sich die finanzielle Lage der Gesellschaft grundlegend verändern. Das genehmigte Kapital mit Ausschluss des Bezugsrechts der Aktionäre ist zudem nicht das letzte Finanzierungsmittel, das vom Vorstand erst ausgenutzt werden darf, nachdem alle anderen Finanzierungsmittel nicht verwirklicht werden können.

Vor dem Hintergrund der vorstehenden Überlegungen ist bei der Bestimmung der Berichtspflichten des Vorstandes in den Fällen des Bezugsrechtsausschlusses zum Zweck des Erwerbs einer Unternehmensbeteiligung eine differenzierte Einzelfallentscheidung erforderlich. Der Umfang der Informationspflichten des Vorstandes bei Akquisitionsvorhaben ist orientiert an der unternehmerischen Bedeutung der bisherigen Akquisitionspolitik festzulegen[253]. Der rechtliche Zusammenhang zwischen dem erforderlichen Berichtsinhalt und der spezifischen Unternehmenssituation der Gesellschaft ist unbestreitbar. Die Bedeutung des geplanten Finanzierungsvorhabens, insbesondere eines Beteiligungserwerbs variiert schließlich je nach der bisherigen Unternehmenspolitik und Strategie. Entsprechend unterschiedlich muss darüber auch berichtet werden.

Die an der bisherigen Akquisitionspolitik orientierte Bestimmung der Informationspflichten des Vorstandes gegenüber der Hauptversammlung hat letztlich auch wirtschaftliche Gründe. So hatten etwa die Versuche von Unternehmen, sich in neuen Sparten zu etablieren, häufig katastrophale wirtschaftliche Folgen[254].

C. Die Information der Hauptversammlung durch den Vorstand bei Vorliegen konkreter Pläne

Soweit im Zeitpunkt der Ermächtigung des Vorstandes zur Kapitalerhöhung mit Ausschluss des Bezugsrechts bereits fortgeschrittene Pläne für den Einsatz des genehmigten Kapitals vorliegen, hat der Vorstand der Hauptversammlung grundsätzlich über die allgemeine Bezeichnung des Verwendungszwecks hinausgehende bestimmte Einzelumstände bekannt zu geben.

---

[253] Vgl. dazu auch *Martens* ZIP 1992, 1677, 1684.

[254] Siehe dazu *Hirte* ZHR 154 (1990), 374, 377 m.w.N.

Das Interesse der Gesellschaft an der Geheimhaltung von konkreten Unternehmensplänen, wie es etwa bei einem geplanten, für Konkurrenzunternehmen nicht frühzeitig offenzulegenden Beteiligungserwerbs besteht, setzt den Informationspflichten des Vorstandes in diesen Fällen allerdings eine erste Grenze.
Bereits die „Holzmann"-Entscheidung des BGH wies die Tendenz auf, geringere Anforderungen an die Berichtspflicht des Vorstandes zu stellen, soweit eine Geheimhaltung von Finanzierungsvorhaben notwendig erschien oder die Verwendungsalternativen des genehmigten Kapitals noch zu unbestimmt waren. Die Verwaltung hatte dann im gegebenen Zeitpunkt besonders sorgfältig und gewissenhaft zu prüfen, ob der Eingriff in das Bezugsrecht im Gesellschaftsinteresse tatsächlich gerechtfertigt war[255].
In der „Siemens/Nold"-Entscheidung hat der BGH angeführt, dass es nicht möglich sei, der Hauptversammlung Einzelheiten aus Vorgängen, die im Interesse der Gesellschaft insgesamt noch geheimhaltungsbedürftig sind, bekannt zu geben, ohne dadurch zumindest die für Konkurrenzunternehmen bedeutsamen Unternehmensstrategien vorzeitig durchschaubar zu machen[256]. Eine allzu frühzeitige Publizität kann in der Tat in Aussicht genommene Geschäftsabschlüsse, wie etwa eine Beteiligung an einem Unternehmen, bzw. selbstgeschaffene Wettbewerbsvorsprünge gefährden[257].

I. Keine Pflicht zur Offenlegung geheimhaltungsbedürftiger Tatsachen

Soweit der Vorstand durch die Offenlegung bereits vorhandener konkreter Pläne pflichtwidrig handeln würde, ist er zur umfassenden Information der Hauptversammlung nicht verpflichtet. Dies gilt insbesondere für diejenigen Fälle, in denen das Gesellschaftsinteresse die Geheimhaltung von Unternehmensplänen verlangt[258].
Der Gesellschaft darf durch die Bekanntgabe von Finanzierungsplänen kein unverhältnismäßiger Schaden entstehen. Geheimnisse der Gesellschaft, namentlich Betriebs- oder Geschäftsgeheimnisse, dürfen nicht an Dritte weitergegeben werden[259]. So hat bereits der BGH in der „Holzmann"-Entscheidung[260] eingeräumt, dass nähere Einzelheiten im Interesse der Gesellschaft zunächst geheimgehalten werden können, um beispielsweise zu verhindern, dass die Preise für

[255] BGHZ 83, 319, 324; *Sturies* WPg 1982, 581, 585.
[256] BGHZ 136, 133, 138.
[257] Vgl. etwa *Cahn* ZHR 162 (1998), 1, 22.
[258] Vgl. BGHZ 136, 133, 138; BGHZ 83, 319, 324; siehe ferner *Hüffer*, AktG, § 186, Rdn. 24; *Mertens*, in: Kölner Kommentar zum AktG, § 93, Rdn. 75 ff., § 116, Rdn. 75; *Heinsius*, in: Festschrift Kellermann, S. 115, 120.
[259] *Schneider/Singhof*, in: Festschrift Kraft, S. 585, 587 f.
[260] BGHZ 83, 319, 324.

eine ins Auge gefasste Anlage des genehmigten Kapitals spekulativ in die Höhe getrieben werden.

1. Die gesellschaftsrechtliche Verschwiegenheitspflicht

Gem. § 93 I 2 AktG sind die Vorstandsmitglieder verpflichtet, über vertrauliche Angaben und Geheimnisse der Gesellschaft Stillschweigen zu bewahren. Die Pflicht der Vorstandsmitglieder zur Verschwiegenheit folgt nicht nur aus ihren organschaftlichen Treubindungen zur AG, sondern auch aus ihrer Bestellung zum Vorstandsmitglied, mit der die Treubindungen eine rechtsgeschäftliche Basis haben. Die Verletzung der Verschwiegenheitspflicht begründet eine Schadensersatzpflicht der Vorstandsmitglieder nach § 93 II AktG und ist gem. § 404 I AktG strafbar, wenn Gesellschaftsgeheimnisse unbefugt offenbart werden. Was der Vorstand den Aktionären auf Grund des in § 131 AktG verankerten Auskunftsrechts mitteilen muss, ist nicht zugleich ein unbefugtes Offenbaren von Geschäfts- oder Betriebsgeheimnissen i.S.v. § 404 I AktG[261].

Die Berichtspflicht des Vorstandes ist hinsichtlich geheimhaltungsbedürftiger Tatsachen in entsprechender Anwendung des § 131 III Nr. 1 AktG zu begrenzen[262]. Dabei ist es gleichgültig, ob der Vorstand Informationen über den Einsatz des bezugsrechtsfreien genehmigten Kapitals in der Hauptversammlung oder im Bericht offen legt.

§ 8 II 1 UmwG schützt ebenso das Geheimhaltungsinteresse von Unternehmen. Die Vorschrift setzt der Berichtspflicht im Fall der Verschmelzung nunmehr klare Grenzen[263], während die frühere Regelung des § 340 a AktG keine ausdrückliche Einschränkung der Berichtspflicht bei berechtigten Geheimhaltungsinteressen normierte[264]. § 8 II 1 UmwG stimmt insoweit mit § 131 III Nr. 1 AktG sachlich überein[265].

Nach § 131 III Nr.1 AktG darf der Vorstand die gewünschte Auskunft verweigern, soweit sie nach vernünftiger kaufmännischer Beurteilung geeignet ist, der Gesellschaft oder einem verbundenen Unternehmen einen nicht unerheblichen Nachteil zuzufügen (sog. Schutzklausel)[266]. Maßgeblich ist also, ob die fraglichen Einzelheiten des Finanzierungsvorhabens nach vernünftiger kaufmänni-

---

[261] *Eckardt*, in: Geßler/Hefermehl/Eckardt/Kropff, Kommentar zum AktG, § 131, Rdn. 123.

[262] Siehe *Hüffer*, AktG, § 186, Rdn. 24.

[263] Vgl. dazu *Marsch-Barner*, in: Kallmeyer, UmwG, § 8, Rdn. 30.

[264] Vgl. zum früheren Recht *Grunewald*, in: Geßler/Hefermehl/Eckardt/Kropff, Kommentar zum AktG, § 340 a, Rdn. 13; *Kraft*, in: Kölner Kommentar zum AktG, § 340 a, Rdn. 12 und 16.

[265] Siehe *Lutter*, UmwG, § 8, Rdn. 45; vgl. dazu auch die Ausführungen von *Bernael*, in: Goutier/Knopf/Tulloch, Kommentar zum Umwandlungsrecht, § 8, Rdn. 37 f.

[266] *Eckardt*, in: Geßler/Hefermehl/Eckardt/Kropff, Kommentar zum AktG, § 131, Rdn. 83, 85, 87, 89; *Zöllner*, in: Kölner Kommentar zum AktG, § 131, Rdn. 35; *Hüffer*, AktG, § 131, Rdn. 24.

scher Beurteilung geeignet sind, die Gesellschaftsinteressen gewichtig zu beeinträchtigen. Es handelt sich dabei um einen objektiven, der gerichtlichen Nachprüfung in vollem Umfang zugänglichen Maßstab[267]. Der Vorstand hat bei der Prüfung des Auskunftsverweigerungsrechts nach § 131 III Nr.1 AktG die Vor- und Nachteile der Offenlegung der entscheidungserheblichen Umstände für die Gesellschaft abzuwägen[268]. Vorteile der Anteilsinhaber bleiben hingegen außer Betracht[269], da das Gesetz diese Abwägung schon vorgenommen hat: Ist die Offenlegung für die Gesellschaft überwiegend nachteilig, so tritt das Informationsinteresse der Aktionäre zurück.

Wie noch zu zeigen sein wird[270], muss der Vorstand die Verweigerung der Auskunft gem. § 131 III AktG in der Hauptversammlung begründen. Nach der neueren Rechtsprechung des BGH zur Auskunftsverweigerung hat der Vorstand die Gründe für die Geheimhaltungsbedürftigkeit soweit anzugeben, wie es ihm ohne Offenlegung des Geheimnisses möglich ist[271]. Ebenso in dem gegenüber der Hauptversammlung nach §§ 186 IV 2, 203 I 1, II 2 AktG zu erstattenden Bericht muss der Vorstand die Geheimhaltungsinteressen des Unternehmens anzeigen und schlüssig begründen, dass diese eine Begrenzung seiner Informationspflichten zum Wohle der Gesellschaft und ihrer Aktionäre erfordern. Dabei ist eine Einzelbegründung der Erläuterungs- und Begründungsbeschränkung notwendig, so dass jedenfalls eine Plausibilitätskontrolle möglich ist[272]. Ob beispielsweise von dem Vorstand behauptete Konkurrenznachteile als berechtigte Gründe für die Verweigerung der Auskunft ausreichen, bedarf einer sorgfältigen Untersuchung im Einzelfall[273]. Eine bloße Schutzbehauptung darf insoweit nicht zur Aushöhlung der Informationspflichten des Vorstandes führen. Soweit der Vorstand die Auskunft unberechtigt verweigert, können die Aktionäre den Hauptversammlungsbeschluss gem. § 243 I AktG anfechten oder ein Auskunftserzwingungsverfahren nach § 132 AktG einleiten. Dabei kommt die Gesellschaft ihrer Pflicht zur Verfahrensförderung nicht nach, wenn sie sich auf den Auskunftsverweigerungsgrund nach § 131 III 1 Nr. 1 AktG beruft und dafür lediglich pauschal „Konkurrenzgründe“ geltend macht[274].

---

[267] Siehe OLG Düsseldorf WM 1991, 2148, 2152; *Semler*, in: Münchener Handbuch, Aktiengesellschaft, § 37, Rdn. 32; *Zöllner*, in: Kölner Kommentar zum AktG, § 131, Rdn. 35; *Hüffer*, AktG, § 131, Rdn. 25.

[268] *Hüffer*, AktG, § 131, Rdn. 27.

[269] Siehe *Eckardt*, in: Geßler/Hefermehl/Eckardt/Kropff, Kommentar zum AktG, § 131, Rdn. 86 m.w.N.

[270] Vgl. unten, 2. Teil, § 1 C II.

[271] BGHZ 107, 296, 305 f.; BGH ZIP 1990, 168, 169; BGH ZIP 1990, 1560, 1561.

[272] So für die Begründungspflicht nach § 8 II 2 UmwG: *Bernael*, in: Goutier/Knopf/Tulloch, Kommentar zum Umwandlungsrecht, § 8, Rdn. 40; *Marsch-Barner*, in: Kallmeyer, UmwG, § 8, Rdn. 32 m.w.N.

[273] Vgl. *Zöllner*, in: Kölner Kommentar zum AktG, § 131, Rdn. 34.

[274] OLG Düsseldorf WM 1991, 2148, 2152.

2. Das kapitalmarktrechtliche Weitergabeverbot

Weiterhin ziehen die Vorschriften der §§ 13 I Nr. 1, 14 I Nr. 2, 38 I Nr. 2 WpHG i.V.m. § 131 III Nr. 5 AktG bei börsennotierten Aktiengesellschaften der Pflicht des Vorstandes zur Offenlegung geheimhaltungsbedürftiger Informationen eine Grenze[275]. Bereits vor Erlass des „Siemens/Nold"-Urteils stellte sich diesbezüglich die Frage, ob die strengen Anforderungen an die Berichtspflichten des Vorstandes mit den Insidervorschriften des WpHG kollidieren.
Das Verbot von Insidergeschäften dient dem Schutz des Ansehens und der Funktionsfähigkeit des organisierten Kapitalmarkts („Funktionenschutz“) sowie dem Schutz des individuellen Kapitalanlegers vor Übervorteilung („Individualschutz“)[276]. Vor diesem Hintergrund liegt der Zweck des Weitergabeverbots nach § 14 I Nr. 2 WpHG allgemein darin, das Risiko von Insidergeschäften zu minimieren, indem der Kreis derjenigen, die Kenntnis von Insiderinformationen haben, so klein wie möglich gehalten wird[277]. Hier stehen sich der Anlegerschutz und der Schutz der Funktionsfähigkeit des Kapitalmarkts einerseits und der Schutz von Unternehmensinteressen andererseits gegenüber.

a) Das Spannungsverhältnis zwischen gesellschaftsrechtlicher Informationspflicht und kapitalmarktrechtlichem Weitergabeverbot

Wenn die Weitergabe von Insiderinformationen in den Grenzen der in § 131 AktG normierten Auskunftspflicht gesellschaftsrechtlich zulässig ist, bedeutet dies nicht, dass sie auch kapitalmarktrechtlich „befugt“ i.S.d. § 14 I Nr. 2 WpHG ist[278]. So ist etwa eine geplante Aktieneinführung an ausländischen Börsen unter Einsatz bezugsrechtsfreien genehmigten Kapitals nicht zwangsläufig gem. § 131 III Nr. 1 AktG geheimhaltungsbedürftig, so dass der Vorstand Einzelheiten der Kapitalmaßnahme offen zu legen hat. Die Bekanntgabe der Einzelumstände der konkreten Planung kann dagegen dem Vorstand nach § 14 I Nr. 2 WpHG untersagt sein. Zu einer Kollision der aktienrechtlichen Informationspflicht bzw. -befugnis mit dem Weitergabeverbot nach § 14 I Nr. 2 WpHG kommt es zwar dann nicht, wenn entweder die weitergegebene Information keine Insiderinformation darstellt oder ein so enger Zusammenhang zur Ad-hoc-Publizität nach § 15 WpHG besteht, dass der Vorstand bei sorgfältiger Beachtung dieser Verpflichtung bereits zuvor die notwendige Öffentlichkeit herstellen

---

[275] Vgl. hierzu die Ausführungen zum Verhältnis gesellschaftsrechtlicher Verschwiegenheitspflicht und kapitalmarktrechtlichem Weitergabeverbot von *Schneider/Singhof*, in: Festschrift Kraft, S. 585, 596 ff.; siehe auch *Cahn* ZHR 163 (1999), 554, 560.

[276] *Assmann/Cramer*, in Assmann/Schneider, WpHG, § 14, Rdn. 4 a ff.

[277] *Assmann/Cramer*, in: Assmann/Schneider, WpHG, § 14, Rdn. 48.

[278] Vgl. zu diesem Spannungsverhältnis insbesondere die Ausführungen von *Schneider/Singhof*, in: Festschrift Kraft, S. 585 ff., 590 f.

musste[279]. Gleichwohl gibt es aber einen Überschneidungsbereich von gesellschaftsrechtlicher Informationspflicht und kapitalmarktrechtlichem Weitergabeverbot. Das Spannungsverhältnis entsteht, wenn der Vorstand entweder seine Pflichten aus dem WpHG nicht beachtet hat oder unmittelbar vor der Hauptversammlung noch keine Verpflichtung zur Ad-hoc-Publizität bestand[280]. Fraglich ist, ob dann den Aktionären das „insiderrechtlich genommen“ werden darf, was ihnen als Teil des aktienrechtlichen Informationssystems nach Lage des Einzelfalls zusteht. Wie sich der Vorstand in dieser Situation rechtmäßig zu verhalten hat, ist umstritten[281].

aa) Meinungsstand

Einige Stimmen in der Literatur[282] sehen den Vorstand als verpflichtet an, der gesellschaftsrechtlichen Informationspflicht selbst dann nachzukommen, wenn er dabei eine Insiderinformation offenbaren müsste. Das kapitalmarktrechtliche Weitergabeverbot nach § 14 I Nr. 2 WpHG sei auf der Tatbestandsseite einschränkend dahin auszulegen, dass die Erteilung von Auskünften auf der Hauptversammlung nicht als unbefugte Mitteilung von Insiderinformationen anzusehen sei. Die Weitergabe erfolge vielmehr im Rahmen der typischen Geschäftsführung durch den Vorstand. Nicht zuletzt sei das Zweite Finanzmarktförderungsgesetz[283] gerade auch im Interesse der Anleger ergangen. Es dürfe daher nicht zur Beschränkung elementarer Aktionärs- und damit Anlegerrechte herangezogen werden.

Dieser Standpunkt wird mit der Begründung kritisiert, die Beschränkung des Auskunftsrechts des Aktionärs sei eine gewollte Folge des Finanzmarktförderungsgesetzes. Der Vorstand unterliege einem strafrechtlich sanktionierten Weitergabeverbot und habe daher ein Recht zur Auskunftsverweigerung nach § 131 III 1 Nr. 5 AktG[284]. Unabhängig von der Kursrelevanz sei der Vorstand damit berechtigt, über jeden nicht öffentlich bekannten Sachverhalt die Auskunft zu verweigern[285].

Nach einer weiteren Auffassung im Schrifttum[286] hätte die zuletzt genannte Meinung eine nicht vertretbare Einschränkung der Aktionärsrechte zur Folge.

---

[279] Vgl. dazu *Hopt* ZHR 159 (1995), 135, 157.
[280] *Schneider/Singhof*, in: Festschrift Kraft, S. 585, 595.
[281] Siehe dazu eingehend *Assmann/Cramer*, in: Assmann/Schneider, WpHG, § 14, Rdn. 50 f. m.w.N.
[282] So etwa *Benner-Heinacher* DB 1995, 765, 766.
[283] BT-Drucks. 12/6679.
[284] *Assmann* AG 1997, 50, 57; *Kümpel* WM 1994, 2137, 2138; so im Ergebnis auch *Hopt*, in: Bankrechts-Handbuch, § 107, Rdn. 39 und *Assmann/Cramer*, in: Assmann/Schneider, WpHG, § 14, Rdn. 52.
[285] So etwa *Joussen* DB 1994, 2485, 2488.
[286] *Schneider/Singhof*, in: Festschrift Kraft, S. 585, 597.

Das Merkmal „unbefugt" i.S.v. § 14 I Nr. 2 WpHG werde unzutreffend mit „ohne Herstellung einer hinreichenden Öffentlichkeit" gleichgesetzt, wodurch seine eigenständige Bedeutung als normatives Tatbestandsmerkmal nicht mehr gegeben sei.
Da die gesellschaftsrechtliche Pflicht zur Auskunftserteilung nach § 131 AktG bei erheblich kursrelevanten Informationen stets auch die kapitalmarktrechtliche Pflicht zur Herstellung der Bereichsöffentlichkeit gem. § 15 WpHG auslöse, sei es vielmehr erwägenswert, die kapitalmarktrechtliche Informationspflicht nach § 15 WpHG bereits im vagen Planungsstadium von Gesellschaftsunternehmungen anzusetzen[287]. Damit würde ein Ausgleich zwischen Kapitalmarktrecht und Gesellschaftsrecht erreicht. Denn statt eines Vorrangs des Weitergabeverbots nach § 14 I Nr. 2 WpHG mit gleichzeitiger Einschränkung aktienrechtlicher Informationspflichten bliebe die Informationsordnung des AktG erhalten und würde lediglich von einer kapitalmarktrechtlichen Pflicht nach § 15 WpHG begleitet. Die Insiderinformation würde auf diese Weise möglichst schnell öffentlich und damit allen Anlegern zugänglich gemacht[288]. So könne eine unverzügliche Veröffentlichung auch bei einer noch nicht von der Ad-hoc-Publizitätspflicht erfassten Insiderinformation ausnahmsweise geboten sein, wenn eine vertrauliche Behandlung angesichts des Personenkreises der hierüber informierten Insider nicht gewährleistet erschiene[289].

Diesem Lösungsansatz entspricht auch eine vereinzelt in der Literatur vertretene Ansicht, wonach die Veröffentlichungspflicht insbesondere bei mehrstufigen Entscheidungsprozessen schon mit dem Vorstandsbeschluss einsetze, soweit aufgrund allgemeiner Erfahrungssätze mit einer erfolgreichen Umsetzung der Maßnahme sowie der noch ausstehenden Zustimmung des Aufsichtsrats mit großer Wahrscheinlichkeit gerechnet werden könne[290]. Als Begründung wird angeführt, der Anwendungsbereich des § 15 I WpHG werde zu stark begrenzt, wenn ein Ereignis erst als publizitätspflichtige Information eingestuft werde, soweit es unumkehrbar geworden sei. Denn eine Maßnahme sei in der Regel erst lange nach Abschluss des unternehmensinternen Entscheidungsprozesses bestandskräftig.
Auf der Grundlage dieser Auffassung genügt es, dass die Information geeignet ist, Auswirkungen auf die Vermögens- und Finanzlage oder den allgemeinen

---

[287] So etwa *Götz* DB 1995, 1949, 1951 f.; *Hopt* ZHR 159 (1995), 135, 157; *Schneider/Singhof*, in: Festschrift Kraft, S. 585, 598.
[288] Vgl. dazu *Schneider/Singhof*, in: Festschrift Kraft, S. 585, 598.
[289] *Kümpel* in: Assmann/Schneider, WpHG, § 15, Rn. 54 f.
[290] Vgl. dazu etwa *Lutter*, in: Festschrift Zöllner, S. 363, 370 f. m.w.N., wonach bereits der erste Teil einer mehrstufigen Entscheidung (insbesondere der Vorstandsbeschluss) eine Tatsache i.S.v. § 15 I WpHG darstellen könne.

Geschäftsverlauf des Unternehmens zu haben[291]. Auch Pläne und Vorhaben des Vorstandes könnten danach ein erhebliches Kursbeeinflussungspotential aufweisen, wenn sie noch nicht unternehmensintern verbindlich beschlossen oder gar umgesetzt sind.

bb) Stellungnahme

Dass eine aktienrechtliche Informationsweitergabe nach vorhergehender Herstellung der Bereichsöffentlichkeit (vgl. § 15 WpHG) gemäß der zuletzt genannten Ansicht zulässig wäre, steht ebenso außer Frage wie die Tatsache, dass nach dieser Auffassung eine systematische Benachteiligung der an der Hauptversammlung teilnehmenden Aktionäre in Kauf genommen würde. Die in der Hauptversammlung anwesenden Aktionäre würden von der Insiderinformation zwangsläufig erst mit zeitlicher Verzögerung gegenüber der Bereichsöffentlichkeit erfahren, zu deren potentiellen Mitgliedern sie ansonsten gehören[292]. Selbst wenn man dies hinnehmen wollte, bleibt immer noch die Frage offen, ob bloße Planungen des Vorstandes, wie etwa über die Ausnutzung des bezugsrechtsfreien genehmigten Kapitals, bereits von dem Gebot der Ad-hoc-Publizität gem. § 15 I 1 WpHG erfasst werden.

(1) Die Veröffentlichungspflicht nach § 15 I 1 WpHG im Planungsstadium des gesellschaftsinternen Entscheidungsprozesses

Nach der im Rahmen des Meinungsstandes zuletzt genannten Ansicht müsste der Vorstand bereits im Planungsstadium seines Entscheidungsprozesses, also bereits im Zeitpunkt der Ermächtigung zur Kapitalerhöhung, seiner kapitalmarktrechtlichen Veröffentlichungspflicht gem. § 15 I 1 WpHG nachkommen. Eine Verletzung des strafbewehrten insiderrechtlichen Weitergabeverbots nach § 14 I 2 WpHG durch anschließende Information der Hauptversammlung käme danach erst gar nicht in Betracht.

Durch eine derartige Vorverlagerung der Veröffentlichungspflicht bliebe jedoch die gesetzlich vorgeschriebene und gleichberechtigte Mitwirkungskompetenz des Aufsichtsrats unberücksichtigt. Infolge der großen Zahl von Ad-hoc-Publikationen[293] und der Tendenz, eher zu viel als zu wenig zu veröffentlichen, bestünde zudem die Gefahr einer Überinformation[294]. Eine frühe Publizitätspflicht würde die Entscheidungsfindung stören, in Aussicht genommene Ge-

[291] *Kiem/Kotthof* DB 1995, 1999, 2001, 2003; *Wölk* AG 1997, 73, 78; vgl. weitergehend *Pananis* WM 1997, 460, 463 f.
[292] Vgl. *Assmann/Cramer*, in: Assmann/Schneider, WpHG, § 14, Rdn. 51.
[293] Vgl. *Wölk* AG 1997, 73 f.
[294] Siehe dazu etwa *Hopt* ZHR 159 (1995), 135, 152; kritisch dagegen *Pananis* WM 1997, 460, 464.

schäftsabschlüsse gefährden, Unternehmensgeheimnisse Konkurrenzunternehmen zugänglich machen, aber auch zu entsprechenden Korrekturmeldungen mit Verunsicherung der Anleger führen[295]. Das berechtigte Interesse des Emittenten, Unternehmenspläne nicht zu einem Zeitpunkt offenbaren zu müssen, in dem ihre Umsetzung aufgrund dieser Publizität erschwert bzw. vereitelt werden könnte, überwiegt schließlich das Interesse des Anlegerkreises nach möglichst frühzeitiger Information[296].
Nicht zuletzt kommt es darauf an, wie die Information zu bestimmen ist, die geeignet ist, den nach § 15 I WpHG notwendigen Kausalverlauf in Gang zu setzen. Dafür genügen bloße Planungen eines unternehmensintern noch nicht abgeschlossenen Entscheidungsprozesses wie hinsichtlich der Ausnutzung des bezugsrechtsfreien genehmigten Kapitals gerade nicht. Die Veröffentlichungspflicht setzt vielmehr erst dann ein, wenn der unternehmensinterne Entscheidungsprozess insoweit auch abgeschlossen ist, da erst zu diesem Zeitpunkt die nach § 15 I 1 WpHG erforderlichen Auswirkungen auf die Vermögens- und Finanzlage oder auf den allgemeinen Geschäftsverlauf des Emittenten angenommen werden können[297]. So wird allein die Tatsache, dass die Hauptversammlung eine Ermächtigung zur bezugsrechtfreien Kapitalerhöhung erteilt, erst dann zu einer publizitätspflichtigen Tatsache i.S.v. § 15 WpHG, wenn endgültig über die Ausnutzung der Ermächtigung beschlossen worden ist[298].

Eine Vorverlagerung der Veröffentlichungspflicht auf einen Zeitpunkt im Planungsstadium, der noch vor Beendigung des Entscheidungsprozesses liegt, kann demnach nicht überzeugen. Es kommt folglich zu einer Kollision der gesellschaftsrechtlichen Informationspflicht bzw. -befugnis mit dem Weitergabeverbot nach § 14 I Nr. 2 WpHG, wenn die betreffenden Informationen Insiderinformationen darstellen.

(2) Die Verletzung des kapitalmarktrechtlichen Weitergabeverbots

Hat ein Sachverhalt noch nicht den für die Ad-hoc-Publizität notwendigen Realisierungsgrad erlangt, so kann gleichwohl bereits eine Insiderinformation i.S.v. § 13 I WpHG vorliegen. Die Bekanntgabe eines geplanten Vorhabens, welches erhebliches Kursbeeinflussungspotential aufweist und mithin als Insiderinformation qualifiziert werden kann, hätte damit die Verletzung des strafbewehrten insiderrechtlichen Weitergabeverbots nach § 14 I 2 WpHG zur Folge.

---

[295] Vgl. *Hopt* ZHR 159 (1995), 135, 152.

[296] *Cahn* ZHR 162 (1998), 1, 22.

[297] Siehe eingehend dazu *Cahn* ZHR 162 (1998), 1, 21 ff. m.w.N.

[298] Vgl. dazu im Ergebnis *Cahn* ZHR 162 (1998), 1, 22 ff.; *Burgard* ZHR 162 (1998), 51, 89; *Happ/Semler* ZGR 1998, 116, 138; siehe auch insgesamt zum Meinungsstand *Kümpel*, in: Assmann/Schneider, WpHG, § 15, Rdn. 48 ff.

Allein die Bekanntgabe an die Teilnehmer der Hauptversammlung reicht grundsätzlich nicht aus, um die betreffende Information i.S.v. §§ 13, 14 WpHG öffentlich bekannt zu machen[299]. Soweit der Vorstand auf einer Hauptversammlung, etwa in Erfüllung seiner Auskunftspflicht nach § 131 I AktG, eine bislang öffentlich nicht bekannte Information mitteilt, wird nur ein bestimmter Kreis von Aktionären, von Marktteilnehmern und erst recht der Öffentlichkeit unterrichtet. Die fragliche Information geht nicht an eine unbestimmte Anzahl von Personen, vielmehr ist sie – auch wenn die Hauptversammlung eine große Zahl von Teilnehmern aufweist, nur einem bestimmten Kreis von Personen zugänglich. Bei anderer rechtlicher Bewertung könnten die Teilnehmer der Hauptversammlung unmittelbar nach der veranstaltungsinternen Bekanntgabe straflos telefonische Effektenaufträge erteilen[300]. Wer beispielsweise erfährt, dass der Vorstand einer AG die Übernahme eines anderen Unternehmens plant, handelt fraglos auf der Grundlage einer Insiderinformation, wenn er sich in der Erwartung von Kurssteigerungen mit Aktien des betroffenen Unternehmens eindeckt oder solche veräußert[301]. Ohne hinreichende Geheimhaltung bestünde die Gefahr, dass Aktionäre oder anderweitige Interessenten den durch die Bekanntgabe erlangten Informationsvorsprung zur Erzielung von Spekulationsgewinnen und sonstigen ungerechtfertigten Vorteilen für sich oder Dritte missbrauchten[302].

Demnach ist es sachgerecht, die Offenlegung einer Insiderinformation durch den Vorstand unabhängig davon, ob der Vorstand zur Information gesellschaftsrechtlich befugt bzw. verpflichtet war oder nicht, als Verstoß gegen §§ 38 I Nr. 2, 14 I Nr. 2 WpHG anzusehen. Dem Vorstand steht daher ein Recht zur Auskunftsverweigerung nach § 131 III Nr. 5 AktG zu. Er darf der Hauptversammlung selbst dann keine Einzelumstände der konkreten Planung bekannt geben, wenn er dazu zwar in aktienrechtlicher Hinsicht verpflichtet bzw. befugt wäre, diese Information aber auf die Grenze des kapitalmarktrechtlichen Weitergabeverbots nach § 14 I Nr. 2 WpHG stößt.

Etwas anderes kann dagegen für die mögliche Übertragung der Hauptversammlung im Internet gelten. Einzelnen Aktionären kann via Internet eine „online-Teilnahme" an einer herkömmlichen Präsenzversammlung ermöglicht werden. Eine solche Übertragung der Hauptversammlung im Internet ist im Gegensatz zu einer Hauptversammlung, die vollständig in das Internet verlagert wird,

---

[299] *Assmann*, in: Assmann/Schneider, WpHG, § 13, Rdn. 42 ff., 47; *Eichele* WM 1997, 501, 508; *Kümpel* WM 1994, 2137, 2138; *ders.*, Bank- und Kapitalmarktrecht, Rdn. 16.189.

[300] Darauf verweist zu Recht *Hopt* ZGR 1991, 17, 29 f.; zustimmend auch *Kümpel*, Bank- und Kapitalmarktrecht, Rdn. 16.189.

[301] *Assmann*, in: Assmann/Schneider, WpHG, § 13, Rdn. 36.

[302] Vgl etwa *Stebut*, Geheimnisschutz und Verschwiegenheitspflicht im Aktienrecht, im Vorwort.

so dass eine Präsenzversammlung nicht mehr stattfindet (rein-virtuelle Hauptversammlung oder Cyber-Hauptversammlung)[303], zulässig[304].
Soweit den online-Teilnehmern anstelle einer Eintrittskarte oder eines Stimmkartenblocks eine elektronische Zugangsberechtigung in Form einer Aktionärsnummer oder PIN- und TAN-Nummer[305] zugeteilt wird, wird der Zugang zur Internet-Übertragung auf Aktionäre und damit auf einen bestimmten Kreis von Personen beschränkt. Auf diese Weise bleibt die Nichtöffentlichkeit der Hauptversammlung gewahrt. Eine solche Übertragung ist vorbehaltlich des Widerspruchsrechts einzelner Redner und Fragesteller[306], zulässig[307]. Daran ändert auch nichts die theoretische Möglichkeit, dass der online-Teilnehmer Nichtaktionären Zugang zur Hauptversammlung verschaffen kann, indem er sie zu sich an den Bildschirm holt. Denn der online-Teilnehmer könnte diesen Personen auch dadurch Zugang zur Hauptversammlung verschaffen, dass er sich durch sie in der Präsenzversammlung vertreten lässt (vgl. § 134 III AktG).

Eine ohne Zugangsberechtigung übertragene Hauptversammlung, die eine unbestimmte Anzahl von Personen mit Internet-Zugang empfangen kann, ist dagegen öffentlich, allerdings nicht ausgeschlossen. Ebenso wie die Satzung vorsehen kann, dass Pressevertreter zur Hauptversammlung zugelassen werden[308], kann sie auch Rundfunk und Fernsehen[309] oder eben die vergleichbare Übertragung im Internet zulassen[310]. § 23 V AktG steht dem nicht entgegen, da die Zulassung Dritter im AktG nicht abschließend geregelt ist.
Der Zugang zur grundsätzlich nicht öffentlichen Hauptversammlung ist dadurch nicht mehr auf Aktionäre und Aktionärsvertreter beschränkt. Die Offenlegung eines geplanten Finanzierungsvorhabens auf der Hauptversammlung reicht in diesem Fall aus, um die betreffende Information i.S.v. §§ 13, 14 WpHG öffentlich bekannt zu machen. Das strafbewehrte insiderrechtliche Weitergabeverbot nach § 14 I 2 WpHG greift daher ausnahmsweise nicht mehr ein.

---

[303] Nach überwiegender Ansicht in der Literatur (siehe etwa *Riegger* ZHR 165 (2001), 204, 216; *Claussen* AG 2001, 161, 166) ist die sog. virtuelle Hauptversammlung nach derzeit geltendem Aktiengesetz (vgl. §§ 118, 121 III AktG) nicht zulässig. Eine Hauptversammlung im Sinne des AktG ist nur eine körperliche Zusammenkunft der Aktionäre (vgl. *Hüffer*, AktG, § 118, Rdn. 12).

[304] Siehe dazu eingehend *Habersack* ZHR 165 (2001), 172 ff.; *Riegger* ZHR 165 (2001), 204 ff.; *Claussen* AG 2001, 161 ff.

[305] Abkürzung für Transaktionsnummer. TAN werden als Authentizitätsnachweis u.a. beim Homebanking benutzt.

[306] Näher dazu *Riegger* ZHR 165 (2001), 204, 211.

[307] *Riegger* ZHR 165 (2001), 204, 210; *Claussen* AG 2001, 161, 166; *Spindler* ZGR 2000, 420, 433 ff.

[308] *Eckardt*, in: Geßler/Hefermehl/Eckardt/Kropff, Kommentar zum AktG, § 118, Rdn. 43.

[309] *Hüffer*, AktG, § 118, Rdn. 16.

[310] *Spindler* ZGR 2000, 420, 433 ff.; *Riegger/Mutter* ZIP 1998, 637, 638 f.; Noack BB 1998, 2533, 2534 f.; *Hüffer*, AktG, § 118, Rdn. 16.

b) Ergebnis

Festzuhalten bleibt, dass die gesellschaftsrechtlichen Geheimhaltungspflichten des Vorstandes, sei es aus der aktienrechtlichen Verschwiegenheitspflicht oder dem kapitalmarktrechtlichen Weitergabeverbot, nur in bestimmten Einzelfällen von Bedeutung sind, wie zum Beispiel bei einer geplanten Beteiligung an einem anderen Unternehmen gegen Ausgabe neuer Aktien. Bei Vorhaben anderer Art, wie beispielsweise der Aktieneinführung an ausländischen Börsen, wird dagegen hinsichtlich der näheren Einzelheiten, wie Ort der Plazierung oder Verteilung des Emissionsvolumens auf mehrere Börsenplätze, meist kein überwiegendes Gesellschaftsinteresse an Geheimhaltung vorliegen. Die Offenlegung von konkreten Einzelheiten wird in diesen Fällen regelmäßig weder die Vornahme der geplanten Maßnahme gefährden noch gegen Insidervorschriften verstoßen[311].
Nichts anderes gilt insoweit für die Fälle der bezugsrechtsfreien Kapitalerhöhung zur Bedienung von Wandelungs- und Optionsrechten aus Schuldverschreibungen, zur Ausgabe von Belegschaftsaktien, zur Aufrechterhaltung des Verhältnisses verschiedener Aktiengattungen bei Kapitalerhöhungen und zur Vermeidung von Spitzenbeträgen. Bei diesen Verwendungsalternativen genehmigten Kapitals handelt es sich ausschließlich um unternehmensinterne Geschäftsvorgänge, die keinerlei Außenwirkung auf den Kapitalmarkt entfalten und angesichts der mangelnden Abhängigkeit von Kapitalmarktbedingungen demnach auch nicht der Geheimhaltung bedürfen. Bei einer bezugsrechtsfreien Kapitalerhöhung zum Zwecke der Aktieneinführung an ausländischen Börsen oder zwecks der Bedienung von Wandelungs- und Optionsrechten aus Schuldverschreibungen werden den Bekanntgabepflichten des Vorstandes von nicht geheimhaltungsbedürftigen Tatsachen schließlich durch das Entwicklungsstadium der konkreten Planung eine Grenze gezogen[312].

II. Pflicht zur Darlegung der Geheimhaltungsgründe

Wenn der Vorstand beispielweise bei einer geplanten Beteiligung an einem anderen Unternehmen gegen Ausgabe neuer Aktien aus Geheimhaltungsgründen keine näheren Einzelheiten der Planung offen legen muss bzw. darf, fragt es sich, ob er die Gründe für die Geheimhaltungsbedürftigkeit in seinem Bericht darzulegen hat.
Die ähnlich gelagerte Frage, ob der Vorstand die Auskunftsverweigerung gem. § 131 III AktG in der Hauptversammlung begründen muss, ist bislang nicht hinreichend geklärt.

---

[311] Siehe *Cahn* ZHR 163 (1999), 554, 560.
[312] Näher dazu unten, 2. Teil, § 1 C III 3.

1. Meinungsstand zur Auskunftsverweigerung gem. § 131 III AktG

Von einem Großteil der Rechtsprechung[313] und teilweise auch von der Literatur[314] wird jegliche Pflicht, die Auskunftsverweigerung in der Hauptversammlung zu begründen, abgelehnt. Danach sei die Darlegung der Gründe für eine Auskunftsverweigerung im Auskunftserzwingungsverfahren nach § 132 AktG oder im Anfechtungsprozess gem. § 243 I AktG ausreichend. Teilweise wird dagegen eine umfassende Begründungspflicht angenommen[315]. Nach der neueren Rechtsprechung des BGH zur Auskunftsverweigerung muss der Vorstand die Gründe für die Geheimhaltungsbedürftigkeit soweit angeben, wie es ihm ohne Offenlegung des Geheimnisses möglich ist[316].

2. Stellungnahme

Nach § 131 V AktG kann der Aktionär im Falle der Auskunftsverweigerung verlangen, dass seine Frage und der Grund, weshalb die Auskunft verweigert worden ist, in der Niederschrift über die Hauptversammlung (vgl. § 130 AktG) aufgenommen werden. Dieser Norm könnte bereits die Pflicht zur Begründung der Auskunftsverweigerung zu entnehmen sein. Hinzu kommt, dass der Aktionär nur mit einer gegebenen Begründung der Auskunftsverweigerung beurteilen kann, ob ein Auskunftserzwingungsverfahren nach § 132 AktG oder eine Anfechtungsklage gem. § 243 I AktG erfolgreich sein kann. Zudem ist die Begründung schon notwendig, damit der Aktionär überhaupt substantiiert vortragen kann.

Angesichts des Informationsbedürfnisses der Aktionäre erscheint eine Begründungspflicht des Vorstandes notwendig. An die Intensität der Begründung dürfen allerdings keine überhöhten Anforderungen gestellt werden. Der Umfang der Begründung ist darauf zu begrenzen, dass der in § 131 III AktG bezweckte Schutz nicht ausgehöhlt wird. Keinesfalls kann eine Substantiierungspflicht wie im Gerichtsverfahren gefordert werden.

Für die Annahme einer Begründungspflicht spricht des weiteren ein Blick auf die verschmelzungsrechtliche Regelung des § 8 II UmwG. Da der Umfang der Berichtspflicht des Vorstandes hinsichtlich geheimhaltungsbedürftiger Tatsachen in entsprechender Anwendung des § 131 III Nr. 1 AktG zu begrenzen ist und die Regelung des § 8 II 1 UmwG mit § 131 III Nr. 1 AktG insoweit sachlich übereinstimmt, liegt es nahe, dem Vorstand auch für den Fall des geplanten

---

[313] ZIP 1993, 1618, 1620; ZIP 1995, 1585, 1589; OLG Hamburg AG 1969, 150, 151; offenlassend noch BGHZ 101, 1, 8 f.

[314] Siehe etwa *Reuter* DB 1988, 2615, 2620.

[315] Für eine Begründungspflicht bereits BGHZ 32, 159, 168; BGHZ 36, 121, 130; vgl. auch *Hüffer*, AktG, § 131, Rdn. 26.

[316] BGHZ 107, 296, 305 f.; BGH ZIP 1990, 168, 169; BGH ZIP 1990, 1560, 1561.

Bezugsrechtsausschlusses bei der Berücksichtigung von Geheimhaltungsinteressen in Anlehnung an § 8 II 2 UmwG Grenzen zu setzen.

a) Anknüpfungspunkt: Die Regelung des § 8 II 2 UmwG

Nach § 8 II 2 UmwG sind in einem Verschmelzungsbericht die Gründe darzulegen, aus denen geheimhaltungsbedürftige Tatsachen nicht in den Bericht aufgenommen worden sind. Das UmwG gestattet die Berücksichtigung von Geheimhaltungsinteressen demnach nur, wenn im Einzelfall die Gründe für die Geheimhaltungsbedürftigkeit offengelegt werden. Der bisherigen Ansicht, im Verschmelzungsbericht könnten Angaben unter schlichter Berufung auf das Geheimhaltungsinteresse ohne Begründung verweigert werden[317], ist seit Einführung dieser Regelung die Grundlage entzogen[318]. § 8 II UmwG bringt damit nicht nur eine Klarstellung hinsichtlich des die Berichtspflicht des Vorstandes begrenzenden Geheimhaltungsinteresses, sondern auch eine Verschärfung der Berichtspflicht: Die Verweigerung von Angaben ist nur im begründeten Einzelfall zulässig[319].

b) Sinngemäße Anwendung des § 8 II 2 UmwG

In Anlehnung an § 8 II 2 UmwG sind bereits in einem Verschmelzungs- und Prüfungsbericht für einen Beherrschungsvertrag (vgl. §§ 293 a II, 293 e II AktG) und für eine Eingliederung (vgl. §§ 320 III 2, 293 e II, 293 a II AktG) Gründe darzulegen, aus denen geheimhaltungsbedürftige Tatsachen nicht in den Bericht aufgenommen worden sind. Die Konfliktsituation zwischen Mehrheits- und Minderheitsinteressen in diesen Fallkonstellationen ist mit derjenigen im Rahmen eines Bezugsrechtsausschlusses vergleichbar. Sowohl im Fall der Verschmelzung als auch beim Abschluss eines Beherrschungsvertrags werden die Rechtsstellung der Aktionäre der übernehmenden Gesellschaft bzw. die Interessen der Minderheit beeinträchtigt. Der Vorstand muss in allen Fällen die Sachgründe, welche die Erforderlichkeit und Verhältnismäßigkeit des Eingriffs belegen, in einem schriftlichen Bericht gegenüber der Hauptversammlung erörtern. Aus den Gesetzesmaterialien zum Verschmelzungsbericht ergibt sich zudem eine Parallele zum Bericht über den Ausschluss des Bezugsrechts gem. § 186 IV 2 AktG[320]. Vor diesem Hintergrund sind die zu § 8 UmwG gewonnenen Erkenntnisse zur Darlegung der Geheimhaltungsgründe auch für die Bewer-

[317] Gegen eine Begründungspflicht etwa OLG Karlsruhe WM 1989, 1134, 1137; dafür OLG Hamm WM 1988, 1164, 1168; OLG Köln WM 1988, 1792, 1794; BGH WM 1990, 140, 142 und 2032, 2075.

[318] Vgl. dazu *Marsch-Barner*, in: Kallmeyer, UmwG, § 8, Rdn. 32.

[319] Siehe dazu *Lutter*, UmwG, § 8, Rdn. 47.

[320] Siehe *Decher*, in: Lutter, UmwG, § 192, Rdn. 7.

tung der Informationspflichten des Vorstandes im Fall des Bezugsrechtsausschlusses zu berücksichtigen.

3. Die Begründungspflicht

Der Vorstand hat - entsprechend der Regelung des § 8 II 2 UmwG - in dem gegenüber der Hauptversammlung gem. §§ 186 IV 2, 203 I 1, II 2 AktG zu erstattenden Bericht die Geheimhaltungsinteressen des Unternehmens anzuzeigen und schlüssig zu begründen, dass diese eine Begrenzung seiner Informationspflichten zum Wohle der Gesellschaft und ihrer Aktionäre erfordern. Eine solche Begründung ist für etwaige Berichtslücken schon deswegen unverzichtbar, weil andernfalls für die Aktionäre der Eindruck eines vollständigen Berichts erweckt würde. Die Darlegung der Gründe für die Geheimhaltungsbedürftigkeit von Tatsachen erfordert demnach zunächst, dass die Berichtslücke kenntlich gemacht wird[321]. Sodann muss der Vorstand darstellen, welche Nachteile bei Offenlegung der zurückgehaltenen Information eintreten können und die maßgebenden Gründe für die Nichtoffenlegung von Einzelheiten der geplanten Kapitalmaßnahme transparent machen. Die Darstellung der Geheimhaltungsgründe muss allerdings nicht so genau erfolgen, dass auf diesem Wege Rückschlüsse auf die geheimhaltungsbedürftigen Tatsachen möglich sind und der befürchtete Nachteil infolge der Begründung doch eintritt[322]. Es muss für einen verständigen Aktionär vielmehr nur plausibel werden, dass die Offenlegung bestimmter Entscheidungsgrundlagen das Gesellschaftsinteresse spürbar beeinträchtigen kann. Notwendig ist dabei eine Einzelbegründung der Erläuterungs- und Begründungsbeschränkung, so dass jedenfalls eine Plausibilitätskontrolle möglich ist[323]. Der generelle Hinweis auf die Geheimhaltungsbedürftigkeit der näheren Einzelheiten des Finanzierungsvorhabens erlaubt dagegen keine Plausibilitätskontrolle und reicht daher nicht für eine schlüssige Begründung der begrenzten Informationspflichten aufgrund des notwendigen Geheimhaltungsbedarfs aus[324]. An die Begründung sind allerdings im Ergebnis um so geringere Anforderungen zu stellen, je offensichtlicher die Vertraulichkeitsinteressen sind[325].

---

[321] So für die Begründungspflicht nach § 8 II 2 UmwG: *Marsch-Barner*, in: Kallmeyer, UmwG, § 8, Rdn. 32.

[322] Siehe zum Verschmelzungsbericht: *Marsch-Barner*, in: Kallmeyer, UmwG, § 8, Rdn. 32.

[323] So für die Begründungspflicht nach § 8 II 2 UmwG: *Bernael*, in: Goutier/Knopf/Tulloch, Kommentar zum Umwandlungsrecht, § 8, Rdn. 40; *Marsch-Barner*, in: Kallmeyer, UmwG, § 8, Rdn. 32 m.w.N.

[324] Vgl. dazu die Ausführungen zur Schutzklausel des § 293 a II AktG von *Hüffer*, AktG, § 293 a, Rdn. 20 m.w.N.; siehe zur Begründungspflicht nach § 8 II 2 UmwG: *Marsch-Barner*, in: Kallmeyer, UmwG, § 8, Rdn. 32.

[325] So zur Begründungspflicht nach § 8 II 2 UmwG: *Bernael*, in: Goutier/Knopf/Tulloch, Kommentar zum Umwandlungsrecht, § 8, Rdn. 40.

Dem Vorstand wird infolge der Begründungspflicht in Anlehnung an § 8 II 2 UmwG zwar eine schwierige Gratwanderung zwischen den Interessen der Gesellschaft und ihrer Aktionäre abverlangt. Gemildert wird diese Problematik aber zumindest dadurch, dass der Vorstandsbericht gem. §§ 186 IV 2, 203 I 1, II 2 AktG nach den „Siemens/Nold"-Grundsätzen des BGH nur Angaben verlangt, die für eine Plausibilitätskontrolle benötigt werden.

III. Pflicht zur Offenlegung nicht geheimhaltungsbedürftiger Tatsachen

1. Einleitung

Bestehen im Zeitpunkt der Ermächtigung des Vorstandes konkrete Pläne für den Einsatz des genehmigten Kapitals, die nicht geheimhaltungsbedürftig sind, hat der Vorstand die Hauptversammlung grundsätzlich umfassend über die Einzelheiten seiner Planung zu informieren. Nur so können der Sinn und Zweck der Berichterstattungspflicht, den an der Hauptversammlung teilnehmenden Aktionären eine sorgfältige, alle Gesichtspunkte berücksichtigende Entscheidung zu ermöglichen[326], gewahrt werden. Pauschale Ausführungen zum Verwendungszweck des genehmigten Kapitals genügen nicht. Der Vorstand muss vielmehr deutlich machen, warum die geplante Maßnahme für das Unternehmen sinnvoll erscheint.

Weitergehende Berichtspflichten können in erster Linie in Fällen des Bezugsrechtsausschlusses zwecks der Bedienung von Wandelungs- und Optionsrechten aus Schuldverschreibungen und zum Zweck der Aktieneinführung an ausländischen Börsen bestehen, vorausgesetzt es liegen bereits im Zeitpunkt der Ermächtigung konkrete Finanzierungspläne vor. Soweit der Ausschluss des Bezugsrechts unmittelbar einsichtig erscheint, genügt eine kurze Berichterstattung. Bei Akquisitionsvorhaben der Gesellschaft hat der Vorstand die Hauptversammlung hingegen grundsätzlich nicht über die Einzelheiten seiner Planung zu unterrichten, da es sich regelmäßig um Kapitalmaßnahmen handelt, die der Geheimhaltung bedürfen.

2. Die Berichtspflichten im Einzelfall

a) Bedienung von Wandelungs- und Optionsrechten aus Schuldverschreibungen

Soweit die Ermächtigung zur bezugsrechtsfreien Kapitalerhöhung die Bedienung von Wandelungs- und Optionsrechten aus Schuldverschreibungen ermöglichen soll, hat der Vorstand die an der Beschlussfassung beteiligten Aktionäre durch seinen Bericht zuverlässig in die Lage zu versetzen, die Interessen der Gesellschaft an einer Ausgabe von Wandel- bzw. Optionsschuldverschreibungen an Führungskräfte des Unternehmens gegenüber anderen Alternativen zu

---

[326] *Henn*, Handbuch des Aktienrechts, § 36, Rdn. 1249.

bewerten, die Nachteile, insbesondere den Verwässerungseffekt, für die ausgeschlossenen Aktionäre zu erkennen und beides gegeneinander abzuwägen[327]. Dabei hat der Vorstand etwa auch darzulegen, dass der für die Aktionäre entstehende Verwässerungseffekt langfristig durch die mit dem „Stock-Option-Plan" begründete Erwartung einer Steigerung des Unternehmenswertes ausgeglichen wird[328]. Soweit möglich muss er neben dem Ausgabebetrag für die Wandel- bzw. Optionsschuldverschreibungen auch die Umtausch bzw. Bezugskonditionen für die Aktionäre erläutern. Er hat den Aktionären die Anzahl der vom Optionsrecht umfassten Aktien, die Bandbreite der Zeichnungsbeträge, das Verfahren der Festlegung des Wandlungspreises, den Zielkurs, von dessen Erreichen die Ausübung des Umtausch- bzw. Bezugsrechts abhängt, sowie die vorgegebenen Ausübungszeiträume mitzuteilen[329].
Der Vorstand muss den vorgeschlagenen Ausgabebetrag nach §§ 221 IV 2 i.V.m. 186 IV 2, 2. HS AktG zwar grundsätzlich in seinem Bericht begründen[330]. Wie noch zu zeigen sein wird[331], kann dies aber nicht gelten, wenn er keinen Ausgabebetrag vorgeschlagen hat[332] und die Hauptversammlung dem Vorschlag entsprechend lediglich einen Ermächtigungsbeschluss gefasst hat. Es genügt insoweit, wenn der Vorstand Angaben über die im Ermächtigungsbeschluss geregelten Ausgabekonditionen erteilt[333].
Berichtspflichten, die über die „Eckdaten" des Programms[334] hinausgehen, wie etwa die Erläuterung, aus welchen Gründen beispielsweise auf den Börsenkurs als Maßstab zurückgegriffen wurde oder die Darlegung des Bezugsrechtswertes, bestehen nicht[335].

---

[327] OLG Stuttgart ZIP 1998, 1482, 1490; OLG Frankfurt AG 1992, 271; OLG München AG 1991, 210, 211; vgl. auch *Lutter*, in: Kölner Kommentar zum AktG, § 221, 75 ff.; *Hüffer*, AktG, § 221, Rdn. 41 m.w.N. im Zusammenhang mit Genussrechten und Gewinnschuldverschreibungen.

[328] So auch im entschiedenen Fall „Wenger/Daimler Benz" (OLG Stuttgart ZIP 1998, 1482).

[329] OLG Stuttgart ZIP 1998, 1482, 1490; vgl. auch *Hüffer* ZHR 161 (1997), 214, 229, 230.

[330] Zur Begründung des „vorgeschlagenen" Ausgabebetrages, vgl. näher unten, 2. Teil, § 1 C III 2 c) und siehe *Hefermehl/Bungeroth*, in: Geßler/Hefermehl/Eckardt/Kropff, Kommentar zum AktG, § 186, Rdn. 100; *Hüffer*, AktG, § 186, Rdn. 24.

[331] Vgl. dazu 2. Teil, § 1 C III 2 c).

[332] Vgl. LG München ZIP 1992, 1741 = WM 1992, 1151, 1154.

[333] Siehe LG Frankfurt ZIP 1997, 1030, 1034; LG Bremen AG 1992, 37 f.; *Hüffer*, AktG, § 221, Rdn. 41; vgl. auch die Begründung des Regierungsentwurfs zum KonTraG ZIP 1997, 2068.

[334] Siehe hierzu OLG Braunschweig ZIP 1988, 1585, 1588.

[335] OLG Stuttgart ZIP 1998, 1482, 1490 f.; OLG Braunschweig ZIP 1998, 1585, 1588; vgl. dazu auch *Hüffer* ZHR 161 (1997), 214, 228. Für eine nähere Darlegung des Maßstabes des Ausgabebetrages allerdings: *Baums* AG Sonderheft 1997, S. 26, 36; sehr weitgehend auch *Kleindiek*, in: RWS Forum Gesellschaftsrecht 1997, S. 23, 40. Für die Informationspflicht hinsichtlich des Bezugsrechtswerts: siehe etwa *Knoll* ZIP 1998, 413, 414.

b) Aktieneinführung an ausländischen Börsen

Der Vorstand hat im Fall der bezugsrechtsfreien Kapitalerhöhung zum Zweck der Aktieneinführung an ausländischen Börsen in seinem Bericht zunächst die in Frage kommenden Börsenplätze sowie die Höhe des jeweils an ihnen einzusetzenden Aktiennennkapitals zu bestimmen. Die Formulierung des BGH im „Holzmann"-Fall[336]: „Es sind jedoch, insbesondere im Zusammenhang mit der Erweiterung der Aktivitäten im Ausland, Fälle denkbar, die es angezeigt erscheinen lassen, dem Vorstand im Interesse der Gesellschaft die Möglichkeit zu geben,... das Bezugsrecht... auszuschließen" genügt insoweit nicht. Soweit bereits konkrete Pläne für die Aktieneinführung an ausländischen Börsenplätzen bestehen, muss der Vorstand die Hauptversammlung konkreter informieren.
Auf der Grundlage der bereits erörterten „Deutsche Bank"-Entscheidung des BGH ist der Vorstand allerdings nicht verpflichtet, die ausländischen Börsenplätze, an denen das genehmigte Kapital plaziert werden soll, unabänderlich festzulegen oder unter mehreren in Betracht gezogenen Orten eine feste Reihenfolge anzugeben, in der die Plazierung vorgenommen wird und werden muss[337]. Er kann die im Bericht in Aussicht genommene Reihenfolge der ausgewählten Finanzzentren und Länder abändern, soweit sich dafür die Notwendigkeit im Interesse der Gesellschaft aufgrund bestimmter Entwicklungen an der Börse des entsprechenden Landes ergibt. Voraussetzung dafür ist, dass der Vorstand die Vorläufigkeit seiner Planung im Bericht kenntlich macht, indem er die Informationen mit einem entsprechenden Vorbehalt versieht. Auf diese Weise kann er sich bei einem Bezugsrechtsausschluss zum Zweck der Aktieneinführung an ausländischen Börsen die Möglichkeit offen halten, erforderlichenfalls die zunächst geplante Reihenfolge der Börsenplätze abzuändern[338]. Für welche Börsenplätze der Vorstand die Vorteile der Aktieneinführung hoch und für welche er sie weniger hoch einschätzt, kann er dadurch zum Ausdruck bringen, dass er die zu berücksichtigenden Finanzzentren in einer bestimmten, nach Wertigkeit der Auslandspräsenz der Aktie der Gesellschaft abgestuften Reihenfolge aufführt[339].
Weiterhin hat der Vorstand die Höhe des für jeden Börsenplatz verfügbar zu haltenden Nominalbetrages anzugeben, zu begrenzen und jeweils darzulegen, ob das für jeden Platz vorgesehene Volumen ausreichend, aber auch notwendig für das verfolgte Ziel der Ausweitung der Börsenpräsenz ist. Da auch in diesem Zusammenhang der Erfolg der Aktieneinführung von einer Reihe zeitbedingter Faktoren und Entwicklungen abhängt, muss dem Vorstand aber die Möglichkeit erhalten bleiben, auf die Entwicklungen an der Börse des entsprechenden Lan-

[336] BGHZ 83, 319, 320.
[337] BGHZ 125, 239, 248.
[338] So das Anliegen im Fall BGHZ 125, 239, 249.
[339] BGHZ 125, 239, 249.

des zu reagieren und dementsprechend die Höhe der an jedem Ort einsetzbaren Beträge zu verändern. Der Vorstand kann daher die Informationen in seinem Bericht mit einem entsprechenden Vorbehalt versehen. Die Hauptversammlung kann aus dem Verhältnis des Betrages aus dem genehmigten Kapital zu dem Grundkapital der Gesellschaft beurteilen, ob das geschäftspolitische Ziel der Gesellschaft insoweit realistisch ist und erreicht werden kann[340].
Da die Aktionärserweiterung im Wege der Aktieneinführung an ausländischen Börsen eine breite Streuung der neuen Aktien voraussetzt[341], hat der Vorstand auch diesen Aspekt in seinem Bericht anzuführen. Auf diese Weise soll jegliche Paketbildung verhindert werden, die zu einer nicht unerheblichen Veränderung der Willensbildung in der Hauptversammlung führen könnte[342].
Nicht zuletzt muss der Vorstand die in Aussicht genommene Anlehnung des Ausgabekurses der neuen Aktien an den aktuellen Börsenkurs darlegen[343]. Diese Pflicht hat der BGH im „Deutsche Bank"-Verfahren als zweite Voraussetzung des Bezugsrechtsausschlusses zwecks Aktieneinführung an ausländischen Börsen statuiert.

c) Begründung des „vorgeschlagenen" Ausgabebetrages der neuen Aktien

Nach § 186 IV 2, 2.HS AktG hat der Vorstand in seinem gegenüber der Hauptversammlung zu erstattenden Bericht unter Darlegung der Berechnungsgrundlagen und Berechnungskriterien den „vorgeschlagenen" Ausgabebetrag für die neuen Aktien zu begründen. Obwohl diese Vorschrift auch für das genehmigte Kapital sinngemäß gilt (vgl. § 203 I 1, II 2 AktG), ist für ihre Anwendung jedoch kein Raum, wenn die Bestimmung des Ausgabebetrages nach § 204 I 1 AktG nicht in der Kapitalerhöhungsermächtigung erfolgt, sondern der Verwaltung überlassen bleibt[344]. So hat auch der BGH im „Siemens/Nold"-Urteil[345] ausgeführt, dass die Hauptversammlung berechtigt ist, den Vorstand zur Festsetzung des Ausgabebetrages der neuen Aktien zu ermächtigen. Im Hauptversammlungsbeschluss muss der Ausgabebetrag somit nicht festgelegt werden.

---

[340] BGHZ 125, 239, 250 f.

[341] BGHZ 125, 239, 245 unter Hinweis auf *Lutter*, in: Kölner Kommentar zum AktG, § 186, Rdn. 72 und *Heinsius*, in: Festschrift Kellermann, S. 115, 128.

[342] *Martens* ZIP 1994, 669, 673, 677 (im Zusammenhang des erleichterten Bezugsrechtsausschlusses nach § 186 III 4 AktG).

[343] *Martens* ZIP 1994, 669, 673.

[344] OLG Frankfurt WM 1986, 615, 617; LG Frankfurt AG 1984, 296, 299; LG München I WM 1992, 1151, 1154; *Krieger*, in: Münchener Handbuch, Aktiengesellschaft, § 58, Rdn. 21; *Marsch* AG 1981, 211, 212; *Hefermehl/Bungeroth*, in: Geßler/Hefermehl/Eckardt/Kropff, Kommentar zum AktG, § 203, Rdn. 25.

[345] BGHZ 136, 133, 141 f.

Für die formelle Seite bedeutet das, dass der Vorstand grundsätzlich nicht verpflichtet ist, in dem der Hauptversammlung vorzulegenden Bericht einen Ausgabebetrag vorzuschlagen und zu erläutern[346]. Nur wenn die Hauptversammlung den Ausgabebetrag der neuen Aktien festsetzen soll und bereits der Ermächtigungsbeschluss insoweit Angaben zum Ausgabekurs, wie etwa die Festlegung von Mindest- oder Höchstkursen enthält oder darauf beruht (Ausgabe zum Börsenkurs), hat der Vorstand dazu in seinem Bericht Stellung zu beziehen. So kann der Vorstand etwa anführen, dass dem Schutz der Aktionäre vor Verwässerung des Wertes ihrer Aktien dadurch Rechnung getragen wird, dass die Aktien aus dem genehmigten Kapital zu einem Kurs angeboten werden, der sich an dem Börsenkurs zum Zeitpunkt der Beschlussfassung über die Ausnutzung des genehmigten Kapitals orientiert. In der Regel kann der Vorstand aber zuverlässige Angaben zum Ausgabebetrag der neuen Aktien im Zeitpunkt der Ermächtigung noch nicht erteilen und muss es daher auch nicht[347].

3. Einschränkung der Berichtspflichten entsprechend dem Entwicklungsstadium der konkreten Planung

Durch die zusätzliche Angabe von Einzelheiten im Vorstandsbericht wird die Bandbreite der Möglichkeiten des Vorstandes, die Ermächtigung auszunutzen, und somit die Flexibilität der Geschäftsführung infolge eines enger gestalteten Ermächtigungsrahmens begrenzt. Die Informationspflichten des Vorstandes bedürfen daher auch bei Vorliegen konkreter Pläne einer Einschränkung, und zwar entsprechend dem Entwicklungsstadium der konkreten Planung.
In diesem Sinne hat bereits der BGH noch vor Erlass der „Siemens/Nold"-Entscheidung - also noch unter Geltung der strengen Berichtsanforderungen - im „Deutsche Bank"-Urteil[348] die Informationspflichten des Vorstandes für den Fall der Aktieneinführung an ausländischen Börsen eingeschränkt. Der Verwaltung muss danach die Möglichkeit erhalten bleiben, ihre Planung entsprechend den jeweiligen wirtschaftlichen Verhältnisse im Gesellschaftsinteresse zu modifizieren[349]. Da nach der „Siemens/Nold"-Rechtsprechung allgemeine Umschreibungen des zu finanzierenden Vorhabens bei Fehlen konkreter Pläne genügen, besteht keine Veranlassung dazu, die Freiheit des Vorstandes, seine Pläne zu entwickeln, in geringerem Umfang zu gewährleisten als die Möglichkeit, gefasste Pläne bei entsprechendem Bedarf abzuändern[350].

---

[346] Vgl. dazu BGHZ 144, 290 mit Anm. *Hirte* EWiR § 203 AktG 1/2000, 941 f.
[347] LG Frankfurt AG 1984, 296, 299; *Hüffer*, AktG, § 203, Rdn. 26; *Lutter*, in: Kölner Kommentar zum AktG, § 203, Rdn. 40.
[348] BGHZ 125, 239, 248 f.
[349] Vgl. oben, 1. Teil, § 1 B I.
[350] Siehe dazu *Cahn* ZHR 163 (1999), 554, 560 f.

Ob ein Bedarf zur Abänderung von Finanzierungsplänen vorliegt, hängt entscheidend von dem jeweiligen Entwicklungsstadium der konkreten Planung des Vorstandes ab. Handelt es sich etwa um eine bereits abgeschlossene Planung der zu finanzierenden Maßnahme, deren Durchführung unmittelbar bevorsteht, werden Planungsänderungen nur noch selten erforderlich sein. Bei einer noch nicht abgeschlossenen Planung, die bisher nur vorläufige Geltung beanspruchen kann, sind dagegen notwendige Modifizierungen der Kapitalmaßnahme infolge auftretender Kapitalmarktänderungen häufig der Fall. Vor diesem Hintergrund ist eine Unterscheidung danach vorzunehmen, ob bereits konkrete und endgültige Pläne für den Einsatz des genehmigten Kapitals vorliegen oder erst solche bestehen, die lediglich vorläufigen Charakter haben.[351] Gegen eine solche jeweils auf den Konkretisierungsgrad der Planung abstellende, differenzierte Beurteilung der Berichtspflichten liegt zwar der Einwand der Rechtsunsicherheit und der unzureichenden Praktikabilität nahe. So gewichtig dieses Argument aber sein mag, ist doch der rechtliche Zusammenhang zwischen dem erforderlichen Berichtsinhalt und dem konkreten Stadium der Planung unbestreitbar. Die Anforderungen an die Berichtspflicht des Vorstandes variieren je nach dem aktuellen Planungsstadium der Kapitalmaßnahme. Entsprechend unterschiedlich muss der Vorstand unter angemessener Beachtung des Zwecks der Berichtspflicht und der durch die Regelung des § 131 AktG geschützten Informationsinteressen der Aktionäre über das Finanzierungsvorhaben auch berichten.
Der BGH hat sich im „Siemens/Nold"-Urteil für die hier zugrundegelegte Differenzierung zwar nicht ausgesprochen, da es schon an konkreten Plänen für den Einsatz des genehmigten Kapitals im Zeitpunkt der Ermächtigung gemangelt hat. Wie die folgenden Ausführungen zeigen werden, wird durch eine solche differenzierte Beurteilung der Berichtspflichten jedoch die geforderte Flexibilität für die Vorstandstätigkeit nicht wieder aufgegeben. Auch das Anliegen des BGH im „Siemens/Nold"-Verfahren, die Anfälligkeit von Ermächtigungsbeschlüssen gegen Anfechtungsklagen aufgrund ungenügender Berichterstattung zu reduzieren, wird auf diese Weise nicht verfehlt[352].

a) Endgültige Pläne

Liegen bereits endgültige Pläne für die Durchführung der Kapitalerhöhung mit Bezugsrechtsausschluss vor, darf der Vorstand den zur Beschlussfassung berufenen Aktionären wichtige Informationen für ihre Entscheidung, die nicht der Geheimhaltung bedürfen, nicht verschweigen. Die Herabsetzung der Berichtsanforderungen durch das „Siemens/Nold"-Urteil hätte andernfalls zur Konsequenz, dass der Informationsstand der Teilnehmer der Hauptversammlung bei

---

[351] Vgl. *Cahn* ZHR 163 (1999), 554, 560 f.
[352] So auch im Ergebnis *Cahn* ZHR 163 (1999), 554, 562 f.

Beschlussfassung ohne sachlichen Grund geringer wäre als der des Vorstandes. Ein solches Informationsdefizit wäre weder mit dem Normzweck des § 186 IV 2 AktG (i.V.m. § 203 I 1, II 2 AktG) zu vereinbaren noch im Interesse einer flexiblen Unternehmensleitung notwendig.

aa) Information unter Vorbehalt

Die Flexibilität der Unternehmensleitung wird mit der Annahme einer umfassenden Informationspflicht des Vorstandes hinsichtlich einer bereits abgeschlossenen Finanzierungsplanung im Zeitpunkt der Ermächtigung nicht zwangsläufig über Gebühr belastet. Dies ergibt sich bereits aus der Möglichkeit des Vorstandes, die Information im Bericht mit einem entsprechenden Vorbehalt zu versehen. Bei einem Bezugsrechtsausschluss zum Zweck der Aktieneinführung an ausländischen Börsen kann sich der Vorstand dadurch beispielsweise die Möglichkeit offen halten, erforderlichenfalls die zunächst geplante Reihenfolge der Börsenplätze abzuändern[353]. Auf diese Weise wird den Teilnehmern der Hauptversammlung als Grundlage für ihre Entscheidung der Kenntnisstand der Verwaltung garantiert, ohne dass bei nachfolgenden, im Rahmen des Vorbehalts bereits entsprechend als möglich gekennzeichneten Planungsänderungen eine erneute Zustimmung der Hauptversammlung zwangsläufig eingeholt werden müsste[354].

bb) Das Aktionärsersuchen nach § 131 I AktG

Müsste der Vorstand bei Vorliegen konkreter und endgültiger Pläne für den Einsatz des genehmigten Kapitals der Hauptversammlung keinen umfassenden Bericht erstatten, wäre er doch gemäss seiner Auskunftspflicht nach § 131 I AktG zur Preisgabe der Details seiner Planung verpflichtet. Denn auf Verlangen sogar eines einzelnen Aktionärs nach § 131 I AktG hat der Vorstand ohnehin entsprechende Informationen in der Hauptversammlung mitzuteilen, sofern kein Verweigerungsgrund gem. § 131 III AktG eingreift. Dieses Auskunftsersuchen soll gegebenenfalls die Informationsgrundlage, die dem Aktionär bereits vorliegt, ergänzen, um ihm eine sinnvolle Ausübung seiner mitgliedschaftlichen Befugnisse in der Hauptversammlung zu ermöglichen[355].
Die im Rahmen eines solchen Aktionärsersuchens nach § 131 I AktG erteilten Auskünfte sind maßgeblich für den Inhalt der Ermächtigung der Hauptversammlung. Der Handlungsspielraum des Vorstandes wird insoweit begrenzt. Andernfalls würde dem Anliegen der nahezu einhellig vertretenen Ansicht nicht Rechnung getragen, die nachgeschobene Informationen auf der Hauptversamm-

---

[353] Vgl. dazu das Anliegen im Fall BGHZ 125, 239, 249.
[354] Siehe dazu *Cahn* ZHR 163 (1999), 554, 562.
[355] Vgl. *Schneider/Singhof*, in: Festschrift Kraft, S. 585, 595.

lung für nicht geeignet ansieht, Mängel des Vorstandsberichts zu heilen[356] und damit die frühzeitige und vollständige Information der Aktionäre sicherstellen sowie ihre Kompetenzen stärken will[357].

cc) Gefahr von Anfechtungsklagen?

Soweit den Vorstand in Fällen einer bereits fortgeschrittenen Planung Berichtspflichten treffen, die über die abstrakte Bezeichnung der geplanten Kapitalmaßnahme hinausgehen, können die Aktionäre ihre Anfechtungsklagen auf die Behauptung stützen, der Vorstand habe sich bei der Information der Hauptversammlung gerade nicht auf allgemein gehaltene Umschreibungen des zu finanzierenden Vorhabens beschränken dürfen. Einem Aktionär ist es zwar ohne entsprechende Information durch den Vorstand kaum möglich, sich mit Erfolg auf die bereits im Zeitpunkt der Beschlussfassung der Hauptversammlung konkreten und endgültigen Pläne für die Verwendung der neuen Aktien zu berufen. Wie im Rahmen der Darlegungs- und Beweislastverteilung im Prozess noch erörtert wird[358], kommen den Aktionären abweichend von dem allgemeinen Beweislastprinzip bei der Verletzung von Informationspflichten jedoch Beweiserleichterungen zugute. Es genügt daher, wenn der klagende Aktionär Tatsachen behaupten und beweisen kann, die Grund zu der Annahme mangelhafter Erfüllung der Berichtspflichten geben[359].
Ist dies der Fall, kann die Frage, welche Einzelheiten der geplanten Kapitalmaßnahme ohne Schaden für die Gesellschaft offengelegt werden können, allerdings nur schwer beantwortet werden. Hinsichtlich der Beantwortung dieser Frage steht dem Vorstand zunächst ein Beurteilungsspielraum zu. Das Gericht vermag eine zutreffende Schädlichkeitsprognose vielfach nur aufzustellen, wenn die fraglichen Informationen über die Einzelheiten der konkreten Finanzierungsmaßnahme offenbart werden. Um diese Offenbarung zu vermeiden, ließe sich zwar daran denken, den Aktionären insoweit die Beweislast für den Nichteintritt von Nachteilen aufzuerlegen[360]. Ein derartiges die Aktionäre vielfach rechtlos stellendes Alles-oder-Nichts-Prinzip ist jedoch nicht sachgerecht. Es ist vielmehr der Gesellschaft aufzubürden, alle Umstände darzulegen, aus denen - ohne Offenbarung der schädlichen Tatsachen selbst - die schädlichen Auswirkungen einer solchen Offenlegung deutlich werden. Die Gesellschaft kann zwar insoweit nicht die volle Beweislast für das Vorliegen der Voraussetzungen einer begrenzten Berichterstattung tragen. Sie hat jedoch eine Plausibili-

[356] Vgl. dazu oben, 1. Teil, § 1 A II.
[357] Siehe *Cahn* ZHR 163 (1999), 554, 562.
[358] Vgl. unten, 3. Teil, § 2 D V 4.
[359] Siehe etwa *Hüffer*, in: Münchener Kommentar zum AktG, § 243, Rdn. 138.
[360] So etwa für den Fall des Auskunftsverfahrens nach § 131 I AktG: *Godin/Wilhelmi*, in: Großkommentar zum AktG, § 131, Rdn. 6; LG Heilbronn AG 1967, 81, 82.

tätslast in dem Sinne, dass sie die beschränkte Berichterstattung einsehbar machen muss[361].
Streitigkeiten zwischen der Gesellschaft und den Aktionären sind damit nicht ausgeschlossen. Der Ermächtigungsbeschluss wäre aber auch bei Ablehnung einer Pflicht des Vorstandes zur Mitteilung nicht geheimhaltungsbedürftiger Details nicht vor Anfechtungsklagen aufgrund ungenügender Berichterstattung geschützt. Denn die Frage, welche Details der Vorstand ohne Nachteil für die Gesellschaft hätte offen legen müssen, würde spätestens dann aufkommen, wenn ein Aktionär sein Auskunftsrecht nach § 131 I AktG ausnutzen und insoweit eine Ergänzung der abstrakten Umschreibungen im Vorstandsbericht fordern würde. Auch wenn der Vorstand in diesem Fall sein Auskunftsverweigerungsrecht nach § 131 III AktG geltend macht, wäre die Streitigkeit nicht ausgeschlossen, da insoweit nur eine Verlagerung auf das Verfahren gem. § 132 AktG und die nachfolgende Anfechtung einer trotz verweigerter Auskunft erteilten Ermächtigung nach § 243 I und IV AktG stattfinden würde[362].

dd) Aufspaltung der Kapitalerhöhung in zwei Teile

Da in denjenigen Fällen, in denen im Zeitpunkt der Ermächtigung bereits konkrete Pläne für das zu finanzierende Vorhaben vorliegen nach wie vor zumindest die Gefahr einer Anfechtung des Ermächtigungsbeschlusses wegen Berichts- oder Auskunftsmängeln besteht, hat sich an der Pflicht der Verwaltung zur Aufspaltung der Kapitalerhöhung in zwei Teile jedenfalls für diejenigen Fälle nichts geändert[363]. Um das Risiko der Anfechtung von Ermächtigungen nach § 202 AktG weitgehend zu reduzieren, gehörte es früher zur gängigen Praxis der Verwaltungen, Kapitalerhöhungen nach §§ 202 f. AktG in ein genehmigtes Kapital I mit Bezugsrecht und ein genehmigtes Kapital II ohne Bezugsrecht zu splitten[364]. Auf diese Weise blieb jedenfalls die Ausnutzung des genehmigten Kapitals I mit Bezugsrecht garantiert, was der Pflicht des Vorstandes entsprach, dem Finanzierungsinteresse der Gesellschaft sowie den Belangen der Aktionäre gerecht zu werden.

b) Provisorische Pläne

Bestehen zwar bereits konkrete Pläne hinsichtlich der Maßnahme, die durch das bezugsrechtsfreie genehmigte Kapital finanziert werden soll, haben diese aber lediglich vorläufigen Charakter, will sich der Vorstand verständlicherweise

---

361 Vgl. dazu *Zöllner*, in: Kölner Kommentar zum AktG, § 131, Rdn. 36.
362 Vgl. dazu *Cahn* ZHR 163 (1999), 554, 563.
363 Vgl. dazu *Cahn* ZHR 163 (1999), 554, 565.
364 Vgl. dazu BGHZ 136, 133 f.; *Martens* ZIP 1992, 1677, 1694 f.; *Heinsius*, in: Festschrift Kellermann, S. 115 ff., 132 ff.

nicht auf ein bestimmtes Vorgehen festlegen lassen. Er will sich vielmehr eine Planungsänderung unabhängig von der Entwicklung der für das Vorhaben entscheidenden äußeren Bedingungen vorbehalten.
In derartigen Fallkonstellationen ist die von der Rechtsprechung in der „Siemens/Nold"-Entscheidung vorgenommene Reduzierung der Berichtsanforderungen sachgerecht. Denn angesichts der nicht auszuschließenden Gefahr der Irreführung der Aktionäre[365] kann die Unterrichtung über vorläufige Pläne, die sich jederzeit ändern können, gerade keine solide Tatsachengrundlage für Entscheidungen der Aktionäre darstellen. Die rechtzeitige Unterrichtung über wichtige Unternehmensereignisse schützt den Anleger zwar vor Überraschungen. Es ist ihm aber nicht damit gedient, Tatsachen durch eine frühzeitige Bekanntgabe falsch zu bewerten. In Anbetracht möglicher Überreaktionen besteht neben der Möglichkeit rascher Kurssteigerung stets die Gefahr eines unabsehbaren schnellen Kursrückgangs, womit der Anleger letztendlich geschädigt wird und etwaige Korrekturmeldungen zur Verunsicherung der Anleger führen könnten[366]. Ebenso kann dem Ansehen der Gesellschaft geschadet werden, wenn trotz Offenlegung vorläufiger Planungen unter dem ausdrücklichen Vorbehalt jederzeitiger Planungsänderung ein Abweichen von bekannt gemachten Plänen erfolgt. Der Vorstand ist daher befugt, die Mitteilung von Einzelheiten vorläufiger Planungen gem. § 131 III Nr. 1 AktG zu verweigern[367].

D. Ergebnis

Die „Siemens/Nold"-Rechtsprechung hat insgesamt eine deutliche Herabsetzung der dem Vorstand nach §§ 186 IV 2, 203 I 1, II 2 AktG obliegenden Berichtspflichten zur Folge. Fehlen im Zeitpunkt der Ermächtigung konkrete Pläne für den Einsatz des genehmigten Kapitals, so darf sich der Vorstand auf die abstrakte Umschreibung des Verwendungszwecks gegenüber der Hauptversammlung beschränken. Der Schutz der Aktionäre durch die bislang postulierten strengen Berichtspflichten des Vorstandes wird damit - jedenfalls bei Fehlen konkreter Pläne - zugunsten der Flexibilität des Vorstandes erheblich zurückgedrängt. In Anbetracht der Bedeutung eines Beteiligungserwerbs an einem anderen Unternehmen orientieren sich die Berichtspflichten des Vorstandes bei Akquisitionsvorhaben auch an der bisherigen Akquisitionspolitik des Unternehmens.

Liegen im Zeitpunkt der Ermächtigung bereits konkrete Pläne für den Einsatz des genehmigten Kapitals vor, hat der Vorstand grundsätzlich die Einzelheiten

---

[365] Siehe *Ekkenga* ZGR 1999, 165, 191, der die Publizierung „weicher Informationen" angesichts der damit verbundenen Irreführungsgefahr auch unter kapitalmarktrechtlichen Aspekten als nicht sachgerecht bewertet.
[366] Vgl. *Heidmeier* AG 1992, 110, 114; *Hopt* ZHR 159 (1995), 135, 152.
[367] Vgl. *Cahn* ZHR 163 (1999), 554, 563 f.

seiner Planung offen zu legen. Die Berichtspflichten des Vorstandes sind dabei entsprechend dem Entwicklungsstadium der konkreten Planung zu begrenzen. Nur soweit bereits im Zeitpunkt der Ermächtigung konkrete und endgültige Pläne für den Einsatz des genehmigten Kapitals vorliegen, muss der Vorstand daher die Einzelheiten seiner Planung darlegen. Benötigt der Vorstand in diesen Fällen nicht das gesamte Kapitalerhöhungsvolumen für die geplante Kapitalmaßnahme unter Ausschluss des Bezugsrechts, hat er die Kapitalerhöhung zudem in ein genehmigtes Kapital I mit Bezugsrecht und ein genehmigtes Kapital II ohne Bezugsrecht aufzuspalten, um der Gefahr einer Anfechtung der Ermächtigung zur Kapitalerhöhung mit Bezugsrechtsausschluss wegen etwaiger Berichtsmängel entsprechend vorzubeugen.

Bei einfach gelagerten Bezugsrechtsausschlussfällen, wie zum Zweck der Ausgabe von Belegschaftsaktien, der Vermeidung von Spitzenbeträgen oder zur Aufrechterhaltung des Verhältnisses verschiedener Aktiengattungen, genügt eine kurze Berichterstattung des Vorstandes.

Die Berichtspflichten des Vorstandes bei Vorliegen konkreter Pläne werden auch durch das Geheimhaltungsinteresse der Gesellschaft, wie es etwa bei einem geplanten Beteiligungserwerb besteht, die Insidervorschriften sowie das Bedürfnis des Vorstandes, sich die Möglichkeit der Änderung von Finanzierungsplänen offen zu halten, begrenzt. Soweit der Vorstand bei Vorliegen geheimhaltungsbedürftiger Finanzierungspläne der gesellschaftsrechtlichen Verschwiegenheitspflicht nach § 131 III Nr. 1 AktG und/oder dem kapitalrechtlichen Weitergabeverbot nach § 14 I Nr. 2 WpHG unterliegt, hat er in Anlehnung an die in § 8 II 2 UmwG verankerte Begründungspflicht die Geheimhaltungsinteressen der Gesellschaft anzuzeigen und schlüssig zu begründen, dass diese eine entsprechende Begrenzung seiner Informationspflichten zum Wohle der Gesellschaft und ihrer Aktionäre erfordern.

§ 2 Die Pflichten des Vorstandes unmittelbar vor Ausnutzung der Ermächtigung

Hat die Hauptversammlung den Vorstand nach § 203 II AktG wirksam ermächtigt, das Bezugsrecht der Aktionäre auszuschließen, so findet im Zeitpunkt der Ausnutzung des genehmigten Kapitals keine Hauptversammlung mehr statt, in der die Rechtmäßigkeit des Bezugsrechtsausschlusses durch die Aktionäre erörtert werden könnte. Die „vorgezogene" Kontrolle des Vorstandes im Zeitpunkt der Ermächtigung darf allerdings nicht den Blick darauf verstellen, wie eine Überprüfung des Vorstandshandelns noch unmittelbar vor Ausnutzung der Ermächtigung erreicht werden kann.

A. Die Pflicht des Vorstandes zur ergänzenden Berichterstattung

I. Einleitung

Wie noch zu zeigen sein wird[368], setzt die Vorwegkontrolle der Vorstandsentscheidung durch die Aktionäre noch unmittelbar vor Durchführung der bezugsrechtsfreien Kapitalerhöhung, sei es in Form einer Abwehrklage oder im Wege eines einstweiligen Rechtsschutzverfahrens, zunächst deren Kenntnis des konkreten Finanzierungsvorhabens voraus, das unter Ausschluss des Bezugsrechts durchgeführt werden soll.
Die von *Lutter*[369] aufgeworfene Frage, ob der Vorstand die Aktionäre unmittelbar vor Durchführung der bezugsrechtsfreien Kapitalerhöhung über den Bezugsrechtsausschluss und dessen Gründe zu unterrichten hat, ist bislang nicht abschließend geklärt[370]. In der Unternehmenspraxis erstattet der Vorstand in der Regel keinen zusätzlichen Bericht unmittelbar vor Durchführung der bezugsrechtsfreien Kapitalerhöhung[371].

II. Meinungsstand

Teile des Schrifttums[372] fordern eine ergänzende Berichterstattung des Vorstandes analog §§ 186 IV 2 i.V.m. § 203 II 2 AktG zum Schutz der Aktionäre; andernfalls entfielen der Sinn und Zweck der Information der Hauptversammlung in Form der rechtzeitigen Kontrolle der Vorstandsentscheidung. Nach anderer Ansicht soll es dagegen genügen, dass der Vorstand über die durchgeführte Ka-

---

368 Siehe dazu unten, 3. Teil, § 2 D II.

369 *Lutter* BB 1981, 861, 863; *ders.*, in: Kölner Kommentar zum AktG, § 203, Rdn. 30 ff.., § 204, Rdn. 21.

370 Vgl. zu diesem Meinungsstand *Hüffer*, AktG, § 203, Rdn. 36 m.w.N. und *Hirte*, in: Großkommentar zum AktG, § 203, Rdn. 84 ff.

371 Siehe etwa *Lutter*, in: Kölner Kommentar, § 203, Rdn. 34.

372 Vgl. etwa *Korthals*, Kapitalerhöhung zu höchsten Kursen, S. 154 f.; *Schockenhoff*, Gesellschaftsinteresse und Gleichbehandlung beim Bezugsrechtsausschluß, S. 96; *Hirte*, Bezugsrechtsausschluß und Konzernbildung, S. 122 ff., der zudem den Standpunkt verficht, dass mit der Rechtskontrolle im Hinblick auf eine sachliche Rechtfertigung des Bezugsrechtsausschlusses nicht bei dem Ermächtigungsbeschluss der Hauptversammlung, sondern erst bei dem Beschluss des Vorstandes über den tatsächlichen Ausschluss des Bezugsrechts anzusetzen sei; *ders.*, in: Großkommentar zum AktG, § 203, Rdn. 84 f.; *ders.* EWiR 1997, 1013, 1014; *Timm* DB 1982, 211, 215 f.; *Sturies* WPg 1982, 581, 586; *Meilicke/Heidel* DB 2000, 2358 ff.; *Lutter*, in: Kölner Kommentar, § 203, Rdn. 31; *ders.* JZ 1998, 50, 52; ebenso im Ergebnis noch *Hüffer*, AktG, 4. Auflage, § 203, Rdn. 36; siehe auch *Aubel*, Der vereinfachte Bezugsrechtsausschluß, S. 112 f., 116 f., der eine zusätzliche Berichtspflicht nur unter formell erleichterten Bedingungen annimmt.

pitalerhöhung gem. § 160 I Nr. 3 AktG im Anhang des Jahresabschlusses Bericht erstattet[373].
Der BGH hat die Frage nach einer zusätzlichen Berichterstattungspflicht des Vorstandes in der „Holzmann"-Entscheidung[374] offengelassen, da die geplante Kapitalmaßnahme bereits an einem Verstoß gegen die dem Vorstand im Vorfeld des Hauptversammlungsbeschlusses obliegende Berichtspflicht scheiterte. Das LG Frankfurt[375] hat im „Commerzbank"-Verfahren, einem einstweiligen Verfügungsverfahren, einen Anspruch der Aktionäre auf ergänzende Berichterstattung des Vorstandes über den Grund des Bezugsrechtsausschlusses sowie hinsichtlich der Begründung des vorgeschlagenen Ausgabebetrages abgelehnt. Das OLG Frankfurt[376] hat die Frage nach einer zusätzlichen Berichtspflicht des Vorstandes unbeantwortet gelassen, da kein dringendes Bedürfnis bestanden habe, über die „vermeintlichen Verpflichtungen der Verfügungsbeklagten (der AG) schon im Eilverfahren zu entscheiden". Im Hauptsacheverfahren hat sich der Senat des OLG Frankfurt[377] der Auffassung angeschlossen, die eine Berichtspflicht vor Ausnutzung des genehmigten Kapitals ablehnt.

III. Stellungnahme

In Anbetracht der durch die „Siemens/Nold"-Rechtsprechung eingetretenen Rechtsschutzverlagerung auf die zweite Stufe der genehmigten Kapitalerhöhung erscheint eine Information der Aktionäre noch vor Ausnutzung der Ermächtigung mit der sich hieraus für sie ergebenden Möglichkeit, eine gerichtliche Vorwegkontrolle der Vorstandsentscheidung zu erreichen, stärker geboten zu sein als zuvor[378]. Das regelmäßige Publizitätsdefizit im Vorfeld der Ermächtigung könnte durch eine solche ergänzende Berichterstattungspflicht des Vorstandes ausgeglichen werden. Auch der in der Literatur erhobenen Kritik gegen

---

[373] Siehe dazu *Marsch* AG 1981, 211, 215; *Quack* ZGR 1983, 257, 264; *Krieger*, in: Münchener Handbuch, Aktiengesellschaft, § 58, Rdn. 44; *Van Venrooy* DB 1982, 735, 738, 741, der eine Berichtspflicht des Vorstandes beim genehmigten Kapital allgemein ablehnt; *Bosse* ZIP 2001, 104, 106 f.; *Hefermehl/Bungeroth*, in: Geßler/Hefermehl/Eckardt/Kropff, Kommentar zum AktG, § 203, Rdn. 27; *Hüffer*, AktG, 5. Auflage, § 203, Rdn. 36 f., im Gegensatz zu den früheren Auflagen; *Henze*, Höchstrichterliche Rechtsprechung zum Aktienrecht, 5. Auflage, Rdn. 1010 f.
[374] BGHZ 83, 319, 327; das Mitglied des II. Senats *Henze* will einen „Ergänzungsbericht" zumindest für den Fall verlangen, dass der Beschluss über die Ermächtigung des Vorstandes nicht zugleich die zwingende Verknüpfung von Kapitalerhöhung und Bezugsrechtsausschluss enthält (*Henze*, Höchstrichterliche Rechtsprechung zum Aktienrecht, 3. Auflage, Rdn. 784).
[375] LG Frankfurt WM 2000, 2159 f.
[376] OLG Frankfurt AG 2000, 268.
[377] OLG Frankfurt ZIP 2003, 902, 905.
[378] So auch *Hirte* EWiR § 203 AktG 1/2000, 941 f.

die Abschwächung der Berichtspflicht[379] würde damit zumindest teilweise Rechnung getragen. Andernfalls wäre die Entscheidung über den Bezugsrechtsausschluss ganz auf den Vorstand verlagert, ohne dass die Aktionäre noch eine Eingriffs- und Kontrollmöglichkeit hätten[380]. Eine Information der Aktionäre noch unmittelbar vor Durchführung der Kapitalerhöhung wäre allerdings nur dann mit Sinn und Zweck des genehmigten Kapitals zu vereinbaren, wenn sie keinen zu großen Publizitätsaufwand für die Gesellschaft zur Folge haben würde und keinen erheblichen Zeitverlust mit sich bringen würde[381].

1. Rechtzeitige Information als notwendige Voraussetzung präventiver Kontrolle der Vorstandsentscheidung

Die Aktionäre können eine präventive gerichtliche Kontrolle beim genehmigten Kapital nur durchsetzen, wenn sie noch vor Ausnutzung der Ermächtigung durch den Vorstand über die für die Beurteilung der Zulässigkeit des Bezugsrechtsausschlusses notwendigen Tatsachen, wie die Gründe eines Bezugsrechtsausschlusses sowie die Wertungen und Abwägungen des Vorstandes und die Begründung des Ausgabebetrages informiert werden. Unterlassungs- und Feststellungsklagen verlangen vom klagenden Aktionär substantiierte Darlegungen.

Es sind zwar auch Fälle denkbar, in denen eine rasche Durchführung der genehmigten Kapitalerhöhung nicht möglich ist und die Aktionäre auch ohne zusätzlichen Vorstandsbericht über die geplante Kapitalmaßnahme genügend Informationen etwa durch Pressemitteilungen und/oder Ad-hoc-Meldungen (§ 15 WpHG) erhalten, um sich mit einer Unterlassungsklage zur Wehr zu setzen[382]. Diese Fälle bilden jedoch die seltene Ausnahme. Im übrigen ist die Informationstiefe von Pressemitteilungen und/oder Ad-hoc-Meldungen gering. Damit sich die vom Bezugsrechtsausschluss betroffenen Aktionäre gegen mögliches rechtswidriges Handeln der Vorstandsmitglieder beim Gebrauchmachen von der Ermächtigung zur Kapitalerhöhung angemessen zur Wehr setzen können, müssen sie mindestens einmal vollständig über die Gründe für den Ausschluss des Bezugsrechts und die Konditionen der Ausgabe der neuen Aktien informiert werden. Nachdem der BGH im „Siemens/Nold"-Urteil die Berichtsintensität anlässlich des Ermächtigungsbeschlusses zum bzw. mit Bezugsrechtsausschluss

---

[379] Vgl. hierzu insbesondere die Bespr. v. *Lutter* JZ 1998, 50, 51 und die Quellenangaben im 1. Teil, unter § 2 D.

[380] Vgl. dazu *Lutter*, in: Kölner Kommentar zum AktG, § 203, Rdn. 31 f.

[381] Siehe die Bedenken von *Heinsius*, in: Festschrift Kellermann, S. 115, 123 f.; *Marsch* AG 1981, 211, 215; *Korthals*, Kapitalerhöhungen zu höchsten Kursen, S. 155 ff. und *Lutter*, in: Kölner Kommentar zum AktG, § 203, Rdn. 31.

[382] So etwa im „Commerzbank"-Verfahren: LG Frankfurt WM 2000, 2159 f.; OLG Frankfurt AG 2000, 268; OLG Frankfurt ZIP 2003, 902, 906.

zurückgenommen hat, kann dies nur im Zeitpunkt unmittelbar vor der Ausnutzung des genehmigten Kapitals geschehen. Ohne einen solchen Bericht kann der objektiv urteilende Aktionär regelmäßig nicht überprüfen, ob die Kapitalerhöhung unter Ausschluss des Bezugsrechts sachlich gerechtfertigt ist oder nicht.

Der Vorstand ist nicht befugt, das genehmigte Kapital unter sachlich nicht gerechtfertigtem Bezugsrechtsausschluss auszunutzen. Solche Kapitalmaßnahmen, die das gesetzliche Bezugsrecht der Aktionäre ohne sachlichen Grund verletzen, müssen unterbleiben. Die Delegation der Hauptversammlungskompetenz an die Verwaltung durch die Ermächtigung, über die Kapitalerhöhung und den Bezugsrechtsausschluss zu entscheiden, darf nicht dazu führen, dass die Rechtsschutzmöglichkeiten der Aktionäre gegen einen rechtswidrigen Bezugsrechtsausschluss unterlaufen werden. Zwischen der Ausweitung von Beschlusskompetenzen und der prozessualen Verwirklichung des Minderheitenschutzes besteht ein unverkennbarer Zusammenhang. Die vom Bezugsrecht ausgeschlossenen Aktionäre müssen daher auch bei der Ermächtigung des Vorstandes zur bezugsrechtsfreien Kapitalerhöhung in der Lage sein, mit Rechtsbehelfen gegen den Vorstandsbeschluss zur Kapitalerhöhung vorzugehen, so wie sie sonst den Hauptversammlungsbeschluss anfechten könnten. Daran lässt die „Siemens/Nold"-Entscheidung keinen Zweifel: Wenn der Vorstand unter Verletzung seiner Pflichten zur sorgfältigen und gewissenhaften Prüfung sich nicht an die Vorgaben des Ermächtigungsbeschlusses gehalten hat, kann „die Pflichtwidrigkeit seines Verhaltens zum Gegenstand einer Feststellungs- oder – soweit noch möglich – einer Unterlassungsklage... gemacht werden"[383]. Vor diesem Hintergrund kann auch die Erwägung des LG Frankfurt im „Commerzbank"-Verfahren[384], die Prüfung der Zulässigkeit der Kapitalmaßnahme sei richtigerweise schon im Zusammenhang mit dem Beschlussverfahren der ursprünglichen Ermächtigung geboten, nicht überzeugen.

Wie das OLG Frankfurt[385] sowie die Gegner einer ergänzenden Berichterstattungspflicht des Vorstandes betonen, kommt den vom Bezugsrecht ausgeschlossenen Aktionären zwar die Zustimmungspflicht des Aufsichtsrats gem. § 204 I 2 HS. 2 AktG zu gute[386]. Der Aufsichtsrat ist jedoch kaum dazu geeignet, die Vorstandsentscheidung über den Ausschluss des Bezugsrechts sachgerecht zu kontrollieren[387]. Die übergangenen Aktionäre haben des weiteren bei

---

[383] BGHZ 136, 133, 140 f.

[384] LG Frankfurt DB 2000, 2159.

[385] OLG Frankfurt ZIP 2003, 902, 906.

[386] Darauf stellt etwa *Marsch* AG 1981, 211, 215 und wohl auch *Van Venrooy* DB 1982, 735, 737 ab.

[387] Vgl. die Ausführungen im 3. Teil, unter § 1. *Marsch* AG 1981, 211, 215 lässt dagegen die Kontrolle des Aufsichtsrats genügen und hält eine zusätzliche Überwachung durch die Aktionäre im Zeitpunkt der Ausnutzung der Ermächtigung für nicht erforderlich; siehe auch die ähnlichen Erwägungen von *Hommelhoff*, Die Konzernleitungspflicht, S. 467 f. zum Tätig-

erst nachträglicher Information auf der nächsten regulären Hauptversammlung bzw. durch den Anhang des Jahresabschlusses (§ 160 I Nr. 3 AktG) die Möglichkeit nachträglicher Kontrolle[388]. Wie an anderer Stelle[389] eingehend erörtert wird, können aber die nachträglichen Sanktionen nach „Siemens/Nold" in Form einer möglichen Entlastungsverweigerung und der Vorstandshaftung nach § 93 II AktG den Schutz der Aktionärsinteressen nicht sicherstellen[390]. Ebenso ist es zweifelhaft, ob die nachträgliche gerichtliche Kontrolle in Form eines Schadensersatzprozesses einen gleichwertigen Ersatz für den Wegfall der präventiven Kontrollmöglichkeit des Ermächtigungsbeschlusses in Form eines Anfechtungsverfahrens bietet[391].
Der Standpunkt des OLG Frankfurt sowie der Gegner einer zusätzlichen Berichtspflicht des Vorstandes, die Aktionäre seien durch die angeführten Kontrollmöglichkeiten bereits gegen eine missbräuchliche Ausnutzung der Ermächtigung so geschützt, dass eine ergänzende Berichtspflicht und die damit einhergehende Möglichkeit zur Vorwegkontrolle der Vorstandsentscheidung nicht mehr gerechtfertigt sei, kann demnach nicht überzeugen.

Nicht überzeugen kann zudem die Erwägung des LG Frankfurt[392], eine nochmalige Berichterstattung sei nicht nötig, da sich gegen die konkret geplanten Kapitalerhöhungen „kein greifbarer Ansatz (ergibt), es liege etwa ein schwerer Ermächtigungsmissbrauch vor, der als Anlass für einen vorläufigen Stopp der weiteren Ausführung der Maßnahmen genommen werden könnte". Denn die Berichtspflicht des Vorstandes besteht gerade losgelöst von der Frage, ob der Vorstandsbeschluss rechtswidrig ist. Der Vorstand hat der Hauptversammlung ebenso im Vorfeld der Ermächtigung in jedem Fall einen Bericht gem. §§ 186 IV 2, 202 I 1, II 2 AktG über die Gründe des Bezugsrechtsausschlusses zu erstatten.

Um den Aktionären auch bei der Delegation der Entscheidung über die Kapitalerhöhung und den Bezugsrechtsausschluss von der Hauptversammlung auf den Vorstand eine Vorwegkontrolle der Vorstandsentscheidung durch rechtzei-

---

keitsvorrang des Aufsichtsrats als Überwachungsorgan, der diesen im Ergebnis aber zu Recht verneint.

388 Siehe OLG Frankfurt ZIP 2003, 902, 906; kritisch dazu *Hirte*, in: Großkommentar zum AktG, § 203, Rdn. 84.

389 Näher dazu unten, 3. Teil, § 2 B.

390 Anders dagegen *Marsch* AG 1981, 211, 214 f.; *Quack* ZGR 1983, 257, 264 und wohl auch *Martens* ZIP 1992, 1677, 1691, die aus kapitalmarktrechtlicher Sicht in erster Linie auf die dem Vorstand sowie dem Aufsichtsrat bei einer Verletzung der ihnen obliegenden Sorgfaltspflichten drohenden Schadensersatzansprüche und im übrigen auf die von der Rechtsprechung grundsätzlich vorzunehmende Missbrauchskontrolle (siehe dazu *Seibert/Köster/Kiem*, Die kleine AG, Rdn. 216 ff.) verweisen.

391 Vgl. dazu eingehend unten, 3. Teil, § 2 E; siehe auch die Bedenken von *Hirte*, Bezugsrechtsausschluß und Konzernbildung, S. 121 f. und *Lutter* BB 1981, 861, 862.

392 LG Frankfurt DB 2000, 2159.

tige Information zu ermöglichen, ist eine ergänzende Berichterstattungspflicht des Vorstandes unmittelbar vor Ausnutzung der Ermächtigung letztlich notwendig.

2. Einklang mit der „Siemens/Nold"-Rechtsprechung?

Vereinzelt wird vorgetragen, der BGH habe in dem „Siemens/Nold"-Urteil die Rechtfertigungspflicht des Vorstandes als nachträgliche Aufgabe verstanden und damit die Vorabkontrollrechte der Aktionäre auf einen nachträglichen Schadensersatzanspruch verkürzt[393]. Eine Vorabberichterstattung habe der BGH nicht für erforderlich gehalten, da er andernfalls in der „Siemens/Nold"-Entscheidung entsprechend Stellung genommen hätte[394]. In Anbetracht der Tatsache, dass sich der BGH nur zur nachträglichen Berichterstattung geäußert habe, habe er vielmehr die Pflicht zur Berichterstattung unmittelbar vor Durchführung der bezugsrechtsfreien Kapitalerhöhung implizit verneint[395].
Wie auch das LG Frankfurt in dem „Commerzbank"-Verfahren betont hat[396], deuten die Urteilsgründe zwar in der Tat darauf hin, dass der BGH es für ausreichend erachtet, wenn der Vorstand nach Gebrauch der Ermächtigung auf der darauffolgenden Hauptversammlung „Rede und Antwort steht"[397]. Indem der BGH im „Siemens/Nold"-Urteil aber ausdrücklich auf die Möglichkeit präventiver gerichtlicher Kontrolle des Verwaltungshandelns verwiesen hat[398] und diese im Regelfall nur zum Zug kommt, soweit eine entsprechende Information der Aktionäre noch vor Ausnutzung der Ermächtigung erfolgt, ist eine solche jedenfalls auf der Grundlage der neuen Rechtsprechung erforderlich.
Im Hinblick darauf, dass der BGH die Unterlassungsklage mit der Einschränkung „soweit noch möglich" angeführt hat, hätte es zwar nahegelegen, das Erfordernis vorgelagerter Informationspflichten zu erörtern[399]. Von einem beredten Schweigen des BGH kann insofern jedoch nicht ausgegangen werden. Die Frage nach einer Pflicht des Vorstandes zur ergänzenden Berichterstattung unmittelbar vor Durchführung der Kapitalerhöhung war nicht Streitgegenstand des „Siemens/Nold"-Verfahrens. Da der Vorstand der Siemens AG das genehmigte Kapital nicht in Anspruch nehmen konnte – die fünfjährige Ermächtigungsfrist war bei Verkündung des „Siemens/Nold"-Urteils bereits über 15 Monate abge-

---

[393] So wiederum *Pluta*, in: Das Wertpapier, Heft 22/1997, S. 182 ff.; vgl. dazu auch Anm. *Kerber* DZWir 1998, 326, 327.
[394] OLG Frankfurt ZIP 2003, 902, 906; vgl. auch *Volhard* AG 1998, 397, 403.
[395] Siehe *Volhard* AG 1998, 397, 402 f.; *Ihrig* WiB 1997, 1181, 1182; *Hirte* EWiR § 203 AktG 1/97, 1013, 1014; *Bosse* ZIP 2001, 104, 106 f.
[396] LG Frankfurt DB 2000, 2159.
[397] BGHZ 136, 133, 140.
[398] BGHZ 136, 133, 140.
[399] *Lutter* JZ 1998, 50, 52.

laufen -, ging es allein um die Wirksamkeit des Ermächtigungsbeschlusses. Der BGH hatte sich also überhaupt nicht mit den Berichtspflichten des Vorstandes vor Durchführung der bezugsrechtsfreien Kapitalerhöhung zu befassen. Er konnte und musste in richterlicher Zurückhaltung diese bereits im „Holzmann“-Verfahren unbeantwortete Frage auch im „Siemens/Nold“-Verfahren offen lassen, ohne das Offenlassen ausdrücklich klarzustellen. Diesen Gesichtspunkt vernachlässigen die Autoren, die dem „Siemens/Nold“-Urteil eine Absage des BGH an die ergänzende Berichterstattungspflicht des Vorstandes entnehmen.

Gegen die Annahme einer zusätzlichen Berichtspflicht des Vorstandes unmittelbar vor Ausnutzung der Ermächtigung spricht auch nicht der Umstand, dass damit die Verpflichtung des Vorstandes, der nächsten Hauptversammlung über die Kapitalerhöhung zu berichten und diesbezügliche Fragen zu beantworten, überflüssig werden könnte. Dasselbe könnte für den Fall anzunehmen sein, dass der Vorstand die Hauptversammlung bereits zum Zeitpunkt der Ermächtigung auf der Grundlage konkreter und abschließender Pläne umfassend über die geplante Kapitalmaßnahme unterrichten konnte. Wie noch zu zeigen sein wird[400], kann die ergänzende Berichtspflicht des Vorstandes zudem ausnahmsweise durch das Geheimhaltungsinteresse der Gesellschaft begrenzt sein. In diesen Fällen ist eine nachträgliche Berichterstattung des Vorstandes auf der nächsten Hauptversammlung sinnvoll und sogar erforderlich.

Mit der Herabsetzung der Berichtsanforderungen im Zeitpunkt der Ermächtigung des Vorstandes wollte der BGH lediglich eine Ermächtigung für solche Fälle ermöglichen, in denen noch keine konkreten Maßnahmen in Aussicht genommen sind. Die Anfälligkeit der Ermächtigungsbeschlüsse gegen Anfechtungsklagen wegen unzureichender Information sollte reduziert werden. Daraus folgt nicht, dass diese Reduzierung der Informationspflicht auch stets für einen späteren Bericht des Vorstandes unmittelbar vor Ausschluss des Bezugsrechts gelten soll und den vom Bezugsrechtsausschluss betroffenen Aktionären die Möglichkeit einer Vorwegkontrolle der Vorstandsentscheidung vollständig entzogen werden soll. Ein Widerspruch zur „Siemens/Nold“-Rechtsprechung ergibt sich daher nicht mit der Annahme einer ergänzenden Berichtspflicht des Vorstandes. Ob die Einführung einer Vorabberichterstattungspflicht des Vorstandes die durch die „Siemens/Nold“-Rechtsprechung geschaffene Flexibilität des genehmigten Kapitals über Gebühr beeinträchtigt, bleibt im folgenden Abschnitt zu klären.

3. Beeinträchtigung der Flexibilität des genehmigten Kapitals?

Durch die deutliche Herabsetzung der dem Vorstand im Vorfeld der Ermächtigung obliegenden Berichtspflichten im „Siemens/Nold“-Urteil sollte der Vorstand in die Lage versetzt werden, rasch und flexibel auf dem nationalen und

[400] Siehe dazu unten, 2. Teil, § 2 A IV 2 b).

internationalen Kapitalmarkt reagieren zu können, um Kapitalmaßnahmen zu ergreifen, die nur unter Ausschluss des Bezugsrechts der Aktionäre durchführbar oder sinnvoll sind. Diese Flexibilität des genehmigten Kapitals könnte durch die Einführung einer zusätzlichen Berichtspflicht des Vorstandes unmittelbar vor Ausnutzung der Ermächtigung unangemessen beeinträchtigt werden. Dies setzt allerdings voraus, dass die Vorabberichterstattung einen großen Publizitätsaufwand für die Gesellschaft bedeutet und einen erheblichen Zeitverlust zur Folge hat.
Eine zusätzliche Berichtspflicht begründet zunächst nur den marginalen Aufwand und Zeitverlust, den der Vorstand für die Unterrichtung der Hauptversammlung benötigt. Damit kann höchstens ein Zeitverlust von zwei Wochen einhergehen, nämlich der Zeitaufwand, der für die Abfassung, den Druck und die Versendung des Berichts an die Aktionäre einkalkuliert werden muss[401]. Diesen Aufwand kann und muss der Vorstand bei einer Kapitalerhöhung aus genehmigtem Kapital einplanen. Der Vorstand hat für die Erstattung eines zusätzlichen Berichts unmittelbar vor Ausnutzung der Ermächtigung regelmäßig auch genügend Zeit. Dies hat sich beispielsweise im „Commerzbank"-Verfahren[402] gezeigt. Zwischen Vorstandsbeschluss und Anmeldung der Kapitalerhöhung zur Eintragung in das Handelsregister vergingen nahezu sechs Wochen, unbeeinflusst von der vorläufigen Anordnung des LG Frankfurt. In dieser Zeit hätte der Vorstand der Hauptversammlung ohne weiteres einen ergänzenden Bericht über die Gründe des Bezugsrechtsausschlusses erstatten können.
Eine Vorabberichterstattung des Vorstandes bedeutet ebenso wenig einen großen Publizitätsaufwand für die Gesellschaft. Denn die Tatsache der unmittelbar bevorstehenden Ausnutzung eines genehmigten Kapitals ist schon häufig - jedenfalls bei börsennotierten Gesellschaften - gem. § 15 I 1 WpHG zu veröffentlichen. Der Beschluss der Verwaltung, genehmigtes Kapital mit Bezugsrechtsausschluss auszunutzen, insbesondere mit dem Ziel des Erwerbs einer wesentlichen Beteiligung an einem anderen Unternehmen, dürfte im Regelfall und gerade im Gegensatz zum reinen Planungsstadium des gesellschaftsinternen Entscheidungsprozesses[403] bereits eine öffentlich nicht bekannte Information aus dem Tätigkeitsbereich der Gesellschaft darstellen. Eine solche ist wegen ihrer Auswirkungen auf die Vermögens- und Finanzlage oder auf den allgemeinen Geschäftsverlauf der Gesellschaft geeignet, den Börsenpreis der zugelasse-

---

[401] *Hirte*, in: Großkommentar zum AktG, § 203, Rdn. 86 m.w.N. räumt dagegen dem Vorstand eine einmonatige Frist für die ergänzende Berichterstattung in Anlehnung an § 246 AktG ein, was zu weitgehend ist. Zu Recht weist er allerdings darauf hin, dass diese Frist nicht in der Weise als zwingend anzusehen sei, dass eine Durchführung der Kapitalmaßnahme vor Ablauf dieser Frist unmöglich wäre. Es handele sich um eine bloße „Warteobliegenheit" (ebenso *Sethe* AG 1994, 342, 353 f.).

[402] Vgl. LG Frankfurt WM 2000, 2159 f..

[403] Siehe dazu die Ausführungen oben, 2. Teil, § 1 C I 2 a) bb) (1).

nen Wertpapiere erheblich zu beeinflussen[404]. Selbst wenn eine Publizitätspflicht i.S.d. § 15 I 1 WpHG aufgrund mangelnder Kursrelevanz der Kapitalmaßnahme nicht anzunehmen sein sollte, ist davon auszugehen, dass die Verwaltung sich in jedem Fall dennoch mit der Frage der Veröffentlichung ihres Beschlusses, ein genehmigtes Kapital mit Bezugsrechtsausschluss auszunutzen, zu befassen hat[405]. Wenn der Aufsichtsrat die vom Vorstand beschlossene Kapitalmaßnahme genehmigt, wird die Öffentlichkeit im übrigen ohnehin informiert[406].

Die gesellschaftsrechtliche Verpflichtung zur erneuten Information der Aktionäre bei Ausnutzung des genehmigten Kapitals wird im Ergebnis für den Vorstand keinen erheblich gesteigerten zeitlichen wie verwaltungstechnischen Aufwand zur Folge haben. Wie noch im Rahmen der Art und Weise der ergänzenden Berichterstattung zu zeigen sein wird[407], orientieren sich Form und Inhalt der zusätzlichen Berichterstattung insbesondere an den wertpapierhandelsrechtlichen Veröffentlichungspflichten (vgl. § 15 I WpHG). Das Interesse der Gesellschaft an rascher und flexibler Reaktion auf vorteilhafte Marktsituationen wird daher durch das Erfordernis einer zusätzlichen Berichterstattung keineswegs wieder zunichte gemacht.

Hinter dem von den Gegnern einer ergänzenden Berichterstattungspflicht vorgebrachten Einwand, eine solche beeinträchtige die Flexibilität des Vorstandshandelns bei Ausnutzung der Ermächtigung über Gebühr, steht vielmehr ein anderer Aspekt. Dem Vorstand soll ermöglicht werden, den Rechtsschutz der Aktionäre zu erschweren, indem er die Maßnahme, solange wie möglich geheim hält und dadurch lästige Klagen bzw. vorläufige Rechtsschutzverfahren verhindert[408]. Die Verhinderung legitimer und nach der „Siemens/Nold"-Rechtsprechung gebotener Rechtsschutzmöglichkeiten der Aktionäre lässt sich

---

[404] *Kümpel*, in: Assmann/Schneider, WpHG, § 15, Rdn. 66, 70 ff. führt als potentiell publizitätspflichtige Vorgänge von besonderer Bedeutung Kapitalerhöhungsmaßnahmen, wie etwa zum Erwerb von wesentlichen Beteiligungen an. Vgl. dazu auch die Ausführungen der *Deutsche Börse AG* „Insiderhandelsverbote und Ad-hoc-Publizität nach dem Wertpapierhandelsgesetz"/Ad-hoc-Publizitäts-Leitfaden der *Deutsche Börse AG*, abgedruckt in: WM 1994, 2038 ff.

[405] Vgl. dazu die Erläuterungen und Empfehlungen zur Behandlung kursbeeinflussender Tatsachen gem. §§ 12 ff. WpHG der *Deutsche Börse AG*, in: WM 1994, 2038, 2045 ff.

[406] *Kiem/Kotthoff* DB 1995, 1999, 2001.

[407] Siehe dazu unten, 2. Teil, § 2 A V.

[408] In diese Richtung äußerte sich der Vorsitzende der KfH des LG Frankfurt im „Commerzbank"-Fall in der mündlichen Verhandlung. Eine Pflicht zu einem vorherigen Bericht sei deshalb zu verneinen, weil dadurch unerwünschte Rechtsmittelmöglichkeiten eröffnet würden. Nachdem die Antragsteller eingewendet hatten, dass gerade eine verfassungskonforme Auslegung für die Zulassung von Rechtsschutz und somit für den vorherigen Vorstandsbericht spreche, findet sich zu dieser Erwägung nichts mehr im Urteil.

aber nicht als beachtlicher Einwand gegen die ergänzende Berichterstattungspflicht des Vorstandes anführen.

Infolge einer ergänzenden Berichterstattung des Vorstandes unmittelbar vor Ausnutzung der Ermächtigung zur bezugsrechtsfreien Kapitalerhöhung erhöht sich zwar das Risiko präventiver Aktionärsklagen bzw. einstweiliger Verfügungsverfahren gegen das Verwaltungshandeln. Damit geht unmittelbar die Gefahr einher, dass sich der Registerrichter weigert, die Durchführung der Kapitalerhöhung in das Handelsregister einzutragen. Das genehmigte Kapital könnte auf diesem Wege wieder unangemessen blockiert werden. Die missbräuchliche Ausnutzung präventiver Rechtsbehelfe wird jedoch bereits durch das erhebliche Prozesskostenrisiko und die Schwierigkeiten der Beweisführung in einem Prozess angemessen begrenzt[409], so dass das Registergericht die Eintragung der Durchführung der Kapitalerhöhung vor allem in begründeten Fällen versagen kann.

Darüber hinaus ist zu erwägen, das aus §§ 319 VI AktG, 16 III UmwG bekannte gerichtliche Freigabeverfahren, das gemäß dem Gesetzesentwurf zur Verbesserung der Unternehmensintegrität und Modernisierung des Anfechtungsrechts (UMAG)[410] künftig auch auf strukturändernde Beschlüsse der Hauptversammlung - wie etwa Kapitalerhöhungsbeschlüsse - ausgedehnt werden soll, ebenso auf entsprechende Ausführungsbeschlüsse des Vorstandes – wie etwa bei Durchführung der bezugsrechtsfreien Kapitalerhöhung – anzuwenden. Nach § 246 a Satz 1 AktG-RegE soll das Prozessgericht auf Antrag der Gesellschaft durch rechtskräftigen Beschluss feststellen können, dass die Erhebung einer Klage gegen einen Hauptversammlungsbeschluss insbesondere über eine Maßnahme der Kapitalbeschaffung der Eintragung nicht entgegensteht und Mängel des Hauptversammlungsbeschlusses die Wirkung der Eintragung unberührt lassen. Der Beschluss der Hauptversammlung kann damit trotz Klageerhebung in das Handelsregister eingetragen und ausgeführt werden. Die Klage legt das Unternehmen also nicht auf lange Zeit lahm[411].

Grundanliegen der Regierungskommission Corporate Governance war es, mit der Einführung des Freigabeverfahrens in § 246 a AktG-RegE missbräuchliche Ausübungen des Anfechtungsrechtes zu Lasten der Gesellschaft zu beschränken[412]. Eine entsprechende Anwendung des Freigabeverfahrens auf angegriffene Ausführungsbeschlüsse des Vorstandes könnte insofern auch der miss-

---

[409] Näher zur Darlegungs- und Beweislastverteilung im Prozess und zum Prozesskostenrisiko unten, 3. Teil, § 2 D V und VI.

[410] Der Regierungsentwurf nebst Begründung ist im Internet unter der Adresse www.bmj.bund.de/media/archive/797.pdf abrufbar. Am 17.11.2004 hat die Bundesregierung den Gesetzesentwurf zum UMAG verabschiedet. Der Regierungsentwurf muss noch das parlamentarische Verfahren durchlaufen.

[411] Siehe dazu etwa *Diekmann/Leuering* NZG 2004, 249, 254.

[412] So die Begründung des Regierungsentwurfs unter II. A. zu Nr. 21 und Nr. 17.

bräuchlichen Ausnutzung präventiver Rechtsbehelfe gegen das Verwaltungshandeln eine angemessene Grenze setzen.

4. „Sinngemäße Geltung" des § 186 IV AktG gem. § 203 II 2 AktG

Eine Pflicht des Vorstandes zur ergänzenden Berichterstattung vor Durchführung der bezugsrechtsfreien Kapitalerhöhung ist dem Gesetzestext (§§ 203 I 1, II 2 i.V.m. 186 IV AktG) zwar nicht unmittelbar zu entnehmen, er steht ihrer Annahme aber auch nicht entgegen.
Gem. § 203 I 1 AktG „gelten sinngemäß" für die Ausgabe der neuen Aktien die §§ 185 bis 191 AktG über die Kapitalerhöhung gegen Einlagen, soweit sich aus den Vorschriften der §§ 203 ff. AktG nichts anderes ergibt. Diese Verweisung in § 203 I 1 AktG ist für die Frage, ob der Vorstand zur zusätzlichen Berichterstattung verpflichtet ist, ohne Bedeutung. Denn von den Vorschriften der §§ 185 bis 191 AktG befasst sich lediglich § 186 IV 2 AktG mit der Berichtspflicht des Vorstandes, und für diese Vorschrift gibt es eine spezielle Verweisung in § 203 II 2 AktG. Ermächtigt die Hauptversammlung den Vorstand nach § 203 II AktG zum Ausschluss des Bezugsrechts, „so gilt § 186 IV (AktG) sinngemäß" (§ 203 II 2 AktG).
Die sinngemäße Geltung des § 186 IV 2 AktG bedeutet zunächst, dass der Vorstand der Hauptversammlung einen schriftlichen Bericht über den Grund für die nach seiner Ansicht erforderliche Ermächtigung zum Ausschluss des Bezugsrechts vorlegen muss und dass der Bericht auch Ausführungen zum vorgesehenen Ausgabebetrag enthalten muss. Das Wort „sinngemäß" in § 203 II 2 AktG beruht darauf, dass § 186 IV 2 AktG originär nur Kapitalerhöhungen betrifft, die die Hauptversammlung selbst beschließt, während sich § 203 AktG mit der Schaffung eines genehmigten Kapitals befasst.
Die sinngemäße Geltung des § 186 IV 2 AktG gem. § 203 II 2 AktG kann darüber hinaus bedeuten, dass der Vorstand auch in dem Zeitpunkt, in welchem er von der Ermächtigung Gebrauch machen will, die Aktionäre über den Ausschluss des Bezugsrechts und den vorgeschlagenen Ausgabebetrag unterrichten muss.
Aus § 203 II 2 AktG kann sich damit eine zweimalige vorherige Berichtspflicht des Vorstandes ergeben: einmal für den Zeitpunkt vor der Ermächtigung durch die Hauptversammlung und einmal für den Zeitpunkt vor der Ausgabe der neuen Aktien. Für den Fall, dass die Hauptversammlung selbst den Bezugsrechtsausschluss vornimmt, gilt § 203 I AktG. Danach gilt für die Ausgabe der neuen Aktien u.a. § 186 IV AktG „sinngemäß". Diese sinngemäße Geltung steht einer zweimaligen vorherigen Berichtspflicht letztlich nicht entgegen.

IV. Der Umfang der ergänzenden Berichtspflicht

Der Umfang der ergänzenden Berichtspflicht des Vorstandes richtet sich sowohl nach dem Konkretisierungsgrad des Vorstandsberichts im Vorfeld der Ermächtigung als auch nach dem Geheimhaltungsbedürfnis bestimmter Finanzierungsvorhaben im Interesse der Gesellschaft. Das Entwicklungsstadium der konkreten Planung des Vorstandes spielt dagegen für die Bestimmung der ergänzenden Berichtspflichten keine Rolle mehr, da unmittelbar vor der Durchführung der bezugsrechtsfreien Kapitalerhöhung die Planungen bereits denknotwendig abgeschlossen sind.

1. Keine ergänzende Berichtspflicht bei hinreichender Information im Vorfeld der Ermächtigung

Soweit der Vorstand die an der Beschlussfassung beteiligten Aktionäre schon zum Zeitpunkt der Ermächtigung umfassend über die geplante Kapitalmaßnahme unterrichtet hat, besteht keine zusätzliche Berichtspflicht mehr[413]. Denn die Aktionäre haben in diesem Fall bereits hinreichende Rechtsschutzmöglichkeiten in Gestalt der Anfechtungsklage gegen den Ermächtigungsbeschluss. Auf der Grundlage des Vorstandsberichts im Vorfeld der Ermächtigung wird ein Anfechtungsverfahren gegen den Ermächtigungsbeschluss allerdings nur eingeleitet werden können, wenn der Vorstand bereits im Zeitpunkt der Ermächtigung konkrete und endgültige Finanzierungspläne hatte, die nicht der Geheimhaltung bedurften, wie etwa im Fall einer abgeschlossenen konkreten Planung hinsichtlich der Aktieneinführung an ausländischen Börsen[414]. Nichts anderes gilt für die dargelegten Fälle des unmittelbar einsichtigen Bezugsrechtsausschlusses, wie etwa zum Zweck der Ausgabe von Belegschaftsaktien, da der Vorstandsbericht hier ohnehin nur einer sehr kurzen Fassung bedarf[415].

In den sonstigen Fällen, in denen sich die im Vorfeld der Ermächtigung bestehende abstrakte bzw. vorläufige Planung erst in eine konkrete und endgültige Planung unmittelbar vor Ausnutzung der Ermächtigung umwandelt, wie es z. B. bei einer erst nach einer bestimmten Zeit ausgereiften, geplanten Aktieneinführung an ausländischen Börsen der Fall ist, ist eine zusätzliche Berichterstattung des Vorstandes grundsätzlich erforderlich.

---

[413] Vgl. *Hüffer*, AktG, § 203, Rdn. 37.
[414] Vgl. dazu oben, 2. Teil, § 1 C III 3 a).
[415] Vgl. dazu oben, 2. Teil, § 1 B I.

2. Die ergänzende Berichtspflicht und das Geheimhaltungsinteresse der Gesellschaft

Auf der Grundlage der gesellschaftsrechtlichen Verschwiegenheitspflicht der Vorstandsmitglieder nach § 131 III Nr. 1 AktG und des kapitalmarktrechtlichen Weitergabeverbots gem. § 14 I Nr. 2 WpHG ist es zwar sachgerecht, dem Vorstand im Vorfeld der Ermächtigung keine Pflicht zur Bekanntgabe geheimhaltungsbedürftiger Tatsachen aufzuerlegen[416]. Eine ergänzende Berichtspflicht unmittelbar vor Ausnutzung des genehmigten Kapitals kann hinsichtlich geheimhaltungsbedürftiger Tatsachen dagegen nicht aus denselben Gründen wie im Vorfeld der Ermächtigung abgelehnt werden. Dadurch würde sowohl den Informationsinteressen als auch den Rechtsschutzinteressen der Aktionäre nicht hinreichend Rechnung getragen. Die zusätzlichen Berichtspflichten des Vorstandes würden vielmehr von vornherein leer laufen. Wie die folgenden Ausführungen zeigen werden, stellt sich die Grenze der gesellschaftsrechtlichen Verschwiegenheitspflicht der Vorstandsmitglieder in diesem Verfahrensstadium anders dar als im Vorfeld der Ermächtigung.

a) Die gesellschaftsrechtliche Verschwiegenheitspflicht

Die Geheimhaltungsbedürftigkeit von Finanzierungsvorhaben unmittelbar vor Ausnutzung des genehmigten Kapitals ist zunächst geringer als im Vorfeld der Ermächtigung. Denn die Gefahr, dass sich die Bekanntgabe von Unternehmensvorgängen nachteilig für die Gesellschaft auswirkt, existiert auf der zweiten Stufe der genehmigten Kapitalerhöhung nicht in gleichem Maße wie auf der ersten. Die Zeit zwischen Ankündigung der konkreten Kapitalmaßnahme und Durchführung der Kapitalerhöhung mit Bezugsrechtsausschluss ist so kurz, dass sich schwerwiegende Nachteile für die Gesellschaft infolge der Offenlegung ihres Finanzierungsvorhaben kaum ergeben können. So wird sich etwa bei einer bezugsrechtsfreien Kapitalerhöhung zum Zweck des Erwerbs einer Unternehmensbeteiligung nur selten ein anderes Konkurrenzunternehmen innerhalb kürzester Zeit dazu entschließen, diese Beteiligung selbst zu erwerben. Selbst wenn dies der Fall sein sollte, mangelt es an der erforderlichen Zeit intensiver Vertragsverhandlungen mit dem zu erwerbenden Unternehmen. Sicherlich besteht aufgrund einer zusätzlichen Berichterstattung die Gefahr, dass die Preise für eine ins Auge gefasste Anlage des genehmigten Kapitals spekulativ in die Höhe getrieben werden. So können auch Anleger kurzfristig Anteile an der Zielgesellschaft erwerben, so dass sich das Umtauschverhältnis ändert bzw. nicht mehr eingehalten werden kann.

---

[416] Vgl. näher dazu oben, 2. Teil, § 1 C I.

Von einer *vorzeitigen* Offenlegung von für Konkurrenzunternehmen bedeutsamen Unternehmensstrategien - so der BGH im „Siemens/Nold"-Urteil[417] - kann insoweit aber keine Rede sein. Nicht zuletzt hat auch der BGH in der „Holzmann"-Entscheidung[418] angeführt, dass nähere Einzelheiten im Interesse der Gesellschaft nur *zunächst* geheimgehalten werden können.

b) Die Veröffentlichungspflicht nach § 15 I 1 WpHG und die Befreiung nach § 15 III WpHG

Gegen eine generelle Begrenzung der zusätzlichen Berichtspflichten des Vorstandes durch das Geheimhaltungsinteresse der Gesellschaft spricht vor allem, dass die dem Vorstand in kapitalmarktrechtlicher Hinsicht obliegende Geheimhaltungspflicht unmittelbar vor Durchführung der Kapitalerhöhung entfällt. Denn die Tatsache der unmittelbar bevorstehenden Ausnutzung des genehmigten Kapitals ist aufgrund ihrer Kursrelevanz grundsätzlich nach § 15 I 1 WpHG zu veröffentlichen[419].

Das Veröffentlichungsverfahren, das sich den Mitteilungen an die BaFin und die betreffenden inländischen Börsen (vgl. § 15 IV WpHG) anzuschließen hat, ist heute in § 15 I WpHG i.V.m. einer Rechtsverordnung geregelt, durch die das Bundesministerium der Finanzen bzw. die BaFin nähere Bestimmungen zur Veröffentlichung erlassen kann (vgl. § 15 VII Nr. 1 WpHG). § 15 III 1 Nr. 2 WpHG a.F. erlaubte alternativ zur Veröffentlichung der Ad-hoc-Mitteilung in mindestens einem überregionalen Börsenpflichtblatt die Veröffentlichung über ein elektronisch betriebenes Informationsverarbeitungssystem. Mit dieser Veröffentlichungsalternative wird entsprechend dem Anliegen der Börsen und der Wirtschaft eine Veröffentlichungsform zugelassen, die eine schnelle Information der Marktteilnehmer ermöglicht[420]. Ziel der Ad-hoc-Publizität ist es, die sog. Bereichsöffentlichkeit herzustellen[421]. Hierunter ist die Information der professionellen Handelsteilnehmer in ihrer Gesamtheit zu verstehen[422].

Die Veröffentlichung über elektronische Medien, die seit 1996 von der Deutsche Gesellschaft für Ad-hoc-Publizität GmbH übernommen wird[423], ist seit einigen Jahren die Regel[424]. Indem die Verbreitung von Ad-hoc-Mitteilungen auch im Internet erfolgt, ist deren Kenntnisnahme einem breiten Publikum zu-

---

[417] BGHZ 136, 133, 138.

[418] BGHZ 83, 319, 324.

[419] Vgl. dazu oben, 2. Teil, § 2 A III 3.

[420] *Kümpel*, in: Assmann/Schneider, WpHG Kommentar, § 15, Rdn. 156.

[421] Begr. RegE 2. EFG, BT-Drucks. 12/6679, S. 48.

[422] Bericht des Finanzausschusses des Deutschen Bundestages, BT-Drucks. 12/7918, S. 101; siehe auch *Assmann*, in: Assmann/Schneider, WpHG Kommentar, § 13, Rdn. 41 ff.

[423] Näheres unter http://www.dgap.de.

[424] Vgl. *Fürhoff/Wölk* WM 1997, 449, 457.

gänglich. Für den Bereich der börsennotierten Gesellschaften wird dadurch eine weitreichende Mindestinformation der Aktionäre sichergestellt[425]. Die Aktionäre einer börsennotierten Gesellschaft werden daher von der Durchführung einer genehmigten Kapitalerhöhung mit Bezugsrechtsausschluss bereits durch das Veröffentlichungsverfahren informiert. Demgegenüber erlangen Aktionäre nicht börsennotierter Gesellschaften auf diesem Wege keine Information, da diese nicht ad-hoc-publizitätspflichtig sind.

Besteht eine Ad-hoc-Publizitätspflicht nach § 15 I 1 WpHG, ist der Emittent von der Pflicht zur Veröffentlichung gem. § 15 III 1 WpHG solange befreit, wie es der Schutz seiner berechtigten Interessen erfordert, keine Irreführung der Öffentlichkeit zu befürchten ist und der Emittent die Vertraulichkeit der Insiderinformation gewährleisten kann. Dies kann beispielsweise der Fall sein, wenn die Bekanntgabe der Information geeignet ist, den berechtigten Interessen der Gesellschaft, etwa an der Geheimhaltung eines kursrelevanten Sachverhaltes, zu schaden[426]. Für die Befreiung von der kapitalmarktrechtlichen Informationspflicht nach § 15 III 1 WpHG ist nicht ausreichend, dass die Interessen der Gesellschaft durch eine unverzügliche Veröffentlichung geschädigt werden könnten. Der Gesetzeswortlaut erfordert vielmehr, dass es sich um „berechtigte Interessen" der Gesellschaft handelt. Diese wesentliche Einschränkung des Rechts des Emittenten auf Befreiung von der Veröffentlichungspflicht ist durch das berechtigte Interesse des Anlegerpublikums an einer unverzüglichen Publizierung geboten. Das berechtigte Interesse der Gesellschaft, das eine Befreiung von der Veröffentlichungspflicht rechtfertigt, ist somit grundsätzlich nur anzunehmen, wenn das Interesse der Gesellschaft an der vorübergehenden Geheimhaltung der Insiderinformationen schutzwürdiger erscheint als das Interesse der Öffentlichkeit an umfassender Information[427]. Die Öffentlichkeit darf aufgrund der vorübergehenden Geheimhaltung nicht irregeführt werden und die Gesellschaft muss in der Lage sein, die Vertraulichkeit der Insiderinformation sicherzustellen.

Eine Befreiung von der Ad-hoc-Publizität kann demnach nur Ausnahmecharakter haben und muss auf kurze Zeit befristet sein[428]. So kommt eine Befreiung beispielsweise in Betracht, wenn andernfalls die Existenz der Gesellschaft bedroht wäre. Gesellschaften haben Befreiungsanträge gem. § 15 I 2 WpHG a.F. in der bisherigen Praxis - wenn überhaupt - überwiegend in den Fällen gestellt, in denen sie Sanierungskonzepte umsetzen wollten, deren Realisierung durch

---

[425] Vgl. dazu *Hommelhoff* ZGR 2000, 748, 752 ff., 762 ff.; a.A. *Spindler* ZGR 2000, 420, 439.

[426] Eingehend dazu *Cahn* WM 1998, 272 ff.; vgl. zur Interessenabwägung der BaFin bei ihrer Entscheidung über den Befreiungsantrag nach § 15 I 2 WpHG a.F.: *Kümpel*, in: Assmann/Schneider, WpHG, § 15, Rdn. 79 ff.

[427] Siehe *Kümpel*, in: Assmann/Schneider, WpHG, § 15, Rdn. 80.

[428] *Wittich* AG 1997, 1, 4; *Wölk* AG 1997, 73, 79.

eine vorzeitige Veröffentlichung gefährdet wäre[429]. In solchen Fällen ist angesichts der Bekanntgabe der drohenden Zahlungsunfähigkeit meist mit Kreditkündigungen der Banken und Vollstreckungsmaßnahmen sonstiger Gläubiger zu rechnen, so dass ausnahmsweise ein berechtigtes Interesse der Gesellschaft, der Gläubiger und der Aktionäre an der Befreiung von der Veröffentlichungspflicht besteht[430]. Zu denken ist zudem an erhebliche Wettbewerbsnachteile bei sofortiger Veröffentlichung oder unverhältnismäßiger Kostensteigerungen für die Gesellschaften. Nur für solche Fälle wird, soweit sie ausreichend begründet sind, ein berechtigtes Geheimhaltungsinteresse anzunehmen sein.
Bei der Abwägung zwischen den unmittelbar vor Ausnutzung des genehmigten Kapitals bestehenden Aktionärsinteressen auf sachgerechte Information und den Interessen der Gesellschaft auf Geheimhaltung von bevorstehenden Kapitalmaßnahmen überwiegen im Regelfall erstere. Die BaFin hat gem. § 15 I 2 WpHG a.F. nur selten Befreiungsanträgen stattgegeben und auch heute wird eine Befreiung von der Ad-hoc-Publizitätspflicht nach § 15 III 1 WpHG nur ausnahmsweise anzunehmen sein, so dass im Regelfall das Geheimhaltungsinteresse der Gesellschaft einer ergänzenden Berichterstattungspflicht des Vorstandes nicht entgegenstehen dürfte. Die gesellschaftsrechtliche Verschwiegenheitspflicht nach § 131 III Nr. 1 AktG greift letztlich deswegen nicht mehr ein, weil aufgrund der pflichtgemäßen Veröffentlichung des Vorstandsbeschlusses nach § 15 I 1 WpHG - jedenfalls mittelbar - bereits die Aktionäre informiert werden.

V. Die Art und Weise der ergänzenden Berichterstattung

Da die von der „Siemens/Nold“-Rechtsprechung zugrundegelegte Flexibilität des Vorstandshandelns im Fall des genehmigten Kapitals auch bei Annahme einer ergänzenden Berichtspflicht des Vorstandes gewahrt bleiben muss, kommt zunächst nur die Information der Aktionäre selbst, also aller Gesellschafter außerhalb ihres Organs Hauptversammlung in Betracht[431].
Die Vertreter einer ergänzenden Berichtspflicht des Vorstandes gehen überwiegend davon aus, dass der wesentliche Inhalt des Vorstandsberichts (vgl. § 124 II 2, 2. Alt. AktG), d.h. die für die Beurteilung der Zulässigkeit des Bezugsrechtsausschlusses notwendigen Tatsachen, wie die Gründe eines Bezugsrechtsausschlusses sowie die Wertungen und Abwägungen des Vorstandes und die Begründung des Ausgabebetrages, in den Gesellschaftsblättern entsprechend § 186 II AktG bekannt zu geben seien[432]. Bei größeren Gesellschaften

---

[429] *Wittich* AG 1997, 1, 4.
[430] Vgl. dazu auch *Kümpel*, in: Assmann/Schneider, WpHG, § 15, Rdn. 81.
[431] So etwa *Lutter* BB 1981, 861, 863.
[432] *Lutter*, in: Kölner Kommentar zum AktG, § 203, Rdn. 31 f.; *ders.* BB 1981, 861, 863; *Hirte*, Bezugsrechtsausschluß und Konzernbildung, S. 124; *Hüffer*, AktG, § 203, Rdn. 37.

genüge die Bekanntmachung im Bundesanzeiger, die Mitteilung an die entsprechenden Kreditinstitute und Aktionärsvereinigungen sowie die Weitergabe an die Aktionäre analog §§ 125, 128 AktG[433]. Zudem sei der Bericht entsprechend §§ 175 II, 179 a II, 293 f, 293 g I und II AktG, § 63 I und III UmwG in den Gesellschaftsräumen auszulegen und jedem Aktionär auf Verlangen zuzusenden.

Die Verpflichtung zur ergänzenden Information der Aktionäre stellt für den Vorstand allerdings nur dann keinen erheblich gesteigerten zeitlichen wie verwaltungstechnischen Aufwand dar, wenn sich Form und Inhalt dieser Berichterstattung an den diesbezüglichen wertpapierhandelsrechtlichen Veröffentlichungspflichten (§ 15 I WpHG) sowie an der dem Vorstand gem. § 125 I AktG obliegenden Mitteilungspflicht orientieren[434]. Nach diesen erleichterten Bekanntgabepflichten müssen kursrelevante Informationen im Bundesanzeiger bzw. in mindestens einem überregionalen Börsenpflichtblatt oder über ein in Bankenkreisen weit verbreitetes, elektronisch betriebenes Informationsverarbeitungssystem veröffentlicht werden[435]. Zwar wird dadurch zunächst lediglich die sog. „Bereichsöffentlichkeit" hergestellt. Aufgrund der regelmäßig unverzüglichen Weiterverbreitung dieser Informationen durch die Medien kann aber die gewünschte Information der Aktionäre auf diese Weise schneller und kostengünstiger als durch die Einschaltung von Depotbanken und Aktionärsvereinigungen erreicht werden. Eine ergänzende schriftliche Information nach Maßgabe der §§ 125 ff. AktG würde die Durchführung der Kapitalerhöhung entweder übermäßig verzögern oder aber nicht rechtzeitig erfolgen.

Vor diesem Hintergrund kann der geltend gemachte Einwand, eine zusätzliche Berichtspflicht des Vorstandes sei mit Sinn und Zweck des genehmigten Kapitals nicht zu vereinbaren[436], da sie einen zu großen Publizitätsaufwand der AG zur Folge habe und einen enormen Zeitverlust mit sich bringe, nicht überzeugen. Die Flexibilität des genehmigten Kapitals wird durch die Einführung einer zusätzlichen Berichtspflicht des Vorstandes in der dargelegten Art und Weise nicht über Gebühr beeinträchtigt.

---

[433] Kritisch insoweit bereits *Aubel*, Der vereinfachte Bezugsrechtsausschluß, S. 52, wonach die rechtzeitige Information der Aktionäre über eine bevorstehende Kapitalerhöhung durch eine entsprechende Mitteilung an Aktionärsvereinigungen und Kreditinstitute zweifelhaft erscheint. Zum einen könne man eine Verpflichtung der Kreditinstitute zur Weiterleitung der Mitteilung angesichts des eindeutigen Wortlauts des § 125 I AktG nicht annehmen und zum anderen würden Kreditinstitute regelmäßig nur gegen Kostenerstattung zur Weiterleitung der Mitteilung an ihre Kunden bereit sein.

[434] Vgl. dazu auch *Aubel*, Der vereinfachte Bezugsrechtsausschluß, S. 112 f., 116 f.

[435] Siehe § 15 III WpHG, vgl. dazu auch die Erläuterungen und Empfehlungen der *Deutsche Börse AG* zur Behandlung kursbeeinflussender Tatsachen gem. §§ 12 ff. WpHG, in: WM 1994, 2038, 2045 ff. sowie *Kümpel*, in: Assmann/Schneider, WpHG, § 15, Rdn. 155 ff.

[436] So *Heinsius*, in: Festschrift Kellermann, S. 115, 123 f.; vgl. ebenso *Marsch* AG 1981, 211, 215; *Korthals*, Kapitalerhöhungen zu höchsten Kursen, S. 155 ff.; Bedenken auch bei *Lutter*, in: Kölner Kommentar zum AktG, § 203, Rdn. 31.

B. Die Pflicht des Vorstandes zur Vorlage des geplanten konkreten Vorhabens an die Hauptversammlung

Neben der soeben erörterten ergänzenden Berichterstattungspflicht des Vorstandes unmittelbar vor Ausnutzung der Ermächtigung stellt sich die Frage, ob der Vorstand nach den Grundsätzen des „Holzmüller"-Urteils[437] des BGH auch ausnahmsweise verpflichtet ist, vor Durchführung der Kapitalerhöhung die Hauptversammlung um Zustimmung zu dem geplanten konkreten Vorhaben zu ersuchen. Die kraft ordnungsgemäßer Ermächtigung begründete Kompetenz des Vorstandes, eine Kapitalerhöhung unter Ausschluss des Bezugsrechts durchzuführen, könnte erlöschen oder dem Umfang nach begrenzt sein, weil nach der Ermächtigung des Vorstandes Umstände eingetreten sind, die eine erneute Befassung der Hauptversammlung mit der Angelegenheit erfordern.

I. Die Einschränkung der Geschäftsführungsbefugnis nach den „Holzmüller"-Grundsätzen

Als dogmatischen Ansatzpunkt einer Vorlagepflicht des Vorstandes hat der BGH in der „Holzmüller"-Entscheidung die Regelung des § 119 II AktG angeführt. Danach soll sich das grundsätzlich bestehende Ermessen des Vorstandes, ob er eine Entscheidung der Hauptversammlung über eine Maßnahme der Geschäftsführung herbeiführen will, zu einer Pflicht zur Vorlage an die Hauptversammlung reduzieren, wenn es um Entscheidungen geht, die zwar formal durch die Befugnisse des Vorstandes gedeckt sind, „gleichwohl aber so tief in die Mitgliedsrechte der Aktionäre und deren im Anteilseigentum verkörpertes Vermögensinteresse eingreifen, dass der Vorstand vernünftigerweise nicht annehmen kann, er dürfe sie in ausschließlich eigener Verantwortung treffen, ohne die Hauptversammlung zu beteiligen"[438]. In solchen Fällen reduziere sich das dem Vorstand in Geschäftsführungsangelegenheiten gem. §§ 76 I, 119 II AktG eingeräumte Ermessen angesichts der Tragweite der Entscheidung auf Null und die Sorgfaltspflicht der Vorstandsmitglieder gebiete es, das Vorhaben der Hauptversammlung gem. § 119 II AktG zur Zustimmung vorzulegen.

Die Instanzgerichte sind der „Holzmüller"-Rechtsprechung gefolgt[439]. Im Schrifttum ist sie dagegen sehr umstritten[440]. Unter den Autoren, die der

---

[437] Vgl. BGHZ 83, 122, 131.

[438] BGHZ 83, 122, 131.

[439] Vgl. OLG München WM 1996, 1462 ff.; OLG Köln ZIP 1993, 110, 114 („Winterthur/Nordstern"); LG Frankfurt ZIP 1997, 1698, 1700 („Altana/Milupa"); LG Hamburg AG 1997, 238; LG Frankfurt ZIP 1993, 830, 832 („Hornblower Fischer"); LG Stuttgart AG 1992, 236, 237 f.

[440] Ablehnend etwa *Mertens*, in: Kölner Kommentar zum AktG, § 76, Rdn. 51; *Heinsius* ZGR 1984, 383, 389 ff.; *Westermann* ZGR 1984, 352, 363 ff.; *Groß* AG 1994, 266, 271 ff.; *Mar-*

„Holzmüller"-Rechtsprechung zustimmen, ist wiederum die für Folgeprobleme[441] entscheidende Frage streitig, ob dem auf § 119 II AktG gestützten Begründungsansatz des BGH zu folgen ist[442]. Einige Stimmen in der Literatur[443] befürworten eine Gesamtanalogie zu den Vorschriften, die eine Hauptversammlungszuständigkeit bei anderen Strukturentscheidungen begründen (insbesondere §§ 179, 179a, 293 II, 319 I, II AktG, §§ 13 I, 65 I UmwG). Manche erwägen in Ausgliederungsfällen eine analoge Anwendung der Ausgliederungsvorschriften des UmwG[444]. In den „Gelatine"-Urteilen[445] aus dem Jahr 2004 hat der BGH sowohl § 119 AktG als auch den Ansatz einer Gesamtanalogie als Rechtsgrundlage ungeschriebener Hauptversammlungszuständigkeiten abgelehnt. In einer ergebnisorientierten Betrachtung sieht er diese vielmehr in einer offenen Rechtsfortbildung[446].

Die „Holzmüller"-Entscheidung betraf den Fall der Ausgliederung eines wesentlichen Unternehmensbereichs auf eine Tochtergesellschaft[447]. In den „Gelatine"-Urteilen hatte der BGH ebenso über eine Ausgliederungsmaßnahme zu entscheiden. Sowohl in Sachen „Holzmüller" als auch in den „Gelatine"-Verfahren hat der BGH allerdings keine Aussage darüber getroffen, welchen Entscheidungen die Hauptversammlung generell zustimmen muss. Im „Holzmüller"-Urteil hat er seine Ausführungen streng auf den entschiedenen Fall beschränkt und die Auffassung des Klägers abgelehnt, dass sämtliche Maßnahmen einer solchen Zustimmung zu unterwerfen seien, die in der Untergesellschaft mit qualifizierter Kapitalmehrheit zu beschließen sind[448]. In den „Gelatine"-

tens ZHR 147 (1983), 377, 380 f.; *Sünner* AG 1983, 169 f.; *Ebenroth/Daum* DB 1991, 1105, 1108 f.

441 So etwa für die Frage, welche Mehrheit der Zustimmungsbeschluss der Hauptversammlung benötigt. Für eine einfache Mehrheit: *Wiedemann*, Die Unternehmensgruppe im Privatrecht, S. 57, zumindest für den Fall, dass die Satzung eine Konzernöffnungsklausel enthält; *Immenga* BB 1992, 2446, 2448; *Groß* AG 1996, 111, 118; *Hüffer*, AktG, § 119, Rdn. 14, 18. Für eine qualifizierte Mehrheit: *Rehbinder* ZGR 1983, 92, 98; *Veil* ZIP 1998, 361, 367 f.; im Ergebnis auch *Lutter/Leinekugel* ZIP 1998, 805, 806; *Altmeppen* DB 1998, 49, 50 f. und *Krieger*, in: Münchener Handbuch, Aktiengesellschaft, § 69, Rdn. 11.

442 So z.B. *Hüffer*, AktG, § 119, Rdn. 18.

443 Vgl. *Rehbinder* ZGR 1983, 92, 98; *Mülbert*, Aktiengesellschaft, Unternehmensgruppe und Kapitalmarkt, S. 430 ff.; für eine offene Rechtsfortbildung *Seydel*, Konzernbildungskontrolle bei der Akiengesellschaft, S. 429 ff.

444 Siehe LG Karlsruhe ZIP 1998, 385, 387 ff.; siehe auch *Veil* ZIP 1998, 361, 367 f.; *Feddersen/Kiem* ZIP 1994, 1078, 1087; differenzierend *Priester* ZHR 163 (1999), 187, 191 ff., 197 ff.; a.A. LG Hamburg AG 1997, 238.

445 BGH, Urteil vom 26.04.2004 – II ZR 154/02 = NZG 2004, 575; Urteil vom 26.04.2004 – II ZR 155/02 = NJW 2004, 1860.

446 Siehe etwa *Simon* DStR 2004, 1482, 1484.

447 So im Fall BGHZ 83, 122 („Holzmüller"); ebenso LG Frankfurt ZIP 1993, 830 („Hornblower Fischer").

448 Siehe *Rehbinder* ZGR 1983, 92, 101.

Urteilen hat der BGH die Frage, welche Rechtshandlungen unter die „Holzmüller"-Grundsätze fallen, ausdrücklich offen gelassen[449]. Ob sich die Bedeutung des „Holzmüller"-Urteils auf Ausgliederungsfälle begrenzt oder Hauptversammlungskompetenzen in der verbundenen wie der unverbundenen AG - unter bestimmten Voraussetzungen - bei allen grundlegenden Strukturentscheidungen bestehen, die einen maßgeblichen Eingriff in die Rechtsstellung der Aktionäre darstellen, ist bislang nicht hinreichend geklärt.

II. Die Reichweite der „Holzmüller"-Grundsätze

Vielfach wird die Zustimmung der Hauptversammlung bei allen grundlegenden Strukturentscheidungen gefordert[450] und in der Praxis eingeholt. Vorlagepflichtige Strukturmaßnahmen von herausragender Bedeutung seien neben den Fällen der Ausgliederung[451], der Teilfusion[452], dem Abschluss von Unternehmensverträgen der Tochtergesellschaft mit Dritten[453], der Aufnahme Dritter in die bisherige 100%ige Tochtergesellschaft[454] auch der Börsengang[455] und das Delisting[456] sowie der Abschluss von Betriebspacht- oder Betriebsüberlassungsverträgen[457] und die Veräußerung[458] oder der Erwerb wesentlicher Beteiligungen oder Unternehmensbereiche.

Von welchen Schwellenwerten an eine Ausgliederung, eine Beteiligungsveräußerung oder ein Beteiligungserwerb im Sinne der „Holzmüller"-Entscheidung „wesentlich" sind, war bis zum Erlass der „Gelatine"-Urteile unklar. Nach den Formulierungen des BGH im „Holzmüller"-Urteil muss es sich um einen Sachverhalt handeln, der den Voraussetzungen des § 293 AktG oder des § 179 a AktG nahe kommt. Im „Holzmüller"-Fall, in welchem ca. 80 % der Aktiva ausgegliedert wurden, hat der BGH dies angenommen, weil sich die Ausgliederung im Kernbereich der Unternehmenstätigkeit abspielte, den wertvollsten Betriebs-

---

[449] In diesem Sinne auch *Bungert* BB 2004, 1345, 1348; *Fuhrmann* AG 2004, 339, 341; *Götze* NZG 2004, 585, 588.

[450] *Hirte*, Bezugsrechtsausschluß und Konzernbildung, S. 162 ff., 179 ff.; *Mülbert*, Aktiengesellschaft, Unternehmensgruppe und Kapitalmarkt, S. 370 f.; *Seydel*, Konzernbildungskontrolle bei der Aktiengesellschaft, S. 379 ff.; *Lutter/Leinekugel* ZIP 1998, 805 ff.; *Heinsius* ZGR 1984, 383, 402; *Rehbinder* ZGR 1983, 92, 98 f.

[451] BGHZ 83, 122; LG Frankfurt ZIP 1993, 830 („Hornblower Fischer AG").

[452] Vgl. statt aller *Lutter* DB 1973, Beilage 21.

[453] BGHZ 83, 122, 140; *Henze*, Höchstrichterliche Rechtsprechung zum Aktienrecht, 3. Auflage, Rdn. 751.

[454] *Hirte*, Bezugsrechtsausschluß und Konzernbildung, S. 182 ff.

[455] *Grupp*, Börseneintritt und Börsenaustritt, S. 150.

[456] Siehe dazu OLG München AG 2001, 364 f.; *Grupp*, Börseneintritt und Börsenaustritt, S. 192.

[457] *Krieger*, in: Münchener Handbuch, Aktiengesellschaft, § 69, Rdn. 38.

[458] LG Frankfurt ZIP 1997, 1698; *Lutter/Leinekugel* ZIP 1998, 225, 230.

zweig betraf und die Unternehmensstruktur von Grund auf änderte. In der Literatur wurden unterschiedliche Abgrenzungsvorschläge gemacht, die vielfach auf eine Größenordnung von etwa 10 % – 25 % des Vermögens der Gesellschaft hinausliefen[459]. Die Rechtsprechung der Instanzgerichte stützte sich auf ähnliche Größenordnungen[460].

In der „Holzmüller"-Entscheidung hat der BGH die Vorlagepflicht des Vorstandes zunächst auf tiefe Eingriffe in die Mitgliedschaftsrechte der Aktionäre beschränkt. Der weitere Hinweis auf das im Anteilseigentum verkörperte Vermögensinteresse der Aktionäre[461] zeigt aber, dass bei grundlegenden Änderungen der Unternehmensstruktur kaum halt gemacht werden kann und konsequenterweise auch Investitionsentscheidungen von großer Tragweite unter bestimmten Voraussetzungen dem Votum der Hauptversammlung unterstellt werden müssen. Es liegt eine sog. ungeschriebene Hauptversammlungskompetenz vor, die den Vorstand nicht nur berechtigt, über derartig grundlegende Fragen der Geschäftsführung die Hauptversammlung entscheiden zu lassen, sondern dazu gegenüber den Aktionären verpflichtet. Maßnahmen, die das Fundament der Gesellschaft verändern, kommen für die Aktionäre in ihren Auswirkungen den in § 119 I AktG genannten Strukturbeschlüssen gleich und können daher nicht mehr als „Leitung" der Gesellschaft i.S.v. § 76 I AktG begriffen werden. Es handelt sich vielmehr um eine „Umgestaltung" und daher um eine Grundentscheidung, die Sache der Hauptversammlung ist. Die vom BGH im „Holzmüller"-Urteil geforderte Pflichtvorlage im Einzelfall kann daher auch bei Strukturmaßnahmen in Betracht kommen, soweit dadurch Interessen tangiert werden, um die sich die Aktionäre in der Hauptversammlung zuverlässiger und effektiver kümmern können als der Vorstand. Ungeschriebene Hauptversammlungszuständigkeiten können somit - unter bestimmten Voraussetzungen - nicht nur in der Konzernobergesellschaft bestehen, sondern auch in der unverbundenen AG bei allen grundlegenden Strukturentscheidungen von erheblicher Bedeutung, die einen maßgeblichen Eingriff in die Rechtsstellung der Aktionäre darstellen.

---

[459] Vgl. zu den unterschiedlichen Abgrenzungsvorschlägen etwa *Hirte*, Bezugsrechtsausschluß und Konzernbildung, S. 181 (Fußn. 107), S. 166 (Fußn. 47): 25 % des Vermögens berechnet nach den steuerlichen Teilwerten; *Veil* ZIP 1998, 361, 369: 50 % des Grundkapitals; *Seydel*, Konzernbildungskontrolle bei der Aktiengesellschaft, S. 379 ff.: 10 % des Aktivvermögens; *Hüffer*, AktG, § 119, Rdn. 18: eher krasse, in die Nähe der Vermögensübertragung geratende Fälle; *Lutter/Leinekugel* ZIP 1998, 225, 230: Hauptversammlungszuständigkeit nur, wenn der Kernbereich der Gesellschaftstätigkeit angetastet werde und Erscheinung sowie Struktur der Gesellschaft wesentlich verändert würden.

[460] LG Frankfurt ZIP 1997, 1698, 1701 („Altana/Milupa"): 23 % der Konzernbilanzsumme, 30 % des Konzernumsatzes; LG Frankfurt ZIP 1993, 830, 832 („Hornblower Fischer"): 10 % des Vermögens, 50 % des Umsatzes; OLG Köln ZIP 1993, 110, 114 („Winterthur/Nordstern"): keine Hauptversammlungszuständigkeit bei Übertragung einer Versicherungstochter mit einem Anteil von 8, 25 % am Prämienaufkommen der Gruppe.

[461] Vgl. BGHZ 83, 122, 131.

In den „Gelatine"-Urteilen vom 26.04.2004 hat sich der II. Zivilsenat des BGH dafür ausgesprochen, dass ungeschriebene Mitwirkungsbefugnisse der Hauptversammlung nur ausnahmsweise und in engen Grenzen anzuerkennen sind. Danach kommt eine Mitwirkung der Hauptversammlung nur dann in Betracht, wenn eine von dem Vorstand in Aussicht genommene Umstrukturierung der Gesellschaft an die Kernkompetenz der Hauptversammlung über die Verfassung der Aktiengesellschaft zu bestimmen, rührt, weil sie Veränderungen nach sich zieht, die denjenigen zumindest nahe kommen, welche allein durch eine Satzungsänderung herbeigeführt werden können[462]. Wann diese besondere Voraussetzung für eine ungeschriebene Hauptversammlungszuständigkeit erfüllt ist, hat der II. Zivilsenat nicht in allgemeingültiger Weise entschieden, sondern dies über Ausgliederungsfälle hinaus nur für die Umstrukturierung einer Tochter- in eine Enkelgesellschaft als denkbar anerkannt. Eine wesentliche Beeinträchtigung der Mitwirkungsbefugnisse der Aktionäre liege aber auch in diesen Fällen erst dann vor, wenn die wirtschaftliche Bedeutung der Maßnahme in etwa die Ausmaße des „Holzmüller"-Falls – dort ging es um die Ausgliederung eines Teilbetriebs, der 80% des Gesellschaftsvermögens ausmachte – erreicht[463]. Ist die Hauptversammlung danach ausnahmsweise zur Mitwirkung berufen, bedarf ihre Zustimmung wegen der Bedeutung für die Aktionäre einer Dreiviertel-Mehrheit[464].

Woran allgemein – also jenseits von Einzelfallbetrachtungen – zu erkennen ist, ob eine Rechtshandlung unter die „Holzmüller"-Grundsätze fällt oder nicht, lässt sich zwar nicht mit Sicherheit beantworten. Der Rechtsanwender kann sich aber an den Vergleichsfällen wie der Fusion, dem Erwerb wesentlicher Beteiligungen, der Veräußerung bedeutender Unternehmensbereiche, dem Börsengang oder dem Delisting orientieren.

Im folgenden Abschnitt bleibt zu klären, ob die dargelegten „Holzmüller"-Grundsätze - präzisiert durch die „Gelatine"-Urteile - auch auf Kapitalmaßnahmen Anwendung finden können, die der Vorstand beabsichtigt, im Wege einer genehmigten Kapitalerhöhung unter Ausschluss des Bezugsrechts durchzuführen.

III. Übertragung der „Holzmüller"-Grundsätze auf die genehmigte Kapitalerhöhung mit Bezugsrechtsausschluss?

Nach den „Holzmüller"-Grundsätzen kann der Vorstand ausnahmsweise verpflichtet sein, vor Ausnutzung der Ermächtigung zur bezugsrechtsfreien Kapi-

---

[462] Vgl. 1. Leitsatz der Entscheidung BGH NJW 2004, 1860. Die zweite „Gelatine"-Entscheidung hat im wesentlichen den gleichen Wortlaut und ist abgedruckt in NZG 2004, 575.

[463] Siehe dazu 2. Leitsatz der Entscheidung BGH NJW 2004, 1860.

[464] Vgl. 3. Leitsatz der Entscheidung BGH NJW 2004, 1860.

talerhöhung die Hauptversammlung um Zustimmung zu dem geplanten konkreten Finanzierungsvorhaben zu ersuchen. Die an der Hauptversammlung teilnehmenden Aktionäre können danach bei einem sachlich nicht gerechtfertigten Bezugsrechtsausschluss die Zustimmung zur Kapitalmaßnahme verweigern mit der Folge, dass der Vorstand aufgrund der Bindungswirkung des Hauptversammlungsbeschlusses nach § 119 II AktG[465] die Durchführung der bezugsrechtsfreien Kapitalerhöhung zu unterlassen hat. Da der Vorstand bei der Ermächtigung zur Kapitalerhöhung mit Bezugsrechtsausschluss im Unterschied zu dem der „Holzmüller"-Entscheidung und den der „Gelatine"-Urteile zugrundeliegenden Fall seine Zuständigkeit aber gerade von einer qualifizierten Mehrheit der Hauptversammlung ableitet, müssen in diesem Fall an eine Pflicht zur erneuten Einschaltung der Hauptversammlung höhere Anforderungen gestellt werden[466].

1. Vorlagepflicht bei bedeutsamen Kapitalmaßnahmen?

Eine Pflicht des Vorstandes zur Vorlage der Kapitalmaßnahme an die Hauptversammlung kann insbesondere deswegen anzunehmen sein, weil nach der Ermächtigung des Vorstandes Umstände eingetreten sind, die eine erneute Befassung der Hauptversammlung mit der Maßnahme wegen deren erheblicher Bedeutung für die Gesellschaft sowie in Anbetracht der Intensität des Eingriffs in die Mitgliedschaftsrechte der Aktionäre erfordern. Zustimmungspflichtig kann insoweit eine Kapitalmaßnahme sein, welche die Unternehmensstruktur von Grund auf ändert. Ob dies der Fall ist, ist nicht allein eine quantitative, sondern mehr noch eine qualitative Frage, und lässt sich nicht pauschal beurteilen, sondern nur in einer Analyse des Einzelfalls. So kann beispielsweise der Erwerb einer Unternehmensbeteiligung im Wege bezugsrechtsfreien genehmigten Kapitals nicht allein aufgrund eines hohen Kapitalerhöhungsvolumens zu einer grundlegenden Änderung der Unternehmensstruktur führen. Ein Akquisitionsvorhaben kann vielmehr erst dann zustimmungspflichtig sein, wenn es zusätzlich von grundlegender qualitativer Bedeutung für die Struktur der Gesellschaft ist, z. B. weil auf diesem Wege erstmals eine Konzernstruktur entsteht[467], weil völlig neue Geschäftsfelder hinzuerworben werden o.ä. Eine Vorlagepflicht des Vorstandes kann ausnahmsweise dann bestehen, wenn der Vorstand das gesamte genehmigte Kapital zur Finanzierung einer fusionsähnlichen Umstrukturie-

[465] Vgl. dazu *Hüffer*, AktG, § 119, Rdn. 15.
[466] *Kimpler* DB 1994, 767, 770 folgert daraus, dass es keine Pflicht zur erneuten Einschaltung der Hauptversammlung geben könne.
[467] *Hirte*, in: Großkommentar zum AktG, § 202, Rdn. 162 nimmt eine Vorlagepflicht bei drohender qualifizierter Abhängigkeit an; siehe auch *Ekkenga* AG 2001, 615, 618.

rung der Gesellschaft verwenden will[468]. Die Pflicht des Vorstandes zur Vorlage der konkreten Kapitalmaßnahme an die Hauptversammlung für diesen Fall würde vor allem der vereinzelt geäußerten Kritik[469] an der „Siemens/Nold"-Rechtsprechung Rechnung tragen. Danach habe der BGH durch seine Rechtsprechungsänderung in Sachen Bezugsrechtsausschluss für die Unternehmenspraxis eine Möglichkeit zur Umgehung der Regeln des Umwandlungsrechts geschaffen. Bei einer wirtschaftlichen Verschmelzung würden die Aktionäre weder beteiligt, noch würde ihre Stellung durch die Schutzinstrumente gestärkt, die das UmwG für solche Umstrukturierungen vorsieht[470], eben weil es sie als unternehmerische Einmal-Entscheidungen qualifiziere.
Eine Vorlagepflicht des Vorstandes nach den „Holzmüller"-Grundsätzen kann ebenso geboten sein, wenn der Vorstand das bezugsrechtsfreie genehmigte Kapital zur Börseneinführung („going public") verwendet. Die Verhältnisse in der Gesellschaft werden durch eine Börseneinführung grundlegend verändert.

2. Stellungnahme

Bestünde in den angeführten Fallkonstellationen ausnahmsweise eine Vorlagepflicht des Vorstandes nach den „Holzmüller"-Grundsätzen, wäre auch nur eine Vorlage des Finanzierungsvorhabens an die Hauptversammlung ermessensfehlerfrei[471]. Der Hauptversammlung würde auf diese Weise die Verantwortung für die Finanzierungsvorgänge der Gesellschaft wieder zurückübertragen und ihre qualifizierte Zustimmung zu der konkreten Maßnahme auf der Grundlage umfassender Information wäre sichergestellt. Überdies wäre dadurch das regelmäßige Informationsdefizit der Aktionäre im Vorfeld der Ermächtigung ausgeglichen und einer möglichen Unzulänglichkeit gerichtlicher Kontrolle der Vorstandsentscheidung nach Durchführung der Kapitalerhöhung würde entsprechend Rechnung getragen.
Der Vorstand könnte sich zudem durch einen nach § 119 II AktG herbeigeführten Beschluss der Hauptversammlung beim Gebrauchmachen von der Ermächtigung absichern. Denn eine etwaige Haftung gegenüber der Gesellschaft aus

---

[468] Vgl. dazu *Cahn* ZHR 163 (1999), 554, 582; zur Vorlagepflicht in solchen Fällen: *Mertens*, in: Kölner Kommentar zum AktG, § 76, Rdn. 52 m.w.N.; *Kimpler*, Die Abgrenzung der Zuständigkeiten von Hauptversammlung und Vorstand bei der Kapitalerhöhung, S. 94 f. und anders *ders*. DB 1994, 767, 770.

[469] *Lutter/Leinekugel* ZIP 1998, 805, 816.

[470] So etwa weitreichende Informationspflichten gem. §§ 4, 5 I, 8 I UmwG, Prüfung des Umwandlungsvertrages durch einen oder mehrere unabhängige Prüfer (vgl. §§ 9 ff. UmwG), Prüfungsbericht (vgl. § 12 UmwG) sowie registerliche Kontrolle (vgl. §§ 16 II, III, 17 UmwG).

[471] Vgl. *Timm* DB 1982, 211, 217; *Vollmer* AG 1991, 94, 102 und *Hirte*, Bezugsrechtsausschluß und Konzernbildung, S. 123 tendieren allgemein zu einer stärkeren Rückkoppelung des Vorstandes. Siehe hierzu auch die Bedenken von *Lutter* JZ 1998, 50, 51 f. gegen die „Siemens/Nold"-Entscheidung.

§ 93 II AktG tritt gem. § 93 IV 1 AktG nicht ein, sofern die Handlung auf einem gesetzmäßigen Hauptversammlungsbeschluss beruht[472]. Gesetzmäßig ist dieser aber nur dann, wenn er weder nichtig (§ 241 AktG) noch anfechtbar ist (§§ 243 ff. AktG)[473]. Eine Haftung der Mitglieder des Vorstands kommt ausnahmsweise in Betracht, wenn sie den Beschluss der Hauptversammlung pflichtwidrig, etwa durch unrichtige Information, selbst herbeigeführt haben[474] oder eine Anfechtungs- bzw. Nichtigkeitsklage pflichtwidrig nicht oder nicht rechtzeitig erhoben haben[475].

Gegen eine Pflicht des Vorstandes, die dargelegten Finanzierungsvorhaben der Hauptversammlung zur Zustimmung vorzulegen, spricht jedoch zunächst, dass die qualifizierte Mehrheit der Hauptversammlung dem Vorstand eine abstrakt-generelle Ermächtigung[476] zur bezugsrechtsfreien Kapitalerhöhung erteilt hat, die ihn auch befugt, das genehmigte Kapital in den angeführten Fallkonstellationen auszunutzen. Hätte die Hauptversammlung diese Kapitalmaßnahmen unterbinden wollen, hätte sie dem Vorstand nur eine beschränkte Ermächtigung erteilen dürfen[477]. Wie das LG München[478] in seiner Entscheidung vom 25.01. 2001 bereits zutreffend ausgeführt hat, bedeutet eine Ermächtigung zur Kapitalerhöhung mit Bezugsrechtsausschluss, welche die gesetzlichen Grenzen sowohl zeitlich wie auch vom Umfang vollständig ausschöpft, einen erheblichen Vertrauensvorschuss für den Vorstand. Dieser Vertrauensvorschuss wäre dem Vorstand mit der Einführung einer Vorlagepflicht wieder vollständig entzogen. Eine genehmigte Kapitalerhöhung wäre bei Vorlage der konkreten Kapitalmaßnahme an die Hauptversammlung erst gar nicht erforderlich, die Kapitalmaßnahme könnte vielmehr direkt im Wege der Kapitalerhöhung gegen Einlagen gem. §§ 182 ff. AktG durchgeführt werden.

Die Verpflichtung des Vorstandes, der Hauptversammlung eine Maßnahme der Geschäftsführung vorzulegen, hätte eine bedeutsame Einschränkung des Grundsatzes der Eigenverantwortlichkeit des Vorstandes zur Folge[479]. Auf diese Weise würde die Flexibilität und die Möglichkeit zu rascher Ausnutzung der Ermächtigung, die dem Vorstand gerade durch die „Siemens/Nold"-Rechtsprechung eingeräumt werden sollte, erheblich beeinträchtigt[480].

---

[472] Siehe dazu etwa *Hüffer*, AktG, § 119, Rdn. 15 und § 93, Rdn. 24 ff.

[473] *Hüffer*, AktG, § 93, Rdn. 25.

[474] Allgem. Meinung, vgl. etwa *Hefermehl*, in: Geßler/Hefermehl/Eckardt/Kropff, Kommentar zum AktG, § 93, Rdn. 52; *Mertens*, in: Kölner Kommentar zum AktG, § 93, Rdn. 116.

[475] *Mertens*, in: Kölner Kommentar, § 93, Rdn. 119; *Hefermehl*, in: Geßler/Hefermehl/Eckardt/Kropff, Kommentar zum AktG, § 93, Rdn. 48.

[476] Siehe zum abstrakt-generellen Handlungsrahmen der Ermächtigung unten, 2. Teil § 3 B I.

[477] Vgl. dazu die Ausführungen zur Beschränkung der Ermächtigung im 2. Teil § 3 B III.

[478] LG München AG 2001, 319.

[479] *Rehbinder* ZGR 1983, 92, 98 f.

[480] Vgl. dazu auch etwa *Kimpler*, Die Abgrenzung der Zuständigkeiten von Hauptversammlung und Vorstand bei der Kapitalerhöhung, S. 94; *ders.* DB 1994, 767, 770.

Damit die Aktionäre über die Zustimmung zur geplanten Vorgehensweise des Vorstandes entscheiden könnten, müsste eine erneute Hauptversammlung einberufen werden, was mit einem nicht unerheblichen Zeitaufwand (vgl. § 123 I AktG) verbunden wäre. Große Publikumsgesellschaften, bei denen die jährliche Hauptversammlung mit erheblichem Zeit- und Kostenaufwand vorbereitet wird, würden durch das Erfordernis der Hauptversammlungszustimmung nicht selten zur Durchführung einer außerordentlichen Hauptversammlung gezwungen, die zu erheblichen Zeitverzögerungen führen würde.
In Fällen besonderer Eilbedürftigkeit der Finanzierungsmaßnahme würde die Vorlage des geplanten konkreten Vorhabens an die Hauptversammlung so viel Zeit erfordern, dass beispielsweise ein Konkurrent in der Zwischenzeit eine ins Auge gefasste Unternehmensbeteiligung erwerben könnte[481] oder sich eine günstige Gelegenheit für die Aktieneinführung an ausländischen Börsen infolge auftretender Kapitalmarktänderungen in der Zwischenzeit erledigen könnte.
Soweit der Vorstand mit dem Einsatz des genehmigten Kapitals also einen Zweck verfolgt, der von bestimmten Entwicklungen auf dem Kapitalmarkt abhängig ist, gesellschaftsexterne Vorgänge damit die entscheidende Rolle spielen und der Verwendungszweck jederzeit hinfällig werden kann, würde die Pflicht zur Vorlage des geplanten konkreten Vorhabens an die Hauptversammlung zu einem erheblichen Risiko für die Gesellschaft führen. Ein gewinnträchtiges Unternehmensvorhaben könnte dadurch zum Scheitern verurteilt sein.
Bestünde eine Vorlagepflicht des Vorstandes nach den „Holzmüller"-Grundsätzen und würde die Hauptversammlung dem Vorstand die Zustimmung zu dem geplanten Vorhaben erteilen, würde dies außerdem noch nicht bedeuten, dass der Vorstand die geplante Kapitalmaßnahme vollziehen dürfte. Denn der Hauptversammlungsbeschluss bedürfte nicht nur der nötigen Mehrheit, sondern er dürfte daneben auch nicht angefochten werden[482]. Darin würde ein erhebliches Störpotential liegen.

Wie schon die Diskussion um die „Holzmüller"-Entscheidung des BGH zeigt[483], spricht letztlich gegen eine ungeschriebene Vorlagepflicht des Vorstandes, dass ihre Voraussetzungen notwendigerweise sehr allgemein umschrieben werden müssten. Zwar wurde die „Holzmüller"-Entscheidung durch die „Gelatine"-Entscheidungen in wesentlichen Punkten präzisiert, jedoch bleiben Zweifelsfragen bestehen[484]. Der BGH hat in den „Gelatine"-Urteilen einige In-

---

[481] Vgl. etwa *Mertens* AG 1990, 49, 51.

[482] Vgl. *Groß* AG 1996, 111.

[483] Siehe dazu bereits oben im 2. Teil, unter § 2 B I (Quellenangaben in Fußn. 440, 443, 444); vgl. überdies *Rehbinder* ZGR 1983, 92 ff.; *Ebenroth* AG 1988, 1 ff.; *Hüffer*, AktG, § 119, Rdn. 16 ff. m.w.N.

[484] Zu den weiterhin offenen Zweifelsfragen: *Fuhrmann* AG 2004, 339, 342; ausführlicher: *Götze* NZG 2004, 585, 588 f.

terpretationen der „Holzmüller"-Doktrin explizit verworfen[485], doch hat der zu entscheidende Sachverhalt dem Gericht nicht die Gelegenheit gegeben, sämtliche Zweifelsfragen zu beantworten. Der BGH lässt es letztlich als nicht entscheidungserheblich offen, welche weiteren Maßnahmen ihrer Art nach eine Einschaltung der Hauptversammlung erfordern können.
Im Rahmen des vorhergehenden Abschnitts[486] wurden zwar denkbare Fallkonstellationen für eine Vorlagepflicht des Vorstandes aufgezeigt. Die Reichweite der Vorlagepflicht ließe sich jedoch für die Unternehmenspraxis nicht präzise festlegen, was wiederum zu einer beträchtlichen Rechtsunsicherheit führen würde[487]. Auf Grund des besonderen Bedürfnisses nach Rechtssicherheit bei unternehmerischen Grundentscheidungen müssten in Zweifelsfällen Maßnahmen auch dann zur Zustimmung vorgelegt werden, wenn dies objektiv nicht erforderlich wäre[488]. Dies liefe im Fall des genehmigten Kapitals auf die Anerkennung einer von der Hauptversammlung ausgeübten Investitionskontrolle hinaus, die der Gesetzgeber gerade nicht gewollt hat.

Mit Erlass der „Gelatine"-Urteile ist der BGH schließlich den Vorstellungen, die zu einer erheblichen Ausweitung einer Mitwirkungsbefugnis der Hauptversammlung über die gesetzlich angeordneten Fälle hinaus geführt hätten, offensichtlich nicht gefolgt. Er hat durch die Präzisierung der Schwellenwerte, unterhalb deren Erreichens eine Hauptversammlungszuständigkeit ausscheidet, und durch die Einführung des Erfordernisses einer quasi-satzungsändernden Maßnahme den Anwendungsbereich der „Holzmüller"-Grundsätze nicht unerheblich eingegrenzt. Insbesondere hat der BGH den Gedanken einer daraus abgeleiteten allgemeinen Konzernbildungs- und Konzernleitungskontrolle abgelehnt[489]. Bei dem Erwerb einer Unternehmensbeteiligung ließ sich eine Zuständigkeit der Hauptversammlung bisher überzeugend nur unter dem Gesichtspunkt der Konzernbildungskontrolle begründen. Einer solchen Begründung ist mit Erlass der „Gelatine"-Urteile der Boden entzogen worden[490].

Nach den vorstehenden Ausführungen kann eine Pflicht des Vorstandes, die Hauptversammlung um Zustimmung zu dem konkreten Finanzierungsvorhaben noch unmittelbar vor Ausnutzung des genehmigten Kapitals zu ersuchen, im Ergebnis nicht angenommen werden.

---

[485] BGH NJW 2004, 1860, 1864: Verwerfung von Quoten zwischen 10 und 50 %.
[486] Siehe oben, 2. Teil, § 2 B III 1.
[487] Siehe *Heinsius* ZGR 1984, 383, 405.
[488] Siehe *Martens* ZIP 1992, 1677, 1680; *Groß* AG 1996, 111 ff.
[489] Siehe etwa *Götze* NZG 2004, 585, 586.
[490] *Götze* NZG 2004, 585, 588.

C. Ergebnis

Auf der Grundlage der „Siemens/Nold"-Rechtsprechung und der damit einhergehenden Rechtsschutzverlagerung auf die zweite Stufe der genehmigten Kapitalerhöhung hat der Vorstand die Aktionäre noch unmittelbar vor Ausnutzung der Ermächtigung zur Kapitalerhöhung über den Bezugsrechtsausschluss und dessen Gründe im Wege einer ergänzenden Berichterstattung zu unterrichten. Das regelmäßige Publizitätsdefizit im Vorfeld der Ermächtigung wird auf diese Weise ausgeglichen. Damit die Flexibilität des Vorstandshandelns auch bei der Annahme von ergänzenden Berichtspflichten des Vorstandes gewahrt bleibt, kommt zunächst nur die Information der Aktionäre selbst, also aller Gesellschafter außerhalb der Hauptversammlung in Betracht. Den Vorstand treffen zudem vereinfachte Berichtspflichten dergestalt, dass sich Form und Inhalt der zusätzlichen Berichterstattung an den wertpapierhandelsrechtlichen Veröffentlichungspflichten (vgl. § 15 I WpHG) sowie an der dem Vorstand gem. § 125 I AktG obliegenden Mitteilungspflicht orientieren. Abgesehen von den Fällen, in denen eine ergänzende Berichterstattung des Vorstandes ausnahmsweise entbehrlich ist, trifft den Vorstand auch bei geheimhaltungsbedürftigen Vorhaben eine zusätzliche Informationspflicht. Unmittelbar vor Durchführung der Kapitalerhöhung entfällt im Regelfall das kapitalmarktrechtliche Weitergabeverbot nach § 14 I Nr. 2 WpHG, da die Tatsache der unmittelbar bevorstehenden Ausnutzung eines genehmigten Kapitals bereits nach § 15 I 1 WpHG zu veröffentlichen ist. Ebenso steht die gesellschaftsrechtliche Verschwiegenheitspflicht nach § 131 III Nr. 1 AktG der zusätzlichen Informationspflicht des Vorstandes insoweit nicht entgegen, da aufgrund der pflichtgemäßen Veröffentlichung des Vorstandsbeschlusses nach § 15 I 1 WpHG ohnehin - zumindest mittelbar - die Information der Aktionäre einhergeht. Besteht eine Ad-hoc-Publizitätspflicht gem. § 15 I 1 WpHG, kann der Emittent nur ausnahmsweise von der Veröffentlichungspflicht befreit sein (vgl. § 15 III 1 WpHG). Dies ist nur dann der Fall, wenn die Veröffentlichung der Tatsache, den berechtigten Interessen der Gesellschaft, etwa an der Geheimhaltung eines kursrelevanten Sachverhaltes, zu schaden droht, keine Irreführung der Öffentlichkeit zu befürchten ist und die Gesellschaft die Vertraulichkeit der Insiderinformation gewährleisten kann.

Eine Pflicht des Vorstandes, in Anlehnung an die „Holzmüller"-Grundsätze die Kapitalmaßnahme der Hauptversammlung noch vor Durchführung der Kapitalerhöhung zur Zustimmung vorzulegen, wenn sie für die Gesellschaft eine grundlegende Strukturentscheidung von erheblicher Tragweite und einen maßgeblichen Eingriff in die Rechtsstellung der Aktionäre darstellt, besteht nicht.

§ 3 Die Handlungsgrenzen des Vorstandes bei Ausnutzung der Ermächtigung

Neben den Informationspflichten des Vorstandes im Vorfeld des Hauptversammlungsbeschlusses und unmittelbar vor Ausnutzung des genehmigten Kapitals sind die Handlungsgrenzen des Vorstandes beim Gebrauchmachen von der Ermächtigung für die Bewertung der Auswirkungen der „Siemens/Nold"-Rechtsprechung auf den Aktionärsschutz von entscheidender Bedeutung. Dies gilt insbesondere im Hinblick darauf, dass sich die Entscheidung über den Bezugsrechtsausschluss durch die Herabsetzung der Berichtspflichten des Vorstandes im Vorfeld der Ermächtigung grundsätzlich auf die Verwaltung verlagert hat, der Ermächtigungsbeschluss der Hauptversammlung aufgrund seiner weiten Fassung regelmäßig nicht angreifbar sein wird und es daher nunmehr gerade auf die Rechtmäßigkeit der Ausnutzung der Ermächtigung ankommt. Welche Handlungsgrenzen der Vorstand insoweit einzuhalten hat, hat der BGH im „Siemens/Nold"-Urteil ausgeführt.

A. Übereinstimmung der konkreten Maßnahme mit dem in der Satzung festgelegten Unternehmensgegenstand

Der Vorstand darf die ihm erteilte Ermächtigung zur Schaffung bezugsrechtsfreien genehmigten Kapitals zunächst nur ausnutzen, wenn die Realisierung des zu finanzierenden Vorhabens in Übereinstimmung mit dem in der Satzung festgelegtem Unternehmensgegenstand steht[491]. Der Begriff des Unternehmensgegenstandes, den der Gesetzgeber nicht definiert hat, bezeichnet den Inhalt der bezweckten Geschäftstätigkeit der Gesellschaft[492].

I. Die Bedeutung der Bindung an den satzungsmäßigen Unternehmensgegenstand

Der Vorstand ist an den in der Satzung festgelegten Unternehmensgegenstand (vgl. § 23 III Nr. 2 AktG) gebunden. Er darf ihn nicht überschreiten, muss ihn aber auch ausfüllen[493]. Dadurch soll die Geschäftsführungsbefugnis des Vorstandes generell eingeschränkt (vgl. § 82 II AktG) und die gegenwärtigen und zukünftigen Aktionäre davor geschützt werden, dass der Vorstand das ihm anvertraute Kapital in anderen als den in der Satzung festgelegten Tätigkeitsberei-

---

[491] BGHZ 136, 133, 140.

[492] Vgl. BGH ZIP 1981, 182; *Hüffer*, AktG, § 23, Rdn. 22.

[493] *Zöllner*, in: Kölner Kommentar zum AktG, § 179, Rdn. 118; *Groß* AG 1994, 266, 269; *Lutter/leinekugel* ZIP 1998, 225, 227 f.

chen verwendet[494]. Zweck der Angabe des Unternehmensgegenstandes gem. § 23 III Nr. 2 AktG ist es, geplante Änderungen der Geschäftstätigkeit der Zustimmung der Hauptversammlung zu unterwerfen und zu verhindern, dass der Vorstand über die wirtschaftlichen Grundlagen der Gesellschaft aus eigener Machtvollkommenheit disponiert[495]. Soweit es also die Geschäftsführung für geboten hält, die bisher betriebenen Geschäftszweige zu verändern oder ihnen einen neuen Geschäftsbereich hinzuzufügen, ist eine Satzungsänderung und damit auch die Beteiligung der Hauptversammlung notwendig[496]. Der Vorstand darf ohne Zustimmung der Hauptversammlung weder Geschäfte außerhalb des Unternehmensgegenstandes vornehmen noch den Gegenstand des Unternehmens eigenständig abändern. Rechtsgeschäfte, die der Vorstand außerhalb des Unternehmensgegenstandes vornimmt, sind allerdings trotz Verletzung der sich aus § 82 II AktG ergebenden Pflichten im Außenverhältnis rechtswirksam (vgl. § 82 I AktG)[497].
Aus dem satzungsmäßigen Unternehmensgegenstand können sich z. B. Grenzen für den Erwerb von Unternehmensbeteiligungen ergeben. Die Gesellschaft darf sich nicht an Unternehmen beteiligen, deren Tätigkeit außerhalb des Bereichs liegt, der vom eigenen Unternehmensgegenstand gedeckt ist. Das gilt allerdings nur für den Erwerb einer unternehmerischen Beteiligung, nicht für reine Finanzanlagen[498].

Indem die Realisierung des zu finanzierenden Vorhabens in Übereinstimmung mit dem in der Satzung festgelegtem Unternehmensgegenstand stehen muss, werden die Aktionäre zwar davor geschützt, dass sich die Gesellschaft unter Beeinträchtigung der Aktionärsrechte von ihrem ursprünglichen Betätigungsfeld vollständig entfernt und sich in vollkommen anderen Geschäftsbereichen engagiert. Diese Pflichtenbindung des Vorstandes stellt jedoch keine einschneidende Handlungsgrenze bei Ausnutzung der Ermächtigung dar[499]. Denn die Anforderung der Übereinstimmung der Maßnahme mit dem Unternehmensgegenstand wird sich zunächst in der Praxis angesichts der weiten Umschreibung moderner Unternehmensgegenstände, die ihre Grenzen allenfalls in den gesetzli-

---

494 Siehe nur *Hüffer*, AktG, § 23, Rdn. 21 und *Seydel*, Konzernbildungskontrolle bei der Aktiengesellschaft, S. 271 f.

495 *Timm*, Die Aktiengesellschaft als Konzernspitze, S. 21 ff.

496 Vgl. BGHZ 83, 122, 130; *Zöllner*, in: Kölner Kommentar zum AktG, § 179, Rdn. 116 f.; *Hüffer*, AktG, § 179, Rdn. 9.

497 *Heider*, in: Münchener, Kommentar zum AktG, § 3, Rdn. 13.

498 Vgl. *Timm*, Die Aktiengesellschaft als Konzernspitze, S. 100 f., der eine „unternehmerische Betätigungsmöglichkeit" im allgemeinen ab einer Beteiligungsquote von 25 % annimmt; siehe auch *Groß* AG 1994, 266, 268.

499 Nach *Hirte*, Bezugsrechtsausschluß und Konzernbildung, S. 24 f.; *ders*. EWiR § 203 AktG 1/2000, 941 f. kann der in der Satzung festgelegte Unternehmensgegenstand den Minderheitenschutz beim Bezugsrechtsausschluss nicht hinreichend sicherstellen.

chen Bestimmungen der §§ 134, 138 BGB finden[500], im Regelfall kaum auswirken[501]. Ist aufgrund der Weite der Formulierung mit dem Unternehmensgegenstand kein bis ins letzte Detail durchdachtes Handlungsprogramm verbunden, sondern gibt die Satzung - soweit dies im Rahmen der von § 23 III Nr. 2 AktG erforderlichen Individualisierung zulässig ist - der Geschäftsführung nur ungefähre Vorgaben, so darf die Verwaltung diese auch als bloße Beispiele verstehen und behandeln. Die Realisierung des Vorhabens des Vorstandes wird daher in der Regel in Übereinstimmung mit dem nach der Satzung vorgeschriebenen Unternehmensgegenstand stehen.

II. Die über den ursprünglichen satzungsmäßigen Unternehmensgegenstand hinausgehende Ermächtigung

Vereinzelte Stimmen im Schrifttum[502] betonen zu Recht, dass die Bindung an den in der Satzung festgelegten Unternehmensgegenstand keine eigenständige Bedeutung hat, da bereits die Ermächtigung außerhalb des Unternehmensgegenstandes liegende Maßnahmen nicht deckt. Die Hauptversammlung setzt insoweit bereits die entscheidende Grenze für das Vorstandshandeln durch den Ermächtigungsbeschluss.
Es wird allerdings auch die Auffassung vertreten, dass der Vorstand von der Hauptversammlung zur Finanzierung von Vorhaben ermächtigt werden könne, die nicht zum Unternehmensgegenstand gehörten[503]. Dies gelte beispielsweise für den Fall, dass die Kapitalerhöhung für einen Beteiligungserwerb bestimmt ist, die Satzung hingegen eine Beteiligung an anderen Unternehmen überhaupt nicht oder nur unter einschränkenden Voraussetzungen zulässt, wie etwa der Zugehörigkeit des Beteiligungsunternehmens zur selben Branche. Der Ermächtigungsbeschluss sei hier als implizite Satzungsänderung zu qualifizieren.
Es ist zweifelhaft, ob die Kompetenzen des Vorstandes durch eine entsprechende Zweckbestimmung des Ermächtigungsbeschlusses über den satzungsmäßigen Unternehmensgegenstand hinaus erweitert werden können[504]. Da der Gegenstand des Unternehmens zu den Angaben nach § 39 I AktG gehört, reicht für die Änderung gem. § 181 II AktG die Bezugnahme auf die beim Gericht eingereichten Urkunden gerade nicht aus. Die Änderung des Unternehmensgegenstandes muss vielmehr in der Eintragung der Satzungsänderung enthalten sein

---

[500] Siehe *Heider*, in: Münchener, Kommentar zum AktG, § 3, Rdn. 22 ff.
[501] Siehe etwa *Bungert* NJW 1998, 488, 490 und *Kindler* ZGR 1998, 35, 57 f.
[502] So etwa *Kindler* ZGR 1998, 35, 57 f.
[503] Vgl. dazu *Kindler* ZGR 1998, 35, 58.
[504] Vgl. dazu auch die Bedenken von *Cahn* ZHR 163 (1999), 554, 568 f.

bzw. durch entsprechenden Hinweis ohne weiteres aus ihr hervorgehen[505]. Nur wenn der Vorstand diese Eintragungsvoraussetzungen einhält, hat die Satzungsänderung Auswirkungen auf das Innenrecht der Gesellschaft[506] und dementsprechend im Hinblick auf die Kompetenz des Vorstandes, eine über den ursprünglichen satzungsmäßigen Unternehmensgegenstand hinausgehende Ermächtigung nach § 202 f. AktG auszunutzen.
Obwohl gem. §§ 39 II, 181 II AktG die Bestimmungen der Satzung über das genehmigte Kapital ausdrücklich in das Handelsregister einzutragen sind[507], sind die Angaben, aus denen sich eine Änderung des Unternehmensgegenstandes ergeben könnten, nicht aus dem Handelsregister zu ersehen, soweit der Vorstand den Ermächtigungszweck lediglich in seinem Bericht anführt und die Hauptversammlung ihn nicht zum fakultativen Beschlussinhalt gemacht hat[508]. Die für eine Änderung des Unternehmensgegenstandes notwendige Publizität wäre selbst dann nicht sichergestellt, wenn die Hauptversammlung den Zweck der Ermächtigung in den Beschlusswortlaut aufnehmen würde, da etwaige Änderungen des Unternehmensgegenstandes in diesem Fall nicht an dem dafür vorgesehenen Ort eingetragen würden.
Da nach der Rechtsprechung des BGH sog. zustandsbegründende Satzungsdurchbrechungen unwirksam sind[509], kann eine Aktienausgabe zu Zwecken außerhalb des bisherigen Unternehmensgegenstandes auch nicht auf die Grundsätze über Satzungsdurchbrechungen[510] gestützt werden. Eine zustandsbegründende Satzungsdurchbrechung liegt vor, wenn die Wirkung eines Gesellschafterbeschlusses darin besteht, einen im Widerspruch zur bisherigen Satzung stehenden Zustand zu begründen, ohne dass die Voraussetzungen einer Änderung der verletzten Satzungsbestimmung erfüllt wären. Ein Beschluss, der den Vorstand beispielsweise zu einem von der Satzung nicht gedeckten Beteiligungserwerb ermächtigt, führt im Fall seiner Ausnutzung zu einem satzungswidrigen Zustand, so dass er insoweit unwirksam ist und folglich eine solche Maßnahme selbst dann nicht rechtfertigen kann, wenn seine Anfechtung unterbleibt[511].

---

505 *Hüffer*, AktG, § 181, Rdn. 20; *Hefermehl/Bungeroth*, in: Geßler/Hefermehl/Eckardt/Kropff, Kommentar zum AktG, § 181, Rdn. 57; *Zöllner*, in: Kölner Kommentar zum AktG, § 181, Rdn. 40.
506 *Zöllner*, in: Kölner Kommentar zum AktG, § 181, Rdn. 49.
507 Siehe *Hüffer*, AktG, § 203, Rdn. 14; *Lutter*, in: Kölner Kommentar zum AktG, § 202, Rdn. 9.
508 Vgl. dazu *Hüffer*, AktG, § 202, Rdn. 16; *Hefermehl/Bungeroth*, in: Geßler/Hefermehl/Eckardt/Kropff, Kommentar zum AktG, § 202, Rdn. 18; *Lutter*, in: Kölner Kommentar zum AktG, § 202, Rdn. 19 sowie *Krieger*, in: Münchener Handbuch, Aktiengesellschaft, § 58, Rdn. 12 f.
509 Vgl. BGHZ 135, 15, 19.
510 Siehe hierzu eingehend vor allem *Habersack* ZGR 1994, 354 ff.; *Priester* ZHR 151 (1987), 40 ff.
511 Siehe *Cahn* ZHR 163 (1999), 554, 569.

Wird die satzungsmäßige Grenze des Unternehmensgegenstandes überschritten, führt allein dies schon zur Haftung des Vorstandes für jeden sich daraus ergebenden Schaden, auch wenn die Maßnahme ansonsten unternehmerisch vertretbar gewesen wäre[512].
Die Durchführung von Maßnahmen außerhalb des Unternehmensgegenstandes wird daher selbst bei einer entsprechenden Ermächtigung gem. §§ 202 f. AktG nicht durch die Satzung gedeckt. Bereits ein Vorschlag des Vorstandes zur Beschlussfassung, der eine derart weitgehende Ermächtigung enthielte, ohne gleichzeitig eine entsprechende Änderung des Unternehmensgegenstandes vorzusehen, wäre pflichtwidrig. Zur Vermeidung unzulässiger Bezugsrechtsausschlüsse muss insoweit bei der frühestmöglichen Stufe angesetzt werden, nämlich der Überprüfung des pflichtgemäßen Verhaltens des Vorstandes bei Unterbreitung von Vorschlägen für die Beschlussfassung über eine Ermächtigung gem. §§ 202 f. AktG.

Letztlich ist zu beachten, dass der satzungsmäßige Unternehmensgegenstand auch für die Auslegung von Ermächtigungsbeschlüssen entscheidend ist. Sieht beispielsweise die Satzung nur die Beteiligung an branchenverwandten Unternehmen vor, so ist die Ermächtigung, neue Aktien aus einer bezugsrechtsfreien genehmigten Kapitalerhöhung zum Zweck des Beteiligungserwerbs auszugeben, so auszulegen, dass sie den Beteiligungserwerb an branchenfremden Unternehmen nicht umfasst[513].

B. Übereinstimmung der konkreten Maßnahme mit der abstrakten Umschreibung in der Ermächtigung

I. Der abstrakt-generelle Handlungsrahmen der Ermächtigung

Da sich der Vorstand im Vorfeld der Ermächtigung regelmäßig auf die abstrakte Umschreibung der zu finanzierenden Maßnahme gegenüber der Hauptversammlung beschränken darf – sei es mangels einer bereits fortgeschrittenen Planung oder aufgrund von geheimhaltungsbedürftigen Tatsachen –, wird sich die Ermächtigung der Hauptversammlung zur Schaffung genehmigten Kapitals grundsätzlich auf abstrakt-generelle Vorgaben an den Vorstand reduzieren. Für diesen Fall hat der BGH im „Siemens/Nold"-Urteil ausgeführt, dass der Vorstand die ihm durch die Hauptversammlung erteilte Ermächtigung nur ausnutzen darf, wenn „die zugrundeliegenden konkreten Tatsachen der abstrakten Umschreibung des Vorhabens entsprechen"[514]. Diese Handlungsgrenze liegt in der Logik der Zuständigkeitsverlagerung auf die Verwaltung. Danach handelt

---

[512] Vgl. *K. Schmidt*, Gesellschaftsrecht, S. 69; *Mertens*, in: Kölner Kommentar zum AktG, § 82, Rdn. 14; *Seydel*, Konzernbildungskontrolle bei der Aktiengesellschaft, S. 272.
[513] Vgl. *Cahn* ZHR 163 (1999), 554, 569.
[514] BGHZ 136, 133, 140.

der Vorstand zum Beispiel rechtswidrig, wenn er eine zum Zweck der Börseneinführung im Ausland erteilte Ermächtigung für den Erwerb einer Unternehmensbeteiligung ausnutzt und umgekehrt. An diesem Verbot dürfte die Rechtmäßigkeit der Vorstandsentscheidung aber in Zukunft kaum scheitern[515]. Soweit der Vorstand verschiedene denkbare Kapitalerhöhungszwecke aufzählt, die er lediglich in allgemein gehaltener Form umschreibt, ist es kaum vorstellbar, dass er bei Ausnutzung der Ermächtigung gegen die Vorgaben derselben verstoßen wird. Das konkret geplante Vorhaben wird sich vielmehr im Regelfall in Übereinstimmung mit den in der Ermächtigung vorgegebenen abstrakten Gründen für einen Bezugsrechtsausschluss halten. Soweit die Ermächtigung als Verwendungszweck des bezugsrechtsfreien genehmigten Kapitals wie im Fall „Siemens/Nold"[516] den Erwerb von „geeigneten" Unternehmen oder Beteiligungen an solchen anführt, stellt dies kaum eine einschneidende Schranke für den Vorstand dar[517].

Da das Institut des genehmigten Kapitals gerade darauf abzielt, die Voraussetzungen für eine möglichst flexible Finanzierungspolitik zu schaffen, darf bei der Prüfung der Übereinstimmung der konkreten Maßnahme mit der abstrakten Umschreibung in der Ermächtigung in Zweifelsfällen schließlich nicht am Wortlaut der Ermächtigung festgehalten werden. Der Ermächtigungsbeschluss ist vielmehr nach satzungsrechtlichen Grundsätzen auszulegen[518]. Werden die Ermächtigungsgrenzen im Wege der Auslegung bestimmt, dürfte beispielsweise eine genehmigte Kapitalerhöhung gegen Einlage einer Beteiligung nicht daran scheitern, dass die Hauptversammlung ursprünglich einen anderen Investor akzeptiert hatte, der seine Unternehmensbeteiligung nunmehr an eine dritte Person verkauft hat. Kam es den Gesellschaftern nicht mehr auf die Person des künftigen Aktionärs als auf das Einlageangebot an, kann der Vorstand auch auf das Angebot des anderen Investors eingehen. Dasselbe gilt für den Fall, dass der ursprüngliche Investor selbst ein Ersatzangebot in Gestalt der Einlage der Beteiligung an einem anderen Unternehmen unterbreitet.

Vor diesem Hintergrund ist in der Pflichtenbindung des Vorstandes, sich mit seiner konkreten Maßnahme in Übereinstimmung mit der abstrakten Umschreibung des Vorhabens in der Ermächtigung zu halten, grundsätzlich keine erhebliche Handlungsgrenze zu erblicken. Warum sich der Vorstand selbst in seiner unternehmerischen Bewegungsfreiheit beschränken sollte, indem er nur einen Kapitalerhöhungszweck aus dem breiten Kreis denkbarer Anlässe zum Bezugsrechtsausschluss anführt, ist nicht ersichtlich. Der Vorstand kann sich zudem einen weiten Spielraum durch entsprechende sprachliche Fassung des Berichts eröffnen. Eignungs- und Erforderlichkeitsvorbehalte lassen sich insoweit jedem

---

[515] Siehe dazu etwa *Kindler* ZGR 1998, 35, 59.
[516] BGHZ 136, 133, 134.
[517] *Kritisch* Lutter JZ 1998, 50, 51.
[518] Vgl. statt aller *Röhricht*, in: Großkommentar zum AktG, § 23, Rdn. 29 ff.

Kapitalerhöhungszweck hinzufügen und werden kaum eine Angriffsgrundlage für die Aktionäre darstellen[519].
Die Entscheidung der an der Hauptversammlung teilnehmenden Aktionäre muss dagegen zumindest eine Auswahl aus dem Kreis möglicher Bezugsrechtsausschlusszwecke enthalten, damit der Ermächtigungsbeschluss nicht jegliche das Vorstandsermessen begrenzende Wirkung verliert[520].

II. Der Verlust an Legitimations- und Kontrollfunktion der Ermächtigung

Wie sich aus den vorstehenden Ausführungen ergibt, kann die Hauptversammlung die Ermächtigung des Vorstandes zur Kapitalerhöhung nur dann konkret bestimmen, wenn der Vorstand bereits im Zeitpunkt des Ermächtigungsbeschlusses konkrete und endgültige Pläne hinsichtlich eines nicht geheimhaltungsbedürftigen Finanzierungsvorhabens preisgeben kann und auch preisgibt. Dies gilt etwa für den Fall einer bereits abgeschlossenen Planung hinsichtlich der Aktieneinführung an ausländischen Börsen.
Soweit im Vorfeld der Ermächtigung - wie im Regelfall - keine konkreten Pläne für den Einsatz des genehmigten Kapitals vorliegen und der Vorstand lediglich einer begrenzten Berichterstattungspflicht gegenüber der Hauptversammlung unterliegt, kann die Hauptversammlung dem Vorstand in der Ermächtigung nur abstrakte Umschreibungen des Bezugsrechtsausschlusszwecks vorgeben. Nach der „Siemens/Nold"-Rechtsprechung genügen in diesem Fall abstrakt-generelle Vorgaben seitens der Hauptversammlung an den Vorstand.
Die Hauptversammlungsentscheidung wird daher in Zukunft weitgehend an Legitimations- und Kontrollfunktion verlieren[521].
Der Hauptversammlung wird ihre Kompetenz zur Mitentscheidung allerdings nicht vollständig entzogen. Es ist zwar einzuräumen, dass die für das aktienrechtliche Kompetenzgefüge kennzeichnende Machtbalance zwischen Vorstand, Aufsichtsrat und Hauptversammlung[522] durch die Rechtsprechungsänderung deutlich beeinträchtigt ist. Dies zeigt sich daran, dass im Kompetenzgefüge nunmehr die Verwaltung bei Schaffung bezugsrechtsfreien genehmigten Kapitals dominiert. Die Hauptversammlung hat jedoch durch die Ermächtigung zur bezugsrechtsfreien Kapitalerhöhung immer noch die Möglichkeit, dem Vorstand gewisse Grenzen und Rahmenbedingungen für die Kapitalerhöhung vorzugeben. So steht es ihr nach § 202 AktG frei, das Kapitalvolumen und den Ermächtigungszeitraum beliebig einzugrenzen. Gem. § 204 I 1 AktG kann die Hauptversammlung über die Ermächtigung hinaus auf den weiteren Entschei-

---

[519] Siehe *Cahn* ZHR 163 (1999), 554, 570.
[520] Näher dazu unten, 2. Teil, § 3 B III (1-3).
[521] So auch die Anm. v. *Lutter* JZ 1998, 50, 51.
[522] *Hüffer*, AktG, § 118, Rdn. 4; *Brondics*, Die Aktionärsklage, S. 122.

dungsprozess einwirken, indem sie den Inhalt der Aktienrechte sowie die Bedingungen der Aktienausgabe festlegt. Nicht zuletzt behält sie einen umfassenden mittelbaren Einfluss, der sich nicht nur auf Zeitpunkt und Höhe der Kapitalerhöhung, sondern auf das Initiativrecht des Vorstandes selbst erstreckt. Denn die Hauptversammlung entscheidet anhand des Vorstandsberichts über den Grund des Bezugsrechtsausschlusses und damit zugleich über den Anlass der Kapitalerhöhung. Daran ändert sich auch dann nichts, wenn sie die Anordnung des Ausschlusses dem Vorstand gem. §§ 203 II 1 AktG überträgt[523]. Die Hauptversammlung setzt mit ihrer Ermächtigung zur Kapitalerhöhung die Grundbedingung für einen etwaigen Bezugsrechtsausschluss.

Zu einer Vorratsermächtigung, welche die Gefahr einer Selbstentmündigung der Hauptversammlung heraufbeschwört, kann es schließlich deswegen nicht kommen, weil sich der Ermächtigungsbeschluss auch nach der „Siemens/Nold"-Rechtsprechung nicht in Allgemeinheiten verlieren darf. Die vorgesehene Maßnahme muss vielmehr zumindest in abstrakter Form so beschrieben werden, dass nicht nur der Vorstand im Laufe des Ermächtigungszeitraums feststellen kann, ob die von ihm geplante unternehmerische Entscheidung von dem Ermächtigungsbeschluss gedeckt ist, sondern dass auch nachträglich eine Kontrolle möglich wird, ob er seine Befugnisse nicht überschritten hat[524].

III. Die Grenze zur unzulässigen Pauschalermächtigung

Zu klären bleibt die Frage, wann in einer Ermächtigung des Vorstandes zur Kapitalerhöhung, die sich mangels Vorliegen konkreter Pläne im Zeitpunkt des Ermächtigungsbeschlusses auf abstrakt-generelle Vorgaben beschränkt, eine unzulässige Pauschalermächtigung zu erblicken ist.

Die Abgrenzung zur unzulässigen Pauschalermächtigung lässt sich danach bestimmen, ob mit der Ermächtigung des Vorstandes zur Kapitalerhöhung der in § 119 I Nr. 6 AktG verankerte Zuständigkeitsbereich der Hauptversammlung für Maßnahmen der Kapitalbeschaffung (§§ 182 ff. AktG) verändert wird oder ob der Vorstand nur für bestimmte Fälle ermächtigt sein soll. Die dem Vorstand für eine Vielzahl unbestimmter Fälle erteilte Generalermächtigung ist mit der aktienrechtlichen Zuständigkeitsordnung nicht mehr vereinbar[525]. Danach ist die Hauptversammlung für Maßnahmen der Kapitalbeschaffung zuständig und nur unter den Voraussetzungen der §§ 202 ff. AktG kann die Hauptversammlung ihre Entscheidungszuständigkeit auf den Vorstand übertragen.

Die Grenze des noch Zulässigen ist für die Bewilligung eines genehmigten Kapitals zunächst durch die in § 202 AktG vorgesehen zeitlichen (§ 202 I 1 AktG) und gegenständlichen Höchstgrenzen (§ 202 III 1 AktG) vorgeschrieben. Damit

[523] So ausdrücklich BGHZ 136, 133, 139.
[524] So auch die Anm. v. *Goette* DStR 1997, 1463.
[525] *Ekkenga* AG 2001, 615, 616.

der Ermächtigungsbeschluss der Hauptversammlung nicht jegliche das Vorstandsermessen begrenzende Wirkung verliert, haben die an der Beschlussfassung beteiligten Aktionäre zudem die Möglichkeit, eine von Anfang an nur beschränkte Ermächtigung zu erteilen.
Gegen die Erteilung einer von Anfang an nur begrenzten Ermächtigung spricht zwar, dass der Zeitpunkt der Emission bei der Beschlussfassung der Hauptversammlung regelmäßig noch gar nicht feststeht. Die an der Beschlussfassung beteiligten Aktionäre können demzufolge die für die Bestimmung der Ermächtigung entscheidenden, insbesondere auf den jeweiligen Marktverhältnissen beruhenden Umstände im Zeitpunkt der Ermächtigung noch gar nicht sachgerecht berücksichtigen. Mit der Festlegung bestimmter Kapitalerhöhungsgründe kann der Einsatz des genehmigten Kapitals somit gefährdet werden. Dies gilt etwa, wenn sich die Hauptversammlung für die Ermöglichung eines etwaigen Beteiligungserwerbs bzw. der Ausgabe von Belegschaftsaktien entscheidet und sich im Laufe der Ermächtigungszeit hingegen eine Aktieneinführung an ausländischen Börsen als sinnvoll erweist. Die mit der „Siemens/Nold"-Rechtsprechung geschaffene Flexibilität des Vorstandshandelns beim genehmigten Kapital würde aufgrund einer nur beschränkten Ermächtigung aber nicht wieder vollständig aufgegeben. Ändern sich die wirtschaftlichen Verhältnisse zwischen Erteilung der Ermächtigung und ihrer Ausnutzung dergestalt, dass der von der Hauptversammlung vorgegebene Kapitalerhöhungszweck nicht mehr eingreift, der Vorstand aber einen anderen Grund für den Bezugsrechtsausschluss vor Augen hat, so muss nicht zwangsläufig nochmals das gesamte Kapitalerhöhungsverfahren durchlaufen werden. Der Vorstand kann sich vielmehr des an anderer Stelle[526] noch näher zu erörternden Umwandlungsverfahrens des ursprünglichen Ermächtigungs-beschlusses bedienen, das gegenüber einem erneuten Kapitalerhöhungsverfahren unter bestimmten Voraussetzungen keine erhebliche Zeitverzögerung zur Folge hat.

Erteilt die Hauptversammlung dem Vorstand dagegen eine unbeschränkte Ermächtigung zur Kapitalerhöhung in den Grenzen der §§ 202 ff. AktG und bestehen im Zeitpunkt der Ermächtigung keine konkreten Pläne für den Einsatz des genehmigten Kapitals, kann eine klare Abgrenzung zur unzulässigen Pauschalermächtigung - wenn überhaupt - nur in den Fällen vorgenommen werden, in denen die Auflistung einer Vielzahl von Kapitalerhöhungsgründen offensichtlich ausschließlich dazu dient, der Verwaltung gewissermaßen einen Freibrief zur Durchführung bezugsrechtsfreier Kapitalerhöhungen einzuräumen. Mehr als ein evidenter Missbrauch kann insoweit nicht verhindert werden[527]. Die Missbräuchlichkeit der Angabe einer Mehrzahl von Verwendungszwecken für das genehmigte Kapital wird allerdings nur schwer nachzuweisen sein. Ebenso ginge es zu weit, der Hauptversammlung die Möglichkeit einer über den

---

[526] Näher dazu unten, 2. Teil, § 3 B IV.
[527] Siehe *Cahn* ZHR 163 (1999), 554, 559.

konkreten Einzelfall hinausreichenden Vorratsermächtigung auch für diejenigen Fälle zu versagen, in denen die längerfristige Einschaltung des Vorstandes aus Gründen der Flexibilität und Praktikabilität geboten ist.

1. Beschränkung der Ermächtigung

Die Ermächtigung zur Kapitalerhöhung unter Ausschluss des Bezugsrechts der Altaktionäre kann auf bestimmte Fälle (vgl. § 202 IV AktG), einen bestimmten Zeitraum und einen bestimmten Umfang begrenzt werden[528]. Derartige Gestaltungen sind in der Praxis seit langem bekannt[529]. So hat auch der BGH in der „Holzmann"-Entscheidung[530] die sachliche Begrenzung der Ermächtigung auf bestimmte Tatbestände für erforderlich erklärt, wenn sich Planungen für die Ausnutzung des genehmigten Kapitals mit Ausschluss des Bezugsrechts bereits stark verdichtet haben. Wenn der Vorstand beispielsweise schon für einen Teil des bezugsrechtsfreien genehmigten Kapitals konkrete Pläne hat, wie etwa die Ausgabe von Belegschaftsaktien in Höhe von 10 % des Grundkapitals, kann die Ermächtigung zur Kapitalerhöhung unter Ausschluss des Bezugsrechts bereits für einen Teil des Kapitalerhöhungsvolumens auf einen bestimmten Fall begrenzt werden. Für den Einsatz des restlichen Kapitalerhöhungsvolumens, für das noch keine konkreten Pläne bestehen, genügen dagegen abstrakt-generelle Vorgaben der Hauptversammlung an den Vorstand, um die erforderliche Flexibilität des Vorstandshandelns zu wahren.

2. Festlegung bestimmter Bezugsrechtsausschlusszwecke

Damit der Ermächtigungsbeschluss der Hauptversammlung nicht jegliche das Vorstandsermessen begrenzende Wirkung verliert, muss die Entscheidung der Aktionäre zunächst eine Auswahl aus dem Kreis der in Betracht kommenden Bezugsrechtsausschlussgründe enthalten. Soweit sich die Pläne des Vorstandes für die Ausnutzung des genehmigten Kapitals mit Ausschluss des Bezugsrechts bereits stark verdichtet haben, wird die sachliche Begrenzung der Ermächtigung auf bestimmte Tatbestände im Regelfall keine Probleme bereiten. Die Auswahl aus dem Kreis möglicher Bezugsrechtsausschlusszwecke gestaltet sich für die Aktionäre hingegen schwierig, wenn der Vorstand im Zeitpunkt der Ermächtigung noch keinerlei konkrete Vorstellungen über die Ausnutzung des genehmigten Kapitals hat. Ob die durch die Hauptversammlung festgelegten Verwendungszwecke im Ermächtigungszeitraum dann auch tatsächlich durch die Verwaltung umgesetzt werden können, bleibt insoweit dem Zufall überlassen. Dennoch ist es zur Vermeidung einer unzulässigen Pauschalermächtigung erforder-

---

[528] *Lutter*, in: Kölner Kommentar zum AktG, § 204, Rdn. 8.
[529] *Marsch* AG 1981, 211, 213.
[530] BGHZ 83, 319.

lich, dass die in dem Vorstandsbericht angeführten Bezugsrechtsausschlussgründe in der Ermächtigung angemessen begrenzt werden.
Wenn der Vorstand beispielsweise sowohl die Aktieneinführung an ausländischen Börsen als auch den Beteiligungserwerb an einem anderen Unternehmen gegen Ausgabe von Aktien als mögliche Verwendungszwecke des genehmigten Kapitals anführt und darüber hinaus auf den Bezugsrechtsausschluss zur Bedienung von Wandelungs- und Optionsrechten aus Schuldverschreibungen, zur Ausgabe von Belegschaftsaktien sowie zur Beseitigung von Spitzenbeträgen verweist, haben die an der Beschlussfassung beteiligten Aktionäre zur Vermeidung von Missbrauchsfällen die Ermächtigung auf bestimmte Tatbestände zu beschränken. Andernfalls würde die Hauptversammlung dem Vorstand eine unzulässige Pauschalermächtigung erteilen, welche die Aktionäre gem. § 243 I AktG anfechten können. Auf diese Weise kann die Kapitalerhöhung mit Bezugsrechtsausschluss wieder blockiert werden.
Für die Auswahl der Verwendungszwecke kann zunächst die vom Vorstand angegebene Reihenfolge einen Anhaltspunkt bieten. Ferner sollten die an der Hauptversammlung teilnehmenden Aktionäre bei der Festlegung bestimmter Bezugsrechtsausschlusszwecke berücksichtigen, dass diejenigen Kapitalmaßnahmen, die ein flexibles Verwaltungshandeln dringend erfordern, um auf dem nationalen und internationalen Markt rasch und erfolgreich auf vorteilhafte Angebote oder sich sonst bietende Gelegenheiten reagieren zu können, in erster Linie von der Ermächtigung erfasst sein müssen. Das gilt vor allem für Unternehmenserweiterungen durch den Erwerb von Unternehmen oder Unternehmensbeteiligungen gegen Ausgabe von Aktien sowie für die Aktieneinführung an ausländischen Börsen, da diese Kapitalmaßnahmen grundsätzlich rasche Entscheidungen verlangen. Andere Bezugsrechtsausschlussfälle, wie zur Ausgabe von Belegschaftsaktien, zur Vermeidung von Spitzenbeträgen oder zur Aufrechterhaltung des Verhältnisses verschiedener Aktiengattungen verlangen dagegen kein erhöhtes Maß an Flexibilität. Diese Verwendungszwecke können daher auch nachträglich im Wege der Umwandlung des ursprünglichen Ermächtigungsbeschlusses[531] in die Ermächtigung aufgenommen werden.

3. Festlegung eines bestimmten Ermächtigungszeitraums

Liegen bereits konkrete und endgültige Pläne für den Einsatz des genehmigten Kapitals im Vorfeld der Ermächtigung vor und lässt sich schon absehen, bis wann deren Durchführung erfolgt oder aber endgültig gescheitert ist, so kann die Hauptversammlung die Ermächtigung zum Bezugsrechtsausschluss auf den Zeitraum erstrecken bzw. begrenzen, innerhalb dessen die Durchführung dieser Pläne mit genügender Sicherheit zu erwarten ist[532]. Die Hauptversammlung

---

[531] Näher dazu unten, 2. Teil, § 3 B IV 3.
[532] So bereits *Simon* AG 1985, 237, 238.

kann bei einem geplanten Unternehmenszusammenschluss oder Beteiligungserwerb davon ausgehen, dass die Verhandlungen mit der in Aussicht genommenen Gesellschaft trotz aller Überraschungsmöglichkeiten in einem wesentlich kürzeren Zeitraum als fünf Jahre abgeschlossen sein oder sich endgültig zerschlagen haben werden.
Die Hauptversammlung muss bei der Festlegung des Ermächtigungszeitraums allerdings einen großzügigen Maßstab anlegen, da die zeitliche Beschränkung der Ermächtigung ansonsten dem Zweck des genehmigten Kapitals widersprechen würde. Es ist nicht davon auszugehen, dass die Notwendigkeit für die Ermächtigung zum Bezugsrechtsausschluss stets nur für ein Jahr besteht, weil dann die nächste Hauptversammlung erneut hierüber beschließen könnte. Denn die Vorschrift des § 203 II AktG sieht die Ermächtigung zum Bezugsrechtsausschluss als eine Modalität der in einem Zeitraum bis zu fünf Jahren möglichen Aktienausgabe an und gestattet damit auch die Ermächtigung zum Ausschluss des Bezugsrechts für diesen Zeitraum[533].

Fehlt es dagegen im Zeitpunkt der Ermächtigung an konkreten Plänen für die Verwendung des genehmigten Kapitals und lässt sich anhand der abstrakten Umschreibung der Kapitalmaßnahme noch nicht absehen, wann die Ausgabe neuer Aktien zu ihrer Verwirklichung erforderlich sein wird, wird die Ermächtigung auf die Höchstdauer von fünf Jahren seit der Eintragung der Satzungsänderung ausgedehnt werden dürfen bzw. müssen. Zu denken ist beispielsweise an den Fall, dass ein Unternehmen in der Expansionsphase während eines Zeitraums von vorerst mindestens fünf Jahren beabsichtigt, Lieferanten und/oder Abnehmer durch Gewährung von Aktien an sich zu binden. Dabei sind zwar die Einzelheiten der Verwirklichung dieser Absicht noch nicht konkret zu übersehen, die Notwendigkeit zur Aktienausgabe wird sich aber mit hinreichender Wahrscheinlichkeit in jedem der fünf Jahre ergeben[534].

Ähnliche Überlegungen gelten für die Beschränkung der Ermächtigung auf einen bestimmten Umfang. Soweit etwa eine abgeschlossene Planung hinsichtlich der Aktieneinführung an ausländischen Börsen im Zeitpunkt der Ermächtigung besteht und der Vorstand die Höhe des für jeden Börsenplatz verfügbar zu haltenden Nominalbetrages in seinem Bericht gegenüber der Hauptversammlung angibt, kann die Hauptversammlung ihre Ermächtigung auch auf einen entsprechenden Nennbetrag des genehmigten Kapitals begrenzen. Fehlen dagegen im Ermächtigungszeitpunkt konkrete Pläne für die Verwendung des genehmigten Kapitals, hat die Hauptversammlung den im Ermächtigungsbeschluss zu beziffernden Betrag allein an der Kapitalgrenze der Hälfte des Grundkapitals (§ 202 III 1 AktG) auszurichten. Die Festlegung von Mindestbe-

---

[533] *Simon* AG 1985, 237, 238 f.
[534] Vgl. *Simon* AG 1985, 237, 239.

trägen würde den Vorstand daran hindern, das genehmigte Kapital in mehreren Tranchen auszunutzen[535].

IV. Die Umwidmung der Ermächtigung

1. Die Problematik

Soweit sich eine in der Ermächtigung vorgesehene Maßnahme wider Erwarten als undurchführbar oder als unzweckmäßig erweist, kann die Bindung des Vorstandes an die in seinem Bericht genannten Vorhaben insbesondere dann unzweckmäßig sein, wenn ein im Vorstandsbericht nicht aufgeführtes Vorhaben hingegen im Gesellschaftsinteresse läge. Eine geplante Beteiligung an einem anderen Unternehmen, im Austausch gegen Aktien der Erwerbergesellschaft, kann beispielsweise im Laufe der geführten Verhandlungen scheitern, wohingegen sich im gleichen Zeitpunkt eine günstige Möglichkeit zur Aktieneinführung an einer ausländischen Börse angesichts der dortigen wirtschaftlichen Entwicklungen ergeben kann. Der Vorstand dürfte in diesem Fall die Kapitalerhöhung nicht durchführen, weil ihr beschlossener Zweck nicht mehr erreicht werden kann und ein eigenmächtiger Austausch der Bezugsrechtsausschlusszwecke durch den Vorstand als unzulässige Vorgehensweise ausscheidet[536]. Eine nachträgliche Umwidmung der Ermächtigung durch die Hauptversammlung ist vielmehr erforderlich[537].

2. Unzulässiger eigenmächtiger Austausch der Bezugsrechtsausschlusszwecke

Würde der Vorstand in den angeführten Fallkonstellationen die Ermächtigung eigenmächtig ausnutzen, also zu einem Zweck, der vom Hauptversammlungsbeschluss gerade nicht umfasst war, wäre die Durchführung der genehmigten Kapitalerhöhung mit Bezugsrechtsausschluss selbst dann unzulässig, wenn dieser Kapitalerhöhungszweck im wohlverstandenen Interesse der Gesellschaft läge. Der eigenmächtige Austausch der Verwendungszwecke für das genehmigte Kapital ist mit der „Siemens/Nold"-Rechtsprechung nicht vereinbar. Denn hiernach darf der Vorstand von der ihm erteilten Ermächtigung stets nur Gebrauch machen, wenn das geplante Vorhaben auch der abstrakten Umschreibung in der Ermächtigung entspricht.

---

[535] Bei börsennotierten Gesellschaften stellt sich allerdings die Frage, ob die serienweise Ausgabe von Tranchen im Volumen von jeweils bis zu 10 % des Grundkapitals auf eine unzulässige Erschleichung des vereinfachten Bezugsrechtsausschlusses nach § 186 III 3 AktG hinausläuft; vgl. hierzu OLG München AG 1996, 518 sowie *Marsch-Barner* AG 1994, 532, 535; *Schwark*, in: Festschrift Claussen, S. 357, 377 f. mit Überblick über den Streitstand.

[536] Siehe dazu die Ausführungen im folgenden Abschnitt unter 2.

[537] Näher zu diesem Verfahren im folgenden Abschnitt 3.

Eine andere Betrachtungsweise wäre zwar sicherlich in solchen Fällen für die Gesellschaft von Vorteil, in denen sich ein im Vorstandsbericht nicht aufgeführtes Vorhaben wider Erwarten als überaus sinnvolle Finanzierungsmaßnahme erweisen würde, wie etwa im Fall eines in Aussicht stehenden Beteiligungserwerbs zu einem besonders günstigen Preis. Der Bezugsrechtsausschluss würde insoweit gerade unabhängig davon, ob der Verwendungszweck bereits in der Ermächtigung niedergelegt wurde, mit dem Gesellschaftsinteresse mehr als nur vereinbar sein. Dennoch ginge die Annahme der Zulässigkeit dieser eigenmächtigen Vorgehensweise des Vorstandes zu weit. Denn auf diese Weise würde die gesetzliche Kompetenzordnung verletzt, wonach die Hauptversammlung nur ihre Befugnis zur Kapitalerhöhung an den Vorstand delegieren kann und dem Vorstand selbst gerade keine originäre Kapitalerhöhungsbefugnis zusteht. Dabei ist es unerheblich, dass die Hauptversammlung, wäre sie gefragt worden, der Maßnahme unter Berücksichtigung der veränderten Bedingungen zugestimmt hätte. Denn der Vorstand kann gegen den Vorwurf, die Ermächtigungsgrenzen überschritten zu haben, den Einwand rechtmäßigen Alternativverhaltens grundsätzlich nicht erheben[538]. Selbst wenn feststeht, dass der Gesellschaft ohne die Durchführung der Kapitalerhöhung ein Vermögensvorteil entgangen ist, sei es durch den entgangenen Erwerb einer vielversprechenden Unternehmensbeteiligung oder durch die Verhinderung einer erfolgversprechenden Börsenplazierung an ausländischen Kapitalmärkten, und die Hauptversammlung deshalb zugestimmt hätte, kann der Vorstand die Überschreitung der Ermächtigungsgrenzen auch nicht mit dem hypothetischen Verlauf der bezugsrechtsfreien Kapitalerhöhung und ihrer Auswirkungen rechtfertigen[539].

3. Das Verfahren der Umwidmung

Um die Aktienausgabe in den angeführten Fällen zu dem neuen Zweck zu ermöglichen, muss nicht das gesamte Kapitalerhöhungsverfahren erneut durchlaufen werden. Die ursprüngliche Ermächtigung ist vielmehr in Form einer Umwidmung[540] durch einen Hauptversammlungsbeschluss, der denselben formellen und materiellen Zulässigkeitsvoraussetzungen unterliegt wie eine selbständige neue Ermächtigung, entsprechend abzuändern. Durch die Umwidmung der ursprünglichen Ermächtigung haben die Aktionäre wie bei der Durchführung eines zweiten vollständigen Kapitalerhöhungsverfahrens entsprechende Informations-, Teilhabe- und Rechtsschutzmöglichkeiten, so dass aus Aktionärssicht gegen das Verfahren der Umwidmung keine Bedenken bestehen.

Der Vorstand hat demnach das konkrete Finanzierungsvorhaben, zu welchem er gerade nicht durch die Hauptversammlung ermächtigt wurde, der Hauptver-

---

[538] Vgl. dazu *Mertens*, in: Kölner Kommentar zum AktG, § 93, Rdn. 22.
[539] Anders dagegen *Ekkenga* AG 2001, 567, 578.
[540] Siehe dazu die Ausführungen von *Cahn* ZHR 163 (1999), 554, 566 f.

sammlung vorzulegen. Die Hauptversammlung hat sodann über das neue Anliegen des Vorstandes unter Berücksichtigung der aktuellen Entwicklungen auf dem Kapitalmarkt, wie zum Beispiel im Fall der geplanten Aktieneinführung an einer ausländischen Börse, zu entscheiden. Soweit die Teilnehmer der Hauptversammlung von der Zulässigkeit der geplanten Kapitalmaßnahme des Vorstandes überzeugt sind, wird die ursprüngliche Ermächtigung durch den neuen Ermächtigungsbeschluss ersetzt. Die mittlerweile überflüssige erste Ermächtigung wird neben dem zweiten Beschluss hinfällig.
War der mittlerweile hinfällige Zweck der ersten Ermächtigung nur im Vorstandsbericht und nicht im Wortlaut des Ermächtigungsbeschlusses enthalten, erübrigt sich ausnahmsweise das Registerverfahren für die Eintragung eines neuen Kapitalerhöhungs- oder Ermächtigungsbeschlusses (§§ 182 II, 202 II, 39 II AktG). Das Verfahren der Umwidmung ist in diesem Fall sehr viel kürzer als ein erneutes Kapitalerhöhungsverfahren und garantiert insoweit die Flexibilität der Unternehmensleitung. Trotz dieser möglichen Verfahrensbeschleunigung geht mit dem Verfahren der Umwidmung allerdings auch ein gewisser Zeitverlust einher, den die Einberufung einer erneuten Hauptversammlung (§ 123 I AktG) verursacht. Die notwendige Flexibilität des Vorstandes bei Ausnutzung der Ermächtigung kann dadurch auch verloren gehen.
Die dargelegte Verfahrensbeschleunigung scheidet aus registerrechtlichen Gründen aus, wenn der mittlerweile hinfällige Zweck der ursprünglichen Ermächtigung sowohl im Vorstandsbericht als auch im Ermächtigungsbeschluss erwähnt wurde[541]. In diesem Fall müsste die Umwidmung nämlich selbst im Handelsregister eingetragen werden, um Wirksamkeit zu erlangen (§§ 181 III, 202 II AktG). Dies bedeutet für die Gestaltung des Beschlussvorschlages hinsichtlich einer Ermächtigung nach §§ 202 f. AktG, dass die Kapitalerhöhungszwecke zweckmäßigerweise ausschließlich im Vorstandsbericht aufzuführen sind, um bei unerwarteten Entwicklungen die Vorteile des Verfahrens einer Umwidmung auch in Anspruch nehmen zu können.

V. Zwischenergebnis

Die bislang angeführten Pflichtenbindungen des Vorstandes bei Ausnutzung der Ermächtigung stellen keine einschneidenden Handlungsgrenzen dar. Die konkrete Kapitalmaßnahme wird zunächst aufgrund der weiten Umschreibung moderner Unternehmensgegenstände regelmäßig mit dem in der Satzung festgelegten Unternehmensgegenstand vereinbar sein. Weiterhin wird sich das konkrete Finanzierungsvorhaben angesichts der durch die „neue Formel" des BGH eröffneten Möglichkeit, dem Vorstand bei Schaffung bezugsrechtsfreien genehmigten Kapitals einen bloß abstrakt-generellen Handlungsrahmen vorzugeben,

---

[541] Vgl. zur Möglichkeit, den Kapitalerhöhungszweck zum fakultativen Inhalt des Beschlusswortlautes zu machen, die Quellenangaben in Fußn. 508.

grundsätzlich mit den abstrakten Vorgaben der Ermächtigung decken. Die Entscheidung der Hauptversammlung verliert in dieser Hinsicht ihre Legitimations- und Kontrollfunktion zugunsten der Flexibilität der Unternehmensleitung. Eine Abgrenzung zur unzulässigen Pauschalermächtigung kann allein in den Fällen vorgenommen werden, in denen die Auflistung einer Vielzahl von Kapitalerhöhungsgründen offensichtlich nur dazu dient, der Verwaltung gewissermaßen einen Freibrief zur Durchführung bezugsrechtsfreier Kapitalerhöhungen einzuräumen. Mehr als ein evidenter Missbrauch kann insoweit nicht verhindert werden. Damit der Ermächtigungsbeschluss der Hauptversammlung aber nicht jegliche das Vorstandsermessen begrenzende Wirkung einbüßt, muss die Entscheidung der Aktionäre zumindest auf eine von Anfang an nur beschränkte Ermächtigung - durch Festlegung bestimmter Bezugsrechtsausschlusszwecke und gegebenenfalls durch Bestimmung eines bestimmten Ermächtigungszeitraums und/oder eines bestimmten Nennbetrages - gerichtet sein. Allein auf diese Weise kann eine Pauschalermächtigung des Vorstandes wirksam verhindert werden. Die Flexibilität der Unternehmensleitung kann in diesen Fällen durch die Möglichkeit der Umwidmung der ursprünglichen Ermächtigung bei veränderten Verhältnissen noch hinreichend gewährleistet sein.
Außer in Fällen eindeutiger Überschreitung der Ermächtigungsgrenzen wird eine Pflichtverletzung den Vorstandsmitgliedern demzufolge nur schwer vorzuwerfen und die Ausnutzung der Ermächtigung regelmäßig nicht angreifbar sein. Lediglich die Formel vom „wohlverstandenen" Gesellschaftsinteresse könnte daher eine einschneidende Handlungsgrenze für den Vorstand bedeuten.

C. Die Formel vom „wohlverstandenen" Gesellschaftsinteresse

Nach den „Siemens/Nold"-Grundsätzen darf der Vorstand von der Ermächtigung zur Schaffung bezugsrechtsfreien genehmigten Kapitals nur Gebrauch machen, „wenn die Durchführung im wohlverstandenen Interesse der Gesellschaft liegt"[542].
Mit dieser Formulierung hat der BGH offengelassen, ob die Vorstandsentscheidung neben der Feststellung, dass der Bezugsrechtsausschluss durch das Gesellschaftsinteresse gefordert werde, auch noch die bislang nach der „Kali&Salz"-Rechtsprechung geltenden Kriterien der Eignung, Erforderlichkeit und Verhältnismäßigkeit des Bezugsrechtsausschlusses zu berücksichtigen hat. Es fragt sich daher, ob mit Erlass des „Siemens/Nold"-Urteils neben der Aufgabe der „Holzmann"-Doktrin auch die „Kali&Salz"-Rechtsprechung in Frage gestellt wurde[543].

---

[542] BGHZ 136, 133, 140.
[543] Dies erwägt etwa *Hommelhoff*, in: RWS Forum Gesellschaftsrecht 1997, S. 232; zustimmend *Bayer* ZHR 163 (1999), 505, 514.

I. Abkehr von der „Kali&Salz"-Rechtsprechung?

1. Meinungsstand

Die ersten Stellungnahmen in der Literatur zu der Entscheidung des BGH im „Siemens/Nold"-Verfahren nehmen überwiegend den Standpunkt ein, der BGH habe neben der Reduzierung der Berichtspflichten des Vorstandes auch die Anforderungen an die sachliche Rechtfertigung des Bezugsrechtsausschlusses herabgesetzt und sich damit sowohl von der „Holzmann"-Doktrin als auch von der „Kali&Salz"-Rechtsprechung abgewendet[544]. Hiernach sei nunmehr allein maßgebend, ob das zu finanzierende Vorhaben dem Interesse der Gesellschaft diene. Eine konkrete Abwägung der Gesellschaftsinteressen und der Aktionärsinteressen sowie eine Erforderlichkeits- und Verhältnismäßigkeitsprüfung seien entbehrlich[545], der Schutz der Gesellschafter sei vielmehr auf eine bloße Missbrauchskontrolle (§§ 138 I BGB, 243 II AktG) reduziert[546].

2. Eigener Ansatz

a) Argumente gegen die Herabsetzung der sachlichen Zulässigkeitsvoraussetzungen

Ob die nur sehr knapp gehaltenen Formulierungen des Urteils zur sachlichen Rechtfertigung des Bezugsrechtsausschlusses eine hinreichende Grundlage für die angeführten weitgehenden Schlussfolgerungen darstellen, lässt sich zunächst vor dem Hintergrund folgender Überlegung bezweifeln: In den Leitsätzen der „Siemens/Nold"-Entscheidung findet sich zwar nur das „wohlverstandene Interesse der Gesellschaft" als Prüfungsmaßstab sowohl der Beschlusskon-

---

[544] Vgl. hierzu zunächst die Einschätzung des LG Stuttgart ZIP 1998, 422, 425 und des OLG Stuttgart ZIP 1998, 1482, 1487 sowie die Anm. v. *Lutter* JZ 1998, 50, 51; *Kindler* ZGR 1998, 35, 37, 39, 48 ff., 60; *ders.* ZHR 158 (1994), 339, 357 ff., 361 f.; Anm. *Kerber* DZWiR 1998, 326, 327; *Schwark* LM AktG § 186 Nr. 9; im Ergebnis wohl auch *Hommelhoff*, in: RWS Forum Gesellschaftsrecht 1997, S. 232; *Hüffer*, AktG, § 203, Rdn. 11 einerseits, wonach das Erfordernis der sachlichen Rechtfertigung durch das „Siemens/Nold"-Urteil dahin abgeschwächt sei, dass die Maßnahme im Gesellschaftsinteresse zu liegen habe, Rdn. 35 andererseits.

[545] Ob die Zulässigkeitsvoraussetzung der Erforderlichkeit des Bezugsrechtsausschlusses weiter bestehen bleibt, wird zwar von den angeführten Literaturstimmen nicht ausdrücklich beantwortet. Im Hinblick darauf, dass aber nur noch die Eignung zur Förderung des Gesellschaftsinteresses als Rechtfertigungsvoraussetzung in der „Siemens/Nold"-Entscheidung angeführt wird, wird der Entscheidung des BGH offensichtlich auch die Aufgabe dieser materiellen Zulässigkeitsvoraussetzung entnommen.

[546] So etwa *Kindler* ZGR 1998, 35, 39, 65 und wohl auch *Hüffer*, AktG, § 203, Rdn. 11 in Anlehnung an die bereits im Schrifttum verschiedentlich vertretene bloße Missbrauchsprüfung, vgl. dazu *Mülbert*, Aktiengesellschaft, Unternehmensgruppe und Kapitalmarkt, S. 324 ff., 344 f., 347 ff.; grundsätzlich zustimmend *Schwark*, in: Festschrift Claussen, S. 357, 362 f. und *Hirte* WM 1997, 1001, 1007 f.

trolle als auch für das Vorstandshandeln wieder[547]. Die „Siemens/Nold"-Rechtsprechung muss aus diesem Grunde aber nicht zwangsläufig eine inhaltliche Neubestimmung sämtlicher Rechtfertigungsvoraussetzungen bedeuten. Denn es wird insoweit nicht allein das Gesellschaftsinteresse genannt, sondern es ist vielmehr die Rede vom „wohlverstandenen" Interesse der Gesellschaft[548]. Aus dieser Begriffsbestimmung könnte für die sachliche Rechtfertigung eines Bezugsrechtsausschlusses mehr herzuleiten sein, als in den ersten Stellungnahmen zu dem Urteil gefolgert wurde. Auch bei der bisherigen Rechtsprechung zum Bezugsrechtsausschluss fiel auf, dass die ursprünglich sehr umfassend umschriebenen Anforderungen an eine sachliche Rechtfertigung nach und nach in zunehmend knapper gehaltene Formulierungen eingebunden wurden[549]. Die Abwägung der Interessen der Gesellschaft und ihrer Aktionäre wurde dabei immer als Teil der Formel vom Gesellschaftsinteresse angesehen[550]. Bei der Formel vom „wohlverstandenen Interesse der Gesellschaft" könnte es sich ebenso nur um eine weitere sprachliche Verkürzung der Rechtfertigungsvoraussetzungen handeln, ohne dass damit gleichzeitig eine inhaltliche Neubestimmung bezweckt wäre[551].
Für ein solches Verständnis der Rechtsprechung des BGH spricht, dass das Einholen einer Vorabentscheidung des EuGH[552] zu der Frage, ob die Bestimmungen der Kapitalschutzrichtlinie eine Rechtmäßigkeitsprüfung von Sachkapitalerhöhungen mit Bezugsrechtsausschluss gestatten, wie sie bislang nach den Grundsätzen der „Kali&Salz"-Entscheidung und „Holzmann"-Entscheidung praktiziert worden war, überflüssig gewesen wäre, wenn der BGH seine Rechtsprechung insoweit ohnehin hätte aufgeben wollen[553].

Es ist insbesondere zu berücksichtigen, dass sich die geltend gemachte Kritik übergroßer Strenge und mangelnder Praktikabilität der Rechtfertigungserfordernisse für einen Bezugsrechtsausschluss, die den BGH auch zur Aufgabe seiner bisherigen Rechtsprechung bewogen hat[554], ausschließlich gegen die Berichtsanforderungen des Vorstandes richtete[555]. Die sachlichen Zulässigkeits-

---

[547] BGHZ 136, 133 (Leitsätze a), b)).
[548] BGHZ 136, 133, 140.
[549] Vgl. hierzu die unterschiedlichen Formulierungen von BGHZ 71, 40, 44 f. einerseits und etwa BGHZ 120, 141, 145 f.; BGHZ 125, 239, 241 andererseits.
[550] BGHZ 71, 40, 45; BGHZ 120, 141, 145 f.; BGHZ 125, 239, 241.
[551] So auch *Cahn* ZHR 163 (1999), 554, 572.
[552] Vgl. den Vorlagebeschluss des BGH WM 1995, 390 und das Urteil des EuGH WM 1996, 2200 (oben im 1. Teil, unter § 2 A); siehe auch die Angaben bei *Hüffer*, AktG, § 186, Rdn. 34 a m.w.N.
[553] Siehe *Cahn* ZHR 163 (1999), 554, 572.
[554] Vgl. insoweit BGHZ 136, 133, 136 f.
[555] Vgl. dazu etwa *Heinsius*, in: Festschrift Kellermann, S. 115, 120; *Kübler* ZBB 1993, 1, 2; *Martens*, in: Festschrift Steindorff, S. 151, 152, 156, 161; *ders.* ZIP 1992, 1677, 1681 ff.

voraussetzungen wurden hingegen zumindest gebilligt[556]. In den meisten Fällen der Anfechtungsverfahren gegen Ermächtigungen nach §§ 202 f. AktG kam es zudem nicht auf inhaltliche Mängel der angegriffenen Beschlüsse an. Entscheidend war vielmehr, dass der diesen Beschlüssen zugrundeliegende Vorstandsbericht den von der Rechtsprechung statuierten strengen Anforderungen nicht genügte[557]. Die Liberalisierung des Bezugsrechtsausschlusses im „Siemens/Nold"-Verfahren beruhte daher in erster Linie auf der deutlichen Reduzierung der Berichtspflichten, während der BGH die Formel vom „wohlverstandenen" Gesellschaftsinteresse weiterhin zugrundelegte.

Gegen die Abschwächung der materiell-rechtlichen Anforderungen an einen Bezugsrechtsausschluss durch die neue Rechtsprechungslinie spricht, dass die Mitspracherechte der Aktionäre und damit der Schutz ihrer beeinträchtigten Interessen infolge der Herabsetzung der Informationspflichten des Vorstandes im Vorfeld der Ermächtigung ohnehin bereits eingeschränkt worden sind. Der mit qualifizierter Mehrheit gefasste Hauptversammlungsbeschluss verliert weitgehend seine Kontroll- und Legitimationsfunktion[558].

Ein Beschluss der Hauptversammlung im Rahmen einer Kapitalerhöhung gegen Einlagen, mit dem eine qualifizierte Aktionärsmehrheit einem Bezugsrechtsausschluss zur Finanzierung eines konkreten Vorhabens zustimmt, hat dagegen im Hinblick auf die Wahrung der Hauptversammlungskompetenzen und den Aktionärsschutz eine wesentlich stärkere Bedeutung als die Billigung allgemein umschriebener Pläne. Bei gebührender Berücksichtigung der Aktionärsinteressen vor den Folgen eines Bezugsrechtsausschlusses könnte demzufolge sogar daran zu denken sein, einen Bezugsrechtsausschluss beim genehmigten Kapital strengeren sachlichen Zulässigkeitsvoraussetzungen zu unterwerfen als bei der Kapitalerhöhung gegen Einlagen. Eine einheitliche Beurteilung aller Kapitalerhöhungsvarianten hinsichtlich der materiellen Zulässigkeitsvoraussetzungen eines Bezugsrechtsausschlusses[559] versteht sich nach dem „Siemens/Nold"-Urteil oh-

---

[556] So auch der Hinweis von *Cahn* ZHR 163 (1999), 554, 572 f. und *Bayer* ZHR 163 (1999), 505, 539, der im Ergebnis jedenfalls an einer Interessenabwägung nach der „Kali&Salz"-Formel (BGHZ 71, 40, 46) festhalten will.

[557] Vgl. etwa LG Frankfurt WM 1990, 1745, 1748; LG Landshut ZIP 1990, 999, 1001; OLG München AG 1991, 212, 213; OLG München ZIP 1991, 726, 728; LG Tübingen ZIP 1991, 169, 172; LG München WM 1996, 305, 307; siehe auch *Hirte* ZIP 1994, 356, 361; *Schockenhoff* AG 1994, 45, 47; *Martens* ZIP 1992, 1677, 1686 f.; *Volhard* AG 1998, 397 (Fußn. 1).

[558] Siehe dazu die Ausführungen oben, 2. Teil, § 3 B II.

[559] So betonte bereits der BGH in der „Holzmann"-Entscheidung (BGHZ 83, 319, 321), dass die in dem „Kali&Salz"-Urteil (BGHZ 71, 40) geforderten sachlichen Voraussetzungen auch für den Fall des genehmigten Kapitals mit Ermächtigung zum Bezugsrechtsausschluss Anwendung finden, da die Beeinträchtigung der vom Bezugsrecht ausgeschlossenen Aktionäre nicht minder schwer wiege, wenn anstelle der Hauptversammlung die Verwaltung über den Bezugsrechtsausschluss entscheide; vgl. insoweit auch schon *Lutter* BB 1981, 861, 862, wonach es nicht im Belieben der Mehrheit stehen kann, allein durch die Wahl der Kapitalerhö-

nehin keineswegs mehr von selbst, da es der Beschränkung der Berichtspflicht auf eine abstrakte Umschreibung des Kapitalerhöhungszwecks bei der Kapitalerhöhung gegen Einlagen gerade nicht bedarf[560]. Die neue Rechtsprechung erstreckt sich folglich auch nicht auf die Kapitalerhöhung gegen Einlagen mit Bezugsrechtsausschluss[561].

Im Ergebnis kann aus der neuen Rechtsprechung jedenfalls nicht mit Sicherheit gefolgert werden, dass die materiellen Rechtfertigungsanforderungen für einen Bezugsrechtsausschluss insgesamt herabgesetzt und damit die Grundsätze des „Kali&Salz"-Urteils vollkommen aufgegeben werden sollten[562].

b) Argumente für die Herabsetzung der sachlichen Zulässigkeitsvoraussetzungen

Eine Herabsetzung der sachlichen Zulässigkeitsvoraussetzungen durch die „Siemens/Nold"-Rechtsprechung kann allerdings auch nicht ausgeschlossen werden.

Insbesondere die Vorabentscheidung des EuGH steht einer innerstaatlichen Rechtsprechung, welche die materiellen Anforderungen an einen Bezugsrechtsausschluss reduziert, keineswegs entgegen. Der BGH kann mit seiner Rechtsprechungsänderung den vom EuGH um die Gesellschaftsrechtliche Kapitalschutzrichtlinie festgelegten Toleranzrahmen („strengeres Recht") verlassen haben und nunmehr mit den Vorgaben der Richtlinie vollständig übereinstimmen[563]. Da nach der Entscheidung des EuGH[564] das europäische Gesellschaftsrecht die Einräumung eines Bezugsrechts bei Sacheinlagen überhaupt nicht erfordert, im Gegenteil die meisten Mitgliedstaaten ein derartiges Bezugsrecht nur bei Bareinlagen kennen, kann sich die neue Linie des BGH insoweit vielmehr insgesamt den europäischen Standards annähern, auch wenn die bisherige Handhabung nicht gegen europäisches Recht verstoßen hat[565]. Die Richtlinie fordert keine sachliche Inhaltskontrolle des Bezugsrechtsausschlusses, die über eine Missbrauchskontrolle hinaus die Prüfung der Verhältnismäßigkeit von Mittel und Zweck einschließt. Es genügen vielmehr zwei Zulässigkeitsvoraussetzungen[566]: das Vorliegen eines Interesses der Gesellschaft am Bezugsrechtsaus-

---

hungsform den Umfang der sachlichen Inhaltskontrolle festzulegen; *Hirte* WM 1997, 1001, 1002 und *Kindler* ZGR 1998, 35, 49 f. m.w.N.

[560] Vgl. hierzu *Cahn* ZHR 163 (1999), 554, 570 (Fußn. 62).

[561] Siehe dazu bereits oben, 1. Teil, § 2 C II 3.

[562] Ebenso *Cahn* ZHR 163 (1999), 554, 573.

[563] Vgl. dazu *Kindler* ZGR 1998, 35, 48 f.

[564] EuGH ZIP 1996, 2015, 2017 (Erwägungsgründe 16-18).

[565] Siehe dazu etwa die Anm. v. *Goette* DStR 1997, 1463.

[566] Der in Art. 42 EGRL und in § 53 a AktG verankerte Gleichbehandlungsgrundsatz greift bei der Sachkapitalerhöhung nicht ein, da hier alle Aktionäre in gleicher Weise vom Bezugsrechtsausschluss betroffen sind.

schluss und die sachliche Rechtfertigung einer gegebenenfalls bestehenden Ungleichbehandlung der Aktionäre[567].

Weiterhin steht einer Abschwächung der sachlichen Rechtfertigungsvoraussetzungen eines Bezugsrechtsausschlusses durch die „Siemens/Nold"-Entscheidung die frühere Einführung des erleichterten Bezugsrechtsausschlusses nach § 186 III 4 AktG nicht entgegen. Denn mit Einführung des § 186 III 4 AktG geht gerade keine Zementierung der im Zeitpunkt der Verabschiedung des Deregulierungsgesetzes von 1994 praktizierten richterrechtlichen Maßstäbe der Beschlusskontrolle in den sonstigen Bezugsrechtsausschlussfällen einher[568]. Die Privilegierung durch § 186 III 4 AktG behält auch mit der Abkehr von der „Kali&Salz"-Rechtsprechung für diejenigen Fälle ihren Sinn, in denen es darum geht, bei einer Barkapitalerhöhung geringeren Umfangs die Eigenkapitalbasis der AG mit Hilfe höchstmöglicher Emissionserlöse zu stärken. Allein dieses Motiv genügt im Ausnahmefall des § 186 III 4 AktG, um einen Bezugsrechtsausschluss zu rechtfertigen[569]. Soweit einer Reduzierung oder Aufgabe der bisherigen Rechtfertigungserfordernisse für einen Bezugsrechtsausschluss die Einführung des erleichterten Bezugsrechtsausschlusses nach Maßgabe des § 186 III 4 AktG entgegengehalten wird, wird die gebotene Zurückhaltung des Gesetzgebers bei Korrekturen der Rechtsprechung als gesetzliche Festschreibung richterlicher Rechtsfortbildung, in diesem Fall der praeter legem entwickelten sachlichen Inhaltskontrolle für den Bezugsrechtsausschluss, missverstanden[570].

Auch der Gesetzestext steht der Liberalisierung der sachlichen Rechtfertigungsanforderungen an einen Bezugsrechtsausschluss letztlich nicht entgegen. Er deckt eine Neubestimmung der sachlichen Zulässigkeitsvoraussetzungen eines Bezugsrechtsausschlusses ebenso wie die bislang vertretene Lehre von der sachlichen Rechtfertigung.

3. Fazit

Die Ausgangsfrage, ob ein Bezugsrechtsausschluss auch nach dem „Siemens/Nold"-Urteil einer sachlichen Rechtfertigung nach den bislang vertretenen Grundsätzen bedarf oder ob sich die Rechtsprechungsänderung als Abkehr von der „Kali&Salz"-Rechtsprechung darstellt und damit einer bloßen Missbrauchskontrolle annähert, kann nach den vorstehenden Überlegungen nicht mit

[567] Siehe dazu *Kindler* ZHR 158 (1994), 339, 357 ff., 361 f., 367 f.

[568] Vgl. nur *Kindler* ZGR 1998, 35, 54 f.

[569] Siehe dazu die Begründung des Rechtsausschusses zum Entwurf des Gesetzes für kleine Aktiengesellschaften und zur Deregulierung des Aktienrechts, BT-Drucks. 12/7848 vom 13.06.1994, S. 9, abgedruckt bei *Seibert/Köster/Kiem*, Die kleine Aktiengesellschaft, Rdn. 367 ff.

[570] Vgl. hierzu *Cahn* ZHR 163 (1999), 554, 573.

Sicherheit beantwortet werden. Es bleibt daher abzuwarten, ob der BGH in Zukunft seiner Entscheidungspraxis zum Bezugsrechtsausschluss die bislang geltende Lehre von der sachlichen Rechtfertigung zugrundelegt oder lediglich eine Missbrauchskontrolle vornimmt.

Um die Frage zu erörtern, ob der BGH durch die „Siemens/Nold"-Grundsätze den Minderheitenschutz beschränkt hat, ist zunächst die Bedeutung der bisher aufgestellten materiellen Zulässigkeitsanforderungen an einen Bezugsrechtsausschluss zu überdenken. Denn es ist zweifelhaft, ob die herkömmlichen Rechtfertigungsvoraussetzungen überhaupt geeignet sind, eine strikte Beachtung der Aktionärsinteressen durch die Verwaltung zu garantieren[571]. Soweit dies nicht der Fall ist, wäre es für das Ausmaß des Aktionärsschutzes ohne Bedeutung, ob mit der neuen Rechtsprechung auch die Neubestimmung der sachlichen Anforderungen an einen Bezugsrechtsausschluss bezweckt ist oder nicht.

II. Angleichung der herkömmlichen Lehre von der sachlichen Rechtfertigung an eine Missbrauchskontrolle in der praktischen Umsetzung

Die Bindungen des Vorstandes, welche die Vertreter der Lehre von der sachlichen Rechtfertigung des Bezugsrechtsausschlusses aufgestellt haben, können in der praktischen Umsetzung für den Schutz der Aktionäre nur von entscheidender Bedeutung sein, wenn sie auch mit rechtlichen Mitteln durchgesetzt werden können. Das hängt davon ab, in welchem Umfang dem Vorstand ein unternehmerischer Ermessensspielraum beim Gebrauchmachen von der Ermächtigung zur Kapitalerhöhung zusteht und inwieweit seine Ermessenserwägungen der gerichtlichen Überprüfung zugänglich sind.

Infolge der Herabsetzung der Berichtspflichten des Vorstandes im Vorfeld der Ermächtigung könnte sich die gerichtliche Überprüfung nunmehr in der Hauptsache auf die sachlichen Gründe für den Bezugsrechtsausschluss beziehen. Dies wäre in Anbetracht der häufig geltend gemachten Kritik[572] an der gerichtlichen Handhabung der Sachkontrolle beim Bezugsrechtsausschluss angebracht. Ob eine insoweit gerichtlich überprüfbare Pflichtenbindung des Vorstandes aber auch wünschenswert ist, ist dagegen zweifelhaft.

1. Das „unternehmerische Ermessen" des Vorstandes

Dass dem Vorstand bei der Durchführung von Geschäftsführungsmaßnahmen ein weitgehender unternehmerischer Ermessensspielraum zukommt, wurde schon im „Deutsche Bank"-Urteil[573] mit Nachdruck hervorgehoben[574]. Hier hat

---

[571] Vgl. dazu auch die Bedenken von *Cahn* ZHR 163 (1999), 554, 576 ff.

[572] Sie hierzu eingehend *Martens* ZIP 1992, 1677 ff.; *Schockenhoff* AG 1994, 45, 46 f.

[573] BGHZ 125, 239, 246 ff.

der BGH bereits den notwendigen Zusammenhang zwischen unternehmerischem Ermessen und Leitungsaufgabe im Rahmen bezugsrechtsfreier Kapitalerhöhungen anerkannt[575]. Dem Vorstand und dem Aufsichtsrat sollte danach in einem gewissen Rahmen die Freiheit und Flexibilität verbleiben, bestimmte Aspekte, wie etwa die Entwicklungen an der Börse, die Konjunktur und die gesamte Wirtschaftspolitik bei der Entscheidung zu berücksichtigen, um bei der Ausnutzung des genehmigten Kapitals jeweils angemessen im Gesellschaftsinteresse reagieren zu können[576].
Der BGH hat demzufolge schon damals vermeiden wollen, dass das unternehmerische Ermessen des Vorstandes durch das Streben nach zu strengen Voraussetzungen für den Ermächtigungsbeschluss in einem Umfang beschränkt wird, der dem Vorstand die sachgerechte Planung sowie Durchführung der Kapitalmaßnahme unter angemessener Beachtung der Entwicklungen auf dem Kapitalmarkt zum Wohle der Gesellschaft und ihrer Aktionäre praktisch unmöglich macht[577].

In der „ARAG/Garmenbeck"-Entscheidung[578] hat der BGH später festgestellt, dass der Handlungs- und Entscheidungsspielraum des Vorstandes notwendiger Teil seiner unternehmerischen Leitungsaufgabe (§ 76 I AktG) ist[579]. In diesem Rahmen muss der Vorstand selbständig Handlungsalternativen und Risiken abschätzen und gegeneinander abwägen[580]. Fehlentscheidungen der Vorstandsmitglieder innerhalb dieses Handlungsspielraums sind nicht als Pflichtverletzung i.S.d. § 93 II 1 AktG zu qualifizieren. Unternehmerisches Handeln ist vielmehr pflichtgemäß, wenn es von Verantwortungsbewusstsein getragen ist, sich ausschließlich am Unternehmenswohl ausrichtet, auf sorgfältige Ermittlung der Entscheidungsgrundlagen beruht, die Risikobereitschaft nicht unverantwortlich überspannt und nicht aus anderen Gründen als pflichtwidrig gelten muss[581].

Mit der Einräumung eines weiten unternehmerischen Ermessensspielraums wird der Erkenntnis Rechnung getragen, dass sich die Auswirkungen unternehmerischer Entscheidungen grundsätzlich nicht genau prognostizieren lassen,

---

574 Ebenso Anm. *Martens* ZIP 1993, 509; vgl. dazu auch die Ausführungen im 1. Teil, § 1 B I.

575 *Kindler* ZHR 162 (1998), 101, 105.

576 BGHZ 125, 239, 248.

577 Sieh dazu *Henze*, Höchstrichterliche Rechtsprechung zum Aktienrecht, S. 285.

578 BGHZ 135, 244 = NJW 1997, 1926 = AG 1997, 377 = WM 1997, 970 = ZIP 1997, 883.

579 BGHZ 135, 244 (unter Leitsatz b)), 253; vgl. dazu auch *Kindler* ZHR 162 (1998), 101, 105, 118.

580 *Horn* ZIP 1997, 1129, 1133.

581 BGHZ 135, 244, 253 f.; siehe dazu auch *Kindler* ZHR 162 (1998), 101, 103. Mit dem UMAG (Gesetz zur Verbesserung der Unternehmensintegrität und Modernisierung des Anfechtungsrechts; nähere Angaben dazu bereits oben in Fn. 410) soll auch eine sog. Business Judgement Rule in § 93 I AktG aufgenommen werden, d.h. ein Haftungsfreiraum, wenn der Vorstand eine unternehmerische Entscheidung nach bestem Wissen und Gewissen getroffen hat.

sondern ihnen vielmehr wesensgemäß ein Element der Unsicherheit innewohnt[582]. Insoweit lassen sich nur positive Vorgaben bzw. „ermessensleitende Gesichtspunkte" entwickeln, wie die grundsätzliche Ausrichtung am Unternehmenswohl[583].

Im „Siemens/Nold"-Urteil[584] hat der BGH ausgeführt, dass der Vorstand bei Ausnutzung der Ermächtigung zur Kapitalerhöhung „im Rahmen seines unternehmerischen Ermessens" sorgfältig prüfen muss, ob das konkrete Vorhaben seiner abstrakten Umschreibung entspricht und im wohlverstandenen Interesse der Gesellschaft liegt[585]. Diese Formulierung ist zwar missverständlich[586], stellt aber keineswegs eine Abkehr von der „ARAG/Garmenbeck"-Entscheidung dar[587], wonach sich die Verwaltungsmitglieder bei der Subsumtion eines feststehenden Sachverhalts unter die Vorgaben eines Beschlusses der Hauptversammlung gerade nicht auf einen der gerichtlichen Überprüfung entzogenen Spielraum berufen können[588]. Wie der amtliche Leitsatz b)[589] und ein Abschnitt der Entscheidungsgründe[590] im „Siemens/Nold"-Urteil belegen, bezieht der BGH ein Ermessen des Vorstandes vielmehr ausschließlich auf die Vereinbarkeit des konkreten Vorhabens mit dem „wohlverstandenen Interesse" der Gesellschaft.

Es kann im übrigen ohne Ermessenserwägungen beurteilt werden, ob es sich bei einem Finanzierungsvorhaben um einen Beteiligungserwerb an einem anderem Unternehmen oder um eine Börseneinführung im Ausland handelt. Formulierungen wie etwa im Vorstandsbericht zum genehmigten Kapital II der Siemens AG, wonach nur „in geeigneten Einzelfällen" Akquisitionen vorgenommen werden sollten[591], stellen insoweit lediglich die Verbindung zum Gesellschaftsinteresse her und beschreiben nicht die Art des zu finanzierenden Vorhabens.

---

[582] *Seydel*, Konzernbildungskontrolle bei der Aktiengesellschaft, S. 271.

[583] *Kindler* ZHR 162 (1998), 101, 105 f.

[584] BGZ 136, 133 (Leitsatz b)).

[585] Nach *Volhard* AG 1998, 397, 404 sollten die Ausführungen des BGH zur pflichtgemäßen Ausübung unternehmerischen Ermessens auch für andere Fälle Geltung beanspruchen; kritisch insoweit *Bungert* NJW 1998, 488, 492 unter Hinweis auf die Neutralitätspflichten des Vorstandes bei Übernahmeauseinandersetzungen.

[586] So auch zu Recht der Hinweis von *Kindler* ZGR 1998, 35, 59; *ders.* ZHR 162 (1998), 101, 109, 112.

[587] BGHZ 135, 244, 254.

[588] Ebenso im Ergebnis *Cahn* ZHR 163 (1999), 554, 566.

[589] BGHZ 136, 133.

[590] BGHZ 136, 133, 139.

[591] BGHZ 136, 133, 134.

2. Die gerichtliche Überprüfbarkeit der unternehmerischen Ermessensentscheidung

a) Die Problematik

Die gerichtliche Überprüfung des Handelns der Vorstands- und Aufsichtsratsmitglieder auf Einhaltung der strengen materiellen Voraussetzungen für einen Bezugsrechtsausschluss gestaltet sich insbesondere deshalb problematisch, weil dabei die Kapitalerhöhung und die mit ihrer Hilfe zu finanzierenden Maßnahmen als Einheit bewertet werden. Bei letzteren, wie insbesondere bei den häufigen Fällen des Beteiligungserwerbs gegen Ausgabe von Aktien, handelt es sich aber um Maßnahmen der Geschäftsführung, bei deren Durchführung dem Vorstand ein weitgehendes unternehmerisches Ermessen zukommt[592]. Eine Verrechtlichung der Ermessensausübung durch strikte Erforderlichkeits- und Verhältnismäßigkeitsbindungen sowie die damit verbundene Eröffnung einer eingehenden gerichtlichen Überprüfung hätte daher erhebliche Beschränkungen oder sogar die Aufhebung der erforderlichen unternehmerischen Freiheit zur Folge[593]. Der Richter soll aber gerade nicht an Stelle der Unternehmensverwaltung das unternehmenspolitische Ermessen ausüben. Er müsste nämlich dann über unternehmenspolitische Regelungsgegenstände entscheiden und wäre damit in eine ihm nicht mehr adäquate Rolle als sachverständiger Schlichter in unternehmenspolitischen Streitigkeiten gedrängt. Dabei ist nicht auszuschließen, dass eine derartige richterliche Kontrolle sich in letzter Konsequenz zu einem externen Durchgriff auf die unternehmenspolitische Entscheidungs- und Organisationsautonomie entwickelt. Um eine solche Entwicklung zu vermeiden, sind stets die Grenzen zu beachten, die der judiziellen Kontrolle von unternehmenspolitischen Regelungsgegenständen zwar nicht kraft Natur der Sache, wohl aber kraft systemnotwendiger Autonomiebefugnisse der Unternehmen gezogen sind[594].

b) Ansatzpunkt der „Kali&Salz"-Entscheidung

Vor dem Hintergrund der vorstehenden Problematik ist die Rechtsprechung stets bestrebt gewesen, einer Ersetzung unternehmerischer Entscheidungen der dazu bestimmten Organe durch Entscheidungen der Gerichte vorzubeugen. Der BGH hat die Frage nach der gerichtlichen Überprüfbarkeit bereits im „Kali&Salz"-Urteil[595] offensichtlich zugunsten der unternehmerischen Entschei-

---

[592] Vgl. dazu bereits oben, 2. Teil, § 3 C II 1 und *Mertens*, in: Kölner Kommentar zum AktG, § 76, Rdn. 10 ff.; *Abeltshauser*, Leitungshaftung im Kapitalgesellschaftsrecht, S. 161 ff.; *Hommelhoff*, Die Konzernleitungspflicht, S. 168 ff.

[593] Siehe *Cahn* ZHR 163 (1999), 554, 577.

[594] Siehe *Martens*, in: Festschrift Fischer, S. 437, 447.

[595] BGHZ 71, 40, 49 f.

dungsfreiheit beantwortet[596]. Hiernach muss eine Kapitalerhöhung mit Sacheinlage bei rückblickender Betrachtung nicht eine zur Erhaltung der Gesellschaft unbedingt gebotene, allein mögliche und darum absolut richtige Maßnahme sein. Es könne nicht Aufgabe der Gerichte sein, die eigene wirtschaftliche Bewertung nachträglich an die Stelle einer in freier unternehmerischer Verantwortung beschlossenen, sachlich abgewogenen Entscheidung zu setzen. Es müsse vielmehr genügen, dass die an der Entscheidung beteiligten Organe nach dem tatsächlichen Bild, wie es sich im Zeitpunkt der Beschlussfassung darbot, aufgrund sorgfältiger, kaufmännischer Überlegungen annehmen durften, die Kapitalerhöhung durch Sacheinlagen sei zum Besten der Gesellschaft und mithin aller Aktionäre[597]. Nachträglich bekannt gewordene Umstände sind danach bei der gerichtlichen Kontrolle nicht zu berücksichtigen[598].

c) Bloße Plausibilitätskontrolle

Nach den vorstehenden Ausführungen muss eine in freier unternehmerischer Verantwortung getroffene, sachlich abgewogene Entscheidung des Vorstandes einer gerichtlichen Überprüfung entzogen sein[599]. Das Gericht muss sich vielmehr mit der generellen Feststellung der Vertretbarkeit der unternehmerischen Entscheidung begnügen. Dadurch wird zunächst die Erforderlichkeitsprüfung im Fall des Bezugsrechtsausschlusses auf eine reine Missbrauchskontrolle reduziert; das Gericht hat lediglich evidentes Fehlverhalten der Verwaltungsmitglieder festzustellen[600]. Was das Erfordernis der Interessenabwägung und die damit verbundene Frage der Verhältnismäßigkeit von Mittel und Zweck betrifft, gehen die mit der Beurteilung von Bezugsrechtsausschlüssen befassten Gerichte regelmäßig ohnehin nur kursorisch auf diese Kriterien ein und beschränken sich dabei grundsätzlich auf eine Plausibilitätskontrolle[601].

Das Gesellschaftsinteresse ist mithin der Maßstab, anhand dessen die Zulässigkeit eines Bezugsrechtsausschlusses in erster Linie beurteilt wird.

Soweit ein Ausschluss des Bezugsrechts für die Gesellschaft vorteilhaft ist, kann das Gesellschaftsinteresse regelmäßig als gemeinsamer Bezugspunkt der mitgliedschaftlichen sowie vermögensrechtlichen Belange der Aktionäre Vor-

---

[596] Vgl. *Lutter*, in: Kölner Kommentar zum AktG, § 186, Rdn. 61.

[597] BGHZ 71, 40, 49 f.

[598] BGHZ 71, 40, 50; vgl. auch BGHZ 83, 319, 320 f.

[599] Vgl. dazu auch BGHZ 135, 244, 253; OLG Braunschweig ZIP 1998, 1585, 1589; OLG Stuttgart ZIP 1998, 1482, 1487; siehe des weiteren *Lutter*, in: Kölner Kommentar zum AktG, § 186, Rdn. 56, 61; *Schockenhoff* AG 1994, 45, 49; *Martens*, in: Festschrift Fischer, S. 437, 446 f.; *ders.* ZIP 1992, 1677, 1695; *Kübler/Mendelsohn/Mundheim* AG 1990, 461, 475.

[600] So schon *Schockenhoff* AG 1994, 45, 49.

[601] Vgl. etwa BGHZ 125, 239, 250; OLG Stuttgart ZIP 1998, 1482, 1488; OLG Braunschweig ZIP 1998, 1585, 1589; ähnlich *Schockenhoff*, Gesellschaftsinteresse und Gleichbehandlung beim Bezugsrechtsausschluß, S. 36; *ders.* AG 1994, 45, 54.

rang vor den Individualinteressen einzelner Aktionäre beanspruchen. Nur bei evidenter Unverhältnismäßigkeit, wenn etwa geringfügige Vorteile der Gesellschaft durch schwerwiegende Nachteile für die Aktionäre erkauft würden und die Förderung der Gesellschaftsbelange zum Nachteil der Aktionäre missbräuchlich wäre, muss das Gesellschaftsinteresse ausnahmsweise hinter den Aktionärsinteressen zurücktreten[602].
Eine umfassende gerichtliche Kontrolle der unternehmerischen Entscheidung auf ihre Übereinstimmung mit dem Gesellschaftsinteresse ist hingegen nicht möglich[603]. Um das Gesellschaftsinteresse in bestmöglicher Weise zu verwirklichen, bedarf es zwar zweifellos der Kenntnis anerkannter kaufmännischer Grundsätze und der Funktionsprinzipien des Kapitalmarktes. Ebenso bedeutsam ist jeweils die Kenntnis der spezifischen Unternehmenssituation, der eigenen Ressourcen und der der Konkurrenten sowie der konkreten Gegebenheiten und Entwicklungen des Marktes, in dem die Gesellschaft tätig ist bzw. tätig werden möchte[604]. Selbst wenn diese Daten im Einzelfall erfasst werden können, ist die zur Verwirklichung des Gesellschaftsinteresses gebotene Kapitalmaßnahme aber noch nicht abschließend beurteilt. Denn die Entscheidung darüber, ob die konkrete Kapitalmaßnahme mit dem „wohlverstandenen" Gesellschaftsinteresse übereinstimmt, ist stets auch das Ergebnis unternehmerischen Ermessens, das von ganz unterschiedlichen und höchst individuellen Erwägungen geprägt sein kann. So wird etwa das unternehmerische Gespür der Verwaltungsmitglieder oder deren Risikobereitschaft häufig den Ausschlag für oder gegen ein Finanzierungsvorhaben geben. Diese Kriterien entziehen sich einer allgemeingültigen Einordnung. Versuche in der Literatur, den Begriff des Gesellschaftsinteresses zu objektivieren und damit justitiabel zu machen, sind nicht gelungen[605].
Der BGH gewährt dem Vorstand einen weiten Entscheidungsspielraum, wenn er für ein überwiegendes Gesellschaftsinteresse am Bezugsrechtsausschluss eine auf sachlichen Gründen beruhende Beschlussfassung ausreichen lässt, die frei von gesellschaftsfremden Erwägungen sachlich nachvollziehbar dem Verbandswohl bei einer ex ante Betrachtung dienen sollte und konnte[606]. Der Vorstand muss sich danach beim Ausnutzen der Ermächtigung von vertretbaren unternehmerischen Erwägungen im Gesellschaftsinteresse leiten lassen und ohne

---

[602] Siehe dazu *Cahn* ZHR 163 (1999), 554, 579.

[603] Vgl. dazu *Schockenhoff*, Gesellschaftsinteresse und Gleichbehandlung beim Bezugsrechtsausschluß, S. 16 m.w.N.

[604] Siehe *Schockenhoff*, Gesellschaftsinteresse und Gleichbehandlung beim Bezugsrechtsausschluß, S. 16; *Martens*, in: Festschrift Fischer, S. 437, 448.

[605] Siehe dazu nur den Ansatz von *Hirte*, Bezugsrechtsausschluß und Konzernbildung, S. 27 ff., 73 f., der das Gesellschaftsinteresse durch das Merkmal der Vorhersehbarkeit begrenzen will und die überzeugende Kritik von *Schockenhoff*, Gesellschaftsinteresse und Gleichbehandlung beim Bezugsrechtsausschluß, S. 23 ff.; *ders.* AG 1994, 45, 50; kritisch auch *Bungert* WM 1995, 1, 7.

[606] BGHZ 71, 40, 46, 50.

Berücksichtigung von Eigeninteressen, wie etwa dem Streben nach Sicherung der eigenen Position, tätig werden.

Insgesamt betrachtet geht die Überprüfung der Zulässigkeit des Bezugsrechtsausschlusses daher nicht über eine Missbrauchskontrolle hinaus[607]. Wegen der gebotenen Respektierung der Gesellschaftsautonomie und vor allem aufgrund der Schwierigkeiten gerichtlicher Bestimmung des Gesellschaftsinteresses, beschränkt sich die Überprüfung eines Bezugsrechtsausschlusses auf eindeutige, vorwerfbare Ermessensfehler[608].

Ein Ermessensfehler ist in Anlehnung an die Kontrolle von Ermessensentscheidungen im Öffentlichen Recht in einer Ermessenüberschreitung, einer Ermessensunterschreitung und einem Ermessensfehlgebrauch durch den Vorstand zu erblicken. Ein Ermessensfehlgebrauch oder Ermessensmissbrauch als die praktisch wichtigste Fallgruppe der Ermessensfehler liegt vor, wenn der Vorstand die Ausnutzung der Ermächtigung zur Kapitalerhöhung unter Ausschluss des Bezugsrechts der Altaktionäre auf Erwägungen stützt, die mit dem „wohlverstandenen" Gesellschaftsinteresse nicht vereinbar sind. So zeichnen etwa gesellschaftsfremde Erwägungen des Vorstandes einen Fall des Ermessensmissbrauchs aus. Persönliche Motive der Verwaltungsmitglieder beim genehmigten Kapital sind danach schlechthin unzulässig. Geschäftspolitische Erwägungen des Vorstandes sind dagegen zulässig, da die Interessen der Gesellschaft nur in Verbindung mit der Geschäftspolitik des Vorstandes definiert werden können[609].

3. Begrenzung der Haftung auf „schlechthin unvertretbares Vorstandshandeln"

Die Schranke für die Zulässigkeit eines Bezugsrechtsausschlusses liegt bei einer vertretbaren unternehmerischen Entscheidung des Vorstandes. Sofern eine solche vorliegt, wird sie akzeptiert. Dies hat zur Folge, dass sowohl eine Aufhebung des Bezugsrechtsausschlusses als auch eine Haftung der Organmitglieder entfällt. Angesichts des unverzichtbaren weiten unternehmerischen Ermessensspielraums des Vorstandes bei der Unternehmensführung[610] kann eine Haftung des Vorstandes erst bei „schlechthin unvertretbarem Vorstandshandeln" eingreifen. Der BGH hat diese Haftungsbegrenzung erstmalig in der „ARAG/Garmenbeck"-Entscheidung[611] in dieser Deutlichkeit hervorgehoben[612].

---

[607] Vgl. auch *Cahn* ZHR 163 (1999), 577 ff.; *Martens*, in: Festschrift Fischer, S. 437, 448.

[608] *Schockenhoff*, Gesellschaftsinteresse und Gleichbehandlung beim Bezugsrechtsausschluß, S. 17 ff., 21 m.w.N.

[609] Näher dazu bei Akquisitionsvorhaben, 2. Teil, § 4 C II 1.

[610] Siehe dazu BGHZ 135, 244, 253; RegBegr [KonTraG] BT-Drucks. 13/9712, S. 21; *Hopt*, in: Großkommentar zum AktG, § 93, Rdn. 81 m.w.N. in Fußn. 230.

[611] BGHZ 135, 244, 253 f.

Entscheidend kommt es danach auf eine deutliche Überschreitung der aus dem Unternehmenswohl ableitbaren Grenzen, eine unverantwortliche Risikoübernahme oder anderweitige Pflichtwidrigkeiten an[613]. Es ergeben sich damit Vorstandspflichten, deren Erfüllung im weiten Bereich zwischen optimaler und nur vertretbarer Entscheidung nicht erzwingbar ist und deren Nichtberücksichtigung keine Rechtsfolgen haben. Bloße Fehlschläge und Irrtümer der Vorstandsmitglieder rechtfertigen bei insgesamt unglücklicher Unternehmensleitung allein personalpolitische Konsequenzen[614]. Dies gilt jedoch nur, soweit der Vorstand auf informierter Tatsachengrundlage und ohne Beachtung von Eigeninteressen tätig geworden ist[615]. Sollte das nicht der Fall sein, ist der Ausschluss des Bezugsrechts missbräuchlich und die in ihren Rechten beeinträchtigten Aktionäre können die Vorstandsentscheidung wegen evidenter Ermessensfehler mit Erfolg angreifen[616].

III. Ergebnis

Das „Siemens/Nold"-Urteil hat auf das Erfordernis der sachlichen Rechtfertigung eines Bezugsrechtsausschlusses im Fall des genehmigten Kapitals in der Sache keinen Einfluss. Die Erfüllung der von den Vertretern der Lehre von der sachlichen Rechtfertigung aufgestellten strengen Zulässigkeitsanforderungen an einen Bezugsrechtsausschluss ist einer eingehenden Nachprüfung entzogen. Es wird vielmehr nur überprüft, ob der Vorstand im Rahmen seines unternehmerischen Ermessens gehandelt hat. Der Unterschied zwischen der materiellen Rechtfertigung eines Bezugsrechtsausschlusses nach den Prüfungskriterien der Eignung, Erforderlichkeit und Verhältnismäßigkeit zum einen und einer bloßen Missbrauchskontrolle zum anderen ist daher zwar in der Theorie von Bedeutung, kann in der praktischen Umsetzung dagegen vernachlässigt werden. Aufgrund des weiten Bereichs unternehmerischen Ermessens, der gerichtlicher Überprüfung entzogen ist, ist eine Angleichung der herkömmlichen Lehre von der sachlichen Rechtfertigung und der Missbrauchskontrolle (§§ 138 I BGB, 243 II AktG) längst vollzogen. Denn dem Vorstand wurde bereits bislang nicht

---

612 Siehe *Horn* ZIP 1997, 1129, 1134; *Hüffer*, AktG, § 93, Rdn. 13a.

613 Vgl. dazu *Kindler* ZHR 162 (1998), 101, 103 ff.; Anm. *Boujong* DZWir 1997, 322, 328; *Heermann* AG 1998, 201, 204; *Henze* NJW 1998, 3309, 3310 f.; *Ulmer* ZHR 163 (1999), 290, 298; kritisch *Götz* NJW 1997, 3275, 3276, der insoweit mehr Präzision fordert.

614 Siehe etwa *Hüffer*, AktG, § 93, Rdn. 13a.

615 Vgl. hierzu BGHZ 135, 244, 253; unter ähnlichen Voraussetzungen sind auch im US-amerikanischen Recht Ermessensentscheidungen von Unternehmensleitern aufgrund der „business judgement rule" einer gerichtlichen Überprüfung entzogen; siehe dazu eingehend *Abeltshauser*, Leitungshaftung im Kapitalgesellschaftsrecht, S. 130 ff., 169 und *Ulmer* ZHR 163 (1999), 290, 298.

616 So auch *Cahn* ZHR 163 (1999), 554, 580 f.; *ders.* ZHR 164 (2000), 113, 134.

mehr als eine vertretbare unternehmerische Entscheidung im Gesellschaftsinteresse abverlangt.
Im Verhältnis zu der auf das allgemeine Verbot der sittenwidrigen Schädigung und der Verfolgung von Sondervorteilen zu Lasten der Minderheit gestützten Inhaltskontrolle des Bezugsrechtsausschlusses, die sich nur unwesentlich von den allgemeinen, jeden privatrechtlichen Handeln vorgegebenen Grenzen unterscheidet, bedeutet die an gesellschaftsrechtlichen Bedürfnissen ausgerichtete Missbrauchskontrolle allerdings einen Fortschritt. Der Maßstab des Gesellschaftsinteresses orientiert sich trotz der eingeschränkten gerichtlichen Überprüfbarkeit an den Besonderheiten der jeweiligen Gesellschaft. Er ist konkreter, strenger und nicht zuletzt psychologisch unbelastet, weil er den Gerichten und den Parteien keine sozialethische Bewertung der betreffenden Maßnahmen zumutet[617].
Da nach alledem bereits die strengen materiellen Zulässigkeitsvoraussetzungen das Anliegen eines über die Verhinderung von Missbräuchen hinausgehenden Aktionärsschutzes im Ergebnis nicht verwirklichen können, hat die neue Rechtsprechung vom „wohlverstandenen" Gesellschaftsinteresse letztlich auch keine Reduzierung des Minderheitenschutzes zur Folge.

D. Übereinstimmung der konkreten Maßnahme mit dem Gesellschaftsinteresse

I. Interessendienlichkeit der konkreten Maßnahme im Zeitpunkt der Vorstandsentscheidung

Der Zeitpunkt der Vorstandsentscheidung ist maßgebend für die Vorstandsprüfung, ob die konkrete Kapitalmaßnahme mit dem „wohlverstandenen" Gesellschaftsinteresse übereinstimmt. Der Vorstand kann sich also nicht ausschließlich auf das Interesse der Gesellschaft berufen, das bei seiner Ermächtigung zur bezugsrechtsfreien Kapitalerhöhung bestand[618]. Anders als zum Zeitpunkt der Hauptversammlungsentscheidung geht es hier nicht mehr um eine Prüfung der abstrakten Nützlichkeit einer Maßnahme für die Gesellschaft, sondern um die Interessendienlichkeit der konkreten, in Aussicht genommenen Kapitalmaßnahme[619].

---

[617] Siehe dazu *Schockenhoff*, Gesellschaftsinteresse und Gleichbehandlung beim Bezugsrechtsausschluß, S. 21; *Zöllner*, in: Kölner Kommentar zum AktG, § 243, Rdn. 144; *Hüffer*, in: Geßler/Hefermehl/Eckardt/Kropff, Kommentar zum AktG, § 243, Rdn. 48.
[618] *Hüffer*, AktG, § 203, Rdn. 35.
[619] Siehe *Kindler* ZGR 1998, 35, 59 f.

II. Das Gesellschaftsinteresse

Ein überragendes Gesellschaftsinteresse ist nach der Formel vom „wohlverstandenen" Gesellschaftsinteresse nicht notwendig, es genügt vielmehr jedes Interesse der Gesellschaft[620]. Dabei ist nicht notwendig, dass das Unternehmen in seinem Bestand bedroht ist. Es reicht aus, dass mit der Kapitalmaßnahme ein vernünftiges unternehmerisches Ziel verfolgt wird, wie etwa die Sicherung bzw. der Ausbau der wirtschaftlichen Chancen oder der Marktstellung des Unternehmens.

1. Das „wohlverstandene" Gesellschaftsinteresse bei Sachkapitalerhöhungen

In der „Kali&Salz"-Entscheidung[621] hat der BGH zwar für den Fall des Bezugsrechtsausschlusses zum Erwerb einer Sacheinlage das Erfordernis eines „dringenden Interesses am Erwerb des Gegenstandes" betont. Mit dieser Formulierung hat der BGH jedoch nur deutlich gemacht, dass eine geplante Sacheinlage allein den Ausschluss des Bezugsrechts noch nicht rechtfertigt, obwohl eine Sachkapitalerhöhung im Regelfall mit einem Bezugsrechtsausschluss verbunden ist[622]. Zwischen dem Bestandsinteresse einerseits und dem unternehmenspolitischen Interesse andererseits ist ein „dringendes Interesse" der Gesellschaft an der Sacheinlage nur mit großen Unsicherheiten festzulegen. Ein objektives, relativ leicht nachprüfbares Kriterium stellt insoweit lediglich die Marktgängigkeit des als Sacheinlage in die Gesellschaft eingebrachten Wirtschaftsgutes dar[623].

Wie der BGH in der „Kali&Salz"-Entscheidung hervorgehoben hat[624], ist es nicht erforderlich, dass der Erwerb einer Sacheinlage für die Gesellschaft unerlässlich ist. Eine derart restriktive Begrenzung des Bezugsrechtsausschlusses würde die unternehmenspolitische Autonomie und die zur Kapital- und Sachmittelbeschaffung geeigneten Maßnahmen unangemessen einengen.

Es genügt vielmehr ein vernünftiges kaufmännisches Interesse der Gesellschaft am Erwerb des Einlagegegenstandes[625]. Ein solches Interesse liegt vor, wenn die AG ein Interesse daran hat, dass der Sacheinleger Aktionär wird. Denn dies

---

[620] BGHZ 71, 40, 49 f.; siehe auch *Lutter*, in: Kölner Kommentar zum AktG, § 186, Rdn. 61; *Hefermehl/Bungeroth*, in: Geßler/Hefermehl/Eckardt/Kropff, Kommentar zum AktG, § 186, Rdn. 109.

[621] BGHZ 71, 40, 46 f.

[622] Vgl. dazu *Hefermehl/Bungeroth*, in: Geßler/Hefermehl/Eckardt/Kropff, Kommentar zum AktG, § 183, Rdn. 35.

[623] *Martens*, in: Festschrift Fischer, S. 437, 448.

[624] BGHZ 71, 40, 50.

[625] Vgl. auch BGHZ 71, 40, 46.

ist gerade die Möglichkeit, welche die Kapitalerhöhung gegen Sacheinlagen im Unterschied zur Barkapitalerhöhung eröffnet. Ist der Sacheinleger bereits Aktionär, so hat die Gesellschaft auch eine gemischte Kapitalerhöhung zu erwägen, bei der für die übrigen Aktionäre Bareinlagen festgesetzt werden[626]. Die Gründe, warum die Gesellschaft ein Interesse daran hat, dass der Sacheinleger Aktionär wird, können sehr unterschiedlich sein. Sei es, dass z.B. der Einleger nur gegen Überlassung von Aktien zur Veräußerung bereit ist, sei es, dass auf diese Weise der Gegenstand günstiger erworben werden kann als durch einen käuflichen Erwerb, oder sei es, dass die Gesellschaft ein Interesse daran hat, dass der Einleger Aktionär wird, weil der Gegenstand anders nicht erworben werden kann. Letzteres ist beispielsweise bei der Umwandlung von Schulden in Kapital der Fall, wenn der Gläubiger Gesellschafter wird, und als Sacheinlage für die Aktien, die er erhält, seine Forderung gegen die Gesellschaft einbringt, denn die Forderung kann nur als Sacheinlage eingebracht werden[627]. In einem solchen Fall ist allerdings zu beachten, dass die Gesellschaft ein vernünftiges kaufmännisches Interesse am Erwerb der Forderung haben muss, damit der Bezugsrechtsausschluss sachlich gerechtfertigt ist. Dieses Interesse besteht nicht, wenn der Gesellschaft die zur Tilgung erforderlichen Mittel entweder zur Verfügung stehen oder durch eine Kapitalerhöhung ohne Bezugsrechtsausschluss beschafft werden können. Denn dann hat die AG kein Interesse daran, die Darlehensforderung gegen Aktien zu erwerben, stattdessen wird sie die Forderung tilgen. Da dies der Regelfall sein wird, bleibt als Anwendungsbereich des Bezugsrechtsausschlusses wohl nur die Umwandlung von Schulden in Kapital zu Sanierungszwecken, wenn seitens der Aktionäre keine Bereitschaft besteht oder zu erwarten ist, neue Aktien zu zeichnen[628].

2. Das „wohlverstandene“ Gesellschaftsinteresse bei Barkapitalerhöhungen

Bei einer Sachkapitalerhöhung erfolgt der Bezugsrechtsausschluss bereits dann im Gesellschaftsinteresse, wenn auf Seiten der Gesellschaft ein Interesse am Erwerb des Einlagegegenstandes besteht. Dies könnte auf die Barkapitalerhöhung dergestalt zu übertragen sein, dass an die Stelle des Erwerbsinteresses ein Finanzierungsinteresse der Gesellschaft tritt. So genügt im Sonderfall des er-

---

[626] *Lutter* ZGR 1979, 401, 406 f.; *Schockenhoff*, Gesellschaftsinteresse und Gleichbehandlung, S. 65 ff.; *Hüffer*, AktG, § 186, Rdn. 34; *Hefermehl/Bungeroth*, in: Geßler/Hefermehl/Eckardt/Kropff, Kommentar zum AktG, § 183, Rdn. 35.

[627] Vgl. dazu *Hüffer*, AktG, § 186, Rdn. 35, § 27, Rdn. 25.

[628] So auch *Hüffer*, AktG, § 186, Rdn. 35; *Hirte*, Bezugsrechtsausschluß und Konzernbildung, S. 75.

leichterten Bezugsrechtsausschlusses nach § 186 III 4 AktG die „Stärkung der Eigenkapitalbasis des Unternehmens“[629].
Gerade im Hinblick auf diese Vorschrift ergeben sich jedoch Zweifel daran, ob bei einer bezugsrechtsfreien Barkapitalerhöhung - außerhalb des Anwendungsbereichs von § 186 III 4 AktG - allein das Interesse an einer günstigen Finanzierung als „wohlverstandenes“ Interesse der Gesellschaft ausreicht. Ein solches Finanzierungsinteresse bestünde bei einer börsennotierten Gesellschaft darin, einen börsenkursorientierten Ausgabebetrag der jungen Aktien zu erzielen und möglichst geringe Emissionskosten zu verursachen. Genau auf dieses Ziel ist aber die Regelung des erleichterten Bezugsrechtsausschlusses gem. § 186 III 4 AktG zugeschnitten. Soweit man, wie z.B. *Hüffer*[630], bei sinngemäßer Anwendung des § 186 III 4 AktG im Rahmen des genehmigten Kapitals ein allgemeines Finanzierungsinteresse als „wohlverstandenes“ Gesellschaftsinteresse genügen lassen wollte, darf nicht außer Acht gelassen werden, dass § 186 III 4 AktG den Umfang der Kapitalerhöhung auf maximal 10 % des Grundkapitals beschränkt. Dagegen lässt die „Siemens/Nold“-Rechtsprechung die 50 %-Grenze aus § 202 III 1 AktG unberührt.
Vor diesem Hintergrund kann der Vorstand das „wohlverstandene“ Gesellschaftsinteresse außerhalb des Anwendungsbereichs von § 186 III 4 AktG nicht allein mit dem Interesse nach einer günstigen Finanzierung begründen. Bei einem regulären Bezugsrechtsausschluss muss vielmehr ein über die bloße Zuführung neuer Eigenmittel hinausgehender Zweck vorliegen, dessen Realisierung die Kapitalerhöhung dienen soll. Ein Bezugsrechtsausschluss bei einer Barkapitalerhöhung liegt daher erst dann im Interesse der Gesellschaft, wenn der Vorstand mit der Kapitalerhöhung Ziele verfolgt, die über eine bloße Stärkung der Liquidität hinausgehen, wie z.B. bei der Ausgabe von Belegschaftsaktien[631], der Sanierung des Unternehmens[632], der Börseneinführung und Auslandsplazierung[633], der Begründung strategischer Allianzen[634], der Bedienung von Wande-

---

[629] Vgl. dazu die Begründung des Rechtsausschusses zum Entwurf des Gesetzes für kleine Aktiengesellschaften und zur Deregulierung des Aktienrechts, BT-Drucks. 12/6721, S. 10, BT-Drucks. 12/7848 vom 13.06.1994, S. 9, abgedruckt bei *Seibert/Köster/Kiem*, Die kleine Aktiengesellschaft, Rdn. 367 ff.
[630] *Hüffer*, AktG, § 203, Rdn. 11.
[631] Siehe BGHZ 83, 319, 323; BGHZ 136, 133; BGHZ 144, 290 mit Anm. *Hirte* EWiR § 203 AktG 1/2000, 941; vgl. auch *Timm* DB 1982, 211 (Fußn. 9); *Hirte*, Bezugsrechtsausschluß und Konzernbildung, S. 61; *Lutter*, in: Kölner Kommentar zum AktG, § 186, Rdn. 67 und *Wiedemann*, in: Großkommentar zum AktG, § 186, Rdn. 156.
[632] LG Heidelberg ZIP 1988, 1257, 1258; *Hüffer*, AktG, § 186, Rdn. 31; *Hefermehl/Bungeroth*, in: Geßler/Hefermehl/Eckardt/Kropff, Kommentar zum AktG, § 186, Rdn. 131.
[633] BGHZ 125, 239, 242 f.; *Hefermehl/Bungeroth*, in: Geßler/Hefermehl/Eckardt/Kropff, Kommentar zum AktG, § 186, Rdn. 133; *Lutter*, in: Kölner Kommentar zum AktG, § 186, Rdn. 72.

lungs- und Optionsrechten aus Schuldverschreibungen[635], der Aufrechterhaltung des Verhältnisses verschiedener Aktiengattungen[636], der Abwehr des Einflusses bestimmter Aktionäre[637] sowie bei dem Ausschluss von Spitzenbeträgen[638].
Der Vorstand kann dagegen den Ausschluss des Bezugsrechts nicht allein mit einem hohen Ausgabekurs der neuen Aktien rechtfertigen[639]. Ebenso wenig stellt eine vermutete fehlende Übernahmebereitschaft der Altaktionäre[640] und/oder eine schwierige Kapitalmarktsituation[641] einen hinreichenden Rechtfertigungsgrund für den Bezugsrechtsausschluss dar.

III. Die Ermittlung des Gesellschaftsinteresses

Das Gesellschaftsinteresse ist unter Berücksichtigung der Aktionärsinteressen aus dem in der Satzung festgelegten Unternehmensgegenstand und dem verfolgten Gesellschaftszweck zu ermitteln[642].

1. Berücksichtigung der Aktionärsinteressen

Das Gesellschaftsinteresse kann zunächst nicht unabhängig von den Interessen der Aktionäre ermittelt werden[643]. Das persönliche Interesse einzelner Gesell-

---

[634] *Lutter*, in: Kölner Kommentar zum AktG, § 186, Rdn. 69; *Krieger*, in: Münchener Handbuch, Aktiengesellschaft, § 56, Rdn. 74; *Martens*, in: Festschrift Fischer, S. 437, 448.
[635] OLG Stuttgart ZIP 1998, 1482; LG Frankfurt ZIP 1997, 1030; *Hüffer*, AktG, § 186, Rdn. 30; *Krieger*, in: Münchener Handbuch, Aktiengesellschaft, § 56, Rdn. 72.
[636] Sogenannter gekreuzter Bezugsrechtsausschluss, vgl. *Hüffer*, AktG, § 186, Rdn. 30; *Lutter*, in: Kölner Kommentar zum AktG, § 186, Rdn. 17, 68; *Scheifele* BB 1990, 497, 499; dagegen für ein allein auf Erwerb von Aktien der bislang gehaltenen Gattung gerichtetes Bezugsrecht, das einen sog. gekreuzten Bezugsrechtsausschluss entbehrlich machen würde, z.B. *Wiedemann*, in: Großkommentar zum AktG, § 186, Rdn. 69 und *Groß* AG 1993, 449, 452.
[637] BGHZ 33, 175, 186 f.; vgl. *Hefermehl/Bungeroth*, in: Geßler/Hefermehl/Eckardt/Kropff, Kommentar zum AktG, § 186, Rdn. 135 f.; *Hüffer*, AktG, § 186, Rdn. 32.
[638] BGHZ 83, 319, 323; *Lutter*, in: Kölner Kommentar zum AktG, § 186, Rdn. 66; *Hüffer*, AktG, § 186, Rdn. 29.
[639] *Hüffer*, AktG, § 186, Rdn. 33; *Lutter*, in: Kölner Kommentar zum AktG, § 186, Rdn. 76; a.A. *Hefermehl/Bungeroth*, in: Geßler/Hefermehl/Eckardt/Kropff, Kommentar zum AktG, § 186, Rdn. 130.
[640] Jüngst OLG Celle AG 2002, 292 f.; *Hefermehl/Bungeroth*, in: Geßler/Hefermehl/Eckardt/Kropff, Kommentar zum AktG, § 186, Rdn. 132.
[641] *Lutter*, in: Kölner Kommentar zum AktG, § 186, Rdn. 77; anders dagegen *Timm* DB 1982, 211, 215.
[642] Zum Zusammenhang von Gesellschaftsinteresse und Gesellschaftszweck: BGHZ 71, 40, 44, 46 f.; *Hirte*, Bezugsrechtsausschluß und Konzernbildung, S. 23 ff.; *Schockenhoff*, Gesellschaftsinteresse und Gleichbehandlung beim Bezugsrechtsausschluß, S. 15 ff. m.w.N.; implizit *Lutter*, in: Kölner Kommentar zum AktG, § 186, Rdn. 50.

schafter oder Verwaltungsmitglieder kann für die Bestimmung des Gesellschaftsinteresses zwar nicht maßgebend sein. So wird es etwa einem Kleinaktionär einer Publikumsgesellschaft, der ausschließlich Anlageinteressen verfolgt, in der Regel darauf ankommen, dass sich seine finanzielle Position entweder verbessert oder wenigstens nicht verändert, während aus der Sicht der Gesellschaft andere Gründe ins Blickfeld geraten, wie die Entwicklung des Unternehmens, die Position am Markt, im Wettbewerb, etc. Die Ermittlung des Gesellschaftsinteresses ist jedoch ohne Beachtung der Interessen der Gesellschafter kaum vorstellbar. Häufig stehen die Interessen der Aktionäre gerade im Einklang mit denen der Gesellschaft, wie etwa, wenn es um die höchstmögliche Gewinnerwirtschaftung geht. Das Interesse der Gesellschaft umfasst auch die Interessen ihrer Mitglieder als notwendiger Bestandteil der Gesellschaft. Die Abwägung der Interessen der Gesellschaft an der Durchführung einer bezugsrechtsfreien Kapitalerhöhung und der Aktionäre am Erhalt ihrer Rechtsposition war schon immer Teil der Formel vom Gesellschaftsinteresse[644]. Je schwerer der Eingriff in die Rechte der Aktionäre, wie etwa infolge der Beeinträchtigung der Stimmkraft und der Verwässerung der Beteiligung, desto gewichtiger muss das Gesellschaftsinteresse am Ausschluss des Bezugsrechts sein[645].

2. Der Unternehmensgegenstand als äußerer Rahmen

Der in der Satzung fixierte Unternehmensgegenstand kann bei der Ermittlung des Gesellschaftsinteresses nur einen äußeren Rahmen zulässiger Zwecke für einen Bezugsrechtsausschluss abstecken. Er kann dagegen nicht die Übereinstimmung der Kapitalmaßnahme mit dem Gesellschaftsinteresse begründen[646]. Eine andere Beurteilung wäre mit der neuen Rechtsprechung zum Bezugsrechtsausschluss nicht vereinbar, wonach die konkrete Kapitalmaßnahme zum einen mit dem in der Satzung festgelegten Unternehmensgegenstand und zum anderen mit dem „wohlverstandenen" Gesellschaftsinteresse übereinstimmen muss.

Das Gesellschaftsinteresse deckt sich mit dem von den Gründern übereinstimmend festgelegten Sinn des Zusammenschlusses, der regelmäßig in der Erwirtschaftung von Gewinnen besteht, während der Unternehmensgegenstand die Tätigkeit bezeichnet, mittels derer das Gesellschaftsinteresse erreicht werden soll. Der Gegenstand eines Unternehmens ist insoweit ohne selbständigen Aus-

---

[643] Anders dagegen *Ebenroth/Müller* BB 1993, 509, 511.
[644] BGHZ 71, 40, 45; BGHZ 120, 141, 145 f.; BGHZ 125, 239, 241.
[645] Vgl. etwa *Hüffer*, AktG, § 186, Rdn. 28.
[646] Siehe *Hirte*, Bezugsrechtsausschluß und Konzernbildung, S. 24.

sagewert für seinen Erfolg[647]. Der Gegenstand und das Interesse des Unternehmens stehen vielmehr in einer Mittel-Zweck-Relation[648].

3. Förderung des Gesellschaftszwecks.

Das Finanzierungsvorhaben stimmt mit dem Gesellschaftsinteresse überein, wenn die Maßnahme für sachbezogen abwägende Gesellschaftsorgane dem Unternehmen dienlich erscheint und den Gesellschaftszweck fördert[649].
Ob ein Bezugsrechtsausschluss den Gesellschaftszweck fördert, kann zunächst nur allgemein beantwortet werden. Der Gesellschaftszweck kann auf Zielsetzungen ganz unterschiedlicher Art gerichtet sein. Sofern die Gesellschaft ein Unternehmen betreibt, gibt der Gesellschaftszweck je nach seinem Inhalt entsprechende Unternehmensziele vor. Dem Gesellschaftszweck entspricht in der Regel das Unternehmensziel der wirtschaftlich selbständigen Gewinnerzielung, soweit keine besonderen Vereinbarungen getroffen worden sind[650]. Dies gilt insbesondere für Aktiengesellschaften, die den Kapitalmarkt in Anspruch nehmen und somit eine am Börsenkurs als entscheidendem Marktindikator messbare Steigerung des Unternehmenswertes anstreben[651].

Vor diesem Hintergrund spielt insbesondere die Festsetzung des Ausgabebetrages der neuen Aktien bei der Bewertung der Übereinstimmung der geplanten Maßnahme mit dem Gesellschaftsinteresse eine entscheidende Rolle[652]. Welchen Pflichtenbindungen der Vorstand in diesem Zusammenhang unterliegt, wird an anderer Stelle[653] eingehend untersucht.
Bemüht sich der Vorstand aus unvertretbaren Gründen nicht um die Ausgabe von neuen Aktien zum höchstmöglichen Ausgabepreis, erleidet die Gesellschaft einen Schaden, und zwar in Form des entgangenen Gewinns. Denn bei pflichtgemäßem Handeln der Vorstandsmitglieder hätte sie eine höhere Einlage, also mehr Eigenkapital erhalten und ihre Finanzkraft dementsprechend gestärkt[654]. Zugleich erleiden die vom Bezug neuer Aktien ausgeschlossenen Aktionäre ei-

---

[647] *Schockenhoff*, Gesellschaftsinteresse und Gleichbehandlung beim Bezugsrechtsausschluß, S. 24.

[648] Vgl. zur Abgrenzung von Gegenstand und Zweck des Unternehmens *Heider*, in: Münchener Kommentar zum AktG, § 3, Rdn. 15 m.w.N; *Hüffer*, AktG, § 23, Rdn. 22.

[649] *Hüffer*, AktG, § 186, Rdn. 26, § 23, Rdn. 22; *Hefermehl/Bungeroth*, in: Geßler/Hefermehl/Eckardt/Kropff, Kommentar zum AktG, § 186, Rdn. 112.

[650] *Martens*, in: Festschrift Fischer, S. 437, 455.

[651] *Volhard* AG 1998, 397, 400; *Hüffer* ZHR 161 (1997), 214, 227 f.

[652] Siehe *Hirte*, Bezugsrechtsausschluß und Konzernbildung, S.116; nach *Lutter*, in: Kölner Kommentar, § 186, Rdn. 76 liegt eine Aktienausgabe zu möglichst hohen Kursen im Regelfall im Interesse der Gesellschaft.

[653] Siehe dazu unten im 2. Teil, § 4 A.

[654] *Lutter*, in: Kölner Kommentar zum AktG, § 204, Rdn. 29; *Klette* BB 1968, 1101, 1103 und wohl bereits auch *Mestmäcker* BB 1961, 945, 948.

nen Schaden, indem ihre ursprüngliche Beteiligungsquote „verwässert" wird. Der Vorstand hat in diesem Fall die Ermächtigung zur Schaffung bezugsrechtsfreien genehmigten Kapitals nicht im „wohlverstandenen" Interesse der Gesellschaft ausgenutzt.

E. Ergebnis

Bei der Überprüfung, ob die Durchführung des konkreten Finanzierungsvorhabens im „wohlverstandenen" Interesse der Gesellschaft liegt, steht dem Vorstand ein weites unternehmerisches Ermessen zu. Es besteht daher nur eine sehr begrenzte gerichtliche Überprüfbarkeit der Vorstandsentscheidung. Die mit der Beurteilung von Bezugsrechtsausschlüssen befassten Gerichte müssen sich mit der generellen Feststellung der Vertretbarkeit der unternehmerischen Entscheidung begnügen. Sofern eine solche vorliegt, muss sie akzeptiert werden. Dies hat zur Folge, dass sowohl eine Aufhebung des Bezugsrechtsausschlusses als auch eine Haftung der Organmitglieder entfällt. Angesichts des weiten unternehmerischen Ermessensspielraums des Vorstandes bei der Unternehmensführung kann eine Haftung des Vorstandes erst bei „schlechthin unvertretbarem Vorstandshandeln" eingreifen.

§ 4 Die Pflichten des Vorstandes bei der Ausgabe der neuen Aktien

A. Die Pflichten des Vorstandes bei der Bestimmung des Ausgabebetrages der neuen Aktien

I. Die Kompetenzübertragung

Wie der BGH in der „Siemens/Nold"-Entscheidung[655] ausgeführt hat und wie sich aus § 204 I 1 AktG ergibt, ist die Hauptversammlung berechtigt, den Vorstand zur Festsetzung des Ausgabebetrages der neuen Aktien zu ermächtigen. Die Höhe des Ausgabepreises gehört zu den „Bedingungen der Aktienausgabe" i.S.v. § 204 I 1 AktG.

Diese Kompetenzübertragung ist zu begrüßen, da der Zeitpunkt der Emission bei der Beschlussfassung der Hauptversammlung noch gar nicht feststeht. Die Hauptversammlung kann daher die für die Bestimmung des Ausgabebetrages entscheidenden, insbesondere auf den jeweiligen Markt- und Börsenverhältnissen beruhenden Umstände bei der Ermächtigung des Vorstandes noch nicht sachgerecht berücksichtigen[656]. Der Vorstand ist dagegen in der Lage, unter Berücksichtigung der besonderen Verhältnisse der Marktlage eine sachgerechte

[655] BGHZ 136, 133, 141 f.

[656] So auch BGHZ 136, 133, 141.

Bestimmung des Ausgabebetrages vorzunehmen. Sinn und Zweck der Regelung des § 204 I 1 AktG besteht demnach gerade darin, die Bedingungen der Aktienausgabe im Interesse eines bestmöglichen Finanzierungserfolges variabel zu halten.

Eine vorzeitige Festlegung eines Höchst- bzw. eines Mindestausgabebetrages der neuen Aktien[657] durch die Hauptversammlung erscheint problematisch. Die Hauptversammlung müsste eine Prognoseentscheidung treffen und daher bei der Festsetzung des Ausgabebetrages einen bestimmten Risikoabschlag vornehmen. Eine derartige Einschränkung des Handlungsspielraums der Verwaltung würde die Gefahr des Scheiterns der Kapitalerhöhung erhöhen[658].
Soweit die Hauptversammlung dem Vorstand einen Mindestausgabebetrag vorgegeben hat, unter dem die neuen Aktien nicht ausgegeben werden dürfen, besteht die Gefahr, dass sich der nach den ursprünglichen Marktgegebenheiten erzielbare Preis aufgrund rückläufiger Nachfrage innerhalb des Ermächtigungszeitraums nicht mehr realisieren lässt. So kann der zukünftige Aktienkurs den festgesetzten Mindestausgabebetrag unterschreiten, womit die Kapitalerhöhung zu dem gewünschten Zeitpunkt möglicherweise undurchführbar wäre[659].
Die Hauptversammlung kann dem Vorstand demgegenüber auch eine derart niedrige Preisvorgabe im Ermächtigungsbeschluss gem. § 204 I 1 AktG unterbreitet haben, dass die Bestimmung des Ausgabebetrages gegen rechtliche Preisuntergrenzen (vgl. §§ 186 III 4, 255 II AktG) verstößt, die der Vorstand bei der Ausgabe der neuen Aktien zu berücksichtigen hat[660].
Ermächtigt die Hauptversammlung den Vorstand zur Bestimmung des Ausgabepreises der neuen Aktien, ist es dem Vorstand daher möglich, den Ausgabepreis den im Zeitpunkt der Plazierung vorherrschenden Markt- und Börsenverhältnissen anzupassen. Nur auf diesem Wege lässt sich die Plazierung der neuen Aktien trotz geänderter Marktgegebenheiten erfolgreich und bestmöglich durchführen.

Vor diesem Hintergrund ist es nur folgerichtig, dass der Hauptversammlung in § 204 I 1 AktG die Möglichkeit gegeben wird, den Vorstand zur Festsetzung des Ausgabebetrages zu ermächtigen[661]. Diese Möglichkeit besteht unabhängig davon, ob das Bezugsrecht den Aktionären eingeräumt wird, ob es unmittelbar von der Hauptversammlung ausgeschlossen oder ob der Vorstand zum Bezugsrechtsausschluss ermächtigt wird[662].

---

[657] Für die Festlegung eines Mindestausgabebetrages etwa *Claussen* WM 1996, 609, 612 f.
[658] Vgl. dazu *Aubel*, Der vereinfachte Bezugsrechtsausschluß, S. 73.
[659] Vgl. etwa *Schwark*, in: Festschrift Claussen, S. 357, 363, der die wegen eines zu hohen Ausgabebetrages misslungene Kapitalerhöhung der Commerzbank aus dem Jahr 1986 anführt.
[660] Näher dazu unten, 2. Teil, § 4 A III 2.
[661] Siehe etwa *Lutter*, in: Kölner Kommentar zum AktG, § 204, Rdn. 7; *Hüffer*, AktG, § 204, Rdn. 5; *Krieger*, in: Münchener Handbuch, Aktiengesellschaft, § 58, Rdn. 27 f.
[662] BGHZ 136, 133, 141.

II. Zweistufiges Ausgabeverfahren und „bookbuilding"-Methode

Bei einer Kapitalerhöhung unter Ausschluss des Bezugsrechts der Altaktionäre werden die neuen Aktien im Regelfall in einem zweistufigen Verfahren ausgegeben, indem die gesamte Emission zunächst von einem Bankenkonsortium zu pari übernommen wird und erst anschließend im Publikum plaziert wird[663]. Die Aktien werden dabei zum Nennwert, also ohne Festsetzung eines höheren, über dem Nennwert liegenden Ausgabebetrages i.S.v. § 185 I 3 Nr. 2 AktG von den Banken - unter Übernahme einer Mehrerlösabführungspflicht - gezeichnet[664]. Die Zeichnung der Aktien zum Nennwert erlaubt dem Vorstand des Emittenten, den endgültigen Emissionspreis erst festzusetzen, wenn die Konsortialbanken die Aktien bereits gezeichnet haben. Dadurch hat der Vorstand bei der Preisbestimmung ein höheres Maß an Flexibilität, um etwa nach Eintragung der Kapitalerhöhung noch auf negative Einflüsse am Kapitalmarkt reagieren zu können. Wird der anzumeldende Betrag auf den Nennbetrag beschränkt (§§ 203 I 1, 185 I 3 Nr. 2 AktG), kann die Plazierung selbst dann noch erfolgreich abgeschlossen werden, wenn sich der nach den ursprünglichen Marktverhältnissen erzielbare Preis aufgrund rückläufiger Nachfrage nach Eintragung der Kapitalerhöhung nicht mehr realisieren lässt.

Dieses Verfahren ist rechtlich zulässig[665] und hat sich in der Praxis durchgesetzt. Die Volleinzahlung des Verkaufserlöses nach Zeichnung der neuen Aktien verstößt nicht gegen den Grundsatz der realen Kapitalaufbringung. Dies belegt u.a. die Verwendung unterschiedlicher Begriffe in § 186 V AktG („das für die Aktien zu leistende Entgelt") und in §§ 36 a I, 182 III AktG („Ausgabe der Aktien für einen höheren als den Nennbetrag"). Das zweistufige Ausgabeverfahren lässt sich zudem auf § 204 I AktG stützen, wonach die Hauptversammlung dem Vorstand gestatten kann, die endgültige Höhe des Ausgabebetrages erst nach Zeichnung der Anteile und Eintragung der Kapitalerhöhung festzulegen.

Für die Preisfindung selbst sind zwei Ansätze wesentlich, das Festpreis- und das „bookbuilding"-Verfahren[666]. Letzteres hat in den vergangenen Jahren mit der verstärkten Internationalisierung und Professionalisierung des Emissionsgeschehens nach angelsächsischem Vorbild auch in Deutschland maßgebliche Be-

---

663 Vgl. *Hüffer*, AktG, § 182, Rdn. 5, § 186, Rdn. 44; *Technau* AG 1998, 445, 447 f.; *Kübler*, Gesellschaftsrecht, S. 221 f.

664 Siehe *Schanz*, Börseneinführung, S. 310.

665 So auch die überwiegende Meinung in der Literatur: *Wiedemann* WM 1979, 990 ff.; *Trapp* AG 1997, 115, 119 f.; *Hüffer*, AktG, § 182, Rdn. 24, § 186, Rdn. 50; *Lutter*, in: Kölner Kommentar zum AktG, § 186, Rdn. 107; *Hoffmann-Becking*, in: Festschrift Lieberknecht, S. 25, 30 f.

666 Eingehend dazu *Schanz*, Börseneinführung, S. 308 ff. und *Willamowski*, Bookbuilding, S. 19 ff.

deutung erlangt und findet insbesondere bei Kapitalerhöhungen unter Ausschluss des Bezugsrechts Anwendung[667].

Beim Festpreisverfahren bieten die Konsortialbanken die Aktien zu einem vorgegebenen festen Preis an, der auf der Basis einer Unternehmensanalyse unter Berücksichtigung der Börsenbewertung vergleichbarer Gesellschaften und der allgemeinen Marktlage zwischen Banken und Emittent festgesetzt wurde. Die tatsächliche Nachfrage und Einschätzung der Aktie durch die Investoren bleiben bei dieser Methode somit im wesentlichen unberücksichtigt, was zu Fehleinschätzungen bei der Preisbestimmung führen kann. Die Emissionsbanken lassen sich die Übernahme der Plazierungsgefahr durch einen Risikoabschlag vom Zeichnungsbetrag vergüten und vereinnahmen letztlich den vollen Verkaufserlös. Aufgrund des hohen Risikos, nicht den „richtigen" Emissionspreis festzusetzen, ist bei diesem Verfahren für den Emittenten bzw. die Altaktionäre eine Maximierung des Emissionserlöses daher kaum möglich.

Wie die folgenden Ausführungen zeigen werden, erlaubt dagegen die „bookbuilding"-Methode[668] eine marktangepasste Maximierung des Ausgabepreises der neuen Aktien bei gleichzeitiger Senkung des Plazierungsrisikos. Um etwa bei Barkapitalerhöhungen mit Bezugsrechtsausschluss zwecks Stärkung der Eigenkapitalbasis höchstmögliche Emissionserlöse für die Gesellschaft zu erreichen (vgl. § 186 III 4 AktG), kann gerade das Gesellschaftsinteresse verlangen, ein „bookbuilding"-Verfahren durchzuführen, in welchem regelmäßig gezielt institutionelle Investoren angesprochen werden, die zur Aktienübernahme bewegt werden sollen und an einer langfristigen Anlage interessiert sind.

Wesentlicher Unterschied des „bookbuilding"-Verfahrens zum Festpreisverfahren ist zunächst die Einbeziehung der Investoren in den Preisfindungsprozess und dessen enge Verbindung mit den Marketingaktivitäten. Dabei kommt einer bereits bestehenden Börsennotierung maßgebliches Gewicht zu[669]. Überdies wird der Emissionspreis nicht vor Beginn der Zeichnungsfrist festgelegt, sondern erst unmittelbar vor der Zuteilung und nach Ablauf einer sieben- bis vierzehntätigen Phase, in der die Angebote für die Zeichnung der Aktien eingeholt wurden[670].

Das „bookbuilding"-Verfahren gliedert sich in drei Phasen[671]: Im Rahmen einer sog. „Pre-Marketing"-Phase werden vom Konsortialführer wichtige institutionelle Anleger angesprochen, die dann auf der Grundlage der Unternehmensana-

---

[667] Vgl. *Willamowski*, Bookbuilding, S. 45 ff.

[668] Vgl. dazu insbesondere *Groß* ZHR 162 (1998), 318 ff.; *Hein* WM 1996, 1 ff.; *Schanz*, Börseneinführung, S. 310 ff. und siehe jüngst *Willamowski*, Bookbuilding, S. 56 ff.

[669] *Schanz*, Börseneinführung, S. 311.

[670] Vgl. hierzu *Hein* WM 1996, 1 ff.; *Trapp* AG 1997, 115, 119 f.; *Hoffmann-Becking*, in: Festschrift Lieberknecht, S. 25 ff.

[671] *Willamowski*, Bookbuilding, S. 56 ff. untergliedert das "bookbuilding"-Verfahren sogar in vier Phasen.

lysen der Banken und ihrer eigenen Bewertungen ihre Preiseinschätzungen abgeben. Diese bilden die Grundlage für eine Preisspanne von 10 - 20 %, welche die Konsortialführung in die Aufforderung zur Zeichnung aufnimmt. In einer zweiten Phase folgen die Präsentationsveranstaltungen der „Road Show", in deren Anschluss die Investoren Gelegenheit haben, während der sog. „bookbuilding"-Periode bei den Konsortialbanken Gebote innerhalb der vorgegebenen Preisspanne abzugeben. Nach Abschluss dieser Periode erfolgt in einer dritten Phase die Festsetzung des Emissionspreises auf der Grundlage einer Analyse des Orderbuchs, d.h. der vorliegenden Kaufaufträge. Dabei geht es in erster Linie um die Festsetzung des höchsten Preises innerhalb der Preisspanne, zu dem die Gesamtemission plaziert werden kann. Die Aktienzuteilung erfolgt sodann nach Festsetzung des Plazierungspreises nach der Höhe der während des „order-taking" abgegebenen Angebote[672].

Gegenüber dem Festpreisverfahren bietet die „bookbuilding"-Methode damit dem Vorstand die Möglichkeit einer marktorientierten Preisgestaltung durch Einbeziehung der Investoren in den Preisfindungsprozess, was zu einer Maximierung des Emissionserlöses führt. Es darf allerdings nicht außer Acht gelassen werden, dass die damit einhergehende Transparenz der Nachfrage und die Kontrolle des Zuteilungsverfahrens dem Vorstand die Einflussnahme auf die Aktionärsstruktur erlaubt. An anderer Stelle[673] wird erörtert, ob dem Vorstand durch das „bookbuilding"-Verfahren mit Blick auf das Neutralitätsgebot zu weitreichende Kompetenzen eingeräumt werden.

III. Die Richtlinien der Vorstandsentscheidung

Wenn das Bezugsrecht nicht ausgeschlossen ist oder ein mittelbares Bezugsrecht besteht, muss der Vorstand bei der Festsetzung des Ausgabebetrages der neuen Aktien neben der Untergrenze des § 9 I AktG (Verbot der Unterpariemission) nur etwaige Vorgaben des Ermächtigungsbeschlusses beachten (§ 204 I 1 AktG). Ist das Bezugsrecht der Aktionäre hingegen ausgeschlossen, hat der Vorstand bei der Bestimmung des Ausgabebetrages weitere Preisgrenzen zu berücksichtigen.

1. Rechtliche Preisobergrenzen

Einzelne Stimmen im Schrifttum[674] betonen, dass es bei der Festsetzung des Ausgabebetrages der neuen Aktien keine rechtliche Preisobergrenze, sondern nur praktisch die natürliche Schranke des erzielbaren Preises am Kapitalmarkt gebe.

---

672 Siehe hierzu wiederum *Groß* ZHR 162 (1998), 318, 321 f.

673 Siehe unten, 2. Teil, § 4 C II 2.

674 Vgl. *Lutter*, in: Kölner Kommentar, § 204, Rdn. 12.

Soweit die neuen Anteile privat angeboten werden und der Anlageinteressent Gelegenheit gehabt hat, das Erwerbsangebot wertmäßig zu überprüfen, stößt dieser Standpunkt auf keine Bedenken. Denn der Interessent kann sich in diesem Fall regelmäßig selbst vor einer Überteuerung des Anteilserwerbs ausreichend schützen und auf diese Weise sein Äquivalenzinteresse wahren, d.h. sein Interesse für den Erwerbspreis einen angemessenen Gegenwert zu erhalten.
Werden die neuen Anteile dagegen öffentlich plaziert, besteht die Gefahr, dass die börsennotierte Gesellschaft rechtswidrig erlangte Marktvorteile zum Nachteil der Anlageinteressenten ausnutzt. Ist das Unternehmen am Markt nachhaltig überbewertet, liegt der Börsenkurs also beachtlich und konstant über dem Unternehmenswert, so ist es naheliegend, dass die Gesellschaft dem Anlegerpublikum nachteilige Wirtschaftsdaten vorenthalten hat, und zwar unter Verstoß gegen die Publizitätsregeln, wie etwa die in § 15 I 1 WpHG verankerte Ad-hoc-Publizitätspflicht.
Legt die Gesellschaft ungünstige Wirtschaftsdaten nicht offen und hält der Vorstand an seiner Preispolitik dennoch unverändert fest, so werden die künftigen Gesellschafter geschädigt, indem ihr Äquivalenzinteresse beeinträchtigt wird. Die Interessen der Neugesellschafter kollidieren mit denen der Altgesellschafter. Das Interesse der Altgesellschafter an der mit dem erhöhten Mittelzufluss verbundenen Wertsteigerung, durch die ihr Quotenverlust zumindest vermögensrechtlich ausgeglichen wird, könnte in derartigen Fällen zurücktreten. Denn andernfalls würden die Neugesellschafter durch die Überteuerung des Angebots ihrerseits zum Opfer einer „Quersubventionierung“, deren Empfänger atypischerweise die Altgesellschafter wären[675].
Es stellt sich daher die Frage, ob der Vorstand bei der Festlegung des Ausgabebetrages der neuen Aktien eine rechtliche Preisobergrenze zum Schutz der eintretenden Neuaktionäre zu beachten hat. Vereinzelt wird eine solche Preisobergrenze in Erwägung gezogen, wenn das Unternehmen am Markt überbewertet ist oder es noch an einer Preisbildung am Markt mangelt[676].
Es trifft zwar zu, dass das Erwerbsinteresse der Neuaktionäre regelmäßig mit dem Erhaltungsinteresse der bezugsberechtigten Altaktionäre kollidiert und diese Problematik bei Ausschluss des Bezugsrechts insbesondere die Bemessung des Ausgabepreises betrifft. Die Einführung einer Preisobergrenze zum Schutz der Aktienkäufer würde jedoch voraussetzen, dass die Vorstandsmitglieder bei der Festsetzung des Ausgabebetrages der neuen Aktien nicht nur verpflichtet wären, die Interessen der Altaktionäre zu wahren, sondern auch die Interessen der eintretenden Neuaktionäre zu berücksichtigen, obwohl letztere gerade noch keine Gesellschafter geworden sind.

---

[675] So *Ekkenga*, in: VGR, Gesellschaftsrecht in der Diskussion 2000, VGR Bd. 3 (2001), S. 77, 91; *ders.* AG 2001, 615, 624 f.
[676] Siehe etwa *Ekkenga*, in: VGR, Gesellschaftsrecht in der Diskussion 2000, VGR Bd. 3 (2001), S. 77, 91; *ders.* AG 2001, 615, 624 f.

Eine Pflicht der Vorstandsmitglieder zur Beachtung der Interessen der neu eintretenden Gesellschafter könnte sich aus ihrer organschaftlichen Treubindung ergeben. Über ihre gesetzlichen Pflichten hinaus unterliegen die Mitglieder des Vorstandes als Organmitglieder, die fremde Vermögensinteressen sowie Geschäftschancen wahrnehmen, Treubindungen zur AG, die zur Unterscheidung gegenüber den aus der Mitgliedschaft folgenden Treubindungen der Aktionäre als organschaftliche Treubindungen bezeichnet werden[677]. Diese Treubindungen entstehen mit der Bestellung der Vorstandsmitglieder. In Umfang und Intensität der Einzelpflichten gehen sie über den Standard des in § 242 BGB verankerten Grundsatzes von Treu und Glauben hinaus[678].

Die Annahme einer treupflichtgestützten Verhaltensbindung der Vorstandsmitglieder in der vormitgliedschaftlichen Phase[679], also gegenüber Teilnehmern am Kapitalmarkt, die noch nicht Mitglieder der AG geworden sind, stößt dagegen auf Bedenken. Die Vorstandsmitglieder sind der Gesellschaft und ihren Gesellschaftern zu treugemäßem Verhalten verpflichtet, da sie deren Vermögensinteressen auf der Grundlage ihrer rechtsgeschäftlichen Bestellung wahrzunehmen haben. Eine derartige Vermögensbetreuungspflicht kommt den Vorstandsmitgliedern gegenüber den künftigen Aktionären, die an der Gesellschaft noch keine Beteiligung haben, gerade nicht zu.

Die betroffenen Neugesellschafter sind nicht zur Anfechtung eines Hauptversammlungsbeschlusses gem. § 245 Nr. 1, 2 AktG wegen der Verletzung von Treupflichten befugt. Sie dürfen in der Regel nur darauf vertrauen, dass der Vorstand die Umsetzung eines rechtswidrigen Beschlusses der Hauptversammlung unterlässt, sollte dieser auch wegen Ablaufs der Klagefrist bestandskräftig geworden sein[680].

Gegen die Einführung einer rechtlichen Preisobergrenze zum Schutz der Neuaktionäre spricht schließlich die folgende Überlegung: Da die Überbewertung des Unternehmens am Markt häufig darauf zurückzuführen ist, dass der Vorstand seinen Publizitätspflichten (vgl. etwa § 15 I 1 WpHG) nicht nachgekommen ist, wird die Gesellschaft den Anlegern bereits kapitalmarktrechtlich, etwa nach den Grundsätzen der Börsenprospekthaftung gem. § 45 BörsG, verantwortlich sein. Falsche bzw. geschönte Ad-hoc-Meldungen können ebenso eine Haftung der Vorstandsmitglieder auf der Basis der §§ 823 II BGB i.V.m. 88 Nr. 1 BörsG

---

677 *Hefermehl*, in: Geßler/Hefermehl/Eckardt/Kropff, Kommentar zum AktG, § 76, Rdn. 8; *Mertens*, in: Kölner Kommentar zum AktG, § 93, Rdn. 57 ff.; vgl. auch zur Tendenz in der Rechtsprechung BGH 13, 188, 192; BGHZ 20, 239, 246; BGHZ 49, 30, 31.

678 *Hüffer*, AktG, § 84, Rdn. 9.

679 Siehe dazu etwa *Weber*, Vormitgliedschaftliche Treubindungen, S. 213 ff.

680 Vgl. *Mertens*, in: Kölner Kommentar zum AktG, § 93, Rdn. 118 f.

sowie des § 826 BGB begründen[681]. Schutzgut der Strafvorschrift des § 88 BörsG sind die Zuverlässigkeit und „Wahrheit" der Preisbildung an Börsen und Märkten und damit letztlich auch mittelbar der Schutz des Kapitalanlegers[682]. Eines Schutzes der Neuaktionäre in Gestalt einer rechtlichen Preisobergrenze bedarf es demzufolge nicht.

Eine rechtliche Preisobergrenze zu Gunsten der Neuaktionäre, die der Vorstand bei der Festlegung des Ausgabebetrages der neuen Aktien zu berücksichtigen hat, kann nach alledem unter dem Gesichtspunkt der organschaftlichen Treubindung der Vorstandsmitglieder nicht angenommen werden. Dies schließt allerdings nicht aus, dass die Vorstandsmitglieder denjenigen Käufern verantwortlich sind, die ihre schon vorhandene Beteiligung durch Zukauf von neuen Aktien aufgestockt haben. Der Vorstand hat die Interessen der Altaktionäre bei der Bestimmung des Ausgabebetrages der neuen Aktien stets zu berücksichtigen.

Ist das Bezugsrecht der Aktionäre ausgeschlossen, muss und darf sich der Vorstand demnach bemühen, den höchstmöglichen Erlös für die neuen Aktien zu erzielen[683], um damit sowohl dem Finanzierungsinteresse der Gesellschaft als auch dem Schutz ihrer Gesellschafter vor einer Verwässerung des Wertes ihrer Beteiligung entsprechend Rechnung zu tragen. Es entspricht allgemeiner Meinung, dass ein möglichst hoher Ausgabebetrag für die jungen Aktien sowohl im Interesse der Altaktionäre als auch im Interesse der Gesellschaft liegt[684].

Bei dem Streben nach einem möglichst hohen Ausgabebetrag darf allerdings nicht unberücksichtigt bleiben, dass die Festsetzung eines niedrigeren Ausgabekurses zunächst die Plazierung der neuen Aktien erheblich erleichtern würde und sich zudem der Kaufanreiz für potentielle Investoren erhöhen würde, woran die Gesellschaft ein maßgebliches Interesse hat. Ein zu hoch festgesetzter Ausgabebetrag kann sich aufgrund der daraus resultierenden geringen Nachfrage

---

681 Vgl. LG Augsburg DB 2001, 2334 ff. („Informatec") und dazu die Besprechung von *Thümmel* DB 2001, 2331 ff.; kritisch dagegen *Baums* ZHR 167 (2003), 139, 140 ff. zu den Erfolgsaussichten von Schadensersatzklagen wegen Falschinformation des Sekundärmarktes.

682 BT-Drucks. 10/318, 45, 46; vgl. auch *Schwark*, Börsengesetz, § 88, Rdn. 1, der allerdings eine Qualifizierung des § 88 BörsG als Schutzgesetz i.S.v. § 823 II BGB ablehnt.

683 Vgl. *Hüffer*, AktG, § 204, Rdn. 5, § 182, Rdn. 25; *Lutter*, in: Kölner Kommentar zum AktG, § 204, Rdn. 11, § 182, Rdn. 27 mit Verweis auf *Klette* BB 1968, 1101 f.; ähnlich *Wiedemann*, in: Großkommentar zum AktG, § 182, Rdn. 68, der von einem angemessenen Preis spricht, der i.d.R mit einem Aufgeld verbunden ist; *Krieger*, in: Münchener Handbuch, Aktiengesellschaft, § 58, Rdn. 28; anders hingegen für die Kapitalerhöhung gegen Einlagen BGHZ 33, 175, 178; *Hefermehl/Bungeroth*, in: Geßler/Hefermehl/Eckardt/Kropff, Kommentar zum AktG, § 182, Rdn. 74, wonach bei Schweigen des Kapitalerhöhungsbeschlusses die Verwaltung verpflichtet ist, die Aktien zum Nennbetrag auszugeben.

684 Siehe nur die Begründung des Initiativentwurfes, BT-Drucks. 12/6721, S. 10, abgedruckt bei *Seibert/Köster/Kiem*, Die kleine Aktiengesellschaft, Rdn. 361 f.

bei gleichzeitig erhöhtem Angebot belastend auf den Kurs der Altaktien auswirken, was weder im Interesse der Gesellschaft noch im Interesse der Altaktionäre liegt[685].
Ein hoher, über dem Börsenwert liegender Ausgabekurs der neuen Aktien kann den Bezugsrechtsausschluss allein nicht rechtfertigen[686], obwohl die vom Bezugsrecht ausgeschlossenen Aktionäre hier durch den von der Gesellschaft erworbenen Mehrerlös mittelbar einen Vermögensvorteil erhalten. Denn in dieser Konstellation kommt eine breite Streuung der neuen Aktien angesichts des überhöhten Ausgabekurses praktisch nicht in Betracht; die Aktien können vielmehr nur einem (oder einzelnen) Paketerwerber(n) gegen einen entsprechenden Paketzuschlag überlassen werden. Dies hat der Vorstand im Rahmen der Interessenabwägung hinreichend zu berücksichtigen, weil der Schutz des Bezugsrechts auch bei nicht gegebener Vermögensverwässerungsgefahr Verschiebungen der innergesellschaftlichen Machtbalance vorbeugen will[687]. Für den Fall, dass am Erhalt ihrer Beteiligungsquote interessierte Aktionäre dagegen die Möglichkeit des Zukaufs von Aktien über die Börse haben und somit eine Stimmrechtsverwässerung nicht zu befürchten haben, kann der Bezugsrechtsausschluss hingegen sachlich gerechtfertigt sein[688]. Nicht zuletzt kann sich eine Paketlösung zur Begründung einer für die Gesellschaft förderlichen strategischen Allianz eignen, an deren Vorteilen auch die vom Bezug neuer Aktien ausgeschlossenen Aktionäre partizipieren[689].

2. Rechtliche Preisuntergrenzen

Nicht abschließend geklärt ist bislang, welche Preisuntergrenzen der Vorstand im Fall des Bezugsrechtsausschlusses bei der Festsetzung des Ausgabepreises der neuen Aktien zu beachten hat.

a) Rechtslage bei erleichtertem Bezugsrechtsausschluss nach § 186 III 4 AktG

Wird das Bezugsrecht der Aktionäre gem. § 186 III 4 AktG ausgeschlossen, darf der Ausgabepreis der neuen Aktien deren Börsenkurs nicht wesentlich

---

685 Siehe dazu *Aubel*, Der vereinfachte Bezugsrechtsausschluß, S. 77.
686 Vgl. dazu *Hüffer*, AktG, § 186, Rdn. 33; wohl ebenso *Lutter*, in: Kölner Kommentar zum AktG, § 186, Rdn. 76; weitergehend dagegen *Hefermehl/Bungeroth*, in: Geßler/Hefermehl/Eckardt/Kropff, Kommentar zum AktG, § 186, Rdn. 130. Eine Ausnahme könnte schließlich nur der Sonderfall des erleichterten Bezugsrechtsausschlusses nach § 186 III 4 AktG darstellen.
687 Ebenso *Bayer* ZHR 163 (1999), 505, 540 f.
688 *Bayer* ZHR 163 (1999), 505, 541.
689 *Martens* ZIP 1992, 1677, 1691.

unterschreiten. Nach Auffassung des Rechtsausschusses des Bundestages soll die Grenze eines zulässigen Abschlags bei 3 %, maximal 5 % liegen[690]. Vereinzelte Stimmen im Schrifttum vertreten eine Höchstgrenze von 3 %[691], von 5 %[692], von 3 bis 5 %[693] und in begründeten Ausnahmefällen wird auch ein höherer Abschlag als 5 % für gerechtfertigt erachtet[694].
Fraglich ist, ob der Vorstand bei der Festsetzung des Ausgabepreises der neuen Aktien im Fall des vereinfachten Bezugsrechtsausschlusses seinen Pflichten genügt, wenn er den Börsenkurs als Preisuntergrenze berücksichtigt oder ob er darüber hinaus die in § 255 II AktG verankerte Grenze zu beachten hat.
Gem. § 255 II AktG darf der Ausgabebetrag der neuen Aktien nicht unangemessen niedrig sein[695]. Die Vorschrift des § 255 II AktG dient dem Schutz der Aktionäre vor einer Verwässerung des „inneren" Wertes ihrer Aktien. Das bedeutet, dass die vom Bezug neuer Aktien ausgeschlossenen Aktionäre vor einer vermögensrechtlichen Entwertung ihrer Mitgliedsrechte geschützt werden sollen, die eintritt, wenn neue Aktien geschaffen und ausgegeben werden, ohne dass die dafür geleisteten Einlagen dem Wert der Mitgliedschaft entsprechen[696].

aa) Börsenkurs gegen „inneren Wert" i.S.v. § 255 II AktG

Der Maßstab des § 255 II AktG findet sowohl auf Barkapitalerhöhungen als auch auf Kapitalerhöhungen gegen Sacheinlagen (entsprechende) Anwendung[697], da der vom Gesetz bezweckte Verwässerungsschutz bei Ausgabe der Aktien gegen Sacheinlagen ebenso erforderlich ist wie bei Bareinlagen und anstelle des Ausgabebetrages auf den Wert der Sacheinlagen zurückgegriffen werden kann[698].
Wird im Rahmen des genehmigten Kapitals das Bezugsrecht erst durch die Verwaltung ausgeschlossen und/oder enthält der Ermächtigungsbeschluss der Hauptversammlung keine Aussage zum Ausgabekurs der neuen Aktien, greift der Verwässerungsschutz nach § 255 II AktG insoweit nicht ein, als eine Be-

---

690 Bericht des Rechtsausschusses, BT-Drucks, 12/7848, S. 9; ebenso *Seibert/Köster/Kiem*, Die kleine Aktiengesellschaft, Rdn. 230.
691 *Lutter* AG 1994, 429, 442.
692 *Martens* ZIP 1992, 1677, 1687.
693 *Trapp* AG 1997, 115, 119; *Schwark*, in: Festschrift Claussen, S. 357, 371 ff.
694 *Marsch-Barner* AG 1994, 532, 537.
695 Eingehend dazu unten, 2. Teil, § 4 A III 2 b) aa).
696 *Hüffer*, AktG, § 204, Rdn. 5, § 255, Rdn. 2; *ders.*, in: Geßler/Hefermehl/Eckardt/Kropff, Kommentar zum AktG, § 255, Rdn. 2; *Lutter*, in: Kölner Kommentar, § 204, Rdn. 11 ff.; *Krieger*, in: Münchener Handbuch, Aktiengesellschaft, § 58, Rdn. 27 f.
697 Vgl. nur BGHZ 71, 40, 50 ff.; *Hüffer*, AktG, § 255, Rdn. 7; *Zöllner*, in: Kölner Kommentar zum AktG, § 255, Rdn. 7; ebenso im Ergebnis *Hefermehl/Bungeroth*, in: Geßler/Hefermehl/Eckardt/Kropff, Kommentar zum AktG, § 183, Rdn. 3.
698 BGHZ 71, 40, 50.

schlussanfechtung nicht möglich ist. Denn zum Zeitpunkt der Beschlussfassung steht noch nicht fest, ob das Bezugsrecht der Aktionäre ausgeschlossen und/oder die neuen Aktien zu einem „unangemessen niedrigen“ Ausgabekurs ausgegeben werden sollen[699]. Die Aktionäre werden in diesem Fall aber nicht schutzlos gestellt. Denn an die Stelle des Anfechtungsrechts tritt die Haftung von Vorstand und Aufsichtsrat, wenn die neuen Aktien entgegen dem gesetzlichen Verbot des § 255 II AktG zu einem „unangemessen niedrigen“ Ausgabekurs ausgegeben wurden. Die Nichtbeachtung der Grenze des § 255 II AktG bei der Bemessung des Ausgabepreises stellt eine Pflichtverletzung i.S.v. §§ 93, 116 AktG dar[700].

Die überwiegende Meinung im Schrifttum[701] verneint die Anwendbarkeit des § 255 II AktG im Fall des vereinfachten Bezugsrechtsausschlusses nach § 186 III 4 AktG, während vereinzelte Stimmen im Schrifttum[702] davon ausgehen, dass § 255 II AktG neben § 186 III 4 AktG Anwendung finde. Letztere Ansicht beruht auf der Befürchtung, das Unternehmen könne an der Börse unterbewertet sein, so dass eine börsenkursorientierte Festsetzung des Ausgabebetrages der neuen Aktien die Aktionäre um Vermögensvorteile brächte. Die Nichtanwendbarkeit von § 255 II AktG wird teilweise mit dem unterschiedlichen Gesetzeszweck begründet, der dieser Vorschrift und § 186 III 4 AktG zugrunde liegt. Während § 255 II AktG nicht der Werterhaltung der bereits ausgegebenen Aktien, sondern ausschließlich dem Schutz des Bezugsrechts diene und deshalb einen im Hinblick auf den Ausschluss des Bezugsrechts unangemessen niedrigen Ausgabebetrag verbiete, schütze § 186 III 4 AktG vor einer Verwässerung des Kurses der Altaktien. Mit Einführung des vereinfachten Bezugsrechtsausschlusses nach § 186 III 4 AktG habe der Gesetzgeber zum Ausdruck gebracht, dass bei börsennotierten Aktiengesellschaften ein über den Verwässerungsschutz hinausgehender Schutz der Altaktionäre bezüglich des Erhalts ihrer quotalen Beteiligung an der Gesellschaft entbehrlich sei, da die Aktionäre anstelle des ausgeschlossenen Bezugsrechts Aktien über die Börse zukaufen können, soweit ihnen der „Börsenkurs im Verhältnis zum Wert des Unternehmens zu gering” erscheint[703]. Auf diese Weise könnten sie den Erhalt ihrer Beteiligung durch Zukäufe über die Börse sichern. Vereinzelt wird daraus gefolgert, dass ein Emissionspreis in Höhe des Börsenpreises unabhängig von dem wirklichen Wert

---

[699] Vgl. *Hüffer*, in: Geßler/Hefermehl/Eckardt/Kropff, Kommentar zum AktG, § 255, Rdn. 15; *Lutter*, in: Kölner Kommentar zum AktG, § 204, Rdn. 22 f.; *Zöllner*, in: Kölner Kommentar zum AktG, § 255, Rdn. 7.

[700] Siehe etwa *Lutter*, in: Kölner Kommentar zum AktG, § 204, Rdn. 11, 22, 28 ff.; *Krieger*, in: Münchener Handbuch, Aktiengesellschaft, § 58, Rdn. 28.

[701] *Hoffmann-Becking*, in: Festschrift Lieberknecht, S. 25, 29; vgl. auch *Seibert/Köster/Kiem*, Die kleine Aktiengesellschaft, Rdn. 281 ff., *Seibert* sieht § 186 III 4 AktG als lex specialis zu § 255 II AktG an.

[702] Siehe etwa *Marsch-Barner* AG 1994, 532, 537.

[703] Begr., BT-Drucks. 12/6721, S. 10.

des Unternehmens und der alten Aktien als angemessener Emissionspreis zu qualifizieren sei, solange die Altaktionäre tatsächlich Aktien zum Börsenkurs erwerben können. In diesem Fall besäßen die vom Aktienbezug ausgeschlossenen Gesellschafter nämlich ein „faktisches" Bezugsrecht, mit dem sie eine Verwässerung des „inneren" Wertes ihrer Beteiligung abwenden könnten[704].

bb) Stellungnahme

Die Vorstellung des Gesetzgebers, die Altaktionäre könnten den Erhalt ihrer Beteiligungsquote durch Zukauf von Aktien über die Börse sichern, wird vereinzelt mit dem Argument kritisiert, dass die den Kapitalerhöhungsbeschluss tragende Mehrheit den Altaktionären das sog. faktische Bezugsrecht nicht aufdrängen könne[705]. Die dahinterstehende Befürchtung, den Altaktionären sei der Zukauf von Aktien über die Börse nicht immer zumutbar, da sie zur Vermeidung des Quotenverlustes Geld neu anlegen oder vorhandene Kapitalanlagen umschichten müssten, obwohl sie womöglich lieber in ein anderes Unternehmen investiert hätten, überzeugt allerdings nicht. Denn den Altaktionären wäre diese Zusatzbelastung selbst als Bezugsberechtigte nicht erspart geblieben, wenn die Festsetzung des Ausgabepreises der neuen Aktien zum Börsenkurs – wie es § 186 III 4 verlangt – erfolgt. Das Bezugsrecht vermittelt den Aktionären zwar neben der Option zum Erwerb neuer Aktien auch die Option ihr Bezugsrecht bzw. den Bezugsanspruch zu veräußern. Wenn jedoch der Ausgabepreis dem Börsenkurs entspricht, reduziert sich der Wert des Bezugsrechts auf Null. Denn die Anleger investieren kein Geld für eine Erwerbsmöglichkeit, die schon nach den Marktgegebenheiten jedermann ohne weiteres zugänglich ist.

Der Standpunkt, die vom Bezugsrecht ausgeschlossenen Aktionäre besäßen ein „faktisches" Bezugsrecht, mit dem sie eine Verwässerung des „inneren" Wertes ihrer Beteiligung abwenden könnten, stößt jedoch auf Bedenken. Die als „faktisches" Bezugsrecht bezeichnete Zukaufsmöglichkeit und das Bezugsrecht als solches sind nämlich nicht ohne weiteres gleichwertig[706]. Denn ein Zukauf von Aktien zu einem unter dem „inneren" Wert liegenden Börsenpreis ändert gerade nichts daran, dass durch die Ausgabe neuer Aktien zum Börsenkurs ein Teil des Unternehmenswertes ohne volle Gegenleistung auf Dritte verlagert wird. Ein Ausgleich dieser Einbuße für alle Altaktionäre kann auch nicht durch Zukauf von Aktien über die Börse erfolgen[707].

---

[704] Vgl. *Hoffmann-Becking*, in: Festschrift Lieberknecht, S. 25, 29; *Aubel*, Der vereinfachte Bezugsrechtsausschluß, S. 67; *Martens* ZIP 1994, 669, 672; *Seibert/Köster/Kiem*, Die kleine Aktiengesellschaft, Rdn. 219 und ebenso *Korthals*, Kapitalerhöhung zu höchsten Kursen, S. 115.

[705] Siehe *Hüffer*, AktG, § 186, Rdn. 39 e.

[706] Kritisch etwa *Hüffer*, in: Münchener Kommentar zum AktG, § 255, Rdn. 21.

[707] So zutreffend *Cahn* ZHR 163 (1999), 554, 585.

Gegen die Vorstellung, der Altaktionär könne den Erhalt seiner Beteiligungsquote durch Zukauf von Aktien über die Börse sichern, spricht zudem folgende Überlegung: Ein Kleinaktionär wird zwar in der Lage sein, seine prozentuale Beteiligung an der Gesellschaft durch Zukäufe über die Börse zu erhalten, ohne dass dies Einfluss auf den Börsenkurs der Aktie hat. Gerade der Kleinaktionär wird aber selten daran interessiert sein, seine prozentuale Beteiligung am Kapital der Gesellschaft zu erhalten – oft wird er diese nicht einmal kennen. Etwas anderes gilt sicherlich für Aktionäre, die aus steuerlichen Gründen oder zur Wahrung einer Sperrminorität eine Beteiligung von über 5, 10 oder über 25 % an der Gesellschaft halten wollen. Diese sog. Paketaktionäre sind im Falle einer Kapitalerhöhung regelmäßig daran interessiert, eine entscheidende prozentuale Beteiligung auch am erhöhten Grundkapital zu halten. Die Zahl der Aktien, die sie für den Erhalt ihrer Beteiligung benötigen, dürfte allerdings in der Regel so hoch sein, dass ein Zukauf über die Börse wegen der erhöhten Nachfrage nicht ohne Anstieg des Börsenkurses möglich ist. Dieser Umstand ist in der Literatur im Zusammenhang mit der Einführung des vereinfachten Bezugsrechtsausschlusses nach § 186 III 4 AktG erkannt worden[708]. Vereinzelte Stimmen[709] vertreten daher die Ansicht, dass der Vorstand der Gesellschaft diesen sog. Paketaktionären außerhalb eines förmlichen Bezugsrechts gem. § 186 AktG die Möglichkeit einräumen müsse, eine zum Erhalt ihrer quotalen Beteiligung erforderliche Zahl junger Aktien zu zeichnen.

Wie noch an anderer Stelle[710] näher erörtert wird, kann eine solche Verpflichtung des Vorstandes zur gesonderten Behandlung der Paketaktionäre aber nicht angenommen werden. Sie würde jeden Bezugsrechtsausschluss nahezu unmöglich machen. Der Vorstand hätte dafür zu sorgen, dass der Bezugsrechtsausschluss gerade nicht seine typische Wirkung entfaltet. Abgesehen davon lässt sich das vorgeschlagene „Vorab"-Bezugsrecht jedenfalls im „bookbuilding"-Verfahren kaum ohne Verstoß gegen das Gleichbehandlungsprinzip (§ 53 a AktG) verwirklichen, da die Zeichnung der Aktien in diesem Verfahren gerade nicht zum vorgesehenen Bezugspreis, sondern zum Nennwert, also zu überaus niedrigen Preisen erfolgt.

Demnach besteht die unüberwindbare Gefahr, dass ein Zukauf von Aktien in nicht ganz unerheblichem Umfang, namentlich quotenerhaltende Großeinkäufe von Paketaktionären den Börsenkurs explodieren lassen. Dies hat zur Konsequenz, dass den Altaktionären ausreichende Zukaufsmöglichkeiten von Aktien zu einem „angemessenen" Preis nicht garantiert werden können und damit wird die dargelegte Vorstellung des Gesetzgebers vollständig in Frage gestellt. Die Altaktionäre dürften zwar nicht daran gehindert sein, sofort nach dem öffentli-

---

[708] *Claussen* AG 1995, 163, 169; *Hoffmann-Becking* ZIP 1995, 1, 10; *Hirte* ZIP 1994, 356, 359 ff.; *Schwark*, in: Festschrift Claussen, S. 357, 373 ff.

[709] *Claussen* AG 1995, 163, 169; *Lutter* AG 1994, 429, 442 f.

[710] Vgl. dazu die Ausführungen im 2. Teil, unter § 4 B II.

chen Bekanntwerden der Kapitalerhöhung, aber noch vor Beginn des Plazierungsverfahrens neue Aktien über die Börse zu erwerben[711]. Soweit sie von dieser Möglichkeit jedoch nicht rechtzeitig Gebrauch machen, kann der Vorstand ihnen die Zukaufsmöglichkeit von Aktien nicht zu einem „angemessenen" Preis garantieren. Selbst wenn sich die Altaktionäre sofort nach dem öffentlichen Bekanntwerden der Kapitalerhöhung, aber noch vor Beginn des Plazierungsverfahrens mit neuen Aktien eindecken, ändert dieser Zukauf von Aktien zu einem unter dem „inneren" Wert liegenden Börsenpreis im übrigen gerade nichts daran, dass durch die Ausgabe neuer Aktien zum Börsenkurs ein Teil des Unternehmenswertes ohne volle Gegenleistung auf Dritte verlagert wird. Der Zukauf von Aktien über die Börse vermag den Altaktionären daher nur dazu zu verhelfen, ihre Stimmrechtsquote zu erhalten.

Denkbar ist letztlich auch der Fall, dass die Plazierung der neuen Aktien am Kapitalmarkt aufgrund eines nachträglichen Kursverfalls scheitert[712]. Die neuen Aktien gelangen dann erst gar nicht in Umlauf, sondern sie werden für eine bestimmte Übergangsphase von den emissionsbegleitenden Banken gehalten und sind daher für die Altaktionäre überhaupt nicht zugänglich. Diese Phase kann sich über einen längeren Zeitraum hinziehen, etwa wenn die Konsortialbank sich an ihre Treuhänderfunktion nicht länger gebunden sieht und plant, vorerst Aktionär zu bleiben mit dem Ziel, das Aktienpaket als strategische Beteiligung in einem günstigen Moment zu verkaufen.

Vor diesem Hintergrund mangelnder Garantie ausreichender Zukaufsmöglichkeiten von Aktien zu einem „angemessenen" Preis besteht ein Bedürfnis nach Schutzvorkehrungen gegen eine zu billige Ausgabe der neuen Aktien. Der Maßstab des § 255 II AktG muss daher auch im Falle des vereinfachten Bezugsrechtsausschlusses gem. § 186 III 4 AktG Anwendung finden. Der allgemeine Verwässerungsschutz nach § 255 II AktG stellt eine Art Auffangtatbestand dar und § 186 III 4 AktG ist nicht im Sinne einer den allgemeinen Verwässerungsschutz ausschließenden Spezialnorm zu verstehen. Welche Bedeutung der Preisgrenze des § 255 II AktG zukommt, ob der Vorstand etwa die neuen Aktien unter keinen Umständen für eine geringere Gegenleistung ausgeben darf als ihrem „inneren" Wert entspricht, wird im folgenden Abschnitt näher erörtert.

b) Rechtslage bei regulärem Bezugsrechtsausschluss

Bei einer Kapitalerhöhung einer börsennotierten AG, bei der das Bezugsrecht nicht nach § 186 III 4 AktG, sondern nach allgemeinen Vorschriften ausgeschlossen wird, werden die Kompetenzen des Vorstandes bei der Bemessung

---

[711] So der Einwand von *Ekkenga*, in: VGR, Gesellschaftsrecht in der Diskussion 2000, VGR Bd. 3 (2001), S. 77, 83.

[712] Siehe dazu noch später im 2. Teil, unter § 4 B I, III 1.

des Ausgabepreises durch das Verbot eines „unangemessen niedrigen" Ausgabekurses gem. § 255 II AktG eingeschränkt[713].
Die nur sehr unbestimmte, insbesondere auf die Marktlage und das Verhandlungsgeschick des Vorstandes abstellende Pflicht, den höchstmöglichen Erlös für die neuen Aktien zu erzielen, wird in der Regel unter Rückgriff auf diesen Maßstab des § 255 II AktG konkretisiert[714].

aa) Der „innere" Wert der Aktien als Maßstab für die pflichtgemäße Festsetzung des Ausgabebetrages?

Ob der Vorstand bei der Festsetzung des Ausgabebetrages der neuen Aktien verpflichtet ist, die neuen Aktien unter keinen Umständen für eine geringere Gegenleistung auszugeben, als ihrem „inneren" Wert entspricht[715], ist zweifelhaft. Der Verwaltung könnte vielmehr auch hier ein unternehmerisches Ermessen zustehen[716] und der „innere" Wert insoweit lediglich als Anhaltspunkt und nicht als feste Grenze für die pflichtgemäße Bestimmung des Ausgabebetrages gelten.

(1) Ansatzpunkt der Rechtsprechung

Die Rechtsprechung hat sich erstmalig im „Kali&Salz"-Verfahren mit der Problematik der Angemessenheit des Ausgabebetrages beschäftigt. Hier hat der BGH formuliert, dass sich „die Frage, welche Gegenleistung für die bei einer Kapitalerhöhung ausgegebenen neuen Aktien angemessen (sei),... grundsätzlich nicht nach Börsenkursen, sondern nach dem, wirklichen', unter Einschluss stiller Reserven und des inneren Geschäftswerts zu ermittelnden Wert (bestimme)"[717]. Maßgebend ist danach der wirkliche Wert des Unternehmens ein-

---

[713] Vgl. BGHZ 136, 133, 141; *Lutter*, in: Kölner Kommentar zum AktG, § 204, Rdn. 11.
[714] In diesem Sinne BGHZ 136, 133, 141; vgl. auch *Lutter*, in: Kölner Kommentar zum AktG, § 204, Rdn. 11, 22; *Hüffer*, AktG, § 204, Rdn. 5; *Wiedemann*, in: Großkommentar zum AktG, § 182, Rdn. 68; *Zöllner* ZGR 1986, 288, 303; *Krieger*, in: Münchener Handbuch, Aktiengesellschaft, § 58, Rdn. 28.
[715] Vgl. dazu etwa *Lutter*, in: Kölner Kommentar zum AktG, § 204, Rdn. 14 f.; ebenso bereits *Klette* DB 1968, 2261, 2265; siehe auch *Mülbert*, Aktiengesellschaft, Unternehmensgruppe und Kapitalmarkt, S. 262 ff., 266 f.; anders wohl BGHZ 33, 175, 186; *Hüffer*, in: Geßler/ Hefermehl/Eckardt/ Kropff, Kommentar zum AktG, § 255, Rdn. 9; *Martens*, in: Festschrift Fischer, S. 437, 460; eindeutig ablehnend *Cahn* ZHR 163 (1999), 554, 583 ff.; dagegen offengelassen in BGHZ 71, 40, 51.
[716] So etwa *Cahn* ZHR 163 (1999), 554, 582 ff.; strenger demgegenüber *Bayer* ZHR 163 (1999), 505, 532 ff. Für den Fall der Gewährung eines Bezugsrechts: vgl. *Hefermehl/ Bungeroth*, in: Geßler/Hefermehl/Eckardt/Kropff, Kommentar zum AktG, § 182, Rdn. 69 f.; *Krieger*, in: Münchener Handbuch, Aktiengesellschaft, § 56, Rdn. 23 m.w.N.
[717] BGHZ 71, 40, 51.

schließlich des Geschäftswertes sowie der stillen Reserven[718]. Dieser steht in keiner festen Relation zum Börsenwert[719] und wird nach den Grundsätzen der Unternehmensbewertung festgelegt. Ein rechtlich festgelegtes Bewertungsverfahren existiert nicht, in der Praxis konkurrieren zur Zeit das Ertragswert- und das Discounted Cash-Flow-Verfahren mit seinen verschiedenen Varianten[720]. Zur Begründung seines Standpunktes hat der BGH auf andere Fälle verwiesen, „in denen der Begriff der Angemessenheit im Zusammenhang mit einer vermögensmäßigen Benachteiligung von Aktionären eine Rolle spielt". Er hat die Abfindungsregelungen nach §§ 305 III AktG, 320 V AktG a.F. [heute § 320 b I AktG] und § 12 UmwG a.F. [heute § 30 UmwG 1995] zitiert[721].
Diese Linie hat das OLG Frankfurt unter ausdrücklicher Bezugnahme auf die „Kali&Salz"-Entscheidung fortgeführt[722].

Nicht beantwortet hat der BGH dagegen die Frage, inwieweit „das subjektive Interesse des Sacheinlegers am Erwerb der jungen Aktien oder andererseits ein besonderes Interesse der Gesellschaft an gerade dieser Einlage oder gerade diesem Einleger mit zu berücksichtigen"[723] ist. Der Grund dafür war, dass im entschiedenen Fall bereits aufgrund einer objektiven Ermittlung der beiderseitigen Leistungen (neue Aktien gegen Einlage) eine Wertdifferenz nicht festgestellt werden konnte.
Die Erwägungen des OLG Frankfurt als Berufungsinstanz, angemessen sei „letztlich der höchst erzielbare Ausgabebetrag, hier (im Falle der Sacheinlage)

[718] BGHZ 71, 40, 51; *Mülbert*, Aktiengesellschaft, Unternehmensgruppe und Kapitalmarkt, S. 262 ff.; *Hüffer*, AktG, § 255, Rdn. 5; *Bungert* NJW 1998, 488, 491; kritisch insbesondere *Luttermann* ZIP 1999, 45, 47 ff. und *Hüttemann* ZHR 162 (1998), 563, 574 f., die gegen die Vorstellung eines von Markteinschätzungen losgelösten „inneren" Wertes Bedenken anmelden; siehe auch *Lutter* ZGR 1979, 401, 417 f. mit seiner Überlegung, dass der „objektive" Wert einer Aktie nicht allein anhand der Interessensituation eines Erwerbers festzulegen sei. Anders ebenso *Sethe* AG 1994, 342, 349, der den in § 255 II AktG indirekt vorgeschriebenen angemessenen Ausgabekurs nicht im „inneren Wert" der neuen Aktien erblickt. Vgl. zudem die Kritik von *Ekkenga* AG 1994, 59, 65 und *Zöllner*, in: Kölner Kommentar zum AktG, § 255, Rdn. 10.

[719] In BGHZ 71, 40, 51 hat der BGH eindeutig abgelehnt, die Angemessenheit des Emissionspreises anhand der Börsenkurse zu bewerten. Nach überwiegender Ansicht im Schrifttum bleibt eine Anfechtung nach § 255 II AktG auch in den Fällen des § 186 III 4 AktG möglich (vgl. dazu nur *Hüffer*, AktG, § 255, Rdn. 5, § 186, Rdn. 39 e).

[720] Siehe dazu etwa *Großfeld*, Unternehmens- und Anteilsbewertung im Gesellschaftsrecht, S. 21 ff.; *ders.* NZG 2002, 353, 355 f.; *Piltz*, Die Unternehmensbewertung in der Rechtsprechung, S. 16, differenzierend S. 131 ff.; *Widmann*, in: Hölters, Handbuch des Unternehmens- und Beteiligungskaufs, S. 139, 153; *Westerfelhaus* NZG 2001, 673 ff.; *Hüttemann* ZHR 162 (1998), 563, 566, 582 ff.; kritisch zur Ertragswertmethode insbesondere *Barthel* DStR 1995, 343, 345 ff.

[721] BGHZ 71, 40, 51.

[722] OLG Frankfurt NZG 1999, 119, 121.

[723] BGHZ 71, 40, 51.

also das unter den gegebenen Umständen denkbar beste Wertverhältnis“, wobei dieser Höchstwert allerdings „keine absolute Größe dar(stelle), sondern... wesentlich auch von den Wertvorstellungen des Sacheinlegers ab(hänge), auf die um so mehr Rücksicht genommen werden (müsse), je größer das Interesse der Gesellschaft an dieser Sacheinlage (sei)“[724], hat der BGH weder bestätigt noch zurückgewiesen.

(2) Meinungsstand in der Literatur

Dem Wortlaut der Vorschrift des § 255 II AktG ist nicht zu entnehmen, auf welchen Wert abzustellen ist. Aus § 255 II AktG ergibt sich lediglich, dass dieser Wert nicht „unangemessen niedrig“ sein darf.
In der Literatur ist die entscheidende Ausgangsfrage, was „unangemessen niedrig“ i.S.v. § 255 II AktG bedeutet, bislang nicht hinreichend geklärt. Einerseits könnte die gesetzliche Regelung so zu verstehen sein, dass die Aktien zwar unter Wert, aber eben nur nicht unangemessen, sondern noch angemessen unter Wert, ausgegeben werden dürfen. Andererseits könnte jede Ausgabe unter Wert stets unangemessen niedrig und damit unzulässig sein.
Vereinzelt wird die Ansicht vertreten, dass die Aktien „grundsätzlich nicht unter Wert ausgegeben werden dürfen“[725]. Diese Auffassung geht von folgender Überlegung aus: Eine Aktienausgabe unter Wert stelle objektiv eine Vermögensverschiebung von den vom Bezug neuer Aktien ausgeschlossenen Aktionären zu den bezugsberechtigten Aktienerwerbern und folglich einen Sondervorteil i.S.v. § 243 II AktG dar. Da eine Anfechtung nach dieser Vorschrift bei fehlendem Vorsatz ausscheide und § 255 II AktG die Anfechtungsmöglichkeit der ausgeschlossenen Aktionäre gegenüber § 243 II AktG erweitern wolle, könne dieses Ergebnis nur dann erreicht werden, wenn jeder Sondervorteil für die Erwerber der neuen Aktien ausgeschlossen, demnach also eine Ausgabe unter Wert unzulässig sei[726].
Diese Sichtweise stößt auf Kritik. Die Regelung in § 255 II AktG verzichte zwar auf subjektive Erfordernisse, dafür berechtige sie jedoch anders als § 243 II AktG nicht bereits „bei jedem zu niedrigen Ausgabebetrag“ zur Anfechtung.

---

[724] OLG Frankfurt AG 1976, 298, 303.

[725] Siehe dazu *Zöllner* ZGR 1986, 288, 303, der seinen früheren Standpunkt, dass eine Aktienausgabe unter Wert dann zulässig sei, wenn der Ausgabebetrag nicht unangemessen niedrig sei (vgl. in: Kölner Kommentar zum AktG, § 255, Rdn. 9) zwischenzeitlich revidiert hat; vgl. insbesondere auch *Mülbert*, Aktiengesellschaft, Unternehmensgruppe und Kapitalmarkt, S. 262 ff.

[726] Siehe *Mülbert*, Aktiengesellschaft, Unternehmensgruppe und Kapitalmarkt, S. 263; zustimmend *Hirte* WM 1997, 1001, 1004.

Selbst wenn der Ausgabebetrag „nicht angemessen" sei, so bedeute dies gerade nicht, dass er auch „unangemessen niedrig" sei[727].
Die gesetzliche Formulierung wird auch dahin ausgelegt, dass sie der Gesellschaft „einen gewissen Spielraum" gebe. Angemessen sei danach der „unter Berücksichtigung aller Umstände des einzelnen Falles, insbesondere auch der Bedeutung des neuen Aktionärs oder seiner Einlage für die Gesellschaft, höchsterzielbare Ausgabebetrag"[728].

(3) Eigener Ansatz

Dem Vorstand die Pflicht aufzuerlegen, die neuen Aktien unter keinen Umständen für eine gegenüber ihrem „inneren" Wert geringere Gegenleistung auszugeben, bereitet Schwierigkeiten.
Probleme entstehen bereits bei der Ermittlung des „wahren" Unternehmenswertes, der nach der Rechtsprechung des BGH für die Bestimmung des angemessenen Ausgabebetrages notwendig ist.

(3.1) Besondere Probleme der Unternehmensbewertung

Die für eine Ermittlung des „inneren" Wertes erforderliche Unternehmensbewertung hat bei Kapitalerhöhungen geringen Umfangs einen unverhältnismäßigen Aufwand zur Folge. Denn die im Rahmen der Unternehmensbewertung auftretenden Fragen können regelmäßig nicht ohne umfassende sachverständige Unterstützung durch Prüfungspraxis und Betriebswirtschaftslehre beantwortet werden[729].
Bei Kapitalerhöhungen größeren Volumens stellt die Pflicht, zeitnahe Bewertungsgutachten einzuholen, zudem die Durchführung des geplanten Vorhabens in Frage, soweit dessen Erfolg ein rasches Handeln des Vorstandes verlangt. Die notwendige Flexibilität des Vorstandes, die durch die Rechtsprechungsänderung wieder hergestellt werden sollte, wird dadurch nicht unerheblich beeinträchtigt[730].
Darüber hinaus verlangen die praktizierten Bewertungsverfahren zahlreiche Prognoseentscheidungen, die häufig durch die spätere Marktentwicklung wider-

---

727 Vgl. dazu *Bayer* ZHR 163 (1999), 505, 524 m.w.N.

728 Vgl. *K. Schmidt*, in: Großkommentar zum AktG, § 255, Rdn. 12; zustimmend *Hüffer*, AktG, § 255, Rdn. 5; *ders*, in: Geßler/Hefermehl/Eckardt/Kropff, Kommentar zum AktG, § 255, Rdn. 9; *Semler*, in: Münchener Handbuch, Aktiengesellschaft, § 41, Rdn. 128 f.; kritisch dagegen *Zöllner*, in: Kölner Kommentar zum AktG, § 255, Rdn. 10, wonach das, was sich nicht mindestens im Sinn objektivierbarer Synergieeffekte rechne, für die Wertrelation irrelevant sei.

729 Vgl. zur Bestimmung einer angemessenen Abfindung nach § 305 III AktG: *Hüffer*, AktG, § 305, Rdn. 17.

730 So auch die Bedenken von *Cahn* ZHR 163 (1999), 554, 583.

legt werden[731]. Die zu treffenden Prognoseentscheidungen können über das gewöhnliche Maß hinaus mit Unsicherheiten belastet sein, etwa weil Sanierungsbemühungen im Gange sind und der zukünftige Ertrag somit nur grob geschätzt werden kann. Dies gilt z.B., wenn es sich um eine junge Gesellschaft handelt, deren nachhaltiges Ertragspotential sich noch erweisen muss, oder weil besondere Risiken (oder auch Chancen) der Marktentwicklung den zukünftigen Ertrag beeinflussen.

Weiterhin darf nicht unberücksichtigt bleiben, dass der Gesetzgeber keine bestimmte Bewertungsmethode festgeschrieben hat. Ebenso hat es die Rechtsprechung[732] abgelehnt, bestimmte Bewertungsmethoden als rechtlich geboten einzustufen. Die praktizierten Bewertungsverfahren lassen dem Bewerter damit weitreichende Entscheidungsfreiräume. Die Verwaltung oder ein interessierter Mehrheitsaktionär kann überdies nur durch die Auswahl des Sachverständigen die Höhe des Unternehmenswertes und damit mittelbar auch den in der Mitgliedschaft des Aktionärs verkörperten Anteil maßgeblich beeinflussen[733]. Den Sachverständigen bleibt die Feststellung des angemessenen Unternehmenswertes kritiklos überlassen[734], indem sich die gerichtliche Überprüfung darauf beschränkt, „ob ein betriebswirtschaftlich geeignetes Bewertungsverfahren gewählt (wurde) und die Bewertung betriebswirtschaftlichen Grundsätzen nicht widerspricht"[735].

Bei einem Bezugsrechtsausschluss zum Zweck des Erwerbs einer Unternehmensbeteiligung ist die Ermittlung des Unternehmenswertes doppelt fehleranfällig. Neben der Bewertung der emittierenden Gesellschaft ist auch die der Sacheinlage notwendig[736], so dass sich hier die mit einer Unternehmensbewertung verbundenen Prognoseunsicherheiten verdoppeln[737].

---

[731] Siehe *Bayer* ZHR 163 (1999), 505, 533.

[732] Vgl. etwa BGHZ 71, 40, 50 f.; BGHZ 129, 136, 165; BayObLG AG 1996, 176; LG Dortmund AG 1996, 427, 428.

[733] BayObLG ZIP 1998, 1872, 1875; zustimmend *Luttermann* ZIP 1999, 45, 47 (Fußn. 20); *Bayer* ZHR 163 (1999), 505, 533.

[734] Kritisch dazu bereits *Lutter* ZGR 1979, 401, 416 ff.; vgl. auch *Bayer* ZHR 163 (1999), 505, 533 m.w.N.; *Luttermann* ZIP 1999, 45, 47; BayObLG AG 1996, 127 f.

[735] So im Anschluss an BGH NJW 1978, 1316, 1318 f. („Kali&Salz"; insoweit in BGHZ 71, 40 nicht abgedruckt) OLG Frankfurt NZG 1999, 119, 121.

[736] *Lutter*, in: Kölner Kommentar zum AktG, § 204, Rdn. 13; nach der Anm. v. *Lutter* JZ 1998, 50, 51 ergibt sich nur insoweit eine Erleichterung, wenn für die Sache ausnahmsweise ein Marktpreis besteht.

[737] *Lutter* JZ 1998, 50, 51 erörtert diese Problematik insbesondere mit der Differenzierung zwischen börsennotierten und nicht börsennotierten Gesellschaften; vgl. allgemein dazu *Hüttemann* ZHR 162 (1998), 563, 566 f., 582 ff.; nach *Bayer* ZHR 163 (1999), 505, 507, 533 sei das Risiko einer Fehlbewertung der Sacheinlage besonders hoch; kritisch gegenüber der Scheingenauigkeit von Bewertungsgutachten zudem *Luttermann* ZIP 1999, 45, 47.

Neben den praktischen Schwierigkeiten der Bewertung von Sacheinlagen und den angeführten Prognoseunsicherheiten, ergeben sich aus der Maßgeblichkeit des „inneren" Wertes für die pflichtgemäße Festsetzung des Ausgabebetrages noch weitere Probleme. Hält sich nämlich die Verwaltung strikt, also ohne einen gewissen Ermessensspielraum bei der Bestimmung des Austauschverhältnisses, an den Vergleich „wirklicher" Werte, trägt sie damit auch nicht durchweg den Interessen der Gesellschaft und der Aktionäre Rechnung. Die mit der Unternehmensbewertung verbundenen Schätzungen und Prognosen vermitteln vielmehr den falschen Eindruck, dass es nur um die präzise Messung objektiv vorgegebener Wertrelationen gehe[738].
Die Existenz eines allgemeingültigen, objektiven Unternehmenswertes, der nach der Rechtsprechung des BGH für die Bestimmung eines angemessenen Ausgabebetrages der neuen Aktien maßgeblich ist, ist letztlich wegen der Unbestimmtheit und Unsicherheit sowie der mangelnden Richtigkeitsgewähr der zur Unternehmensbewertung entwickelten Verfahren zu bezweifeln[739]. Der Unternehmenswert ist auf der Grundlage der neueren betriebswirtschaftlichen Bewertungslehre vielmehr subjektbezogen, d.h. das Interesse derjenigen, die aus dem Unternehmen den Nutzen ziehen wollen, ist entscheidend[740]. So kommt es etwa bei der Wertbemessung einer Sacheinlage nicht darauf an, was der Einleger mit seiner Einlage im Falle einer unterlassenen Einbringung erwirtschaftet hätte. Es ist vielmehr maßgeblich auf das subjektive Interesse der erwerbenden Gesellschaft abzustellen. Die Einlage kann daher aufgrund erwarteter Verbundvorteile, wie etwa Rationalisierungseffekte und Markterweiterungen höher bewertet werden, als dies im Falle einer isolierten Bewertung der Fall wäre[741]. Der Vorstand hat für die zu treffende Prognose der erwarteten Synergieeffekte einen unternehmerischen Ermessensspielraum.
Bei der Bestimmung eines angemessenen Ausgabebetrages der neuen Aktien darf auch nicht außer Acht gelassen werden, dass vor allem das Interesse des neuen Aktionärs am Erwerb der Mitgliedschaft und die Bedeutung des neuen Aktionärs oder seiner Einlage für die AG maßgebliche Bewertungskriterien für den Vorstand darstellen. Differenzen zwischen Ausgabepreis und „innerem" Wert der Aktien können etwa dann gerechtfertigt sein, wenn ein besonderes Interesse der Gesellschaft an der Person des Erwerbers besteht[742]. Dies ist insbe-

---

[738] Vgl. *Cahn* ZHR 163 (1999), 554, 583 f.

[739] Vgl. dazu ausführlich *Hüttemann* ZHR 162 (1998), 563 ff., 570 ff., 574 m.w.N.

[740] Großfeld, Unternehmens- und Anteilsbewertung im Gesellschaftsrecht, 4. Auflage, S. 24 f.; *Peemöller* DStR 2001, 1401, 1404 f.; *Bayer* ZHR 163 (1999), 505, 533 f.; vgl. auch *Hüttemann* ZHR 162 (1998) 563, 574 m.w.N. zur „Eignerbezogenheit" des Unternehmenswertes.

[741] Vgl. dazu *Bayer* ZHR 163 (1999), 505, 534; *Henze* AG 1993, 341, 350.

[742] *Hüffer*, AktG, § 255, Rdn. 5; *ders.*, in: Geßler/Hefermehl/Eckardt/Kropff, Kommentar zum AktG, § 255, Rdn. 9; *K. Schmidt*, in: Großkommentar zum AktG, § 255, Rdn. 12; *Semler*, in: Münchener Handbuch, Aktiengesellschaft, § 41, Rdn. 128; ebenso im Ergebnis *Bayer* ZHR

sondere der Fall, wenn geschäftliche Beziehungen durch Einräumen einer Beteiligung gefestigt oder institutionelle Anleger mit langfristigem Beteiligungsinteresse zur Stabilisierung der Kursentwicklung gewonnen werden sollen. Nicht richtig wäre es allerdings, einem zur Übernahme der jungen Aktien bereiten Großaktionär einen günstigen Ausgabekurs aus dem Grunde einzuräumen, weil dieser aufgrund seines Einflusses in der Lage ist, eine wirtschaftliche Zwangslage der AG auszunutzen[743].

(3.2) Notwendige Berücksichtigung des Börsenkurses

Gegen eine Pflicht des Vorstandes, die neuen Aktien unter keinen Umständen für eine geringere Gegenleistung als ihr „innerer" Wert auszugeben, spricht weiter, dass der Börsenkurs bei börsennotierten Gesellschaften im Rahmen der Bestimmung des Ausgabebetrages der neuen Aktien nicht vollkommen außer Betracht gelassen werden kann, ohne damit die Plazierung und mithin den Erfolg der Emission zu gefährden[744].
Liegt der nach Unternehmensbewertungsgrundsätzen bestimmte „innere" Wert über dem aktuellen Börsenkurs, ist das Unternehmen also am Markt unterbewertet, so wäre eine bezugsrechtsfreie Kapitalerhöhung einer börsennotierten Gesellschaft zwecks Plazierung auf dem Kapitalmarkt praktisch ausgeschlossen, wenn sich der Vorstand bei der Festsetzung des Ausgabepreises der neuen Aktien am höheren „inneren" Wert der Aktien orientiert. Denn solange Aktien zum niedrigeren Marktpreis bezogen werden können, werden etwaige Interessenten gerade nicht zur Zahlung eines höheren Betrages gewillt sein[745].
Eine Kapitalerhöhung kann daher kaum erfolgreich auf dem Kapitalmarkt plaziert werden, wenn der Ausgabebetrag der neuen Aktien ausschließlich am „inneren" Wert des Unternehmens orientiert ist. Der Plazierungserfolg ist durch ein starres Festhalten am Unternehmenswert als Wertuntergrenze gefährdet[746]. Ein angemessener Abschlag auf diesen Wert ist daher in der Regel zu tolerieren[747], um das Scheitern der Plazierung nicht herauszufordern. So wird jede Kapitalerhöhung zumindest der Tendenz nach „unter Wert" vorgenommen, um die Zeichnung junger Aktien für Dritte hinreichend wirtschaftlich attraktiv zu gestalten[748]. Bei einer Kapitalerhöhung gegen Sacheinlage ist zu berücksichtigen,

---

163 (1999), 505, 533 f.; *Röhricht*, in: RWS Forum Gesellschaftsrecht 1997, S. 191, 221 f.; kritisch dagegen *Zöllner*, in: Kölner Kommentar zum AktG, § 255, Rdn. 10.
[743] BGHZ 71, 40, 52.
[744] *Ekkenga* AG 1994, 59, 65.
[745] In diesem Sinne auch *Cahn* ZHR 163 (1999), 554, 584.
[746] Vgl. auch *Ekkenga*, in: VGR, Gesellschaftsrecht in der Diskussion 2000, VGR Bd. 3 (2001), S. 77, 88 f.
[747] Siehe *K. Schmidt*, in: Großkommentar zum AktG, § 255, Rdn. 12; *Semler*, in: Münchener Handbuch, Aktiengesellschaft, § 41, Rdn. 128.
[748] Siehe *K. Schmidt*, in: Großkommentar zum AktG, § 255, Rdn. 12.

welche Bedeutung neue Aktionäre und ihre Einlage haben. Jedenfalls dann, wenn eine längerfristige Steigerung des Unternehmens- und Aktienwerts zu erwarten ist, sind Bewertungsabstriche für die Aktionäre zumutbar[749].

Liegt der ermittelte „wahre" Wert dagegen unter dem aktuellen Börsenkurs, ist das Unternehmen also am Markt überbewertet, ist ebenso eine Berücksichtigung des Börsenkurses bei der Bestimmung des Ausgabepreises der neuen Aktien notwendig. Denn wird die Angemessenheit des Ausgabebetrages der neuen Aktien in diesem Fall anhand des „wahren" Wertes bestimmt, werden die Erwerber, die nicht notwendig zum bisherigen Aktionärskreis gehören, bevorzugt, indem sie die Aktien statt über die Börse zum niedrigeren Emissionskurs beziehen können. Nicht zuletzt die Anliegen, die der Gesetzgeber mit der Einführung des § 186 III 4 AktG verfolgte, rechtfertigen es aber, in diesem Fall für die Angemessenheit des Ausgabekurses auf den höheren Börsenkurs bzw. auf einen i.S.v. § 186 III 4 AktG hiervon nur unwesentlich abweichenden Kurs abzustellen[750]. Die Neuaktionäre haben in diesem Fall für die neuen Aktien zwar einen – gemessen am „inneren" und „wahren" Anteilswert – zu hohen Preis zu zahlen. Der Vorstand hat bei der Festsetzung des Ausgabebetrages jedoch in erster Linie das Erhaltungsinteresse der Altaktionäre zu berücksichtigen und gerade nicht das Äquivalenzinteresse der Neuaktionäre, da er - wie bereits an anderer Stelle erörtert[751] - keinen vormitgliedschaftlichen Treubindungen unterliegt und eine Preisobergrenze zum Schutz der Aktienkäufer nicht besteht.

Die vorstehenden Ausführungen zeigen, dass der aktuelle Börsenkurs für den Vorstand einer börsennotierten Aktiengesellschaft ein geeigneter und nicht zu vernachlässigender Anknüpfungspunkt für die Bestimmung eines angemessenen Ausgabepreises der neuen Aktien ist. Nicht zuletzt ist die Anknüpfung an den Börsenkurs bei der Bemessung eines angemessenen Ausgabepreises mit größerer Rechtssicherheit verbunden als die Anknüpfung an den anteiligen „inneren" Wert.

(3.2.1) Der Maßstab des § 186 III 4 AktG

Mit der Einführung des vereinfachten Bezugsrechtsausschlusses unter den Voraussetzungen des § 186 III 4 AktG hat der Gesetzgeber zum Ausdruck gebracht, dass er das Verbot der Unterschreitung des Börsenkurses grundsätzlich für ein geeignetes Instrument des Schutzes der Altaktionäre vor einer Verwässerung des Kurses der von ihnen gehaltenen Aktien hält. Der Regelung des § 186 III 4 AktG liegt der Gedanke zugrunde, die Aktionäre durch Anlehnung des Ausga-

---

[749] *Hüffer*, in: Münchener Kommentar zum AktG, § 255, Rdn. 16; *Zöllner*, in: Kölner Kommentar, § 255, Rdn. 9 f.

[750] Vgl. dazu *Mülbert*, Aktiengesellschaft, Unternehmensgruppe und Kapitalmarkt, S. 341; so auch im Ergebnis *Bungert* NJW 1998, 488, 491.

[751] Siehe oben, 2. Teil, § 4 A III 1.

bekurses an den Börsenpreis vor Kurswertverwässerungen ihrer alten Aktien zu schützen[752].

Dies wird vereinzelt kritisiert. Der Schutz vor Kurswertverwässerung sei unvollkommen, da das Ziel im Vordergrund stehe, die Aktionäre vor Verwässerung des „inneren" Wertes zu sichern[753]. Sofern der Börsenpreis bedeutend unter dem anteiligen „inneren" Wert liege, sei eine Aktienausgabe an Dritte zum Börsenkurs nicht zulässig. Ein solcher Hauptversammlungsbeschluss sei gem. § 255 II AktG anfechtbar und eine Bestimmung des Ausgabepreises durch den Vorstand pflichtwidrig[754].

Sicherlich kann zwischen dem aktuellen Börsenkurs einer Aktie und ihrem „wirklichen" Wert, wie die Gerichte insbesondere in den Spruchverfahren zu Unternehmensverträgen (§ 306 AktG) und zu Verschmelzungen (§ 305 UmwG) immer wieder bestätigen, ein großer Unterschied bestehen.

Wie bereits ausgeführt[755], gilt das in § 255 II AktG verankerte Verbot eines unangemessen niedrigen Ausgabebetrages auch im Falle des vereinfachten Bezugsrechtsausschlusses gem. § 186 III 4 AktG. Es kann jedoch nicht überzeugen, die Ausgabe von Aktien an Dritte stets für unzulässig zu erklären, soweit sie für eine dem Börsenpreis, nicht aber dem höheren „inneren" Wert entsprechende Gegenleistung erfolgt. Der Vorstand einer börsennotierten Gesellschaft hat vielmehr bei der Bestimmung des Ausgabebetrages der neuen Aktien stets den Börsenkurs zu berücksichtigen, um die Plazierung und mithin den Erfolg der Emission nicht zu gefährden.

(3.2.2) Die Rechtsprechung des BVerfG zur Berechnung der Abfindung ausscheidender Gesellschafter

Soweit der BGH in der „Kali&Salz"-Entscheidung zur Begründung seiner Argumentation auf die Grundsätze verwiesen hat, die für die Berechnung der Abfindung ausscheidender Gesellschafter entwickelt worden sind, darf die richtungsweisende Entscheidung des BVerfG[756] vom 27.4.1999 nicht unberücksich-

[752] Vgl. Begr., BT-Drucks. 12/6721 v. 1.2.1994, S. 10; siehe dazu auch die Ausführungen zur finanzierungsorientierten Sichtweise im 1. Teil, unter § 1 B und eingehend dazu *Aubel*, Der vereinfachte Bezugsrechtsausschluß, S. 27 f.

[753] Siehe dazu insbesondere *Hüffer*, AktG, § 186, Rdn. 39 b; *Zöllner* AG 1994, 336, 341 weist insbesondere darauf hin, dass ein aktueller Börsenkurs das Ergebnis von Zufälligkeiten oder Manipulationen sein könne; im Ansatz ebenso *Hoffmann-Becking* ZIP 1995, 1, 9 f.; *ders.*, in: Festschrift Lieberknecht, S. 25, 27 f. sowie *Hirte* ZIP 1994, 356, 359 f.

[754] Vgl. dazu *Hüffer*, AktG, § 186, Rdn. 39 e, § 255, Rdn. 5; *Hoffmann-Becking*, in: Festschrift Lieberknecht, S. 25, 28; *Mülbert*, Aktiengesellschaft, Unternehmensgruppe und Kapitalmarkt, S. 262 ff., 341 f.; zustimmend *Hirte* WM 1997, 1001, 1004; vgl. auch schon *ders.* ZIP 1994, 356, 360.

[755] Vgl. dazu oben, 2. Teil § 4 A III 2 a).

[756] BVerfGE 100, 289 = AG 1999, 566 ff. – „DAT/Altana" = DB 1999, 1693 ff.

tigt bleiben. Danach verstößt die Nichtbeachtung des Börsenkurses bei der Bestimmung der Abfindung für Minderheitsaktionäre gegen Art. 14 I GG. Grundsätzlich darf hiernach die Abfindung gem. §§ 305, 320 b AktG nicht unter dem Börsenkurs der Aktie liegen[757].

Damit hat sich das BVerfG einer bislang nur vereinzelt in der Literatur vertretenen Auffassung[758] angeschlossen, wonach die Abfindung im Rahmen der §§ 305, 320 b AktG mindestens dem Börsenkurs der Aktien des beherrschten bzw. eingegliederten Unternehmens zum Stichtag entsprechen müsse. Die bisherige Rechtsprechung[759] hatte demgegenüber mit der überwiegenden Meinung in der Literatur[760] die allein am Unternehmenswert orientierten Abfindungsgebote für angemessen erachtet. Auch das BVerfG hat zwar die Angemessenheit der Abfindung nach dem Verhältnis der Unternehmenswerte bestimmt und in diesem Zusammenhang das Ertragswertverfahren als verfassungskonforme Methode zur Ermittlung des Unternehmenswertes anerkannt. Gleichwohl hat sich das BVerfG aber von dieser Berechnung der Abfindung ausscheidender Gesellschafter distanziert und einseitig den Börsenkurs der Aktie des abzufindenden Aktionärs berücksichtigt, wenn dieser höher ist als der anteilige Unternehmenswert. Der Börsenpreis bilde die Wertuntergrenze und diene mithin als erste, transparente Bewertungsrichtschnur. Eine Unterschreitung des Börsenkurses als „Benchmark" komme nur in Sonderkonstellationen in Betracht[761], wenn der Börsenkurs ausnahmsweise – etwa infolge atypischer Kurssteigerungen - nicht den Verkehrswert der Aktie widerspiegelt.

Das BVerfG hat seinen Standpunkt damit begründet, dass der Börsenkurs angesichts der besonderen Verkehrsfähigkeit des Aktieneigentums regelmäßig mit dem Verkehrswert der Aktie identisch sei[762]. Eine börsennotierte Aktie erfahre im Rahmen des Börsenhandels aus dem Zusammenspiel von Angebot und Nachfrage eine Wertbestimmung, an der sich die Aktionäre bei ihren Investitionsentscheidungen orientieren. Dieser Verkehrswert bilde dann die Untergrenze der wirtschaftlich vollen Entschädigung, die Art. 14 I GG für die Entwertung oder Aufgabe der Anteilsrechte verlange[763].

---

[757] BVerfGE 100, 289, 305 ff.; kurz bestätigt von BVerfG AG 2000, 40 f.; BVerfG AG 2000, 178. Hiervon ausgehend nunmehr auch OLG Stuttgart DB 2000, 709 f.

[758] Siehe etwa *Luttermann* ZIP 1999, 45 ff.; *Steinhauer* AG 1999, 299 ff.

[759] OLG Celle DB 1998, 2006 f.; BayObLG AG 1996, 127 f.; OLG Düsseldorf AG 1995, 84 f.; OLG Düsseldorf DB 1994, 1770 ff.; BGHZ 71, 40, 50 f.

[760] Siehe dazu die Nachweise bei *Krieger*, in: Münchener Handbuch, Aktiengesellschaft, § 70, Rdn. 102; *Hüffer*, AktG, § 305, Rdn. 20 a; *Großfeld*, Unternehmens- und Anteilsbewertung im Gesellschaftsrecht, S. 34.

[761] BVerfGE 100, 289, 305 ff.

[762] BVerfGE 100, 289, 305 f.

[763] BVerfGE 100, 289, 305 f.

Eine Ansicht in der Literatur[764] führt gegen die Argumentation des BVerfG vor allem an, dass der Börsenkurs einer Aktie auf Hoffnungen und Erwartungen, Spekulationen und Zufälligkeiten beruhe; er sei in hohem Grade manipulierbar. Dieser in der Differenz zwischen Börsenwert und Unternehmenswert liegende „Hoffnungswert" sei angesichts der Volatilität des Börsenkurses eine reine Gewinnchance und stelle daher keine von Art. 14 I GG geschützte Rechtsposition dar.

Die Beobachtung, der Börsenkurs hänge (auch) von Zufälligkeiten ab und sei manipulierbar, ist durchaus zutreffend, ein stichhaltiges Argument gegen den Börsenkurs als gesellschaftsrechtliche Bewertungsgrundlage kann daraus jedoch nicht hergeleitet werden. Wie bereits dargelegt[765], sind auch die praktizierten Unternehmensbewertungsmethoden durch prognostische und letztlich spekulative Momente belastet. Da die AG eine marktwirtschaftliche Börsenveranstaltung ist, der Wert des in der Aktie verkörperten Anteilseigentums börsentäglich gemäß den Regeln der Börse bestimmt wird, ist es der Sache nach sinnwidrig, das Recht der AG in Bewertungsfragen vom Börsenkurs zu isolieren[766].

Die Entscheidung des BVerfG führt letztlich zu einer weiteren Verzahnung des Aktien- und Kapitalmarktrechts. Dies belegt bereits der Verweis darauf, dass auch in anderen Rechtsgebieten ein Rückgriff auf den Markt- und Börsenpreis erfolgt (vgl. §§ 385, 1221, 1235 II, 1295 BGB, 376 II und III HGB, 11 I BewG) und gerade der erleichterte Bezugsrechtsausschluss gem. § 186 III 4 AktG an den Börsenkurs anknüpft[767].

Die Beschlussbegründung des BVerfG spricht dafür, dass der Vorstand einer börsennotierten Gesellschaft bei der Bestimmung eines angemessenen Ausgabebetrages der neuen Aktien im Rahmen einer bezugsrechtsfreien Kapitalerhöhung den Börsenkurs als Orientierungspunkt nicht unberücksichtigt lassen darf. Der verfassungsrechtliche Eigentumsschutz des Bezugsrechts gebietet eine Festsetzung des Ausgabebetrages der neuen Aktien, der die Gefahr einer Verwässerung des Wertes einer Aktie möglichst gering hält, wenn nicht verhindert.

(3.3) Kritikwürdiger Ansatzpunkt der „Kali&Salz"-Rechtsprechung

Der BGH hat in der „Kali&Salz"-Entscheidung[768] auf die Grundsätze verwiesen, die für die Berechnung der Abfindung ausscheidender Gesellschafter nach Maßgabe der Regelungen der §§ 305 III, 320 V AktG a.F. [heute § 320 b I AktG] und § 12 UmwG a.F. [heute § 30 UmwG 1995] entwickelt worden sind. Wie in den angeführten Fällen, in denen der Begriff der Angemessenheit im Zu-

---

[764] *Riegger* DB 1999, 1889 f.
[765] Vgl. dazu oben, 2. Teil, § 4 A III 2 b) aa) (3.1).
[766] *Luttermann* ZIP 1999, 45, 47.
[767] BVerfG ZIP 1436, 1441.
[768] BGHZ 71, 40, 51.

sammenhang mit einer etwaigen vermögensmäßigen Benachteiligung von Aktionären eine Rolle spielt, soll sich die Angemessenheit der Gegenleistung für die bei einer Kapitalerhöhung ausgegebenen neuen Aktien grundsätzlich nach dem „wirklichen“ Wert bestimmen.
Wie der BGH zu Recht betont hat, steht die Regelung des § 255 II AktG in einer Linie mit den parallelen Regelungen der aktienrechtlichen Konzernvorschriften und des Umwandlungsrechts[769]. Sowohl für den Vermögensausgleich im Falle einer fortbestehenden, aber geschmälerten Mitgliedschaft bei der Verschmelzung als auch im Falle des vollständigen Ausscheidens gegen Erhalt einer Abfindung gilt das Prinzip, dass die verlorenen Mitgliedschaftsrechte vermögensmäßig vollständig zu kompensieren sind[770]. Zwischen einem quotalen Beteiligungsverlust bei der Kapitalerhöhung mit Bezugsrechtsausschluss und einem quotalen Beteiligungsverlust etwa im Falle der Verschmelzung bestehen insoweit keine qualitativen Unterschiede. Ob die Grundsätze über die Abfindungsbemessung dem Anliegen des Verwässerungsschutzes bei bezugsrechtsfreien Kapitalerhöhungen gerecht werden, ist aber fraglich.
Im Unterschied zur Abfindungskonstellation, wo der Aktionär sein Recht wahrnimmt, infolge der ihm aufgedrängten Strukturänderung gegen Erhalt seines vollen Beteiligungswertes aus der Gesellschaft auszuscheiden, geht es im Rahmen der Kapitalerhöhung mit Bezugsrechtsausschluss nicht um eine angemessene Entschädigung für die Aufgabe der Aktionärsstellung, sondern vielmehr darum, eine Kapitalverwässerung zu vermeiden. Die Abfindung und die Festsetzung des Ausgabeentgelts bei Kapitalerhöhungen mit Bezugsrechtsausschluss beruhen mithin auf verschiedenen Regelungszwecken.
Während bei der Abfindung ausscheidender Gesellschafter die Verbandsmitglieder an den Ergebnissen der bisherigen Unternehmenstätigkeit partizipieren sollen und hier der Ertragswert für die insoweit notwendige gegenwartsbezogene Bezifferung der Ergebnisse durchaus geeignet sein kann, soll hingegen der Verwässerungsschutz bei der Kapitalerhöhung mit Bezugsrechtsausschluss durch die Bestimmung des Ausgabeentgelts den auf die einzelne Aktie entfallenden anteiligen Ertragswert auch künftig gleichbleibend halten. Die Befürworter der Maßgeblichkeit des „inneren“ Wertes setzen damit voraus, dass sich der anteilige Unternehmenswert bei Ausgabe der neuen Aktien zu einem dem „inneren“ Wert entsprechenden Preis nicht verändert. Diese Betrachtungsweise ist jedoch vom Ausgangspunkt der Maßgeblichkeit des Ertragswertes gerade nicht selbstverständlich, da insbesondere bei der Barkapitalerhöhung, wenn der AG also Barmittel in Höhe des anteiligen „inneren“ Wertes der neuen Aktien zufließen, zunächst nur ihr Substanzwert entsprechend zunimmt und daraus ge-

---

[769] *Bayer* ZHR 163 (1999), 505, 527, 532 f.
[770] BVerfGE 14, 263, 284 („Feldmühle“); BVerfG ZIP 1999, 1436; BGHZ 71, 40, 51; BayObLG AG 1996, 127 („Paulaner“); *Hüffer*, AktG, § 305, Rdn. 18; *Krieger*, in: Münchener Handbuch, Aktiengesellschaft, § 70, Rdn. 102.

rade nicht ohne weiteres eine entsprechende Steigerung ihrer Ertragsaussichten folgt. Insoweit eine identische Entwicklung von Substanz- und Ertragswert zu unterstellen, widerspricht der Differenzierung zwischen beiden Bewertungsmaßstäben im Rahmen der Unternehmensbewertung. Je nach Gegenstand der Einlageleistung und seiner Bedeutung für die Gesellschaft kann die Ertragswertsteigerung sowohl höher als auch geringer als die Substanzwertsteigerung ausfallen[771].

bb) Fazit

Nach den vorstehenden Ausführungen ist es sachgerecht, dem Vorstand bei der Bestimmung eines angemessenen Ausgabebetrages einen gewissen Spielraum zu gewähren, so dass er unter Berücksichtigung aller Umstände des einzelnen Falles aus vertretbaren Gründen den Ausgabebetrag der neuen Aktien auch unter ihrem „wahren" Wert festlegen darf. Den Befürwortern der Maßgeblichkeit des „inneren" Wertes für die pflichtgemäße Festsetzung des Ausgabebetrages ist zuzugestehen, dass es auf der Grundlage der hier vertretenen Lösung im Ergebnis zu einer Enteignung der vom Bezug neuer Aktien ausgeschlossenen Aktionäre zugunsten der bezugsberechtigten Dritten kommen kann. Angesichts der dargelegten praktischen Schwierigkeiten bei der Unternehmensbewertung, der für ein sachgerechtes Angemessenheitsurteil des Ausgabebetrages notwendigen Berücksichtigung aller Umstände des Einzelfalls und der für eine erfolgreiche Emission erforderlichen Berücksichtigung des Börsenkurses sowie im Hinblick auf den kritikwürdigen Ansatzpunkt der „Kali&Salz"-Rechtsprechung, kann der „innere" Wert der Aktien als fester Maßstab jedoch nicht überzeugen. Auch dem Vorstand muss wie der originär zuständigen Hauptversammlung bei der Festsetzung des Ausgabebetrages der neuen Aktien ein unternehmerisches Ermessen zustehen. Der „innere" Wert der Aktien i.S.v. § 255 II AktG kann insoweit nur einen Anhaltspunkt für die Bestimmung eines angemessenen Erwerbspreises bei der Kapitalerhöhung mit Bezugsrechtsausschluss darstellen, aber keinesfalls eine feste Grenze[772].

Der Ausgabebetrag der neuen Aktien muss nach vernünftiger kaufmännischer Beurteilung angemessen sein. Dieser Maßstab trägt insbesondere dem Umstand Rechnung, dass Unternehmensbewertungen zu schwankenden Ergebnissen zu führen pflegen. Dadurch wird dem Vorstand der notwendige Spielraum für die Festsetzung eines nicht angreifbaren Ausgabebetrages eröffnet[773]. Ein solcher Spielraum ist schon deshalb notwendig, weil jede Kapitalerhöhung zumindest der Tendenz nach „unter Wert" vorgenommen wird, um die Zeichnung junger

---

[771] Siehe *Cahn* ZHR 163 (1999), 554, 587.

[772] Siehe dazu *Bayer* ZHR 163 (1999), 505, 538; für die Unternehmensbewertung etwa *Hüttemann* ZHR 162 (1998), 563, 586 f.

[773] *Hüffer*, in: Münchener Kommentar zum AktG, § 255, Rdn. 15 f.

Aktien für Dritte wirtschaftlich reizvoll zu gestalten[774]. Wenn die jungen Aktien über die Börse abgesetzt werden sollen, ist ein Bewertungsabschlag unvermeidbar, um die Marktfähigkeit herzustellen. Dazu gehört auch die Wahrung eines möglichst geringen Sicherheitsabstands gegenüber dem bisherigen Börsenkurs[775]. Denkbar ist der Fall, dass der Ausgabebetrag zwar dem Ergebnis einer fachgerecht durchgeführten Unternehmensbewertung entspricht, aber den Börsenkurs derart unterschreitet, dass die Kapitalerhöhung auf dem Kapitalmarkt kaum erfolgreich plaziert werden kann. Eine beachtliche Unterschreitung des durchschnittlichen Börsenkurses trägt die tatsächliche Vermutung eines unangemessen niedrigen Ausgabebetrages[776]. Ein Ausgabepreis in der Nähe des durchschnittlichen Börsenkurses ist dagegen in der Regel angemessen[777]. Ebenso kann die Wahl eines marktnahen Preisfindungsverfahrens („bookbuilding") ein Indiz für einen angemessenen Ausgabebetrag darstellen.
Im Rahmen einer vernünftigen kaufmännischen Beurteilung kann der Vorstand darüber hinaus berücksichtigen, welche Bedeutung neue Aktionäre und ihre Einlage, namentlich Sacheinlage, für die Gesellschaft haben. Wenn durch den Erwerb der Sacheinlage eine längerfristige Steigerung des Unternehmens- und Aktienwertes zu erwarten ist, können Bewertungsabstriche für die Aktionäre zumutbar sein[778].
Setzt die Verwaltung also einen Erwerbspreis im Falle des Bezugsrechtsausschlusses fest, der gerade vom „inneren" Wert der Aktien abweicht, handelt sie solange nicht pflichtwidrig, wie ihre Entscheidung auf vertretbaren Erwägungen im Gesellschaftsinteresse beruht[779]. Eine Aktienausgabe unter Wert ist damit nicht prinzipiell ausgeschlossen, sondern im Einzelfall, etwa aus praktischen Erfordernissen zulässig.
Bei bezugsrechtsfreien Kapitalerhöhungen nicht börsennotierter Gesellschaften, deren Aktien keinen entsprechenden Marktpreis haben, ist dagegen eine Orientierung am „inneren" Wert der Aktien mangels eines anderweitigen Maßstabes geboten[780].

---

[774] *K. Schmidt*, in: Großkommentar zum AktG, § 255, Rdn. 12; *Hüffer*, in: Münchener Kommentar zum AktG, § 255, Rdn. 16.
[775] Vgl. zur Gestaltung von Emissionskursen *Sommerschuh* AG 1966, 354 ff.
[776] *Hüffer*, in: Münchener Kommentar zum AktG, § 255, Rdn. 18.
[777] Vgl. *Hüffer*, in: Münchener Kommentar zum AktG, § 255, Rdn. 20.
[778] *K. Schmidt*, in: Großkommentar zum AktG, § 255, Rdn. 12; *Hüffer*, in: Münchener Kommentar zum AktG, § 255, Rdn. 16.
[779] Ebenso *Cahn* ZHR 163 (1999), 554, 586.
[780] Vgl. etwa *Schanz*, Börseneinführung, S. 318 und *Lutter* JZ 1998, 50, 52; *ders.*, in: Kölner Kommentar zum AktG, § 204, Rdn. 13, der bei Fehlen eines Marktpreises für die Aktien von dem unter Einschluss der stillen Reserven und des inneren Geschäftswertes ermittelten Wert des Unternehmens ausgeht.

B. Die Pflichten des Vorstandes bei der Zuteilung der neuen Aktien

I. Einleitung

Die vom Bezug neuer Aktien ausgeschlossenen Gesellschafter haben die Möglichkeit die Folgen einer bezugsrechtsfreien Kapitalerhöhung in mitgliedschaftlicher Hinsicht, d.h. ihre Einbußen an Teilhabe- und Herrschaftsrechten auszugleichen, indem sie ihre ursprüngliche Beteiligungsquote durch den Zukauf neuer Aktien über die Börse zu einem angemessenen Preis erhalten. Die Aktionäre erleiden überdies in vermögensrechtlicher Hinsicht keinen Schaden infolge einer Wertverwässerung ihrer alten Aktien, wenn es sich bei dem Ausgabepreis der neuen Aktien um einen börsenkursorientierten Preis handelt und er dem „wirklichen" Wert der jungen Aktien entspricht oder sogar der Börsenkurs den tatsächlichen Wert der Altaktien übersteigt. Bereits der Gesetzgeber verfolgte mit der Einführung des vereinfachten Bezugsrechtsausschlusses nach § 186 III 4 AktG das Ziel, die Entscheidungsträger von der Notwendigkeit einer besonderen sachlichen Rechtfertigung des Bezugsrechtsausschlusses zu entbinden, sofern die weiteren Daten der Emission – nämlich die Erhöhungsquote und der Ausgabekurs – erwarten lassen, dass der Eingriff in das Mitgliedschaftsrecht letztlich durch kapitalmarktrechtlich bedingte Vorteile zugunsten der Altaktionäre kompensiert wird[781]. Der Blick wird somit weggelenkt von der „Eingriffswirkung" des Bezugsrechtsausschlusses, es interessiert vielmehr die „Ausgleichswirkung" der Maßnahme.

Vor diesem Hintergrund richten sich die Pflichten des Vorstandes bei der Zuteilung der neuen Aktien im wesentlichen danach, die Kompensationsmöglichkeiten, die den vom Bezugsrechtsausschluss betroffenen Gesellschaftern zum Ausgleich für den Eingriff in ihre Mitgliedschaft zugedacht sind, bestmöglich zu sichern.

Bei einer genehmigten Barkapitalerhöhung, die unter Ausschluss des Bezugsrechts durchgeführt wird, kann ein plötzlicher Kursanstieg die Altaktionäre daran hindern, Aktien über die Börse zum Zweck des Erhalts ihrer Beteiligungsquote hinzuzuerwerben. Umgekehrt kann eine erfolgreiche Plazierung der neuen Aktien aufgrund eines nachträglichen Kursverfalls gefährdet sein. Bleibt der tatsächlich erzielbare Erlös für die neuen Aktien hinter dem geplanten Ausgabepreis zurück, werden die Altaktionäre über ihren Ausschluss vom Bezugsrecht hinaus durch einen unzulänglichen Kapitalzufluss benachteiligt. Diese Konsequenzen sind im Hinblick auf die Pflichtenbindungen des Vorstandes unter zwei Gesichtspunkten von Interesse. Zum einen stellt sich die Frage, ob der Vorstand bei einem plötzlichen Kursanstieg, der die Altaktionäre an einem wirtschaftlich sinnvollen Zukauf umlaufender Aktien zum Zweck des Quotenerhalts hindert, sicherzustellen hat, dass einzelne oder sogar alle Aktionäre ihre Betei-

[781] Begr. des Gesetzesentwurfs, BT-Drucks. 12/6721, S. 10.

ligungsquote durch den Zukauf von Aktien zu einem angemessenen Preis erhalten können. Zum anderen ist zu untersuchen, welchen Pflichtenbindungen der Vorstand unterliegt, wenn der Zweck des Bezugsrechtsausschlusses nicht mehr verwirklicht werden kann, weil entweder die Plazierung der neuen Aktien am Kapitalmarkt wegen nachträglichen Kursverfalls auf Hindernisse stößt oder die von einem Dritten zu erbringende Sacheinlage untergeht bzw. sich als nutzlos erweist.

II. Die Pflichten des Vorstandes bei plötzlichem Kursanstieg

Plant der Vorstand eine Barkapitalerhöhung mit Bezugsrechtsausschluss zwecks Streuung der neuen Aktien über die Börse und steigt der Börsenkurs während der Ausübungsfrist, so ist er nicht daran gehindert, die Ermächtigung zur Kapitalerhöhung auszunutzen. Die Altaktionäre können in diesem Fall zwar aus wirtschaftlichen Gründen daran gehindert sein, neue Aktien über die Börse hinzuzuerwerben, ihr Quotenverlust infolge des Bezugsrechtsausschlusses wird jedoch durch die Wertsteigerung, die mit dem erhöhten Mittelzufluss verbunden ist, jedenfalls vermögensrechtlich - wenn auch nicht stimmrechtlich - ausgeglichen.
Mit Blick auf die Einbußen in mitgliedschaftlicher Hinsicht bleibt zu klären, ob der Vorstand verpflichtet ist, den Quotenerhalt der Altaktionäre zu ermöglichen, indem er die Zukaufsmöglichkeit von Aktien gewährleistet, und zwar zu Bedingungen, wie sie für Dritterwerber bestanden.

1. Pflicht des Vorstandes, den Erhalt der Beteiligungsquote zu sichern?

Eine derartige Pflicht des Vorstandes wird im Schrifttum[782] vereinzelt für den Fall des erleichterten Bezugsrechtsausschlusses nach § 186 III 4 AktG angenommen. Danach könnten Zukäufe von Aktien größeren Ausmaßes den Börsenkurs so in die Höhe treiben, dass die zukaufswilligen Altaktionäre einen Paketzuschlag entrichten müssten. Um diese Folge zu verhindern, soll der Vorstand verpflichtet sein, für Kleinaktionäre die Nachkaufsmöglichkeit über die

---

[782] Vgl. *Schwark*, in: Festschrift Claussen, S. 357, 373 f. mit Verweis auf die Gesetzesmaterialien zu der Vorschrift des § 186 III 4 AktG, BegrRegE, BT-Drucks. 12/6721 v. 1.2.1994, S. 10; *Lutter* AG 1994, 429, 443; *Korthals*, Kapitalerhöhung zu höchsten Kursen, S. 129 f. m.w.N.; einschränkend *Claussen* WM 1996, 609, 615; *Aubel,* Der vereinfachte Bezugsrechtsausschluß, S. 53 f. geht von einer Pflicht zur Gewährung eines Vorab-Bezugsrechts für Gesellschaften aus, deren Aktien ausschließlich im Freiverkehr oder nur in geringem Umfang gehandelt werden. Bei börsennotierten Publikumsgesellschaften sei eine Nachkaufsmöglichkeit dagegen grundsätzlich ohnehin gegeben (S. 41); kritisch dazu *Hoffmann-Becking* ZIP 1995, 1, 10; *Zöllner* AG 1994, 336, 341; *Groß* DB 1994, 2431, 2439 sowie *Marsch-Barner* AG 1994, 532, 540 lehnen dagegen die Zukaufsmöglichkeit von Aktien als Tatbestandsvoraussetzung des § 186 III 4 AktG ab.

Börse und für Paketaktionäre die Möglichkeit eines Zukaufs außerhalb der Börse sicherzustellen[783].

Eine solche Verpflichtung des Vorstandes, sei es nur für den Fall des vereinfachten Bezugsrechtsausschlusses gem. § 186 III 4 AktG, sei es einheitlich für alle bezugsrechtsfreien Kapitalerhöhungen, würde allerdings jeden Bezugsrechtsausschluss nahezu unmöglich machen. Der Vorstand hätte dafür zu sorgen, dass der Bezugsrechtsausschluss gerade nicht seine typische Wirkung entfaltet. Zudem könnte er diese Pflicht nicht stets erfüllen, wie etwa in dem Fall, dass die Aktien aus der Kapitalerhöhung an bislang nicht an der AG beteiligte Erwerber zugeteilt werden. Die genaue Wiederherstellung der früheren Beteiligungsverhältnisse ist hier durch die Aufnahme neuer Gesellschafter von vornherein ausgeschlossen. Bei einer Kapitalerhöhung größeren Volumens könnte der Vorstand überdies die notwendigen Aktien für den Zuerwerb nicht zur Verfügung stellen und selbst wenn er dies im Einzelfall könnte, z. B. wegen einer weiteren Kapitalerhöhung oder aufgrund eines erheblichen eigenen Aktienbestandes, kann die Inverkehrgabe einer großen Menge weiterer Aktien den Aktienkurs senken und mithin der Preisvereinbarung zwischen der Gesellschaft und dem Dritterwerber die Basis entziehen. Auf diese Weise würde in nicht gerechtfertigter Weise in die Rechtsstellung der Erwerber der neuen Aktien eingegriffen[784].

Eine Pflicht des Vorstandes, den Paketaktionären Aktien in ausreichender Anzahl außerhalb der Börse zum Kauf anzubieten[785], würde im Ergebnis auf eine Negation des Bezugsrechtsausschlusses bzw. auf eine indirekte Wiedereinführung des gesetzlichen Bezugsrechts hinauslaufen, allerdings mit dem beachtlichen Unterschied, dass hiervon nur ein Teil der Altgesellschafter profitieren kann. Dies hätte eine sachlich nicht gerechtfertigte Ungleichbehandlung der Altaktionäre zur Konsequenz. Es leuchtet nämlich nicht ein, warum nur die Paketaktionäre den Vorteil eines klagbaren Erwerbsvorrechts erhalten sollen, während der Rest darauf angewiesen bleibt, sein Glück an der Börse zu versuchen. Soweit der Nacherwerbsbedarf des Paketaktionärs das verfügbare Kontingent der AG übersteigt, kann der Vorstand nicht dazu verpflichtet sein, allein zum Zweck der Quotenerhaltung zugunsten einiger Gesellschafter mehr Aktien auszugeben als die Nachfrage auf dem Kapitalmarkt hergibt. Denn dies kann statt einer Kursexplosion einen Kursverfall zur Folge haben und der Erfolg der Aktienplazierung würde damit zwangsläufig gefährdet. Eine erfolgreiche Plazierung der Aktien wäre nur dann hinreichend gesichert, wenn die Paketaktionäre beabsichtigten, alle Aktien zu einem bestimmten Preis zu übernehmen und

---

[783] So etwa *Schwark*, in: Festschrift Claussen, S. 357, 374.

[784] Vgl. zu dieser Problematik auch noch näher unten, 3. Teil § 2 F IV 2 b) bb) (4).

[785] Siehe dazu *Claussen* AG 1995, 163, 169; *Hirte* ZIP 1994, 356, 358 f.; *Hoffmann-Becking* ZIP 1995, 1, 10; *Technau* AG 1998, 445, 451; *Schwark*, in: Festschrift Claussen, S. 357, 373 f.

dies vorab sicher geklärt wäre. Würde der Vorstand in diesem Fall die Aktien an die Paketaktionäre ausgeben, würde er die Paketaktionäre aber ohne sachlichen Grund bevorzugen, und zwar zum Nachteil der nicht bevorrechtigten Aktionäre.

Nicht zuletzt kann der geltend gemachte Einwand einer drohenden Kursexplosion[786] nicht überzeugen. Es ist zweifelhaft, worin der Nachteil einer Kursexplosion bestehen soll, wenn man sich vor Augen führt, dass sich die Plazierungschancen hierdurch entscheidend verbessern und der jetzt erzielbare Mehrerlös schließlich denjenigen Gesellschaftern zugute kommt, die von ihrer Zukaufsmöglichkeit keinen Gebrauch machen können[787]. Der Vorstand kann deshalb auch bei steigenden Kursen nicht an der Kapitalerhöhung gehindert sein. Abgesehen davon würde die Pflicht des Vorstandes, die Zukaufsmöglichkeit sicherzustellen, zwangsläufig den Abschied vom „bookbuilding"-Verfahren bedeuten[788]. Denn die in zweiter Stufe aufzubringenden Ausgabebeträge stehen im Zeitpunkt der Unterbreitung des Aktienerwerbsangebots noch nicht fest, und das Angebot zum Zeichnungskurs wäre ein evidenter Verstoß gegen das Gleichbehandlungsgebot zum Nachteil der nicht bevorrechtigten Aktionäre.

2. Fazit

Nach den vorstehenden Überlegungen kann eine Pflicht des Vorstandes, den Quotenerhalt der Altaktionäre zu ermöglichen, indem er die Zukaufsmöglichkeit von Aktien gewährleistet, weder für den Sonderfall des erleichterten Bezugsrechtsausschlusses nach § 186 III 4 AktG noch einheitlich für alle bezugsrechtsfreien Kapitalerhöhungen angenommen werden. Stellt sich allerdings heraus, dass der Vorstand das Ermächtigungsvolumen lediglich teilweise für nicht mit den Bezugsrechten zu vereinbarenden Zwecken ausgenutzt hat, ist er verpflichtet, den Quotenerhalt der Altgesellschafter durch Zukauf zu ermöglichen[789]. Soweit sich der Zweck des Bezugsrechtsausschlusses nicht erreichen lässt, hat der Vorstand das genehmigte Kapital in vollem Umfang auszuschöpfen und den noch nicht berücksichtigten, vom Bezugsrecht ausgeschlossenen Aktionären im Verfahren nach §§ 186 I 1, 203 I 1 AktG neue Aktien zum Bezug anzubieten[790]. Auf diese Weise lebt das ursprüngliche Bezugsrecht der Aktionäre jedenfalls für einen Teil der genehmigten Kapitalerhöhung wieder auf.

---

[786] Siehe dazu die Quellenangaben in Fußn. 782.

[787] Vgl. auch *Bayer* ZHR 163 (1999), 505, 537.

[788] Siehe dazu *Ekkenga* AG 2001, 615, 628; *ders.*, in: VGR, Gesellschaftsrecht in der Diskussion 2000, VGR Bd. 3 (2001), S. 77, 83 f.

[789] Siehe *Cahn* ZHR 163 (1999), 554, 588.

[790] Vgl. dazu *Hefermehl/Bungeroth*, in: Geßler/Hefermehl/Eckardt/Kropff, Kommentar zum AktG, § 186, Rdn. 141; *Hüffer*, AktG, § 186, Rdn. 40; *Wiedemann*, in: Großkommentar zum AktG, § 186, Rdn. 187.

Was für den Fall des vollständigen nachträglichen Wegfalls des Bezugsrechtsausschlusszwecks gilt, wird im folgenden Abschnitt untersucht.

III. Die Pflichten des Vorstandes bei nachträglichem Wegfall des Bezugsrechtsausschlusszwecks

Kann der Zweck des Bezugsrechtsausschlusses im Rahmen einer Bar- oder Sachkapitalerhöhung nicht mehr verwirklicht werden, weil entweder die Plazierung der neuen Aktien am Kapitalmarkt wegen nachträglichen Kursverfalls auf Hindernisse stößt oder die von einem Dritten zu erbringende Sacheinlage untergeht bzw. sich als nutzlos erweist, fragt es sich, wie sich der Vorstand zu verhalten hat.

1. Plazierungshindernis bei Barkapitalerhöhungen

Plant der Vorstand eine Barkapitalerhöhung unter Ausschluss des Bezugsrechts zwecks Streuung der neuen Aktien über die Börse und sinkt der Börsenkurs während der Ausübungsfrist nachhaltig, so kann er an der Ausübung der Ermächtigung zur Kapitalerhöhung aus verschiedenen Gründen gehindert sein.
Die Plazierung der neuen Aktien aus der Kapitalerhöhung kann etwa dann auf ein Hindernis stoßen, wenn die Hauptversammlung dem Vorstand in ihrem Ermächtigungsbeschluss einen Mindestausgabebetrag der neuen Aktien vorgegeben hat und sich der nach den ursprünglichen Marktverhältnissen erzielbare Preis aufgrund rückläufiger Nachfrage innerhalb des Ermächtigungszeitraums nicht mehr realisieren lässt. So kann der Börsenpreis den festgelegten Mindestausgabepreis derart unterschreiten, dass eine Plazierung der neuen Aktien auf dem Kapitalmarkt praktisch ausgeschlossen ist. Solange Aktien zum niedrigeren Börsenpreis bezogen werden können, werden mögliche Anlageinteressenten schließlich nicht gewillt sein, einen höheren Betrag zu bezahlen.
Hat die Hauptversammlung in ihrem Ermächtigungsbeschluss ausnahmsweise einen Mindestausgabepreis festgelegt, ist der Vorstand nicht befugt, von der Ermächtigung zur bezugsrechtsfreien Kapitalerhöhung Gebrauch zu machen, wenn er dabei die vorgegebene Wertuntergrenze nicht einhalten kann. Nach § 204 I 1 AktG ist der Vorstand bei der Entscheidung über die Bedingungen der Aktienausgabe an die Vorgaben der Hauptversammlung gebunden. Verstößt er gegen die Vorgaben der Hauptversammlung, ist sein Beschluss über die Ausnutzung der Ermächtigung ungültig[791]. Er darf die Kapitalerhöhung nicht durchführen[792]. Der Zweck des Bezugsrechtsausschlusses - die Plazierung der neuen

---

[791] *Hüffer*, AktG, § 204, Rdn. 8 m.w.N.
[792] *Lutter*, in: Kölner Kommentar zum AktG, § 204, Rdn. 24; *Krieger*, in: Münchener Handbuch, Aktiengesellschaft, § 58, Rdn. 55.

Aktien am Kapitalmarkt - kann in diesem Fall somit nicht mehr verwirklicht werden.

Darüber hinaus kann der Vorstand an der Ausnutzung der Ermächtigung zwecks Streuung der neuen Aktien über die Börse gehindert sein, wenn der Börsenkurs während der Ausübungsfrist unter den nach § 255 II AktG zu berücksichtigenden „inneren" Anteilswert sinkt. Wie oben[793] ausgeführt, stellt der „innere" Wert zwar nur einen Anhaltspunkt für die pflichtgemäße Bestimmung des Ausgabebetrages dar und keinesfalls eine feste Grenze. Liegen der Entscheidung des Vorstandes jedoch keine kaufmännisch vertretbaren Erwägungen im Gesellschaftsinteresse zugrunde, die Anteile orientiert am gesunkenen Börsenkurs und damit unter ihrem „wahren" Wert zu plazieren, ist er nicht befugt, die Kapitalerhöhung unter Ausschluss des Bezugsrechts durchzuführen. Der Vorstand darf bei der Bestimmung des Ausgabepreises lediglich einen angemessenen Abschlag auf den „inneren" Wert vornehmen, um die Zeichnung neuer Aktien für Dritte hinreichend wirtschaftlich attraktiv zu gestalten und damit eine erfolgreiche Plazierung am Kapitalmarkt zu erreichen[794].

Der Vorstand hat in den angeführten Fällen, in denen er wegen nachträglichen Kursverfalls an der Durchführung der Kapitalerhöhung unter Ausschluss des Bezugsrechts gehindert ist, verschiedene Reaktionsmöglichkeiten. Entscheidend kommt es darauf an, ob die Durchführung der Kapitalerhöhung bereits im Handelsregister eingetragen ist oder nicht. Denn bis zur Eintragung der Durchführung der Kapitalerhöhung kann der Vorstand frei darüber entscheiden, ob er die Kapitalerhöhung durchführt oder das Ausgabeverfahren (vorläufig) einstellt[795].

a) Pflichten des Vorstandes vor Eintragung der Kapitalerhöhung

aa) Pflicht des Vorstandes, das Ausgabeverfahren vorläufig einzustellen

Der Vorstand entscheidet aufgrund des genehmigten Kapitals über die Ausgabe der neuen Aktien und damit über die Durchführung der Kapitalerhöhung nach pflichtgemäßem Ermessen. Kann der Vorstand bei der Durchführung der Kapitalerhöhung unter Ausschluss des Bezugsrechts den Mindestausgabebetrag der neuen Aktien, den die Hauptversammlung in ihrem Ermächtigungsbeschluss festgelegt hat, und/oder die rechtlichen Preisuntergrenzen nicht einhalten, reduziert sich allerdings sein Ermessen auf Null. Um den Vorgaben der Hauptversammlung und/oder den Preisuntergrenzen nicht zuwiderzuhandeln, ist er verpflichtet, die Durchführung der Kapitalerhöhung zu unterlassen und das Verfahren der Aktienausgabe vorläufig einzustellen bzw. durch die Konsortialbanken einstellen zu lassen. Bei einer Einstellung des Ausgabeverfahrens gelangen die

---

[793] Siehe oben, 2. Teil, § 4 A III 2.

[794] Vgl. dazu die Ausführungen im 2. Teil, § 4 A III 2 b) aa) (3.2) und bb).

[795] Siehe etwa *Lutter*, in: Kölner Kommentar zum AktG, § 204, Rdn. 18, 19, 24 f.

neuen Aktien erst gar nicht in Umlauf, sondern sie werden für eine bestimmte Übergangsphase von den emissionsbegleitenden Banken gehalten.

Soweit sich der Zweck des Bezugsrechtsausschlusses - Plazierung der neuen Aktien am Kapitalmarkt - nicht mehr erreichen lässt, weil der Börsenpreis den „inneren“ Wert der Aktien i.S.v. § 255 II AktG nachhaltig unterschreitet, muss der Vorstand von einem Ausschluss des Bezugsrechts absehen. Er kann das genehmigte Kapital lediglich unter Berücksichtigung der Altaktionäre ausnutzen. Voraussetzung dafür ist, dass die Hauptversammlung in ihrem Ermächtigungsbeschluss nicht bereits selbst das Bezugsrecht ausgeschlossen hat und den Vorstand zum Bezugsrechtsausschluss gem. § 203 II 1 AktG ermächtigt hat. Hat die Hauptversammlung bereits zum Zeitpunkt der Ermächtigung einen Ausschluss des Bezugsrechts beschlossen, entscheidet zwar der Vorstand, ob, wann und in welchem Umfang das genehmigte Kapital ausgeübt wird, übt er es jedoch aus, ist das Bezugsrecht der Aktionäre zwingend ausgeschlossen[796]. Der Vorstand ist an die Vorgabe der Hauptversammlung, die Kapitalerhöhung unter Ausschluss des Bezugsrechts der Aktionäre durchzuführen, gebunden. Er ist nicht befugt, die neuen Aktien den bisherigen Aktionären zum Bezug anzubieten. Der Vorstand ist damit an der Durchführung der Kapitalerhöhung wegen nachträglichen Kursverfalls gehindert. Ist mit einem Kursanstieg innerhalb der Ermächtigungsfrist angesichts der schlechten Marktsituation nicht mehr zu rechnen, kann die Emission nur erfolgreich zum Abschluss gebracht werden, wenn die Hauptversammlung von einem unmittelbaren Bezugsrechtsausschluss in ihrer Ermächtigung Abstand nimmt. Sowohl in dieser Konstellation als auch in dem Fall, dass der Zweck des Bezugsrechtsausschlusses nicht mehr verwirklicht werden, weil eine erfolgreiche Plazierung der neuen Aktien an dem von der Hauptversammlung vorgegebenen Mindestausgabebetrag scheitert, kommt eine Vorlage des konkreten Finanzierungsvorhabens an die Hauptversammlung nach den oben[797] dargestellten Grundsätzen der „Holzmüller“-Entscheidung in Betracht.

Hat die Hauptversammlung dagegen den Vorstand zum Ausschluss des Bezugsrechts ermächtigt, ist er frei in seiner Entscheidung, ob er das genehmigte Kapital mit einem entsprechenden Bezugsrechtsverfahren durchführt. Bietet der Vorstand den Altaktionären neue Aktien gem. §§ 186 I 1, 203 I 1 AktG zum Bezug an, kann er dabei den Bezugspreis zu dem gesunkenen Börsenpreis festsetzen. Das in § 255 II AktG verankerte Verwässerungsverbot greift nicht mehr ein.

---

[796] *Hüffer*, AktG, § 203, Rdn. 8; *Hirte*, in: Großkommentar zum AktG, § 203, Rdn. 65.

[797] Siehe dazu die Ausführungen im 2. Teil, unter § 2 B I, II.

bb) Pflicht des Vorstandes, die konkrete Kapitalmaßnahme der Hauptversammlung vorzulegen?

Wie oben[798] bereits dargelegt, kann eine Pflicht des Vorstandes, die Kapitalmaßnahme der Hauptversammlung noch vor Durchführung der Kapitalerhöhung zur Zustimmung vorzulegen, vor allem im Hinblick auf die neue Rechtsprechung des BGH in den „Gelatine"-Urteilen zur Eingrenzung ungeschriebener Hauptversammlungszuständigkeiten nicht angenommen werden. Eine Vorlagepflicht nach den „Holzmüller"-Grundsätzen hätte eine erhebliche Einschränkung des Grundsatzes der Eigenverantwortlichkeit des Vorstandes sowie der Flexibilität des Vorstandshandelns zur Folge. Der Vorstand kann daher wegen eines nachträglichen Kursverfalls auch nicht zur Vorlage verpflichtet sein. Er entscheidet vielmehr nach seinem eigenverantwortlichen Ermessen, ob er das konkrete Finanzierungsvorhaben der Hauptversammlung zur Zustimmung vorlegt. Legt der Vorstand der Hauptversammlung die konkrete Kapitalmaßnahme zur Entscheidung vor, kann diese über den unmittelbaren Ausschluss des Bezugsrechts bzw. den im Ermächtigungsbeschluss festgelegten Mindestausgabebetrag erneut entscheiden, um die Emission gegebenenfalls noch erfolgreich zum Abschluss zu bringen.

Änderung der Ermächtigung durch die Hauptversammlung?

Die Hauptversammlung kann das gesetzliche Bezugsrecht der Aktionäre bereits in der Ermächtigung gem. §§ 186 III, IV, 203 I 1 AktG verbindlich ausschließen. Macht der Vorstand von der Ermächtigung Gebrauch, ist das Bezugsrecht der Aktionäre zwingend ausgeschlossen[799]. Der unmittelbare Bezugsrechtsausschluss durch die Hauptversammlung kann damit die Verwendung des genehmigten Kapitals durch den Vorstand bis zum Ablauf der Ermächtigungsfrist blockieren, wenn ein derart nachhaltiger Kursverfall eintritt, dass der Vorstand den Ausgabepreis der neuen Aktien nur unter Missachtung des „inneren" Wertes der Aktien festlegen kann.

Ebenso eine vorzeitige Festlegung eines Mindestausgabebetrages der neuen Aktien durch die Hauptversammlung gestaltet sich problematisch[800]. Die Hauptversammlung kann gegenüber dem Vorstand die für die Festsetzung des Ausgabepreises maßgeblichen, insbesondere auf den jeweiligen Markt- und Börsenverhältnissen beruhenden Umstände zum Zeitpunkt der Ermächtigung des Vorstandes noch nicht sachgerecht berücksichtigen.

Legt der Vorstand unmittelbar vor Durchführung der Kapitalerhöhung die konkrete Finanzierungsmaßnahme der Hauptversammlung vor, kann die Haupt-

---

[798] Vgl. dazu oben, 2. Teil § 2 B I, III 2.
[799] Vgl. bereits oben, 2. Teil § 4 B III 1 a) aa).
[800] Siehe dazu oben, 2. Teil § 4 A I.

versammlung ihren Ermächtigungsbeschluss sowohl im Hinblick auf den unmittelbaren Bezugsrechtsausschluss als auch die Höhe des Ausgabepreises der neuen Aktien abändern. Zum einen kann sie den Ausschluss des Bezugsrechts vollständigen aufgeben oder die Entscheidung darüber gem. § 203 II 1 AktG dem Vorstand überlassen. Zum anderen kann sie ihre Vorgaben hinsichtlich des Ausgabepreises der neuen Aktien der aktuellen Markt- und Börsensituation anpassen oder den festgelegten Mindestausgabebetrag aufheben und dem Vorstand die Entscheidung über die Höhe des Ausgabekurses überlassen. So wie die Hauptversammlung den Nennbetrag des genehmigten Kapitals nach § 202 III 1 AktG und die Ermächtigungsfrist im Rahmen der Höchstfrist von fünf Jahren gem. § 202 II 1 AktG ändern kann[801], kann sie auch ihre Entscheidung über den Bezugsrechtsausschluss oder den Mindestausgabebetrag der neuen Aktien abändern. Hat die Hauptversammlung die Möglichkeit der Kompetenzübertragung hinsichtlich des Bezugsrechtsausschlusses bzw. der Festsetzung des Ausgabebetrages nicht genutzt, so kann sie noch nachträglich die Bedingungen der Aktienausgabe im Interesse eines bestmöglichen Finanzierungserfolges variabel gestalten, indem sie den Vorstand gem. § 203 II 1 AktG zum Ausschluss des Bezugsrechts bzw. gem. § 204 I 1 AktG zur Festsetzung des Ausgabebetrages der neuen Aktien ermächtigt.

Für eine Änderung des Ermächtigungsbeschlusses gelten stets die §§ 202 ff. AktG. Dies gilt unabhängig davon, ob das genehmigte Kapital bereits im Handelsregister eingetragen ist oder nicht[802]. Das bedeutet, dass der Änderungsbeschluss ebenso wie der Ermächtigungsbeschluss der Hauptversammlung (§ 202 II 2 AktG) einer Mehrheit bedarf, die mindestens drei Viertel des bei der Beschlussfassung vertretenen Grundkapitals umfasst. Der nachträgliche Änderungsbeschluss der Hauptversammlung muss zudem im Handelsregister eingetragen werden, um Wirksamkeit zu erlangen (vgl. §§ 181 III, 202 II AktG)[803].

Gegenüber einer Änderung der Ermächtigung kann die Hauptversammlung auch an dem unmittelbaren Bezugsrechtsausschluss bzw. der festgelegten Wertuntergrenze für die Ausgabe der neuen Aktien festhalten, weil sie beispielsweise innerhalb des Ermächtigungszeitraums noch mit einem Kursanstieg rechnet. Nicht zuletzt kann der Änderungsbeschluss an dem Erfordernis der qualifizierten Beschlussmehrheit scheitern.

Der Vorstand ist in diesen Fällen vorerst und gegebenenfalls endgültig an der Ausnutzung der Ermächtigung zur Kapitalerhöhung mit oder ohne Ausschluss des Bezugsrechts gehindert. Seinem Finanzierungsvorhaben steht entweder das

---

801 OLG Hamm WM 1985, 197, 198; *Hefermehl/Bungeroth*, in: Geßler/Hefermehl/Eckardt/Kropff, Kommentar zum AktG, § 202, Rdn. 13; *Lutter*, in: Kölner Kommentar zum AktG, § 202, Rdn. 18.

802 *Lutter*, in: Kölner Kommentar zum AktG, § 202, Rdn. 7, 18; *Hüffer*, AktG, § 202, Rdn. 18.

803 Siehe zur ähnlich gelagerten Problematik beim Verfahren der Umwidmung der ursprünglichen Ermächtigung oben, 2. Teil, § 3 B IV 3.

in § 255 II AktG verankerte Verwässerungsverbot oder der in der Ermächtigung festgelegte Mindestausgabepreis der neuen Aktien entgegen. Hat die Hauptversammlung den Vorstand in letzterem Fall zum Ausschluss des Bezugsrechts gem. § 203 II 1 AktG ermächtigt, steht es ihm zwar frei, die Kapitalerhöhung ohne Bezugsrechtsausschluss durchzuführen. Davon wird er jedoch absehen müssen, da die Altgesellschafter ebenso wie andere Anlageinteressenten nicht gewillt sein werden, einen höheren Bezugspreis zu zahlen als sie für den Bezug neuer Aktien über die Börse aufbringen müssen.

b) Pflichten des Vorstandes nach Eintragung der Kapitalerhöhung

Mit Eintragung der Durchführung der Kapitalerhöhung im Handelsregister wird die Erhöhung des Grundkapitals wirksam (§§ 189, 203 I 1 AktG). Dies hat zur Konsequenz, dass der Vorstand das Verfahren der Aktienausgabe nicht mehr ohne weiteres einstellen kann. Ebenso kommt eine Änderung der Ermächtigung durch die Hauptversammlung nicht mehr in Betracht. Die Maßnahmen im Außenverhältnis, wie die Zeichnungsverträge, werden vielmehr wirksam, da sich die fehlerhafte Geschäftsführung nicht auf das Außenverhältnis auswirkt[804]. Das bedeutet, dass zunächst die emissionsbegleitenden Banken die neuen Mitgliedschaften wirksam erwerben. Es stellt sich daher die Frage, ob die ursprünglichen Bezugsrechte der Altaktionäre wegen nachträglichen Wegfalls des Bezugsrechtsausschlusszwecks wiederaufleben. Dies richtet sich zunächst danach, ob der Vorstand mit den emissionsbegleitenden Banken die Folgen eines Scheiterns der Kapitalerhöhung in den Übernahmeverträgen geregelt hat.

aa) Pflicht des Vorstandes, die „Mittlerfunktion" der Konsortialbanken zu wahren?

Bestimmt der Vorstand die Bezugsberechtigten der neuen Aktien nach Eintragung der Kapitalerhöhung vorerst nicht, halten die Konsortialbanken die Aktien für eine bestimmte Übergangsphase. Zieht sich diese Phase über einen längeren Zeitraum, besteht die Gefahr, dass sich die Banken an ihre Treuhänderfunktion nicht länger gebunden sehen und planen, vorerst Aktionär zu bleiben mit dem möglichen Ziel, das Aktienpaket als strategische Beteiligung in einem günstigen Moment zu verkaufen.

Ein Scheitern der Plazierung der neuen Aktien im Wege des zweistufigen Ausgabeverfahrens nach der „bookbuilding"-Methode birgt überdies die Gefahr,

---

[804] *Hefermehl/Bungeroth*, in: Geßler/Hefermehl/Eckardt/Kropff, Kommentar zum AktG, § 204, Rdn. 4; *Hüffer*, AktG, § 186, Rdn. 17; § 204, Rdn. 8; nur im Begründungsansatz wohl abweichend etwa: *Krieger*, in: Münchener Handbuch, Aktiengesellschaft, § 58, Rdn. 57, der von einer schwebenden Unwirksamkeit der Vorstandsentscheidung ausgeht, welche aber durch die Eintragung der Durchführung der Kapitalerhöhung geheilt werde.

dass die Volleinzahlung des Verkaufserlöses nach Zeichnung der Aktien (sog. „Settlement") unterbleibt[805]. Dieses Verfahren sieht eine Vollvalutierung der neuen Anteile durch die zeichnenden Konsortialbanken gerade nicht vor, vielmehr zeichnen sie die Anteile regelmäßig zum Nennbetrag unter Einzahlung der sofort aufzubringenden 25 % des Nennbetrages (vgl. §§ 36 a I, 188 II, 203 I 1 AktG). Der volle Ausgabebetrag soll nach dieser Methode erst aus dem Verkaufserlös aufgebracht werden[806]. Das Risiko einer Kapitalverwässerung besteht daher vor allem darin, dass die Aufbringung des festgesetzten Ausgabebetrages unterbleibt. Das zweistufige Verfahren führt somit nur dann zu interessen-gerechten Ergebnissen, wenn die Konsortialbanken ihrer Mittlerfunktion im Plazierungsverfahren gerecht werden, ohne in eine Verteilungskonkurrenz zu den vom Bezugsrecht ausgeschlossenen Aktionären einzutreten.

Vor diesem Hintergrund ist der Vorstand gehalten, möglichst zu verhindern, dass die emissionsbegleitenden Banken auf den von ihnen zum Nennwert gezeichneten Aktien „sitzen bleiben" oder dass sie ihre bisher gehaltene Treuhänderposition gegen eine dauerhafte Mitgliedschaft bei der Gesellschaft eintauschen. Dies geschieht im Regelfall dadurch, dass der Vorstand mit den Konsortialbanken in den Übernahmeverträgen die Folgen eines Scheiterns der Kapitalerhöhung ausdrücklich regelt. So kann er den Banken entsprechende Angebotspflichten zu Gunsten der Altaktionäre auferlegen. Auf diese Weise können die ursprünglichen Bezugsrechte der Altaktionäre wegen nachträglichen Wegfalls des Bezugsrechtsausschlusszwecks wiederaufleben.

bb) Wiederaufleben der ursprünglichen Bezugsrechte?

(1) Ersatzbezugsrecht analog §§ 186 V, 203 I 1 AktG?

Das gesetzliche Bezugsrecht der Aktionäre aus § 186 I 1 AktG könnte zunächst dadurch wiederbelebt werden, dass die Konsortialbanken im Fall des Scheiterns der Kapitalerhöhung verpflichtet sind, den Altgesellschaftern die Aktien zu einem bestimmten Preis zum Bezug anzubieten, anstatt auf Dauer Gesellschafter zu bleiben und so in eine Verteilungskonkurrenz zu den vom Bezugsrecht ausgeschlossenen Aktionären zu treten.

Sowohl bei der regulären Kapitalerhöhung als auch beim genehmigten Kapital ist es zulässig (§§ 186 V, 203 I 1 AktG) und üblich, das unmittelbare gesetzliche Bezugsrecht der Aktionäre dadurch zu ersetzen, dass Kreditinstitute die neuen Aktien mit der Verpflichtung übernehmen, sie an die gesetzlich Bezugsberechtigten weiterzugeben (mittelbares Bezugsrecht)[807]. Die Hauptversammlung hat ein mittelbares Bezugsrecht bereits im Kapitalerhöhungs- bzw. Er-

---

[805] Siehe etwa die Bedenken von *Ekkenga*, in: VGR, Gesellschaftsrecht in der Diskussion 2000, VGR Bd. 3 (2001), S. 77, 85.

[806] Zur Zulässigkeit dieser Methode näher *Technau* AG 1998, 445, 448 f.

[807] *Krieger*, in: Münchener Handbuch, Aktiengesellschaft, § 58, Rdn. 47 und § 56, Rdn. 89 ff.

mächtigungsbeschluss festzusetzen. Die Emissionsunternehmen verpflichten sich sodann in einem Vertrag mit der Gesellschaft, vertreten durch den Vorstand, neue Aktien den Aktionären zu einem bestimmten Preis zum Bezug anzubieten. Diese Verpflichtung zum Angebot muss als Vertrag zugunsten Dritter (§ 328 BGB) ausgestaltet sein, womit die Aktionäre einen unmittelbaren Bezugsanspruch gegen die Emissionsunternehmen erhalten.
Bei einer Ermächtigung des Vorstandes zur Kapitalerhöhung unter Ausschluss des Bezugsrechts kann die AG, vertreten durch den Vorstand, Ähnliches für den Fall des Scheiterns der Kapitalerhöhung wegen nachträglichen Wegfalls des Bezugsrechtsausschlusszwecks vereinbaren. Der Vorstand regelt mit den Konsortialbanken häufig die Folgen eines Scheiterns der Kapitalerhöhung, indem er den Emissionsbanken in den Übernahmeverträgen Angebotspflichten zugunsten der Aktionäre auferlegt[808]. So sind Regelungen in Übernahmeverträgen üblich, nach denen der Vorstand innerhalb einer Frist von zwei bis drei Monaten nach Scheitern der Kapitalerhöhung das Recht hat, den Konsortialbanken Dritte zu benennen, an welche die Aktien zu einem bestimmten Preis zu veräußern sind.

Die ursprünglichen Bezugsrechte der Aktionäre können auf diese Weise zwar wieder aufleben, ob die Gewährung eines solchen Ersatzbezugsrechts analog §§ 186 V, 203 I 1 AktG für die Altaktionäre von Vorteil ist, ist jedoch zweifelhaft. Denn den Gesellschaftern ist infolge der Andienung der neuen Anteile durch die Banken wenig gedient, solange bei einem marktbedingten Scheitern der Plazierung der neuen Aktien der Börsenkurs der umlaufenden Aktien niedriger ist als der Ausgabekurs der neuen Aktien. Während des „bookbuilding"-Verfahrens tritt aufgrund der Zeichnung der Aktien zu einem Viertel des Nennbetrages bis zum „Settlement" unvermeidlich eine Kapitalverwässerung ein. Das Interesse der Altaktionäre an einem Erhalt ihrer Beteiligungsquote durch Zukauf der neuen Aktien ist daher nur dann gewahrt, wenn sie den Erwerb der neuen Aktien zum Börsenkurs fordern können. Dem steht allerdings entgegen, dass sie als Bezugsberechtigte gem. § 186 II AktG an den ursprünglich festgesetzten Ausgabekurs gebunden sind und der Vorstand gerade nicht befugt ist, Aktien zu einem niedrigeren Preis auszugeben als ihn die Hauptversammlung im Ermächtigungsbeschluss festgelegt hat. Die Aktionäre werden ebenso an einem Verkauf der Bezugsrechte solange kein Interesse haben, wie mögliche Anlageinteressenten Aktien zu einem niedrigeren Marktpreis beziehen können.
Nach den vorstehenden Überlegungen ist den Altgesellschaftern also selbst dann nicht geholfen, wenn ihnen die Konsortialbanken auf der Grundlage entsprechender Angebotspflichten zu einem Ausgabepreis Aktien offerieren, den die Hauptversammlung bereits in der Ermächtigung festgelegt hat.

Hat die Hauptversammlung dagegen in ihrem Ermächtigungsbeschluss keinen Mindestausgabebetrag der neuen Aktien festgesetzt, kann der Vorstand den Altgesellschafter über die emissionsbegleitenden Banken die Aktien zum

---

[808] Siehe *Technau* AG 1998, 445, 453.

Börsenpreis und damit wirtschaftlich sinnvoll zum Bezug anbieten. Voraussetzung für ein Wiederaufleben der Bezugsrechte ist jedoch stets, dass die Hauptversammlung in ihrer Ermächtigung noch keinen unmittelbaren Bezugsrechtsausschluss beschlossen hat.
Sollte der Vorstand darauf verzichtet haben, mit den Banken die Folgen eines Scheiterns der Kapitalerhöhung ausdrücklich zu regeln, gestaltet sich die Begründung für ein Wiederaufleben der ursprünglichen Bezugsrechte ebenso schwierig.

(2) Ersatzloser Wegfall des Ermächtigungsbeschlusses?

Vereinzelte Stimmen in der Literatur[809] führen bei einem nachträglichen Wegfall des Bezugsrechtsausschlusszwecks im Fall der Kapitalerhöhung gegen Einlagen nach §§ 182 ff. AktG den ersatzlosen Wegfall des Kapitalerhöhungsbeschlusses als Begründung für ein Wiederaufleben der ursprünglichen Bezugsrechte an.
Beim genehmigten Kapital wäre die rückwirkende Beseitigung des Ermächtigungsbeschlusses mit Bezugsrechtsausschluss bei gescheiterter Plazierung aus der Sicht der übergangenen Gesellschafter zwar zu befürworten. Dies hätte aber zur Folge, dass die Hauptversammlung die Kapitalerhöhung erneut beschließen müsste, um das aktuelle Vorhaben des Vorstandes noch realisieren zu können. Dieser Weg ist nicht nur aus rechtsdogmatischen Gründen problematisch, sondern auch, weil die Veränderlichkeit der Umstände gerade die typische Grundlage des genehmigten Kapitals ausmacht[810].

Hat die Hauptversammlung das gesetzliche Bezugsrecht selbst bereits im Ermächtigungsbeschluss ausgeschlossen, bleibt der Bezugsrechtsausschluss bestehen, bis der Kapitalerhöhungsbeschluss selbst infolge einer erfolgreichen Anfechtungsklage gem. § 243 I AktG gerichtlich kassiert wird. Mit dem Bezugsrechtsausschluss muss auch der Ermächtigungsbeschluss angegriffen werden, da beide Komponenten prinzipiell untrennbare Bestandteile eines einheitlichen Beschlussgegenstandes sind (vgl. § 186 III 1 AktG). Eine nachträgliche Veränderung der Umstände, die zum Zeitpunkt der Beschlussfassung bestanden, kann jedoch nicht dazu führen, dass ein rechtmäßig gefasster Beschluss später rechtswidrig wird. Denn die gerichtliche Kontrolle des Ermächtigungsbe-

---

[809] Vgl. etwa *Wiedemann*, in: Großkommentar zum AktG, § 186, Rdn. 187: Der Kapitalerhöhungsbeschluss könne entweder „gegenstandslos" oder „undurchführbar" geworden sein oder die Verwaltung müsse „zum gesetzlichen Bezugsrecht zurückkehren". Siehe auch *Hüffer*, AktG, § 186, Rdn. 40; ähnlich *Hefermehl/Bungeroth*, in: Geßler/Hefermehl/Eckardt/Kropff, Kommentar zum AktG, § 186, Rdn. 141; für den Fall des vereinfachten Bezugsrechtsausschlusses nach § 186 III 4 AktG wohl auch *Claussen* WM 1996, 609, 612.

[810] Ebenso *Ekkenga* AG 2001, 567, 579; *ders.*, in: VGR, Gesellschaftsrecht in der Diskussion 2000, VGR Bd. 3 (2001), S. 77, 86 f.

schlusses bezieht sich auf den Zeitpunkt der Beschlussfassung, nachträglich bekannt gewordene Umstände sind dagegen nicht zu berücksichtigen[811]. Etwas anderes kann für die Rechtmäßigkeitskontrolle des Ermächtigungsbeschlusses auch dann nicht gelten, wenn der Vorstand auf der Grundlage einer ihm erteilten Ermächtigung nach § 203 II AktG das Bezugsrecht ausschließt.

Der Ermächtigungsbeschluss der Hauptversammlung zur Kapitalerhöhung unter Ausschluss des Bezugsrechts kann zudem nicht dahin interpretiert werden, dass seine Wirksamkeit unter der auflösenden Bedingung (§ 158 II BGB) des Scheiterns der Plazierung der neuen Aktien steht. Ein derartiger Beschluss ließe sich nicht mit der in einer AG gebotenen Rechtssicherheit in Einklang bringen[812]. Bei der Kapitalerhöhung handelt es sich um einen Beschlussgegenstand, der wegen seiner Wirkung gegenüber einer Vielzahl von Personen Unsicherheiten durch die Abhängigkeit von künftigen Ereignissen nicht verträgt.

Neben den angeführten Erwägungen muss eine rückwirkende Beseitigung des Ermächtigungsbeschlusses mit Bezugsrechtsausschluss und damit ein Wiederaufleben der ursprünglichen Bezugsrechte letztlich daran scheitern, dass die effektive Rückführung des Grundkapitals einem strengen Verfahren unterliegt, welches der Gesetzgeber zum Schutz der Gesellschaftsgläubiger festgelegt hat. In Betracht kommt hier lediglich eine Kapitalherabsetzung durch Einziehung der Aktien (§§ 237 ff. AktG), und zwar nach den Regeln einer ordentlichen Kapitalherabsetzung (§§ 222 ff. AktG). Denn Ziel dieser Kapitalherabsetzung ist nicht die Beseitigung einer Unterbilanz, sondern die Rückzahlung der von den emissionsbegleitenden Banken geleisteten Einlagen.

Die Einziehung der Aktien ist zunächst nur zulässig, wenn sie schon vor Übernahme oder Zeichnung der Aktien in der Satzung angeordnet war oder wenn die Aktien zuvor von dem Vorstand der Gesellschaft erworben wurden[813]. Fehlt es an einer entsprechenden Regelung in der Satzung, kann die Gesellschaft ausnahmsweise gem. § 71 I Nr. 6 AktG eigene Aktien erwerben, wenn damit ein Beschluss der Hauptversammlung zur Einziehung der Aktien nach den Vorschriften über die Kapitalherabsetzung durchgeführt wird. Die Kapitalerhaltungsregeln treten insoweit hinter den Einziehungsvorschriften (§§ 237 ff., 222 ff. AktG) zurück. Die Einziehung der Aktien nach Erwerb durch die Gesellschaft kann damit beschlossen werden, ohne dass es einer Satzungsermächtigung bedarf.

Das ordentliche Einziehungsverfahren bestimmt sich gem. § 237 II 1 AktG im wesentlichen nach den Vorschriften der ordentlichen Kapitalherabsetzung gem. §§ 222 ff. AktG. Die Einziehung der Aktien erfordert daher nach §§ 222 I 1

---

[811] Allgem. Meinung, vgl. BGHZ 71, 40, 50; BGHZ 83, 319, 320 f.; *Hefermehl/Bungeroth*, in: Geßler/Hefermehl/Eckardt/Kropff, Kommentar zum AktG, § 186, Rdn. 106; *Hüffer*, AktG, § 186, Rdn. 36.

[812] Vgl. etwa *Lutter/Leinekugel* ZIP 1998, 805, 809.

[813] *Krieger*, in: Münchener Handbuch, Aktiengesellschaft, § 55, Rdn. 10.

i.V.m. 237 II 1 AktG einen mit qualifizierter Mehrheit gefassten Beschluss der Hauptversammlung. Die Gläubiger haben überdies gem. §§ 225 I i.V.m. 237 II 1 AktG binnen sechs Monaten nach Bekanntmachung der Eintragung der Kapitalherabsetzung das Recht, Sicherheit für ihre Forderungen zu erlangen.

Abgesehen von dem erheblichen zeitlichen und organisatorischen Aufwand, den die Durchführung einer Kapitalherabsetzung erfordert, wird dieses Verfahren in der Praxis schon deshalb ausscheiden, weil keiner der Beteiligten die mit der Herbeiführung des Hauptversammlungsbeschlusses und dem Gläubigeraufruf verbundene Publizität wünscht. Wenn eine Plazierung schon unmittelbar vor ihrem Abschluss scheitern sollte, wird weder der Gesellschaft noch den Emissionsbanken daran gelegen sein, dass auf diesen Umstand nochmals in der Einladung zur nächsten Hauptversammlung ausdrücklich hingewiesen wird. Zudem ist es der Gesellschaft kaum zuzumuten, dass sie sich nur wegen des Scheiterns einer Aktienplazierung der Gefahr aussetzt, Gläubigern gem. § 225 AktG Sicherheit leisten zu müssen.

cc) Fazit

Ein Wiederaufleben der ursprünglichen Bezugsrechte der Altgesellschafter wegen nachträglichen Wegfalls des Bezugsrechtsausschlusszwecks kommt demnach nur in Betracht, wenn die Hauptversammlung dem Vorstand die Entscheidung über den Ausschluss des Bezugsrechts gem. § 203 II 1 AktG überlassen und der Vorstand mit den emissionsbegleitenden Banken für den Fall des Scheiterns der Kapitalerhöhung Angebotspflichten zu Gunsten der Altgesellschafter vereinbart hat. Hat die Hauptversammlung dagegen den Bezugsrechtsausschluss bereits in ihrer Ermächtigung beschlossen, ist der Vorstand an diese Vorgabe gebunden. Ein ersatzloser Wegfall des Ermächtigungsbeschlusses scheitert daran, dass er weder gem. § 243 I AktG anfechtbar ist noch unter der auflösenden Bedingung eines Scheiterns der Kapitalerhöhung steht. Die Rückführung des Grundkapitals erfordert vielmehr eine Kapitalherabsetzung durch Einziehung der Aktien (§§ 237 ff. AktG) nach den Regeln einer ordentlichen Kapitalherabsetzung (§§ 222 ff. AktG), welches für die Gesellschaft mehr als unvorteilhaft ist.

2. Zweckfortfall bei Sachkapitalerhöhungen

Der Vorstand kann bei einer genehmigten Sachkapitalerhöhung ebenso wie bei einer genehmigten Barkapitalerhöhung wegen nachträglichen Wegfalls des Bezugsrechtsausschlusszwecks an der Durchführung der Kapitalerhöhung gehindert sein. So kann etwa bei einer geplanten Sachkapitalerhöhung die von einem Dritten zu erbringende Sacheinlage untergehen oder sich als nutzlos erweisen, wie z.B. bei eintretenden rechtlichen Beschränkungen, die dazu führen, dass die

Tätigkeit des Unternehmens, an dem eine Beteiligung erworben werden sollte, ganz oder teilweise nicht mehr ausgeübt werden darf.

Hat die Hauptversammlung den Vorstand ohne besondere Beschränkungen ermächtigt, Aktien gegen Sacheinlagen auszugeben, entscheidet der Vorstand zunächst gem. § 77 AktG nach pflichtgemäßem Ermessen, ob eine Sachkapitalerhöhung durchgeführt wird oder nicht. Stößt die geplante Sachkapitalerhöhung auf Hindernisse, kann der Vorstand daher ohne weiteres von der Ausnutzung der Ermächtigung absehen. Hat er mit dem Sacheinleger bereits entsprechende Sacheinlagevereinbarungen geschlossen, stehen diese ohnehin unter der aufschiebenden Bedingung (§ 158 I BGB), dass die Kapitalerhöhung mit Sacheinlage beschlossen wird[814].

Ergeben sich Leistungsstörungen (vgl. §§ 275 ff., 323 ff.; 434 ff. BGB) im Hinblick auf die ins Auge gefasste Sacheinlage demgegenüber erst nach Eintragung der Durchführung der Kapitalerhöhung im Handelsregister, kann der Vorstand von der Sachkapitalerhöhung nicht mehr Abstand nehmen. Die Kapitalerhöhung wird vielmehr wirksam (§§ 189, 203 I 1 AktG) und der Sacheinleger erwirbt die neuen Mitgliedsrechte.

Ist bereits das Verpflichtungsgeschäft, mit dem sich der Einleger gegenüber der Gesellschaft verpflichtet, einen bestimmten Gegenstand als Einlage einzubringen und dafür neue Aktien zu zeichnen, ungültig (vgl. §§ 125, 134, 138 BGB), hat der Sacheinleger statt der Sacheinlage den Ausgabebetrag der neuen Aktien in bar zu leisten (vgl. § 205 IV 4 AktG)[815]. Die Unwirksamkeit der Rechtsgeschäfte berührt die Gültigkeit der Kapitalerhöhung nicht, wenn ihre Durchführung zu Unrecht gem. §§ 189, 203 I 1 AktG eingetragen worden ist (§ 205 IV 3 AktG). Die Kapitalerhöhung ist dann als Barerhöhung gültig und wirksam. Die vermeintlichen Sacheinleger werden also Gesellschafter und sind nach § 205 IV 4 AktG zur Bareinlage in Höhe des Ausgabebetrages verpflichtet. Der Einleger ist Eigentümer der ins Auge gefassten Sacheinlage geblieben und kann damit Herausgabeansprüche nach allgemeinen zivilrechtlichen Vorschriften gegen die Gesellschaft geltend machen. Fordert der Einleger die erbrachte Sacheinlage von der Gesellschaft heraus, ohne die Bareinlagepflicht erfüllt zu haben, kann die Gesellschaft ein Zurückbehaltungsrecht gem. § 273 BGB geltend machen.

Diese Rechtsfolgen treten nach Eintragung der Durchführung der Kapitalerhöhung im Handelsregister auch bei Leistungsstörungen ein (vgl. §§ 275 ff., 323

---

[814] *Hefermehl/Bungeroth*, in: Geßler/Hefermehl/Eckardt/Kropff, Kommentar zum AktG, § 183, Rdn. 56; *Hüffer*, AktG, § 183, Rdn. 6.

[815] *Hüffer*, AktG, § 205, Rdn. 8, § 183, Rdn. 7; *Lutter*, in: Kölner Kommentar zum AktG, § 183, Rdn. 63; anders dagegen *Hefermehl/Bungeroth*, in: Geßler/Hefermehl/Eckardt/ Kropff, Kommentar zum AktG, § 183, Rdn. 110, die bei einem Verstoß gegen § 125 BGB dem Einleger ein Wahlrecht zwischen Sacheinlage und Bareinlage zubilligen.

ff.; 434 ff. BGB). Dies gilt selbst dann, wenn der Sacheinleger nach allgemeinen Regeln von seiner Leistungspflicht frei würde (vgl. etwa § 326 BGB)[816].

Vor diesem Hintergrund gestaltet sich die Beantwortung der Frage nach einem Wiederaufleben des gesetzlichen Bezugsrechts aus § 186 I 1 AktG bei einem Zweckfortfall im Rahmen einer Sachkapitalerhöhung weniger problematisch als bei einem Plazierungshindernis im Rahmen einer Barkapitalerhöhung. Entscheidender Ausgangspunkt ist hier, dass der Zeichnungsvertrag mit einem Dritten und gerade nicht mit einem Kreditinstitut abgeschlossen wurde. Der Zeichnungsvertrag mit dem Dritten wird durch die Eintragung der Kapitalerhöhung im Handelsregister bestandskräftig[817]. Die Einräumung eines Ersatzbezugsrechts analog §§ 186 V, 203 I 1 AktG kommt daher erst gar nicht in Betracht, da der Dritte keine Treuhänderposition einnimmt und seine Funktion mit einer emissionsbegleitenden Bank nicht vergleichbar ist. Im Gegensatz zur emissionsbegleitenden Bank hat der Dritte die Aktien nicht gezeichnet, um sie weiterzuveräußern, sondern um sie für sich zu behalten und auf diese Weise eine Mitgliedschaft in der Gesellschaft zu erlangen. Die Mitgliedschaft des Dritten ist von rechts wegen eine vollgültige, wodurch sich jede Relativierung durch ein wie auch immer geartetes Wiederaufleben des Bezugsrechts anderer Mitglieder verbietet.

C. Die Pflichten des Vorstandes bei der Auswahl der Zeichner

I. Einleitung

Eine Kapitalerhöhung mit Bezugsrechtsausschluss führt dazu, dass die Beteiligungsquote der vom Bezug neuer Aktien ausgeschlossenen Aktionäre absinkt. Umgekehrt können bei entsprechender Plazierung der Aktien neue Pakete gebildet oder bereits bestehende maßgebliche Beteiligungen vergrößert werden. Diese mit der Aktienzuteilung verbundene Einflussnahme des Vorstandes auf die Zusammensetzung des Aktionärskreises und auf die Machtverteilung in der Hauptversammlung bedarf im Hinblick auf seine Pflichtenbindungen bei der Auswahl der Erwerber insbesondere unter dem Gesichtspunkt des Neutralitätsgebots einer näheren Erörterung.

---

[816] BGHZ 45, 338, 345; *Hefermehl/Bungeroth*, in: Geßler/Hefermehl/Eckardt/Kropff, Kommentar zum AktG, § 183, Rdn. 111; *Lutter*, in: Kölner Kommentar zum AktG, § 183, Rdn. 64; *Hüffer*, AktG, § 183, Rdn. 7.

[817] Vgl. *Hüffer*, AktG, § 186, Rdn. 17; *Kort*, Bestandsschutz fehlerhafter Strukturänderungen im Kapitalgesellschaftsrecht, S. 196.

II. Begrenzung des unternehmerischen Ermessens durch das Neutralitätsgebot

Die Entscheidung des Vorstandes über die Auswahl der Zeichner der neuen Aktien wirft keine besonderen Fragen auf, wenn sich für den Vorstand die für die Auswahl maßgeblichen Entscheidungskriterien und möglicherweise sogar das Entscheidungsergebnis unmittelbar aus dem Kapitalerhöhungszweck selbst ergeben[818]. Denn ein unternehmerisches Ermessen des Vorstandes, das durch entsprechende Pflichten zu begrenzen sein könnte, besteht insoweit nicht. Der Vorstand hat die Vorgaben der Hauptversammlung im Ermächtigungsbeschluss zu beachten und solche Vorgaben können sich gerade aus dem Zweck des Bezugsrechtsausschlusses ergeben, indem dieser den Kreis potentieller Zeichner konkludent eingrenzt. Das gilt etwa, wenn der Bezugsrechtsausschluss der Bedienung von Wandelungs- und Optionsrechten aus Schuldverschreibungen, der Ausgabe von Arbeitnehmeraktien, der Aufrechterhaltung des Verhältnisses verschiedener Aktiengattungen oder der Aktieneinführung an ausländischen Börsen dienen soll.

Demgegenüber gibt es auch Fälle, in denen die für die Auswahlentscheidung der Zeichner der neuen Aktien maßgeblichen Kriterien noch nicht durch die Bestimmung des Kapitalerhöhungszwecks vorgeprägt sind. Dies gilt etwa, wenn der Ermächtigungsbeschluss dem Vorstand noch einen Entscheidungsfreiraum lässt - wie meist bei der Ermächtigung zum Bezugsrechtsausschluss nach § 203 II AktG - und die Auswahlentscheidung den Kapitalerhöhungszweck erst konkretisiert. Dasselbe ist anzunehmen, wenn sich die für die Auswahlentscheidung maßgeblichen Kriterien oder die ihrer Bewertung zugrundeliegenden Begleitumstände nach Wirksamwerden der Kapitalerhöhung geändert haben.

In diesen Fällen können dem Vorstand bei der Auswahl der Erwerber durch das Neutralitätsgebot Grenzen gesetzt sein. Bei der Entscheidung über die Zusammensetzung des Aktionärskreises könnte der Vorstand nämlich allzu leicht versucht sein, seine Auswahl statt nach dem Interesse der Gesellschaft nach eigennützigen Motiven, beispielsweise dem Streben nach Absicherung seiner eigenen Position, zu treffen[819]. Das Neutralitätsgebot verlangt zwar keine Entscheidungsabstinenz des Vorstandes. Es ist aber eine ausgewogene Aktienzuteilung unter Beachtung der Gesellschafterinteressen nach dem Gleichbehandlungsgebot geboten[820]. Dabei handelt es sich um einen flexiblen Kontrollmaßstab, den

---

[818] *Hüffer*, AktG, § 186, Rdn. 40; *Geßler*, in: Geßler/Hefermehl/Eckardt/Kropff, Kommentar zum AktG, § 186, Rdn. 137.

[819] So etwa die Bedenken von *Cahn* ZHR 163 (1999), 554, 590.

[820] Siehe *Hüffer*, AktG, § 186, Rdn. 40 m.w.N; Zur Herleitung der Neutralitätspflicht aus dem Gleichbehandlungsgebot des § 53 a AktG *Hopt* ZGR 1993, 534, 545 f. m.w.N.

der Vorstand im Rahmen seiner Auswahlentscheidung zu berücksichtigen hat[821].

Dem Vorstand sind bei der Ausübung seines unternehmerischen Ermessens vor allem in dem bedeutendsten Fall des Bezugsrechtsausschlusses zum Zweck des Erwerbs einer Unternehmensbeteiligung besondere Grenzen gesetzt.

1. Besondere Ermessensgrenzen bei Akquisitionsvorhaben

Der Vorstand muss sich bei seiner Entscheidung über den Einsatz des genehmigten Kapitals zum Erwerb einer Beteiligung an einem anderen Unternehmen hinsichtlich der Auswahl der neuen Aktionäre zunächst an der Eignung der in Betracht kommenden Unternehmen zur Förderung des Gesellschaftsinteresses orientieren[822]. Soweit mehrere gleichermaßen geeignete Unternehmen als Erwerber der neuen Aktien in Betracht kommen, hat der Vorstand nach zusätzlichen Kriterien auszuwählen, wie zum Beispiel der Aufrechterhaltung der Unabhängigkeit der Gesellschaft[823]. Die gesellschaftliche Unabhängigkeit wird bei dem Erwerb einer Beteiligung an einem Zuliefererunternehmen meist mehr gewahrt bleiben als bei dem Erwerb einer Beteiligung an einem gleichartigen Unternehmen.

Der Vorstand darf bei seiner Entscheidung nicht die Tatsache außer Acht lassen, dass die Aktionärsstruktur im Wege eines Beteiligungserwerbs an einem anderen Unternehmen derart verändert werden kann, dass sich die Gesellschaft nunmehr in der Abhängigkeit gegenüber dem Sacheinleger befindet[824]. Die mittelbaren Folgen einer solchen Transaktion sind für die Gesellschaft und ihre Aktionäre von derart entscheidender Bedeutung, dass dem unternehmerischen Ermessen des Vorstandes Grenzen gesetzt sind. So ist er regelmäßig verpflichtet, die rechtliche Selbständigkeit der AG zu erhalten[825]. Die unternehmerische Entscheidung als solche darf insoweit jedoch nicht in Frage gestellt werden.

Da die Interessen der Gesellschaft nur in Verbindung mit der Geschäftspolitik des Vorstandes definiert werden können, spricht in der Regel nichts dagegen, dass der Vorstand zwischen mehreren für die Gesellschaft gleichermaßen sinnvollen Beteiligungen danach auswählt, ob der jeweilige Erwerber der neuen Aktien voraussichtlich auch die Verwirklichung seiner unternehmerischen Konzeption befürworten wird[826].

---

[821] Vgl. dazu *Ekkenga* AG 2001, 615, 625 f.

[822] Siehe *Cahn* ZHR 163 (1999), 554, 590.

[823] Vgl. insoweit *Lutter*, in: Kölner Kommentar zum AktG, § 186, Rdn. 71; *Martens* ZIP 1992, 1677, 1695; *ders.*, in: Festschrift Fischer, S. 437, 453 ff.

[824] Vgl. *Lutter*, in: Kölner Kommentar zum AktG, § 186, Rdn. 82; *Martens* ZIP 1992, 1677, 1695.

[825] Eingehend dazu *Martens*, in: Festschrift Fischer, S. 437, 445 ff.

[826] Siehe dazu *Cahn* ZHR 163 (1999), 554, 590.

Die vorstehenden Überlegungen gelten ebenso bei der Begründung oder Festigung von Kooperationen mit anderen Unternehmen sowie bei Sanierungsbeteiligungen anderer Unternehmen an der Gesellschaft. Sofern das Bezugsrecht ausgeschlossen wird, um die neuen Aktien zwecks Kooperation an ein anderes Unternehmen zu vergeben, kann sich ein berechtigter Kooperationsanlass etwa aus der Notwendigkeit einer expansiven Unternehmenspolitik oder der Sicherung von Bezugs- bzw. Abnahmequellen ergeben, schließlich auch der Vorbereitung eines Konzernverhältnisses dienen, ohne dessen Abschluss der Bestand des Unternehmens gefährdet wäre[827].

2. Besondere Ermessensgrenzen bei Barkapitalerhöhungen im „bookbuilding"-Verfahren

Die Plazierung der Aktien mit Hilfe des oben[828] dargestellten „bookbuilding"-Verfahrens ermöglicht dem Vorstand unter zwei Gesichtspunkten die Einflussnahme auf die Aktionärsstruktur und auf die Verteilung der Machtverhältnisse in der Hauptversammlung. Zum einen bestimmt er, dass institutionelle Anleger zum Aktienerwerb bewegt werden sollen und trifft damit aus dem Kreis der Investoren eine Vorauswahl. Private Anleger sind hier im Nachteil. Sie werden regelmäßig als spekulativ orientiert und eher bereit eingestuft, die erworbenen Aktien bereits nach kurzer Zeit wieder abzustoßen. Der Vorstand bevorzugt deshalb institutionelle Anleger bei der Aktienzuteilung[829]. Zum anderen hat der Vorstand nach Abschluss des eigentlichen „bookbuilding" über die Zuteilung der Aktien an die Bieter zu entscheiden. Es fragt sich, ob dem Vorstand infolge des „bookbuilding"-Verfahrens mit Blick auf das Neutralitätsgebot zu weitgehende Kompetenzen eingeräumt werden.

Wenn man sich das mit dem Neutralitätspostulat verfolgte Anliegen vor Augen führt, erscheint dies zweifelhaft. Durch das Neutralitätsgebot soll die Bindung des Vorstandes an das Gesellschaftsinteresse sichergestellt und einem eigennützigen Einsatz von Befugnissen, die dem Vorstand zur treuhänderischen Wahrnehmung anvertraut sind, entgegengewirkt werden. Um bei Kapitalerhöhungen mit Bezugsrechtsausschluss zwecks Stärkung der Eigenkapitalbasis höchstmögliche Emissionserlöse für die Gesellschaft zu erreichen, kann indessen gerade das Gesellschaftsinteresse es verlangen, ein „bookbuilding"-Verfahren durchzuführen. Der Vorstand bemüht sich mit Hilfe des „bookbuilding" gezielt institutionelle Investoren anzusprechen, die an einer langfristigen Anlage interessiert sind, und damit um eine Plazierung der neuen Aktien, die dem langfristigen Wohlergehen der Gesellschaft und ihrer Aktionäre dient. Er verfolgt daher kei-

---

[827] *Martens*, in: Festschrift Fischer, S. 437, 448.
[828] Siehe oben im 2, Teil, § 4 A II.
[829] Vgl. *Schanz*, Börseneinführung, S. 314.

neswegs eigennützige Interessen, wie etwa das Streben um Sicherung der eigenen Position.
Zudem handelt es sich bei dem „bookbuilding“ um ein Verfahren der Aktienzuteilung, das Marktmechanismen entspricht und der Gefahr eines Kompetenzmissbrauchs ausreichend vorbeugt. Die Entscheidung über die Zuteilung der Aktien nach Abschluss des eigentlichen „bookbuilding“ erfolgt letztlich nach der Höhe der während des „order-taking“ abgegebenen Angebote, also nach einem objektiven Kriterium, welches Manipulationen durch die Verwaltung nicht zulässt[830].

D. Ergebnis

Gem. § 204 I 1 AktG kann die Hauptversammlung dem Vorstand die Entscheidung über die Bedingungen der Aktienausgabe überlassen. Bei einer genehmigten Barkapitalerhöhung mit Bezugsrechtsausschluss findet im Regelfall ein zweistufiges Ausgabeverfahren nach der „bookbuilding“-Methode statt. Der Vorstand muss und darf sich bei der Festsetzung des Ausgabepreises bemühen, den höchstmöglichen Erlös für die neuen Aktien zu erzielen. Als rechtliche Preisuntergrenzen hat er sowohl den Börsenpreis als auch das Verbot eines „unangemessen niedrigen“ Ausgabekurses gem. § 255 II AktG zu berücksichtigen, unabhängig davon, ob es sich um einen regulären oder erleichterten Bezugsrechtsausschluss gem. § 186 III 4 AktG handelt. Dem Vorstand steht allerdings ein gewisser Spielraum zu, so dass er aus vertretbaren kaufmännischen Erwägungen den Ausgabepreis der neuen Aktien auch unter ihrem „wahren“ Wert festlegen darf.

Im Rahmen der Zuteilung der neuen Aktien aus einer Barkapitalerhöhung ist der Vorstand nicht verpflichtet, den Altaktionären den Erhalt der Beteiligungsquote zu ermöglichen, indem er die Zukaufsmöglichkeit von Aktien zu einem angemessenen Preis gewährleistet. Hat der Vorstand das Ermächtigungsvolumen allerdings nur teilweise für bezugsrechtsunverträgliche Zwecke ausgenutzt, muss er den übergangenen Aktionären nach §§ 186 I 1, 203 I 1 AktG neue Aktien zum Bezug anbieten.

Kann der Zweck des Bezugsrechtsausschlusses bei einer Barkapitalerhöhung nicht mehr verwirklicht werden, hat der Vorstand - soweit die Durchführung der Kapitalerhöhung im Handelsregister noch nicht eingetragen ist - das Verfahren der Aktienausgabe vorläufig einzustellen. Im Anschluss daran ist er befugt, die konkrete Kapitalmaßnahme der Hauptversammlung nach den „Holzmüller“-Grundsätzen vorzulegen, um eine Änderung des Ermächtigungsbeschlusses hinsichtlich des Bezugsrechtsausschlusses und/oder der Bestimmung des Ausgabebetrages der neuen Aktien zu erreichen. Ändert die Hauptversammlung ihre

---

[830] Vgl. *Cahn* ZHR 163 (1999), 554, 592 f.

Ermächtigung nicht, muss der Vorstand gegebenenfalls endgültig von der Ausnutzung der Ermächtigung absehen.
Ist die Durchführung der Kapitalerhöhung bereits im Handelsregister eingetragen, muss der Vorstand verhindern, dass die emissionsbegleitenden Banken auf den von ihnen zum Nennwert gezeichneten Aktien „sitzen bleiben". Ein Wiederaufleben der ursprünglichen Bezugsrechte der Altgesellschafter wegen nachträglichen Wegfalls des Bezugsrechtsausschlusszwecks kommt in Betracht, wenn die Hauptversammlung dem Vorstand die Entscheidung über den Ausschluss des Bezugsrechts gem. § 203 II 1 AktG überlassen hat und der Vorstand mit den Konsortialbanken entsprechende Angebotspflichten vereinbart hat. Hat die Hauptversammlung dagegen den Bezugsrechtsausschluss bereits in ihrer Ermächtigung beschlossen, ist der Vorstand an diese Vorgabe gebunden. Ein ersatzloser Wegfall des Ermächtigungsbeschlusses scheidet aus.

Ergeben sich bei der Durchführung einer Sachkapitalerhöhung nach Eintragung im Handelsregister Leistungsstörungen, hat der Sacheinleger statt der Sacheinlage den Ausgabebetrag der neuen Aktien in bar zu leisten (vgl. § 205 IV 4 AktG) und der Vorstand die erbrachte Sacheinlage herauszugeben. Da die Mitgliedschaft des Dritten bestandskräftig ist, verbietet sich jede Relativierung durch ein wie auch immer geartetes Wiederaufleben des Bezugsrechts anderer Mitglieder.

Bei der Auswahl der Zeichner der neuen Aktien sind dem Vorstand durch das Neutralitätsgebot Grenzen gesetzt. Dies gilt insbesondere im Fall des Bezugsrechtsausschlusses zum Zweck des Erwerbs einer Unternehmensbeteiligung. Erfolgt die Plazierung der Aktien mit Hilfe des „bookbuilding"-Verfahrens, dient dies allerdings ausschließlich den Belangen der Gesellschaft und ihrer Aktionäre.

3. Teil: Die Kontrolle der Vorstandsentscheidung

§ 1 Die Kontrolle der Vorstandsentscheidung durch den Aufsichtsrat

Die Einhaltung der angeführten Handlungsgrenzen des Vorstandes bei Ausnutzung der Ermächtigung zur Kapitalerhöhung unter Ausschluss des Bezugsrechts unterliegt zunächst der Kontrolle des Aufsichtsrats als maßgebendem Überwachungsorgan (vgl. § 111 I AktG)[831].

---

[831] BGHZ 136, 133, 140; vgl. auch *Korthals*, Kapitalerhöhung zu höchsten Kursen, S. 174; *Mutter*, Unternehmerische Entscheidungen und Haftung des Aufsichtsrats der AG, S.VII (Geleitwort) beschreibt den Aufsichtsrat insoweit als dasjenige Organ, das im Interesse der Aktionäre Kontrollaufgaben wahrnimmt, aber auch ein Gegengewicht gegen die Entscheidungs-Hegemonie des Vorstandes bilden soll. Auch die Leitgedanken des neuen KontraG zielen in-

Die in den §§ 202 III 2, 204 I 2 AktG statuierten Zustimmungspflichten verfolgen den Zweck, die Entscheidung des Vorstandes über die Ausgabe von Neuaktien, deren Inhalt und Ausgabebedingungen sowohl im Interesse der Aktionäre als auch im öffentlichen Interesse an dem Funktionieren des Kapitalmarkts einer Kontrolle zu unterwerfen[832].

A. Der Zustimmungsvorbehalt nach § 204 I 2 AktG

Nach § 204 I 2 AktG benötigt der Vorstand bei der Ausnutzung des genehmigten Kapitals zur Festsetzung des Aktienrechtsinhalts und der Aktienausgabebedingungen sowie im Fall der Ermächtigung zum Ausschluss des Bezugsrechts die Zustimmung des Aufsichtsrats[833]. Erst mit der Zustimmung des Aufsichtsrats werden die Entscheidungen des Vorstandes über den Inhalt der Aktienrechte und die Bedingungen der Aktienausgabe sowie der Bezugsrechtsausschluss wirksam[834].

I. Die Maßstäbe der Überprüfung

Der Aufsichtsrat ist gehalten, seine Entscheidungen ausschließlich am Wohl des Gesellschaftsunternehmens auszurichten. Er hat die Gesetzmäßigkeit, die Satzungsmäßigkeit sowie die Ordnungsmäßigkeit (Wirtschaftlichkeit bzw. Zweckmäßigkeit) der Vorstandsentscheidung beim Gebrauchmachen von der Ermächtigung zu überprüfen[835]. Die Kontrolle der Geschäftsführung des Vorstandes ist damit nicht auf eine reine Rechtmäßigkeitsprüfung beschränkt, sie umfasst vielmehr auch die Zweckmäßigkeit und Wirtschaftlichkeit des Vorstandshandelns[836]. Der Aufsichtsrat kann daher auf den Vorstand einwirken, wenn dessen Geschäftsführung nicht rechtmäßig und/oder nicht ordnungsgemäß ist[837].

Im Rahmen der Überprüfung des Vorstandshandelns hat der Aufsichtsrat zwar grundsätzlich zu berücksichtigen, dass dem Vorstand bei der Leitung der Ge-

---

soweit auf die Verbesserung der unternehmensinternen Verwaltungs- und Kontrollmechanismen ab (siehe dazu *Zimmer* NJW 1998, 3521 ff.).

[832] *Korthals*, Kapitalerhöhungen zu höchsten Kursen, S. 174 ; *Lutter*, in: Kölner Kommentar zum AktG, § 202, Rdn. 24; vgl. auch *Mutter*, Unternehmerische Entscheidungen und Haftung des Aufsichtsrats der AG, S. 153.

[833] *Hüffer*, AktG, § 111, Rdn. 1.

[834] *Lutter*, in: Kölner Kommentar zum AktG, § 204, Rdn. 16; *Hefermehl/Bungeroth*, in: Geßler/Hefermehl/Eckardt/Kropff, Kommentar zum AktG, § 204, Rdn. 2; *Hüffer*, AktG, § 204, Rdn. 6 f.; *Krieger*, in: Münchener Handbuch, Aktiengesellschaft, § 58, Rdn. 27, 45.

[835] Siehe dazu *Henze* NJW 1998, 3309, 3312; *Hüffer*, AktG, § 111, Rdn. 6 m.w.N.

[836] BGHZ 114, 127, 129 f.; BGHZ 75, 120, 133.

[837] BGHZ 124, 111, 127; ebenso *Semler*, Leitung und Überwachung der Aktiengesellschaft, Rdn. 206.

schäfte der Gesellschaft ein weiter Handlungsspielraum zugebilligt werden muss[838]. So muss er etwa dem Umstand Rechnung tragen, dass dem Vorstand im Hinblick auf die Übereinstimmung der konkreten Kapitalmaßnahme mit dem „wohlverstandenen" Gesellschaftsinteresse ein weites unternehmerisches Ermessen zusteht[839]. Der Aufsichtsrat hat seine Entscheidung insoweit an den dargelegten begrenzten Haftungsmaßstäben für Vorstandshandeln auszurichten[840]. Damit ist jedoch nicht ausgeschlossen, dass der Aufsichtsrat neben der Rechtmäßigkeit des Vorstandshandelns auch die Ordnungsgemäßheit insbesondere der Unternehmensplanung sowie die Wirtschaftlichkeit und Zweckmäßigkeit der Unternehmensführung überprüft. Denn der Vorstand überschreitet die Grenzen seines unternehmerischen Freiraums nicht nur dann, wenn sein Handeln gegen Gesetz oder Satzung verstößt, sondern auch dann, wenn er Entscheidungen trifft, die entgegen vernünftigen kaufmännischen Erwägungen unzweckmäßig sind. Darüber hinaus fragt es sich, ob der Aufsichtsrat verpflichtet ist, die Ermessensentscheidung des Vorstandes zu respektieren oder ob er nicht vielmehr befugt ist, eine eigene Ermessensentscheidung darüber zu treffen, ob der Vorstand die Grenzen kaufmännischen Ermessens beim Gebrauchmachen von der Ermächtigung zur Kapitalerhöhung eingehalten hat.

II. Das Ermessen des Aufsichtsrats

Ob der Aufsichtsrat seine Zustimmung zum Ausschluss des Bezugsrechts erteilt, unterliegt seinem pflichtgemäßen Ermessen[841]. Es handelt sich dabei um eine Ermessensentscheidung, für welche die gleichen Überlegungen wie für Ermessensentscheidungen des Vorstandes gelten[842]. Da Aufsichtsrat und Vorstand bei Entscheidungen über die Bedingungen der Aktienausgabe und den Bezugsrechtsausschluss beim genehmigten Kapital (§ 204 I AktG) Hand in Hand arbeiten, steht beiden Organen auf diesem Gebiet auch das der Leitungsaufgabe immanente unternehmerische Ermessen zu. Dem Aufsichtsrat kommt

---

[838] Vgl. etwa zur Geltendmachung von Schadensersatzansprüchen gegen pflichtwidrig handelnde Vorstandsmitglieder BGHZ 135, 244, 254 f.; siehe auch *Henze* NJW 1998, 3309, 3310.

[839] Vgl. dazu oben, 2. Teil, § 3 C II 1.

[840] Näher dazu oben, 2. Teil, § 3 C II 3 und vgl. siehe BGHZ 135, 244, 254 f.; zustimmend *Henze* NJW 1998, 3309, 3311.

[841] *Geßler*, in: Geßler/Hefermehl/Eckardt/Kropff, AktG, § 111, Rdn. 68; *Steinbeck*, Überwachungspflicht und Einwirkungsmöglichkeiten des Aufsichtsrats in der Aktiengesellschaft, S. 152.

[842] Siehe näher zum „unternehmerischen Ermessen" des Vorstandes, 2. Teil, § 3 C II 1.

bei seiner Entscheidungsfindung das unternehmerische Ermessen also in gleicher Weise zu wie dem Vorstand[843].
Da sich der Vorstand bei Überprüfung der Übereinstimmung der konkreten Finanzierungsmaßnahme mit dem satzungsmäßigen Unternehmensgegenstand und den abstrakt-generellen Vorgaben der Ermächtigung nicht auf einen der gerichtlichen Überprüfung entzogenen Spielraum berufen kann[844], wird sich auch das Ermessen des Aufsichtsrats bei seiner Entscheidung über die Zustimmung nach § 204 I 2 AktG auf Null reduzieren, soweit ein offensichtlicher Verstoß gegen diese beiden Handlungsgrenzen vorliegt. Der Aufsichtsrat hat daher die Zustimmung nach § 204 I 2 AktG zu verweigern, wenn der Vorstand die Grenzen des Unternehmensgegenstandes und/oder die der Ermächtigung überschreitet. Dem Aufsichtsrat steht hingegen für die Bewertung der Übereinstimmung des Vorstandsvorhabens mit dem „wohlverstandenen" Gesellschaftsinteresse ein unbegrenzter Ermessensspielraum zu. Er muss in diesem Fall nur dann auf den Vorstand einwirken, wenn dieser die Grenzen kaufmännischen Ermessens überschreitet und in seinem Verhalten eine mangelhafte Geschäftsführung zu sehen ist.

1. Teilhabe an der Leitungsaufgabe des Vorstandes

Der Aufsichtsrat übt mit seiner Entscheidung über die Zustimmung zum Finanzierungsvorhaben gem. § 204 I 2 AktG eine präventive Kontrolle aus, durch welche er die Tätigkeit des Vorstandes bei Schaffung bezugsrechtsfreien genehmigten Kapitals begleitend mitgestaltet[845]. Er kann Voraussetzungen festlegen, unter denen er seine Zustimmung zur Kapitalmaßnahme erteilen wird. Derartige Festlegungen sind für den Aufsichtsrat nicht bindend. Er kann bei entsprechendem Vortrag des Vorstandes jederzeit von seinem früheren ablehnenden Beschluss Abstand nehmen und dem Vorhaben des Vorstandes doch noch zustimmen. Der Aufsichtsrat hat im Rahmen seiner Stellungnahme zu dem geplanten Finanzierungsvorhaben regelmäßig auch auf die Mängel der Vorstandsentscheidung hinzuweisen und ihre Beseitigung zu verlangen. Dies kann bereits zu einer entsprechenden Änderung der Geschäftsführung führen. Auf diese Weise nimmt der Aufsichtsrat auf die künftige Geschäftspolitik Einfluss und in diesem Sinne hat er teil an der Leitungsaufgabe des Vorstandes[846]. Das in § 111 IV 1 AktG statuierte Geschäftsführungsverbot des Aufsichtsrats steht der Teil-

[843] Vgl. BGHZ 124, 111, 127 (zu § 111 IV 2 AktG) sowie das „ARAG/Garmenbeck"-Urteil (BGHZ 135, 244, 254 f.); siehe auch *Kindler* ZHR 162 (1998), 101, 108 f. m.w.N. (Fußn. 45); *Hoffmann-Becking*, in: Münchener Handbuch, Aktiengesellschaft, § 29, Rdn. 26.
[844] Vgl. dazu oben, 2. Teil, § 3 C II 1 und vor allem die Grundsätze der „ARAG/Garmenbeck"-Entscheidung (BGHZ 135, 244, 254).
[845] Vgl. *Henze* NJW 1998, 3309, 3311 f.; *Hüffer*, AktG, § 111, Rdn. 5.
[846] Vgl. *Hüffer*, AktG, § 111, Rdn. 5.

habe an der Leitungsaufgabe des Vorstandes nicht entgegen. Denn der Wortlaut des § 111 IV 2 AktG („jedoch") zeigt, dass es sich bei dem Zustimmungsvorbehalt um eine Einschränkung des Grundsatzes des Geschäftsführungsverbots handelt. Die Geschäftsführungsbefugnis des Vorstandes wird dadurch eingeschränkt. Der Vorstand darf (und muss) zwar die entsprechende Kapitalmaßnahme planen und vorbereiten, aber er darf sie nur und erst dann durchführen, wenn der Aufsichtsrat zugestimmt hat.
Ob dem Aufsichtsrat durch das in § 204 I 2 AktG verankerte Zustimmungserfordernis - im Unterschied zu seiner Überwachungsaufgabe im herkömmlichen Sinne - zugleich ein gleichberechtigtes unternehmerisches Mitentscheidungsrecht zusteht[847], ist dagegen fraglich.

2. Durchsetzung der eigenen Zweckmäßigkeitsbeurteilung?

Der Aufsichtsrat könnte befugt oder sogar verpflichtet sein, seine eigene Zweckmäßigkeitsbeurteilung gegenüber dem Vorstand durchzusetzen und damit seine Zustimmung zur geplanten Kapitalmaßnahme des Vorstandes zu verweigern, obwohl dessen Entscheidung vertretbar ist[848]. Dies würde bedeuten, dass der Aufsichtsrat, wenn er beispielsweise festgestellt hat, dass eine Aktieneinführung an ausländischen Börsen unzweckmäßig erscheint, den Vorstand an diesem Vorhaben hindern dürfte bzw. müsste, selbst wenn der Vorstand nicht sein Ermessen überschreitet.
Dagegen spricht das Prinzip der Eigenverantwortlichkeit des Vorstandes nach § 76 I AktG und des Geschäftsführungsverbots des Aufsichtsrats nach § 111 IV 2 AktG. Der Grundsatz des Geschäftsführungsverbots des Aufsichtsrats wird zwar durch den Zustimmungsvorbehalt gem. § 204 I 2 AktG gelockert. Die Teilhabe des Aufsichtsrats an der Leitungsaufgabe des Vorstandes darf jedoch nicht in eine eigene Geschäftsführung des Aufsichtsrats umschlagen. Der Aufsichtsrat wird durch das Zustimmungserfordernis nach § 204 I 2 AktG nicht ermächtigt, seinerseits die seiner Zustimmung vorbehaltenen Geschäftsführungsmaßnahmen zu planen und vorzubereiten oder den Vorstand durch Weisung

---

[847] So etwa *Semler*, Leitung und Überwachung der Aktiengesellschaft, Rdn. 98, 207, 210.
[848] Für eine Befugnis des Aufsichtsrats, seine eigene Zweckmäßigkeitsbeurteilung durchzusetzen: *Steinbeck*, Überwachungspflicht und Einwirkungsmöglichkeiten des Aufsichtsrats in der Aktiengesellschaft, S. 153 ff., allerdings ohne entsprechende Begründung; im Ergebnis ebenso *Mertens*, in: Kölner Kommentar zum AktG, § 111, Rdn. 35; *Meyer/Landrut*, in: Großkommentar zum AktG, § 111, Rdn. 14; *Geßler*, in: Geßler/Hefermehl/Eckardt/Kropff, Kommentar zum AktG, § 111, Rdn. 25, 69, befürwortet - allerdings ohne nähere Begründung seiner Sichtweise - ein Einwirkungsrecht des Aufsichtsrats, wenn zwar keine Mängel in der Geschäftsführung vorliegen, aber ein Geschäft mit großen Risiken behaftet ist. Die Überwachung des Aufsichtsrats sei nicht auf die Feststellung von Mängeln beschränkt. Auch *Würdinger*, Aktienrecht, S. 126 f., weist - wenn auch in abgeschwächter Form - auf die Einwirkungsmöglichkeiten des Aufsichtsrats in solchen Fällen hin.

anzuhalten, solche Geschäfte in seinem Sinne anzubahnen[849]. Da der in § 204 I 2 AktG verankerte Zustimmungsvorbehalt in erster Linie ein Mittel zur Überwachung des Vorstandshandelns ist, darf er in seinen Auswirkungen nicht weiter reichen, als der damit verfolgte Zweck der Überwachung der Geschäftsführung erlaubt.
Dürfte bzw. müsste der Aufsichtsrat geplante Kapitalmaßnahmen ablehnen, die vom Vorstand im Rahmen pflichtgemäßen kaufmännischen Ermessens vorgeschlagen werden und auch im übrigen mit den Sorgfaltspflichten des Vorstandes vereinbar sind, könnte der Vorstand nie sicher beurteilen, ob der Aufsichtsrat die Zustimmung zur Kapitalmaßnahme erteilt. Dies würde zu einer nicht unerheblichen Rechtsunsicherheit führen.
Überdies ist es zweifelhaft, ob der Aufsichtsrat von einer Befugnis, seine eigene Zweckmäßigkeitsbeurteilung gegenüber dem Vorstand durchzusetzen, in der Praxis Gebrauch machen würde. Lehnt er nämlich die Kapitalmaßnahme ab und setzt er sein eigenes Ermessen an die Stelle der Ermessensentscheidung des Vorstandes, übernimmt er selbst die unternehmerische Verantwortung für die Nichtdurchführung des beabsichtigten Vorhabens. Der Aufsichtsrat würde sich daher der Gefahr aussetzen, für einen Schaden der Gesellschaft zu haften, wenn er bei seiner Entscheidung die gebotene Sorgfalt vernachlässigt hat (vgl. §§ 93 I, II, 116 AktG).
Solange die Entscheidung des Vorstandes, die Ermächtigung zur Kapitalerhöhung unter Ausschluss des Bezugsrechts auszunutzen, vertretbar erscheint, ist der Aufsichtsrat auch dann nicht zum Eingreifen verpflichtet, wenn er selbst als Geschäftsleiter in dieser Situation anders handeln würde. Dies beruht darauf, dass der Vorstand in solchen Fällen nicht die ihm obliegenden Sorgfaltspflichten verletzt. Außerdem kann der AG kein Schaden entstehen, wenn der Aufsichtsrat darauf verzichtet, eine zweckmäßige Entscheidung des Vorstandes durch eine andere zweckmäßige Entscheidung zu ersetzen. Ist hingegen die Entscheidung des Aufsichtsrats gegenüber der Entscheidung des Vorstandes für die AG offensichtlich zweckmäßiger, muss der Aufsichtsrat die Entscheidung des Vorstandes bereits als nicht vertretbar werten und seine Zustimmung zur Geschäftsführungsmaßnahme verweigern.

Obwohl der Aufsichtsrat durch den Zustimmungsvorbehalt nach § 204 I 2 AktG an der Leitungsaufgabe des Vorstandes teilhat, ist er im Ergebnis weder befugt noch verpflichtet, seine eigene Zweckmäßigkeitsbeurteilung gegenüber dem Vorstand durchzusetzen.

---

[849] *Hefermehl*, in: Geßler/Hefermehl/Eckardt/Ktopff, Kommentar zum AktG, Vorbem. § 76, Rdn. 19; *Mertens*, in: Kölner Kommentar zum AktG, § 111, Rdn. 44.

III. Die Inanspruchnahme der Aufsichtsratsmitglieder wegen pflichtwidrig erteilter Zustimmung

Ist das Finanzierungsvorhaben des Vorstandes mit dem in der Satzung festgelegten Unternehmensgegenstand nicht vereinbar, entspricht die konkrete Kapitalmaßnahme nicht ihrer abstrakten Umschreibung in der Ermächtigung oder hält der Aufsichtsrat die vom Vorstand geplante Maßnahme für unvertretbar bzw. missbräuchlich, muss er seine Zustimmung - entsprechend den Grundsätzen der allgemeinen Überwachung[850] - verweigern[851]. Wird die Zustimmung in diesem Fall dennoch erteilt, so ist zunächst jedes Aufsichtsratsmitglied im Rahmen seiner Sorgfaltspflichten gehalten, diesen Beschluss anzufechten[852]. Zudem kommt eine Inanspruchnahme der Aufsichtsratsmitglieder nach §§ 93 II i.V.m. 116 AktG in Betracht. Die Vorschrift des § 93 AktG gilt für die Sorgfaltspflicht und Verantwortlichkeit der Aufsichtsratsmitglieder sinngemäß. Hat der Aufsichtsrat seine nach § 204 I 2 AktG erforderliche Zustimmung also trotz (drohender) rechtswidriger Ausnutzung der Ermächtigung zur Kapitalerhöhung durch den Vorstand erteilt, so haftet er nach §§ 93 II, 116 AktG der Gesellschaft auf Schadensersatz. Soweit der Vorstand die Eintragung der Durchführung der Kapitalerhöhung im Handelsregister erreicht, haften die Vorstands- und Aufsichtsratsmitglieder in der Regel im Innenverhältnis untereinander zu gleichen Teilen (vgl. § 426 I BGB)[853].

Eine Haftbarmachung der Aufsichtsratsmitglieder wegen pflichtwidrig erteilter Zustimmung nach § 204 I 2 AktG kommt allerdings nur selten in Frage, da der Vorstand, dessen vermeintliche Haftung insoweit gerade den Ausgangspunkt des Rechtsstreits bildet, gem. § 78 I AktG für die Geltendmachung dieses Haftungsanspruchs zuständig ist[854]. Der Vorstand wird kaum daran interessiert sein, eine Inanspruchnahme der Aufsichtsratsmitglieder zu verfolgen, wenn diese gerade zu seinen Gunsten tätig geworden sind. Eine Pflichtwidrigkeit der Aufsichtsratsmitglieder im Rahmen ihrer Überwachungstätigkeit wird daher im Regelfall zum Nachteil der Aktionäre sanktionslos bleiben. Die Hürden des

---

850 *Steinbeck*, Überwachungspflicht und Einwirkungsmöglichkeiten des Aufsichtsrats in der Aktiengesellschaft, S. 153.

851 *Lutter/Krieger*, Rechte und Pflichten des Aufsichtsrats, S. 52.

852 *Marsch* AG 1981, 211, 215.

853 Vgl. näher dazu *Mertens*, in: Kölner Kommentar zum AktG, § 93, Rdn. 47 und *Hefermehl/Bungeroth*, in: Geßler/Hefermehl/Eckardt/Kropff, Kommentar zum AktG, § 93, Rdn. 24. Nach *Thümmel*, Persönliche Haftung von Managern und Aufsichtsräten, Rdn. 40 ist allerdings einem Organmitglied, das lediglich Überwachungspflichten verletzt hat, das ressortführende Organmitglied, das die direkt zum Schaden führende Pflichtverletzung begangen hat, in vollem Umfang ausgleichspflichtig.

854 Vgl. zu dieser Problematik auch die folgenden Ausführungen im 3. Teil, unter § 2 B II 2 a) bb) hinsichtlich der Inanspruchnahme des Aufsichtsrats wegen unterlassener Geltendmachung von Ersatzansprüchen gegen die Vorstandsmitglieder nach § 93 II AktG.

§ 147 I, III AktG werden grundsätzlich auch die Aktionäre von einer Inanspruchnahme der Aufsichtsratsmitglieder abhalten.

IV. Die Eignung des Aufsichtsrats zur Kontrolle der Vorstandsentscheidung

Nach den vorstehenden Erwägungen ist der Aufsichtsrat nicht geeignet, die Entscheidungen des Vorstandes über den Inhalt der Aktienrechte, die Bedingungen der Aktienausgabe und den Ausschluss des Bezugsrechts sachgerecht zu kontrollieren. Eine pflichtwidrig erteilte Zustimmung des Aufsichtsrats wird im Regelfall zum Nachteil der Aktionäre sanktionslos bleiben, da der Vorstand, der gem. § 78 I AktG für die Haftbarmachung der Aufsichtsratsmitglieder zuständig ist und dessen vermeintliche Haftung insoweit gerade den Ausgangspunkt des Rechtsstreits bildet, im Regelfall an einer Inanspruchnahme nicht interessiert ist. Zudem ist der Aufsichtsrat angesichts der engen Interessenverflechtungen zwischen den Verwaltungsorganen, etwa infolge der Berufung von Vorstandsmitgliedern in den Aufsichtsrat oder der „Auswahl" der Aufsichtsratsmitglieder durch den Vorstand, und in Anbetracht der Vertretung aktionärsfremder Gruppen (wie z.B. Arbeitnehmer, Lieferanten, Kunden und Kreditgeber) durch den Aufsichtsrat, kaum geeignet, primär die Aktionärsinteressen bei seiner Entscheidung wahrzunehmen[855]. Der Aufsichtsrat ist kein Aktionärsausschuss und kann gerade andere Ziele verfolgen und durch andere Motivationen gelenkt werden als die Hauptversammlung[856].

B. Nachträgliche Genehmigung bei eilbedürftigen Geschäften?

Aus dem Charakter des Zustimmungsvorbehalts als präventivem Kontrollinstrument folgt, dass eine vorherige Zustimmung des Aufsichtsrats zum geplanten Finanzierungsvorhaben des Vorstandes notwendig ist[857]. Fraglich ist, ob es auch Fälle gibt, in denen der Vorstand, ohne pflichtwidrig zu handeln, die Zustimmung des Aufsichtsrats nach § 204 I 2 AktG nachträglich einholen darf. Es ist nämlich vorstellbar, dass der Vorstand die Kapitalerhöhung unter Ausschluss des Bezugsrechts durchführt, ohne die notwendige Zustimmung des Aufsichtsrats einzuholen, weil aus Zeitgründen oder in besonderen Ausnahmefällen aus Gründen der Vertraulichkeit eine vorangehende Erörterung der Angelegenheit mit dem Aufsichtsrat nicht möglich ist.
Von dem Grundsatz der Zustimmungspflicht vor Durchführung der Kapitalerhöhung mit Bezugsrechtsausschluss könnte es in Anlehnung an die in der Lite-

---

[855] Vgl. dazu auch *Hirte*, Bezugsrechtsausschluß und Konzernbildung, S. 120 f.
[856] *Timm* DB 1982, 211, 215.
[857] Siehe etwa *Hüffer*, AktG, § 111, Rdn. 19.

ratur[858] zu § 111 IV 2 AktG entwickelten Grundsätze eine Ausnahme geben. Nach überwiegender Auffassung genügt in den Fällen des § 111 IV 2 AktG eine nachträgliche Genehmigung des Aufsichtsrats, wenn der Vorstand aus Gründen der Eilbedürftigkeit nicht in der Lage ist, dem Aufsichtsrat rechtzeitig den zustimmungsbedürftigen Vorgang vorzulegen[859]. In Anbetracht der Tatsache, dass eine Aufsichtsratssitzung nur selten stattfindet, könne eine Zustimmung vor Durchführung des Geschäfts aufgrund der Eilbedürftigkeit unter Umständen nicht praktikabel sein[860]. Ein Verzicht auf eine lukrative Geschäftschance könne besonders dann dem Gesellschaftsinteresse widersprechen, wenn die Erteilung der Zustimmung durch den Aufsichtsrat sehr wahrscheinlich sei[861]. Eine nachträgliche Genehmigung des Aufsichtsrats komme danach also ausnahmsweise in Betracht, wenn entweder das Geschäft keinen Aufschub mehr duldet, eine vorherige Beschlussfassung des Aufsichtsrats – notfalls fernmündlich (vgl. § 108 IV AktG) – nicht erfolgt ist oder wenn der Vorstand im Rahmen seines pflichtgemäßen Ermessens annehmen kann, dass der Aufsichtsrat seine Zustimmung mit großer Wahrscheinlichkeit erteilen wird[862].

Darüber hinaus fordert eine Ansicht in der Literatur[863], dass das beabsichtigte Geschäft so beschaffen sein müsse, dass der Aufsichtsrat auch bei Ausnutzung des ihm zustehenden Ermessensspielraums pflichtwidrig handelt, falls er die Zustimmung versagt. Denn lediglich dann sei gewährleistet, dass die Mitwirkungsbefugnis des Aufsichtsrats nicht unvertretbar verkürzt wird. Ansonsten liefe eine nachträgliche Zustimmung nur noch auf eine Informationsüberwachung seitens des Aufsichtsrats hinaus[864].

Ob die von der überwiegenden Meinung in der Literatur aufgestellten Grundsätze zu § 111 IV 2 AktG auch für die Zustimmung des Aufsichtsrats im Rah-

---

[858] Vgl. dazu *Geßler*, in: Geßler/Hefermehl/Eckardt/Kropff, Kommentar zum AktG, § 111, Rdn. 71; *Mertens*, in: Kölner Kommentar zum AktG, § 111, Rdn. 65; *Hoffmann*, Aufsichtsrat, Rdn. 302; *Lutter/Krieger*, Rechte und Pflichten des Aufsichtsrats, S. 44; *Hoffmann-Becking*, in: Münchener Handbuch, Aktiengesellschaft, § 29, Rdn. 31; *Steinbeck*, Überwachungspflicht und Einwirkungsmöglichkeiten des Aufsichtsrats in der Aktiengesellschaft, S. 157.

[859] *Geßler*, in: Geßler/Hefermehl/Eckardt/Kropff, Kommentar zum AktG, § 111, Rdn. 71; *Mertens*, in: Kölner Kommentar zum AktG, § 111, Rdn. 65; *Hoffmann*, Aufsichtsrat, Rdn. 302; *Lutter/Krieger*, Rechte und Pflichten des Aufsichtsrats, S. 44.

[860] Vgl. dazu *Götz* ZGR 1990, 633, 644, der die Bildung eines Aufsichtsratsausschusses für dringende Fälle empfiehlt; *Geßler*, in: Geßler/Hefermehl/Eckardt/Kropff, Kommentar zum AktG, § 111, Rdn. 71.

[861] *Hoffmann-Becking*, in: Münchener Handbuch, Aktiengesellschaft, § 29, Rdn. 31; *Steinbeck*, Überwachungspflicht und Einwirkungsmöglichkeiten des Aufsichtsrats in der Aktiengesellschaft, S. 157.

[862] *Steinbeck*, Überwachungspflicht und Einwirkungsmöglichkeiten des Aufsichtsrats in der Aktiengesellschaft, S. 157; *Hoffmann-Becking*, in: Münchener Handbuch, Aktiengesellschaft, § 29, Rdn. 31.

[863] *Götz* ZGR 1990, 633, 643 f.

[864] Vgl. *Hüffer*, AktG, § 111, Rdn. 19.

men des § 204 I 2 AktG Geltung beanspruchen können, ist zweifelhaft. Denn insbesondere im Hinblick darauf, dass mit der Herabsetzung der Berichtspflichten des Vorstandes durch die „Siemens/Nold"-Rechtsprechung der Ermächtigungsbeschluss der Hauptversammlung seine Kontroll- und Legitimationsfunktion bereits weitgehend einbüßt und aufgrund seiner in der Regel sehr allgemein gehaltenen Vorgaben an den Vorstand ohnehin nur schwerlich angreifbar sein wird, kommt der Kontrolle der Ausnutzung der Ermächtigung in zunehmenden Maße Bedeutung zu. Gerade vor diesem Hintergrund darf der Zustimmungsvorbehalt des Aufsichtsrats nach § 204 I 2 AktG nicht an Bedeutung verlieren.
Weiterhin darf nicht unbeachtet bleiben, dass eine Verweigerung der Zustimmung durch den Aufsichtsrat grundsätzlich nicht mehr zur Rückabwicklung des inzwischen vollzogenen Geschäfts führen würde. Führt der Vorstand die Kapitalerhöhung mit Bezugsrechtsausschluss nämlich trotz mangelnder Zustimmung des Aufsichtsrats durch, sind die Maßnahmen im Außenverhältnis, wie etwa die mit Dritten abgeschlossenen Zeichnungsverträge, wirksam[865].
Ferner können die in der Literatur angeführten Fälle, in denen der Vorstand ausnahmsweise die Zustimmung des Aufsichtsrats nachträglich einholen darf, nicht auf den Fall des genehmigten Kapitals mit Bezugsrechtsausschluss übertragen werden. Denn zum einen wird das vom Vorstand ins Auge gefasste Geschäft in der Regel keinen Aufschub mehr dulden, auch wenn der Vorstand diesen Aspekt nur vorträgt, um ungestört tätig werden zu können. Die Möglichkeit einer schnellen und flexiblen Eigenkapitalbeschaffung des Vorstandes wird im Rahmen des genehmigten Kapitals bereits als Sinn und Zweck dieser Kapitalerhöhungsart herausgestellt. Für eilbedürftige Fälle ist vielmehr daran zu denken, einen Aufsichtsratsausschuss vorzusehen, der regelmäßig schneller als der Gesamtaufsichtsrat seine Zustimmungskompetenz ausüben wird. Handelt der Vorstand an einem Aufsichtsratsausschuss vorbei, ist dies im Regelfall pflichtwidrig[866]. Zum anderen wäre es nicht sachgerecht, dass der Aufsichtsrat der Kapitalmaßnahme bereits vor deren Durchführung zustimmt, da ein Bezugsrechtsausschluss die Aktionärsrechte nicht unerheblich beeinträchtigt. Der Aufsichtsrat hat sich mit dem komplexen Sachverhalt der vom Vorstand ins Auge gefassten Geschäftsführungsmaßnahme zu befassen, deren wirtschaftliche Zweckmäßigkeit zu überprüfen und insoweit die Vor- und Nachteile gegeneinander abzuwägen, um dann entscheiden zu können, ob der Bezugsrechtsausschluss im „wohlverstandenen" Gesellschaftsinteresse liegt und mithin sachlich gerechtfertigt ist. Ob der Aufsichtsrat seine Zustimmung erklären wird, wird der Vorstand nur selten mit hinreichender Sicherheit beurteilen können.

Vor diesem Hintergrund und zur Vermeidung einer Aushöhlung der Kontrolle des Vorstandes bei Schaffung bezugsrechtsfreien genehmigten Kapitals durch

---

[865] *Hüffer*, AktG, § 204, Rdn. 8; *Hefermehl/Bungeroth*, in: Geßler/Hefermehl/Eckardt/Kropff, Kommentar zum AktG, § 204, Rdn. 4.
[866] So *Lutter/Krieger*, Rechte und Pflichten des Aufsichtsrats, S. 52.

den Aufsichtsrat ist der Vorstand nicht befugt, erst nachträglich die Genehmigung des Aufsichtsrats einzuholen[867].

C. Ergebnis

Soweit das konkrete Finanzierungsvorhaben des Vorstandes den Vorgaben der Ermächtigung nicht entspricht oder dessen Durchführung nicht im „wohlverstandenen" Interesse der Gesellschaft liegt, ist der Aufsichtsrat verpflichtet, seine Zustimmung nach § 204 I 2 AktG zu versagen. Er übt damit eine präventive Kontrolle aus, durch welche er die Tätigkeit des Vorstandes bei Schaffung bezugsrechtsfreien genehmigten Kapitals begleitend mitgestaltet. Dem Aufsichtsrat steht dagegen kein gleichberechtigtes unternehmerisches Mitentscheidungsrecht zu. Er ist weder befugt noch verpflichtet, einer zugleich recht- und zweckmäßigen Entscheidung des Vorstandes die Zustimmung zu versagen, und auf diese Weise seine eigene Zweckmäßigkeitsbeurteilung durchzusetzen.

Eine Pflichtwidrigkeit der Aufsichtsratsmitglieder im Rahmen ihrer Überwachungstätigkeit wird regelmäßig zum Nachteil der Aktionäre sanktionslos bleiben. Denn der für die Haftbarmachung der Aufsichtsratsmitglieder zuständige Vorstand wird meist von einer Inanspruchnahme nach §§ 93 II, 116 AktG absehen und die Hürden eines Minderheitsverlangens gem. § 147 I, III AktG werden im Regelfall auch die Aktionäre von einer Inanspruchnahme der Aufsichtsratsmitglieder abhalten.

Der Aufsichtsrat ist demzufolge kaum dazu geeignet, die Entscheidungen des Vorstandes über den Inhalt der Aktienrechte, die Bedingungen der Aktienausgabe und den Ausschluss des Bezugsrechts sachgerecht zu kontrollieren. Die Kontrolle der Vorstandsentscheidung durch den Aufsichtsrat kann daher eine direkte Kontrolle der Vorstandsentscheidung durch die Aktionäre nicht ersetzen.

§ 2 Die Kontrolle der Vorstandsentscheidung durch die Aktionäre

A. Einleitung

Der BGH hat in der „Siemens/Nold"-Entscheidung[868] zudem die Kontrolle der Vorstandsentscheidung „durch die Hauptversammlung" angeführt. Dabei handelt es sich um die direkte Kontrolle des Vorstandshandelns durch die vom Bezug neuer Aktien ausgeschlossenen Aktionäre.

Bei Ausnutzung des genehmigten Kapitals durch den Vorstand findet weder eine Hauptversammlung mit der Möglichkeit der entsprechenden Erörterung

---

[867] Vgl. dazu auch *Lutter/Krieger*, Rechte und Pflichten des Aufsichtsrats, S. 51.

[868] BGHZ 136, 133, 140 f.

statt noch ist ein Beschluss des Vorstandes nach den §§ 243 ff. AktG anfechtbar. Das AktG sieht nur die Anfechtung von Beschlüssen der Hauptversammlung vor, aber nicht von Entscheidungen des Vorstandes[869]. Es fragt sich daher, mit welchen Rechtsbehelfen die Aktionäre die bisher behandelten materiellrechtlichen Einschränkungen der Entscheidungsfreiheit des Vorstandes und den damit bezweckten Schutz vor sachlich nicht gerechtfertigten Eingriffen in ihre Beteiligung prozessual durchsetzen können.
Da die unterschiedliche Entscheidungszuständigkeit bezüglich der Vornahme eines Bezugsrechtsausschlusses – Hauptversammlung oder Vorstand – für die Intensität eines Eingriffs in die Beteiligung ohne Bedeutung ist, müssen sowohl die Entscheidungen der Hauptversammlung über den Ausschluss des Bezugsrechts als auch die des Vorstandes sachlich gerechtfertigt sein.
Soweit der Beschluss der Hauptversammlung, das Bezugsrecht auszuschließen, sachlich nicht gerechtfertigt ist, unterliegt er der Anfechtung nach §§ 243 ff. AktG. Die Delegation der Hauptversammlungskompetenz an den Vorstand durch die Ermächtigung, über die Kapitalerhöhung und den Bezugsrechtsausschluss zu entscheiden, darf nicht dazu führen, dass die Aktionäre rechtsschutzlos gestellt werden. Sie müssen vielmehr in der Lage sein, mit Rechtsbehelfen gegen pflichtwidriges Vorstandshandeln vorzugehen, so wie sie sonst den Hauptversammlungsbeschluss anfechten könnten[870]. Zwischen der Ausweitung von Beschlusskompetenzen und der prozessualen Verwirklichung des Minderheitenschutzes besteht ein unverkennbarer Zusammenhang. Kapitalmaßnahmen, die nicht den Vorgaben der Ermächtigung durch die Hauptversammlung entsprechen und/oder missbräuchlich sind, müssen unterbleiben. Die Entscheidungen des Vorstandes müssen mithin ebenso einer gerichtlichen Kontrolle unterliegen[871].
Insbesondere aufgrund der Tatsache, dass ein Verstoß gegen die Zulässigkeitsvoraussetzungen eines Bezugsrechtsausschlusses nach der Rechtsprechungsänderung häufig erst durch die Ausnutzung der Ermächtigung erfolgt, also die Rechtswidrigkeit des Bezugsrechtsausschlusses mit dem Verwaltungshandeln einsetzt, hat die Inhaltskontrolle bei diesem zweiten Verfahrensabschnitt der genehmigten Kapitalerhöhung anzusetzen. Daran lässt auch der BGH in der „Siemens/Nold"-Entscheidung keinen Zweifel: Wenn der Vorstand unter Verletzung seiner Pflichten zur sorgfältigen und gewissenhaften Prüfung sich nicht an die Vorgaben des Ermächtigungsbeschlusses gehalten hat, kann „die

[869] *Zöllner*, in: Kölner Kommentar zum AktG, § 243, Rdn. 15; *Lutter* BB 1981, 861, 864.
[870] So bereits *Schockenhoff*, Gesellschaftsinteresse und Gleichbehandlung beim Bezugsrechtsausschluß, S. 96.
[871] Nach *Keuk-Knobbe*, in: Festschrift Ballerstedt, S. 239, 251 ist ein Klagerecht des Aktionärs auch über den Bereich hinaus anzuerkennen, in dem die Hauptversammlung als Organ der Gesellschaft handelt; siehe auch *Hirte*, Bezugsrechtsausschluß und Konzernbildung, S. 205, der bestrebt ist, den Aktionärsschutz möglichst lückenlos und effektiv zu verwirklichen.

Pflichtwidrigkeit seines Verhaltens zum Gegenstand einer Feststellungs- oder – soweit noch möglich – einer Unterlassungsklage... gemacht werden"[872].
Im „Siemens/Nold"-Urteil hat der BGH zunächst die Möglichkeit nachträglicher Kontrolle des Vorstandshandelns in Form einer Entlastungsverweigerung sowie einer Haftung der Vorstandsmitglieder gegenüber der Gesellschaft nach § 93 II AktG angeführt[873]. Weiterhin hat er auf das vielbesprochene „Holzmüller"-Urteil[874]verwiesen, das als Meilenstein in der Diskussion um die Zulässigkeit der sog. Aktionärsklage[875] gilt. Die Pflichtwidrigkeit des Vorstandshandelns kann danach auch zum Gegenstand einer Feststellungs- oder – soweit noch möglich – einer Unterlassungsklage des Aktionärs gemacht werden[876]. Um ein der Anfechtungsklage entsprechendes Rechtsschutzsystem auch bei Vorstandsentscheidungen zur Verfügung zu stellen, musste insofern auf andere Klagearten zurückgegriffen werden.

Im folgenden Abschnitt wird zunächst untersucht, ob die nachträgliche Kontrolle des Vorstandshandelns nach „Siemens/Nold" für den Schutz der Aktionäre vor unternehmerischen Fehlentscheidungen ausreichend ist und den Wegfall präventiver Kontrolle des Ermächtigungsbeschlusses im Wege eines Anfechtungsverfahrens auszugleichen vermag.

---

[872] BGHZ 136, 133, 140 f.; jüngst bestätigend OLG Frankfurt AG 2002, 352 f.

[873] Die mögliche Durchsetzung eigener Ansprüche der Aktionäre wegen Verletzung ihres Bezugs- bzw. Mitgliedschaftsrechts in Form einer etwaigen Schadensersatzklage bleibt insoweit unerwähnt. Auf diese Form nachträglicher gerichtlicher Kontrolle wird im 3. Teil, unter § 2 E ausführlich eingegangen.

[874] Siehe BGHZ 83, 122 ff. = NJW 1982, 1703 = AG 1982, 158 = WM 1982, 388 = ZIP 1982, 568; JUS 1982, 700 mit Anm. *Emmerich*; Anm. *Großfeld/Brondics* JZ 1982, 589 ff.; *Rehbinder* ZGR 1983, 92 ff.; *Zöllner* ZGR 1988, 392 ff.; *von Gerkan* ZGR 1988, 441 ff.; *Heinsius* ZGR 1984, 383 ff.; *Mertens* AG 1990, 49, 50; *Martens* ZHR 147 (1983), 377 ff.; *Sünner* AG 1983, 169 ff.; *Semler* BB 1983, 1566 ff.

[875] Vgl. dazu eingehend *Brondics*, Die Aktionärsklage, S. 79 ff., passim; *Schulz/Gardyan*, Die sogenannte Aktionärsklage, passim; *Wiedemann*, Organverantwortung und Gesellschafterklagen in der Aktiengesellschaft, passim; *Keuk-Knobbe*, in: Festschrift Ballerstedt, S. 239 ff.; *Rehbinder* ZGR 1983, 92 ff., 103 ff.; *K. Schmidt*, Gesellschaftsrecht, S. 647 ff. und *Flume*, Allgemeiner des Bürgerlichen Rechts, Die juristische Person, S. 300 ff., 309 ff. differenzieren zwischen Abwehr- und Erstattungsklagen. *K. Schmidt* hebt schließlich insbesondere die Unterscheidung zwischen der actio pro socio (Geltendmachung von Verbandsrechten durch das Mitglied) und der hier vorliegenden actio negatoria (Geltendmachung eigener Abwehrrechte durch das Mitglied) hervor. *Zöllner* ZGR 1988, 392 ff., 414 ff., 420 ff. und *Raiser* ZHR 153 (1989), 1 ff., 17 ff. nehmen darüber hinaus eine stärkere Unterteilung vor; ebenso *Wellkamp* DZWir 1994, 221, 222 ff.

[876] BGHZ 136, 133, 141; jüngst bestätigend OLG Frankfurt AG 2002, 352 f.

B. Die nachträgliche Kontrolle der Vorstandsentscheidung nach der „Siemens/Nold"-Rechtsprechung

I. Die Verweigerung der Entlastung durch die Hauptversammlung

Haben die Vorstandsmitglieder ihre Pflichten bei Ausnutzung der Ermächtigung verletzt, kann ihnen sowie den Mitgliedern des Aufsichtsrats auf der nächsten ordentlichen Hauptversammlung, auf welcher der Vorstand über die Einzelheiten seines Vorgehens zu berichten und Rede und Antwort zu stehen hat, die Entlastung (§ 120 AktG) versagt werden. Es fragt sich, ob die Verweigerung der Entlastung ein effektives Kontrollinstrument der Hauptversammlung darstellt.

Die Verweigerung der Entlastung stellt zunächst noch keinen wichtigen Grund für den Widerruf der Bestellung zum Vorstandsmitglied dar[877]. Auch liegt darin nicht notwendigerweise ein Vertrauensentzug gem. § 84 III 4 AktG, der dem Aufsichtsrat den Widerruf der Bestellung von Vorstandsmitgliedern erlauben würde[878]. Der Umstand, dass die Tätigkeit des Vorstandsmitglieds für die Vergangenheit nicht als gesetz- und satzungsmäßig gebilligt wird, trägt nämlich nicht zwingend den Schluss, dass die Hauptversammlung mit ihm auch für die Zukunft brechen will. Es kommt vielmehr auf den durch Auslegung zu ermittelnden Inhalt des Beschlusses an[879]. Ebenso ist die Verweigerung der Entlastung für ein Aufsichtsratsmitglied nicht gleichbedeutend mit dem Widerruf seiner Bestellung, selbst wenn die Entlastung mit einer Mehrheit von drei Viertel der Stimmen oder mehr abgelehnt wird[880].

Die Abberufung der Vorstandsmitglieder liegt zudem ohnehin nicht in der Zuständigkeit der Hauptversammlung, sondern des Aufsichtsrats (§ 84 III AktG)[881]. Ob der Aufsichtsrat allerdings die Abberufung der Vorstandsmitglieder beschließt, ist zweifelhaft.

Die Verweigerung der Entlastung gibt den betroffenen Vorstands- und Aufsichtsratsmitgliedern mithin allein ihrerseits das Recht zur Niederlegung ihrer Ämter und zur fristlosen Kündigung ihrer Dienstverhältnisse[882]. Die Entlas-

---

[877] *Zöllner*, in: Kölner Kommentar zum AktG, § 120, Rdn. 42; *Semler*, in: Münchener Handbuch, § 34, Rdn. 29.

[878] *Hüffer*, AktG, § 120, Rdn. 16 i.V.m. § 84, Rdn. 30; wohl a.A. *Eckardt*, in: Geßler/Hefermehl/Eckardt/Kropff, Kommentar zum AktG, § 120, Rdn. 45.

[879] So zutreffend *Hüffer*, AktG, § 120, Rdn. 16; *Semler*, in: Münchener Handbuch, § 34, Rdn. 29.

[880] *Zöllner*, in: Kölner Kommentar zum AktG, § 120, Rdn. 43; *Semler*, in: Münchener Handbuch, § 34, Rdn. 29.

[881] *Hüffer*, AktG, § 120, Rdn. 16.

[882] *Semler*, in: Münchener Handbuch, § 34, Rdn. 29; abweichend dagegen *Hüffer*, AktG, § 120, Rdn. 16 und *Zöllner*, in: Kölner Kommentar zum AktG, § 120, Rdn. 44, die dies nur bei unberechtigter Verweigerung der Entlastung annehmen.

tungsverweigerung hat daher für die Amtsstellung der Verwaltungsmitglieder keine unmittelbaren rechtlichen Folgen.
Nach alledem handelt es sich bei der Verweigerung der Entlastung nicht um ein effektives Kontrollinstrument der Hauptversammlung[883].

II. Die Haftung des Vorstandes nach § 93 II AktG

Soweit sich der Vorstand bei Ausnutzung der Ermächtigung nicht an die Vorgaben des Ermächtigungsbeschlusses gehalten hat oder die konkrete Kapitalmaßnahme nicht im „wohlverstandenen" Interesse der Gesellschaft liegt, kann er gem. § 93 II AktG von der Gesellschaft zur Leistung von Schadensersatz herangezogen werden. Ob der Haftung des Vorstandes neben der bereits dargestellten Hürde der nur sehr begrenzten Vorstandshaftung[884] praktische Bedeutung zukommt, ist allerdings in verschiedener Hinsicht zweifelhaft.

1. Schaden der Gesellschaft?

Zum einen setzt eine erfolgreiche Schadensersatzklage der Gesellschaft aus § 93 II AktG voraus, dass der rechtswidrige Bezugsrechtsausschluss auch einen Schaden der Gesellschaft verursacht hat[885]. Ein Schaden i.S.v. § 93 II 1 AktG ist jede Minderung des Gesellschaftsvermögens[886]. Nach allgemeinen Grundsätzen kann ein Schaden auch ein entgangener Vorteil sein, welcher der Gesellschaft bei pflichtgemäßem Handeln des Vorstandes zugeflossen wäre[887].
Soweit sich etwa der Vorstand aus unvertretbaren Gründen nicht zur Ausgabe von neuen Aktien zum höchstmöglichen Ausgabepreis bemüht, erleidet die Gesellschaft einen Schaden in Form des entgangenen Gewinns. Denn bei pflichtgemäßem Handeln der Vorstandsmitglieder hätte sie eine höhere Einlage, also mehr Eigenkapital erhalten und ihre Finanzkraft dementsprechend gestärkt. Mit einem rechtswidrigen Ausschluss des Bezugsrechts geht aber insoweit nicht stets zwangsläufig ein Schaden der Gesellschaft einher[888]. Denn eine Gesellschaft, die den höchstmöglichen Emissionserlös für ihre Aktien erzielt, ist beispielsweise auch dann nicht geschädigt, wenn ein Aktionär infolge des Bezugsrechtsausschlusses und der Übernahme der neuen Aktien durch Dritte eine ein-

---

883 So auch *Pluta*, in: Das Wertpapier, Heft 22/1997, S. 182 ff., der auf die bloße psychologische Wirkung der Entlastungsverweigerung abstellt.
884 Näher dazu oben, 2. Teil § 3 C II 1 und 3.
885 Maßgeblich sind die Vorschriften der §§ 249 ff. BGB (vgl. *Ihlas*, Organhaftung und Haftpflichtversicherung, S. 84).
886 *Hüffer*, AktG, § 93, Rdn. 15; *Heermann* ZIP 1998, 761, 766; a.A. *Wiesner*, in: Münchener Handbuch, Aktiengesellschaft, § 26, Rd. 6; *Mertens*, in: Kölner Kommentar zum AktG, § 93, Rdn. 23 f. (nur eine dem Unternehmenszweck widersprechende Vermögensbeeinträchtigung).
887 *Wiesner*, in: Münchener Handbuch, Aktiengesellschaft, § 26, Rdn. 6.
888 Siehe dazu etwa *Baums*, Der Geschäftsleitervertrag, S. 214.

flussrelevante Beteiligungsquote eingebüßt hat[889]. Wenn der Vorstand bei der Aktienausgabe unter Ausschluss der Altaktionäre den höchstmöglichen Erlös für die neuen Aktien erzielt, stellt allein die Einbuße einzelner Aktionäre an Teilhabe- und Herrschaftsrechten gerade keinen nach § 93 II AktG ersatzfähigen Schaden der Gesellschaft dar.

2. Geltendmachung der Schadensersatzansprüche

Zum anderen ergeben sich Probleme aus der gesetzlichen Kompetenzzuweisung für die Geltendmachung von Schadensersatzansprüchen der Gesellschaft gegen den Vorstand:

a) Die Inanspruchnahme der Vorstandsmitglieder durch den Aufsichtsrat

In erster Linie ist es die Aufgabe des Aufsichtsrats Ersatzansprüche der Gesellschaft gegen die Vorstandsmitglieder (§ 93 II AktG) zu prüfen sowie über die Rechtsverfolgung zu entscheiden. Diese Verpflichtung folgert der BGH aus der Kontrollaufgabe des Aufsichtsrats (§ 111 I AktG) und der Vertretungsregel des § 112 AktG[890].

aa) Die haftungsrechtliche Konfliktsituation des Aufsichtsrats

Bei einer Inanspruchnahme der Vorstandsmitglieder wegen rechtswidriger Ausnutzung der Ermächtigung zur Kapitalerhöhung unter Ausschluss des Bezugsrechts der Altaktionäre ergibt sich für den Aufsichtsrat eine haftungsrechtliche Konfliktsituation[891]. Er wird bei Schaffung genehmigten Kapitals sowohl als Überwachungsorgan (§ 111 I AktG) als auch als Leitungsorgan (§ 204 I 2 AktG) tätig. Eine sachgemäße Rechtsverfolgung kann insoweit nur schwerlich erwartet werden[892]. Denn soweit der Aufsichtsrat seine Zustimmung nach § 204 I 2 AktG erteilt hat, besteht die Gefahr, dass im Rahmen der rechtlichen Beurteilung der Geschäftsführung des Vorstandes auch eine eigene Pflichtwidrigkeit des Kontrollorgans bei Überwachung der Rechtmäßigkeit des Bezugsrechtsaus-

---

[889] Vgl. auch *Cahn* ZHR 163 (1999), 554, 575.

[890] BGHZ 135, 244, 252; siehe dazu auch *Kindler* ZHR 162 (1998), 101, 108.

[891] Vgl. etwa *Kindler* ZHR 162 (1998), 101, 108.

[892] Vgl. zu diesen Bedenken auch *Cahn* ZHR 163 (1999), 554, 575; *ders.* ZHR 164 (2000), 113, 119; ebenso im Ergebnis die Einschätzung von *Krieger* ZHR 163 (1999), 343, 345 und *Ulmer* ZHR 163 (1999), 290, 296 f.

schlusses offengelegt wird. Der Aufsichtsrat würde sich somit selbst bezichtigen[893].

Zudem bestehen zwischen den Verwaltungsorganen meist sehr enge Beziehungen, die eine sachgemäße Rechtsverfolgung des Aufsichtsrats gegenüber den Vorstandsmitgliedern erschweren.

Eine sachgemäße Rechtsverfolgung muss der Aufsichtsrat zwar auch dann vornehmen, wenn er damit rechnen muss, dass in einem Schadensersatzprozess gegen Vorstandsmitglieder sein eigenes Überwachungsversagen offenkundig wird[894]. Das Haftungsrisiko des Aufsichtsrats wegen unterlassener Haftbarmachung der Vorstandsmitglieder ist jedoch gering, da der Vorstand, dessen vermeintliche Haftung insoweit gerade den Ausgangspunkt des Rechtsstreits bildet, gem. § 78 I AktG für die Geltendmachung dieses Haftungsanspruchs zuständig ist[895].

bb) Pflicht des Aufsichtsrats zur Anspruchsverfolgung?

Eine grundsätzliche Pflicht des Aufsichtsrats zur Anspruchsverfolgung kann auch nach Erlass des „ARAG/Garmenbeck"-Urteils[896] nicht angenommen werden[897]. Der BGH lässt insoweit eine in das Entscheidungsermessen des Aufsichtsrats gestellte Interessenabwägung zu. Dabei stellt er dem Interesse am Schadensausgleich, welches meist ohnehin durch die unzureichenden Vermögensverhältnisse der Vorstandsmitglieder begrenzt sein wird, das Interesse der

---

[893] Auf diese Problematik verweist insbesondere auch *Habersack* DStR 1998, 533, 537 nach Erlass des „Siemens/Nold"-Urteils sowie wohl *Lutter* JZ 1998, 50, 51. Ebenso *Heermann* AG 1998, 201 f.; *Sünner* ZHR 163 (1999), 364, 373; *Ihlas*, Organhaftung und Haftpflichtversicherung, S. 99; *Thümmel*, Persönliche Haftung von Managern und Aufsichtsräten, Rdn. 175 und *Brondics*, Die Aktionärsklage, S. 126 sehen diese allgemeine Problematik.

[894] Siehe dazu etwa *Götz* NJW 1997, 3275, 3277; a.A. wohl *Mertens*, in: Kölner Kommentar zum AktG, § 93, Rdn. 51.

[895] Vgl. dazu bereits oben, 3. Teil, § 1 A III; siehe auch *Götz* NJW 1997, 3275, 3278; *Sünner* ZHR 163 (1999), 364, 373 und *Heermann* AG 1998, 201, 210.

[896] BGHZ 135, 244 ff. Anlässlich dieses Urteils entwickelten sich zwei Rechtsansichten, die die Grenzen des Ermessensspielraums des Aufsichtsrats bei der Geltendmachung von Schadensersatzansprüchen gegen Vorstandsmitglieder weit oder eng sehen, vgl. dazu *Ihlas*, Organhaftung und Haftpflichtversicherung, S. 100 ff. m.w.N.

[897] Siehe Anm. *Dreher* JZ 1997, 1074, 1075 f.; *Heermann* AG 1998, 201, 207 f.; *Kindler* ZHR 162 (1998), 101, 113; *Ulmer* ZHR 163 (1999), 290, 296. Der Aufsichtsrat hat hiernach im Rahmen der Verfolgung von Innenhaftungsansprüchen einen weiten Ermessens- und Beurteilungsspielraum. Vgl. dazu auch bereits *Lutter* ZIP 1995, 441; *Dreher* ZIP 1995, 628 f.; *ders.* ZHR 158 (1994), 614 ff.; *Fischer* BB 1996, 225, 229; ebenso im Ergebnis OLG Düsseldorf ZIP 1995, 1183. Anders dagegen etwa *Horn* ZIP 1997, 1129, 1138; *Raiser* NJW 1996, 552, 553 f.; *Sünner* ZHR 163 (1999), 364, 368 f., die von einem Regel/Ausnahme-Verhältnis ausgehen. Wenn der Ersatzanspruch schlüssig sei, sei das Ermessen regelmäßig auf Null reduziert. Nicht eindeutig *Henze* NJW 1998, 3309, 3311 und *Götz* NJW 1997, 3275, 3277.

Gesellschaft an der Vermeidung negativer Auswirkungen des Prozesses auf die Geschäftstätigkeit und das Ansehen der Gesellschaft in der Öffentlichkeit sowie auf die unbehinderte Vorstandsarbeit und auf das Betriebsklima gegenüber[898]. Eine solche Interessenabwägung, die überdies dem nur begrenzt nachprüfbarem Entscheidungsermessen des Aufsichtsrats unterliegt, wird im Regelfall - vorbehaltlich besonderer Konstellationen, wie sie möglicherweise in den Fällen ARAG und Metallgesellschaft gegeben waren - zu dem Ergebnis führen, dass die vielfältigen gegen eine Geltendmachung von Schadensersatzansprüchen sprechenden Gründe überwiegen oder dass sie den Gründen für eine Klageerhebung „zumindest gleichwertig"[899] sind. Folglich kann der Aufsichtsrat selbst bei einem dringenden Verdacht, dass der Gesellschaft durch Unredlichkeit oder grobe Verletzungen des Gesetzes oder der Satzung Schaden zugefügt wurde, davon absehen, Schadensersatzansprüche gegen Vorstandsmitglieder durchzusetzen[900].

Nach den vorstehenden Ausführungen ist der Aufsichtsrat damit nicht nur im Rahmen der präventiven Überwachung der Vorstandsentscheidung durch den vom Gesetzgeber in § 204 I 2 AktG eingeräumten Zustimmungsvorbehalt grundsätzlich ungeeignet, die Interessen der Aktionäre gegenüber dem Vorstand sachgerecht zu wahren, sondern auch nachträglich, bei der Haftbarmachung der Vorstandsmitglieder[901].

b) Die Ersatzzuständigkeit der Aktionäre gem. § 147 I, III AktG

Gem. § 147 I AktG kann eine Minderheit von Aktionären, deren Anteile zusammen 10 % des Grundkapitals erreichen, Ersatzansprüche der Gesellschaft gegen die Verwaltungsmitglieder durchsetzen. Darüber hinaus kann das Gericht auf Antrag eines Aktionärsquorums von 5 % oder dem anteiligen Betrag von 500.000,00 Euro am Grundkapital, besondere Vertreter zur Geltendmachung der Ersatzansprüche gem. § 147 III AktG bestellen. Diese Möglichkeit soll die Effizienz der Rechtsverfolgung durch die Aktionäre zusätzlich stärken.
Der Ersatzzuständigkeit der Aktionäre nach § 147 I, III AktG dürfte allerdings wegen der hohen Quoren und der weiteren Anforderungen sowie des Kostentragungsrisikos (§ 147 IV AktG) zur Durchsetzung von Ersatzansprüchen keine entscheidende Bedeutung beizumessen sein[902].

---

[898] BGHZ 135, 244, 255.
[899] BGHZ 135, 244 (Leitsatz d)).
[900] Siehe dazu eingehend *Ulmer* ZHR 163 (1999), 290, 297; vgl. auch etwa *Götz* NJW 1997, 3275, 3278.
[901] Vgl. dazu *Brondics*, Die Aktionärsklage, S. 129 m.w.N.
[902] Siehe etwa *Cahn* ZHR 163 (1999), 554, 575; *ders.* ZHR 164 (2000), 113, 119; vgl. dazu auch näher *Ihlas*, Organhaftung und Haftpflichtversicherung, S. 108, wonach allein die Bildung einer Aktionärsminderheit eine Organisation benötige und diese theoretisch nur von

Die Stärkung des Klageinitiativrechts von Aktionärsminderheiten ist auch nach der durch das KonTraG[903] neu gefassten Regelung des § 147 III AktG wenig erfolgversprechend[904]. Denn die bloße Absenkung des Quorums auf die Hälfte der in § 147 III a.F. AktG geregelten Schwellenwerte genügt nicht, um das Minderheitsverlangen der Gesellschafter als effektives Kontrollinstrument der Hauptversammlung anzusehen. Bei großen Publikumsgesellschaften sind diese Werte für die Aktionäre nahezu unerreichbar[905].
Darüber hinaus wurden weitere Hürden für die Durchsetzung der Anspruchsverfolgung aufgestellt[906]. Nach der Neufassung von § 147 III AktG kann ein Aktionärsquorum von 5 % oder dem anteiligen Betrag von 500.000,00 Euro am Grundkapital, abweichend von §§ 142 II, 147 I AktG, nur bei einem dringenden, durch Tatsachen gestützten Verdacht grober Pflichtverletzungen (abweichend von §§ 93 II, 116 AktG) durch das Gericht einen „neutralen" Vertreter zur Verfolgung von Schadensersatzansprüchen gegen Vorstandsmitglieder einsetzen lassen[907]. Dieser nimmt sodann nach pflichtgemäßer Beurteilung der Erfolgsaussichten die Rechtsverfolgung wahr, und zwar ohne an die vorangegangene, zu seiner Bestellung führenden Entscheidung des Prozessgerichts und die Beschwerdebefugnis der Antragsteller gebunden zu sein.
Abgesehen davon, dass für die Bestellung eines besonderen Vertreters nach § 147 III AktG bereits Tatsachen vorliegen müssen, die den dringenden Verdacht grober Pflichtwidrigkeiten der Verwaltungsmitglieder rechtfertigen, stellt das der Aktionärsminderheit auferlegte Kostentragungsrisiko nach § 147 IV AktG eine besondere Härte dar[908]. Soweit der Antrag das Vorprüfungsverfahren erfolgreich durchlaufen hat, ist es unangemessen, den klagenden Aktionären bei späterer Abweisung der Klage die Kosten aufzuerlegen[909]. Die Kostensanktion

---

Kreditinstituten, Aktionärsvereinigungen, spezialisierten Rechtsanwälten oder institutionellen Anlegern ausgehen könne; (für die Möglichkeit zur Koordinierung und Bündelung der Stimmrechte in einem Internet Forum *Noack* ZGR 1998, 592, 613 f.); *Heermann* AG 1998, 201, 210 spricht darüber hinaus von einer „rationalen Apathie" der Kleinaktionäre gegenüber Haftungsprozessen. Kritisch auch *Götz* NJW 1997, 3275, 3277 und *Thümmel*, Persönliche Haftung von Managern und Aufsichtsräten, Rdn. 175 ff.

903 Gesetz zur Kontrolle und Transparenz im Unternehmensbereich vom 27.04.1998, BGBl. I 786.

904 Vgl. dazu auch die kritischen Stellungnahmen von *Ulmer* ZHR 163 (1999), 290, 292 ff. („Fehlschlag"); *Götz* AG Sonderheft 1997, 38 f.; *Baums* AG Sonderheft 1997, 26 f. und *Bork*, in: RWS Forum Gesellschaftsrecht 1997, S. 53, 68 („legeslatorische Totgeburt") unter Hinweis auf zahlreiche weitere kritische Stellungnahmen in Fußn. 59.

905 Vg. dazu das anschauliche Beispiel von *Ulmer* ZHR 163 (1999), 290, 294 (Fußn. 10).

906 Siehe dazu eingehend *Götz* AG Sonderheft 1997, 38 f.

907 Ohne bindendes Vorschlagsrecht der Antragssteller (AG Nürtingen DB 1994, 1230, 1231; vgl. auch *Hüffer*, AktG, § 147, Rdn. 8 und *Ulmer* ZHR 163 (1999), 290, 334).

908 *Krieger* ZHR 163 (1999), 343, 351 sieht darin den zentralen Mangel der Regelung des § 147 AktG.

909 So bereits *Götz* AG Sonderheft 1997, 38 f.; *Baums* AG Sonderheft 1997, 26 f.

tritt trotz autonomer Entscheidung der besonderen Vertreter zu Lasten der Minderheit ein. Das Kostenrisiko enthält damit ein Abschreckungspotential, das die Aktionäre häufig von der Verfolgung von Schadensersatzansprüchen gegen Verwaltungsmitglieder nach § 147 I, III AktG abhalten wird[910].

Entsprechend den Vorschlägen der Regierungskommission Corporate Governance soll das Verfolgungsrecht der Aktionäre allerdings weiter verbessert werden. Die im Regierungsentwurf des UMAG[911] vorgeschlagene Neufassung unterscheidet zwischen der Verfolgung von Ansprüchen auf Grund eines Beschlusses der Hauptversammlung (§ 147 AktG-RegE) einerseits und die gerichtliche Verfolgung der Ansprüche durch einzelne Aktionäre oder eine Aktionärsgruppe ohne Befassung der Hauptversammlung andererseits (§ 147 a AktG-RegE). Nach § 147 a AktG-RegE können Aktionäre, deren Anteil im Zeitpunkt der Antragstellung zusammen 1% des Grundkapitals oder einen Börsenwert von 100.000,00 Euro erreichen, den Anspruch der Gesellschaft gegen die Organe einklagen.

Das ist zwar gegenüber dem geltenden Recht eine erhebliche Herabsetzung des Minderheiten-Quorums. Anders als bisher obliegt die Anspruchsdurchsetzung zudem nicht mehr einem besonderen und vom Gericht eingesetzten Vertreter. Vielmehr können die Aktionäre im eigenen Namen klagen, wobei diese Klage auf Leistung an die Gesellschaft zu richten ist (§ 147 a III 2 AktG-RegE). Um unnötige, aussichtslose oder missbräuchliche Klagen zu vermeiden, bedarf die Klage jedoch einer vorhergehenden besonderen Zulassung durch das Prozessgericht (§ 147 a I 2 AktG-RegE). Das hat wiederum eine nicht unerhebliche Belastung des Minderheitenrechts zur Folge. Um die Zulassung der Klage zu erlangen, muss der Aktionär zunächst durch Urkunden glaubhaft machen, dass er die Aktien bereits vor dem Zeitpunkt erworben hat, in dem er Kenntnis von den beanstandeten Pflichtverstößen erlangte, sowie dass er die Gesellschaft erfolglos aufgefordert hat, selbst Klage zu erheben. Außerdem müssen Tatsachen vorliegen, die den Verdacht rechtfertigen, dass der Gesellschaft durch Unredlichkeit oder grobe Verletzungen des Gesetzes oder der Satzung ein Schaden entstanden ist. Schließlich dürfen keine überwiegenden Gründe des Gesellschaftswohls der Geltendmachung des Ersatzanspruchs entgegenstehen (§ 147 a I 2 AktG-RegE). Hervorzuheben ist, dass das Verfolgungsrecht auf Schädigungen durch unredliches Handeln oder grobe Verletzungen von Gesetz oder Satzung beschränkt ist (§ 147 a I 2 Nr. 3 AktG-RegE). Der Antragsteller hat Tatsachen zu beweisen, die den Verdacht solch einer Unredlichkeit oder groben Pflichtverletzung rechtfertigen. Eine bloße Glaubhaftmachung dieser Tatsachen reicht nicht aus.

Zwar dürfte das Verfolgungsrecht der Minderheit durch die geplante Einführung des § 147 a AktG-RegE erheblich verbessert werden. Wie bereits darge-

---

[910] Vgl. dazu *Ulmer* ZHR 163 (1999), 290, 293 und bereits eingehend *Großfeld*, Aktiengesellschaft, Unternehmenskonzentration und Kleinaktionär, S. 301 ff.

[911] Siehe dazu bereits die Angaben in Fußn. 410.

legt, sind die Anforderungen an eine Zulassung der Klage durch das Prozessgericht jedoch sehr hoch. Es bleibt daher abzuwarten, ob das Verfolgungsrecht der Minderheit infolge der geplanten Änderungen des UMAG tatsächlich verbessert wird. Nur sofern das Klagezulassungsverfahren erfolgreich betrieben wurde, kann der Antragsteller des Klagezulassungsverfahrens (und nur dieser) binnen dreier Monate Klage erheben. Bei Erfolglosigkeit haben die Antragsteller des Klagezulassungsverfahrens die Kosten zu tragen (§ 147 a VI AktG-RegE). Wird die Klage zugelassen, steht dem Kläger grundsätzlich ein Kostenerstattungsanspruch gegenüber der Gesellschaft zu (§ 147 a VI 3 AktG-RegE).

Nach derzeitiger Rechtslage - und wohl auch nach Einführung des § 147 a AktG-RegE - kann das Minderheitsverlangen nach § 147 I, III AktG ebenso wie die Inanspruchnahme der Vorstandsmitglieder durch den Aufsichtsrat für Vorstand und Aufsichtsrat somit nur selten die realistische Gefahr einer Inanspruchnahme für Fehlverhalten begründen[912].

3. Kompensation der Einbuße der Aktionäre durch Leistung von Schadensersatz in das Gesellschaftsvermögen?

Ein weiteres Problem der Vorstandshaftung nach § 93 II AktG ergibt sich aus folgender Überlegung: Selbst wenn die Gesellschaft einen ersatzfähigen Schaden zu verzeichnen hat und der Schadensersatzanspruch erfolgreich geltend gemacht wird, würde der erstattete Gesellschaftsschaden nicht notwendigerweise mit einer Einbuße der Aktionäre korrespondieren, die durch Leistung von Schadensersatz in das Gesellschaftsvermögen kompensiert werden kann. Denn der Schadensersatzanspruch der Gesellschaft kann zwar die Verwässerung des Anteilswertes der vom Bezugsrecht ausgeschlossenen Aktionäre am bisherigen Grundkapital der Gesellschaft ausgleichen, jedoch nicht die Einbuße an Teilhabe- und Herrschaftsbefugnissen[913]. Die Nachteile in mitgliedschaftlicher Hinsicht blieben demzufolge trotz einer etwaigen Inanspruchnahme der Vorstandsmitglieder auf Leistung von Schadensersatz in das Gesellschaftsvermögen bestehen. Vor diesem Hintergrund kann die Haftung des Vorstandes gegenüber der Gesellschaft aus § 93 II AktG die beeinträchtigten Aktionärsinteressen nicht vollständig ausgleichen.

---

[912] *Götz* AG 1997, 219, 221; *ders.* NJW 1997, 3275, 3278. Der Vorschlag des Verfassers auf Absenkung der Schwellenwerte auf DM 500.000 und Reduktion des Kostenrisikos wird aber auch wohl kaum weit genug gehen, denn DM 500.000 Nennkapital zu verlangen, kann bei einer großen Publikumsgesellschaft immer noch prohibitiv sein (vgl. dazu *Hopt*, in: Festschrift Mestmäcker, S. 909, 926).

[913] Vgl. zu diesen Bedenken insbesondere auch *Habersack* DStR 1998, 533, 537.

III. Ergebnis

Als Ergebnis bleibt festzuhalten, dass die nachträgliche Kontrolle der Vorstandsentscheidung nach der „Siemens/Nold"-Rechtsprechung in Form der möglichen Entlastungsverweigerung und der Vorstandshaftung nach § 93 II AktG für den Aktionärsschutz nicht ausreicht und keinen gleichwertigen Ersatz für eine präventive gerichtliche Kontrolle des Ermächtigungsbeschlusses im Wege des Anfechtungsverfahrens darstellt.
Sowohl die Inanspruchnahme der Vorstandsmitglieder nach § 93 II AktG durch den Aufsichtsrat (haftungsrechtliche Konfliktsituation) als auch das Minderheitsverlangen der Aktionäre gem. § 147 I, III AktG (hohe Quoren – Kostentragungsrisiko nach § 147 IV AktG[914]) sind praktisch nahezu ausgeschlossen. Dies hat zur Folge, dass weder die Verwässerung des Anteilswertes der vom Bezugsrecht ausgeschlossenen Aktionäre noch deren Einbußen an Teilhabe- und Herrschaftsrechten mit einer Schadensersatzleistung in das Gesellschaftsvermögen kompensiert werden kann. Dass sich der BGH insoweit sogar ausdrücklich auf die Haftung nach § 93 II AktG verlässt[915], kann daher keineswegs überzeugen[916].

Vor diesem Hintergrund ist der Aktionär selbst zur Kontrolle des Verwaltungshandelns aufgerufen, soweit es um die Verletzung bzw. Bedrohung seiner individuellen Rechtsposition geht. Nur die sog. Aktionärsklage nach dem Vorbild der „Holzmüller"-Entscheidung[917], auf die der BGH im „Siemens/Nold"-Verfahren[918] verwiesen hat, kann insoweit für den Rechtsschutz der Aktionäre gegen die rechtswidrige Ausnutzung der Ermächtigung von praktischer Bedeutung sein.

C. Die Aktionärsklage im Fall rechtswidriger Ausnutzung der Ermächtigung

I. Das „Holzmüller"-Urteil

Einzelklagebefugnisse von Aktionären sieht das AktG lediglich ausnahmsweise im Rahmen des Konzernrechts gem. §§ 309, 310, 317, 318 AktG vor. Nach

[914] Nach Einführung des § 147 a AktG-RegE durch das UMAG wird das vorgeschaltete Klagezulassungsverfahren das Verfolgungsrecht der Aktionäre nicht unerheblich erschweren.
[915] BGHZ 136, 133, 140 f.; insoweit zustimmend etwa *Heinsius* WuB II a. § 186 AktG 3.97, S. 1071.
[916] Siehe dazu die Bespr. v. *Lutter* JZ 1998 50, 52, der zu Recht darauf verweist, dass in 50 Jahren Rechtsprechung des BGH und 131 Bänden BGHZ nur ein einziger solcher Haftungsfall (als Widerklage!) dokumentiert ist (BGHZ 100, 228). Vgl. dazu auch *Ulmer* ZHR 163 (1999), 290, 295 m.w.N.; *Sünner* ZHR 163 (1999), 364, 365 m.w.N.
[917] BGHZ 83, 122, 133 ff.
[918] BGHZ 136, 133, 141.

§ 309 IV 1, 2 AktG kann der Aktionär den Ersatzanspruch der Gesellschaft in eigenem Namen geltend machen und die Leistung an die Gesellschaft fordern. Im Fall der besonderen Haftungsregelung des § 117 I 2 AktG kann der Aktionär einen über den sog. Reflexschaden[919] hinausgehenden eigenen Schaden[920] auch unmittelbar gegenüber den Verwaltungsmitgliedern (§ 117 II AktG) geltend machen und Leistung an sich selbst fordern. Wie bereits erwähnt[921], enthält das AktG einen nur mittelbar wirkenden Minderheitenschutz in § 147 AktG.

Die lange Zeit kaum angefochtene Lehre[922] leitete aus diesen nur kasuistisch geregelten Rechtsbehelfen der Aktionäre und dem aktienrechtlichen Grundsatz eigenverantwortlicher Unternehmensleitung durch den Vorstand (§ 76 I AktG) ganz überwiegend die Unzulässigkeit weiterer Aktionärsklagen ab.

Seit Mitte der siebziger Jahre haben sich die Stimmen vermehrt, die eine Erweiterung der den Aktionären zustehenden Klagerechte für notwendig halten[923]. Der BGH hat darauf in zwei rechtsfortbildenden Entscheidungen reagiert, dem „Holzmüller"-Urteil[924] und dem „Linotype"-Urteil[925]. Mit Erlass des „Holzmüller"-Urteils[926] hat der BGH in offener Rechtsfortbildung Unterlassungs-, Beseitigungs- und Feststellungsansprüche jedes Aktionärs sowie deren klageweise Durchsetzung für den Fall anerkannt, dass der Vorstand unrechtmäßig in den Zuständigkeitsbereich der Hauptversammlung übergegriffen hat, also der Vorstand etwas unternommen hat, worüber die Hauptversammlung nicht oder negativ entschieden hat[927].

---

[919] Siehe dazu BGHZ 94, 55, 58 f.; 105, 121, 130 f.; 129, 136, 165 f.

[920] Vgl. grundlegend zu dieser Differenzierung *Kowalski*, Der Ersatz von Gesellschafts- und Gesellschafterschaden, passim; *Müller*, in: Festschrift Kellermann, S. 317 ff.; *Brandes*, in: Festschrift Fleck, S. 13 ff.; *Hüffer*, AktG, § 117, Rdn. 9, § 93, Rdn. 19 m.w.N.

[921] Vgl. dazu oben, 3. Teil, § 2 B II 2 b).

[922] Vgl. dazu etwa *Flume*, Allgemeiner Teil des Bürgerlichen Rechts, Die juristische Person, S. 306 ff.; *Würdinger*, Aktienrecht, S. 21; *Hefermehl/Bungeroth*, in: Geßler/Hefermehl/Eckardt/Kropff, Kommentar zum AktG, § 76, Rdn. 22 sowie *Eckardt*, in: Geßler/Hefermehl/Eckardt/Kropff, Kommentar zum AktG, § 118, Rdn. 12. Siehe ferner zur Rechtsprechung: RGZ 142, 223, 227 f.; LG Mainz AG 1978, 320, 321 und die restriktive Haltung des BGH in BGHZ 76, 160 wonach kein Unterlassungsanspruch bei rechtswidrigen Geschäftsführungsmaßnahmen gegeben sei (siehe dazu die überzeugende Kritik von *Wellkamp* DZWir 1994, 221, 224 f.).

[923] Vgl. insbesondere *Keuk-Knobbe*, in: Festschrift Ballerstedt, S. 239, 248, 251 f.; *Großfeld*, Aktiengesellschaft, Unternehmenskonzentration und Kleinaktionär, S. 224 ff.; *Wiedemann*, Organverantwortung und Gesellschafterklagen in der Aktiengesellschaft, S. 49; *Abeltshauser*, Leitungshaftung im Kapitalgesellschaftsrecht, S. 427 ff.

[924] BGHZ 83, 122 ff.

[925] BGHZ 103, 184 ff.

[926] BGHZ 83, 122, 133 ff.

[927] Ausdrücklich zustimmend beispielsweise: Anm. *Großfeld/Brondics* JZ 1982, 589 ff.; *Raiser*, Recht der Kapitalgesellschaften, S. 60 ff.; *Rehbinder* ZGR 1983, 92, 103 ff.; *Zöllner* ZGR 1988, 392, 415, 420; *v. Gerkan* ZGR 1988, 441, 450 f.; *Keuk-Knobbe*, in: Festschrift Bal-

II. Die Reichweite der „Holzmüller"-Rechtsprechung

Die Aktionärsklage gründet auf der (drohenden) Verletzung mitgliedschaftlicher Befugnisse des Aktionärs[928]. Da die Mitgliedschaft nicht nur durch negatorische Ansprüche, wie etwa Beseitigungs- und Unterlassungsansprüche, sondern auch durch Schadensersatzansprüche gegen Übergriffe der Gesellschaft geschützt ist[929], bezieht sich die „Holzmüller"-Entscheidung jedenfalls sinngemäß auch auf die klageweise Geltendmachung von Schadensersatzansprüchen gegen die Gesellschaft[930]. Der klagende Aktionär kann allerdings nur die Beeinträchtigung seiner persönlichen Interessen geltend machen; auf die Rechtsverletzung anderer Aktionäre kann er sich nicht berufen[931].

Wie bereits angeführt[932], hat der BGH in der „Holzmüller"-Entscheidung Unterlassungs-, Beseitigungs- und Feststellungsansprüche jedes Aktionärs sowie deren klageweise Durchsetzung für den Fall anerkannt, dass der Vorstand unrechtmäßig in den Zuständigkeitsbereich der Hauptversammlung übergreift. Es ist daher zu prüfen, ob der Vorstand bei Ausnutzung eines genehmigten Kapitals mit rechtswidrigem Bezugsrechtsausschluss zugleich unrechtmäßig in die Kompetenzen der Hauptversammlung übergreift. Vereinzelt wird die Ansicht vertreten, der Fall eines unzulässigen Bezugsrechtsausschlusses stelle keinen Übergriff in die Kompetenzen der Hauptversammlung dar, weil der Vorstand nach § 203 II AktG durchaus anstelle der Hauptversammlung handeln dürfe[933]. Es handele sich vielmehr um einen Eingriff in das individuelle Bezugsrecht der

---

lerstedt, S. 239, 248, 251 f.; *Brondics*, Die Aktionärsklage, S. 45 f, 85 f.; *Wiesner*, in: Münchener Handbuch, Aktiengesellschaft, § 18, Rdn. 11. Kritisch dagegen *Hefermehl/Bungeroth*, in: Geßler/Hefermehl/Eckardt/ Kropff, Kommentar zum AktG, § 76, Rdn. 22, die auf die unternehmerische Selbständigkeit abstellen; *Zöllner* ZGR 1988, 392, 428; *Wiedemann*, Organverantwortung und Gesellschafterklagen in der Aktiengesellschaft, S. 40 ff., 55 f.; *Sünner* AG 1983, 169, 173; Bedenken auch bei *Großfeld* JZ 1981, 234, 236.

[928] *Habersack* DStR 1998, 533, 534; *Wellkamp* DZWir 1994, 221, 222; *Brondics*, Die Aktionärsklage, S. 79 ff. *Lutter* AcP 1980, 84, 142 ff. und *Hommelhoff*, Die Konzernleitungspflicht, S. 461 f. sprechen dagegen von einem Charakter eines fremdnützigen Organrechts bzw. Ersatzaufsichtsrechts. Nach BGHZ 83, 122, 135 überzeugt diese Einordnung des Klagerechts aber nicht, da der Aktionär vielmehr ein Eigenrecht wahrnimmt, indem er geltend macht, durch die beanstandete Maßnahme, „in seiner Mitgliedsstellung betroffen zu sein"(so auch *Flume*, Allgemeiner Teil des Bürgerlichen Rechts, Die juristische Person, S. 311).

[929] Vgl. dazu *K. Schmidt*, Gesellschaftsrecht, S. 653 f.

[930] Siehe dazu etwa *Mertens*, in: Kölner Kommentar zum AktG, § 93, Rdn. 174; *Zöllner*, in: ZGR Sonderheft 12, S. 147, 164; *Ihlas*, Organhaftung und Haftpflichtversicherung, S. 138; wohl auch *Martens* ZHR 147 (1983), 377, 395.

[931] So zutreffend *Martens* ZIP 1992, 1677, 1688 ff.; zustimmend auch *Cahn* ZHR 163 (1999), 554, 579 f.

[932] Siehe oben, 3. Teil § 2 C I.

[933] So *Habersack* DStR 1998, 533, 537.

übergangenen Aktionäre[934]. Obwohl letzteres zutreffend ist und es gerade nicht in erster Linie um den Schutz der Kompetenzen der Hauptversammlung vor Übergriffen geht, kann die Auffassung in dieser Allgemeinheit nicht überzeugen. Denn soweit der Vorstand den Ermächtigungsrahmen mit seiner geplanten Maßnahme überschreitet, unternimmt er etwas, worüber die Hauptversammlung nicht oder negativ entschieden hat. Dabei missachtet er die Zuständigkeit der Hauptversammlung und beeinträchtigt neben der (drohenden) Verletzung des Bezugsrechts bereits die Mitgliedsrechte des Aktionärs auf Entscheidungsteilhabe[935]. Es gibt hingegen auch Fälle rechtswidrigen Bezugsrechtsausschlusses, in denen keine Kompetenzüberschreitungen des Vorstandes im Verhältnis zur Hauptversammlung gegeben sind. Dies ist beispielsweise der Fall, wenn das geplante Vorhaben nicht im „wohlverstandenen" Interesse der Gesellschaft liegt, wie etwa infolge einer aus unvertretbaren Gründen erfolgten Festsetzung eines zu niedrigen Ausgabepreises der neuen Aktien. Da der Vorstand regelmäßig zur Bestimmung des Ausgabebetrages von der Hauptversammlung ermächtigt wird und der Ermächtigungsbeschluss nur selten entsprechende Vorgaben enthält, handelt der Vorstand im Rahmen seiner von der Hauptversammlung abgeleiteten Kompetenzen.

Demzufolge handelt es sich in Fällen rechtswidriger Ausnutzung der Ermächtigung zur Schaffung genehmigten Kapitals nicht stets um Kompetenzüberschreitungen des Vorstandes im Sinne der „Holzmüller"-Entscheidung. Es stellt sich damit die Frage, ob dem vom Bezugsrecht ausgeschlossenen Aktionär aufgrund der (drohenden) Verletzung seines individuellen Bezugsrechts oder seines Mitgliedschaftsrechts die Möglichkeit der klageweisen Durchsetzung seiner Rechte zusteht[936].

Gegen die Anerkennung von Klagemöglichkeiten der Aktionäre in Form von Abwehr- und Erstattungsklagen ebenso jenseits von „Holzmüller"-Konstellationen sprechen in erster Linie rechtspolitische Bedenken. Da die Rechtsprechung die Aktionärsklage in offener Rechtsfortbildung entwickelt hat, bestehen keine gesetzlichen Grundlagen, die die Voraussetzungen der Aktionärsklage näher regeln würden. Dies kann zu nicht unerheblichen Rechtsunsicherheiten zu Lasten der eigenverantwortlichen Unternehmensleitung durch den Vorstand gem. § 76 I AktG führen. Weitere Klagemöglichkeiten der vom Bezugsrecht ausgeschlossenen Aktionäre können ferner das genehmigte Kapital wieder unangemessen blockieren.

Wie im folgenden noch zu zeigen sein wird, sind die Voraussetzungen einer Aktionärsklage jedoch sehr stark an die Grundsätze einer Anfechtungsklage gem. § 243 ff. AktG angelehnt. Die praktische Bedeutung der Aktionärsklage

---

[934] Vgl. *Krieger* ZHR 163 (1999), 343, 357.
[935] Ähnlich *Zöllner* ZGR 1988, 392, 416.
[936] So im Ergebnis wohl *Krieger* ZHR 163 (1999), 343, 357 und *Habersack* DStR 1998, 533, 537.

ist zudem durch das Darlegungs- und Beweislastprinzip im Prozess sowie durch das bestehende Prozesskostenrisiko beschränkt[937]. Einer willkürlichen oder sogar missbräuchlichen Prozessführung wird daher durch die Anerkennung der Aktionärsklage jenseits von „Holzmüller"-Konstellationen nicht Tür und Tor geöffnet.
Das Bedürfnis ist unverkennbar, durch entsprechende Rechtsschutzmöglichkeiten der Aktionäre gegen die rechtswidrige Ausnutzung der Ermächtigung zur Kapitalerhöhung den Schutz und die Durchsetzung ihrer Individualrechte zu gewährleisten. Kapitalmaßnahmen, die nicht den Vorgaben der Ermächtigung durch die Hauptversammlung entsprechen und/oder missbräuchlich sind, müssen unterbleiben. Insbesondere im Hinblick auf die mit der „Siemens/Nold"-Entscheidung verbundene Kompetenzverlagerung auf die Verwaltung ist es notwendig, dass sich die Aktionäre gegen rechtswidrige Geschäftsführungsmaßnahmen zur Wehr setzen können[938]. Zwischen der Ausweitung von Beschlusskompetenzen und der prozessualen Verwirklichung des Minderheitenschutzes besteht ein unverkennbarer Zusammenhang. So hat auch der BGH[939] im „Siemens/Nold"-Urteil auf das „Holzmüller"-Urteil verwiesen und angeführt, dass die Pflichtwidrigkeit des Vorstandshandelns zum Gegenstand einer Feststellungs- oder – soweit noch möglich – einer Unterlassungsklage des Aktionärs gemacht werden kann. Ebenso Teile der Literatur[940] haben bereits die rechtswidrige Ausnutzung der Ermächtigung zum Bezugsrechtsausschluss beim genehmigten Kapital als Fall einer zulässigen Aktionärsklage wegen Eingriffs in das individuelle Bezugsrecht angeführt. Danach kann der um sein Bezugsrecht gebrachte Aktionär Unterlassung, Feststellung und gegebenenfalls Rückgängigmachung der rechtswidrigen Maßnahme, also Wiederherstellung des *status quo ante* sowie Schadensersatz verlangen[941].

Vor diesem Hintergrund ist die rechtswidrige Ausnutzung der Ermächtigung zur bezugsrechtsfreien Kapitalerhöhung als Fall einer zulässigen Aktionärsklage wegen Bedrohung bzw. Verletzung des individuellen Bezugs- bzw. Mitgliedschaftsrechts anzuerkennen.
Berechtigungen, die dem Aktionär unter dem Gesichtspunkt der Aktionärsklage zustehen, können grundsätzlich auch im Wege des einstweiligen Rechtsschutzes

---

937 Näher dazu unten, 3. Teil, § 2 D V und VI.

938 So auch *Pluta,* in: RWS Forum Gesellschaftsrecht 1997, S. 231; vgl. im Ansatz ähnlich auch *Ulmer* ZHR 163 (1999), 290, 324 f. und *Krieger* ZHR 163 (1999), 343, 345 f.

939 BGHZ 136, 133, 141; jüngst bestätigend OLG Frankfurt AG 2002, 352 f.

940 So *Wiesner*, in: Münchener Handbuch, Aktiengesellschaft, § 18, Rdn. 11; *Habersack* DStR 1998, 533, 536 f.; *Krieger* ZHR 163 (1999), 343, 355 ff.; vgl. auch bereits *Lutter* BB 1981, 861, 864.

941 Vgl. etwa *Habersack* DStR 1998, 533, 537; *ders.*, Die Mitgliedschaft, subjektives und „sonstiges" Recht, S. 268 f. sowie *Hüffer*, AktG, § 186, Rdn. 18, § 203, Rdn. 38 f.; *Lutter*, in: Kölner Kommentar zum AktG, § 186, Rdn. 41, § 203, Rdn. 44 f.; siehe auch allgemein zu den Rechtsschutzfragen *Hirte*, Bezugsrechtsausschluß und Konzernbildung, S. 206 ff.

(§§ 935 ff. ZPO) durchgesetzt werden[942]. Bei der Aktionärsklage handelt es sich um ein aus der Mitgliedschaft folgendes Individualrecht des Aktionärs, dessen Durchsetzung im Einzelfall ohne Einsatz des Verfügungsverfahrens gefährdet sein kann. Für den Erlass einer einstweiligen Verfügung müssen sowohl die Voraussetzungen des einstweiligen Rechtsschutzes als auch die der Aktionärsklage vorliegen. Neben die zahlreichen Fragen der Gesellschafterklage treten im Rahmen des Eilverfahrens die Probleme des Vorwegnahmeverbotes und der unmittelbaren Einwirkung auf die Willensbildung in der Gesellschaft[943].

III. Die Aktiv- und Passivlegitimation im Fall der Aktionärsklage

Im folgenden wird erörtert, welche Voraussetzungen an die Aktivlegitimation für die Klage gegen die rechtswidrige Ausnutzung der Ermächtigung zur Kapitalerhöhung unter Ausschluss des Bezugsrechts durch den Vorstand im einzelnen zu stellen sind und wer Adressat der klageweise geltend gemachten Abwehr- bzw. Ersatzansprüche der Aktionäre ist.

1. Die Aktivlegitimation

a) Die Aktionärseigenschaft

Die Aktionärseigenschaft ist unverzichtbare Voraussetzung für die Aktivlegitimation. Der Aktionär hat nur aus seiner Mitgliedschaft einen Anspruch auf Beachtung seiner Rechte[944] und nur durch eine Aktienbeteiligung an der Gesellschaft kann das Bezugsrecht als untrennbarer Bestandteil des Mitgliedschaftsrechts[945] infolge eines (drohenden) unzulässigen Bezugsrechtsausschlusses gefährdet bzw. verletzt werden.

Ob die Aktivlegitimation schon durch Innehabung auch nur einer Aktie begründet ist, ist zweifelhaft. Bei der Durchführung einer Kapitalerhöhung mit Bezugsrechtsausschluss können Werte in Millionenhöhe betroffen sein. Jedem Aktionär schon mit einer einzigen Aktie im Börsenwert von wenigen Euro die Berechtigung zuzusprechen, etwa ein entscheidendes Akquisitionsvorhaben zu

---

[942] Siehe *Hüffer*, AktG, § 186, Rdn. 17, § 203, Rdn. 39; *Lutter*, in: Kölner Kommentar, § 186, Rdn. 36, § 203, Rdn. 45; *Wiedemann*, in: Großkommentar zum AktG, § 186, Rdn. 101. Vgl. allgemein zur Anerkennung des einstweiligen Rechtsschutzverfahrens im Gesellschaftsrecht: OLG Koblenz NJW-RR 1986, 1039 f.; *von Gerkan* ZGR 1985, 167, 183 ff.; *Damm* ZHR 154 (1990), 413 ff., 438 ff.

[943] *Damm* ZHR 154 (1990), 413, 437 ff.; vgl. eingehend dazu die Ausführungen im 3. Teil, unter § 2 D III 4 b).

[944] *Brondics*, Die Aktionärsklage, S. 94 f., wonach die Aktivlegitimation insoweit auch zutreffend unabhängig von der Aktiengattung ist, die die Aktionäre halten. Auch Aktionäre mit Vorzugsaktien ohne Stimmrecht können demnach Klage erheben (vgl. § 140 I AktG).

[945] *Geßler*, in: Geßler/Hefermehl/Eckardt/Kropff, Kommentar zum AktG, § 186, Rdn. 14; *Lutter*, in: Kölner Kommentar zum AktG, § 186, Rdn. 10; *Hüffer*, AktG, § 186, Rdn. 6.

bekämpfen, weil er rechtswidrig von seiner mitgliedschaftlichen Befugnis zum Bezug neuer Aktien ausgeschlossen wurde, ohne eine nennenswerte Verwässerung des Beteiligungswertes geltend machen zu können, erscheint fraglich.

aa) Erfordernis eines Mindestanteilsbesitzes?

Einen Mindestanteilsbesitz für die Annahme der Aktivlegitimation zu verlangen[946], ist insbesondere hinsichtlich der Geltendmachung von Einbußen an Teilhabe- und Herrschaftsrechten infolge unzulässigen Bezugsrechtsausschlusses erwägenswert. Denn nach dem Leitbild des AktG, das sich nach dem Publikums- bzw. Kleinaktionär in seiner Eigenschaft als Anleger richtet[947], kommt nicht dem Schutz der Teilhabe- und Herrschaftsbefugnisse, sondern gerade dem Schutz der Vermögensrechte besonderer Stellenwert zu, was vor allem die Regelungen der §§ 243 II 2, 255 II AktG belegen[948]. Die Vermögenskomponente des Aktieneigentums steht damit vielfach im Vordergrund. Das trifft insbesondere auf die Kleinaktionäre zu, die auf die Unternehmenspolitik regelmäßig keinen relevanten Einfluss nehmen können und die Aktie vorwiegend als Kapitalanlage betrachten[949].

(1) Meinungsstand

Nach der bereits an anderer Stelle[950] angeführten finanzierungsorientierten Betrachtungsweise spielt die Frage des Einflussverlustes bei Kleinstbeteiligungen angesichts der Geringfügigkeit des proportionalen Stimmrechtsanteils wirtschaftlich keine Rolle[951]. Das Stimmrecht könne in diesem Fall regelmäßig erst gar nicht verwässert werden[952]. Der Stimmrechtsverlust werde insoweit erst ab

---

[946] So erwägt etwa *Hirte*, Bezugsrechtsausschluß und Konzernbildung, S. 215 ff. eine Einschränkung der Klagebefugnis bei Aktionärsklagen in Abhängigkeit von der Art des beeinträchtigten Rechts und dem Umfang der klägerischen Beteiligung.

[947] Siehe dazu *Mülbert*, Aktiengesellschaft, Unternehmensgruppe und Kapitalmarkt, S. 259 ff., 303 ff.; zustimmend auch *Habersack*, Die Mitgliedschaft, subjektives und „sonstiges" Recht, S. 302.

[948] Siehe zur Regelung des § 255 II AktG bereits die Ausführungen oben, 2. Teil, § 4 A III 2 a), b) aa); vgl. auch den Ansatz von *Mülbert*, Aktiengesellschaft, Unternehmensgruppe und Kapitalmarkt, S. 99 m.w.N., 348, der im Rahmen seiner Ausführungen (S. 344 f., 97 ff., 259 ff.) aus den §§ 243 II 2, 255 II AktG und umwandlungsrechtlichen Ausgleichs- und Abfindungsansprüchen ein allgemeines Prinzip herleitet, wonach sogar eine Beschlusskontrolle bei der Gewährung von Geldausgleich für entzogene Mitgliedschaftsrechte nur noch in sehr eingeschränktem Maße erfolge.

[949] Vgl. BGHZ 120, 141, 151.

[950] Siehe oben, 1. Teil, § 1 B.

[951] So *Kübler/Mendelson/Mundheim* AG 1990, 461, 466.

[952] Vgl. *Martens* ZIP 1992, 1677, 1690; *Seibert/Köster/Kiem*, Die kleine Aktiengesellschaft, Rdn. 201; siehe auch LG Frankfurt WM 1992, 437, 438 f.

einer Beteiligungsquote relevant, an die Minderheitsrechte gekoppelt sind, wie etwa ab einer 5 %-Kapitalbeteiligung[953]. Der nur minimal an der Gesellschaft beteiligte Aktionär könne sich danach nicht auf einen Verlust an Stimmrechtsmacht berufen[954]. Die bloße Verringerung des proportionalen Stimmrechtsanteils werde im übrigen von den Gerichten kaum als Anlass genommen, um gegen eine Ausgabe von Aktien vorzugehen[955].
Vereinzelt wird dagegen eingewandt, dass durch diese Sichtweise das Bezugsrecht seine Schutzfunktion verliere. Das Stimmrecht des einzelnen Aktionärs einer Publikumsgesellschaft könne nicht isoliert betrachtet werden, sondern es müsse vielmehr im Zusammenwirken mit anderen Aktionären bewerten werden, wo es an Gewicht gewinne[956].

(2) Stellungnahme

Der zuletzt genannte Einwand spricht allein nicht gegen das Erfordernis eines Mindestanteilsbesitzes für die Annahme der Aktivlegitimation. Das Stimmrecht eines einzelnen Kleinaktionärs kann wohl an Bedeutung gewinnen, wenn er sich mit anderen Aktionären zusammenschließt und diese Vereinigung eine wesentliche Beteiligung an der Gesellschaft ausmacht. Abgesehen von der Tatsache, dass solche Zusammenschlüsse schon in Anbetracht der schwierigen praktischen Umsetzung eher die seltene Ausnahme bilden, bestätigt dieser Einwand aber gerade, dass Stimmrechte erst ab einer bestimmten Höhe des Anteilsbesitzes Gewicht erlangen und damit auch konsequenterweise der Stimmrechtsverlust erst ab einer bestimmten Beteiligungsquote relevant sein kann.

Das Aktienrecht knüpft zahlreiche Minderheitsrechte an eine bestimmte prozentuale Beteiligung an der Gesellschaft, die zwischen 5 %-10 % des Grundkapitals liegen kann. Die Beschränkung der Geltendmachung eines Stimmrechtsverlustes auf einen Mindestanteilsbesitz von 5 % erscheint daher - jedenfalls auf den ersten Blick - nachvollziehbar. Es darf allerdings nicht übersehen werden, dass dieser Standpunkt in offensichtlichem Widerspruch zur Auffassung des BGH[957] und dem überwiegenden Teil der Literatur[958] steht. Danach erleidet der

---

[953] Siehe dazu die Begründung des Initiativentwurfes zum Gesetz für kleine Aktiengesellschaften und zur Deregulierung des Aktienrechts, BT-Drucks. 12/6721 vom 1.2.1994, S. 10 mit Verweis auf *Martens* ZIP 1992, 1677, 1692. Vgl. ebenso *Korthals*, Kapitalerhöhung zu höchsten Kursen, S. 14, 116 f.; *Groß* EuZW 1994, 395, 400.

[954] Vgl. hierzu wiederum *Martens* ZIP 1992, 1677, 1690.

[955] Siehe *Korthals*, Kapitalerhöhung zu höchsten Kursen, S. 67.

[956] Vgl. dazu *Bungert* WM 1995, 1, 9; *Hirte* ZIP 1994, 356, 359 f.; kritisch insoweit *Seibert/Köster/Kiem*, Die kleine Aktiengesellschaft, Rdn. 202.

[957] BGHZ 71, 40, 44; 83, 319, 321; 120, 141, 146.

[958] Siehe etwa *Hüffer*, AktG, § 186, Rdn. 2, 25; *Lutter*, in: Kölner Kommentar zum AktG, § 186, Rdn. 7; *Hefermehl/Bungeroth*, in: Geßler/Hefermehl/Eckardt/Kropff, Kommentar zum AktG, § 186, Rdn. 84; *Wiedemann*, in: Großkommentar zum AktG, § 186, Rdn. 13; *Voll-*

Aktionär im Fall des Bezugsrechtsausschlusses gerade unabhängig von dem Umfang seines Aktienbesitzes im allgemeinen einen schweren Eingriff in sein Mitgliedschaftsrecht. Dieser These ist insoweit zuzustimmen, als es bei der Frage, ob ein Ausschluss des Bezugsrechts einen Eingriff in das Mitgliedschaftsrecht der an der Kapitalerhöhung nicht teilnehmenden Aktionäre darstellt, nicht auf den Umfang des Aktienbesitzes ankommt. Denn die Betroffenheit der Aktionäre beim Bezugsrechtsausschluss richtet sich nicht nach dem Umfang ihrer Beteiligung. Die Aktionäre erwerben das Recht, sich an der AG weiter zu beteiligen, bereits durch den Erwerb auch nur einer Aktie. In dieses Recht greift der Bezugsrechtsausschluss bei jedem Aktionär gleichmäßig ein; auf den Umfang der Beteiligung kommt es insoweit nicht an. Ob der Entzug des Bezugsrechts allerdings tatsächlich im allgemeinen für die vom Bezug neuer Aktien ausgeschlossenen Aktionäre einen schweren Eingriff in ihr Mitgliedschaftsrecht darstellt, ist eine andere Frage, die noch differenzierter Beurteilung bedarf[959].

Gegen das Erfordernis eines Mindestanteilsbesitzes für die Annahme der Aktivlegitimation spricht letztlich folgender Gesichtspunkt: Soweit die Hauptversammlung beim genehmigten Kapital den Ausschluss des Bezugsrechts beschließt oder den Vorstand dazu ermächtigt, ist jeder Aktionär gem. § 245 AktG zur Anfechtung der Hauptversammlungsentscheidung befugt, und zwar ohne Beschränkungen in Gestalt eines erforderlichen Mindestanteilsbesitzes. Es ist nicht einzusehen, warum die Aktionärsklage gegen pflichtwidriges Verwaltungshandeln beim genehmigten Kapital insofern anders behandelt werden sollte. Die Übertragung der Kompetenzen auf den Vorstand gem. § 203 II AktG, die nichts an dem sachlichen Gehalt der Entscheidung über den Bezugsrechtsausschluss ändert, rechtfertigt es nicht, an die Aktivlegitimation bei der Aktionärsklage höhere Anforderungen zu stellen als bei der Anfechtungsklage. Beide Fälle müssen insofern vielmehr gleichbehandelt werden. Eine Begrenzung der Aktivlegitimation ist daher nicht sachgerecht[960]. Dafür spricht insbesondere auch die Tatsache, dass die Aktionäre durch die „Siemens/Nold“-Rechtsprechung bereits den Wegfall präventiver gerichtlicher Kontrolle des Ermächtigungsbeschlusses in Kauf nehmen müssen. Ihre Rechtsschutzmöglichkeiten im zweiten Verfahrensabschnitt der genehmigten Kapitalerhöhung dürfen mithin nicht von zusätzlichen Voraussetzungen, die eine Anfechtungsklage nicht vorsieht, abhängig gemacht werden.

---

mer/Lorch DB 1991, 1313, 1314; *Raiser*, Recht der Kapitalgesellschaften, § 20, Rdn. 8; *Habersack*, Mitgliedschaft, subjektives und „sonstiges" Recht, S. 259.

[959] Siehe dazu eingehend unten, 3. Teil, § 2 E III 1 b) bb); dort auch zur Differenzierung zwischen den Einbußen in mitgliedschaftlicher sowie in vermögensrechtlicher Hinsicht; vgl. hierzu überdies *Lutter*, in: Kölner Kommentar zum AktG, § 186, Rdn. 58.

[960] So im Ergebnis auch *Hirte*, Bezugsrechtsausschluß und Konzernbildung, S. 219; allgemein gegen die Anforderung eines Mindestanteilsbesitzes auch *Brondics*, Die Aktionärsklage, S. 94.

Nicht zuletzt haben sich die zur Begrenzung der Anfechtungsbefugnis vorgebrachten Reformvorschläge, wie etwa die Einführung eines Mindestquorums[961], echter Mindestquoten und einer Mindestbesitzzeit[962] nicht durchsetzen können. Sie würden die Aktionärsklage zur Wirkungslosigkeit verurteilen[963]. So ist auch das Minderheitsverlangen der Aktionäre nach § 147 I, III AktG insbesondere wegen der hohen Quoren praktisch nahezu ausgeschlossen[964].
Wie noch zu zeigen sein wird[965], wird missbräuchlichen Aktionärsklagen durch das Darlegungs- und Beweislastprinzip im Prozess sowie durch das bestehende Prozesskostenrisiko eine angemessene Grenze gesetzt.

bb) Maßgebender Zeitpunkt der Aktionärseigenschaft und Dauer des Aktienbesitzes

Maßgebender Zeitpunkt für die Aktienbeteiligung ist der Zeitpunkt der (drohenden) rechtswidrigen Ausnutzung der Ermächtigung, gegen die sich die Klage des Aktionärs richtet. Auf den früheren Zeitpunkt der Beschlussfassung der Hauptversammlung kommt es im Unterschied zum Anfechtungsverfahren nicht an, da zum einen allein die Verwaltung darüber entscheidet, ob auch tatsächlich von der Ermächtigung zur Schaffung genehmigten Kapitals Gebrauch gemacht wird und sich die Bedrohung bzw. Verletzung des Bezugsrechts oder des Mitgliedschaftsrechts zum anderen erst im späteren Verwaltungshandeln niederschlägt[966]. Etwas anderes kann auch deswegen nicht gelten, weil sich innerhalb des fünfjährigen Ermächtigungszeitraums (§ 202 I AktG) des Vorstandes die Aktionärszusammensetzung noch wesentlich verändern kann. Ebenso müssen diejenigen Aktionäre, die erst nach der Beschlussfassung der Hauptversammlung eine Aktienbeteiligung erwerben, aktivlegitimiert sein, da auch ihre Aktio-

---

[961] Dies forderten in Anlehnung an § 254 II 3 AktG *Schlaus* AG 1988, 113, 117; *Mertens* AG 1990, 49, 55 und wohl ebenso *Heuer* WM 1989, 1401, 1408.

[962] Der Vorschlag, eine Mindestbesitzfrist entsprechend dem Vorbild der §§ 142 II 3, 258 II 4 AktG für die Aktien einzuführen, bevor sie zur Anfechtung berechtigten, erwies sich offensichtlich als untauglich. Seit sich die 5-Mark-Aktie durchgesetzt hat und erst recht nach dem Übergang zur heute zulässigen Stückaktie (vgl. dazu das Gesetz über die Zulassung von Stückaktien (Stückaktiengesetz-StückAG) vom 25.3.1998, BGBl. I, 590), kann sich vielmehr jeder leicht mit je einer Aktie jeder börsennotierten Gesellschaft eindecken, um für alle Anfechtungschancen gerüstet zu sein (siehe dazu *Volhard* AG 1998, 397, 403).

[963] Siehe Anm. *Großfeld/Brondics* JZ 1982, 589, 590 in Bezug auf die Einführung einer Mindestkapitalgrenze.

[964] Vgl. dazu bereits oben, 3. Teil § 2 B II 2 b).

[965] Näher dazu unten, 3. Teil, § 2 D V und VI.

[966] Nach *Timm*, Die Aktiengesellschaft als Konzernspitze, S.79 enthält das genehmigte Kapital mit der Ermächtigung, das Bezugsrecht auszuschließen, dagegen bereits Stimmrechts- und Vermögensgefährdungen. Mit der bloßen Ermächtigung zum Bezugsrechtsausschluss erfolge schon eine Finanzierung an den bisherigen Gesellschaftern vorbei.

närsrechte durch die spätere rechtswidrige Ausnutzung des genehmigten Kapitals unter Ausschluss des Bezugsrechts beeinträchtigt werden.

Auf die Dauer des Aktienbesitzes vor Klageerhebung kann es nicht ankommen, da dieser Umstand nichts an der Bedrohung bzw. Verletzung des Bezugsrechts oder des Mitgliedschaftsrechts ändert. Bei der Frage, ob die Fortdauer der Aktionärseigenschaft während des Rechtsstreits entscheidend ist, kommt es darauf an, welche Klage der Aktionär erhebt und ob im Fall einer Abwehrklage der Vorstand bereits das genehmigte Kapital unter rechtswidrigem Ausschluss des Bezugsrechts ausgenutzt hat oder nicht. Erhebt der Aktionär eine Abwehrklage gegen rechtswidriges Verwaltungshandeln und hat der Vorstand von der Ermächtigung zur bezugsrechtsfreien Kapitalerhöhung noch keinen Gebrauch gemacht, so ist der Aktionär gem. § 265 I ZPO zur Veräußerung aller Aktien berechtigt. Hat der Vorstand dagegen das genehmigte Kapital bereits unter rechtswidrigem Bezugsrechtsausschluss ausgenutzt, ist die Fortdauer der Aktionärseigenschaft während des Rechtsstreits entscheidend. Der in § 265 I ZPO zugrundegelegte Rechtsgedanke greift in diesem Fall nicht, da das zwischen den Parteien ergehende Urteil hier keine Rechtskraftwirkung gegenüber dem Rechtsnachfolger des Klägers haben würde. Der Rechtsnachfolger des Klägers, der die Aktien erst nach Durchführung der bezugsrechtsfreien Kapitalerhöhung erwirbt, ist nicht durch das rechtswidrige Verwaltungshandeln gegenüber seinem Vorgänger im Recht beschwert; in seine Mitgliedschaft wurde nämlich insoweit erst gar nicht eingegriffen. Ein Verkauf aller Aktien während des Prozesses würde demzufolge die Aktivlegitimation des Aktionärs beseitigen[967]. Etwas anderes gilt dagegen für die Aktivlegitimation des vom Bezugsrecht ausgeschlossenen Gesellschafters im Rahmen eines Schadensersatzprozesses wegen Verletzung seines Bezugs- bzw. Mitgliedschaftsrechts. Auf die Fortdauer der Aktionärseigenschaft kann es hier nicht ankommen, da dieser Umstand nichts an der Verletzung des Bezugsrechts oder des Mitgliedschaftsrechts ändert. Die Aktionäre müssen daher nach Durchführung der genehmigten Kapitalerhöhung unter rechtswidrigem Ausschluss ihres Bezugsrechts in der Lage sein, aus der Gesellschaft durch Verkauf der Aktien auszuscheiden und später Schadensersatz von der Gesellschaft bzw. unmittelbar von den verantwortlichen Verwaltungsmitgliedern zu verlangen.

b) Das Stimmverhalten der Aktionäre auf der Hauptversammlung

Fraglich ist, ob diejenigen Aktionäre, die bereits an der Hauptversammlung teilgenommen haben, in welcher über die genehmigte Kapitalerhöhung unter Ausschluss des Bezugsrechts entschieden wurde, auch gegen den Ermächtigungsbeschluss gestimmt oder zumindest Widerspruch zur Niederschrift erklärt haben müssen (vgl. § 245 Nr. 1 AktG), um später für eine etwaige Klage aktiv-

---

[967] Vgl. auch *Brondics*, Die Aktionärsklage, S. 161.

legitimiert zu sein. Man könnte der Auffassung sein, dass diejenigen Aktionäre, die bei der Beschlussfassung über die Ermächtigung zum Bezugsrechtsausschluss für diese gestimmt haben, keine Bedrohung bzw. Verletzung des Bezugsrechts geltend machen können, da sie grundsätzlich kein Interesse an dem Bezug neuer Aktien haben[968]. Es könne nicht angehen, dass sich Aktionäre auf die Bedrohung eines Rechts berufen, auf welches sie zuvor ausdrücklich verzichtet haben[969].

Dieser Standpunkt übersieht jedoch, dass die Aktionäre, die für eine Ermächtigung zum Bezugsrechtsausschluss gestimmt haben, damit nur ihr Einverständnis mit einem rechtmäßigen Bezugsrechtsausschluss zeigen. Die Aktionäre verzichten dadurch nicht auch für den Fall rechtswidriger Ausnutzung der Ermächtigung durch den Vorstand auf ihr Bezugsrecht. Sie können daher weiterhin eine Bedrohung bzw. Verletzung ihres Bezugsrechts geltend machen.

Zum Zeitpunkt des Ermächtigungsbeschlusses ist im übrigen regelmäßig noch nicht absehbar, ob das Bezugsrecht rechtmäßig ausgeschlossen wird oder nicht. Denn die Ermächtigung der Hauptversammlung, die ihre Entscheidung hinsichtlich des Bezugsrechtsausschlusses anhand der häufig abstrakt gehaltenen Angaben des Vorstandsberichts treffen wird, genügt in der Regel den Anforderungen für einen Ausschluss des Bezugsrechts und lediglich die spätere Vorgehensweise der Verwaltung auf der Grundlage dieser Ermächtigung ist nicht rechtmäßig. Wird die Ermächtigung als solche den Interessen der Aktionäre gerecht, so kann dennoch die Ausübung derselben geeignet sein, den Belangen des Gesellschafterschutzes zu widersprechen. Dies ist etwa der Fall, wenn der Ermächtigungsbeschluss auf einer Fehlinformation beruht oder wenn sich die äußeren Umstände, die der Beschlussfassung zugrunde lagen, nachträglich verändern. Schutzbetroffen sind dann nicht nur die Aktionäre, die gegen die Ermächtigung gestimmt haben, sondern auch die den Ermächtigungsbeschluss tragenden Mehrheitsgesellschafter. Gegen späteres rechtswidriges Verwaltungshandeln kann damit jeder vom Bezugsrecht ausgeschlossene Aktionär – unabhängig seines Stimmverhaltens in der Hauptversammlung - vorgehen.

---

[968] Vgl. dazu zunächst *Korthals*, Kapitalerhöhung zu höchsten Kursen, S. 129 f, wonach diejenigen Aktionäre, die für den Bezugsrechtsausschluss gestimmt haben, bei Vornahme eines vereinfachten Bezugsrechtsausschlusses nach § 186 III 4 AktG nicht die tatsächliche Möglichkeit zum Kauf von Aktien über die Börse haben müssen. So auch die Begründung des Gesetzesentwurfs zu § 186 III 4 AktG (BT-Drucks. 12/6721, S. 10). Es erscheint allerdings zweifelhaft, ob daraus auch ein Entzug der Klagebefugnis gegen die rechtswidrige Ausnutzung der Ermächtigung zum Bezugsrechtsausschluss abgeleitet werden kann.

[969] So wohl *Martens* ZIP 1992, 1677, 1688 ff.

c) Anzeige der bevorstehenden klageweisen Geltendmachung von Abwehr- bzw. Ersatzansprüchen?

Der Aktionär könnte aufgrund seiner mitgliedschaftlichen Treuepflichten verpflichtet sein, der Gesellschaft bzw. den Verwaltungsmitgliedern Gelegenheit zur Abhilfe zu geben, bevor er seinen Abwehr- bzw. Ersatzanspruch klageweise geltend macht[970].
Die Annahme einer solchen Verpflichtung hätte den Vorteil, das Ansehen der AG in der Öffentlichkeit nicht zwangsläufig durch einen Prozess vor Gericht zu beeinträchtigen, sondern vielmehr im Wege interner Verhandlungen die Streitigkeiten mit den übergangenen Aktionären zu bereinigen. Dem Aktionär ist es allerdings nicht zumutbar, ihn mit der strikten Pflicht zur Anzeige der bevorstehenden klageweisen Geltendmachung des Abwehr- bzw. Ersatzanspruchs zu belasten. Insbesondere die präventive gerichtliche Kontrolle könnte zu spät kommen, indem die Verwaltung die Eintragung der Durchführung der Kapitalerhöhung mit Bezugsrechtsausschluss im Handelsregister erreicht[971]. Da die Aktionäre aber auch ein Interesse daran haben, dass durch einen öffentlichen Prozess nicht der Börsenkurs und damit der „shareholder value" negativ beeinflusst wird und etwaige Prozesskosten ohnehin abschreckend wirken, werden sie in der Regel vor Einreichung einer Klage ohnehin mit der Gesellschaft in Verhandlungen treten. Eine Verpflichtung der Aktionäre, der Gesellschaft bzw. den Verwaltungsmitgliedern Gelegenheit zur Abhilfe zu geben, bevor sie ihre Abwehr- bzw. Ersatzansprüche klageweise geltend machen, besteht dagegen nicht.

2. Die Passivlegitimation

a) Die Problematik

Die innere Struktur der AG als juristische Person bereitet bei der Bestimmung der Adressaten der von den Aktionären klageweise geltend gemachten Abwehr-

---

[970] So für Ansprüche aufgrund des mitgliedschaftlichen Rechtsverhältnisses: *Zöllner* ZGR 1988, 392, 432; *Binge*, Gesellschafterklagen, S. 151 ff.; *Habersack*, Die Mitgliedschaft, subjektives und „sonstiges" Recht, S. 362 speziell für den Fall der Schadensersatzklage. Wie der nach § 245 Nr. 1 AktG zur Begründung der Anfechtungsbefugnis erforderliche Widerspruch gegen den Hauptversammlungsbeschluss müsse auch die Anzeige der klageweisen Geltendmachung des Abwehr- bzw. Erstattungsanspruchs unverzüglich erfolgen. *Flume*, Allgemeiner Teil des Bürgerlichen Rechts, Die juristische Person, S. 311 f. geht insoweit von zwei Fristen aus: einmal für die Geltendmachung des Anspruchs gegenüber der Gesellschaft und sodann für die Klageerhebung, soweit die Gesellschaft die beanstandete Maßnahme nicht rückgängig macht. Für beide Fälle sei die Monatsfrist maßgebend. Dieser Ansicht steht aber offensichtlich die Flexibilität der Vorstandstätigkeit entgegen.

[971] Zur Maßgeblichkeit des Eintragungszeitpunktes im Handelsregister für die präventive bzw. nachträgliche gerichtliche Kontrolle, siehe im 3. Teil, § 2 D I.

bzw. Ersatzansprüchen Probleme. Allein ein Blick in die Literatur bestätigt diesen Eindruck. Alle denkbaren Möglichkeiten, wie die der Mehrheitsgesellschafter, der Verwaltungsmitglieder, der Verwaltungsorgane oder der Gesellschaft als Anspruchsgegner werden diskutiert und vertreten[972].
Da es bei den hier zugrundegelegten Streitigkeiten um die Rechtmäßigkeit des geplanten Verwaltungshandelns bei Ausnutzung der Ermächtigung zur bezugsrechtsfreien Kapitalerhöhung entscheidend darauf ankommt, auf welcher (Anspruchs)Grundlage der Abwehr- bzw. Ersatzanspruch des übergangenen Aktionärs beruht, bedarf es zunächst einer eingehenden Erörterung der rechtlichen Grundlagen der Aktionärsklage[973].

b) Die rechtlichen Grundlagen der Aktionärsklage und die Anspruchsgegner

aa) Die Mitgliedschaft als Grundlage der autonomen Klagebefugnis

Teile der Literatur beschreiben die Mitgliedschaft, die Grundlage der autonomen Klagebefugnis des Aktionärs ist, zunächst als ein Rechtsverhältnis, aus dem sich subjektive Rechte und Pflichten der Mitglieder der Gesellschaft ergeben[974]. Zudem wird die Mitgliedschaft als subjektives Recht qualifiziert[975], das als solches Gegenstand deliktsrechtlichen Schutzes sein kann[976]. Heute ist es weitgehend anerkannt, dass das Mitgliedschaftsrecht des Aktionärs als „sonstiges Recht" i.S.v. § 823 I BGB deliktsrechtlich gegen Eingriffe geschützt ist[977].
Es handelt sich demzufolge um verschiedene - gegebenenfalls konkurrierende - Anspruchsgrundlagen, wenn die Mitgliedschaft selbst Verletzungsgegenstand ist und/oder aus dem Mitgliedschaftsverhältnis die Anspruchsgrundlage folgt[978].

---

[972] Vgl. dazu eingehend *Brondics*, Die Aktionärsklage, S. 97 ff. m.w.N.
[973] Siehe auch dazu umfassend *Brondics*, Die Aktionärsklage, S. 79 ff.
[974] Vgl. *Hadding*, in: Soergel, BGB Kommentar, § 38, Rdn. 3a.
[975] Vgl. *Lutter* AcP 1980, 84, 101 f.
[976] Siehe dazu *K. Schmidt*, Gesellschaftsrecht, S. 549.
[977] Vgl. dazu die „Schärenkreuzer"-Entscheidung (BGHZ 110, 323, 327 f., 334 f. = NJW 1990, 2877 = ZIP 1990, 1067 = JZ 1991, 192 = EwiR § 31 BGB 2.90, 745 (*Hadding*) = WuB II L. § 31 BGB 1.91 (*Beuthien*)); Anm. *K. Schmidt* JZ 1991, 157 ff. Eingehend *Habersack*, Die Mitgliedschaft, subjektives und „sonstiges" Recht, passim. Siehe im Sinne des BGH auch *Mertens*, in: Festschrift Fischer, S. 461, 468 f.; *ders.*, in: Münchener, BGB Kommentar, § 823, Rdn. 124, 152; *Thomas*, in: Palandt, BGB Kommentar, § 823, Rdn. 27 m.w.N. Kritisch zum delitischen Schutz des Mitgliedschaftsrechts im Verbandsinnenverhältnis dagegen *Hadding*, in: Festschrift Kellermann, S. 91, 102 ff.; *Reuter*, in: Festschrift Lange, S. 707, 721 ff.; *Schulz/Gardyan*, Die sog. Aktionärsklage, S. 69 f.; *Zöllner* ZGR 1988, 392, 430. *Helms*, Schadensersatzansprüche wegen Beeinträchtigung der Vereinsmitgliedschaft, S. 56 ff. lehnt bereits die Anerkennung der Mitgliedschaft als sonstiges Recht i.S.d. § 823 I BGB ab.
[978] Vgl. *K. Schmidt*, Gesellschaftsrecht, S. 549, 654 mit Verweis auf BGHZ 90, 92, 95; 110, 323, 327 f.; *ders.* JZ 1991, 157 ff.

Die Klage des Aktionärs aus eigenem Recht lässt sich damit zum einen auf das mitgliedschaftliche Rechtsverhältnis zur Gesellschaft zurückführen *(sog. verbandsrechtlicher Ansatz)* und zum anderen kann sie sich auf das subjektive Recht der Mitgliedschaft als „sonstiges" Recht i.S.d. § 823 I BGB stützen *(sog. deliktsrechtlicher Ansatz)*[979].

bb) Der verbandsrechtliche Ansatz: die Gesellschaft als Anspruchsgegnerin

Der Aktionär muss seine Klage gegen die Gesellschaft richten, wenn er seinen Abwehranspruch gegen die rechtswidrige Ausnutzung der Ermächtigung auf die Beeinträchtigung seines mitgliedschaftlichen Rechtsverhältnisses zur Gesellschaft stützt[980].

Der BGH hat diesen verbandsrechtlichen Ansatz in der „Holzmüller"-Entscheidung[981] zugrundegelegt: „Wie jeder Aktionär hat der Kläger einen verbandsrechtlichen Anspruch darauf, dass die Gesellschaft seine Mitgliedsrechte achtet und alles unterlässt, was sie über das durch Gesetz und Satzung gedeckte Maß hinaus beeinträchtigt."

Von dem verbandsrechtlichen Ansatz der Abwehrklage, wie ihn der BGH mit Verweis auf das „Holzmüller"-Urteil wohl auch in der „Siemens/Nold"-Entscheidung[982] angenommen hat, führt schon materiell-rechtlich kein Weg zu Abwehransprüchen der Aktionäre unmittelbar gegen die Mitglieder der Verwaltung bzw. die Verwaltungsorgane insgesamt, da es an unmittelbaren Rechtsbeziehungen zu diesen mangelt[983].

---

[979] Siehe *Habersack* DStR 1998, 533, 534.

[980] Allgemein für die Passivlegitimation der Gesellschaft: vgl. etwa Anm. *Großfeld* JZ 1981, 234, 236; *Rehbinder* ZGR 1983, 92, 106; *Keuk-Knobbe*, in: Festschrift Ballerstedt, S. 239, 252 f.; *Brondics*, Die Aktionärsklage, S. 97 f., 103. Überwiegend wird dabei zu Recht auf die Vergleichbarkeit mit der Anfechtungsklage hingewiesen. Nach § 246 II 1 AktG richtet sich die Klage gegen die Gesellschaft. Die Gesellschaft muss sich Verwaltungsmaßnahmen ebenso zurechnen lassen wie Entscheidungen der Hauptversammlung. Vgl. auch *Lutter*, in: Kölner Kommentar zum AktG, § 186, Rdn. 41 und *Hüffer*, AktG, § 186, Rdn. 17.

[981] BGHZ 83, 122, 133 f.

[982] BGHZ 136, 133, 141.

[983] Nach Ansicht des OLG Hamburg JZ 1981, 231, 232 und des LG Darmstadt AG 1987, 218, 219 ist dagegen das seine Kompetenzen überschreitende Organ in Anspruch zu nehmen; so auch *Hommelhoff*, Die Konzernleitungspflicht, S. 469 (Fußn. 41), der seine Auffassung materiell-rechtlich allerdings nicht begründet. Vgl. zudem *Lutter* AcP 1980, 84, 142 und wohl auch *Sünner* AG 1983, 169, 170 f. Ebenso die Annahme mitgliedschaftlicher oder organschaftlicher Beziehungen zwischen Organmitglied und Gesellschafter im Sinne *Raisers* ZHR 153 (1989), 1, 12 f. kann insoweit nicht überzeugen. Kritisch dazu auch *Schulz/Gardyan*, Die sogenannte Aktionärsklage, S. 27 f., 38 ff.; ablehnend betreffend den eingetragenen Verein BGHZ 110, 323, 334. *Habersack*, Die Mitgliedschaft, subjektives und „sonstiges" Recht, S. 205 ff. m.w.N. lehnt darüber hinaus konsequenterweise den Rückriff auf das Institut des

Einzelne Vertreter des verbandsrechtlichen Ansatzes nehmen jedoch die Passivlegitimation der Verwaltungsmitglieder an und stützen sich dabei auf die Regelung des § 147 AktG sowie auf die Vorschrift des § 407 AktG, nach der sich das Zwangsgeldverfahren nur gegen die einzelnen Vorstandsmitglieder richtet[984]. Da eine unmittelbare mitgliedschaftliche Rechtsbeziehung aber nur zwischen dem Aktionär und der Gesellschaft besteht, kann dem Aktionär kein verbandsrechtlicher Anspruch gegenüber jedem Verwaltungsmitglied auf Achtung seiner Mitgliedschaft zustehen. Die Mitglieder der Verwaltung können daher, abgesehen von den besonderen Voraussetzungen der aktienrechtlichen Haftungsregelung des § 117 I 2 AktG[985], nur unter dem Gesichtspunkt der unerlaubten Handlung haften[986].

Gegen die Passivlegitimation der Verwaltungsorgane spricht, dass sie nicht aus eigenem Recht rechtsfähig sind. Es ergeben sich damit Probleme unter dem Gesichtspunkt der Parteifähigkeit und der Vermögensfähigkeit als etwaige Kostenschuldner im Prozess. Sowohl gem. § 90 AktG als auch nach § 245 Nr. 4 AktG ist zwar der Vorstand aus eigenem Recht berechtigt bzw. verpflichtet, dies allerdings nur kraft Sondervorschrift. Durch diese Konstruktion wird allein vermieden, dass die Gesellschaft sowohl auf Gläubiger- als auch auf Schuldnerseite erscheint. Diese Regelungen können mithin keine allgemeine Geltung beanspruchen, da Organstreitigkeiten im AktG die Ausnahmen bilden. Gegen die Passivlegitimation der Verwaltungsorgane lässt sich weiterhin die Regelung des § 147 AktG anführen, da sich die Ersatzansprüche der Gesellschaft insoweit eindeutig nicht gegen das entsprechende Organ, sondern nur gegen die Organmitglieder und andere außenstehende Ersatzpflichtige, also gegen natürliche Personen richten[987].

cc) Der deliktsrechtliche Ansatz:

(1) Die Gesellschaft und die Verwaltungsmitglieder als Anspruchsgegner

Soweit der Aktionär seine Klage gegen die rechtswidrige Ausnutzung der Ermächtigung auf die Beeinträchtigung des subjektiven Rechts der Mitgliedschaft, also auf den deliktsrechtlichen Ansatz stützt und der deliktische Schutz der

Schuldverhältnisses (hier der zwischen der Gesellschaft und den Vorstandsmitgliedern bestehende Anstellungsvertrag) mit Schutzwirkung für Dritte ab; näher dazu unten im 3. Teil, § 2 C III 2 d), Fußn. 1050.

[984] Vgl. etwa *Raiser* ZHR 153 (1989), 1, 12 f.

[985] Näher dazu unten, 3. Teil, § 2 E V 1.

[986] Vgl. BGHZ 83, 122, 134 mit ausdrücklichem Verweis auf *Mertens* AG 1978, 309 ff. und *ders.*, in: Festschrift Fischer, S. 461, 470; näher dazu im folgenden Abschnitt unter cc).

[987] Vgl. dazu auch *Brondics*, Die Aktionärsklage, S. 98 f., 163 f. m.w.N.

Mitgliedschaft auch in dem Verbandsinnenverhältnis Anwendung findet[988], kann der Aktionär nicht nur die Gesellschaft über § 31 BGB (analog)[989], sondern zugleich auch die verantwortlichen Verwaltungsmitglieder in Anspruch nehmen[990].
Wie noch zu zeigen sein wird[991], setzt die Inanspruchnahme der Gesellschaft wegen pflichtwidrigen Handelns ihrer Organe im Fall von auf Geld gerichteten Schadensersatzansprüchen des Aktionärs, gleich aus welchem Rechtsgrund[992], die Vereinbarkeit mit den Kapitalerhaltungsgrundsätzen (vgl. § 57 I 1, III AktG) voraus[993]. Bereits vor diesem Hintergrund besteht ein Bedürfnis nach einer unmittelbaren Haftung der Verwaltungsmitglieder gegenüber den Aktionären[994]. Die Gesellschaft würde zwar bei einer Abwicklung des Schadensersatzes zwischen den Mitgliedern der Verwaltung und den Aktionären keinen Ausgleich eines etwaigen Gesellschaftsschadens erlangen. Sie würde aber auch weder mit dem Beitreibungs- noch mit dem Insolvenzrisiko belastet[995].

Einzelne Stimmen in der Literatur weisen auf die Gefahr hin, den Aktionär bei Annahme der Passivlegitimation der einzelnen Organmitglieder mit seinem Abwehr- bzw. Erstattungsanspruch ins Leere laufen zu lassen. Einerseits könnten sich die in Anspruch genommenen Organmitglieder nur schwerlich in ihren Organen durchsetzen und andererseits sei nicht gewährleistet, dass sie noch im

---

988 Vgl. zu dieser Problematik eingehend unten im 3. Teil, § 2 C III 2 b) dd).

989 Siehe zum Anwendungsbereich des § 31 BGB näher unten im 3. Teil, § 2 C III 2 c).

990 *Habersack* DStR 1998, 533, 534, 537; *ders.*, Die Mitgliedschaft, subjektives und „sonstiges" Recht, S. 268 f.; *Zöllner* ZGR 1988, 392, 432, 433 (Fußn. 138); allgemein zu dieser Differenzierung *Brondics*, Die Aktionärsklage, S. 97 ff. m.w.N., der im Ergebnis aber den deliktsrechtlichen Ansatz und mithin die Passivlegitimation der einzelnen Organmitglieder ablehnt; *Baums*, Der Geschäftsleitervertrag, S. 242 erwägt insoweit bei gesamtschuldnerischer Haftung von Gesellschaft und Verwaltungsmitgliedern, dass der geschädigte Aktionär gehalten sein könne, zunächst die verantwortlichen Mitglieder der Verwaltung als die im Verhältnis zur Gesellschaft zum Ausgleich ansich verpflichteten Schuldner in Anspruch zu nehmen.

991 Vgl. dazu unten, 3. Teil, § 2 C III 2 d).

992 So der zutreffende Hinweis von *Reuter*, in: Festschrift Lange, S. 707, 722 f.; ebenso wohl *Baums*, Der Geschäftsleitervertrag, S. 235; dagegen scheinen sich die Bedenken von *Mertens*, in: Festschrift Fischer, S. 461, 470 allein gegen eine deliktische Haftung der Gesellschaft zu richten.

993 Vgl. zu dieser Problematik eingehend *Baums*, Der Geschäftsleitervertrag, S. 234 ff.; *Habersack*, Die Mitgliedschaft, subjektives und „sonstiges" Recht, S. 209 ff. und insbesondere *Hirte*, Bezugsrechtsausschluß und Konzernbildung, S. 241 ff. für einen Eingriff in das Bezugsrecht des Aktionärs. Vgl. dazu auch die Ausführungen zur Anwendbarkeit des § 31 BGB im Rahmen des deliktsrechtlichen gesellschaftsinternen Schutzes im 3. Teil, unter § 2 C III 2 c).

994 Bei einer möglichen unmittelbaren Inanspruchnahme der Verwaltungsmitglieder, stellt sich dann die im 3. Teil, unter § 2 C III 2 d) noch näher zu erörternde Frage der Freistellung.

995 Vgl. zu diesen Problemen eines Innenregresses noch näher unten, 3. Teil, § 2 C III 2 c) cc).

Amt sein[996]. Diese Bedenken überzeugen jedoch nicht. Da die Mehrheit der Vorstands- und Aufsichtsratsmitglieder die Ausnutzung der Ermächtigung zum Bezugsrechtsausschluss beschlossen haben muss und dadurch die Mehrheit der Verwaltungsmitglieder von dem Aktionär in Anspruch genommen werden kann, können sich die Verwaltungsmitglieder auch in ihren Organen durchsetzen, um dem Begehren des klagenden Aktionärs zu entsprechen. Die beliebige und schnelle Austauschbarkeit der handelnden Organmitglieder ist zudem in der Praxis eher selten, so dass regelmäßig die Verwaltung in ihrer jeweils gegenwärtigen Besetzung entsprechend dem geltend gemachten Abwehranspruch des Aktionärs handeln kann[997].

(2) „Sonstige" Gesellschafter und außenstehende Dritte als Anspruchsgegner

Vorausgesetzt man erkennt den deliktsrechtlichen Ansatz im Fall der Aktionärsklage gegen die rechtswidrige Ausnutzung der Ermächtigung an, können neben den Mitgliedern der Verwaltungsorgane auch „sonstige" Gesellschafter in Anspruch genommen werden, die auf die Durchführung der Kapitalerhöhung mit unzulässigem Bezugsrechtsausschluss hinwirken bzw. hingewirkt haben. Denn die Ansprüche aus § 823 I BGB (i.V.m. § 1004 BGB (analog)) richten sich gegen jedermann, der durch die Vornahme von Vollzugshandlungen das Recht auf Bezug neuer Aktien bzw. das Mitgliedschaftsrecht bedroht oder verletzt[998].

---

[996] So etwa *Brondics*, Die Aktionärsklage, S. 100.

[997] Probleme ergeben sich insoweit nur für die Fälle, in denen die übergangenen Aktionäre ausnahmsweise die Verwaltungsmitglieder auf Ersatz ihres mittelbaren Vermögensschadens infolge Wertverwässerung der Altaktien verklagen können. Die individualrechtliche Aktivlegitimation der Gesellschafter gilt hier nur für die Fälle des Haftungsverzichts der Gesellschaft gem. § 93 IV 3 AktG (dreijährige Sperrfrist) und der Verjährung der Schadensersatzansprüche gem. § 93 VI und/oder gem. § 117 VI AktG (fünfjährige Sperrfrist), so dass die Gefahr besteht, dass die für den rechtswidrigen Bezugsrechtsausschluss verantwortlichen Organmitglieder nicht mehr im Amt sind (eingehend dazu unten, 3. Teil, § 2 F IV 4 d) dd)).

[998] *Habersack*, Die Mitgliedschaft, subjektives und „sonstiges" Recht, S. 297. Allgemein zur möglichen Passivlegitimation von Mehrheitsgesellschaftern: siehe etwa *Flume*, Allgemeiner Teil des Bürgerlichen Rechts, Die juristische Person, S. 311; *Hirte*, Bezugsrechtsausschluß und Konzernbildung, S. 241 ff. nimmt insoweit sogar einen verschuldensunabhängigen „Ausgleichsanspruch" gegen den verantwortlichen Mehrheitsaktionär an. Zur Begründung verweist er insbesondere auf die frühere Vorschrift des § 281 I BGB. Dieser Hinweis geht jedoch fehl, da die Regelung des § 281 I BGB nicht die Voraussetzungen des Ersatzanspruchs regelte, sondern einen bereits entstandenen Anspruch und damit Verschulden (vgl. §§ 280 I i.V.m. 283BGB) voraussetzt (so auch *Mülbert*, Aktiengesellschaft, Unternehmensgruppe und Kapitalmarkt, S. 326 (Fußn. 745); *Martens*, in: Festschrift Steindorff, S. 151, 164 (Fußn. 28) und *Habersack*, Die Mitgliedschaft, subjektives und „sonstiges" Recht, S. 269 (Fußn. 52)).

Die mögliche deliktische Haftung der Mehrheitsgesellschafter wäre schon deswegen mit keinen nennenswerten praktischen Konsequenzen verbunden, weil ein deliktisch relevanter Eingriff in die Mitgliedschaft regelmäßig zugleich eine ausnahmsweise zum Schadensersatz verpflichtende Verletzung der zwischen den Aktionären untereinander bestehenden Treuepflicht begründet. Der BGH hat diese Verantwortung für das GmbH-Recht in der „ITT"-Entscheidung vorgezeichnet und in dem „Linotype"-Urteil vervollständigt[999]. Dieser Ansatz der mitgliedschaftlichen Treuepflicht versagt allerdings in denjenigen Fällen, in denen die Verwaltungsmitglieder eigenmächtig, also ohne dazu von einem „sonstigen" Gesellschafter veranlasst zu sein, die Kapitalerhöhung mit unzulässigem Bezugsrechtsausschluss durchführen[1000].

Ferner ist ein Vorgehen gegen außenstehende Dritte, etwa gegen die bei der Durchführung der Kapitalmaßnahme eingeschalteten Kreditinstitute und die Erwerber der neuen Aktien, die einen Vorteil aus der Bezugsrechts- bzw. Mitgliedschaftsverletzung gezogen haben, wegen ihrer Beteiligung an der bezugsrechtsfreien Kapitalerhöhung denkbar[1001].

dd) Das Nebeneinander von verbandsrechtlichem und deliktsrechtlichem Ansatz

Anwendbarkeit des allgemeinen Haftungsrechts bei gesellschaftsinternen Maßnahmen?

Nach der Rechtsprechung[1002] und Literatur[1003] ist das Mitgliedschaftsrecht deliktsrechtlich gegen Eingriffe von außen geschützt. Es fragt sich, ob der Aktionär wegen Bedrohung oder Verletzung seines Bezugs- bzw. Mitgliedschaftsrechts auch bei gesellschaftsinternen Maßnahmen - wie der Ausnutzung der Ermächtigung zur Kapitalerhöhung mit Bezugsrechtsausschluss durch den Vorstand - nach § 823 I BGB (i.V.m. § 1004 BGB (analog)) vorgehen kann.

---

[999] Vgl. hierzu BGHZ 65, 15; 103, 184, 194; 129, 136, 143 ff.; siehe auch die Anm. v. *Timm* JR 1988, 505; *Raiser* ZHR 153 (1989), 1, 9 ff., 20 ff.; *Habersack*, Die Mitgliedschaft, subjektives und „sonstiges" Recht, S. 201. Nach *Brondics*, Die Aktionärsklage, S. 111 f. habe der betroffene Aktionär nur in Ausnahmefällen einen Anspruch gegen die Gesellschaft auf Durchsetzung treugemäßen Verhaltens anderer Aktionäre.

[1000] So wohl auch *Habersack*, Die Mitgliedschaft, subjektives und „sonstiges" Recht, S. 330.

[1001] *Wiedemann*, in: Großkommentar zum AktG, § 186, Rdn. 103 stellt insoweit auf § 826 BGB (bei vorsätzlicher Schädigung) ab; *Lutter*, in: Kölner Kommentar, § 186, Rdn. 41 spricht zudem von einer Treupflichtverletzung, wenn es sich beim Erwerber um einen Aktionär handelt. Näher zum Haftungsrisiko gesellschaftsfremder Dritter unten, 3. Teil, § 2 E V 2 b).

[1002] RGZ 100, 274, 278 f.; 158, 248, 255.

[1003] *Brondics*, Die Aktionärsklage, S. 83 m.w.N.; *Mertens*, in: Kölner Kommentar zum AktG, § 93, Rn. 173; *Mertens*, in: Münchener, BGB Kommentar, § 823, Rdn. 124, 152.

(1) Meinungsstand

Einige Stimmen in der Literatur lehnen eine Anwendung von § 823 I BGB auf die zwischen dem Aktionär und der Gesellschaft bestehende Sonderrechtsbeziehung ab, da dieses Verhältnis durch gesellschaftsrechtsspezifische Normen geprägt sei und mithin auch nur auf der Grundlage dieser Normen fortgebildet werden könne[1004]. Eine Aktionärsklage aus § 823 I BGB könne danach das „organisationsrechtliche Gefüge" der Gesellschaft stören und sei daher unpassend.

Der deliktsrechtliche Ansatz wurde insbesondere von *Mertens*[1005] entwickelt und in mehreren Beiträgen erörtert. Danach dürfe der Schutz des einzelnen Gesellschafters, der sich aus dem allgemeinen Deliktsrecht ergibt, auch innerhalb der Gesellschaft nicht eingeschränkt werden[1006]. Ein gesellschaftsinterner Schutz der Mitgliedschaft nach § 823 I BGB stehe durchaus mit allgemeinen gesellschaftsrechtlichen Grundsätzen im Einklang, so dass das allgemeine Haftungsrecht auch auf gesellschaftsinterne Maßnahmen, wie der Ausnutzung der Ermächtigung zur bezugsrechtsfreien Kapitalerhöhung durch den Vorstand, angewendet werden könne[1007].

(2) Stellungnahme

Störungen der Kompetenzordnung der Gesellschaft infolge der Anwendung deliktsrechtlicher Vorschriften gem. §§ 823 I, 1004 BGB bei (drohender) rechtswidriger Ausnutzung der Ermächtigung sind nicht zu erwarten[1008]. Denn eng umgrenzte Einzelklagebefugnisse, wie die Befugnis des vom Bezugsrecht ausgeschlossenen Gesellschafters wegen Bedrohung bzw. Verletzung seines Bezugs- bzw. Mitgliedschaftsrechts auf Unterlassung der Durchführung der bezugsrechtsfreien Kapitalerhöhung, Beseitigung der Beeinträchtigung bzw. Schadensersatz gem. § 823 I BGB (i.V.m. § 1004 BGB (analog)) zu klagen, können das „organisationsrechtliche Gefüge" der Gesellschaft nicht wesentlich

---

[1004] *Brondics*, Die Aktionärsklage, S. 87 ff.; *Martens*, in: Festschrift Steindorff, S. 151, 168. f.; *Hadding*, in: Festschrift Kellermann, S. 91, 102 ff.; *Reuter*, in: Festschrift Lange, S. 707, 721 ff.; *Zöllner* ZGR 1988, 392, 430; *Wiesner*, in: Münchener Handbuch, Aktiengesellschaft, § 26, Rdn. 29; vgl. auch *Hübner*, Managerhaftung, S. 20.

[1005] *Mertens* AcP 1978, 227, 242 ff.; *ders.* AG 1978, 309, 310; *ders.*, in: Festschrift Fischer, 461, 470; *ders.*, in: Kölner Kommentar zum AktG, § 93, Rdn. 172 ff., 191 f.; vgl. dazu auch *Schulz/Gardyan*, Die sogenannte Aktionärsklage, S. 56 f.

[1006] Zustimmend *Hefermehl/Bungeroth*, in: Geßler/Hefermehl/Eckardt/Kropff, Kommentar zum AktG, § 93, Rdn. 94.

[1007] So im Ergebnis auch *Habersack*, Die Mitgliedschaft, subjektives und „sonstiges" Recht, S. 171 ff., 223.

[1008] Zutreffend *Habersack*, Die Mitgliedschaft, subjektives und „sonstiges" Recht, S. 223 f.

beeinträchtigen[1009]. Zudem beanspruchen auch andere Vorschriften deliktsrechtlicher Natur im Innenverhältnis der Gesellschaft Geltung[1010]. Die Haftungsregelung des § 117 AktG stellt zwar eine aktienrechtliche Sondervorschrift dar, doch nach Entstehungsgeschichte und Textfassung handelt es sich hierbei um einen besonderen Tatbestand des Deliktsrechts[1011], der verbandsintern Anwendung findet. Die gesellschaftsrechtlichen Regelungen können und sollen das Deliktsrecht nicht schlechthin verdrängen, sondern vielmehr ergänzen[1012].

Der II. Zivilsenat des BGH hat in der „Schärenkreuzer"-Entscheidung[1013] eine eindeutige Position zu dieser Haftungsproblematik bezogen. Im Anschluss an die Qualifizierung der Vereinsmitgliedschaft als „sonstiges Recht" hat er ausgeführt, dass die Sonderbeziehung, die zwischen Verein und Mitglied auf Grund des Mitgliedschaftsverhältnisses besteht, die „Anwendung der allgemeinen, außerhalb spezieller Rechtsverhältnisse geltenden Normen" zwar überlagere und „auch auf die Beurteilung deliktsrechtlicher Tatbestände wie § 823 I BGB oder § 826 BGB durchschlagen" könne. Das Recht der Sonderbeziehungen habe aber gleichwohl keine verdrängende Wirkung, so „dass das Recht der unerlaubten Handlungen bei Verletzung deliktsrechtlich geschützter Positionen auch im Rahmen besonderer Schuldverhältnisse zur Anwendung kommt". Wenn im konkreten Fall neben der zu vertretenden Verletzung einer Pflicht aus der „Sonderbeziehung" auch der Tatbestand einer unerlaubten Handlung gegeben ist, liegt mithin Anspruchskonkurrenz vor.
Ebenso hat der BGH bereits im „Holzmüller"-Urteil[1014] auf den deliktsrechtlichen Ansatz von *Mertens* verwiesen.

Ein gesellschaftsinterner Schutz der Mitgliedschaft gem. § 823 I BGB steht mit allgemeinen gesellschaftsrechtlichen Grundsätzen durchaus im Einklang, so dass das allgemeine Haftungsrecht auch auf gesellschaftsinterne Maßnahmen, wie der Ausnutzung der Ermächtigung zur bezugsrechtsfreien Kapitalerhöhung durch den Vorstand, angewendet werden kann[1015]. Andernfalls bliebe die Einbeziehung der Mitgliedschaft in den Kreis der „sonstigen" Rechte weitgehend

[1009] *Mertens*, in: Münchener, BGB Kommentar, § 823, Rdn. 152, Fußn. 317.
[1010] Darauf verweist insbesondere auch *Habersack*, Die Mitgliedschaft, subjektives und „sonstiges" Recht, S. 223 f.
[1011] BGH NJW 1992, 3167, 3172; *Hüffer*, AktG, § 117, Rdn. 2; *Mertens*, in: Kölner Kommentar zum AktG, § 117, Rdn. 9.
[1012] Ebenso *Hadding*, in: Festschrift Kellermann, S. 91, 106 räumt insoweit Anspruchskonkurrenz ein.
[1013] BGHZ 110, 323, 328 ff.
[1014] BGHZ 83, 122, 134 unter Hinweis auf *Mertens* AG 1978, 309 ff.; *ders.*, in: Festschrift Fischer, S. 460, 470. Kritisch insoweit *Martens*, in: Festschrift Steindorff, S. 151, 169 f.
[1015] So im Ergebnis auch *Habersack*, Die Mitgliedschaft, subjektives und „sonstiges" Recht, S. 171 ff., 223.

folgenlos, da von außenstehenden Dritten ausgehende Eingriffe in die Mitgliedschaft nur von geringer praktischer Bedeutung sind[1016].

c) Die Haftung der Gesellschaft

aa) Der Anwendungsbereich des § 31 BGB

(1) Die „Schärenkreuzer"-Entscheidung

Für das Vereinsrecht hat der BGH in der „Schärenkreuzer"-Entscheidung[1017] das Mitgliedschaftsrecht des einzelnen Vereinsmitglieds, und zwar „in seinem Kern", sowohl im Verhältnis zum Verein - über § 31 BGB - als auch grundsätzlich gegenüber den Organpersonen als „sonstiges Recht" i.S.d. § 823 I BGB qualifiziert[1018].
Die vom Bezugsrecht ausgeschlossenen Aktionäre könnten demnach also unproblematisch sowohl die pflichtwidrig handelnden Verwaltungsmitglieder als auch die Gesellschaft selbst gem. § 823 I BGB auf Schadensersatz in Anspruch nehmen. In letzterem Fall würde das pflichtwidrige Verhalten der Verwaltungsmitglieder über § 31 BGB (analog) der Gesellschaft zugerechnet.
Die Frage nach dem Anwendungsbereich des § 31 BGB[1019], die keineswegs spezifisch deliktsrechtlicher Natur ist, sondern sich vielmehr auch auf den verbandsrechtlichen Ansatz erstreckt, gestaltet sich allerdings wesentlich komplizierter, als die Ausführungen des BGH vermuten lassen.

(2) Meinungsstand

Obwohl ein Teil der Literatur einen gesellschaftsinternen Schutz der Mitgliedschaft gem. § 823 I BGB befürwortet, wird vereinzelt die Ansicht vertreten, der deliktische Eingriff seitens der Verwaltungsmitglieder in das Mitgliedschaftsrecht eines Aktionärs dürfe nicht über § 31 BGB der Gesellschaft zugerechnet werden[1020]. Der Anwendungsbereich des § 31 BGB sei durch spezifisch gesellschaftsrechtliche Gesichtspunkte begrenzt. Soweit sich der Anspruch bei einem deliktischen Handeln der Verwaltungsmitglieder gegen die Gesellschaft selbst richten würde, könne sich aus dem deliktischen Schutz der Mitgliedschaft gera-

---

[1016] Näher dazu unten, 3. Teil, § 2 E V 2 b).
[1017] BGHZ 110, 323, 327 f., 333 ff.
[1018] Vgl. dazu auch *Reichert*, Handbuch des Vereins- und Verbandsrechts, Rdn. 1766, 1770.
[1019] Eingehend dazu *Kleindiek*, Deliktshaftung und juristische Person, S. 238 ff., 253 ff., 264 ff., 480 f.
[1020] Zur Einschränkung der Haftungsüberwälzung siehe *Mertens*, in: Festschrift Fischer, S. 461, 470; *ders.*, in: Kölner Kommentar zum AktG, § 93, Rdn. 87; vgl. auch *Hadding*, in: Festschrift Kellermann, S. 91, 101 f., 105 f., der bereits die Anwendbarkeit von § 823 I BGB im Innenverhältnis verneinen will; die Anwendbarkeit von § 31 BGB bei Bejahung des deliktsrechtlichen Ansatzes insoweit zwar zumindest als folgerichtig bezeichnet, aber auf eine mögliche Ausuferung der Haftung verweist.

de eine Kollision mit dem Gesellschaftsrecht ergeben, weil der Einsatz des Deliktsrechts zugunsten der Aktionäre die Interessen der Gläubiger der Gesellschaft an der Erhaltung der Kapitalgrundlage beeinträchtigen würde.

Demgegenüber steht ein Teil der Befürworter des verbandsinternen Deliktsschutzes auf dem Standpunkt, dass unter den allgemeinen Voraussetzungen des § 31 BGB, darunter insbesondere dem Handeln des Organmitglieds innerhalb seines amtlichen Wirkungskreises, auch die Gesellschaft für Eingriffe in die Mitgliedschaft hafte. Einer Zurechnung des deliktisch relevanten Handelns ihrer Organe nach § 31 BGB stünden insbesondere nicht die Interessen der sonstigen, nicht in ihrer Mitgliedschaft verletzten Mitglieder entgegen. Der Grundsatz des gebundenen Garantiekapitals setze einer Haftung der Gesellschaft nur insoweit Grenzen, als dieses Garantiekapital in Höhe des Grundkapitals sowie der gesetzlichen Rücklagen den Interessen der sonstigen Gesellschaftsgläubiger zu dienen bestimmt sei[1021].

(3) Stellungnahme

Es fragt sich in der Tat, inwieweit Schadensersatzleistungen[1022] der Gesellschaft an den Aktionär, gleich aus welchem Rechtsgrund, den (Rück-)Zahlungssperren des § 57 I 1, III AktG unterliegen[1023]. Das kapitalgesellschaftsrechtliche Prinzip des gebundenen Garantiekapitals und die dadurch gewahrten Interessen der Gesellschaftsgläubiger können insofern zu einer entsprechenden Begrenzung der Haftung der Gesellschaft führen.

Ist die aktienrechtliche Kapitalbindung in dem Sinne zu verstehen, dass „die Gesellschaft dem Aktionär keine auf seiner Gesellschafterstellung beruhende Leistung erbringen darf, auf die ihm das Aktiengesetz keinen Anspruch gewährt"[1024], so scheint von ihr zwar auch eine die Verletzung der Mitgliedschaft kompensierende Schadensersatzleistung erfasst zu sein[1025]. Zweifel an dieser

[1021] Eingehend dazu *Habersack*, Die Mitgliedschaft, subjektives und „sonstiges" Recht, S. 209 ff., 220 f. m.w.N.

[1022] Gegenstand der nachfolgenden Ausführungen sind allein auf Geld gerichtete Schadensersatzansprüche der Aktionäre; Unterlassungs- Beseitigungs- und auf Naturalrestitution gerichtete Schadensersatzansprüche kollidieren dagegen regelmäßig nicht mit dem Grundsatz der Kapitalerhaltung; a.A. aber wohl *Mertens*, in: Festschrift Fischer, S. 461, 470.

[1023] Vgl. zu dieser Problematik eingehend *Baums*, Der Geschäftsleitervertrag, S. 234 ff.; *Habersack*, Die Mitgliedschaft, subjektives und „sonstiges" Recht, S. 209 ff.

[1024] So im Zusammenhang mit dem „Abkauf" des Anfechtungsrechts BGH NJW 1992, 2821 m.w.N.; vgl. dazu auch bereits *Lutter* ZGR 1978, 347, 354.

[1025] So ausdrücklich *Hirte*, Bezugsrechtsausschluß und Konzernbildung, S. 241 ff. für einen Eingriff in das Bezugsrecht des Aktionärs unter Berufung auf *Lutter* ZGR 1978, 347, 368 f., wonach bei vergleichbarer Lage das Problem dadurch gelöst werden solle, dass Schadensersatzzahlungen an Aktionäre nur zu Lasten des Bilanzgewinns vorgenommen werden dürften, der gegebenenfalls durch Auflösung offener Rücklagen aufgestockt werden müsse. *Hirte* ver-

Schlussfolgerung sind jedoch angebracht, wenn man bedenkt, dass der Anspruch aus § 823 I BGB gerade auf der Verletzung des aktienrechtlich begründeten Mitgliedschaftsrechts beruht. Da das AktG das Mitgliedschaftsrecht des Aktionärs anerkennt und ausgestaltet, liegt es vielmehr nahe, den Anspruch aus § 823 I BGB einem im AktG vorgesehenen Anspruch des Aktionärs gleichzustellen[1026].

Das in § 57 I 1, III AktG verankerte Prinzip der umfassenden Vermögensbindung dient darüber hinaus nicht nur den Interessen der Gläubiger, sondern in erster Linie, soweit es um die Bindung freier Rücklagen geht, dem Schutz der gegenwärtigen Aktionäre. Dies gilt insbesondere für etwaige Übergriffe des Vorstandes in den Kompetenzbereich der Hauptversammlung[1027], wie er im Fall der Überschreitung des Ermächtigungsrahmens bei Ausnutzung des genehmigten Kapitals gegeben ist. Für den Bereich der freien Rücklagen sind die Interessen der Gläubiger nur reflexartig geschützt. Das Prinzip der Vermögensbindung wird dem in seinem Bezugs- bzw. Mitgliedschaftsrecht verletzten Aktionär daher nicht entgegengehalten werden können, soweit der Ersatzanspruch aus diesen Mitteln und damit ohne Beeinträchtigung der Interessen der Gläubiger erfüllt werden kann[1028].

Nicht zuletzt besteht für freie Rücklagen nur eine Bindung verfahrensrechtlicher Art, so dass hier nicht der Gläubigerschutz, sondern das Interesse an der Einhaltung von Verfahrensvorschriften im Vordergrund steht[1029]. Etwas anderes gilt nur, wenn die Geltendmachung des Schadensersatzanspruchs lediglich aus dem im Interesse der sonstigen Gesellschaftsgläubiger gebundenen Vermögen erfüllt werden kann. In diesem Fall muss der Schadensersatzanspruch des in seinem Bezugs- bzw. Mitgliedschaftsrecht verletzten Aktionärs hinter den For-

---

strickt sich im Ergebnis aber in Widersprüche. Denn nach seinem Standpunkt sei entweder die Gesellschaftermehrheit (insoweit auf der Grundlage eines mitgliedschaftlichen Treuepflichtverstoßes) oder die Gesellschaft passivlegitimiert, je nachdem, ob eine stabile Mehrheit vorhanden ist oder nicht. Die Grundsätze der §§ 57 ff. AktG bleiben insoweit unberücksichtigt (siehe dazu auch *Mülbert*, Aktiengesellschaft, Unternehmensgruppe und Kapitalmarkt, S. 326 (Fußn. 745)).

[1026] Vgl. etwa *Habersack*, Die Mitgliedschaft, subjektives und „sonstiges" Recht, S. 216.

[1027] Dies entspricht nahezu einhelliger Ansicht: vgl. etwa RGZ 107, 161, 168; *Hefermehl/Bungeroth*, in: Geßler/Hefermehl/Eckardt/Kropff, Kommentar zum AktG, § 57, Rdn. 2; *Hüffer*, AktG, § 57, Rdn. 1; *Lutter*, in: Kölner Kommentar zum AktG, § 57, Rdn. 2 m.w.N.

[1028] Vgl. dazu im Ergebnis auch *Habersack*, Die Mitgliedschaft, subjektives und „sonstiges" Recht, S. 217; *Martens* ZGR 1972, 254, 284 f. setzt voraus, dass die beeinträchtigte Position des Mitglieds einem Gläubigerrecht wenigstens nahe steht; zustimmend *Winter*, Mitgliedschaftliche Treubindungen im GmbH-Recht, S. 92 f.

[1029] Vgl. dazu *Cahn*, Kapitalerhaltung im Konzern, S. 15 m.w.N.; *ders.* ZHR 164 (2000), 113, 149, der allerdings auch gegen die Annahme einer Haftung der Gesellschaft zu Lasten der freien Rücklagen anführt, dass dadurch zum Vorteil der ersatzberechtigten Gesellschafter der Wert der Beteiligung der übrigen Aktionäre vermindert würde, obwohl diese für die Schädigung der ersatzberechtigten Aktionäre haftungsrechtlich nicht verantwortlich seien.

derungen der gewöhnlichen Gesellschaftsgläubiger zurücktreten. Ein Aktionär, der seinen Schaden hier dennoch von der Gesellschaft ersetzt bekommt, ist dem Rückforderungsanspruch des § 62 I 1 AktG ausgesetzt[1030].

Nach alledem folgt aus den (Rück-)Zahlungssperren des § 57 I 1, III AktG kein dauerndes Leistungsverweigerungsrecht der Gesellschaft. Sobald die Gläubigerinteressen einer Befriedigung nicht mehr entgegenstehen, sind die Interessen der infolge des Bezugsrechtsausschlusses geschädigten Aktionäre vorrangig. Verfügt die Gesellschaft also wieder über Vermögen, das es erlaubt, den Schadensersatzanspruch des Aktionärs ohne Beeinträchtigung des gebundenen Vermögens zu erfüllen, so wird dieser wieder durchsetzbar und ist mit Vorrang gegenüber den Gewinn- und Abfindungsinteressen der Mitgesellschafter zu befriedigen[1031].

bb) Fazit

Der Grundsatz der umfassenden Vermögensbindung setzt der Haftung der Gesellschaft - ungeachtet aus welcher Rechtsgrundlage - nur insoweit Grenzen, als das gebundene Vermögen in Höhe des Grundkapitals sowie der gesetzlichen Rücklagen den Interessen der sonstigen Gesellschaftsgläubiger zu dienen bestimmt ist[1032]. Die Haftung der Gesellschaft beruht auf dem Gedanken, dass das Sondervermögen eines Verbandes neben den Vorteilen aus der Tätigkeit seiner Organpersonen auch die daraus folgenden Nachteile tragen muss. Das umfasst vor allem die Schäden, die eine Organperson im Rahmen ihrer Tätigkeit für die juristische Person Dritten zugefügt hat. Die Ersatzpflicht der Gesellschaft für solche Schäden, welche die Aktionäre durch die Pflichtverletzungen der Verwaltungsmitglieder beim genehmigten Kapital erleiden, ist daher in Erweiterung des Wortlauts von § 31 BGB zu begründen[1033]. Bei der Beurteilung des schuld-

---

[1030] *Hirte*, Bezugsrechtsausschluß und Konzernbildung, S. 241 f.

[1031] Vgl. *Habersack*, Mitgliedschaft, subjektives und „sonstiges" Recht, S. 219 ff.

[1032] *Habersack*, Mitgliedschaft, subjektives und „sonstiges" Recht, S. 219 ff.; auch *Baums*, Der Geschäftsleitervertrag, S. 236 stellt insoweit auf die Reichweite des Prinzips der Vermögensbindung ab. Sein Standpunkt geht allerdings weiter, indem er bereits im Ansatz in der Zahlung des Schadensersatzes an den vom Aktienbezug ausgeschlossenen Aktionär keinen Verstoß gegen das Verbot der Einlagenrückgewähr erblickt.

[1033] Vgl. *Henn*, Handbuch des Aktienrechts, S. 287 ff.; *Kowalski*, Der Ersatz von Gesellschafts- und Gesellschafterschaden, S. 219 ff.; *Mertens*, in: Kölner Kommentar zum AktG, § 76, Rdn. 72 ff.; *Hadding*, in: Festschrift Kellermann, S. 91, 98 (Fußn. 18); *Kleindiek*, Deliktshaftung und juristische Person, S. 238 ff., 253 ff., 264 ff., 480 f.; *Medicus* ZGR 1998, 570, 576; *Thümmel*, Persönliche Haftung von Managern und Aufsichtsräten, Rdn. 290 (Fußn. 10) und *Helms*, Schadensersatzansprüche wegen Beeinträchtigung der Vereinsmitgliedschaft, S. 46 ff. m.w.N., der insoweit auch § 278 S. 1 BGB als Zurechnungsnorm in Betracht zieht, eine Entscheidung aber angesichts der wesentlichen identischen Ergebnisse offen lässt und zu Recht auf die neuere Rechtsprechung verweist, die der Organtheorie folgt und daher § 31 haften Verhaltens der Verwaltungsmitglieder ist der in § 93 I AktG (i.V.m. § 116 AktG) umschriebene Verschuldensmaßstab zugrunde zu legen. Dieser stellt die konkretere Fassung der allgemeinen Verhaltensstandards der §§ 276 II BGB, 347 I HGB dar[1034].

cc) Regressansprüche der Gesellschaft?

Die Mitglieder der Verwaltung haften der Gesellschaft zwar aus §§ 93 II i.V.m. 116 AktG auf die von ihr an die übergangenen Aktionäre zu vergütenden Schadensbeträge sowie auf Ersatz des Schadens, welcher der Gesellschaft durch eine zu billige Aktienausgabe entstanden ist[1035]. Die rechtswidrige Ausnutzung der Ermächtigung zur bezugsrechtsfreien Kapitalerhöhung durch die Verwaltungsmitglieder, die die Aktionäre in ihrem Bezugs- bzw. Mitgliedschaftsrecht verletzt, stellt in diesem Fall zugleich eine Pflichtverletzung der Verwaltungsmitglieder gegenüber der Gesellschaft nach § 93 I AktG dar. Die Regressansprüche der Gesellschaft gegen die Verwaltungsmitglieder werden jedoch meist in Anbetracht der erörterten Schwierigkeiten[1036], die sich aus der gesetzlichen Kompetenzzuweisung für die Geltendmachung von Schadensersatzansprüchen der Gesellschaft gegen die Verwaltungsmitglieder ergeben, prozessual nicht durchgesetzt. Es verbleibt daher im Regelfall bei einem Schaden der Gesellschaft[1037].

dd) Überkreuzprozesse?

Da die Gesellschaft zum einen die Klägerrolle in einem Schadensersatzprozess gegen die verantwortlichen Verwaltungsmitglieder einnimmt und ihr zum anderen aber auch der Beklagtenstatus zukommt, wenn sie von den vom Bezugsrecht

---

BGB als Zurechnungsnorm anwendet (BGHZ 90, 92, 95; 98, 148, 155; 110, 323, 327 f.; 119, 305, 333). Ähnlich *Hüffer*, AktG, § 78, Rdn. 23, wonach die Organmitglieder schließlich nicht gesetzliche Vertreter sind, sondern lediglich die Stellung von gesetzlichen Vertretern haben (Rdn. 3), was im Ergebnis gegen die direkte Anwendung von § 278 S. 1 BGB spricht (so auch im Ergebnis *Hefermehl/Bungeroth*, in: Geßler/Hefermehl/Eckardt/Kropff, Kommentar zum AktG, § 78, Rdn. 96).

[1034] Siehe *Hüffer*, AktG, § 93, Rdn. 3 f.; *Mertens*, in: Kölner Kommentar zum AktG, § 93, Rdn. 7.

[1035] Siehe etwa *Lutter*, in: Kölner Kommentar zum AktG, § 186, Rdn. 41; § 204, Rdn. 27; *Wiedemann*, in: Großkommentar zum AktG, § 186, Rdn. 76; *Cahn* ZHR 164 (2000), 113, 137 f.

[1036] Vgl. zur Problematik prozessualer Durchsetzung von Ersatzansprüchen gegen Verwaltungsmitglieder oben, 3. Teil, § 2 B II 2.

[1037] So auch im Ergebnis *Cahn* ZHR 164 (2000), 113, 150 f.

ausgeschlossenen Aktionären auf Schadensersatz in Anspruch genommen wird, kann es zu sog. Überkreuzprozessen kommen[1038].
Im Hinblick darauf, dass dem Schadensersatzanspruch des übergangenen Aktionärs gegen die Gesellschaft ein Schadensersatzanspruch der Gesellschaft gegen die pflichtwidrig handelnden Verwaltungsmitglieder korrespondiert, ist es denkbar, dass der Vorstand einmal in Vertretung der vom Aktionär verklagten Gesellschaft auftritt und insoweit im Namen der Gesellschaft sein Handeln verteidigt. Gleichzeitig kann er aber auch als beklagte Partei eines Organstreits auftreten, in dem die Gesellschaft durch den Aufsichtsrat oder einen besonderen Vertreter vertreten wird, und gegen die Gesellschaft vorbringen, dass sein Handeln pflichtgemäß sei. Das bedeutet, dass die Gesellschaft in einem Prozess geltend macht, das Handeln ihrer Verwaltungsorgane sei pflichtgemäß und in einem anderen Prozess dagegen es sei pflichtwidrig.
Haben die vom Bezug neuer Aktien ausgeschlossenen Aktionäre bereits in einem Schadensersatzprozess gegen die Gesellschaft obsiegt, liegt es zwar nahe, dass die Gesellschaft die verantwortlichen Verwaltungsmitglieder auf Schadensersatz verklagen wird. Ob die Gesellschaft einen solchen Überkreuzprozess tatsächlich anstrengt, ist aber in Anbetracht der aus der gesetzlichen Kompetenzzuweisung resultierenden Probleme betreffend die Geltendmachung von Schadensersatzansprüchen der Gesellschaft gegen die Verwaltungsmitglieder fraglich.

d) Die unmittelbare deliktische Haftung der Verwaltungsmitglieder

Gegen eine unmittelbare deliktische Haftung der Verwaltungsmitglieder wird vereinzelt vorgebracht, sie drohe die spezielle verbandsinterne Haftungsordnung auszuhebeln und sei infolgedessen nicht mit der Organisationsverfassung der Gesellschaft in Einklang zu bringen[1039]. Diese geltend gemachten Bedenken stehen in engem Zusammenhang mit Stimmen, die vor einer Verlagerung des an sich von der Gesellschaft zu tragenden unternehmerischen Risikos auf die Organmitglieder warnen und darin eine Kompensation des in § 1 I 2 AktG bestimmten Ausschlusses einer Aktionärshaftung sehen.
Warum eine Haftung der Verwaltungsmitglieder, die in Ausnutzung der Ermächtigung die Altaktionäre willkürlich um ihr Bezugsrecht bringen, mit dem

---

[1038] Vgl. hierzu etwa *Zöllner* ZGR 1988, 392, 433 f., der diese Problematik am Beispiel von Unterlassungsansprüchen gegen pflichtwidrig handelnde Gesellschaftsorgane aufzeigt.
[1039] *Reuter*, in: Festschrift Lange, S. 707, 723 f.; *Schulz/Gardyan*, Die sogenannte Aktionärsklage, S. 70 und *Beuthien/Kießler* WuB II L. § 31 BGB 1.91, S. 58 machen im Anschluss an die „Schärenkreuzer"-Entscheidung des BGH vor allem darauf aufmerksam, dass eine Eigenhaftung des Organmitglieds dieses mit unüberschaubaren Haftungsrisiken belaste; der Verein, der auf die ehrenamtliche Übernahme von Organfunktionen angewiesen sei, laufe schließlich Gefahr, seine gesellschaftliche Selbstverwaltungsfähigkeit zu verlieren.

aktienrechtlichen Rechtsschutzsystem unvereinbar sein sollte, leuchtet jedoch insbesondere im Hinblick auf die jedermann treffende Pflicht, die subjektiven Rechte anderer Personen zu achten, nicht ein[1040].

Eine die Haftungskonzentration auf die Gesellschaft deutlich aussprechende gesetzliche Vorschrift fehlt. Zudem gibt es keine Haftungsübernahme der juristischen Person wie bei der Staatshaftung (vgl. Art. 34 GG). Nach der allgemeinen Haftungsvorschrift des § 93 II AktG (i.V.m. § 116 AktG) bleibt offen, ob sie Ansprüche geschädigter Dritter gegen Verwaltungsmitglieder ausschließt. Solche Ansprüche sollten nach der Vorstellung des Gesetzgebers jedenfalls nicht die Regel bilden[1041]. Soweit die Gesellschaft in Anspruch genommen werden kann, wird sich der geschädigte Aktionär ohnehin in der Regel an die Gesellschaft als den Schuldner mit den höheren Ressourcen halten[1042].

Ein deliktischer Schutz der Mitgliedschaft unmittelbar gegenüber den Verwaltungsmitgliedern stößt nicht auf grundlegenden Bedenken[1043]. Eine auf § 823 I BGB gestützte unmittelbare Haftung der Verwaltungsmitglieder enthält mit dem subjektiven Recht der Mitgliedschaft zunächst eine qualifizierte Haftungsvoraussetzung, die dem berechtigten Schutzinteresse der Aktionäre Rechnung trägt. Haftungsgrundlage ist somit nicht die Verletzung der allein auf das Gesellschaftsinteresse bezogenen Verpflichtung zur ordnungsgemäßen Unternehmensleitung, sondern vielmehr die Verletzung des Mitgliedschaftsrechts, das der Sphäre des Aktionärs zuzuordnen ist und sein Interesse an der Gesellschaft zusammenfasst. Da die deliktische Haftung damit schon im Hinblick auf die Haftungsgrundlage der Verselbständigung der Gesellschaft gegenüber ihren Gesellschaftern und damit dem Trennungsprinzip gebührend Rechnung trägt, steht sie nicht im Widerspruch zu den in § 93 II 1 AktG zugrundegelegten Prinzipien der Haftungskanalisierung sowie der Ausrichtung des Verhaltens am Gesellschaftsinteresse. Die geltend gemachte Kritik, ein gesellschaftsinterner Deliktsschutz der Mitgliedschaft drohe die Wertung der gesellschaftsinternen Haftungsordnung zu unterlaufen[1044], kann daher nicht überzeugen[1045].

Durch eine direkte Inanspruchnahme werden die Verwaltungsmitglieder letztlich auch nicht mit uferlosen, das unternehmerische Risiko auf die Verwaltungsmitglieder verlagernden Haftungsrisiken belastet. Die Haftungsrisiken der Verwaltungsmitglieder können sich nur sehr begrenzt erhöhen, weil die Aktio-

---

[1040] So etwa *Habersack*, Die Mitgliedschaft, subjektives und „sonstiges" Recht, S. 209.

[1041] Vgl. dazu *Medicus* ZGR 1998, 570, 578.

[1042] *Thümmel*, Persönliche Haftung von Managern und Aufsichtsräten, Rdn. 290. In diesem Zusammenhang entsteht dann die Frage des Innenregresses, vgl. dazu unten, 3. Teil, § 2 C III 2 c) cc).

[1043] Siehe *Habersack*, Die Mitgliedschaft, subjektives und „sonstiges" Recht, S. 209.

[1044] Siehe *Beuthien/Kießler* WuB II L. § 31 BGB 1.91, S. 58.

[1045] *Habersack*, Die Mitgliedschaft, subjektives und „sonstiges" Recht, S. 207 f.

näre, wie an anderer Stelle[1046] näher ausgeführt wird, nach dem Rechtsgedanken der §§ 117 I 2, 317 I 2 AktG prinzipiell auf Ersatz ihres unmittelbaren Schadens beschränkt und „Reflexschäden" insoweit auch in deliktsrechtlicher Hinsicht grundsätzlich irrelevant sind[1047].

In der „Holzmüller"-Entscheidung[1048] hat der BGH schließlich festgestellt, dass der Vorstand[1049], „abgesehen von den besonderen Voraussetzungen des § 117 I 2 AktG, (nur) unter dem Gesichtspunkt der unerlaubten Handlung belangt werden kann". Die Rechtsprechung gibt damit zu erkennen, dass von der besonderen aktienrechtlichen Haftungsgrundlage des § 117 I 1, 2 i.V.m. II AktG keine Sperrwirkung ausgeht und demnach eine unmittelbare Inanspruchnahme der Verwaltungsmitglieder durch den Aktionär nach dem deliktsrechtlichen Ansatz auch nicht ausgeschlossen ist[1050].

Soweit die Verwaltungsmitglieder also durch eigenes täterschaftliches Handeln bei Ausnutzung der Ermächtigung zur Kapitalerhöhung das Bezugs- bzw. Mitgliedschaftsrecht der Aktionäre verletzen oder zu verletzen drohen, können sie von den Aktionären unmittelbar gem. § 823 I BGB (i.V.m. § 1004 (analog) BGB) in Anspruch genommen werden[1051].

[1046] Vgl. dazu die Ausführungen unten, 3. Teil, § 2 F IV 4 b), siehe auch die unter d) entwickelte Ausnahmelösung.

[1047] *Hopt*, in: Festschrift Mestmäcker, S. 909, 925.

[1048] BGHZ 83, 122, 134 mit Verweis auf die Ausführungen von *Mertens* AG 1978, 309 ff. und in: Festschrift Fischer, S. 460, 470.

[1049] Auch wenn hier von einer Klage gegen das Organ (Vorstand) die Rede ist, so bleibt es doch eine Sammelklage gegen die einzelnen Organmitglieder mit entsprechend individuellen Verantwortungs- und Zumessungsmaßstäben (vgl. dazu auch *Sünner* ZHR 163 (1999), 364, 365). Die Passivlegitimation der Verwaltungsorgane scheidet schließlich aus den o.g. Gründen aus, vgl. 3. Teil, § 2 C III 2 b) cc) (2).

[1050] So wohl auch im Ergebnis für das Vereinsrecht *Helms*, Schadensersatzansprüche wegen Beeinträchtigung der Vereinsmitgliedschaft, S. 125 ff., 130; ähnlich *Flume*, Allgemeiner Teil des Bürgerlichen Rechts, Die juristische Person, S. 308 (Fußn. 190). *Helms* erwägt ferner das Rechtsinstitut des Vertrages mit Schutzwirkung für Dritte als weitere Anspruchsgrundlage für eine unmittelbare Inanspruchnahme des schädigenden Organs heranzuziehen (S. 128 f.); vgl. auch *Raiser* ZHR 153 (1989), 1, 12 f. Für die Annahme eigener (Sekundär-) Ansprüche gegen die Verwaltungsmitglieder müsse insoweit aber auch Entsprechendes im Geschäftsführervertrag ausdrücklich vereinbart worden sein (S. 133 ff.), was wohl als seltene Ausnahme angesehen werden kann und dementsprechend nicht näher zu untersuchen ist. Im übrigen wird es meist an der Schutzbedürftigkeit des Mitglieds scheitern, da es sich einerseits bereits bei seiner Gesellschaft erholen kann und andererseits eine auf den deliktsrechtlich Ansatz gestützte unmittelbare Haftung der Verwaltungsmitglieder in Frage kommt. Kritisch insoweit auch *Kowalski*, Der Ersatz von Gesellschafts- und Gesellschafterschaden, S. 205 und *Habersack*, Die Mitgliedschaft, subjektives und „sonstiges" Recht, S. 207.

[1051] So insbesondere auch BGHZ 110, 323, 334 f.

Freistellungsansprüche der Verwaltungsmitglieder gegenüber der Gesellschaft?

Für eine Erstreckung des aus den Regelungen des § 57 I 1, III AktG folgenden vorübergehenden Leistungsverweigerungsrechts auf die Verwaltungsmitglieder besteht kein Anlass. Die verantwortlichen Mitglieder der Verwaltung können dem geschädigten Aktionär also gerade auch dann haften, wenn eine Inanspruchnahme der Gesellschaft (vorübergehend) an den Grundsätzen der Kapitalerhaltung scheitert. Mit dem nachträglichen Wegfall des Leistungsverweigerungsrechts, also von dem Zeitpunkt an, in dem die Gesellschaft wieder über freie Rücklagen verfügt und der Ersatzanspruch aus diesen Mitteln und damit ohne Beeinträchtigung des gebundenen Vermögens und der Interessen der Gläubiger erfüllt werden kann[1052], entfällt allerdings auch die Haftungsprivilegierung der Gesellschaft im Verhältnis zu den in Anspruch genommenen Verwaltungsmitgliedern. Soweit den Verwaltungsmitgliedern Freistellungsansprüche zustehen, können sie diese gegenüber der Gesellschaft geltend machen[1053]. Auf diesem Wege könnte die aus der Anwendung des § 823 I BGB im Gesellschaftsinnenverhältnis resultierende Ausweitung der Haftungsrisiken der Verwaltungsmitglieder begrenzt werden.
Freistellungsansprüche der Verwaltungsmitglieder gegenüber der Gesellschaft kommen jedoch, auch bei Vorliegen einer entsprechenden Vereinbarung, nur für den Fall in Frage, dass die in Anspruch genommenen Verwaltungsmitglieder nicht zugleich ihre Pflichten gegenüber der Gesellschaft verletzt haben. Für den Bereich der deliktischen Haftung wegen eines Eingriffs in die Mitgliedschaft sind sie daher kaum von Bedeutung. Denn der Eingriff in das Bezugs- bzw. Mitgliedschaftsrecht der Aktionäre infolge rechtswidriger Ausnutzung der Ermächtigung zur Kapitalerhöhung stellt zugleich eine Verletzung ihrer Pflichten gegenüber der Gesellschaft dar. Vor diesem Hintergrund stehen den Verwaltungsmitgliedern auch keine Freistellungsansprüche kraft objektiven Rechts, sei es gem. §§ 611, 675, 670 BGB[1054] oder entsprechend den arbeitsrechtlichen Grundsätzen über die Beschränkung der Arbeitnehmerhaftung[1055] gegen die Gesellschaft zu[1056]. Die analoge Anwendung der arbeitsrechtlichen Haftungserleichterungen würde im Aktienrecht ohnehin nicht in Betracht kommen, da die Haftungsvorschriften der §§ 93, 116 AktG nicht zugunsten der Mitglieder von Vorstand und Aufsichtsrat gemildert werden können[1057].

[1052] Siehe dazu bereits oben, 3. Teil C III 2 c) aa) (3).
[1053] *Habersack*, Die Mitgliedschaft, subjektives und „sonstiges" Recht, S. 221.
[1054] Vgl. etwa *Thümmel*, Persönliche Haftung von Managern und Aufsichtsräten, Rdn. 333.
[1055] Siehe dazu bereits im Ansatz ablehnend *Hüffer*, AktG, § 93, Rdn. 14 m.w.N.
[1056] *Thümmel*, Persönliche Haftung von Managern und Aufsichtsräten, Rdn. 331.
[1057] *Kleindiek*, Deliktshaftung und juristische Person, S. 385 m.w.N.; *Hüffer*, AktG, § 93, Rdn. 1.

Demgemäss kann eine Freistellung nur erfolgen, wenn die Gesellschaft einen zulässigen Haftungsverzicht im Innenverhältnis erklärt[1058]. Ein solcher ist allerdings nur in den Grenzen der §§ 93 IV 3, 4, 117 IV AktG möglich[1059].

IV. Ergebnis

Die vom Bezug neuer Aktien ausgeschlossenen Aktionäre können gegen die rechtswidrige Ausnutzung der Ermächtigung zur bezugsrechtsfreien Kapitalerhöhung durch den Vorstand Klage erheben, und zwar wegen (drohenden) Eingriffs in ihr individuelles Bezugs- bzw. Mitgliedschaftsrecht. Abwehr- bzw. Ersatzansprüche stehen ihnen sowohl nach dem verbandsrechtlichen als auch nach dem deliktsrechtlichen Ansatz zu.

Jeder einzelne vom Bezugsrecht ausgeschlossene Aktionär kann unabhängig von der Höhe seiner Aktienbeteiligung an der Gesellschaft, der Dauer seiner Aktienbeteiligung vor Klageerhebung, dem Stimmverhalten auf der das bezugsrechtsfreie genehmigte Kapital beschließenden Hauptversammlung und der Anzeige der Klageerhebung eine Abwehr- oder Ersatzklage erheben. Für die Annahme der Aktivlegitimation genügt es, dass der Kläger zum Zeitpunkt der (bevorstehenden) rechtswidrigen Ausnutzung der Ermächtigung Aktionär ist. Für den Fall der Abwehrklage ist zudem die Fortdauer der Aktienbeteiligung während des Rechtsstreits notwendig, wenn der Vorstand das genehmigte Kapital unter rechtswidrigem Ausschluss des Bezugsrechts bereits ausgenutzt hat.

Die Passivlegitimation richtet sich nach der (Anspruchs)Grundlage des Abwehr- bzw. Ersatzanspruchs des übergangenen Aktionärs. Der verbandsrechtliche Anspruch richtet sich allein gegen die Gesellschaft. Der deliktsrechtliche Anspruch zielt dagegen sowohl auf die Gesellschaft – die Vereinbarkeit mit den Kapitalerhaltungsgrundsätzen im Rahmen von auf Geld gerichteten Schadensersatzklagen stets vorausgesetzt - als auch auf die verantwortlichen Verwaltungsmitglieder. Ausnahmsweise sind davon auch Mitgesellschafter bzw. gesellschaftsfremde Dritte erfasst, welche die Verwaltungsmitglieder zur Verletzung der Aktionärsrechte verleitet bzw. daran mitgewirkt haben. Für den Aktionärsschutz ist die Annahme der unmittelbaren deliktischen Haftung der Verwaltungsmitglieder bzw. „sonstiger“ Gesellschafter im Hinblick auf den möglichen Haftungsausfall der Gesellschaft[1060] von entscheidender Bedeutung. Ob damit allerdings auch eine angemessene Entschädigung erlangt werden kann, bedarf noch einer eingehenden Erörterung[1061]. Im folgenden werden zunächst die ein-

---

[1058] Siehe *Thümmel*, Persönliche Haftung von Managern und Aufsichtsräten, Rdn. 332.

[1059] Näher dazu unten im Zusammenhang mit der Ausnahmelösung, 3. Teil, § 2 F IV 4 d) dd) (1).

[1060] Wegen Unvereinbarkeit mit den Kapitalerhaltungsgrundsätzen (§ 57 I 1, III AktG) oder wegen Insolvenz der Gesellschaft.

[1061] Vgl. dazu unten, 3. Teil, § 2 F III-IV.

zelnen Rechtsschutzmöglichkeiten der Aktionäre gegen pflichtwidriges Verwaltungshandeln auf ihre Effektivität und praktische Bedeutung untersucht.

D. Die präventive Kontrolle der Vorstandsentscheidung

I. Einleitung

Soweit die Aktionäre bereits vor Eintragung der Durchführung der Kapitalerhöhung im Handelsregister gem. § 188 AktG von dem Bezugsrechtsausschluss Kenntnis erhalten, haben sie noch die Möglichkeit, die Verletzung ihres Bezugs- bzw. Mitgliedschaftsrechts durch Erhebung einer Unterlassungs-, Feststellungs- bzw. Beseitigungsklage oder im Wege einer auf vorläufige Unterlassung der Eintragung der Kapitalerhöhung im Handelsregister gerichteten einstweiligen Verfügung zu verhindern.
Ein wirksamer Erwerb der neuen Aktien durch Dritte ist vor dem Zeitpunkt der Eintragung der Kapitalerhöhung im Handelsregister noch nicht möglich (vgl. §§ 203 I 1, 191 AktG)[1062]. Das Bezugs- bzw. Mitgliedschaftsrecht der Aktionäre wird damit allein durch den Abschluss von Zeichnungsverträgen zwischen der Gesellschaft und den Dritterwerbern noch nicht verletzt[1063]. Die Mitgliedschaftsstellung der Aktionäre bleibt vielmehr vor Eintragung der Kapitalerhöhung im Handelsregister unverändert bestehen[1064]. Erst mit Eintragung der Durchführung der Kapitalerhöhung im Handelsregister wird das Anteilsverhältnis zu Lasten der vom Bezugsrecht ausgeschlossenen Aktionäre verringert[1065]. Ein entsprechender Schaden kann dann festgestellt werden[1066].
Die präventiven Rechtsbehelfe sind bereits aufgrund dieses Zusammenhangs vorrangig gegenüber einem Schadensausgleich, weil es an einem Schaden des Aktionärs vor Eintragung der Durchführung der Kapitalerhöhung mit Bezugsrechtsausschluss im Handelsregister noch mangelt. Die Rangfolge von präventiven Rechtsbehelfen gegenüber Ansprüchen auf Schadensersatz wird daher nicht erst auf der Ebene einer Anspruchskonkurrenz entschieden[1067], sondern bereits durch das Tatbestandsmerkmal „Schaden" bestimmt[1068].

[1062] *Hüffer*, AktG, § 191, Rdn. 4.
[1063] Vgl. dazu *Hefermehl/Bungeroth*, in: Geßler/Hefermehl/Eckardt/Kropff, Kommentar zum AktG, § 186, Rdn. 76 f.; *Lutter*, in: Kölner Kommentar zum AktG, § 186, Rdn. 33.
[1064] Siehe *Hirte*, Bezugsrechtsausschluß und Konzernbildung, S. 236; vgl. auch *Wiedemann*, Die Unternehmensgruppe im Privatrecht, S. 35.
[1065] Vgl. einschränkend *Hirte*, Bezugsrechtsausschluß und Konzernbildung, S. 236 f.; *Lutter*, in: Kölner Kommentar zum AktG, § 186, Rdn. 36 ff.
[1066] Siehe *Kowalski*, Der Ersatz des Gesellschafts- und Gesellschafterschadens, S. 10.
[1067] So allerdings *Wiedemann*, Die Unternehmensgruppe im Privatrecht, S. 35, wonach Gesetzeskonkurrenz zum Deliktsrecht besteht.
[1068] Vgl. *Kowalski*, Der Ersatz von Gesellschafts- und Gesellschafterschaden, S. 10.

Eine etwaige Schadensersatzpflicht der Gesellschaft und der Verwaltungsmitglieder kann auch gemindert oder sogar ausgeschlossen sein, wenn der übergangene Aktionär der in § 254 II 1 BGB zugrundegelegten Schadensabwendungs- oder -minderungspflicht durch die Geltendmachung entsprechender präventiver Rechtsbehelfe - soweit möglich - nicht nachgekommen ist[1069]. Soweit präventive Rechtsbehelfe Aussicht auf Erfolg hatten und die Aktionäre keine entsprechenden Rechtsbehelfe eingelegt haben, trifft sie nach § 254 II 1 BGB ein anspruchsminderndes Mitverschulden[1070]. Der Grundsatz des „dulde und liquidiere", der bereits im Staatshaftungsrecht gegenüber Abwehrmaßnahmen des Bürgers gegen rechtswidriges Verwaltungshandeln aufgegeben wurde[1071], findet im Gesellschaftsrecht keine Anwendung. Er kommt lediglich dann zum Zuge, wenn sich die Verletzung des Bezugsrechts anderweitig nicht mehr rückgängig machen lässt und die ursprünglichen Beteiligungsverhältnisse endgültig verschoben sind[1072].

II. Die ergänzende Berichterstattung des Vorstandes als notwendige Voraussetzung präventiver Kontrolle

Wie bereits dargelegt[1073], setzt die Kontrolle der Vorstandsentscheidung durch die Aktionäre noch unmittelbar vor Durchführung der Kapitalerhöhung, sei es in Form der Abwehrklage oder im Wege des einstweiligen Rechtsschutzverfahrens, ihre Kenntnis von der Rechtswidrigkeit des Verwaltungshandelns voraus. Die Aktionäre können eine präventive gerichtliche Kontrolle beim genehmigten Kapital grundsätzlich nur durchsetzen, wenn sie noch vor Ausnutzung der Ermächtigung durch den Vorstand über die für die Beurteilung der Zulässigkeit des Bezugsrechtsausschlusses notwendigen Tatsachen, wie die Gründe eines Bezugsrechtsausschlusses sowie die Wertungen und Abwägungen des Vorstandes und die Begründung des Ausgabebetrages informiert werden. Die Kenntniserlangung von dem Bezugsrechtsausschluss und der der Vorstandsentscheidung zugrundeliegenden wesentlichen Tatsachen vor Durchführung der Kapitalerhöhung bildet daher die erste Hürde präventiver gerichtlicher Kontrolle. Die er-

[1069] Vgl. dazu den parallelen Ansatz im „Schärenkreuzer"-Fall (BGHZ 110, 323, 330; so auch *Hadding*, in: Festschrift Kellermann, S. 91, 109 f.) und BGHZ 90, 17, 32. Siehe dazu ebenso *Helms*, Schadensersatzansprüche wegen Beeinträchtigung der Vereinsmitgliedschaft, S. 9 und *Baums*, Der Geschäftsleitervertrag, S. 242. Die Pflicht zur Schadensabwendung oder -minderung wird als Ausprägung des Grundsatzes von Treu und Glauben (§ 242 BGB) angesehen (vgl. BGHZ 34, 363 f.; *Heinrichs*, in: Palandt, BGB Kommentar, § 254, Rdn. 1).
[1070] *Heinrichs*, in: Palandt, BGB Kommentar, § 254, Rdn. 42; *Oetker*, in: Münchener, BGB Kommentar, § 254, Rdn. 96.
[1071] BverfGE 58, 300, 324; BGHZ 90, 17, 31 ff.; BGH NVwZ 1986, 76, 78.
[1072] Vgl. dazu *Wiedemann*, Die Unternehmensgruppe im Privatrecht, S. 35; *Lutter* ZHR 153 (1989), 446, 469; *Kowalski*, Der Ersatz von Gesellschafts- und Gesellschafterschaden, S. 12.
[1073] Siehe dazu oben, 2. Teil, § 2 A I, III 1.

gänzende Berichterstattung des Vorstandes unmittelbar vor Ausnutzung der Ermächtigung - nach den bereits angeführten Grundsätzen[1074] - ist demgemäss notwendige Voraussetzung der Vorwegkontrolle der Vorstandsentscheidung. Auf den Vorstandsbericht im Vorfeld der Ermächtigung nach §§ 186 IV 2, 203 I 1, II 2 AktG kann insoweit regelmäßig mangels konkreter Angaben zur geplanten Kapitalmaßnahme nicht zurückgegriffen werden[1075].

III. Die präventiven Rechtsschutzmöglichkeiten der Aktionäre

Die Aktionäre können gegen die drohende rechtswidrige Ausnutzung der Ermächtigung zunächst eine Abwehrklage in Form einer Unterlassungs-, Feststellungs- bzw. Beseitigungsklage erheben, und zwar innerhalb einer Ausschlussfrist von einem Monat (vgl. § 246 I AktG) seit Kenntniserlangung von den für die Beurteilung der sachlichen Rechtfertigung des Bezugsrechtsausschlusses notwendigen Tatsachen[1076]. *Lutter*[1077] vertritt die Ansicht, dass die einmonatige Klagefrist zudem eine entsprechende Registersperre begründe, vor deren Ablauf die bezugsrechtsfreie Kapitalerhöhung nicht durchgeführt werden dürfe. Eine Registersperre würde jedoch insbesondere in Fällen besonderer Eilbedürftigkeit der Kapitalmaßnahme die mit der neuen Rechtsprechungslinie in der „Siemens/Nold“-Entscheidung bezweckte flexible und schnelle Kapitalbeschaffung wieder erheblich vereiteln. Zudem fehlt es an einer gesetzlichen Grundlage für die Annahme einer Registersperre.

[1074] Zur Art und Weise der zusätzlichen Berichterstattung, vgl. oben, 2. Teil, § 2 A V.

[1075] Vgl. dazu ausführlich oben, 2. Teil, § 1 B.

[1076] Vgl. dazu BGHZ 83, 122, 135 f, wonach die Zeit, die der Aktionär bis zur Klageerhebung verstreichen lässt, nicht außer Verhältnis zur Monatsfrist des § 246 I AktG stehen dürfe. Das Schrifttum stimmt dem im Ergebnis zu und spricht sich überwiegend für eine entsprechende Anwendung der einmonatigen Anfechtungsfrist des § 246 I AktG aus: siehe dazu *Lutter*, in: Kölner Kommentar zum AktG, § 203, Rdn. 31; *ders.* BB 1981, 861, 864; *Großfeld/Brondics* JZ 1982, 589, 590; *Martens* ZHR 147 (1983), 377, 401 f.; *Hirte*, Bezugsrechtsausschluß und Konzernbildung, S. 209 f.; *Schockenhoff*, Gesellschaftsinteresse und Gleichbehandlung beim Bezugsrechtsausschluß, S. 96; *K. Schmidt*, Gesellschaftsrecht, S. 651; *Brondics*, Die Aktionärsklage, S. 119 f.; *Zöllner* ZGR 1988, 392, 432; vgl. auch bereits BGHZ 76, 191, 199 bzgl. einer Feststellungsklage; weitergehend dagegen wohl *Rehbinder* ZGR 1983, 92, 107; *Zöllner* ZGR 1988, 392, 432, der die Anwendung des Verwirkungsgedankens bevorzugt. *Hüffer*, AktG, § 203, Rdn. 37a fordert in Fällen besonderer Eilbedürftigkeit der Kapitalmaßnahme eine „angemessene kürzere“ Frist, soweit ansonsten die mit der neuen Rechtsprechungslinie in der „Siemens/Nold“-Entscheidung bezweckte flexible und schnelle Kapitalbeschaffung vereitelt würde; ebenso *Aubel*, Der vereinfachte Bezugsrechtsausschluß, S. 113 f.; *Kimpler* DB 1994, 767, 768.

[1077] *Lutter* BB 1981, 861, 864.

1. Die vorbeugende Unterlassungsklage

Bei einem drohenden rechtswidrigen Ausschluss des Bezugsrechts wird sich das Augenmerk in erster Linie auf die vorbeugende Unterlassungsklage richten, und zwar auf Unterlassung der Durchführung der Kapitalerhöhung mit Bezugsrechtsausschluss[1078]. Die vom Bezug neuer Aktien ausgeschlossenen Gesellschafter haben aufgrund des bedrohten Bezugs- bzw. Mitgliedschaftsrechts einen sog. quasinegatorischen Anspruch, der unabhängig von dem Verschulden der Verwaltungsmitglieder besteht. Sie können gegen die rechtswidrige Ausnutzung der Ermächtigung zur Kapitalerhöhung nach allgemeinen Grundsätzen bereits dann mit der (vorbeugenden) Unterlassungsklage vorgehen, wenn sie droht; eine Erstbegehungsgefahr reicht für die Unterlassungsklage grundsätzlich aus[1079].

2. Die Feststellungsklage

Als Alternative zur vorbeugenden Unterlassungsklage kommt eine Feststellungsklage gem. § 256 ZPO mit dem Ziel in Betracht, die Rechtswidrigkeit des Bezugsrechtsausschlusses festzustellen.
Eine abschließende Regelung im Aktienrecht, welche die Zulässigkeit der allgemeinen Feststellungsklage ausschließt, ist nicht ersichtlich. Es ist allerdings daran zu denken, dass die Feststellungsklage gegenüber der ebenso in Betracht kommenden Unterlassungsklage, bei der es sich um eine besondere Form der Leistungsklage handelt, subsidiär ist. Die im zivilprozessualen Schrifttum[1080]

[1078] Für die Unterlassungsklage gegen die Verwaltungsmitglieder und gegen die Gesellschaft: *Habersack*, Die Mitgliedschaft, subjektives und „sonstiges" Recht, S. 268 f. (auf der Grundlage des deliktsrechtlichen Ansatzes nach § 823 I BGB i.V.m. § 1004 I 2 BGB (analog)); *ders.* spricht in DStR 1998, 533, 534, 537 beide Ansätze an. Für die Unterlassungsklage gegen die Gesellschaft auf der Grundlage des verbandsrechtlichen Ansatzes: *Lutter*, in: Kölner Kommentar zum AktG, § 203, Rdn. 44 f.; *Hüffer*, AktG, § 203, Rdn. 38 f.; *Hirte*, Bezugsrechtsausschluß und Konzernbildung, S. 207 f.; so auch *Keuk-Knobbe*, in: Festschrift Ballerstedt, S. 239, 253; *Mertens* AG 1990, 49, 50; *ders.*, in: Kölner Kommentar zum AktG, § 93, Rdn. 191 f.; *ders.*, in: Festschrift Fischer, S. 461, 469. Die Zwangsvollstreckung zur Erwirkung von Unterlassungen erfolgt insoweit nach § 890 ZPO (vgl. *Brondics*, Die Aktionärsklage, S. 179).

[1079] Siehe zum Unterlassungsanspruch bei absoluten Rechtsgütern und rechtlich geschützten Interessen: *Bassenge*, in: Palandt, BGB Kommentar, § 1004, Rdn. 29; *Medicus*, in: Münchener BGB Kommentar, § 1004, Rdn. 80 f.; bei rein vertraglichen Unterlassungsansprüchen ergibt sich dies aus dem dann anzuwendenden § 259 ZPO, vgl. BGH LM § 241 BGB Nr. 2; *Greger*, in: Zöller, ZPO Kommentar, § 259, Rdn. 1; *Thomas*, in: Thomas/Putzo, ZPO Kommentar, § 259, Rdn. 4; offengelassen dagegen BGH NJW-RR 1989, 263 f.

[1080] Vgl. etwa *Raiser* ZHR 153 (1989), 1, 34, wonach Feststellungsklagen bereits nach allgemeinem Zivilprozessrecht nur eine Hilfsfunktion zukommt. Besteht ein Unterlassungsanspruch, fehle für eine Feststellungsklage das Rechtsschutzinteresse. Vgl. auch *Greger*, in: Zöller, ZPO Kommentar, § 256, Rdn. 7a.

häufig geäußerte Auffassung, die Feststellungsklage sei gegenüber der Leistungsklage subsidiär, ist in ihrer Allgemeinheit aber nicht richtig. Eine Ausnahme liegt insbesondere dann vor, wenn schon das Feststellungsurteil zur endgültigen Beilegung des Rechtsstreits führt, etwa weil der Beklagte erkennen lässt, dass er bereits auf das Feststellungsurteil hin leisten wird[1081].
Die Klage auf Feststellung der Rechtswidrigkeit des Bezugsrechtsausschlusses kann die Durchführung der Kapitalerhöhung unter sachlich nicht gerechtfertigtem Ausschluss des Bezugsrechts zwar nicht unmittelbar unterbinden. Ihre Hauptfunktion besteht darin, den Verwaltungsmitgliedern die Pflichtwidrigkeit ihres Handelns bei Ausnutzung der Ermächtigung zur Kapitalerhöhung und vor allem die für sie bestehenden Haftungsrisiken deutlich zu machen. Die Verwaltung will jedoch in der Regel nicht unrechtmäßig handeln, so dass sie sich grundsätzlich bereits aufgrund eines feststellenden Urteils rechtmäßig verhalten wird.
Es ist allerdings zweifelhaft, ob den Aktionären deshalb auch die Möglichkeit der Feststellungsklage neben einer vorbeugenden Unterlassungsklage offen steht[1082]. Soweit nämlich für den einzelnen Aktionär eine vorbeugende Unterlassungsklage noch rechtzeitig möglich und zumutbar ist, um die Durchführung der Kapitalerhöhung mit Bezugsrechtsausschluss zu verhindern, fehlt ihm im Interesse der endgültigen Klärung des Streitstoffs in einem Prozess das erforderliche rechtliche Interesse an der alsbaldigen Feststellung[1083] der Rechtswidrigkeit des Bezugsrechtsausschlusses. Für den vom Bezugsrechtsausschluss betroffenen Aktionär ergäben sich keine rechtlichen Vorteile, wenn er anstelle einer vorbeugenden Unterlassungsklage auch eine Feststellungsklage erheben könnte. Die Annahme, dass eine Feststellungsklage gegenüber einer vorbeugenden Unterlassungsklage subsidiär ist, schadet dem einzelnen Aktionär daher nicht.

Im Vorfeld einer Schadensersatzklage kann dagegen eine Feststellungsklage dem Schutzbedürfnis des einzelnen Aktionärs entsprechen. Soweit der Vorstand seiner bereits erörterten ergänzenden Berichtspflicht unmittelbar vor Ausnutzung der Ermächtigung zur Kapitalerhöhung nicht pflichtgemäß nachkommt und der Aktionär von der Entscheidung des Vorstandes, das Bezugsrecht auszuschließen, keine Kenntnis hat, kann der vom Bezugsrechtsausschluss betroffene Aktionär nicht mehr rechtzeitig eine vorbeugende Unterlassungsklage erheben.

[1081] Siehe BGH NJW 1995, 2219; BGH NJW 1996, 918; OLG Braunschweig NJW-RR 1994, 1447.
[1082] So etwa *Hüffer*, AktG, § 203, Rdn. 39 mit Verweis auf das „Siemens/Nold"-Urteil (BGHZ 136, 133); *Lutter* BB 1981, 861, 864; *ders.*, in: Kölner Kommentar zum AktG, § 203, Rdn. 45; *Hirte*, Bezugsrechtsausschluß und Konzernbildung, S. 207; *Sünner* ZHR 163 (1999), 364, 365; siehe zur allgemeinen Feststellungsklage im Vorfeld der Aktionärsklage eingehend *Brondics*, Die Aktionärsklage, S. 183 ff. und vgl. auch BGHZ 83, 122, 125 ff.
[1083] Vgl. dazu BGHZ 76, 191, 198 f.

Ist die Maßnahme durchgeführt, das Kapital also aufgrund der Vorstandsentscheidung erhöht und das Bezugsrecht der Aktionäre ausgeschlossen, muss der vom Bezugsrecht ausgeschlossene Aktionär, der die Rechtmäßigkeit des Bezugsrechtsausschlusses bezweifelt, zumindest die Möglichkeit haben, Feststellungsklage zu erheben.

Wird durch ein Urteil rechtskräftig festgestellt, dass der Bezugsrechtsausschluss rechtswidrig war, stellt das Gericht damit allenfalls klar, dass die Vorstandsmitglieder pflichtwidrig gehandelt und das Bezugsrecht des Aktionärs verletzt haben. Das Bezugsrecht des klagenden Altaktionärs kann hingegen nicht mehr gewahrt werden, da die Neuaktionäre nach der Eintragung der bezugsrechtsfreien Kapitalerhöhung im Handelsregister die Aktien wirksam erwerben[1084]. Sollten die Verwaltungsmitglieder aber entgegen dem Feststellungsurteil den rechtswidrigen Zustand aufrechterhalten, besteht bei einem bereits gerichtlich festgestellten fehlerhaften Verwaltungshandeln zumindest die Chance, dass sich leichter eine Minderheit finden wird, die bereit ist, ihre Rechte wahrzunehmen und Befriedigung zu fordern. Dem auf der Rechtswidrigkeit des Bezugsrechtsausschlusses gründendem Urteil einer Feststellungsklage kommt insoweit präjudizielle Wirkung zu. Es bildet die Grundlage konkreter Schadensersatzansprüche der Aktionäre. Die Feststellungsklage kann insbesondere für den Fall von Vorteil sein, dass der klagende Aktionär seinen Anspruch auf Schadensersatz wegen Verletzung seines Bezugs- bzw. Mitgliedschaftsrechts noch nicht oder nicht ohne Durchführung einer aufwendigen Begutachtung beziffern kann. Das erforderliche rechtliche Interesse des Aktionärs an alsbaldiger Feststellung i.S.d. § 256 I ZPO ergibt sich bereits aus seiner Mitgliedschaft[1085]. Dasselbe gilt für die Klage des Aktionärs auf Feststellung der Nichtigkeit eines Hauptversammlungsbeschlusses gem. § 249 AktG[1086].

[1084] Vgl. *Lutter*, in: Kölner Kommentar zum AktG, § 204, Rdn. 25; *Hüffer*, AktG, § 186, Rdn. 17; *Hefermehl/Bungeroth*, in: Geßler/Hefermehl/Eckardt/ Kropff, Kommentar zum AktG, § 186, Rdn. 77.

[1085] So etwa *Mertens* AG 1990, 49, 50 für den Fall der Feststellungsklage in bezug auf die Nichtigkeit von Aufsichtsrats- und Vorstandsbeschlüssen; vgl. hierzu auch die Ausführungen des BGH im „Holzmüller"-Urteil (BGHZ 83, 122, 125 f.). *Brondics*, Die Aktionärsklage, S. 183, 187 nimmt demgegenüber an, das Feststellungsinteresse folge aus dem Umstand, dass das Feststellungsurteil Anträge in der Hauptversammlung auf Versagung der Entlastung für Vorstand und Aufsichtsrat rechtfertige. Vor dem Hintergrund, dass die Entlastungsverweigerung für die Amtsstellung der Verwaltungsmitglieder keine unmittelbaren rechtlichen Folgen hat und damit kein effektives Kontrollinstrument der Hauptversammlung darstellt (siehe dazu oben 3. Teil, § 2 B I), überzeugt dieser Standpunkt jedoch nicht.

[1086] BGHZ 43, 261, 265; vgl. auch *Hüffer*, AktG, § 249, Rdn. 11.

3. Die Beseitigungsklage

Die vom Bezug neuer Aktien ausgeschlossenen Aktionäre können ferner eine Klage auf Beseitigung der Beeinträchtigung erheben[1087]. Soweit die Durchführung der Kapitalerhöhung mit Bezugsrechtsausschluss noch nicht im Handelsregister eingetragen ist, neue Aktien aber ungeachtet des in § 191 S. 1 AktG geregelten Verbots an Dritte ausgegeben werden, sind die von Dritten erworbenen Aktien nichtig (vgl. § 191 S. 2 AktG). Eine Rückabwicklung der Aktienausgabe unter rechtswidrigem Ausschluss des Bezugsrechts der Altaktionäre ist in diesem Fall zur Beseitigung der Beeinträchtigung der Altaktionäre durchaus möglich, da Mitgliedschaftsrechte in der Person Dritter noch nicht wirksam entstanden sind[1088]. Die Ausgeber der neuen Aktien haften den Inhabern der nichtigen Aktien sodann persönlich auf Schadensersatz als Gesamtschuldner (vgl. § 191 S. 3 AktG).

4. Das einstweilige Rechtsschutzverfahren

Unabhängig von den dargelegten Klagemöglichkeiten steht den Aktionären auch das einstweilige Rechtsschutzverfahren (§§ 935 ff. ZPO) zur Verfügung[1089]. Der vom Bezug neuer Aktien ausgeschlossene Aktionär kann eine auf vorläufige Unterlassung der Eintragung der Kapitalerhöhung im Handelsregister gerichtete einstweilige Verfügung beantragen[1090]. Gerade im gesellschaftsrechtlichen Bereich stoßen derartige einstweilige Maßnahmen allerdings auf besondere Schwierigkeiten.

[1087] *Habersack*, Die Mitgliedschaft, subjektives und „sonstiges" Recht, S. 268 f., 358 f. nimmt auf der Grundlage des deliktsrechtlichen Ansatzes einen verschuldensunabhängigen Anspruch auf Beseitigung der Beeinträchtigung nach § 823 I BGB i.V.m. § 1004 I 1 BGB (analog) an. Auch die Vertreter des verbandsrechtlichen Ansatzes erwägen einen Anspruch auf Beseitigung, wenn die Maßnahme durchgeführt ist (vgl. *Brondics*, Die Aktionärsklage, S. 103 m.w.N.); siehe dazu auch *Habersack* DStR 1998, 533, 537: Wiederherstellung des *status quo ante* ganz im Sinne von BGHZ 83, 122, 125, 133 ff.

[1088] Zu den Problemen der Rückgängigmachung einer bereits eingetragenen Kapitalerhöhung mit Bezugsrechtsausschluß, vgl. unten, 3. Teil, § 2 F IV 2 a).

[1089] *Lutter*, in: Kölner Kommentar zum AktG, § 186, Rdn. 101.

[1090] Zur Durchsetzung einer ergänzenden Berichtspflicht im einstweiligen Verfügungsverfahren („Comerbank"-Verfahren): LG Frankfurt WM 2000, 2159 f.; OLG Frankfurt AG 2000, 268; siehe dazu insbesondere den Beitrag von *Schlitt/Seiler* ZHR 166 (2002), 544, 547 ff.

a) Die Problematik

Obwohl die Möglichkeit der Einleitung eines einstweiligen Rechtsschutzverfahrens im Gesellschaftsrecht nahezu einhellig anerkannt ist[1091], sind Funktion und Grenzen des vorläufigen Rechtsschutzes im Gesellschaftsrecht nach wie vor ungeklärt[1092]. Dies hängt nicht zuletzt mit der Unsicherheit zusammen, die generell über die Rolle und die Funktion des einstweiligen Rechtsschutzes im Zivilrecht einerseits und die Möglichkeit richterlicher Einflussnahme auf gesellschaftsrechtliche Fallgestaltungen andererseits besteht[1093].
Besondere Probleme resultieren vor allem aus den jeweiligen Eigenarten beider Rechtsgebiete. Das einstweilige Rechtsschutzverfahren beschränkt sich aufgrund der Eilbedürftigkeit der Gefahrenabwehr auf eine summarische Prüfung und eignet sich daher nicht für die Klärung schwieriger Rechtsfragen. Demgegenüber zeichnen sich die im Bereich des Gesellschaftsrechts ausgelösten Rechtsstreitigkeiten aber häufig durch komplexe tatsächliche und rechtliche Fragen aus. Dies gilt insbesondere in Zweifelsfällen der Kapitalerhöhungen mit Bezugsrechtsausschluss. Daher ergeben sich insoweit nicht nur Engpässe bei der Tatsachenermittlung, sondern auch bei der rechtlichen Prüfung[1094].
Obwohl der einstweilige Rechtsschutz in Fällen der zeitlichen Dringlichkeit im Gesellschaftsrecht ebenso erforderlich ist wie im Rahmen anderer bürgerlichrechtlicher Streitigkeiten, um die Effektivität des Hauptsacheverfahrens zu sichern, stößt das Verfahren im Gesellschaftsrecht auf Kritik. So warnt etwa das OLG Celle[1095] vor der Gefahr von „unangemessenen Eingriffen" in die Kompetenzen der Gesellschaftsorgane und eine Stimme in der Literatur[1096] stellt auf die „unerwünschte(r) Fremdbestimmung" der Gesellschaft ab.
Weiterhin ist zu beachten, dass „vorläufige" Regelungen im Gesellschaftsrecht entgegen dem Verbot der Vorwegnahme der Hauptsache[1097] besonders leicht zu einer endgültigen Verfestigung der Lage führen können[1098]. Eine auf vorläufige Unterlassung der Eintragung der Kapitalerhöhung im Handelsregister gerichtete einstweilige Verfügung kann schwerwiegende wirtschaftliche Folgen für die Gesellschaft haben, sei es durch den entgangenen Erwerb einer vielversprechenden Unternehmensbeteiligung oder durch die Verhinderung einer erfolgversprechenden Aktieneinführung an ausländischen Börsen. Der Aufschub ei-

---

[1091] Vgl. dazu bereits die Quellenangaben in Fußn. 942 und die Ausführungen von *Schlitt/Seiler* ZHR 166 (2002), 544 ff.
[1092] Siehe dazu etwa *Damm* ZHR 154 (1990), 413 ff.; *von Gerkan* ZGR 1985, 167 ff.; *Heinze* ZGR 1979, 293 ff.; *Semler* BB 1979, 1533 ff.
[1093] *Littbarski*, Einstweiliger Rechtsschutz im Gesellschaftsrecht, S. 1.
[1094] Siehe *Damm* ZHR 154 (1990), 413, 414, 421.
[1095] Vgl. OLG Celle GmbHRdsch 1981, 265.
[1096] So *von Gerkan* ZGR 1985, 167.
[1097] Näher dazu unten, 3. Teil, § 2 D III 4 b) bb) (2).
[1098] *Semler* BB 1979, 1533; *Damm* ZHR 154 (1990), 413, 414.

nes Finanzierungsvorhabens auf unbestimmte Zeit hat nicht nur den verspäteten Eintritt von Synergieeffekten zur Folge, sondern er führt häufig auch dazu, dass die Maßnahme endgültig unterbleibt.

b) Reichweite und Grenzen von einstweiligen Verfügungen im Gesellschaftsrecht

Die Reichweite und die Grenzen von einstweiligen Verfügungen im Gesellschaftsrecht sind, insbesondere im Hinblick auf das sog. Vorwegnahmeverbot, noch nicht abschließend geklärt[1099].

Die einstweilige Verfügung dient nicht der endgültigen Klärung der streitigen Rechtsbeziehung der Parteien; durch sie soll vielmehr immer nur eine einstweilige Regelung des Rechtsverhältnisses zwischen den Parteien getroffen werden, welche die Zeit gewährt, das Hauptsacheverfahren sinnvoll durchzuführen. Aus dieser Sicherungsfunktion sind wichtige Grenzen für das, was im Verfügungsverfahren nach pflichtgemäßem Ermessen des Gerichts an möglichen Maßnahmen angeordnet werden kann (vgl. § 938 I ZPO), abzuleiten[1100]. Die Maßnahme muss erforderlich und auch ausreichend sein, um den Zweck der einstweiligen Verfügung zu erreichen. Sie muss hinreichend bestimmt sein. Die angeordnete Maßnahme darf aber grundsätzlich nicht eine Entscheidung in der Hauptsache vorwegnehmen und endgültige Tatsachen schaffen[1101]. Denn die einstweilige Verfügung dient lediglich der Sicherung und grundsätzlich nicht der Befriedigung des Antragstellers hinsichtlich seines im Hauptverfahren geltend gemachten oder geltend zu machenden Klageanpruchs[1102]. Die angeordnete Maßnahme darf zudem nie über das hinausgehen, was der Gläubiger im Hauptsacheverfahren als Erfüllung des Streitigen verlangen kann[1103].

Zulässige Maßnahmen i.S.d. § 938 ZPO sind nur solche, die ihrem Rechtscharakter sowie ihrem Inhalte nach einstweilige Maßnahmen sind. Erst das Hauptverfahren kann an die Stelle der Einstweiligkeit der erlassenen Maßnahmen den endgültigen Zustand der Rechtsdurchsetzung setzen[1104].

[1099] Vgl. dazu nur OLG Frankfurt AG 2000, 268; OLG Stuttgart NJW 1987, 2449 und OLG Koblenz NJW 1986, 1692 f.

[1100] *Schuschke*, in: Schuschke/Walker, Kommentar zum Achten Buch der ZPO, § 938, Rdn. 11.

[1101] *Hartmann*, in: Baumbach/Lauterbach/Albers/Hartmann, ZPO Kommentar, § 938, Rdn. 3.

[1102] *Hartmann*, in: Baumbach/Lauterbach/Albers/Hartmann, ZPO Kommentar, § 938, Rdn. 3 m.w.N.; *Reichold*, in: Thomas/Putzo, ZPO Kommentar, § 938, Rdn. 4.

[1103] *Schuschke*, in: Schuschke/Walker, Kommentar zum Achten Buch der ZPO, § 938, Rdn. 11; *Hartmann*, in: Baumbach/Lauterbach/Albers/Hartmann, ZPO Kommentar, § 938, Rdn. 5.

[1104] *Heinze*, in: Münchener, ZPO Kommentar, 2. Auflage, § 938, Rdn. 11.

aa) Meinungsstand

Vereinzelte Stimmen im Schrifttum heben das Verbot hervor, die Hautsacheentscheidung vorwegzunehmen, und plädieren für eine Begrenzung auf einstweilige Verfügungen, die in ihrem Inhalt einer Hauptsacheentscheidung nachstehen[1105]. Demgegenüber orientiert sich ein Teil der Literatur an dem konkreten Regelungsbedarf und wendet sich damit gegen die weitgehende Beschränkung des einstweiligen Rechtsschutzverfahrens durch das Vorwegnahmeverbot[1106]. Diese unterschiedliche Anwendung des Vorwegnahmeverbotes entscheidet über Gewährung oder Versagung einstweiligen Rechtsschutzes gegen die drohende rechtswidrige Ausnutzung der Ermächtigung zur Kapitalerhöhung durch den Vorstand.
Ob die verschiedenen Positionen letztlich auch zu unterschiedlichen Ergebnissen führen, ist allerdings fraglich. Selbst nach der zuerst angeführten Meinung vermag in Ausnahmefällen der Inhalt der zu erlassenden einstweiligen Verfügung gleichwohl der Entscheidung im Hauptsacheverfahren nahe zu kommen oder mit dieser inhaltlich übereinstimmen[1107]. Die gegen eine strikte Beschränkung des Eilverfahrens durch das Vorwegnahmeverbot gerichtete Position hebt demgegenüber andere Grenzen des einstweiligen Rechtsschutzverfahrens stärker hervor. Dies gilt vor allem für die Aufwertung des „Verfügungsgrundes als Ort der Entscheidung“[1108].

bb) Eigener Ansatz

Im Bereich des Gesellschaftsrechts kann wie im Rahmen anderer bürgerlichrechtlicher Streitigkeiten die Notwendigkeit zur vorläufigen Sicherung eines Individualanspruchs des Antragsstellers bestehen. Es überzeugt daher nicht, den Anwendungsbereich des einstweiligen Rechtsschutzes im Gesellschaftsrecht über prinzipielle Zulässigkeitsvoraussetzungen hinaus einzugrenzen. Die Grenzbestimmung muss vielmehr bei grundsätzlich weitem Anwendungsbereich des Eilverfahrens im Rahmen der Voraussetzungen des Verfügungsverfahrens selbst erfolgen[1109]. Insbesondere macht die Bedeutung des einstweiligen Rechtsschutzverfahrens bei eintragungsbedürftigen Gesellschaftsbeschlüssen wie bei der Durchführung der Kapitalerhöhung deutlich, dass dem einstweiligen Rechtsschutz nicht durch zu hohe Zulässigkeitsanforderungen unüberwindbare Schranken gesetzt werden dürfen.

[1105] So etwa *Heinze* ZGR 1979, 293, 310 ff.
[1106] Siehe nur *von Gerkan* ZGR 1985, 167 ff., 171 f., 190.
[1107] *Heinze* ZGR 1979, 293, 312.
[1108] So *von Gerkan* ZGR 1985, 167, 187.
[1109] So im Ergebnis auch die Ausführungen von *Schlitt/Seiler* ZHR 166 (2002), 544, 551 ff.

(1) Die Bedeutung des einstweiligen Rechtsschutzverfahrens bei eintragungsbedürftigen Gesellschaftsbeschlüssen

Es ist im Grundsatz allgemein anerkannt, dass der Vollzug von Gesellschaftsbeschlüssen im Wege des einstweiligen Rechtsschutzes verhindert werden kann[1110]. Dabei kommen Differenzierungen mit Blick auf nichtige und bloß anfechtbare Beschlüsse oder nach nichteintragungsbedürftigen und eintragungsbedürftigen Gesellschafterbeschlüssen in Betracht. Für letztere spielt das einstweilige Rechtsschutzverfahren vor allem bei der Verhinderung der Eintragung rechtswidriger Beschlüsse in das Handelsregister eine besonders bedeutsame Rolle[1111]. Darauf gerichtete einstweilige Verfügungen sind bereits im Rahmen gesellschaftsrechtlicher „Großverfahren" ergangen[1112].

Für den Aktionär besteht bei Einreichen einer Klage gegen die (drohende) rechtswidrige Ausnutzung der Ermächtigung zur Kapitalerhöhung die Gefahr, dass wegen der langen Verfahrensdauer bei Entscheidungen über komplexe tatsächliche und rechtliche Fragen der Rechtsschutz zu spät kommt. Die Verletzung seines Bezugs- bzw. Mitgliedschaftsrechts tritt bereits mit Eintragung der Durchführung der Kapitalerhöhung im Handelsregister ein. Obwohl der Gesellschafter Klage erhebt, kann die Verwaltung dennoch die Aktien unter sachlich nicht gerechtfertigtem Ausschluss des Bezugsrechts an Dritte ausgeben, die die Aktien mit erlangter Eintragung der Kapitalerhöhung im Handelsregister wirksam erwerben. Der Eingriff in die Mitgliedschaft kann sodann nicht mehr beseitigt werden. Wie noch an anderer Stelle[1113] zu zeigen sein wird, kann der rechtswidrige Zustand wegen der besonderen Schwierigkeiten, auf die einerseits eine Rückabwicklung der bezugsrechtsfreien Kapitalerhöhung unter Verkehrsschutzgesichtspunkten stößt und andererseits auch für die nachträgliche Zuteilung neuer Aktien bestehen, nicht mehr behoben werden. Dieser Gefahr kann lediglich durch Anordnung eines „stand still", also der einstweiligen Unterlassung, vorgebeugt werden[1114]. Andernfalls ist der vom Bezugsrecht ausgeschlos-

---

[1110] Vgl. dazu OLG Koblenz NJW-RR 1986, 1039; OLG Frankfurt WM 1982, 282; Hamm DB 1992, 2129 f.; siehe auch *Semler* BB 1979, 1533, 1536.

[1111] Vgl. dazu OLG Koblenz NJW-RR 1986, 1039; *Semler* BB 1979, 1533, 1536; *Heinze* ZGR 1979, 293, 315 ff.; *Damm* ZHR 154 (1990), 413, 437 f.

[1112] Für den Erlass einer auf die Verhinderung der Eintragung eines Unternehmensvertrages gerichteten einstweiligen Verfügung, vgl. BGH JZ 1976, 561(„Audi-NSU"-Verfahren); für den Erlass einer auf die Unterlassung der Anmeldung eines Umwandlungsbeschlusses gerichteten einstweiligen Verfügung, vgl. LG Düsseldorf DB 1960, 172 („Feldmühle"-Verfahren); siehe dazu auch *Heinze* ZGR 1979, 293, 313, 315 ff., 322 ff.; *Damm* ZHR 154 (1990), 413, 437 f.

[1113] Eingehend dazu unten, 3. Teil, § 2 F IV 2 a) und b).

[1114] Siehe dazu *Martens*, in: Festschrift Steindorff, S. 151, 163; *Lutter* BB 1981, 861, 864; ebenso *Cahn* ZHR 164 (2000), 113, 118 und *Schlitt/Seiler* ZHR 166 (2002), 544, 549.

sene Aktionär zwangsläufig auf die nachträgliche gerichtliche Kontrolle in Form einer Schadensersatzklage angewiesen.
Angesichts der langwierigen Verfahrensdauer bei Klageerhebung und der Eilbedürftigkeit einer Entscheidung wegen der drohenden Registereintragung werden die Weichen für die wirtschaftliche Effektivität der Aktionärsklage gegen die rechtswidrige Ausnutzung der Ermächtigung zur Kapitalerhöhung schließlich in erster Linie im einstweiligen Verfügungsverfahren gestellt[1115].

(2) Beschränkung des einstweiligen Rechtsschutzes durch das Vorwegnahmeverbot?

Die Eintragung der Durchführung der bezugsrechtsfreien Kapitalerhöhung im Handelsregister kann durch verschiedene Maßnahmen des einstweiligen Rechtsschutzverfahrens verhindert werden: Die einstweilige Verfügung kann zunächst darauf gerichtet sein, der Gesellschaft die Stellung eines Eintragungsantrages gemeinsam durch den Vorstand und Aufsichtsratsvorsitzenden (vgl. §§ 203 I 1 i.V.m. 188 I AktG) zu untersagen. Der Gesellschaft kann durch die einstweilige Maßnahme auch auferlegt werden, einen bereits gestellten Eintragungsantrag wieder zurückzunehmen. Diese beiden Maßnahmen können allerdings zu spät kommen oder von den Verwaltungsmitgliedern missachtet werden. Ergänzend ist daher die Möglichkeit in Betracht zu ziehen, dass das Gericht des einstweiligen Rechtsschutzes eine einstweilige Maßnahme dahingehend erlässt, dass die Eintragung für unzulässig erklärt wird.
Durch alle Maßnahmen wird, wenn auch zeitlich begrenzt, bereits das Ziel des Hauptklageanspruchs, Verhinderung des Wirksamwerdens der Kapitalerhöhung mit Bezugsrechtsausschluss, vorweggenommen. Das lässt sich allerdings dadurch rechtfertigen, dass allein auf diese Weise der antragsstellende Aktionär vor irreparablen Nachteilen bewahrt werden kann und mithin ein dringendes Bedürfnis für die Vorwegnahme der Hauptsache im Eilverfahren besteht.
Eine vollständige - vorläufige - Erfüllung des im Hauptsacheverfahren durchzusetzenden materiellrechtlichen Anspruchs im Verfahren über den Erlass einer einstweiligen Verfügung kommt in Betracht, wenn das Abwarten des Hauptsacheverfahrens den Antragsteller rechtlos stellen würde und praktisch auf eine Rechtsschutzverweigerung durch die Gerichte hinauslaufen würde[1116]. Auch in einem solchen Fall haben aber Maßnahmen, die wenn einmal durchgeführt, nicht nur tatsächlich, sondern auch rechtlich irrevisibel sind, zu unterbleiben. Tatsächlich irrevisibel ist der Erfolg nahezu aller Unterlassungsverfügungen, da die einmal bereits unterlassene Handlung zwar oft später noch nachgeholt, aber eben nicht zum bereits verstrichenen Zeitpunkt vorgenommen werden kann.

[1115] *Wellkamp* DZWir 1994, 221, 226.
[1116] *Schuschke*, in: Schuschke/Walker, Kommentar zum Achten Buch der ZPO, § 938, Rdn. 12; *Reichold*, in: Thomas/Putzo, ZPO Kommentar, § 938, Rdn. 4 m.w.N.

Dennoch ist dieser tatsächliche Erfolg nicht rechtlich irrevisibel[1117], so dass eine auf vorläufige Unterlassung der Eintragung der Kapitalerhöhung im Handelsregister gerichtete einstweilige Verfügung möglich ist.
So wurde beispielsweise auch auf Antrag eines Aktionärs - noch unter Geltung des Umwandlungsgesetzes von 1956[1118] - im Wege einer einstweiligen Verfügung die Anmeldung des Umwandlungsbeschlusses beim Registergericht untersagt[1119]. Nach Auffassung des LG Düsseldorf[1120] war hierfür entscheidend, dass durch die Eintragung des Umwandlungsbeschlusses die Rechte des Verfügungsklägers als Aktionär wesentlich beeinträchtigt werden konnten und zur Abwendung dieser Nachteile gerade die Verhinderung der Eintragung notwendig war. Der Verfügungskläger hatte ein berechtigtes Interesse daran, seine Aktionärsrechte mindestens solange zu behalten, bis von zuständiger Stelle eine Entscheidung darüber ergangen ist, ob der gefasste Umwandlungsbeschluss mit den geltenden gesetzlichen Bestimmungen vereinbar war oder nicht.
Diese Entscheidung des LG Düsseldorf ist zu begrüßen. Denn der konstitutive Akt der Eintragung, z.B. bei Satzungsänderungen, Kapitalerhöhungen usw., hat für die prozessuale Rechtsverwirklichung des Klägers regelmäßig irreparable Nachteile zur Folge. Gegen diese kann selbst ein obsiegendes Urteil letztlich nichts bewirken. Entgegen der Ansicht des OLG Düsseldorf[1121] liegt eine Gefährdung des Antragsstellers zudem schon in der Anmeldung der Eintragung beim Registergericht[1122].

Eine einstweilige Verfügung, die auf vorläufige Unterlassung der Eintragung der Kapitalerhöhung im Handelsregister gerichtet ist, kann nicht bereits an dem Vorwegnahmeverbot scheitern. Das Vorwegnahmeverbot beruht letztlich nur auf einem Vergleich der potentiellen Hauptsachentscheidung mit der in Betracht kommenden Eilmaßnahme, so dass es insoweit durch ein stark formales Element gekennzeichnet ist, das überdies nur die Interessen des Antragsgegners berücksichtigt[1123]. Es besteht allerdings kein Grund, den Antragsgegner unter

---

[1117] *Schuschke*, in: Schuschke/Walker, Kommentar zum Achten Buch der ZPO, § 938, Rdn. 12.
[1118] BGBl. I S. 844.
[1119] LG Düsseldorf DB 1960, 172 f.; grundsätzlich zustimmend zur Möglichkeit des Erlasses einer einstweiligen Verfügung auch OLG Düsseldorf DB 1960, 520, 522 als Berufungsgericht, das aber im konkreten Fall die gesetzlichen Voraussetzungen einer einstweiligen Verfügung als nicht erfüllt angesehen hat, da der Antragssteller nicht genügend glaubhaft gemacht habe, dass er durch eine Anmeldung des Umwandlungsbeschlusses zur Eintragung ins Handelsregister erhebliche Nachteile erleiden werde.
[1120] LG Düsseldorf DB 1960, 172.
[1121] OLG Düsseldorf DB 1960, 520, 522.
[1122] Vgl. dazu *Heinze* ZGR 1979, 293, 305, 310, 315, 322 ff.; zustimmend auch *Hüffer*, in: Münchener Kommentar zum AktG, § 2443, Rdn. 144.
[1123] So etwa *von Gerkan* ZGR 1985, 167, 182.

Berufung auf das Vorwegnahmeverbot[1124] von vornherein zu bevorzugen, während der Schutz des Aktionärs unter Hinweis auf eine drohende Präjudizierung des Hauptsacheverfahrens beschränkt wird. Der Einwand der präjudizierenden Wirkung gilt für beide Parteien. Es besteht kein Interessenvorrang für eine Seite[1125]. Ob der Erlass einer einstweiligen Verfügung zulässig ist, hängt jeweils von den besonderen Umständen des Einzelfalls ab, d.h. von einer Bewertung der beiderseits auf dem Spiel stehenden Interessen der Beteiligten[1126].

c) Die Voraussetzungen des einstweiligen Rechtsschutzverfahrens

Voraussetzung einer einstweiligen Verfügung sind ein Verfügungsanspruch und ein Verfügungsgrund. Mit Blick auf die unvermeidlich verbleibenden Erkenntnislücken des summarischen Verfahrens bedarf es zudem einer folgenorientierten Interessenabwägung[1127]. Dabei ist die Prüfungsintensität hinsichtlich des Verfügungsanspruchs und die interessenbezogenen Abwägungsintensität hinsichtlich des Verfügungsgrundes bedeutend. Denn der einstweilige Rechtsschutz im Gesellschaftsrecht trifft vor allem auf das Spannungsverhältnis von Individualschutz und Institutionenschutz, so dass die Zulässigkeitsschranken und Grenzen des einstweiligen Rechtsschutzes besonderes Gewicht haben[1128]. Die Intensität der rechtlichen Prüfung des Verfügungsanspruchs und des Verfügungsgrundes hängt zwar nicht von der Schwierigkeit der zu entscheidenden Rechtsfragen und dem jeweiligen Rechtsgebiet ab. Eine genauere Prüfung der Voraussetzungen des einstweiligen Rechtsschutzes ist aber erforderlich, wenn eine Fehlbeurteilung bezüglich des Hauptsacheanspruchs zu schwerwiegenden wirtschaftlichen Folgen führen würde[1129], wie es gerade im Rahmen von Gesellschaftsstreitigkeiten der Fall sein kann[1130].
Das summarische Verfahren im Arrest- und einstweiligen Verfügungsprozess ist mit erhöhten Fehlentscheidungsrisiken verbunden[1131], die insbesondere im Bereich des Gesellschaftsrechts Korrektive erfordern. Die Risiken ergeben sich vor allem aus der im Unterschied zum Hauptsacheverfahren ausreichenden

---

[1124] Siehe dazu etwa OLG Koblenz NJW 1991, 1119 f.; *Damm* ZHR 154 (1990), 413, 415 ff.; *Zutt* ZHR 155 (1991), 190, 199 ff.

[1125] Vgl. dazu OLG Koblenz GmbHR 1986, 428, 429; *von Gerkan* ZGR 1985, 167, 181 f.; *Damm* ZHR 154 (1990), 413, 435; *Wellkamp* DZWir 1994, 221, 226; allgemein einschränkend auch *Zutt* ZHR 155 (1991), 190, 199 ff.

[1126] Vgl. OLG Koblenz DB 1990, 2413.

[1127] *Damm* ZHR 154 (1990), 413, 422.

[1128] *Heinze*, in: Münchener, ZPO Kommentar, 2. Auflage, § 935, Rdn. 136; *ders*. ZGR 1979, 293, 294; *Damm* ZHR 154 (1990), 413, 414.

[1129] *Vollkommer*, in: Zöller, ZPO Kommentar, § 935, Rdn. 7.

[1130] Siehe dazu bereits oben im 3. Teil, unter § 2 D III 4 a).

[1131] *Walker*, in: Schuschke/Walker, Kommentar zum Achten Buch der ZPO, Vor § 916, Rdn. 6, 37 f.

Glaubhaftmachung (vgl. § 920 II ZPO), für die im Zweifel eine eidesstattliche Versicherung (§ 294 ZPO) genügt, sowie aus dem möglichen Verzicht auf eine mündliche Verhandlung (vgl. §§ 922 I, 937 II ZPO).
Über den Einsatz des einstweiligen Rechtsschutzes im Gesellschaftsrecht wird allerdings nach situationsspezifischen und daher flexibleren Kriterien entschieden. So ist in der Rechtsprechung zum gesellschaftsrechtlichen Verfügungsverfahren eine Zurückdrängung abstrakter Zulässigkeitsgrenzen bei gleichzeitiger Hervorhebung konkreter Gefährdungs- und Interessenlagen zu erkennen[1132]. Im Rahmen der Kontroverse zur einstweiligen Verfügung gegen einen drohenden Gesellschafterbeschluss hat das OLG Stuttgart[1133] bei grundsätzlich unterstellter Zulässigkeit auf die „Bewertung der beiderseits auf dem Spiel stehenden legitimierten Rechtsinteressen" bzw. auf eine „umfassende Abwägung der beiderseitigen Interessen" abgestellt.

aa) Der Verfügungsanspruch

Der Verfügungsanspruch i.S.d. § 935 ZPO bei der auf vorläufige Unterlassung der Durchführung der Kapitalerhöhung gerichteten einstweiligen Verfügung folgt aus dem Mitgliedschaftsrecht des Aktionärs, das als Grundlage der autonomen Klagebefugnis anerkannt ist.
Der antragstellende Aktionär muss sowohl die Gründe für die drohende Verletzung seines Bezugs- bzw. Mitgliedschaftsrechts infolge rechtswidriger Ausnutzung der Ermächtigung zur Kapitalerhöhung als auch die erhobene oder unmittelbar bevorstehende Abwehrklage glaubhaft machen[1134].
Die besonderen Voraussetzungen einer sog. Leistungsverfügung[1135] gelten nicht. Die einstweilige Verfügung, die auf vorläufige Unterlassung der Eintragung der bezugsrechtsfreien Kapitalerhöhung im Handelsregister gerichtet ist, führt zwar praktisch zu einer „Befriedigung" des „gesicherten" Unterlassungsanspruchs. Sie ist aber kein Unterfall der Leistungsverfügung, sondern ähnelt vielmehr aufgrund ihres abwehrenden Charakter einer Sicherungsverfügung[1136].

[1132] Vgl. nur OLG Stuttgart NJW 1987, 2449 und OLG Koblenz NJW 1986, 1692 f.
[1133] OLG Stuttgart NJW 1987, 2449.
[1134] Vgl. *Littbarski*, Einstweiliger Rechtsschutz im Gesellschaftsrecht, S. 57 f. m.w.N.
[1135] Siehe dazu *Reichold*, in: Thomas/Putzo, ZPO Kommentar, § 940, Rdn. 6 ff. m.w.N. und *Vollkommer*, in: Zöller. ZPO Kommentar, § 940, Rdn. 6 m.w.N.
[1136] Vgl. dazu *Vollkommer*, in: Zöller, ZPO Kommentar, § 940, Rdn. 1.

bb) Der Verfügungsgrund

Als Verfügungsgrund kommt die drohende Registereintragung in Betracht[1137]. Der antragsstellende Aktionär kann den Verfügungsgrund dahingehend glaubhaft machen, dass durch die Eintragung der Durchführung der bezugsrechtsfreien Kapitalerhöhung in das Handelsregister die Verwirklichung seines Mitgliedschaftsrechts vereitelt bzw. wesentlich erschwert wäre.

cc) Die folgenorientierte Interessenabwägung

Bei der Prüfung des Verfügungsanspruchs ist aufgrund der bereits betonten besonderen Komplexität von Gesellschaftsstreitigkeiten von einer abgestuften Prüfungsintensität auszugehen[1138]: je schwerwiegender die betroffenen Interessen des Antragsstellers (des vom Bezug neuer Aktien ausgeschlossenen Aktionärs an der Erhaltung seiner ursprünglichen Beteiligungsquote) sind, um so geringer sind die Anforderungen an die Prüfung der Anspruchsberechtigung. Je schwerwiegender die Interessen des Antragsgegners (der Gesellschaft an der Durchführung einer Kapitalerhöhung mit Bezugsrechtsausschluss) sind, um so strengere Anforderungen bestehen an die Prüfung der Anspruchsberechtigung[1139].

Die Abstimmung von Individual- und Institutionenschutz gestaltet sich im Bereich gesellschaftsrechtlicher Streitigkeiten problematisch[1140]. Angesichts der komplexen tatsächlichen und rechtlichen Fragen, die sich bei der Überprüfung von Gesellschaftsbeschlüssen stellen, wird die Schlüssigkeit des Verfügungsanspruchs des Aktionärs auf vorläufige Unterlassung der Eintragung der Kapitalerhöhung im Handelsregister stets einer genauen Prüfung zu unterziehen sein. Das Prozessgericht wird nicht ohne weiteres eine schlüssige Glaubhaftmachung der drohenden rechtswidrigen Beeinträchtigung der Rechtsstellung des Aktionärs annehmen können. Es wird sich in Anbetracht der Folgen der Nichteintragung der Durchführung der Kapitalerhöhung im Handelsregister vielmehr äußerste Zurückhaltung auferlegen müssen, um nicht die im Verfahren des einstweiligen Rechtsschutzes getroffene Prognose später im Hauptsacheverfahren revidieren zu müssen.

Es darf nicht außer Acht gelassen werden, dass es sich im Rahmen einstweiliger Rechtsschutzverfahren um zum Teil schwerwiegende richterliche Eingriffe in den Vollzug von Gesellschaftsbeschlüssen auf der Grundlage eines nur summa-

---

[1137] Siehe dazu etwa *Heinze* ZGR 1979, 293, 313, 315 und die Ausführungen von *Hüffer*, AktG, § 243, Rdn. 66 im Zusammenhang mit Anfechtungsklagen.

[1138] *Damm* ZHR 154 (1990), 413, 421; *Heinze* ZGR 1979, 293, 307.

[1139] Siehe *von Gerkan* ZGR 1985, 167, 175 f.; *Damm* ZHR 154 (1990), 413, 423; *Schlitt/Seiler* ZHR 166 (2002) 544, 569 f.

[1140] Vgl. *Damm* ZHR 154 (1990), 413, 440.

rischen Verfahrens handelt. Der Richter muss daher die Schlüssigkeit des Verfügungsanspruchs insbesondere dann genauer prüfen, wenn eine Fehlbeurteilung bezüglich des Hauptsacheanspruchs zu schwerwiegenden wirtschaftlichen Folgen führen würde[1141]. Wie bereits ausgeführt[1142], können mit der Verzögerung der Durchführung der Kapitalerhöhung erhebliche wirtschaftliche Folgen für die Gesellschaft einhergehen. Der Aufschub eines Finanzierungsvorhabens auf unbestimmte Zeit führt letztlich nicht selten dazu, dass die Maßnahme endgültig unterbleibt.

Beantragt beispielsweise ein Kleinaktionär den Erlass einer einstweiligen Verfügung, die auf die vorläufige Unterlassung der Eintragung der bezugsrechtsfreien Kapitalerhöhung im Handelsregister gerichtet ist, führt die folgenorientierte Interessenabwägung in der Regel zu einem Überwiegen der Belange der Gesellschaft an der Durchführung der Kapitalerhöhung. Das Interesse eines Kleinaktionärs beschränkt sich für den Fall seines Obsiegens in der Hauptsache darauf, dass eine durch den Vollzug der Kapitalmaßnahme unter Ausschluss seines Bezugsrechts eingetretene Minderung seiner anteilsmäßigen Beteiligungsquote am Grundkapital - in vielen Fällen wenige hundert Euro - kompensiert wird. Dass demgegenüber die Nachteile der Gesellschaft für den Fall ihres Unterliegens überwiegen werden, liegt auf der Hand.

Beantragt dagegen ein Aktionär, der in erheblichem Umfang an der Gesellschaft beteiligt ist, und dessen Beteiligungsquote ihm damit bestimmte Herrschaftsrechte vermittelt, den Erlass einer einstweiligen Verfügung, so kann sein Interesse am Erhalt seiner ursprünglichen Beteiligungsquote das Interesse der Gesellschaft an der Durchführung der bezugsrechtsfreien Kapitalerhöhung überwiegen[1143].

Bleiben nach alledem Zweifel im Rahmen der folgenorientierten Interessenabwägung bestehen, wird eine einstweilige Verfügung mit Rücksicht auf die allgemeine „Legitimationslast" des Antragsstellers und den Eingriff in die Kompetenzen des Vorstandes eher abzulehnen sein[1144].

dd) Das Prinzip des geringst möglichen Eingriffs

Der Gefahr der endgültigen Verschiebung der ursprünglichen Beteiligungsquoten am Grundkapital der Gesellschaft infolge eines Bezugsrechtsausschlusses kann allein durch die Verhinderung der Eintragung der bezugsrechtsfreien Kapitalerhöhung im Handelsregister Rechnung getragen werden. Die Eilmaßnah-

---

[1141] *Vollkommer*, in: Zöller, ZPO Kommentar, § 935, Rdn. 7 m.w.N.

[1142] Siehe oben, 3. Teil, § 2 D III 4 a).

[1143] *Schlitt/Seiler* ZHR 166 (2002), 544, 571 stellen ebenso u.a. auf den Umfang des Beteiligungsbesitzes ab.

[1144] Vgl. *von Gerkan* ZGR 1985, 167, 177; *Schlitt/Schleier* ZHR 166 (2002), 544, 571 und zur Darlegungs- und Beweislastverteilung im Prozess näher unten, 3. Teil, § 2 D V.

me in Form der Untersagung der Eintragung der bezugsrechtsfreien Kapitalerhöhung im Handelsregister ist daher im Regelfall erforderlich und wird sich zugleich als geringst möglicher Eingriff in die Interessen der Gesellschaft darstellen[1145].

Es ist anerkannt, dass die Untersagung der Beschlussausführung gegenüber der Untersagung der Beschlussfassung im Rahmen des einstweiligen Rechtsschutzes den Vorrang besitzt und mithin den geringeren Eingriff darstellt[1146]. Als mildere Alternativen als die Untersagung der Eintragung der Kapitalerhöhung im Handelsregister kommen allein „verbandsinterne Konfliktlösungswege"[1147] in Betracht. Beschließt der Vorstand beispielsweise, die Vollziehung der genehmigten Kapitalerhöhung mit Bezugsrechtsausschluss zunächst auszusetzen, könnte dies dem Erlass einer einstweiligen Verfügung solange entgegenstehen bis der Vorstand wieder die Aufhebung der Aussetzung beschließt[1148].

d) Der Inhalt der einstweiligen Verfügung

Welche der angeführten einstweiligen Maßnahmen[1149] gegen einen drohenden, sachlich nicht gerechtfertigten Bezugsrechtsausschluss das Gericht in Ausfüllung des Beurteilungsspielraums des § 938 I ZPO für sachdienlich und notwendig erachtet, kann nur aufgrund des konkreten Einzelfalls entschieden werden. Die beiden Möglichkeiten, der Gesellschaft die Stellung eines Eintragungsantrages durch den Vorstand und Aufsichtsratsvorsitzenden zu untersagen oder der Gesellschaft aufzuerlegen, einen bereits gestellten Eintragungsantrag wieder zurückzunehmen, genügen nicht, soweit die Gefahr besteht, dass diese einstweiligen Verfügungen missachtet werden oder zu spät kommen. Bei erheblicher Gefährdung der vom Bezug neuer Aktien ausgeschlossenen Aktionäre kann daher nur eine solche einstweilige Maßnahme eine hinreichende Sicherung bieten, welche die beantragte Eintragung der Durchführung der Kapitalerhöhung für unzulässig erklärt[1150]. Die Besonderheit einer derartigen Eilmaßnahme liegt darin, dass sie in einem Parteiverfahren zwischen dem antragsstellenden Aktionär

---

[1145] *Damm* ZHR 154 (1990), 413, 422 f., 441; nach *Raiser*, Recht der Kapitalgesellschaften, S. 194 seien Bemühungen des Gesellschafters um eine zuständigkeitskonforme Konfliktlösung bzw. deren Aussichtslosigkeit als Anspruchsvoraussetzung darzulegen.

[1146] Siehe OLG Hamm DB 1992, 2129 f.

[1147] Vgl. dazu etwa *Damm* ZHR 154 (1990), 413, 441 sowie OLG Stuttgart NJW 1987, 2449; OLG Hamm GmbHR 1993, 163 f.

[1148] *Wellkamp* DZWir 1994, 221, 226.

[1149] Siehe dazu oben, 3. Teil, § 2 D III 4 b) bb) (2).

[1150] Vgl. auch *Schlitt/Seiler* ZHR 166 (2002), 544, 564, die darüber hinaus für den Fall, dass die Eintragung der Durchführung der Kapitalerhöhung bereits erfolgt ist, auf die Möglichkeit einer einstweiligen Verfügung hinweisen, die die weitere Durchführung der Kapitalerhöhung, insbesondere die Ausgabe der neuen Aktien untersagt.

und der Gesellschaft ergeht, sich jedoch inhaltlich an den Registerrichter wendet, der die Eintragung für unzulässig erklären soll.
Ausgehend von der Regelung des § 16 II HGB, welche die Möglichkeit von Entscheidungen voraussetzt, die den Registerrichter binden, ist die Diskrepanz zu der Regelung des § 127 FGG dahingehend aufzulösen, dass eine einstweilige Verfügung mit Bindungswirkung gegenüber dem Registerrichter insoweit uneingeschränkt zulässig und möglich ist, als der Registerrichter ebenfalls an eine rechtskräftige Entscheidung des Prozessgerichts in der Hauptsache gebunden wäre[1151]. Da eine solche Bindung des Registerrichters sowohl an die Urteile des Prozessgerichts im Rahmen von Anfechtungsverfahren[1152] als auch im Rahmen von Nichtigkeitsverfahren nach §§ 246, 249 AktG gegeben ist, kann auch bei ähnlich gelagerten Verfahren, wie der Aktionärsklage gegen die rechtswidrige Ausnutzung der Ermächtigung zur Kapitalerhöhung, eine Maßnahme des einstweiligen Rechtsschutzes mit Bindungswirkung gegenüber dem Registerrichter ergehen. Eine solche einstweilige Verfügung ist eine vollstreckbare Entscheidung i.S.d. § 16 II HGB, die das Registergericht bindet[1153].

IV. Zwischenergebnis

Gegen die (drohende) rechtswidrige Ausnutzung der Ermächtigung zur Kapitalerhöhung stehen den vom Bezug neuer Aktien ausgeschlossenen Aktionären zunächst präventive Rechtsbehelfe in Form einer Unterlassungs-, Feststellungs- bzw. Beseitigungsklage oder im Wege einer einstweiligen Verfügung zu.
Angesichts der langwierigen Verfahrensdauer bei Klageerhebung und in Anbetracht der Eilbedürftigkeit einer Entscheidung wegen der drohenden Registereintragung werden die Weichen für die wirtschaftliche Effektivität der Aktionärsklage in erster Linie im einstweiligen Verfügungsverfahren gestellt. Obwohl eine auf vorläufige Unterlassung der Eintragung der bezugsrechtsfreien Kapitalerhöhung im Handelsregister gerichtete einstweilige Verfügung bereits das Ziel des Hauptklageanspruchs praktisch vorwegnimmt, scheitert sie nicht an dem Vorwegnahmeverbot. Denn die Verletzung des Bezugs- bzw. Mitgliedschaftsrechts der Gesellschafter kann allein durch die Anordnung der einstweiligen Unterlassung der Eintragung der Kapitalerhöhung abgewendet werden. Auf der Grundlage einer folgenorientierten Interessenabwägung wird der Verfügungsanspruch des Aktionärs allerdings nur unter engen Voraussetzungen anzunehmen sein.

[1151] Siehe *Heinze* ZGR 1979, 293, 316.

[1152] Vgl. LG Heilbronn AG 1971, 372 zur drohenden Verletzung des aus der Mitgliedschaft folgenden Anfechtungsrechts des Aktionärs (§ 245 AktG).

[1153] Siehe dazu auch OLG Koblenz NJW-RR 1986, 1039; *Hüffer*, in: Staub, HGB Großkommentar, § 16, Rdn. 6, 10, 12, 25 ff.; *Damm* ZHR 154 (1990), 413, 437 f.; *Heinze* ZGR 1979, 293, 313, 316; *Schlitt/Seiler* ZHR 166 (2002), 544, 564.

Vor dem Hintergrund, dass ein rechtzeitiger vorbeugender Schutz gegen die Beeinträchtigung von Aktionärsrechten allenfalls im Wege des einstweiligen Rechtsschutzverfahrens durchgesetzt werden kann und die Aktionäre ein solches grundsätzlich überhaupt nur dann einleiten können, wenn sie der Vorstand über die für die Beurteilung der Zulässigkeit des Bezugsrechtsausschlusses notwendigen Einzelheiten seines Finanzierungsvorhabens ergänzend informiert hat[1154], ist zweifelhaft, ob auf diese Weise der Ausfall präventiver gerichtlicher Kontrolle des Ermächtigungsbeschlusses im Wege eines Anfechtungsverfahrens ausgeglichen werden kann. Die praktische Bedeutung der Rechtsschutzmöglichkeiten der Aktionäre gegen rechtswidriges Verwaltungshandeln hängt zudem entscheidend von der Darlegungs- und Beweislastverteilung und den bestehenden Kostenrisiken im Prozess ab.

V. Die Darlegungs- und Beweislastverteilung im Prozess

1. Einleitung

Dem allgemeinen Beweislastprinzip folgend obliegt jeder Partei die Darlegung der tatsächlichen Voraussetzungen der für sie günstigen Rechtsnormen[1155]. Demnach ist es an sich Sache des einzelnen Gesellschafters, bei einer Klage auf Unterlassung der Durchführung der Kapitalerhöhung mit unzulässigem Bezugsrechtsausschluss wie bei einer Klage auf Feststellung der Rechtswidrigkeit des Bezugsrechtsausschlusses darzulegen und zu beweisen, dass der Vorstand die Ermächtigungsgrenzen und/oder seinen unternehmerischen Ermessensspielraum, z.B. wegen eigensüchtiger gesellschaftsfremder Interessen, zu überschreiten droht bzw. überschritten hat. Weiterhin müsste er bei einer Unterlassungsklage darlegen und beweisen, dass er aufgrund eines bevorstehenden sachlich nicht gerechtfertigten Bezugsrechtsausschlusses in seinem Bezugs- bzw. Mitgliedschaftsrecht bedroht wird.
Stellt der Gesellschafter einen Antrag auf Anordnung einer einstweiligen Verfügung, die auf vorläufige Unterlassung der Eintragung der Kapitalerhöhung im Handelsregister gerichtet ist, ist die Beweisführung für ihn dadurch erleichtert, dass er das Vorliegen eines Verfügungsanspruchs und eines Verfügungsgrundes lediglich glaubhaft machen muss (vgl. § 294 ZPO). Nach der Rechtsprechung[1156] und der überwiegenden Meinung im Schrifttum[1157] gelten im Eilver-

---

[1154] Siehe zur ergänzenden Berichterstattung als notwendige Voraussetzung präventiver Kontrolle, 2. Teil, § 2 A III 1, 3. Teil, § 2 D II.
[1155] Vgl. dazu etwa *Greger*, in: Zöller, ZPO Kommentar, Vor § 284, Rdn. 18.
[1156] OLG Stuttgart WRP 1991, 268, 269; OLG Frankfurt BB 1991, 96, 97.
[1157] Siehe etwa *Reichold*, in: Thomas/Putzo, ZPO Kommentar, Vorbem § 916, Rdn. 9; *Vollkommer*, in: Zöller, ZPO Kommentar, Vor § 916, Rdn. 6a m.w.N.; a.A. *Hirtz* NJW 1986, 110 ff. m.w.N. (volle Beweislast des Antragstellers).

fahren für die Verteilung der Beweislast keine Besonderheiten; sie entspricht bei Anhörung der gegnerischen Partei der im Hauptsacheverfahren.

2. Die Problematik

Überschreitet der Vorstand beim Gebrauchmachen von der Ermächtigung zur bezugsrechtsfreien Kapitalerhöhung offensichtlich seine Handlungsgrenzen[1158], kann der vom Bezug neuer Aktien ausgeschlossene Aktionär die Rechtswidrigkeit des Bezugsrechtsausschluss unproblematisch nachweisen. Was die Übereinstimmung der geplanten Kapitalmaßnahme des Vorstandes mit dem „wohlverstandenen" Gesellschaftsinteresse angeht, wird es für den einzelnen Gesellschafter jedoch regelmäßig schwierig zu beurteilen sein, ob der Vorstand seinen unternehmerischen Ermessensspielraum ordnungsgemäß ausgeübt und eine vertretbare Entscheidung im Gesellschaftsinteresse getroffen hat. Dem einzelnen Gesellschafter fehlen in der Regel die für einen aussichtsreichen Rechtsschutz erforderlichen Kenntnisse über tatsächliche Zusammenhänge und Einzelheiten der beanstandeten Finanzierungsmaßnahme. Einem durchschnittlichen Aktionär werden die spezifische Unternehmenssituation, die eigenen Ressourcen und die der Konkurrenten sowie die konkreten Gegebenheiten und Entwicklungen des Marktes, in dem die Gesellschaft tätig ist bzw. tätig werden möchte, nicht hinreichend genug bekannt sein, um die unternehmerische Entscheidung auf ihre Übereinstimmung mit dem Gesellschaftsinteresse überprüfen zu können. Ob es sich beispielsweise bei einem Erwerb einer Beteiligung an einem anderen Unternehmen gegen Überlassung von Aktien um eine vertretbare unternehmerische Entscheidung handelt, hängt von zahlreichen Faktoren ab (Unternehmensbranche, geographische Belegenheit, strategische Bedeutung, Umfang und Verwendung), die der Aktionär ohne detaillierte Informationen kaum beurteilen können wird.

Die vollständige Tatsachengrundlage, auf welche der Vorstand seine Entscheidung über den Einsatz des bezugsrechtsfreien genehmigten Kapitals stützt, ist dem einzelnen Aktionär regelmäßig nicht bekannt. Dies hat zur Folge, dass es einem Gesellschafter nur schwer gelingen wird, dem Vorstand vorzuwerfen, dass er weder von zutreffenden und vollständigen Tatsachen ausgegangen ist noch alle wesentlichen Gesichtspunkte berücksichtigt hat. Die individuellen Erwägungen, welche die Vorstandsmitglieder ihrer Entscheidung zugrundelegen, werden dem Aktionär in der Regel gerade nicht offengelegt. Abgesehen von offensichtlichen Missbrauchsfällen kann der Aktionär daher nicht beurteilen, ob sich der Vorstand beim Ausnutzen der Ermächtigung ausschließlich von vertretbaren unternehmerischen Erwägungen im Gesellschaftsinteresse hat leiten lassen oder unter Berücksichtigung von Eigeninteressen, wie etwa dem Streben nach Sicherung der eigenen Position, tätig wurde.

[1158] Vgl. eingehend dazu oben, 2. Teil, § 3.

Selbst wenn der Vorstand die Aktionäre ordnungsgemäß ergänzend informiert oder spätestens über die Einzelheiten seines Vorgehens auf der nächsten ordentlichen Hauptversammlung berichtet[1159], werden dem klagenden Aktionär nicht selten die dargelegten Informationen über die inneren Vorgänge, die Verhältnisse der Gesellschaft und den Bereich der Geschäftsführung verborgen bleiben, die für die Beweisführung notwendig sind. Auch ein vorgeschaltetes Verfahren auf Auskunftserteilung nach § 131 AktG wird dem Aktionär angesichts der lediglich punktuellen Information nicht weiterhelfen. Selbst wenn der Vorstand insoweit aufschlussreiche Angaben macht, wird der klagende Aktionär diese kaum nachprüfen können, um gegebenenfalls den Gegenbeweis anzutreten. Die Aktionärsklage bzw. die einstweilige Verfügung würde aufgrund eines solchen Verfahrens einen erheblichen Teil ihrer Durchschlagskraft verlieren[1160].

Die Beweisschwierigkeiten für die vom Bezugsrechtsausschluss betroffenen Aktionäre, die außerhalb des maßgeblichen Geschehensablaufes stehen und den rechtserheblichen Sachverhalt von sich aus nicht ermitteln können, während die Gegenpartei die erforderlichen Informationen hat, liegen damit auf der Hand. Im folgenden bleibt zu klären, inwieweit das allgemeine Beweislastprinzip bei einer Aktionärsklage gegen die Durchführung einer genehmigten Kapitalerhöhung unter Ausschluss des Bezugsrechts durch den Vorstand Ausnahmen und Lockerungen zulässt.

3. Darlegungs- und Beweislastverteilung hinsichtlich der Voraussetzungen des Bezugsrechtsausschlusses

Zur Verteilung der Darlegungs- und Beweislast für die Kapitalerhöhung unter Bezugsrechtsausschluss hat der BGH in der „Kali&Salz"-Entscheidung[1161] ausgeführt, dass der klagende Gesellschafter zwar den Klagegrund nach allgemeinen Gesichtspunkten zu beweisen habe, es sei aber Sache der beklagten Gesellschaft, die konkreten Tatsachen im einzelnen darzulegen, um dem außerhalb des Geschehens stehenden Gesellschafter die Möglichkeit zu geben, die vorgebrachten Gründe prüfen und widerlegen zu können. Der BGH hat damit der beklagten Gesellschaft die Darlegungs-, nicht aber die Beweislast für diejenigen Tatsachen auferlegt, die den Ausschluss der Aktionäre vom Bezugsrecht rechtfertigen sollen. Die Widerlegung der rechtfertigenden Tatsachen soll Aufgabe des klagenden Aktionärs bleiben. Diese Spaltung der Darlegungs- und Beweislast stößt im Schrifttum teilweise auf Kritik, teilweise auf Zustimmung[1162].

[1159] BGHZ 136, 133, 140.

[1160] So etwa *Brondics*, Die Aktionärsklage, S. 167.

[1161] BGHZ 71, 40, 48.

[1162] Vgl. zum Meinungsstand *Hüffer*, in: Großkommentar zum AktG, § 243, Rdn. 145 m.w.N. Überwiegend wird die Darlegungs- und Beweislast der beklagten Gesellschaft zugewiesen: *Kreß*, Gerichtliche Beschlußkontrolle im Kapitalgesellschaftsrecht, S. 35 f.; *Hirte*, Bezugs-

Aus der Tatsache, dass die Gesellschaft bzw. die Verwaltungsmitglieder mit der Durchführung einer genehmigten Kapitalerhöhung unter Ausschluss des Bezugsrechts die Rechtsstellung der Aktionäre beeinträchtigen und die Rechtfertigung des Bezugsrechtsausschlusses zu seinen positiven Wirksamkeitsvoraussetzungen gehört, folgert eine verbreitete Ansicht im Schrifttum[1163], dass die Gesellschaft bereits entsprechend dem allgemeinen Beweislastprinzip die volle Darlegungs- und Beweislast für sämtliche Voraussetzungen des Bezugsrechtsausschlusses zu tragen habe. Das Risiko eines „non liquet" dürfe nicht den klagenden Aktionär, sondern allein die Gesellschaft treffen.
Dieser Standpunkt stößt in verschiedener Hinsicht auf Bedenken. Zunächst ist es zweifelhaft, ob die Auffassung dem allgemeinen Beweislastprinzip entspricht. Denn dem allgemeinen Beweislastprinzip folgend obliegt jeder Partei die Darlegung der tatsächlichen Voraussetzungen der für sie günstigen Rechtsnormen[1164]. Demnach ist es Sache des vom Bezugsrecht ausgeschlossenen Aktionärs, die Bedrohung seiner Rechtsstellung infolge rechtswidrigen Verwaltungshandelns zu beweisen. Davon geht auch der BGH in der „Kali&Salz"-Entscheidung[1165] aus, indem er ausführt, dass der Gesellschafter den Klagegrund nach allgemeinen Gesichtspunkten zu beweisen habe. Es sei seine Aufgabe, die von der Gesellschaft vorgetragenen rechtfertigenden Tatsachen zu widerlegen.
Die angeführte Literaturmeinung, die die Gesellschaft hinsichtlich der Voraussetzungen des Bezugsrechtsausschlusses als vollumfänglich darlegungs- und beweisbelastet ansieht, folgt daher nicht dem allgemeinen Beweislastprinzip, sie vertritt vielmehr eine vollständige Beweislastumkehr zu Lasten der Gesellschaft. Eine Umkehr der Beweislast ist jedoch rechtspolitisch bedenklich. Denn danach müsste der vom Bezug neuer Aktien ausgeschlossene Aktionär lediglich die Tatsachen behaupten und im Streitfall beweisen, aus denen sich seine Aktivlegitimation ergibt, wie z. B. seine Aktienbeteiligung an der Gesellschaft, den Ausschluss vom Bezugsrecht und die Wahrung der einmonatigen Klagefrist analog § 246 I AktG. Es würde genügen, wenn er pauschal behauptet, dass kein sachlicher Grund für den Bezugsrechtsausschluss gegeben sei bzw. die Kapitalmaßnahme unter Ausschluss des Bezugsrechts nicht im „wohlverstandenen" Gesellschaftsinteresse liege. Die Gesellschaft

---

rechtsausschluß und Konzernbildung, S. 220 ff.; *Hüffer*, AktG, § 186, Rdn. 38; *ders.*, in: Geßler/Hefermehl/Eckardt/Kropff, Kommentar zum AktG, § 243, Rdn. 147; *Krieger*, in: Münchener Handbuch, Aktiengesellschaft, § 56, Rdn. 86; *Lutter*, in: Kölner Kommentar zum AktG, § 186, Rdn. 99; *ders.* ZGR 1979, 401, 412 ff.; *Schockenhoff*, Gesellschaftsinteresse und Gleichbehandlung beim Bezugsrechtsausschluß, S. 88 f.

[1163] So etwa *Lutter* ZGR 1979, 401, 412 ff.; *Hüffer*, in: Geßler/Hefermehl/Eckardt/Kropff, Kommentar zum AktG, § 243, Rdn. 147; *ders.*, in: Großkommentar zum AktG, § 243, Rdn. 147; *K. Schmidt*, in: Großkommentar zum AktG, § 246, Rdn. 82.

[1164] Siehe dazu die Quellenangaben in Fußn. 1155.

[1165] BGHZ 71, 40, 48.

bzw. die Verwaltungsmitglieder hätten dann sämtliche Zulässigkeitsvoraussetzungen des Bezugsrechtsausschlusses darzulegen und zu beweisen. Dazu gehören sowohl die sachlichen Zulässigkeitsanforderungen an den Bezugsrechtsausschluss, wie insbesondere die Übereinstimmung des Finanzierungsvorhabens mit dem „wohlverstandenen" Gesellschaftsinteresse, als auch die formellen Zulässigkeitsvoraussetzungen, wie etwa der ordnungsgemäße Vorstandsbericht an die Hauptversammlung.
Auf der Grundlage einer solchen Beweislastumkehr zu Lasten der Gesellschaft und zu Gunsten der Aktionäre könnte mithin jeder vom Bezugsrechtsausschluss betroffene Gesellschafter „ins Blaue hinein" klagen. Eine ergänzende Berichterstattung des Vorstandes noch unmittelbar vor Ausnutzung der Ermächtigung über die für die Beurteilung der Zulässigkeit des Bezugsrechtsausschlusses notwendigen Tatsachen wäre überhaupt nicht erforderlich. Eine genehmigte Kapitalerhöhung unter Ausschluss des Bezugsrechts könnte nämlich schon dann erfolgreich angegriffen werden, wenn sich ihre materielle Rechtfertigung weder ausschließen noch beweisen lässt. Die Ausnutzung eines genehmigten Kapitals mit Bezugsrechtsausschluss wäre damit stets der Gefahr einer Aktionärsklage ausgesetzt. Einer willkürlichen und missbräuchlichen Prozessführung würde Tür und Tor geöffnet. Das genehmigte Kapital könnte auf diese Weise wieder erheblich blockiert und weitgehend aus der Unternehmenspraxis eliminiert werden.
Der Aspekt des Minderheitenschutzes kann für sich genommen eine solche allgemeine Beweislastumkehr auch nicht rechtfertigen. Das zivilprozessuale Schrifttum begegnet einer Umkehr der Beweislast zu Recht mit Zurückhaltung[1166]. Eine allgemeine Regel gibt es nicht. Vielmehr haben sich anerkannte Fallgruppen[1167] gebildet. Eine Umkehr der Beweislast aus Gerechtigkeits- oder Billigkeitsgründen im Einzelfall kommt nicht in Betracht[1168]. Eine Beweislastumkehr setzt vielmehr immer eine durch Rechtsfortbildung geschaffene Norm[1169] bzw. eine neue generelle Regelbildung[1170] voraus. Eine solche kann aber in Sachen Bezugsrechtsausschluss gerade nicht gebildet werden.

Vor diesem Hintergrund muss der klagende Aktionär entsprechend dem allgemeinen Beweislastprinzip beweisen, dass er aufgrund eines bevorstehenden sachlich nicht gerechtfertigten Bezugsrechtsausschlusses in seinem Bezugs- bzw. Mitgliedschaftsrecht bedroht wird. Er trägt insbesondere die Beweislast dafür, dass der Vorstand die Ermächtigungsgrenzen und/oder seinen unternehmerischen Ermessensspielraum zu überschreiten droht. Beim vereinfachten Be-

---

[1166] Vgl. *Prütting*, in: Münchener, ZPO Kommentar, 2. Auflage, § 286, Rdn. 118 ff.
[1167] Siehe dazu *Greger*, in: Zöller, ZPO Kommentar, Vor § 284, Rdn. 19 ff.; *Prütting*, in: Münchener, ZPO Kommentar, 2. Auflage, § 286, Rdn. 121 ff.
[1168] *Prütting*, in: Münchener, ZPO Kommentar, 2. Auflage, § 286, Rdn. 119.
[1169] So *Greger*, in: Zöller, ZPO Kommentar, Vor § 284, Rdn. 22.
[1170] So *Prütting*, in: Münchener, ZPO Kommentar, 2. Auflage, § 286, Rdn. 121.

zugsrechtsausschluss hat der klagende Aktionär zu beweisen, dass die Voraussetzungen des § 186 III 4 AktG nicht vorgelegen haben. Die Voraussetzungen des § 186 III 4 AktG treten beim vereinfachten Bezugsrechtsausschluss an die Stelle sachlicher Inhaltskontrolle des Bezugsrechtsausschlusses[1171].
Die Gesellschaft bzw. die Verwaltungsmitglieder haben entsprechend den Grundsätzen der „Kali&Salz"-Entscheidung[1172] die konkreten Tatsachen, die den Ausschluss der Aktionäre vom Bezugsrecht rechtfertigen sollen, im einzelnen darzulegen, um dem vom Bezug neuer Aktien ausgeschlossenen Aktionär die Möglichkeit zu geben, die vorgebrachten Gründe prüfen und widerlegen zu können. Die Verwaltungsmitglieder müssen also substantiiert bestreiten, um der Geständnisfunktion des § 138 III ZPO zu entgehen. Eine Beweislast trifft die beklagte Gesellschaft bzw. die Verwaltungsmitglieder dagegen nicht.

Die angeführten Beweisschwierigkeiten für die vom Bezugsrechtsausschluss betroffenen Aktionäre können damit keine allgemeine Beweislastumkehr zu Lasten der Gesellschaft rechtfertigen. Abweichend von dem allgemeinen Beweislastprinzip kommen allerdings die folgenden Beweiserleichterungen zugunsten der Gesellschafter in Betracht.

4. Beweiserleichterungen

Aus dem Prinzip der Tatsachennähe können sich zunächst Beweiserleichterungen hinsichtlich der Verletzung von Informationspflichten des Vorstandes gegenüber der Hauptversammlung ergeben[1173]. Bei der Unterscheidung zwischen abgeschlossenen und vorläufigen Planungen des Vorstandes für den Einsatz des genehmigten Kapitals, nach der sich die Berichtspflichten des Vorstandes bestimmen, handelt es sich um ein subjektives Kriterium, auf das im Einzelfall Hilfstatsachen hindeuten mögen, die sich aber innerhalb der Verwaltung abspielen und damit für die Aktionäre nicht einsehbar sind. Soweit sich der klagende Aktionär auf eine Verletzung von Informationspflichten beruft, weil der Vorstand z.B. bei Vorliegen konkreter, bereits abgeschlossener Planungen die Hauptversammlung umfassend über den Einsatz des genehmigten Kapitals hätte unterrichten müssen, genügt es daher, wenn er Tatsachen behaupten und beweisen kann, die Grund zu der Annahme mangelhafter Erfüllung der Berichtspflichten geben[1174]. Die Gesellschaft trägt insoweit die Darlegungs- und Beweislast für einen ordnungsgemäßen Bericht des Vorstandes. In einzelnen Fällen kann auch auf eine Beweisvereitelung abgehoben werden. Dies gilt vor allem dann, wenn das Hauptversammlungs-

---

[1171] Näher dazu bereits oben, 1. Teil, § 1 B II.
[1172] BGHZ 71, 40, 48.
[1173] Vgl. dazu *K. Schmidt*, in: Großkommentar zum AktG, § 243, Rdn. 81; *Zöllner*, in: Kölner Kommentar zum AktG, § 243, Rdn. 105 ff.
[1174] Siehe etwa *Hüffer*, in: Münchener Kommentar zum AktG, § 243, Rdn. 138.

protokoll von der Gesellschaft bzw. den Verwaltungsmitgliedern entgegen gerichtlicher Auflage nicht vorgelegt wird[1175].

Verklagt der vom Bezug neuer Aktien ausgeschlossene Aktionär die Gesellschaft bzw. die Verwaltungsmitglieder auf Schadensersatz[1176], ergeben sich für ihn in zweierlei Hinsicht Beweisschwierigkeiten. Da er die Hintergründe der Entscheidungsfindung des Vorstandes nicht kennt, wird es ihm zunächst kaum gelingen, den Verwaltungsmitgliedern schuldhaftes Handeln bei der Ausnutzung der Ermächtigung nachzuweisen. Weiterhin wird es für den einzelnen Aktionär schwierig sein, einen Schaden[1177] insbesondere in vermögensrechtlicher Hinsicht infolge eines „unangemessenen" Ausgabebetrages der neuen Aktien darzulegen und zu beweisen. Soweit die Hauptversammlung den Vorstand zur Festsetzung des Ausgabebetrages der neuen Aktien ermächtigt hat und der Vorstand in seinem Bericht keinen Ausgabebetrag vorgeschlagen hat, kennt der Aktionär weder die Berechnungsgrundlagen noch die Bewertungskriterien, die für die Vorstandsentscheidung bei der Festsetzung des Ausgabebetrages der neuen Aktien entscheidend waren. Wie noch zu zeigen sein wird[1178], kommen den Gesellschaftern im Rahmen eines Schadensersatzprozesses auch in dieser Hinsicht Beweiserleichterungen zugute.

5. Fazit

Obwohl den vom Bezugsrechtsausschluss betroffenen Aktionär bei seinem Vortrag, dass er aufgrund eines bevorstehenden sachlich nicht gerechtfertigten Bezugsrechtsausschlusses in seinem Bezugs- bzw. Mitgliedschaftsrecht bedroht sei, nicht unerhebliche Beweisschwierigkeiten treffen, lässt das allgemeine Beweislastprinzip insoweit keine Lockerungen zu. Lediglich die angezeigten begrenzten Beweiserleichterungen kommen zugunsten der klagenden Gesellschafter in Betracht. Dadurch wird einerseits einer missbräuchlichen Prozessführung eine angemessene Grenze gesetzt und andererseits die legitime Geltendmachung von Rechtsbehelfen nicht zur Wirkungslosigkeit verurteilt.

VI. Das Prozesskostenrisiko

Anwalts- und Gerichtskosten, teure Sachverständigengutachten und hohe Sicherheitsleistungen (§§ 936, 921 S. 2 ZPO) oder das Risiko der verschuldensunabhängigen Schadensersatzverpflichtung nach § 945 ZPO bei einer einstwei-

---

[1175] *Hüffer*, in: Münchener Kommentar zum AktG, § 243, Rdn. 138 m.w.N.

[1176] Vgl. zur nachträglichen Kontrolle der Vorstandsentscheidung in Form einer Schadensersatzklage unten, 3. Teil § 2 E.

[1177] Auf die einzelnen Schadenspositionen wird im 3. Teil, unter § 2 F II noch näher eingegangen.

[1178] Näher dazu unten, 3. Teil E II 1 e) und III 1 d).

ligen Verfügung können einen durchschnittlichen Publikumsaktionär häufig von der gerichtlichen Geltendmachung seiner Beeinträchtigung abhalten. Dies gilt umso mehr, als dass das Prozesskostenrisiko außer Verhältnis zum Wert seiner Beteiligung und damit zum wirtschaftlichen Erfolg seiner Klage steht[1179]. Da sich das Prozesskostenrisiko nach dem Gebührenstreitwert des gerichtlichen Verfahrens richtet, ist zunächst zu klären, welcher Streitwert für die Aktionärsklage maßgebend ist.

1. Die Bestimmung des Gebührenstreitwertes bei der Aktionärsklage

a) Einleitung

Bei der Bestimmung des Gebührenstreitwertes kommt es entscheidend darauf an, ob das Interesse des klagenden Aktionärs an der Erhaltung bzw. Wiederherstellung seiner Rechtsstellung oder das Interesse der Gesellschaft an der Durchführung der Kapitalerhöhung unter Ausschluss des Bezugsrechts maßgebend ist.

Gem. §§ 2, 3 ZPO i.V.m. § 12 I GKG würde sich der Gebührenstreitwert in Ermangelung einer besonderen Regelung nach dem Interesse des klagenden Aktionärs bestimmen[1180]. Bei einer Klage auf Unterlassung der Durchführung der Kapitalerhöhung wäre für die Bestimmung des Streitwertes die gem. § 3 ZPO zu schätzende Beeinträchtigung des klagenden Aktionärs in Form der drohenden Verletzung seines Bezugs- bzw. Mitgliedschaftsrechts, gegen welche sich die Klage richtet[1181], maßgeblich.

Für die Bemessung des Streitwertes einer Klage auf Feststellung der Rechtswidrigkeit des Bezugsrechtsausschlusses wäre der Wert des Rechts oder Rechtsverhältnisses, dessen Bestehen festgestellt werden soll, entscheidend[1182].

Da das positive Feststellungsurteil in seinen Wirkungen normalerweise hinter dem Leistungstitel zurückbleibt, ist der Ausgangspunkt für die Bestimmung des Streitwertes in der Regel um ca. 20 % gegenüber dem Wert einer entsprechenden Leistungsklage reduziert[1183].

Der Streitwert im Rahmen eines einstweiligen Rechtsschutzverfahrens liegt wegen des bloßen Sicherungsinteresses in der Regel unter dem Wert der Hauptsa-

---

[1179] Siehe zu dieser Problematik eingehend *Brondics*, Die Aktionärsklage, S. 168 f. m.w.N.; eindrucksvoll zur Kostenlast: OLG Hamburg AG 1973, 279 f.; OLG Frankfurt AG 1985, 55; OLG Frankfurt WM 1984, 1471 f.; einschränkend LG Berlin AG 1985, 57 f.

[1180] So etwa *Krieger* ZHR 163 (1999), 343, 355.

[1181] Vgl. *Lappe*, in: Münchener, ZPO Kommentar, § 3, Rdn. 36; *Schneider*, in: Zöller, ZPO Kommentar, § 3, Rdn. 16 „Unterlassung".

[1182] *Schneider*, in: Zöller, ZPO Kommentar, § 3, Rdn. 16 „Feststellungsklage".

[1183] BGH NJW-RR 1988, 689 f.; BGH NJW-RR 1999, 362.

che, häufig bei der Hälfte oder bei einem Drittel[1184]. Er kann sich dem Hauptsachewert nähern oder ihn sogar erreichen, wenn die Hauptsache vorweggenommen wird und das Verfügungsinteresse dem Hauptsacheinteresse gleichsteht[1185]. Dies gilt etwa für die einstweilige Verfügung, die auf vorläufige Unterlassung der Eintragung der Kapitalerhöhung im Handelsregister gerichtet ist. Wie sich aus den Ausführungen zum einstweiligen Rechtsschutz in Sachen Bezugsrechtsausschluss[1186] ergibt, kommt der Erlass einer solchen einstweiligen Verfügung nach Ziel und Wirkung einer Hauptsacheentscheidung gleich und nimmt diese sogar vorweg.
Begehrt der vom Bezug neuer Aktien ausgeschlossene Aktionär Schadensersatz in Geld wegen der Verletzung seines Bezugs- bzw. Mitgliedschaftsrechts, so wäre nach den allgemeinen prozessrechtlichen Grundsätzen für die Bemessung des Streitwertes der bezifferte Betrag maßgebend[1187]. Soweit der Aktionär auf Naturalrestitution klagt, wäre der Streitwert nach § 3 ZPO zu schätzen[1188].

Nach den vorstehenden Ausführungen würde sich die Bemessung des Streitwertes bei der Aktionärsklage gem. §§ 2, 3 ZPO i.V.m. § 12 I GKG stets nach dem Interesse des klagenden Aktionärs an der Erhaltung bzw. Wiederherstellung seiner Rechtsstellung richten und das Interesse der beklagten Gesellschaft an der Durchführung der Kapitalmaßnahme bliebe unberücksichtigt. Selbst bei bedeutenden Kapitalmaßnahmen der Gesellschaft wäre damit nur ein unbedeutender Gebührenstreitwert gegeben, der im Zweifel kein ernsthaftes Hindernis für eine Klageerhebung darstellen würde. Niedrige Streitwerte würden vielmehr eine unvernünftige oder sogar missbräuchliche Prozessführung begünstigen.
Es ist jedoch zweifelhaft, ob bei der Festsetzung des Gebührenstreitwertes im Fall der gegen die Kapitalerhöhung mit rechtswidrigem Bezugsrechtsausschluss gerichteten Aktionärsklage das Interesse der Gesellschaft unberücksichtigt bleiben darf. Denn es liegt gerade in der Natur einer gesellschaftsinternen Rechtsstreitigkeit, dass einerseits die Interessen der Gesellschaft und andererseits die Interessen der Aktionäre betroffen sind. Eine von den allgemeinen prozessrechtlichen Grundsätzen abweichende Bestimmung des Streitwertes könnte den Eigenarten einer Klage innerhalb der Gesellschaft eher Rechnung tragen. So gilt für den Fall der Anfechtungsklage die besondere aktienrechtliche Kostenregelung des § 247 AktG. Danach kann und soll die Festsetzung des Regelstreitwertes gerade über das wirtschaftliche Interesse des Klägers hinausgehen, wenn

---

1184 *Schneider*, in: Zöller, ZPO Kommentar, § 3, Rdn. 16 „Arrestverfahren" und „Einstweilige Verfügung" m.w.N.; *Walker*, in: Schuschke/Walker, Kommentar zum Achten Buch der ZPO, Vor § 916, Rdn. 59.

1185 OLG Frankfurt MDR 1991, 354; *Walker*, in: Schuschke/Walker, Kommentar zum Achten Buch der ZPO, Vor § 916, Rdn. 59 m.w.N.

1186 Siehe oben, 3. Teil, § 2 D III 4 a), b) bb) (2).

1187 *Schneider*, in: Zöller, ZPO Kommentar, § 3, Rdn. 16 „Schadensersatz".

1188 *Putzo*, in: Thomas/Putzo, ZPO Kommentar, § 3, Rdn. 132.

dies im Hinblick auf die Bedeutung der Sache für die Gesellschaft und die übrigen Aktionäre geboten ist.

b) Festsetzung des Regelstreitwertes gem. § 247 I AktG

Bei der Bemessung des Streitwertes gem. § 247 I AktG darf das Prozessgericht nach billigem Ermessen nicht allein auf das Interesse des Klägers abstellen, sondern es hat vielmehr auch das Interesse der Gesellschaft sowie der übrigen Aktionäre an der Klärung der Rechtsstreitigkeit zu beachten[1189].
Die Vorschrift zielt darauf ab, den rechtlichen Rahmen für eine angemessene Festsetzung des Regelstreitwertes vorzugeben. Für die Festsetzung eines angemessenen Regelstreitwertes ist es erforderlich, die Bedeutung der Sache gerade für beide Parteien zu würdigen[1190] und nicht nur (wertmindernd) für den Kläger, wie es § 3 ZPO entspräche.
§ 247 AktG ist eine anderweitige Bestimmung i.S.d. § 12 I GKG. Die Anfechtungsklage gehört zu den dort vorausgesetzten vermögensrechtlichen Streitigkeiten, weil das Begehren des klagenden Aktionärs auf seiner Mitgliedschaft beruht und damit dem Vermögensrecht angehört[1191].
Die Regelung des § 247 AktG gilt nicht nur für die Anfechtungs-, sondern gem. § 249 I 1 AktG auch für die Nichtigkeitsklage. Klargestellt ist darüber hinaus die Anwendung für die Anfechtung besonderer Beschlüsse in §§ 251 III, 254 II 2, 255 III, 257 II 1 AktG. Die sinngemäße Anwendung ist vorgesehen in § 249 I 1 AktG i.V.m. § 256 VII AktG, ferner in § 275 IV 1 AktG. § 247 AktG ist analog anzuwenden, soweit es sich um vergleichbare Rechtsstreitigkeiten handelt[1192], auch bei anderen Rechtsformen wie der GmbH und der Genossenschaft[1193].

c) Analoge Anwendung des § 247 I AktG bei der Aktionärsklage?

Der Streitwert bei der Aktionärsklage könnte in Anlehnung an die besondere Kostenregelung des § 247 AktG zu bestimmen sein[1194]. Wie die Heranziehung

---

[1189] *Hüffer*, AktG, § 247, Rdn. 6; siehe dazu auch OLG München AG 1989, 212 mit Anm. *Ekkenga/Sittmann*; *Zöllner*, in: Kölner Kommentar zum AktG, § 247, Rdn. 6.
[1190] *Kropff*, AktG, S. 334.
[1191] Siehe *Hüffer*, in: Münchener Kommentar zum AktG, § 247, Rdn. 9.
[1192] Für eine streitwerterhöhende analoge Anwendung des § 247 I 1 AktG bei einstweiliger Verfügung in „Holzmüller-Lage" OLG Düsseldorf AG 2001, 267 („Mannesmann/ Vodafone"); siehe auch *K. Schmidt*, in: Großkommentar zum AktG, § 241, Rdn. 6.
[1193] *K. Schmidt*, in: Großkommentar zum AktG, § 247, Rdn. 5 f.; *Hüffer*, in: Münchener Kommentar zum AktG, § 247, Rdn. 7 m.w.N.
[1194] Für eine entsprechende Anwendung des § 247 I 1 AktG auch im Fall der Aktionärsklage: *Cahn* ZHR 164 (2000), 113, 117; *Brondics*, Die Aktionärsklage, S. 174 f.; *Keuk-Knobbe*, in:

der Regelung des § 247 AktG für vergleichbare Rechtsstreitigkeiten sowie im GmbH- und Genossenschaftsrecht zeigt, ist § 247 AktG durchaus einer analogen Anwendung zugänglich.

Die Nichtigkeitsklage gem. § 249 AktG ist ungeachtet ihrer Besonderheiten eine Feststellungsklage gem. § 256 ZPO und wird wegen der Wirkungen eines Nichtigkeitsurteils, die über die Prozessparteien hinaus auch für und gegen alle Aktionäre sowie die Verwaltungsmitglieder eintreten (§§ 248 I 1 i.V.m. 249 I 1 AktG), dem Verfahren des Anfechtungsprozesses durch sinngemäße Anwendung seiner Regeln angenähert[1195]. Für die Feststellungsklage, die anstelle der Feststellung der Nichtigkeit des Hauptversammlungsbeschlusses die Feststellung der Rechtswidrigkeit des Bezugsrechtsausschlusses zum Ziel hat, könnte daher Ähnliches gelten.

Bei einer Unterlassungs- bzw. Feststellungsklage des Aktionärs gegen rechtswidriges Verwaltungshandeln besteht eine ähnliche Sach- und Interessenlage wie im Fall der Anfechtungs- bzw. Nichtigkeitsfeststellungsklage. Der Streitgegenstand der Anfechtungs- und der Nichtigkeitsklage ist mit dem der Aktionärsklage, sei es in Form einer Unterlassungs- bzw. Feststellungsklage, vergleichbar. Bei der Anfechtungs- und der Nichtigkeitsklage handelt es sich um das Begehren des Klägers, die Nichtigkeit des von ihm bezeichneten Hauptversammlungsbeschlusses wegen des von ihm vorgebrachten Sachverhalts mit Wirkung für und gegen jedermann zu klären[1196]. Ähnlich ist das Begehren eines vom Bezugsrechtsausschluss betroffenen Aktionärs, der die Durchführung der Kapitalerhöhung auf Grund des rechtswidrigen Ausschlusses des Bezugsrechts verhindern will. Soll der Gesellschaft ein bestimmtes Handeln verboten werden, sind nicht nur die Interessen des jeweils klagenden Gesellschafters, sondern auch die seiner Mitgesellschafter berührt, sei es dass sie die beanstandete Maßnahme ebenfalls missbilligen oder dem Vorgehen des Aktionärs im Klage- und/oder einstweiligen Rechtsschutzverfahren kritisch gegenüberstehen. Demnach müsste dieser Wert des klägerischen Begehrens der Regelstreitwert sein, nicht dagegen das Eigeninteresse des Klägers an der Verhinderung der vom Vorstand geplanten Kapitalmaßnahme. Wird der Beschluss des Vorstandes mit der Unterlassungs- bzw. der Feststellungsklage angegriffen, so wirkt zwar das Urteil nach allgemeinen prozessrechtlichen Grundsätzen (vgl. § 325 ZPO) nur im Verhältnis der Parteien zueinander[1197]. Außerdem fehlt der Unterlassungs- sowie der Feststellungsklage die Gestaltungswirkung der Anfechtungsklage. Ob

---

Festschrift Ballerstedt, S. 239, 254; *Großfeld* JZ 1981, 234, 236; *Flume*, Allgemeiner Teil des Bürgerlichen Rechts, Die juristische Person, S. 312.

[1195] Siehe dazu *Hüffer*, AktG, § 249, Rdn. 1 f. m.w.N.

[1196] *Hüffer*, in: Münchener, Kommentar zum AktG, § 246, Rdn. 17

[1197] Zu den subjektiven Grenzen der Rechtskraft: *Vollkommer*, in: Zöller, ZPO Kommentar, Vor § 322, Rdn. 52 i.V.m. § 325, Rdn. 2 f.; *Thomas*, in: Thomas/Putzo, ZPO Kommentar, § 325, Rdn. 1 ff.

eine von den allgemeinen prozessrechtlichen Grundsätzen abweichende Bestimmung der subjektiven Grenzen der Rechtskraft eines der Aktionärsklage stattgebenden Urteils – etwa in Anlehnung an § 248 I 1 AktG - in Betracht kommt, ist zweifelhaft[1198]. Unabhängig davon wird man aber für den Regelfall unterstellen dürfen, dass der Vorstand ein Urteil, welches die Unterlassungsverpflichtung hinsichtlich der Durchführung der Kapitalerhöhung ausspricht bzw. die Rechtswidrigkeit des Bezugsrechtsausschlusses feststellt, beachten wird.

Ähnlich wie die Feststellung der Nichtigkeit eines Hauptversammlungsbeschlusses wird daher auch die Feststellung der Rechtswidrigkeit des Bezugsrechtsausschlusses bzw. die Unterlassungsverpflichtung hinsichtlich der Durchführung der Kapitalerhöhung mit Bezugsrechtsausschluss für alle Aktionäre Geltung beanspruchen. Mit Rücksicht auf diese Drittwirkung wäre es sachgerecht, § 247 AktG für die Festsetzung des Streitwertes bei der Aktionärsklage, die entweder auf Unterlassung der Durchführung einer Kapitalerhöhung mit unzulässigem Bezugsrechtsausschluss oder auf Feststellung der Rechtswidrigkeit des Bezugsrechtsausschlusses gerichtet ist, analog anzuwenden.

Die entsprechende Anwendung der Regelung des § 247 AktG im Fall der Aktionärsklage wäre auch systemgerecht. Soweit etwa die Hauptversammlung über die Vornahme eines Bezugsrechtsausschlusses entscheidet, ist § 247 AktG auf die gegen den Hauptversammlungsbeschluss gerichtete Anfechtungsklage unmittelbar anzuwenden. Da die Übertragung der Kompetenzen auf den Vorstand gem. § 203 II AktG nichts an dem sachlichen Gehalt der Entscheidung über den Bezugsrechtsausschluss ändert, ist die Gleichbehandlung beider Fälle hinsichtlich der Bestimmung des Gebührenstreitwertes und des damit einhergehenden Kostenrisikos nur konsequent[1199].

Für die Anwendung des § 247 AktG lässt sich weiterhin der folgende Gesichtspunkt anführen: Wenn nach §§ 2, 3 ZPO i.V.m. § 12 I GKG allein das Interesse des klagenden Aktionärs für den Gebührenstreitwert maßgebend wäre,

---

[1198] Für eine Rechtskrafterstreckung analog § 248 I 1 AktG etwa *Brondics*, Die Aktionärsklage, S. 188. Er bezieht seine Ausführungen auf die allgemeine Feststellungsklage im Vorfeld der Aktionärsklage und verweist in diesem Zusammenhang auf RGZ 85, 311, 313 f., wonach es ein „unlösbares Wirrsal" bedeute, wenn die beanstandete Maßnahme nur dem Kläger gegenüber unwirksam wäre, gegenüber den übrigen Aktionären aber weiter Bestand hätte; vgl. ebenso *Hüffer*, AktG, § 248, Rdn. 1. Für Ansprüche aus dem mitgliedschaftlichen Rechtsverhältnis wurde die Wirkung des Urteils für und gegen jedermann bisher befürwortet von *Binge*, Gesellschafterklagen, S. 175 ff.; zustimmend wohl auch *Hommelhoff*, Die Konzernleitungspflicht, S. 472 f. (Fußn. 48); einschränkend dagegen *Habersack*, Die Mitgliedschaft, subjektives und „sonstiges" Recht, S. 367 ff. Für eine Rechtskrafterstreckung sei – wenn überhaupt - nur insoweit Bedarf, als der Anspruch des Aktionärs aus der Verletzung seiner Mitgliedschaftsrechte infolge eines Kompetenzübergriffs der Verwaltung in den Zuständigkeitsbereich der Hauptversammlung herrühre und auf die Wiederherstellung des *status quo ante* gerichtet sei.

[1199] Vgl. dazu vor allem *Cahn* ZHR 164 (2000), 113, 117.

würde dies für den Zuständigkeitsstreitwert bedeuten, dass nach § 23 Nr. 1 GVG das Amtsgericht zur Entscheidung derartiger Rechtsstreitigkeiten von beachtlicher wirtschaftlicher Bedeutung und Tragweite berufen wäre. Für die Einlegung von Rechtsmitteln durch die Gesellschaft im Fall ihres Unterliegens hätte dies zur Folge, dass nach § 511 II Nr. 1 ZPO grundsätzlich die Berufung ausgeschlossen wäre, wenn dem Wert des Beschwerdegegenstandes durch den Streitwert die Grenze gesetzt würde[1200]. Damit würde zwar eine entsprechende Verfahrensbeschleunigung einhergehen, was positiv zu bewerten wäre. Es wäre jedoch nicht sachgerecht, der Gesellschaft gerade bei Rechtsstreitigkeiten von beachtlicher wirtschaftlicher Bedeutung und Tragweite keine Rechtsmittel einzuräumen.

Aus der Mitberücksichtigung des Gesellschaftsinteresses an der Kapitalerhöhung in Anlehnung an die Regelung des § 247 AktG folgt sowohl ein hoher Gebühren- als auch ein hoher Zuständigkeitsstreitwert[1201]. Mangels ausdrücklicher Sonderregelung ist damit gem. §§ 23, 71 GVG das Landgericht als erstinstanzliches Prozessgericht sachlich zuständig. Die Kammer für Handelssachen (§ 93 GVG) tritt als Prozessgericht nicht an die Stelle der Zivilkammer, da die Geltendmachung der Aktionärsklage anders als die Anfechtungs- und Nichtigkeitsklage in § 95 GVG nicht ausdrücklich als Handelssache ausgewiesen ist. Die Nähe der Aktionärsklage zur aktienrechtlichen Anfechtungs- und Nichtigkeitsklage sowie der Regelungsgehalt des § 95 I Nr. 4 a GVG, der die allgemeine Tendenz aufzeigt, innergesellschaftliche Konflikte vor der Kammer für Handelssachen auszutragen, sprechen allerdings dafür, auch den Rechtsstreit der Aktionärsklage den Handelsrichtern zuzuweisen. Das entspräche jedenfalls der Bedeutung der Aktionärsklage[1202].

Vor dem Hintergrund der vorstehenden Überlegungen ist es sachgerecht, § 247 I AktG für die Festsetzung des Streitwertes bei der Aktionärsklage, die entweder auf Unterlassung der Durchführung einer Kapitalerhöhung mit unzulässigem Bezugsrechtsausschluss oder auf Feststellung der Rechtswidrigkeit des Bezugsrechtsausschlusses gerichtet ist, analog anzuwenden. Das Prozessgericht

---

[1200] So hat bereits das RG in RGZ 47, 420, 422 entschieden. *Cahn* ZHR 164 (2000), 113, 117 erwägt zwar insoweit eine Übertragung der neueren Rechtsprechung des BGH zur Bemessung des Wertes des Beschwerdegegenstandes bei Eigentumsstörungen (vgl. BGH NJW 1994, 735 f.), wonach das Interesse des Rechtsmittelführers entscheidend sei. Auch dieser Ansatz vermag jedoch keine befriedigende Lösung darzustellen, da Urteile in derartigen Streitigkeiten letztlich nicht revisibel wären.

[1201] Dies macht beispielsweise die bei *Hüffer*, AktG, § 247, Rdn. 7 m.w.N. angeführte Streitwertfestsetzung bei einem erfolgten Bezugsrechtsausschluss deutlich. So hat das OLG München (AG 1989, 212) den Streitwert im Fall einer Anfechtungsklage auf 500.000,00 DM festgesetzt, bei einem Aktienbesitz von nominal 22.000,00 DM, einem Grundkapital von 750 Mio. DM, einem Erhöhungsbetrag von 200 Mio. DM und einem ausgeschlossenen Kapital von 35 Mio. DM.

[1202] So etwa *Brondics*, Die Aktionärsklage, S. 160.

hat demnach bei der Bemessung des Streitwertes nicht allein auf das Interesse des klagenden Aktionärs abzustellen, sondern es hat auch das Interesse der Gesellschaft sowie aller Gesellschafter an der Klärung der Rechtsstreitigkeit zu berücksichtigen. Welchen Wert das Interesse des klagenden Aktionärs an der Verhinderung der Kapitalerhöhung mit unzulässigem Ausschluss des Bezugsrechts hat, hängt von dem wirtschaftlichen Erfolg ab, den er damit für sich erstrebt. Der Wert seines Aktienbesitzes, bei börsennotierten Aktien der Kurswert, ergibt deshalb in der Regel die Obergrenze des insoweit zu berücksichtigenden Wertes[1203]. Für die beklagte Gesellschaft bemisst sich die Bedeutung des Rechtsstreits nach ihrem Interesse an der Durchführung der bezugsrechtsfreien Kapitalerhöhung. Dazu gehört auch das Interesse, das diejenigen Aktionäre an der Durchführung der Kapitalerhöhung haben, die für die Kapitalerhöhung unter Ausschluss des Bezugsrechts gestimmt haben. Maßgeblich für den Wert des von der Gesellschaft verfolgten Interesses ist der Vermögenswert der geplanten Maßnahme, also der Betrag der genehmigten Kapitalerhöhung.

Ob eine analoge Anwendung des § 247 AktG auch für den Fall einer Schadensersatzklage des vom Bezugsrecht ausgeschlossenen Aktionärs in Betracht kommt, ist dagegen fraglich. Mit Rücksicht auf die Drittwirkung der Aktionärsklage in Form einer Abwehrklage kann der Rechtsgedanke des § 247 AktG für die Festsetzung des Streitwertes bei einer Schadensersatzklage jedenfalls nicht analog herangezogen werden. Denn hier verfolgt der klagende Aktionär nur das Ziel, Schadensersatz für den Verlust seines individuellen Bezugsrechts zu erlangen. Eine Drittwirkung für alle Aktionäre besteht gerade nicht. Bei einer Schadensersatzklage ist zudem, anders als bei der Abwehrklage, für eine Ermessensausübung nach § 247 I AktG wegen der typischen Bezifferung des Klageantrags kein Raum. Begehrt der vom Bezug neuer Aktien ausgeschlossene Aktionär Schadensersatz wegen der Verletzung seines Bezugs- bzw. Mitgliedschaftsrechts, so finden daher die allgemeinen prozessrechtlichen Grundsätze Anwendung, d.h. bei einer Klage auf Schadensersatz in Geld ist für die Bemessung des Streitwertes der bezifferte Betrag maßgebend und bei einer Klage auf Naturalrestitution ist der Streitwert nach § 3 ZPO zu schätzen.

d) Analoge Anwendung des § 247 II AktG bei der Aktionärsklage?

Da die streitwerterhöhende analoge Anwendung des § 247 I AktG für den Aktionär ein übergroßes Prozesskostenrisiko mit sich bringen kann, lässt § 247 II AktG die sog. Streitwertspaltung zu. § 247 II AktG erlaubt dem Gericht auf Antrag einer Partei (praktisch regelmäßig des Klägers) einen unterschiedlichen Streitwert hinsichtlich der beiden Parteien festzusetzen, wenn eine Festsetzung

---

1203 So für den Fall einer einstweiligen Verfügung in „Holzmüller-Lage" OLG Düsseldorf BB 2000, 1956 f.; siehe auch für die Anfechtungsklage *Hüffer*, in: Münchener Kommentar zum AktG, § 247, Rdn. 12 m.w.N.

nach den allgemeinen Regeln zu einer erheblichen Gefährdung der wirtschaftlichen Lage einer Partei führen würde. Zweck dieser Regelung ist es, die Prozessführung auch denjenigen Aktionären zu ermöglichen, die wegen des aus dem Regelstreitwert folgenden Kostenrisikos davon sonst vernünftigerweise absehen müssten[1204]. Die Streitwertspaltung setzt voraus, dass ein an der Klageerhebung ernsthaft interessierter Aktionär die Prozessführung ohne Herabsetzung des Kostenrisikos nicht tragen würde, weil die Beeinträchtigung seines Vermögens aus seiner Sicht in keinem vernünftigen Verhältnis zum angestrebten Prozessergebnis steht[1205].

Das aus dem hohen Gebührenstreitwert resultierende erhebliche Kostenwagnis für den klagewilligen Publikumsaktionär steht der praktischen Bedeutung der Aktionärsklage entgegen. Vor diesem Hintergrund könnte eine vereinzelt auch in der Literatur[1206] befürwortete Streitwertbegrenzung analog § 247 II AktG in Betracht kommen[1207].

Es ist einerseits nicht einzusehen, warum den Rechtsbehelfen des Aktionärs gegen pflichtwidriges Verwaltungshandeln größere Hemmnisse als der Anfechtungsklage entgegenstehen sollten[1208] und andererseits sollten das materielle Recht und die prozessuale Durchsetzbarkeit einschließlich des Kostenrechts eine Einheit bilden. Die Ausübung der Rechtsschutzmöglichkeiten sollte nicht durch Erhöhung des Kostenrisikos reguliert werden. Dies widerspricht dem Grundsatz, die Verantwortung, die der klagende Aktionär mit seiner Rechtsverfolgung übernimmt, in erster Linie nach seinen Verhältnissen zu bemessen[1209]. Überdies ist die Annahme eines erhöhten Kostenrisikos kaum mit der Rechtsprechung des BVerfG[1210] vereinbar, nach der das Kostenrisiko des Klägers

---

[1204] *Hüffer*, in: Münchener Kommentar zum AktG, § 247, Rdn. 2, 21; *Semler*, in: Münchener Handbuch, Aktiengesellschaft, § 41, Rdn. 80.

[1205] Vgl. *K. Schmidt*, in: Großkommentar zum AktG, § 247, Rdn. 22; *Hüffer*, in: Münchener Kommentar zum AktG, § 247, Rdn. 24.

[1206] *Hommelhoff*, Die Konzernleitungspflicht, S. 472 (Fußn. 48); *Keuk-Knobbe*, in: Festschrift Ballerstedt, S. 239, 254; *Heinze* ZGR 1979, 293, 319; vgl. auch *Flume*, Allgemeiner Teil des Bürgerlichen Rechts, Die juristische Person, S. 312; *Brondics*, Die Aktionärsklage, S. 174 f.; *K. Schmidt*, Gesellschaftsrecht, S. 651; *Hirte*, Bezugsrechtsausschluß und Konzernbildung, S. 214.

[1207] Eine Verallgemeinerung des § 247 II AktG mit dem Ziel, den Rechtsschutz für die wirtschaftlich schwächere Partei generell zu verbilligen, kommt allerdings nach einigen Stimmen in der Literatur nicht in Betracht: vgl. dazu *Hüffer*, AktG, § 247, Rdn. 3, wonach sich diese Problematik mit BGH AG 1992, 320 i.S. des dargelegten Standpunkts praktisch erledigt haben sollte; *ders.* schon, in: Geßler/Hefermehl/Eckardt/Kropff, Kommentar zum AktG, § 247, Rdn. 5.

[1208] Siehe dazu *Keuk-Knobbe*, in: Festschrift Ballerstedt, S. 239, 254; vgl. auch *Flume*, Allgemeiner Teil des Bürgerlichen Rechts, Die juristische Person, S. 312; *Brondics*, Die Aktionärsklage, S. 174 f.; *K. Schmidt*, Gesellschaftsrecht, S. 651.

[1209] *Hüffer*, in: Festschrift Brandner, S. 57, 60 ff., 65 ff.

[1210] BVerfGE 85, 337, 347.

nicht außer Verhältnis zu dem von ihm persönlich angestrebten wirtschaftlichen Erfolg stehen darf. Die Gewährleistung des Rechtsschutzes erfordert ein der wirtschaftlichen Leistungsfähigkeit angepasstes Kostenrisiko.
Der einzelne Aktionär verfolgt mit der Klageerhebung zwar in erster Linie seine individuellen Interessen. Er wird jedoch auch in gewissem Maße als „gesellschaftsinterner Funktionsträger" zur Sicherung des Interesses von Gesellschaft und Allgemeinheit an einer korrekten, insbesondere gesetz- und satzungsmäßigen Unternehmensführung tätig[1211], d.h. in der Funktion, die ihm das AktG bereits in §§ 243, 245, 246 AktG und in den § 241, 249 AktG eröffnet[1212]. Vereinzelt wird diese Konstellation mit der des Vorstandsmitglieds verglichen, das einen Hauptversammlungsbeschluss anficht (§ 245 Nr. 5 AktG)[1213]. Da ein Teil der Literatur erwägt, das klagende Vorstandsmitglied vom Prozesskostenrisiko durch einen Freistellungsanspruch gegen die Gesellschaft zu befreien, könnte zwar daran zu denken sein, auch dem Aktionär im Wege der Rechtsfortbildung einen internen Ausgleichsanspruch gegen die Gesellschaft einzuräumen[1214]. Eine solche Überbürdung der Kostenlast auf die Gesellschaft kann im Ergebnis aber nicht überzeugen. Zum einen verfolgt ein Vorstandsmitglied mit seiner Anfechtungs- oder Nichtigkeitsklage nicht in erster Linie individuelle Interessen wie der klagende Aktionär - allein die Belange der Gesellschaft stehen insoweit im Vordergrund - und zum anderen würde der Aktionär auf diesem Wege zum Missbrauch verleitet.

Die Streitwertspaltung nach § 247 II AktG wird nicht durch die Möglichkeit der Prozesskostenhilfe nach §§ 114 ff. ZPO ausgeschlossen, da die Voraussetzungen und Wirkungen der Maßnahmen verschieden sind[1215]. Ein Antrag auf Prozesskostenhilfe wird allein allerdings nicht weiterhelfen, da das eigentliche Problem nicht darin zu erblicken ist, dass der klagende Aktionär die Kosten einer Prozessführung nach seinen persönlichen und wirtschaftlichen Verhältnissen nicht bzw. nur teilweise aufbringen kann, sondern dass das Prozesskostenrisiko in keinem vertretbaren Verhältnis zum angestrebten Prozessergebnis steht[1216]. Überdies ist zu beachten, dass die dem Umfang nach weitreichendere Wirkung der Prozesskostenhilfe nur vorläufigen Charakter hat, während die aus einer Anordnung gem. § 247 II AktG folgende Teilentlastung endgültig ist[1217].

[1211] *Heinze* ZGR 1979, 313, 320; kritisch dazu *Mertens* AG 1990, 49, 51, 54 f.
[1212] Siehe *Hommelhoff*, Die Konzernleitungspflicht, S. 472 (Fußn. 48); Anm. *Großfeld* JZ 1981, 234, 236; *Heinze* ZGR 1979, 313, 319 f. spricht insoweit von einer objektiven Wächterfunktion des Aktionärs.
[1213] Vgl. etwa *Brondics*, Die Aktionärsklage, S. 169 f.
[1214] Siehe dazu *Großfeld*, Aktiengesellschaft, Unternehmenskonzentration und Kleinaktionär, S. 306 f.
[1215] Allgemeine Meinung, siehe *Hüffer*, AktG, § 247, Rdn. 16 m.w.N.
[1216] Vgl. dazu *Brondics*, Die Aktionärsklage, S. 177.
[1217] *Hüffer*, in: Münchener Kommentar zum AktG, § 247, Rdn. 27.

Gegen eine Streitwertbegrenzung in Anlehnung an § 247 II AktG lässt sich letztlich auch nicht der Einwand willkürlicher Geltendmachung präventiver Rechtsbehelfe anführen. Denn selbst wenn das nach Streitwertspaltung verbleibende Restrisiko nicht ausreichen sollte, um den Aktionär von einer willkürlichen Klage abzuhalten[1218], muss die Streitwertspaltung unterbleiben, wenn sich ohne Verfahrensverzögerung feststellen lässt, dass die Klage mutwillig oder aussichtslos ist[1219]. Das gleiche gilt bei rechtsmissbräuchlicher Prozessführung[1220]. Des weiteren darf und wird sich der Vorstand etwa durch willkürliche Unterlassungsklagen nicht von der Durchführung der geplanten Kapitalmaßnahmen abhalten lassen. Ein willkürlicher Antrag auf Erlass einer einstweiligen Verfügung wird angesichts der drohenden verschuldensunabhängigen Schadensersatzverpflichtung nach § 945 ZPO[1221] und einer etwaigen angeordneten Sicherheitsleistung (§§ 936, 921 S. 2 ZPO) nur selten sein[1222].

Gem. § 247 II AktG analog kann daher das Prozessgericht auf Antrag des klagenden Aktionärs zu seinen Gunsten den Gebührenstreitwert herabsetzen. Das Prozesskostenrisiko kann somit auch im Fall der Aktionärsklage entsprechend einer sachgerechten Justizgewährleistung angemessen reduziert werden[1223].

2. Zwischenergebnis

Obwohl die entsprechende Anwendung der Regelung des § 247 II AktG auf die Aktionärsklage eine systemgerechte Möglichkeit darstellt, das Problem der Kostenfrage zu lösen, wird auf diese Weise keineswegs das Kostenrisiko für den einzelnen Aktionär beseitigt, sondern allein seinen wirtschaftlichen Verhältnissen angepasst. Das Kostenrisiko bleibt für den vom Bezugsrecht ausgeschlossenen Durchschnittsaktionär letztlich bestehen, und zwar außer Verhältnis zu dem Wert seiner Beteiligung und zum wirtschaftlichen Erfolg seiner Klage. Überdies ist es für den klagewilligen Aktionär nicht absehbar, ob und in welchem Umfang ihm die aus § 247 II AktG resultierende Kostenvergünstigung auch tatsächlich bewilligt wird, so dass stets auch ein unwägbares Kostenrisiko vorliegen wird, das den Aktionär von der gerichtlichen Geltendmachung seiner Beeinträchtigung abhalten kann.

[1218] Vgl. dazu *Kropff* S. 335.

[1219] BGH AG 1992, 59; *Hüffer*, AktG, § 247, Rdn. 15; *Zöllner*, in: Kölner Kommentar zum AktG, § 247, Rdn. 22.

[1220] Vgl. BGH NJW-RR 1992, 484 f.

[1221] Vgl. dazu BGHZ 62, 7, 9; *Heinze*, in: Münchener, ZPO Kommentar, 1. Auflage, § 945, Rdn. 2.

[1222] Siehe *Keuk-Knobbe*, in: Festschrift Ballerstedt, S. 239, 254 f.; vgl. auch bereits *Heinze* ZGR 1979, 313, 320 und die folgenden Ausführungen unter § 2 D VI 3.

[1223] Für eine entsprechende Anwendung des § 247 II AktG, vgl. bereits die Quellenangeben in Fußn. 1206.

Im Anschluss daran fragt es sich, ob der Aktionär, der sich gegen die Durchführung der bezugsrechtsfreien Kapitalerhöhung zur Wehr setzen will, auch im Verfahren des einstweiligen Rechtsschutzes den allgemeinen Risiken hinsichtlich möglicher Kosten und eines möglichen Schadensersatzes gem. § 945 ZPO ausgesetzt ist.

3. Einschränkung der Kostenrisiken im einstweiligen Rechtsschutzverfahren (analog § 247 II 1 AktG)?

a) Die Problematik

Im einstweiligen Rechtsschutzverfahren können sich für den antragstellenden Aktionär aus einer angeordneten Sicherheitsleistung (§§ 936, 921 S. 2 ZPO) und/oder aus einer Schadensersatzpflicht gem. § 945 ZPO erhebliche Kostenrisiken ergeben. Insbesondere im Hinblick darauf, dass einen rechtzeitigen vorbeugenden Schutz gegen die Beeinträchtigung von Aktionärsrechten durch einen unzulässigen Bezugsrechtsausschluss allenfalls eine einstweilige Verfügung bieten kann[1224], bedeuten diese Kostenrisiken ein erhebliches Hindernis für die Durchsetzung präventiver gerichtlicher Kontrolle der Vorstandsentscheidung. Eine Ausnahme kann insofern nur in Fällen unzweifelhafter Überschreitung der Ermächtigungsgrenzen und evidenter Ermessensfehler bei Einsatz des genehmigten Kapitals mit Bezugsrechtsausschluss vorliegen.
Soweit die Verzögerung der Durchführung der genehmigten Kapitalerhöhung darauf beruht, dass der Registerrichter wegen einer erhobenen Unterlassungsklage bereits die Eintragung versagt und eine einstweilige Verfügung nicht erforderlich war, kennt dagegen weder das Aktiengesetz noch das geltende Prozessrecht die Anordnung einer Sicherheitsleistung i.S.v. § 921 S. 2 ZPO sowie eine Schadensersatzpflicht des Klägers[1225].
Anders als bei der Frage der Prozesskosten (§ 247 AktG) mangelt es bei den Kostenrisiken eines einstweiligen Rechtsschutzverfahrens an einer entsprechenden gesetzlichen Regelung. Eine Lösung könnte darin liegen, in Anlehnung an die Regelung des § 247 II 1 AktG eine spezielle Reduktionsklausel im Wege richterlicher Rechtsfortbildung zu entwickeln[1226], um so die Sicherheitsleistung gem. § 921 S. 2 ZPO und den verschuldensunabhängigen Schadensersatzanspruch aus § 945 ZPO angemessen zu begrenzen[1227].

[1224] Vgl. dazu eingehend oben, 3. Teil, § 2 D III 4 b) bb).

[1225] Siehe dazu *Heinze* ZGR 1979, 313, 320.

[1226] Vgl. *Hüffer*, in: Staub, HGB Großkommentar, § 16, Rdn. 31; *Heinze* ZGR 1979, 293, 319 ff.

[1227] Vgl. hierzu die Regelung des § 85 II 2 ArbGG, die einen Schadensersatzanspruch nach § 945 ZPO in Angelegenheiten des Betriebsverfassungsgesetzes ausdrücklich ausschließt. *Hirte*, in: Großkommentar zum AktG, § 203, Rdn. 133 will aus Gründen des Gesellschafterschutzes von einer Anwendung des § 945 ZPO absehen.

b) Begrenzung der Schadensersatzpflicht aus § 945 ZPO?

Für den aus sachlichen Gründen handelnden Aktionär wird die drohende Schadensersatzpflicht aus § 945 ZPO häufig ein Hindernis für die Einleitung eines einstweiligen Rechtsschutzverfahrens darstellen. Da die übergangenen Gesellschafter aufgrund der drohenden Eintragung der Kapitalerhöhung im Handelsregister und der damit einhergehenden Eilbedürftigkeit in erster Linie den Erlass einer einstweiligen Verfügung anstreben werden, erscheint es in den Fällen des von Anfang an ungerechtfertigten Erlasses einer einstweiligen Verfügung erforderlich, die drohende Schadensersatzpflicht nach § 945 ZPO einzuschränken. Ein begrenzter Schadensersatzanspruch würde immer noch einen hinreichenden Schutz vor missbräuchlichem Vorgehen der Aktionäre bewirken.

Ob die drohende Schadensersatzpflicht aus § 945 ZPO in Anlehnung an § 247 II 1 AktG begrenzt werden kann, ist jedoch fraglich. Bei § 247 AktG handelt es sich um eine Streitwertregelung zur Senkung des allgemeinen Verfahrenskostenrisikos des Klägers, also um eine angesichts der wirtschaftlichen Lage des Klägers interessengerechte Erleichterung der Möglichkeit, auf dem Klageweg eine Rechtmäßigkeitskontrolle von Gesellschafterbeschlüssen zu erreichen. Der Haftungsgrund des § 945 ZPO beruht dagegen auf dem ganz anders gearteten Rechtsgedanken, dass die Vollstreckung aus einem noch nicht endgültigen Vollstreckungstitel auf Gefahr des Antragstellers zu erfolgen hat[1228]. Der Schuldner muss den Eingriff in seinen Handlungs- und Vermögensbereich durch gerichtliche Anordnung nur unter der Voraussetzung dulden, dass die andere Seite die Gefahr der Unbegründetheit ihres Rechtsschutzbegehrens trägt. Wenn die erlassene einstweilige Verfügung von Anfang an ungerechtfertigt ist, kann dem Antragsgegner durch die einstweilige Verfügung ein beträchtlicher Schaden entstehen. So kann der Gesellschaft durch die Verzögerung der Durchführung der genehmigten Kapitalerhöhung ein beträchtlicher Schaden, sei es durch den entgangenen Erwerb einer vielversprechenden Unternehmensbeteiligung oder durch die Verhinderung einer erfolgversprechenden Börsenplazierung an ausländischen Kapitalmärkten, entstehen, den der Aktionär im Fall eines ungerechtfertigten Erlasses der einstweiligen Verfügung gem. § 945 ZPO nach den Grundsätzen der §§ 249 ff. BGB begleichen muss. Der Schadensersatzanspruch nach § 945 ZPO richtet sich auf Ersatz des sog. Vollziehungsschadens[1229]. Bei § 945 ZPO handelt es sich um eine deliktische Haftung im weiteren Sinn[1230]. Für die hier anstehende Frage, inwieweit sich § 945 ZPO von der Kostentragung gem. § 247 AktG unterscheidet, kann offen bleiben, ob es

[1228] BGH NJW 1988, 1268, 1269; BGH NJW 1993, 593; *Vollkommer*, in: Zöller, ZPO Kommentar, § 945, Rdn. 3.

[1229] BGHZ 96, 1, 2; *Heinze*, in: Münchener, ZPO Kommentar, 1. Auflage, § 945, Rdn. 9, 13.

[1230] *Vollkommer*, in: Zöller, ZPO Kommentar, § 945, Rdn. 3.

sich bei § 945 ZPO um einen Fall der Gefährdungshaftung handelt[1231] oder nicht[1232]. Die Streitwertregelung in § 247 AktG hat mit einer Risikohaftung, wie sie in § 945 ZPO zum Ausdruck kommt, nichts zu tun, sondern ähnelt vielmehr der allgemeinen Prozesskostenhilfe des § 114 ZPO[1233]. Ähnlich wie die allgemeine Prozesskostenhilfe will die Streitwertregelung erreichen, dass die bedürftige ebenso wie die vermögende Partei in die Lage versetzt wird, einen Prozess zu führen. Das dient der Rechtsanwendungsgleichheit[1234]. Eine Übertragung des Rechtgedankens von § 247 AktG auf § 945 ZPO scheidet daher schon wegen der Verschiedenheit der diesen Vorschriften zugrundeliegenden Rechtsgedanken aus.

Gegen eine analoge Anwendung des § 247 II 1 AktG zur Begrenzung der Schadensersatzpflicht aus § 945 ZPO spricht des weiteren die Tatsache, dass die Regelung des § 247 II AktG - jedenfalls in diesem Zusammenhang - auf verfassungsrechtliche Bedenken stößt[1235]. Die Regelung stellt den Kläger günstiger als die beklagte Gesellschaft und bewirkt insofern eine Ungleichbehandlung der Prozessparteien. Die Vorschrift gilt zwar für beide Parteien, sie begünstigt jedoch nach Zweck und Wirkung den klagenden Aktionär und wird der beklagten Gesellschaft kaum zugute kommen. Gerade wegen dieser sozial motivierten Zielsetzung, die wirtschaftlich schwächere Prozesspartei vor einer zu hohen Kostenbelastung zu schützen, liegt in der Ungleichbehandlung allerdings keine sachwidrige Differenzierung. Die Streitwertspaltung verstößt daher nicht gegen Art. 3 GG[1236].

Während durch die Streitwertspaltung keine sachlich ungerechtfertigte Ungleichbehandlung der Prozessparteien bewirkt wird, würde die Begrenzung der Schadensersatzpflicht aus § 945 ZPO in Anlehnung an § 247 II AktG hingegen die beklagte Gesellschaft unangemessen benachteiligen. Eine solche Benachteiligung könnte auch nicht durch die Schutzfunktion des § 247 II AktG gerechtfertigt werden. Denn die Regelung bezweckt lediglich, die Prozessführung auch denjenigen Aktionären zumutbar zu ermöglichen, die wegen des aus dem Regelstreitwert folgenden Kostenrisikos davon sonst vernünftigerweise absehen müssten. Für den Fall des unberechtigten Vollzugs einer einstweiligen Verfügung, der für den Antragsgegner einen nicht unerheblichen Schaden zur Folge haben kann, greift die Schutzfunktion des § 247 II AktG dagegen nicht mehr - auch nicht entsprechend - ein.

[1231] BGH NJW 1988, 1268, 1269; BGH NJW 1994, 1413, 1416.

[1232] *Vollkommer*, in: Zöller, ZPO Kommentar, § 945, Rdn. 3.

[1233] *Wax*, in: Münchener, ZPO Kommentar, 2. Auflage, § 114, Rdn. 6.

[1234] *Wax*, in: Münchener, ZPO Kommentar, 2. Auflage, § 114, Rdn. 1.

[1235] Siehe etwa *v. Falkenhausen*, Verfassungsrechtliche Grenzen der Mehrheitsherrschaft, S. 243 ff.

[1236] *Zöllner*, in: Kölner Kommentar zum AktG, § 247, Rdn. 17; *K. Schmidt*, in: Großkommentar zum AktG, § 247, Rdn. 3; *Hüffer*, in: Münchener Kommentar zum AktG, § 247, Rdn. 6.

Die Schadensersatzpflicht aus § 945 ZPO kann allein unter den Voraussetzungen des § 254 BGB gemindert werden, falls die Gegenseite den durch den Erlass der einstweiligen Verfügung verursachten Schaden mitverursacht hat[1237]. § 254 BGB liegt der allgemeine Rechtsgedanke zugrunde, dass derjenige, der die Sorgfalt außer acht lässt, die nach Lage der Sache erforderlich erscheint, um sich selbst vor Schaden zu bewahren, den Verlust oder die Minderung seines Schadensersatzanspruchs hinzunehmen hat[1238]. Die Vorschrift ist eine Ausprägung des Grundsatzes von Treu und Glauben[1239] und gilt grundsätzlich gegenüber allen Schadensersatzansprüchen, gleichgültig auf welchem Rechtsgrund sie beruhen und ob sie ein Verschulden voraussetzen[1240]. Bei dem verschuldensunabhängigen Schadensersatzanspruch aus § 945 ZPO kann daher ein mitwirkendes Verschulden des Antragsgegners nach § 254 BGB anspruchsmindernde Berücksichtigung finden.
Ein Mitverschulden der Verwaltungsmitglieder, für das die Gesellschaft gem. § 31 BGB (analog) einzustehen hat, ist beispielsweise dann anzunehmen, wenn die Verwaltungsmitglieder schuldhaft den Anordnungsgrund setzen, wie etwa durch das Provozieren oder das Verschweigen von Umständen, das den Aktionär veranlasst hat, einstweiligen Rechtsschutz zu suchen[1241]. Ein Mitverschulden der Verwaltungsmitglieder kommt in Betracht, wenn sie im Eilverfahren nachlässig vortragen oder eine ihnen mögliche Glaubhaftmachung versäumen, wenn sie von der ihnen eingeräumten Abwendungsbefugnis durch Sicherheitsleistung trotz Möglichkeit und Zumutbarkeit keinen Gebrauch machen[1242], wenn sie den antragstellenden Aktionär nicht auf die Gefahr eines ungewöhnlich hohen Schadens infolge der Verhinderung der Durchführung der Kapitalerhöhung mit Bezugsrechtsausschluss aufmerksam machen[1243] oder wenn sie einen sich aufdrängenden Widerspruch (§ 924 ZPO) nicht einlegen[1244].
Eine Haftungsreduzierung aus Mitverursachung oder Mitverschulden dürfte allerdings nur selten vorkommen. Ein Mitverschulden ist zunächst nur dann zu berücksichtigen, wenn es sich auf den Eintritt des allein ersatzfähigen Vollziehungsschadens bezieht. Angesichts der gesetzlichen Risikoverteilung des § 945 ZPO kommt ein vollständiger Wegfall des Schadensersatzanspruches gem. § 254 BGB nicht schon bei einem überwiegenden Mitverschulden des Antrags-

---

1237 BGHZ 120, 261, 268 f.; BGHZ 122, 172, 179; siehe auch *Vollkommer*, in: Zöller, ZPO Kommentar, § 945, Rdn. 13; *Walker*, in: Schuschke/Walker, Kommentar zum Achten Buch der ZPO, § 945, Rdn. 26; *Hüffer*, in: Münchener Kommentar zum AktG, § 243, Rdn. 145.
1238 Siehe etwa *Heinrichs*, in: Palandt, BGB Kommentar, § 254, Rdn. 1 m.w.N.
1239 BGH NJW 1982, 168 f.
1240 *Grunsky*, in: Münchener, BGB Kommentar, § 254, Rdn. 12; *Heinrichs*, in: Palandt, BGB Kommentar, § 254, Rdn. 5.
1241 Vgl. BGH, LM Nr. 8 zu § 945 ZPO.
1242 Vgl. BGHZ 120, 261, 268 f.
1243 Vgl. BGH WM 1990, 1171 f.
1244 OLG München WRP 1996, 784.

gegners, sondern nur bei dessen Alleinverschulden in Betracht. Soweit den Antragsteller zusätzlich zu seiner Risikohaftung auch nur eine geringe Verschuldensquote trifft, ist diese mit der Risikohaftung zusammenzurechnen und kann selbst bei einem groben Mitverschulden des Antragsgegners nicht zu einem vollständigen Wegfall des Schadensersatzanspruchs führen[1245].
Der antragstellende Aktionär ist daher im Verfahren des einstweiligen Rechtsschutzes den allgemeinen Risiken hinsichtlich möglicher Kosten und eines möglichen Schadensersatzes ausgesetzt.

c) Begrenzung der Sicherheitsleistung gem. §§ 936, 921 S. 2 ZPO?

Durch die Regelung des § 247 II AktG soll grundsätzlich zugunsten des Aktionärs das Prozesskostenrisiko infolge der Herabsetzung des Streitwertes gemindert werden. Vor diesem Hintergrund fragt es sich, ob sich das Gericht des einstweiligen Rechtsschutzes über die Minderung des Prozesskostenrisikos im Hauptverfahren hinwegsetzen und im einstweiligen Rechtsschutzverfahren den Antragsteller mit einer hohen Sicherheitsleistung gem. § 921 S. 2 ZPO belasten kann[1246]. Eine angemessene Begrenzung der Höhe der Sicherheitsleistung in Anlehnung an die Regelung des § 247 II AktG scheidet jedoch aus ähnlichen Erwägungen aus, die gegen die Beschränkung der Schadensersatzpflicht nach § 945 ZPO sprechen[1247]. Eine Übertragung des Rechtsgedankens von § 247 AktG auf § 921 S. 2 ZPO kommt bereits wegen der Verschiedenheit der diesen Vorschriften zugrundeliegenden Rechtsgedanken nicht in Betracht. So kann die besondere Streitwertregelung des § 247 AktG nicht zur umfangmäßigen Reduzierung einer Sicherheitsleistung gem. § 921 S. 2 ZPO herangezogen werden.
Das Gericht wird die Höhe der Sicherheitsleistung regelmäßig so bemessen, dass sie in Fällen des von Anfang an ungerechtfertigten Erlasses einer einstweiligen Verfügung jeden etwaigen Schaden des Antragsgegners deckt[1248]. Vor dem Hintergrund, dass der Schadensersatzanspruch aus § 945 ZPO prinzipiell nicht begrenzt wird, kann auch nicht die Höhe der Sicherheitsleistung eingeschränkt werden. Anderenfalls bestünde die Gefahr, dass ein etwaiger Gesellschaftsschaden bei unzureichenden Vermögensverhältnissen des Aktionärs nicht in vollem Umfang ausgeglichen werden könnte.

Ebenso das Kostenrisiko in Gestalt einer angeordneten Sicherheitsleistung nach § 921 S. 2 ZPO wird demzufolge die Aktionäre von der Einleitung eines einstweiligen Rechtsschutzverfahrens abhalten.

[1245] BGH JZ 1990, 604.
[1246] Vgl. *Heinze* ZGR 1979, 313, 319.
[1247] A.A. *Heinze* ZGR 1979, 313, 319, der insoweit sogar fordert, dass § 921 II ZPO für den einstweiligen Rechtsschutz in aktienrechtlichen Anfechtungs- und Nichtigkeitsklagen grundsätzlich unanwendbar sein soll.
[1248] *Vollkommer*, in: Zöller, ZPO Kommentar, § 921, Rdn. 5.

VII. Ergebnis

Ein vom Bezugsrechtsausschluss betroffener Aktionär, der gegen die Ausnutzung der Ermächtigung zur Kapitalerhöhung durch den Vorstand klagt, ist mit einem unwägbaren hohen und außer Verhältnis zu dem Wert seiner Beteiligung sowie zum wirtschaftlichen Erfolg seiner Klage stehenden Prozesskostenrisiko belastet. Insbesondere die Kostenrisiken eines einstweiligen Rechtsschutzverfahrens in Gestalt einer möglicherweise angeordneten Sicherheitsleistung (§§ 936, 921 S. 2 ZPO) und einer etwaigen verschuldensunabhängigen Schadensersatzpflicht aus § 945 ZPO bedeuten für ihn eine nahezu unüberwindbare Hürde. Die übergangenen Gesellschafter werden daher nur in Ausnahmefällen offensichtlicher Überschreitung der Ermächtigungsgrenzen und evidenter Ermessensfehler gegen die drohende rechtswidrige Ausnutzung der Ermächtigung gerichtliche Schritte einleiten. Auch in diesen Fällen ist ein redlicher Kleinaktionär allerdings häufig nicht in der Lage, im Wege der Aktionärsklage oder des einstweiligen Rechtsschutzverfahrens gegen pflichtwidriges Verwaltungshandeln vorzugehen; mangelnde Kenntnis und die Mühen eines Prozesses halten ihn bereits davon ab. Die Klägerrolle werden vorwiegend - wenn überhaupt - Großaktionäre oder Aktionärsvereinigungen wahrnehmen[1249].

Für die Aktionäre besteht zwar ebenso bei einer Anfechtungsklage gegen den Ermächtigungsbeschluss der Hauptversammlung ein nicht unerhebliches Prozesskostenrisiko. Abgesehen von dem Kostenrisiko der Rechtsdurchsetzung sind sie bei einer Vorwegkontrolle der Vorstandsentscheidung aber zugleich mit der Gefahr belastet, dass sie mangels ausreichender Information über die Einzelheiten der Kapitalmaßnahme schon nicht in der Lage sind, eine Abwehrklage gegen die bevorstehende rechtswidrige Ausnutzung der Ermächtigung schlüssig zu begründen. Die präventiven Rechtsmittel der Gesellschafter nach der „Siemens/Nold“-Rechtsprechung gewährleisten daher keinen adäquaten Ausgleich für den Wegfall der gerichtlichen Kontrolle des Ermächtigungsbeschlusses in Form einer Anfechtungsklage.

Vor diesem Hintergrund wird die Kontrolle der Einhaltung der materiellen Handlungsgrenzen des Vorstandes bei Ausnutzung der Ermächtigung in Zukunft ihren Schwerpunkt in der Nachkontrolle haben, nämlich in Form der Diskussion auf der nächsten Hauptversammlung und gegebenenfalls gerichtlicher Kontrolle im Rahmen eines Schadensersatzprozesses.

[1249] Vgl. zur Prozessstandschaft: *Brondics*, Die Aktionärsklage, S. 161 f.; siehe auch schon *Lutter*, Der Aktionär in der Marktwirtschaft, S. 23 f.; *Mertens* AG 1990, 49, 54.

E. Die nachträgliche Kontrolle der Vorstandsentscheidung in Form einer Schadensersatzklage des Aktionärs

I. Einleitung

Nach der in § 254 II 1 BGB verankerten Schadensabwendungs- und -minderungspflicht sind die Aktionäre zunächst verpflichtet, den Schaden aus einem rechtswidrigen Bezugsrechtsausschluss durch den Gebrauch von Rechtsbehelfen abzuwenden oder gering zu halten, soweit die Rechtsbehelfe Aussicht auf Erfolg versprechen. Andernfalls trifft sie ein anspruchsminderndes Mitverschulden gem. § 254 II 1 BGB[1250].

Konnten die Aktionäre die Durchführung der Kapitalerhöhung mit rechtswidrigem Bezugsrechtsausschluss nicht durch präventive Rechtsbehelfe verhindern, sind sie auf die Geltendmachung von Schadensersatzansprüchen angewiesen[1251]. Wie bereits dargelegt[1252], stehen den vom Bezugsrechtsausschluss betroffenen Aktionären Abwehr- bzw. Ersatzansprüche sowohl nach dem verbandsrechtlichen als auch nach dem deliktsrechtlichen Ansatz zu. Die Gesellschaft, die verantwortlichen Verwaltungsmitglieder, „sonstige" Gesellschafter, die auf die Durchführung der Kapitalerhöhung mit unzulässigem Bezugsrechtsausschluss hingewirkt haben, und außenstehende Dritte können daher passivlegitimiert sein.

Die Aktionäre können gegen die drohende rechtswidrige Ausnutzung der Ermächtigung eine Abwehrklage in Form einer Unterlassungs-, Feststellungs- bzw. Beseitigungsklage nur innerhalb einer Ausschlussfrist von einem Monat (vgl. § 246 I AktG) seit Kenntniserlangung von den für die Beurteilung der sachlichen Rechtfertigung des Bezugsrechtsausschlusses notwendigen Tatsachen erheben[1253]. Es fragt sich, ob die auf einer Verletzung des Bezugs- bzw. Mitgliedschaftsrechts beruhenden Schadensersatzansprüche ebenso nur innerhalb einer Ausschlussfrist von einem Monat (analog § 246 I AktG) seit Kenntniserlangung von der Verletzung geltend gemacht werden können[1254].

Die „Holzmüller"-Entscheidung, in welcher der BGH ausgeführt hat, dass die Zeit, die der Aktionär bis zur Klageerhebung verstreichen lässt, nicht außer Verhältnis zur Monatsfrist des § 246 I AktG stehen dürfe[1255], betrifft nicht den

---

[1250] Siehe dazu bereits oben, 3. Teil, D I.

[1251] Wie bereits oben im 3. Teil, unter § 2 B ausgeführt, genügt die nachträgliche gerichtliche Kontrolle nach „Siemens/Nold" in Form einer möglichen Entlastungsverweigerung bzw. der Vorstandshaftung gem. § 93 II AktG einem effektiven Aktionärsschutz nicht.

[1252] Siehe dazu oben, 3. Teil, § 2 C III 2 a).

[1253] Näher dazu oben, 3. Teil, § 2 D I.

[1254] So etwa *Hirte*, Bezugsrechtsausschluß und Konzernbildung, S. 209, 236; differenzierend *Habersack*, Die Mitgliedschaft, subjektives und „sonstiges" Recht, S. 360 f.

[1255] BGHZ 83, 122, 135 f.

Fall der Schadensersatzklage. Soweit die Gesellschaft die Verwaltungsmitglieder wegen pflichtwidrigen Verwaltungshandelns gem. §§ 93 II, 116 AktG auf Schadensersatz in Anspruch nimmt, gilt keine Klagefrist.
Da die durch einen Eingriff in das Bezugs- bzw. Mitgliedschaftsrecht begründeten Sekundäransprüche in aller Regel aber an die Schaffung vollendeter Tatsachen anknüpfen und die Rückgängigmachung der seitens der Gesellschaft getroffenen Maßnahmen erfordern, können sie nicht beliebig, ohne jegliche Beschränkung in zeitlicher Hinsicht geltend gemacht werden. Der vom Bezugsrecht ausgeschlossene Aktionär ist vielmehr aufgrund der ihm obliegenden Treupflicht gehalten, bei der Geltendmachung seiner Sekundäransprüche auf das Vertrauen der Gesellschaft auf die Bestandskraft der Kapitalmaßnahme und die mit einer Wiederherstellung des früheren Zustandes verbundene Beeinträchtigung der Gesellschaftsinteressen Rücksicht zu nehmen[1256]. Diese treupflichtbedingten Schranken der Geltendmachung von Schadensersatzansprüchen sind Bestandteil der Mitgliedschaft und beanspruchen auch insoweit Geltung, als das Mitglied gegen die Verletzung seiner mitgliedschaftlichen Rechte vorgeht und die Wiederherstellung des status quo ante begehrt. Der Obliegenheit zur alsbaldigen Geltendmachung der Schadensersatzansprüche kommt allerdings nur insoweit Bedeutung zu, als der vom Bezugsrecht ausgeschlossene Aktionär die Wiederherstellung des status quo ante und damit der Rückgängigmachung bereits vollzogener Maßnahmen begehrt. Die einmonatige Klagefrist des § 246 I AktG kann - entsprechend dem Gebot der Rechtssicherheit - nur für diesen Fall überzeugen. Erhebt der Aktionär dagegen eine Klage auf Ersatz seines Vermögensschadens in Geld, so besteht kein Anlass für die Gewährung eines qualifizierten Vertrauensschutzes der Gesellschaft auf die Bestandskraft der Kapitalmaßnahme. In diesem Fall ist anstelle der einmonatigen Klagefrist (analog § 246 I AktG) auf den flexibel zu handhabenden Vorbehalt der Verwirkung abzustellen. Dabei kommen im Rahmen wirtschaftlicher Vorgänge grundsätzlich relativ kurze Verwirkungszeiten in Betracht - Kenntnis oder zumindest grob fahrlässige Unkenntnis von dem betreffenden Unternehmensvorgang beim klagenden Aktionär vorausgesetzt.
Eine hinreichende Informationsgrundlage für die Erhebung einer Schadensersatzklage erhalten die Aktionäre im Wege der umfassenden nachträglichen Berichterstattung des Vorstandes auf der nächsten ordentlichen Hauptversammlung und gegebenenfalls durch einen ergänzenden Vorstandsbericht noch unmittelbar vor Durchführung der bezugsrechtsfreien Kapitalerhöhung.

Die Schadensersatzansprüche sind neben ihrer Funktion eines präventiven Schutzes des Bezugs- bzw. Mitgliedschaftsrechts vor unzulässigen Eingriffen durch die Verwaltung darauf gerichtet, diejenigen Einbußen auszugleichen, welche die Aktionäre infolge der Verletzung ihres Bezugs- bzw. Mitglied-

---

[1256] Vgl. *Brondics*, Aktionärsklage, S. 119 f.; *Martens* ZHR 147 (1983), 377, 401 f.; *Zöllner* ZGR 1988, 392, 431 f.

schaftsrechts erleiden[1257]. Das Bezugs- bzw. Mitgliedschaftsrecht der Altaktionäre ist verletzt, sobald die Durchführung der Kapitalerhöhung mit unzulässigem Bezugsrechtsausschluss im Handelsregister eingetragen ist und damit das Anteilsverhältnis zu Lasten der vom Bezugsrecht ausgeschlossenen Aktionäre verringert wird[1258]. Erfolgt die Eintragung der bezugsrechtsfreien Kapitalerhöhung trotz rechtswidriger Ausnutzung der Ermächtigung durch den Vorstand, so ist die Kapitalerhöhung dennoch wirksam (§ 189 AktG) und die betreffenden Mitgliedschaftsrechte entstehen in der Person der Dritterwerber[1259]. Angesichts der Grundsätze realer Kapitalaufbringung heilt die Eintragung den aus § 187 I AktG unwirksamen Zeichnungsvertrag mit dem Dritten[1260]. Die fehlerhafte Entscheidung des Vorstandes schlägt daher als reine Geschäftsführungsmaßnahme nicht auf das Außenverhältnis durch[1261].

In Anbetracht des gestuften Verfahrens bei der genehmigten Kapitalerhöhung im Gegensatz zur Kapitalerhöhung gegen Einlagen und der alternativen Zuständigkeiten von Hauptversammlung oder Vorstand und Aufsichtsrat kommen verschiedene Ansatzpunkte für die Beeinträchtigung der Rechtsstellung der Aktionäre in Betracht. Diese werden bei der Darstellung der in Frage kommenden Anspruchsgrundlagen näher erörtert[1262].

II. Die Haftung der Gesellschaft nach dem verbandsrechtlichen Ansatz

1. Schadensersatz statt der Leistung im Fall der Unmöglichkeit gem. §§ 280 I, III, 283 S. 1, 31 BGB (analog)

Stützt der in unzulässiger Weise vom Bezug neuer Aktien ausgeschlossene Aktionär seinen Schadensersatzanspruch auf die Beeinträchtigung des mitgliedschaftlichen Rechtsverhältnisses, so kommt eine Haftung der Gesellschaft wegen Unmöglichkeit der Erfüllung des Aktienbezugsrechts aus § 186 I 1 AktG gem. §§ 280 I, III, 283 S. 1, 31 BGB (analog) in Betracht.

[1257] Vgl. *Ulmer* ZHR 163 (1999), 290, 297, 306 f., 318, 330; zu den Schadenspositionen näher unten, 3. Teil § 2 F II.

[1258] Vgl. dazu bereits oben, 3. Teil, § 2 D I.

[1259] Vgl. *Lutter*, in: Kölner Kommentar zum AktG, § 204, Rdn. 25; *Hüffer*, AktG, § 186, Rdn. 17; *Hefermehl/Bungeroth*, in: Geßler/Hefermehl/Eckardt/Kropff, Kommentar zum AktG, § 186, Rdn. 77.

[1260] *Lutter*, in Kölner Kommentar zum AktG, § 186, Rdn. 41.

[1261] *Hefermehl/Bungeroth*, in: Geßler/Hefermehl/Eckardt/Kropff, Kommentar zum AktG, § 204, Rdn. 4; *Hüffer*, AktG, § 186, Rdn. 17; § 204, Rdn. 8; nur im Begründungsansatz wohl abweichend etwa: *Krieger*, in: Münchener Handbuch, Aktiengesellschaft, § 58, Rdn. 57, der von einer schwebenden Unwirksamkeit der Vorstandsentscheidung ausgeht, welche aber durch Eintragung der Durchführung der Kapitalerhöhung geheilt werde.

[1262] Vgl. dazu auch die Differenzierung von *Cahn* ZHR 164 (2000), 113, 133 ff.

Eine Haftung aus §§ 280 I, III, 283 S. 1, 31 BGB (analog) setzt zunächst voraus, dass ein Anspruch der Aktionäre auf Aktienbezug gem. § 186 I 1 AktG besteht.
Das Bezugsrecht der Aktionäre resultiert aus dem Mitgliedschaftsverhältnis zwischen der Gesellschaft und den Aktionären. Dieses Mitgliedschaftsverhältnis stellt ein Schuldverhältnis dar. Der BGH hat zwar in der „Schärenkreuzer"-Entscheidung[1263] die Auffassung vertreten, das Mitgliedschaftsverhältnis zwischen einem Vereinsmitglied und dem Verein sei lediglich ein „vertragsähnliches Rechtsverhältnis". Das Mitgliedschaftsverhältnis kann aber nicht als eine bloß „vertragsähnliche" Rechtsbeziehung angesehen werden. Der Entstehungstatbestand des Mitgliedschaftsverhältnisses ist vielmehr rechtsgeschäftlich, nämlich entweder eine Willenserklärung zur Feststellung der Satzung (Gründungsvertrag) oder ein Eintritt (Aufnahmevertrag)[1264].

a) Anspruch auf Aktienbezug gem. § 186 I 1 AktG

Ein Anspruch der Aktionäre auf Bezug neuer Aktien gem. § 186 I 1 AktG besteht, wenn die Hauptversammlung das Bezugsrecht weder selbst nach § 203 I AktG ausgeschlossen noch den Vorstand dazu gem. § 203 II AktG ermächtigt hat. Das Bezugsrecht ist damit von vornherein durch die Möglichkeit des Bezugsrechtsausschlusses beschränkt, so dass dem Aktionär sein Bezugsrecht nur insoweit zusteht, als es nicht ausgeschlossen ist. Die Gesellschaft haftet den Aktionären also nicht wegen Unmöglichkeit der Leistung aus §§ 280 I, III, 283 S. 1, 31 BGB (analog) bei einem rechtmäßigen Bezugsrechtsausschluss durch den Vorstand. Die Gesellschaft ist dagegen den Aktionären zum Schadensersatz wegen Unmöglichkeit der Leistung gem. §§ 280 I, III, 283 S. 1, 31 BGB (analog) verpflichtet, wenn der Vorstand ungeachtet einer fehlenden Ermächtigung zum Ausschluss des Bezugsrechts oder ohne einen Bezugsrechtsausschluss durch die Hauptversammlung die neuen Aktien aus dem genehmigten Kapital an Dritte unter Ausschluss der Altaktionäre ausgibt.

Sofern der Vorstand aufgrund einer wirksamen Ermächtigung nach § 203 II AktG die neuen Aktien an Dritte unter Ausschluss der Altaktionäre ausgibt oder die Hauptversammlung selbst im Ermächtigungsbeschluss das Bezugsrecht ausgeschlossen hat (§ 203 I AktG), kann die Ausnutzung des bezugsrechtsfreien genehmigten Kapitals missbräuchlich sein. Es fragt sich, ob in diesem Fall ein Anspruch der Aktionäre auf Aktienbezug besteht. Dafür spricht der in § 186 I 1

[1263] BGHZ 110, 323, 327.

[1264] Siehe auch *Hadding*, in: Festschrift Kellermann, S. 91, 94 ff., wonach die der Auffassung des BGH zugrundeliegende „korporationsrechtliche" Betrachtungsweise, nach der die Satzung eines Vereins nicht als Vertrag, sondern als Verfassung gelte, nicht überzeugen könne (m.w.N. in Fußn. 15). Im Ergebnis ähnlich die von *Helms*, Schadensersatzansprüche wegen Beeinträchtigung der Vereinsmitgliedschaft, S. 19 ff. geäußerten Bedenken.

AktG verankerte Schutz der Aktionäre, bei einer Kapitalerhöhung junge Aktien in einem Umfang zu erhalten, der ihrer bisherigen Beteiligung am Grundkapital entspricht und auf diesem Wege ihre mitgliedschaftliche Stellung einschließlich ihrer vermögensmäßigen Bezüge pro rata halten zu können. Den Aktionären müsste danach prinzipiell ein Bezugsrecht zustehen, welches ihnen nur ausnahmsweise und nur dann genommen werden könnte, wenn der Ausschluss des Bezugsrechts rechtmäßig ist[1265]. Die rechtswidrige Ausnutzung der Ermächtigung zur bezugsrechtsfreien Kapitalerhöhung durch die Verwaltungsmitglieder ändert jedoch nichts an der Wirksamkeit des Bezugsrechtsausschlusses, so dass die Aktionäre auch in diesem Fall keinen Anspruch auf Bezug neuer Aktien haben. Es wäre außerdem bedenklich, den Aktionären einen Anspruch auf Teilnahme an der Verwirklichung einer Kapitalmaßnahme einzuräumen, die gegen Gesetz oder Satzung verstößt und deren Durchführung daher an sich zu unterbleiben hat[1266]. So steht den Aktionären bei einem Ausschluss des Bezugsrechts auch dann kein Aktienbezugsrecht aus § 186 I 1 AktG zu, wenn die im Wege des bezugsrechtsfreien genehmigten Kapitals zu finanzierende konkrete Kapitalmaßnahme nicht im „wohlverstandenen" Gesellschaftsinteresse liegt. Nichts anderes gilt, wenn eine Ermächtigung zur Schaffung bezugsrechtsfreien genehmigten Kapitals vorliegt, sich die Planung des Vorstandes auch nur auf diese Weise finanzieren lässt, die Finanzierungsmaßnahme jedoch offensichtlich die angeführten Handlungsgrenzen beim Gebrauchmachen von der Ermächtigung[1267] überschreitet. In diesen Fällen rechtswidriger Ausnutzung der Ermächtigung zur Kapitalerhöhung unter Ausschluss des Bezugsrechts kommt allein eine Haftung der Gesellschaft wegen Verletzung des Mitgliedschaftsrechts nach §§ 280 I, 241 II, 31 BGB (analog) in Betracht[1268].

Eine Haftung der Gesellschaft wegen Unmöglichkeit der Erfüllung des Aktienbezugsrechts gem. §§ 280 I, III, 283 S. 1, 31 BGB (analog) greift ein, wenn ein Anspruch der Aktionäre auf Aktienbezug gem. § 186 I 1 AktG besteht und der Vorstand ungeachtet einer fehlenden Ermächtigung zum Ausschluss des Bezugsrechts oder ohne einen Bezugsrechtsausschluss durch die Hauptversammlung die neuen Aktien aus dem genehmigten Kapital an Dritte unter Ausschluss der Altaktionäre ausgibt.

Es bleibt zu klären, welches Recht der Aktionäre im Fall der Ausgabe der neuen Aktien an Dritte ohne wirksamen Ausschluss des Bezugsrechts verletzt wird.

1265 So im Ergebnis wohl *Natterer*, Kapitalveränderung der Aktiengesellschaft, S. 232.

1266 Vgl. dazu vor allem *Cahn* ZHR 164 (2000), 113, 133 ff.

1267 Vgl. eingehend oben, 2. Teil, § 3.

1268 Siehe dazu unten, 3. Teil, § 2 E II 2.

b) Allgemeines Bezugsrecht oder konkreter Bezugsanspruch als verletztes Recht?

Nach der überwiegenden Ansicht im Schrifttum[1269], die zwischen dem allgemeinen Bezugsrecht als untrennbarem Bestandteil des Mitgliedschaftsrechts und dem konkreten Bezugsanspruch als selbständigem, von der Mitgliedschaft unabhängigem Gläubigerrecht differenziert, handelt es sich bei der Haftung aus §§ 280 I, III, 283 S. 1, 31 BGB (analog) um Schadensersatzansprüche wegen Unmöglichkeit der Erfüllung der konkreten Bezugsansprüche gegen die Gesellschaft[1270].
So wie dem allgemeinen Recht auf Gewinnbeteiligung der konkrete Anspruch auf den zur Verteilung beschlossenen Bilanzgewinn entspricht, entspricht danach dem allgemeinen Bezugsrecht der konkrete Bezugsanspruch[1271]. Dieser konkrete Anspruch soll erst mit Wirksamwerden des Kapitalerhöhungsbeschlusses entstehen und hänge davon ab, dass die Kapitalerhöhung auch tatsächlich durchgeführt werde. Das allgemeine Bezugsrecht existiere dagegen unabhängig von einer konkreten Kapitalerhöhung. Es aktualisiere sich vielmehr mit Wirksamwerden des Kapitalerhöhungsbeschlusses zu einem selbständigen Forderungsrecht, einem schuldrechtlichen Anspruch gegen die Gesellschaft auf Abschluss eines Zeichnungsvertrages (§ 185 AktG) über die neuen Aktien im Rahmen der beschlossenen Kapitalerhöhung[1272].

Die geschilderte Differenzierung zwischen allgemeinem Bezugsrecht und konkreten Bezugsansprüchen stößt auf Bedenken. Legt man die im Schrifttum vertretene Auffassung[1273] zugrunde, nach der sich mit dem Hauptversammlungsbeschluss über die Kapitalerhöhung das abstrakte gesetzliche Bezugsrecht in den konkreten Bezugsanspruch umwandele, käme infolge eines sachlich nicht gerechtfertigten Bezugsrechtsausschlusses ausschließlich eine Verletzung konkreter Bezugsansprüche in Frage. Denn das allgemeine Bezugsrecht hätte danach seine Funktion allein darin, konkrete Bezugsansprüche hervorzubringen und erfüllt mit deren Entstehung seinen Zweck. Der Aktionärsschutz würde

---

1269 *Lutter*, in: Kölner Kommentar zum AktG, § 186, Rdn. 10; *Geßler*, in: Geßler/Hefermehl/Eckardt/Kropff, Kommentar zum AktG, § 186, Rdn. 14 ff.; *Hüffer*, AktG, § 186, Rdn. 6; kritisch insoweit lediglich *Kallmeyer* AG 1993, 249.

1270 Siehe *Martens*, in: Festschrift Steindorff, S. 151, 163; *Lutter*, in: Kölner Kommentar zum AktG, § 186, Rdn. 41; *Hüffer*, AktG, § 186, Rdn. 18; *Hefermehl/Bungeroth*, in: Geßler/Hefermehl/Eckardt/Kropff, Kommentar zum AktG, § 186, Rdn. 80, 82; *Wiedemann*, in: Großkommentar zum AktG, § 186, Rdn. 103.

1271 *Lutter*, in: Kölner Kommentar zum AktG, § 186, Rdn. 10.

1272 *Hüffer*, AktG, § 186, Rdn. 6; *Hefermehl/Bungeroth*, in: Geßler/Hefermehl/Eckardt/Kropff, Kommentar zum AktG, § 186, Rdn. 16; *Lutter*, in: Kölner Kommentar zum AktG, § 186, Rdn. 10.

1273 Siehe dazu die Quellenangaben in Fußn. 1269.

mithin ab diesem Zeitpunkt allein durch die schuldrechtlichen Bezugsansprüche garantiert[1274].

Wie noch zu zeigen sein wird[1275], könnten die vom Bezugsrecht ausgeschlossenen Aktionäre aufgrund des fehlenden Deliktsschutzes von Forderungen gem. § 823 I BGB nur Schadensersatz wegen Verletzung ihres allgemeinen Bezugsrechts und ihrer Mitgliedschaft verlangen, nicht dagegen wegen der Beeinträchtigung ihrer konkreten Bezugsansprüche. Der Standpunkt der überwiegenden Meinung hätte daher zur Folge, dass Ansprüche wegen Verletzung des Rechts auf Aktienzuteilung nach Entstehung der konkreten Bezugsansprüche nur noch gegen die Gesellschaft als Schuldnerin begründet werden könnten. Die unmittelbare Haftung der Verwaltungsmitglieder, verantwortlicher Gesellschafter und außenstehender Dritter, die auf die Kapitalerhöhung mit Bezugsrechtsausschluss hingewirkt bzw. sich daran beteiligt haben, käme aufgrund der fehlenden Verletzung eines absolut geschützten Rechts der Aktionäre nicht in Frage. Selbst wenn das Haftungsrisiko der bei der Durchführung der Kapitalerhöhung eingeschalteten Kreditinstitute oder der Erwerber der neuen Aktien[1276] auf diese Weise vermieden werden könnte, kann dies nicht mit einer Umwandlung des allgemeinen Bezugsrechts bei Beschlussfassungen der Hauptversammlung gerechtfertigt werden. Nach der im Schrifttum überwiegend vertretenen Ansicht stellt das allgemeine Bezugsrecht das Bezugsstammrecht[1277] dar, dass bei jeder Kapitalerhöhung wirksam wird[1278]. Mit dieser Dauerfunktion, die dem allgemeinen Bezugsrecht zukommt, ist die Annahme einer Umwandlung des allgemeinen Bezugsrechts in den konkreten Bezugsanspruch bei jeder Beschlussfassung über eine Kapitalerhöhung unvereinbar. Noch deutlicher wird dies für das Mitgliedschaftsrecht, als dessen untrennbarer Bestandteil das allgemeine Bezugsrecht verstanden wird. Die Vorstellung von einer Umwandlung der Mitgliedschaft mit jeder einzelnen Kapitalerhöhung wäre kaum überzeugend. Soweit man zwischen dem allgemeinen Bezugsrecht und den konkreten Bezugsansprüchen differenziert, ist vielmehr allein der Fortbestand des allgemeinen Bezugsrechts neben den daraus abgeleiteten konkreten Bezugsansprüchen überzeugend.

Daran schließt sich die Frage an, ob den vom Bezug neuer Aktien ausgeschlossenen Aktionären gegen die Gesellschaft auch Schadensersatzansprüche gem. §§ 280 I, III, 283 S. 1, 249 BGB wegen Unmöglichkeit der Erfüllung des allgemeinen Bezugsrechts zustehen. Da sich das allgemeine Bezugsrecht vom Ausgangspunkt der überwiegenden Meinung auf alle Kapitalerhöhungen bezieht, würde es sich bei der Vereitelung der Teilnahme an einer einzelnen Erhöhung

[1274] Siehe *Cahn* ZHR 164 (2000), 113, 124.
[1275] Vgl. dazu unten, 3. Teil, § 2 E III 1 b) aa).
[1276] Näher dazu unten, 3. Teil, § 2 E V 2 b).
[1277] *Wiedemann*, in: Großkommentar zum AktG, § 186, Rdn. 60.
[1278] Vgl. etwa *Lutter*, in: Kölner Kommentar zum AktG, § 186, Rdn. 10.

des Grundkapitals lediglich um einen Fall teilweiser Unmöglichkeit handeln[1279]. Die Annahme einer teilweisen Unmöglichkeit stieße aber auf Bedenken, da das allgemeine Bezugsrecht immerhin seine Funktion als Bezugsstammrecht erfüllt hätte, den Aktionären konkrete Bezugsansprüche zu verschaffen. Die Beeinträchtigung des allgemeinen Bezugsrechts ginge folglich weniger weit als bei einem unzulässigen, aber wirksamen Bezugsrechtsausschluss, als dessen Folge derartige Ansprüche der Aktionäre gegen die Gesellschaft gar nicht erst entstünden. Das allgemeine Bezugsrecht und die konkreten Bezugsansprüche dienen jedoch gleichermaßen dazu, den Aktionären die Teilnahme an Kapitalerhöhungen entsprechend ihrer bisherigen Beteiligungsquote zu gewährleisten. Es wäre daher bedenklich, hinsichtlich der konkreten Bezugsansprüche eine Unmöglichkeit der Erfüllung und im Hinblick auf das allgemeine Bezugsrecht dagegen eine sonstige Verletzung gem. § 280 I 1 BGB anzunehmen.
In einem auf die einzelne Kapitalerhöhung bezogenen Bezugsrechtsausschluss liegt kein Ausschluss des Rechts auf Teilnahme an weiteren Erhöhungen des Grundkapitals. Die Ausschlussmöglichkeit des § 186 III, IV AktG betrifft die einzelne Kapitalerhöhung, so dass das Recht auf Teilnahme an weiteren Kapitalerhöhungen durch einen Bezugsrechtsausschluss unberührt bleibt.
Die Regelung des § 186 I 1 AktG normiert überdies kein allgemeines Bezugsrecht, das den Aktionären ein Recht auf Teilnahme an jeder Kapitalerhöhung der Gesellschaft garantiert. Da das Gesetz (§ 186 AktG) nicht zwischen einem allgemeinen Bezugsrecht und einem konkreten Bezugsanspruch differenziert und selbst die in der Literatur vorgenommene Unterscheidung nicht stets konsequent durchgeführt wird[1280], ist es vielmehr ein einheitliches, in § 186 I 1 AktG verankertes Recht auf Aktienbezug, das die einzelne Kapitalerhöhung betrifft[1281].

c) Unmöglichkeit der Aktienzuteilung

Die Zuteilung von Aktien an die Altgesellschafter wird unmöglich, sobald die Durchführung der Kapitalerhöhung im Handelsregister eingetragen und das Ermächtigungsvolumen zur Kapitalerhöhung vollständig für bezugsrechtunverträgliche Zwecke ausgeschöpft wurde, keine zusätzliche Kapitalerhöhung mehr stattfindet[1282], die Gesellschaft nicht über einen Bestand eigener Aktien

---

[1279] So auch die konsequente Schlussfolgerung von *Cahn* ZHR 164 (2000), 113, 124 f.
[1280] Siehe etwa *Lutter*, in: Kölner Kommentar zum AktG, § 186, Rdn. 10 einerseits, Rdn. 15 f. andererseits und unklar Rdn. 22.
[1281] *Cahn* ZHR 164 (2000), 113, 126 f.
[1282] Eine Verpflichtung etwa zur begleitenden Barkapitalerhöhung kann nicht angenommen werden, siehe unten, 3. Teil, § 2 F IV 2 c).

verfügt und keine eigenen Aktien erwirbt[1283]. Weder die Gesellschaft als Schuldnerin des Aktienbezugsrechts nach § 186 I 1 AktG noch ein Dritter kann den Altaktionären in diesem Fall neue Aktien zuteilen.

d) Fazit

Den von einem eigenmächtigen Bezugsrechtsausschluss betroffenen Aktionären stehen damit Schadensersatzansprüche wegen Unmöglichkeit der Erfüllung ihres Rechts auf Aktienbezug aus § 186 I 1 AktG gegen die Gesellschaft nach §§ 280 I, III, 283 S. 1, 249 BGB zu. Die verantwortlichen Verwaltungsmitglieder trifft angesichts ihres eigenmächtigen Handelns ein der Gesellschaft nach § 31 BGB (analog) zurechenbares Verschulden[1284]. Nach der besonderen Beweislastregel des § 280 I 2 BGB, welche eine Beweislastumkehr zu Lasten der beklagten Gesellschaft bewirkt, wird das Verschulden zudem bereits vermutet.

Der vom Bezugsrechtsausschluss betroffene Aktionär hat dagegen bei einer Schadensersatzklage sowohl nach der verbandsrechtlichen als auch nach der deliktsrechtlichen Haftungsgrundlage darzulegen und zu beweisen, dass er durch die bezugsrechtsfreie Kapitalerhöhung einen Schaden[1285] erlitten hat. Für den einzelnen Aktionär wird der Nachweis eines Schadens insbesondere in vermögensrechtlicher Hinsicht infolge eines „unangemessenen" Ausgabebetrages der neuen Aktien angesichts der regelmäßig fehlenden Kenntnisse über die Bewertungskriterien, die für die Vorstandsentscheidung bei der Festsetzung des Ausgabebetrages entscheidend waren, schwierig zu führen sein. Es gilt daher die im folgenden zu erörternde Darlegungs- und Beweislastverteilung.

e) Darlegungs- und Beweislastverteilung hinsichtlich des Schadenseintritts

Problematisch gestaltet sich zunächst der Nachweis eines Schadens in mitgliedschaftlicher Hinsicht dergestalt, dass relevante Stimmrechtsquoten verändert wurden oder Herrschaftsrechte endgültig verloren sind. Dem Aktionär wird es zwar gelingen, darzulegen und zu beweisen, dass er infolge des Bezugsrechtsausschlusses seine ursprüngliche Beteiligungsquote, an die besondere Herrschaftsrechte gekoppelt waren, nicht aufrecht erhalten konnte und auf diese

---

[1283] Der Zuteilung neuer Aktien sind sowohl in tatsächlicher als auch in rechtlicher Hinsicht Grenzen gesetzt, vgl. näher dazu unten, 3. Teil, § 2 F IV 2 b) bb).

[1284] So im Ergebnis auch *Cahn* ZHR 164 (2000), 113, 126 f., der die vorgenommene Differenzierung als überflüssig bezeichnet; die dogmatische Figur eines allgemeinen Bezugsrechts sei schließlich spätestens mit der Anerkennung des Mitgliedschaftsrechts für die Begründung entbehrlich geworden

[1285] Auf die einzelnen Schadenspositionen wird im 3. Teil, unter § 2 F II noch näher eingegangen.

Weise eine relevante Beteiligungsquote eingebüßt hat. Soweit es sich um die Beteiligung an einer börsennotierten Gesellschaft handelt, kann sich jedoch die beklagte Gesellschaft in einem Schadensersatzprozess darauf berufen, dass der klagende Aktionär ausreichende und zumutbare Nachkaufmöglichkeiten von Aktien zu einem „angemessenen" Preis über die Börse hatte und auf diesem Wege seine Einbuße an Teilhabe- und Herrschaftsrechten kompensieren konnte. Es fragt sich, wem die Darlegungs- und Beweislast insoweit obliegt. Der klagende Gesellschafter hat zwar entsprechend dem allgemeinen Beweislastprinzip zu beweisen, dass er infolge eines sachlich nicht gerechtfertigten Bezugsrechtsausschlusses einen Schaden in mitgliedschaftlicher Hinsicht erlitten hat. Ein Bezugsrechtsausschluss gem. § 186 III AktG gilt aber nicht dann als sachlich nicht gerechtfertigt, wenn die vom Bezugsrecht ausgeschlossenen Gesellschafter keine Möglichkeit hatten, zu einem „angemessenen" Preis Aktien über die Börse zu beziehen. Darüber hinaus handelt es sich bei dem Einwand, es hätten ausreichende und zumutbare Nachkaufmöglichkeiten von Aktien bestanden, um eine für die beklagte Gesellschaft günstige Tatsache. Die bereits eingetretene Einbuße an Teilhabe- und Herrschaftsrechten des Aktionärs könnte durch den Zukauf von Aktien über die Börse zu einem „angemessenen" Preis wieder ausgeglichen werden. Es ist daher Sache der beklagten Gesellschaft im einzelnen darzulegen und zu beweisen, dass der klagende Aktionär ausreichende und zumutbare Nachkaufmöglichkeiten von Aktien zu einem „angemessenen" Preis über die Börse hatte und auf diesem Wege seine Einbuße an Teilhabe- und Herrschaftsrechten kompensieren konnte[1286].

Was einen Schaden in vermögensrechtlicher Hinsicht betrifft, kann die beklagte Gesellschaft vortragen, dass der Ausgabepreis der neuen Aktien sowohl im Verhältnis zum Börsenkurs als auch im Verhältnis zum „inneren" Wert der Aktien i.S.v. § 255 II AktG „angemessen" gewesen sei und demnach der klagende Gesellschafter keinen Vermögensschaden infolge einer Wertverwässerung seiner alten Aktien erlitten habe. Der klagende Aktionär wird diesen Vortrag nur schwer wiederlegen können, da ihm regelmäßig weder die Berechnungsgrundlagen noch die Bewertungskriterien, die für die Vorstandsentscheidung bei der Festsetzung des Ausgabebetrages entscheidend waren, bekannt sind. Der Aktionär wird zwar erkennen, wenn der Ausgabepreis der neuen Aktien vom Börsenpreis abweicht. Eine beachtliche Unterschreitung des durchschnittlichen Börsenkurses trägt sogar die tatsächliche Vermutung eines unangemessen niedrigen Ausgabebetrages[1287]. Er wird jedoch nicht in der Lage sein, eine mögliche Unangemessenheit des Ausgabebetrages substantiiert vorzutragen, die auf einer Unterschreitung des „inneren Wertes" der Aktien beruht. Es ist daher Sache der beklagten Gesellschaft, die Angemessenheit des Ausgabepreises der neuen Aktien darzulegen und zu beweisen.

[1286] A.A. wohl *Aubel*, Der vereinfachte Bezugsrechtsausschluß, S. 48.

[1287] Siehe *Hüffer*, in: Münchener Kommentar zum AktG, § 255, Rdn. 18.

Ebenso nehmen vereinzelte Stimmen im Schrifttum[1288] zu Gunsten des Aktionärs für den Fall der Anfechtungsklage nach § 255 II AktG eine Beweislastumkehr an. Danach hat die Gesellschaft selbst die Angemessenheit des Ausgabekurses i.S.v. § 255 II AktG darzutun und gegebenenfalls zu beweisen. Die Wahl eines marktnahen Preisfindungsverfahrens („bookbuilding"), das der Erzielung höchstmöglicher Emissionserlöse dient, kann dabei ein Indiz für einen angemessenen Ausgabebetrag sein[1289]. Bei Anwendung des „bookbuilding"-Verfahrens kann es als sicher gelten, dass der Vorstand mit Hilfe der Emissionsbanken den optimalen Preis[1290] vor dessen Festsetzung ermittelt hat und dass sich der endgültige Emissionskurs am Ergebnis des „bookbuildings" orientiert, da der Vorstand hier sein Ermessen bei der Festsetzung des Emissionspreises im voraus reduziert hat[1291].
Die beachtliche Unterschreitung des durchschnittlichen Börsenkurses trägt dagegen die tatsächliche Vermutung eines unangemessen niedrigen Ausgabebetrages, so dass es Sache der beklagten Gesellschaft ist, tatsächliche Umstände darzulegen und zu beweisen, die den von der Verwaltung festgesetzten niedrigeren Wert rechtfertigen. Die Gesellschaft kann Bewertungsabstriche etwa damit begründen, dass von einer Sacheinlage - z.B. einer Unternehmensbeteiligung - eine längerfristige Steigerung des Unternehmens- und Aktienwertes zu erwarten ist.
Bestimmt eine börsennotierte Gesellschaft im Fall des erleichterten Bezugsrechtsausschlusses nach § 186 IV 2 AktG bei einer Barkapitalerhöhung bis zu 10 % des Grundkapitals als Ausgabekurs den Börsenkurs im Zeitpunkt der Beschlussfassung bzw. einen i.S.v. § 186 III 4 AktG hiervon nur unwesentlich abweichenden Kurs, kann eine aus dem Rechtsgedanken des § 186 III 4 AktG abzuleitende Vermutung dafür bestehen, dass der Preis der neu ausgegebenen Aktien „angemessen" ist. Denn ein Ausgabebetrag in der Nähe des durchschnittlichen Börsenkurses ist in der Regel nicht unangemessen niedrig[1292]. Der Kläger kann diese Vermutung allerdings widerlegen, indem er Tatsachen behauptet und beweist, die Grund zu der Annahme geben, dass der mittels einer sachgerecht durchgeführten Unternehmensbewertung ermittelte „innere" Wert über dem aktuellen Börsenwert liegt. Denn durch die Börsenkursorientierung des Ausgabepreises der neuen Aktien werden die Aktionäre ausschließlich vor der Kurs-

---

[1288] Vgl. etwa *Mülbert*, Aktiengesellschaft, Unternehmensgruppe und Kapitalmarkt, S. 341.
[1289] Siehe *Hüffer*, in: Münchener Kommentar zum AktG, § 255, Rdn. 18.
[1290] Darunter ist nicht notwendigerweise der tatsächlich höchstmögliche, im Sinne eines ausgereizten Preises zu verstehen, sondern ein Kurs, der auch den Neuaktionären ein gewisses Steigerungspotential belässt und somit mittel- und langfristig im Interesse der Gesellschaft liegt.
[1291] Vgl. *Schanz*, Börseneinführung, S. 317.
[1292] Siehe etwa *Hüffer*, in: Münchener Kommentar zum AktG, § 255, Rdn. 20.

wertverwässerung ihrer Altaktien geschützt, nicht hingegen vor der Verwässerung des sogenannten „wirklichen" Wertes ihrer alten Aktien[1293].

2. Schadensersatz wegen Verletzung des Mitgliedschaftsrechts gem. §§ 280 I, 241 II, 31 BGB (analog)

Da den Aktionären nur dann Schadensersatzansprüche wegen Unmöglichkeit der Erfüllung ihres Rechts auf Aktienbezug aus § 186 I 1 AktG gegen die Gesellschaft nach §§ 280 I, III, 283 S. 1, 249 BGB zustehen, wenn die Verwaltungsmitglieder einen eigenmächtigen Bezugsrechtsausschluss vornehmen, fragt es sich, was für diejenigen Fälle gilt, in denen der Vorstand zwar ordnungsgemäß zur Kapitalerhöhung mit Bezugsrechtsausschluss ermächtigt wurde, diese Ermächtigung jedoch in rechtswidriger Weise ausnutzt. Dies ist der Fall, wenn die im Wege des bezugsrechtsfreien genehmigten Kapitals zu finanzierende konkrete Kapitalmaßnahme nicht im „wohlverstandenen" Gesellschaftsinteresse liegt und/oder der Vorstand seine Handlungsgrenzen beim Gebrauchmachen von der Ermächtigung[1294] überschreitet.
In diesen Fällen missbräuchlicher Verwendung des genehmigten Kapitals unter Ausschluss der Altaktionäre kommt eine Haftung der Gesellschaft gegenüber den Aktionären wegen Verletzung des Mitgliedschaftsrechts nach §§ 280 I, 241 II, 31 BGB (analog) in Betracht. Nach § 280 I 1 BGB haftet der Schuldner, der eine Pflicht aus dem Schuldverhältnis verletzt, dem Gläubiger auf Ersatz des hierdurch entstandenen Schadens. So hat auch der BGH in der „Schärenkreuzer"-Entscheidung[1295] die Ansicht vertreten, das Mitgliedschaftsverhältnis zwischen einem Vereinsmitglied und dem Verein stelle bei einer schuldhaften Verletzung der aus ihm entspringenden Treue- und Förderpflichten die Grundlage eines „quasivertraglichen Schadensersatzanspruchs" („ähnlich der positiven Vertragsverletzung") dar. Das gewohnheitsrechtlich anerkannte Rechtsinstitut der positiven Vertragsverletzung (pVV) ist nunmehr nach dem Gesetz zur Modernisierung des Schuldrechts[1296], das zum 01.01.2002 in Kraft getreten ist, in § 280 I 1 (i.V.m. § 241 II) BGB geregelt. Pflichtverletzungen, die bisher einen Schadensersatzanspruch aus pVV auslösten, beurteilen sich nach § 280 I 1 (i.V.m. § 241 II) BGB. Gem. § 280 I 2 BGB wird das Verschulden des Schuldners vermutet.

[1293] Siehe dazu bereits oben im 2. Teil, unter § 4 A III 2 a), b) aa) (3.2.1).
[1294] Vgl. eingehend oben, 2. Teil, § 3.
[1295] BGHZ 110, 323, 327.
[1296] Vgl. dazu den Entwurf der Bundesregierung in der Fassung der Beschlussempfehlung des Rechtsausschusses vom 10.10.2001 (BT-Drucks. 14/7052).

III. Die Haftung der Gesellschaft nach dem deliktsrechtlichen Ansatz

Neben der Haftung der Gesellschaft wegen Unmöglichkeit der Erfüllung des Aktienbezugsrechts aus §§ 280 I, III, 283 S. 1, 31 BGB (analog) oder wegen Verletzung des Mitgliedschaftsrechts nach § 280 I, 241 II, 31 BGB (analog) kommt - in Anspruchskonkurrenz - eine Haftung der Gesellschaft für ihre schuldhaft handelnden Organmitglieder wegen Verletzung des Mitgliedschafts- bzw. des Aktienbezugsrechts nach deliktsrechtlichen Vorschriften i.V.m. § 31 BGB (analog) in Betracht[1297].

1. Schadensersatz aus §§ 823 I, 31 BGB (analog)

Der zum Schadensersatz verpflichtende deliktische Eingriff nach § 823 I BGB kann sowohl in der Verletzung des Mitgliedschaftsrechts als auch in der Verletzung des Rechts auf Aktienbezug aus § 186 I 1 AktG - soweit es besteht - zu erblicken sein.

a) Die Verletzung des Mitgliedschaftsrechts

Es ist heute weitgehend anerkannt, dass das Mitgliedschaftsrecht des Aktionärs als „sonstiges Recht" i.S.v. § 823 I BGB deliktsrechtlich gegen Eingriffe geschützt ist[1298].
Welche Anforderungen an die Verletzungshandlung i.S.d. § 823 I BGB zu stellen sind, ist allerdings bislang nicht hinreichend geklärt. Wie noch an anderer Stelle[1299] eingehend ausgeführt wird, setzt eine Haftung wegen Verletzung des Mitgliedschaftsrechts aus § 823 I BGB eine qualifizierte Eingriffshandlung vor-

---

[1297] Zur Frage der Anwendbarkeit des allgemeinen Haftungsrechts und der Vorschrift des § 31 BGB, vgl. oben, 3. Teil, § 3 C III 2 b) dd) und c) aa), bb); zur Mithaftung der Gesellschaft: vgl. auch *Thümmel*, Persönliche Haftung von Managern und Aufsichtsräten, Rdn. 290, 298.

[1298] Vgl. dazu die „Schärenkreuzer"-Entscheidung (BGHZ 110, 323, 327 f., 334 f. = NJW 1990, 2877 = ZIP 1990, 1067 = JZ 1991, 192 = EwiR § 31 BGB 2.90, 745 (*Hadding*) = WuB II L. § 31 BGB 1.91 (*Beuthien*)); Anm. *K. Schmidt* JZ 1991, 157 ff. Eingehend Habersack, Die Mitgliedschaft, subjektives und „sonstiges" Recht, passim. Siehe im Sinne des BGH auch *Mertens*, in: Festschrift Fischer, S. 461, 468 f.; *ders.*, in: Münchener, BGB Kommentar, § 823, Rdn. 124, 152; *Thomas*, in: Palandt, BGB Kommentar, § 823, Rdn. 27 m.w.N. Kritisch zum delitischen Schutz des Mitgliedschaftsrechts im Verbandsinnenverhältnis dagegen *Hadding*, in: Festschrift Kellermann, S. 91, 102 ff.; *Reuter*, in: Festschrift Lange, S. 707, 721 ff.; *Schulz/Gardyan*, Die sog. Aktionärsklage, S. 69 f.; *Zöllner* ZGR 1988, 392, 430. *Helms*, Schadensersatzansprüche wegen Beeinträchtigung der Vereinsmitgliedschaft, S. 56 ff. lehnt bereits die Anerkennung der Mitgliedschaft als sonstiges Recht i.S.d. § 823 I BGB ab.

[1299] Siehe dazu die Ausführungen im 3. Teil unter E V 2 b) aa).

aus, die eine mitgliedschaftsbezogene Finalität aufweist[1300]. Die Eingriffe müssen sich unmittelbar gegen die Mitgliedschaft der Aktionäre selbst oder die in ihr verkörperten Herrschafts-, Teilhabe- oder Vermögensrechte und Betätigungsmöglichkeiten von erheblichem Gewicht, also gegen den Kern der Mitgliedschaft richten[1301].
Der deliktische Eingriff der Verwaltungsmitglieder in das Mitgliedschaftsrecht der Aktionäre liegt darin, dass der Vorstand trotz missbräuchlicher Ausnutzung der Ermächtigung zur Kapitalerhöhung die neuen Aktien unter Ausschluss der Altaktionäre an Dritte ausgibt. Mit Eintragung der Durchführung der bezugsrechtsfreien Kapitalerhöhung im Handelsregister wird das ursprüngliche Anteilsverhältnis zu Lasten der vom Bezugsrecht ausgeschlossenen Aktionäre verringert. Hierbei handelt es sich um einen nicht unerheblichen Eingriff, der sich unmittelbar gegen den Kern ihrer Mitgliedschaft richtet. Die mitgliedschaftsbezogene Finalität des Eingriffs in das Mitgliedschaftsrecht liegt daher vor.

Die Gesellschaft haftet den Aktionären damit wegen Verletzung des Mitgliedschaftsrechts sowohl aus §§ 280 I, 241 II, 31 BGB (analog) als auch nach § 823 I BGB i.V.m. § 31 BGB (analog), soweit den Aktionären kein Recht auf Bezug neuer Aktien aus § 186 I 1 AktG zusteht.

b) Die Verletzung des Bezugsrechts

Eine Haftung der Gesellschaft wegen einer in Ausübung der Verwaltungstätigkeit begangenen schuldhaften Verletzung des Bezugsrechts gem. §§ 823 I, 31 BGB (analog) setzt voraus, dass ein Anspruch der Aktionäre auf Aktienbezug besteht, das ermittelte Bezugsrecht dem deliktischen Schutzbereich der Mitgliedschaft untersteht und infolge der rechtswidrigen Ausnutzung der Ermächtigung zur Kapitalerhöhung eine deliktsrechtlich relevante Verletzung des Bezugsrechts vorliegt.
Im folgenden wird zunächst untersucht, ob das Recht der Aktionäre auf Bezug neuer Aktien aus § 186 I 1 AktG dem deliktischen Schutzbereich der Mitgliedschaft untersteht.

aa) Die Einbeziehung des Bezugsrechts in den deliktischen Schutzbereich der Mitgliedschaft

Das Aktienbezugsrecht aus § 186 I 1 AktG ist ebenso wie das Recht auf Gewinnbeteiligung ein untrennbarer Bestandteil des Mitgliedschaftsrechts jedes

---

[1300] Vgl. dazu *Mertens*, in: Münchener, BGB Kommentar, § 823, Rdn. 124, 152 und ähnlich *Reuter*, in: Festschrift Lange, S. 707, 713 ff.
[1301] Siehe *K. Schmidt*, Gesellschaftsrecht, S. 647; *ders.* JZ 1991, 157 ff.

Aktionärs[1302]. Als individuelles, mitgliedschaftliches Recht zur Aufrechterhaltung der ursprünglichen Beteiligungsquote, also der bisherigen Mitverwaltungs- und Vermögensrechte gehört es zum Kern der Mitgliedschaft jedes Aktionärs. Das Bezugsrecht untersteht daher auch als „sonstiges Recht" dem deliktsrechtlichen Schutz nach § 823 I BGB[1303].

An dieser Stelle wird nochmals deutlich, dass die im Schrifttum überwiegend vertretene Differenzierung zwischen allgemeinem Bezugsrecht und konkreten Bezugsansprüchen[1304] nicht überzeugen kann. Diese Betrachtungsweise würde nämlich die deliktische Haftung der Verwaltungsmitglieder, „sonstiger" Gesellschafter und außenstehender Dritter, die auf die Durchführung der Kapitalerhöhung mit Bezugsrechtsausschluss hingewirkt bzw. sich daran beteiligt haben, erheblich einschränken. Denn der deliktsrechtliche Schutz erstreckt sich nicht auf den konkreten Bezugsanspruch[1305]. Es ist zwar anerkannt, dass der konkrete Bezugsanspruch seine Grundlage im allgemeinen Bezugsrecht hat[1306] und somit zumindest mitgliedschaftlichen Ursprungs ist. Als schuldrechtliches Forderungsrecht gegen die Gesellschaft kann er jedoch nicht in den deliktischen Schutzbereich der Mitgliedschaft einbezogen werden[1307]. Forderungsrechte sind keine Rechte i.S.d. § 823 I BGB, da sie im Gegensatz zu ausschließlichen Rechten nur bestimmte Personen verpflichten[1308]. In Anbetracht dieses fehlenden Deliktsschutzes von Forderungen könnten auf der Grundlage der dargelegten Differenzierung Ansprüche wegen Verletzung des Rechts auf Aktienbezug nach Entstehung der konkreten Bezugsansprüche letztlich nur noch gegen die Gesellschaft als Schuldnerin geltend gemacht werden. Wie noch zu zeigen sein wird[1309], stehen den vom Bezugsrechtsausschluss betroffenen Aktionären zwar dem Grunde nach Schadensersatzansprüche gegen die Verwaltungsmitglieder, andere verantwortliche Gesellschafter und ausnahmsweise gegen außenstehende

---

1302 *Geßler*, in: Geßler/Hefermehl/Eckardt/Kropff, Kommentar zum AktG, § 186, Rdn. 14; *Lutter*, in: Kölner Kommentar zum AktG, § 186, Rdn. 10; *Hüffer*, AktG, § 186, Rdn. 6.

1303 Vgl. dazu insbesondere *Habersack*, Die Mitgliedschaft, subjektives und „sonstiges" Recht, S. 261 f.; *ders.* DStR 1998, 533, 537; ebenso etwa *Mertens*, in: Festschrift Fischer, S. 461, 472, wonach insbesondere die Verletzung der Gleichbehandlungspflicht im Hinblick auf Bezugsrechte als unmittelbare Beeinträchtigung des Zuweisungsgehalts der Mitgliedschaft zu qualifizieren sei.

1304 Siehe dazu oben, 3. Teil, § 2 E II 1 b).

1305 Siehe dazu auch die Bedenken von *Habersack*, Die Mitgliedschaft, subjektives und „sonstiges" Recht, S. 86 ff., 260, der auf den fehlenden Deliktsschutz verselbständigter Vermögensrechte verweist; vgl. ferner *Cahn* ZHR 164 (2000), 113, 122 ff.

1306 *Lutter*, in: Kölner Kommentar zum AktG, § 186, Rdn. 10; *Hefermehl/Bungeroth*, in: Geßler/ Hefermehl/Eckardt/Kropff, Kommentar zum AktG, § 186, Rdn. 17; *Hüffer*, AktG, § 186, Rdn. 6.

1307 So auch im Ergebnis *Cahn* ZHR 164 (2000), 113, 122 f. m.w.N.

1308 Einhellige Auffassung, vgl. nur *Thomas*, in: Palandt, BGB Kommentar, § 823, Rdn. 31; *Mertens*, in: Münchener, BGB Kommentar, § 823, Rdn. 131 ff.

1309 Siehe dazu unten, 2. Teil, § 2 E V.

Dritte sowohl nach dem speziellen aktienrechtlichen Haftungstatbestand des § 117 I, II AktG als auch nach deliktsrechtlichen Vorschriften (§§ 823 II BGB i.V.m. 266 StGB, 826 BGB) zu. Es bestehen jedoch derart einschränkende Tatbestandsvoraussetzungen der einschlägigen Anspruchsgrundlagen - insbesondere in subjektiver Hinsicht -, dass unmittelbare Ersatzpflichten grundsätzlich nur von geringer praktischer Bedeutung sind. Die entscheidende Anspruchsgrundlage ist vielmehr § 823 I BGB, die bereits bei fahrlässigem Handeln eingreift.
Im Ergebnis ist es daher sachgerecht, von einem einheitlichen, in § 186 I 1 AktG verankerten Recht auf Aktienbezug auszugehen, das dem deliktischen Schutzbereich der Mitgliedschaft untersteht.

bb) Die deliktsrechtlich relevante Verletzung des Bezugsrechts

Es bleibt zu erörtern, wann die Beeinträchtigung des Aktienbezugsrechts, das dem deliktischen Schutzbereich der Mitgliedschaft unterliegt, einen unmittelbaren Eingriff in den Kern der Mitgliedschaft darstellt.
Nach Auffassung des BGH bedeutet der „Entzug des Vorrechtes zur Investition von Kapital in das Unternehmen, an dem der Aktionär bereits Beteiligungsrechte hat, für ihn im allgemeinen einen schweren Eingriff in seine Mitgliedschaft"[1310].
Die Frage, wann eine deliktsrechtlich relevante Verletzung des Bezugsrechts vorliegt, ist allerdings komplizierter, als die Ausführungen des BGH vermuten lassen. Da die Verletzung des Bezugsrechts für die Aktionäre sowohl Vermögensverluste als auch Einbußen an Teilhabe- und Herrschaftsrechten zur Folge haben kann, ist eine differenzierte Betrachtung geboten.

[1310] Vgl. BGHZ 71, 40, 44; 83, 319, 321; 120, 141, 146; so auch die überwiegende Auffassung in der Literatur: siehe etwa *Hüffer*, AktG, § 186, Rdn. 2, 25; *Lutter*, in: Kölner Kommentar zum AktG, § 186, Rdn. 7; *Hefermehl/Bungeroth*, in: Geßler/Hefermehl/Eckardt/Kropff, Kommentar zum AktG, § 186, Rdn. 84; *Wiedemann*, in: Großkommentar zum AktG, § 186, Rdn. 13; *Vollmer/Lorch* DB 1991, 1313, 1314; *Raiser*, Recht der Kapitalgesellschaften, § 20, Rdn. 8; *Habersack*, Die Mitgliedschaft, subjektives und „sonstiges" Recht, S. 259. Neben der Kritik betreffend die Postulierung eines „Investitionsvorrechtes" (siehe dazu etwa *Mülbert*, Aktiengesellschaft, Unternehmensgruppe und Kapitalmarkt, S. 333 f., 342 f. und *Martens* ZIP 1992, 1677, 1691) bezweifeln dagegen die Vertreter der finanzierungsorientierten Betrachtungsweise, dass der Entzug des Bezugsrechts tatsächlich im allgemeinen einen schweren Eingriff in die Mitgliedschaft darstellt: vgl. wiederum *Mülbert*, Aktiengesellschaft, Unternehmensgruppe und Kapitalmarkt, S. 311 f.; *Martens* ZIP 1992, 1677, 1690 f.; *ders.* ZIP 1994, 669, 672; *Kübler/Mendelson/Mundheim* AG 1990, 461, 475; *Kübler* ZBB 1993, 1, 7; *ders.* AG 1994, 141, 147; *Ekkenga* AG 1994, 59, 60; siehe hierzu ebenso die Begründung zum Entwurf eines Gesetzes für kleine Aktiengesellschaften und zur Deregulierung des Aktienrechts, BT-Drucks. 12/6721, S. 10; *Seibert/Köster/Kiem*, Die kleine Aktiengesellschaft, Rdn. 201.

(1) Die deliktsrechtliche Bedeutung von Vermögensverlusten
(1.1) Maßgeblichkeit des Ausgabepreises der neuen Aktien

Ob der Entzug des Bezugsrechts im allgemeinen für die Aktionäre einen schweren Eingriff in ihr Mitgliedschaftsrecht darstellt, hängt in vermögensrechtlicher Hinsicht ganz von dem Ausgabepreis der neuen Aktien ab[1311].
Soweit es sich um einen börsenkursorientierten Ausgabepreis handelt und der Ausgabepreis dem „wirklichen" Wert der jungen Aktien entspricht oder sogar der Börsenkurs den tatsächlichen Wert der Altaktien übersteigt, erleiden die vom Bezug neuer Aktien ausgeschlossenen Aktionäre in vermögensrechtlicher Hinsicht gerade keinen schweren Eingriff in ihr Mitgliedschaftsrecht. Eine Aktie verkörpert in diesem Fall denselben oder sogar einen höheren Anteil an dem Vermögen der Gesellschaft als vor der Kapitalerhöhung. Außerdem wird die Verminderung des prozentualen Anteils am Gewinn und/oder Liquidationserlöses mit der Erhöhung des Gesellschaftsvermögens wertmäßig kompensiert[1312].

Die Aktionäre erleiden einen schweren Eingriff in ihr Mitgliedschaftsrecht nur dann, wenn der Ausgabepreis der neuen Aktien entweder im Verhältnis zum „inneren" Wert der Aktien oder im Verhältnis zum Börsenkurs unangemessen ist. Soweit der „innere" Wert der Aktien den Börsenkurs übersteigt und die Entscheidung des Vorstandes, die Anteile orientiert am Börsenkurs oder unterhalb dieses Kurses und damit unter ihrem „wahren" Wert zu plazieren, nicht auf vertretbaren Erwägungen im Gesellschaftsinteresse beruht, ist der Ausgabepreis der neuen Aktien im Verhältnis zum „inneren" Wert der Aktien unangemessen. Lediglich ein angemessener Abschlag auf den „inneren" Wert ist gerechtfertigt, um eine erfolgreiche Plazierung der neuen Aktien am Kapitalmarkt zu erzielen. Bei einer Kapitalerhöhung gegen Sacheinlage ist zu beachten, welche Bedeutung neue Aktionäre und ihre Einlage haben. Soweit eine längerfristige Steigerung des Unternehmens- und Aktienwerts zu erwarten ist, sind ebenso Bewertungsabstriche für die Aktionäre zumutbar[1313]. Durch weitergehende Bewertungsabschläge wird allerdings ein Teil des Unternehmens ohne vertretbaren Grund ohne volle Gegenleistung auf Dritte verlagert[1314].

[1311] Siehe dazu BGHZ 71, 40, 45, wo der BGH bereits einschränkend ausführt, dass der innere Wert der Beteiligung der vom Bezugsrecht ausgeschlossenen Aktionäre „je nach den Ausgabebedingungen für die neuen Aktien verwässert" werden kann. Vgl. ferner *Lutter*, in: Kölner Kommentar zum AktG, § 186, Rdn. 58, der insoweit auf die asymetrische Wirkung des Bezugsrechtsausschlusses hinsichtlich der Vermögens- und Herrschaftsrechte verweist. Denn für das Stimmrecht gilt etwas anderes: die Höhe dieses Mitwirkungsrechts bleibt konstant und sinkt daher notwendig relativ zur sich vergrößernden Anzahl stimmberechtigter Aktien.

[1312] *Vollmer/Lorch* DB 1991, 1313, 1315; auf diesen Standpunkt verweist auch der BGH in BGHZ 120, 141, 148.

[1313] Siehe dazu bereits die Ausführungen im 2. Teil, § 4 A III 2 b) aa) (3.2) und bb).

[1314] Vgl. dazu bereits oben, 2. Teil § 4 A III 2 a) bb); siehe auch *Lutter*, in: Kölner Kommentar zum AktG, § 186, Rdn. 7 m.w.N, Rdn. 124; eingehend *Korthals*, Kapitalerhöhung zu höchs-

Soweit der „wirkliche" Wert der Aktien unter dem Börsenkurs liegt und der Vorstand die neuen Aktien ohne vertretbare Erwägungen im Gesellschaftsinteresse unterhalb des Börsenkurses ausgibt, stellt sich der Ausgabepreis der neuen Aktien im Verhältnis zum Börsenkurs als unangemessen dar.
Nur in diesen Fällen erleiden die vom Bezugsrechtsausschluss betroffenen Aktionäre einen nicht unerheblichen Vermögensverlust, der den Kern ihrer Mitgliedschaft unmittelbar beeinträchtigt. Der Entzug des Bezugsrechts stellt insoweit einen schweren Eingriff in ihr Mitgliedschaftsrecht dar.
Im letzteren Fall werden die Erwerber der neuen Aktien bevorzugt, indem sie die Aktien statt über die Börse zum niedrigeren Emissionskurs beziehen können. Wie bereits ausgeführt[1315], hat der Vorstand einer börsennotierten Gesellschaft den Börsenkurs bei der Bestimmung des Ausgabebetrages der neuen Aktien zu berücksichtigen.
Nach der richtungsweisenden Entscheidung des BVerfG[1316] vom 27.4.1999 verstößt die Nichtberücksichtigung des Börsenkurses bei der Bestimmung der Abfindung ausscheidender Gesellschafter gegen Art. 14 GG. Denn der Vermögensverlust, den der Minderheitsaktionär durch den Unternehmensvertrag oder die Eingliederung erleidet, stellt sich für ihn als Verlust des Verkehrswertes der Aktie dar, der mit dem Börsenkurs der Aktie in der Regel identisch ist. Da der Verkehrswert die Untergrenze der „wirtschaftlich vollen Entschädigung" bildet, die Art. 14 I GG für die Entwertung oder Aufgabe der Anteilsrechte fordert, steht es mit diesem Grundrecht grundsätzlich nicht in Einklang, im aktienrechtlichen Spruchstellenverfahren eine Barabfindung festzulegen, die niedriger ist als der Börsenkurs. Die Minderheitsaktionäre erhielten in diesem Fall für ihre Aktien weniger, als sie ohne die zur Entschädigung verpflichtende Intervention des Mehrheitsaktionärs bei einem Verkauf erlöst hätten.
Ebenso der verfassungsrechtliche Eigentumsschutz des Bezugsrechts gebietet insofern eine Festsetzung des Ausgabebetrages der neuen Aktien, der die Gefahr einer Verwässerung des Wertes einer Aktie möglichst gering hält, wenn nicht verhindert. Bei der Bestimmung des Ausgabebetrages erfordert dies gerade die Berücksichtigung des Börsenkurses.

---

ten Kursen, S. 113 ff., 132 f.; *Hoffmann-Becking* ZIP 1995, 1, 9 f. Anders dagegen wohl *Aubel,* Der vereinfachte Bezugsrechtsausschluß, S. 66, der gerade bezweifelt, dass eine durch die Ausgabe der neuen Aktien zum Börsenkurs eintretende Verwässerung des „wirklichen" Aktienwertes tatsächlich einen wirtschaftlichen Nachteil für die vom Bezugsrecht ausgeschlossenen Aktionäre darstellt. Der innere Wert der Aktien sei nämlich kein realisierbarer Vermögenswert, sondern nur ein zwar berechenbarer, derzeit vom Markt aber nicht anerkannter Wert. Die Möglichkeit der Realisierung dieses Werts im Fall einer Liquidation des Unternehmens sei eher theoretischer Natur (siehe auch *Martens* ZIP 1994, 669, 672 (Fußn. 19)).

[1315] Näher dazu oben, 2. Teil, § 4 A III 2 b) aa) (3.2).

[1316] BVerfGE 100, 289, 305 ff.

(1.2) Der deliktsrechtliche Schutz sog. Reflexschäden

Wenn der Ausgabepreis der neuen Aktien nach den vorstehenden Ausführungen unangemessen ist, können sowohl die vom Bezugsrecht ausgeschlossenen Gesellschafter als auch die Gesellschaft selbst geschädigt sein. Die Interessen der Gesellschaft sind neben einer möglichen Inanspruchnahme auf Schadensersatz durch die Aktionäre in erster Linie dadurch verletzt, dass die Verwaltung die neuen Aktien für einen zu geringen Preis an Dritte ausgegeben hat. Bei Ausgabe der neuen Aktien zu einem unangemessenen Ausgabepreis tritt die Wertverwässerung der alten Aktien daher nicht unabhängig von dem Gesellschaftsschaden ein, eine derartige Einbuße reflektiert vielmehr einen Schaden der Gesellschaft, so dass es sich um einen sog. Reflexschaden handelt[1317].
Es ist offensichtlich, dass Ersatzansprüche der Aktionäre und der Gesellschaft insoweit nicht unverbunden nebeneinander stehen können[1318]. Inwieweit die mit einer Verletzung des Bezugsrechts möglicherweise einhergehenden Vermögensverluste eine deliktsrechtlich relevante Verletzung des Mitgliedschaftsrechts darstellen, ist fraglich. Ob sich der deliktsrechtliche Schutz nach § 823 I BGB auch auf die mittelbare Wertminderung der Beteiligung des Aktionärs in Folge von Schäden im Gesellschaftsvermögen (sog. Reflexschäden[1319]) erstreckt, ist bislang nicht hinreichend geklärt.

(1.2.1) Ansatzpunkt der Literatur

Nach nahezu einhelliger Auffassung im Schrifttum[1320] erstreckt sich der deliktsrechtliche Schutz nach § 823 I BGB nicht auf die mittelbare Wertminderung der Beteiligung des Aktionärs in Folge von Schäden im Gesellschaftsvermögen. Die durch die Schädigung der Gesellschaft vermittelte Minderung des Wertes der Aktionärsbeteiligung stelle keine dem Schutzbereich des § 823 I BGB un-

---

[1317] Vgl. etwa *Cahn* ZHR 163 (1999), 554, 575; *ders.* ZHR 164 (2000), 113, 151; *Lutter*, in: Kölner Kommentar zum AktG, § 182, Rdn. 26 f.; § 186, Rdn. 97, 101, § 204, Rdn. 31.
[1318] Die sich daraus ergebende Problematik, ob ein durch die Verletzung des Bezugsrechts beeinträchtigter Aktionär Zahlung von Schadensersatz an sich selbst beanspruchen kann, soweit sein Schaden bloß eine Einbuße der Gesellschaft reflektiert, wird unten noch umfassend erörtert, 3. Teil, § 2 F IV 4 b)-d).
[1319] Vgl. zum sog. Reflexschaden: BGHZ 94, 55, 58 f.; 105, 121, 130 f.; 129, 136, 165 f.
[1320] Siehe *Martens*, in: Festschrift Steindorff, S. 151, 168, 171; *Ihlas*, Organhaftung und Haftpflichtversicherung, S. 139; *Habersack*, Die Mitgliedschaft, subjektives und „sonstiges" Recht, S. 86 f., 156 ff. m.w.N., 260; *Flume*, Allgemeiner Teil des Bürgerlichen Rechts, Die juristische Person, S. 307 f. (Fußn. 188); *Kowalski*, Der Ersatz von Gesellschafts- und Gesellschafterschaden, S. 5, 196 führt insoweit auch den Gesichtspunkt an, dass das Vermögen als solches kein „sonstiges Recht" i.S.d. § 823 I BGB darstellt; *Hefermehl/Bungeroth*, in: Geßler/Hefermehl/Eckardt/Kropff, Kommentar zum AktG, § 93, Rdn. 94; *K. Schmidt* JZ 1991, 157, 159; siehe auch bereits *Klette* BB 1968, 1101, 1104.

terliegende Verletzung der Mitgliedschaft dar. Ebenso sieht *Mertens*[1321], der für eine Intensivierung des Deliktsschutzes plädiert, in der reflexartigen Schädigung des Aktionärs keine deliktsrechtlich relevante Verletzung des Mitgliedschaftsrechts.

Das RG[1322] hat die Aktie zwar als „sonstiges Recht" i.S.v. § 823 I BGB angesehen, allerdings mit der Einschränkung, dass sie nicht dadurch im Sinne dieser Bestimmung widerrechtlich verletzt werden könne, indem ihr Wert gemindert werde, sondern nur dadurch, dass der Aktionär um die Aktienrechte selbst ganz oder teilweise gebracht werde.

(1.2.2) Eigener Ansatz

Auf der Grundlage der angeführten Auffassung wären allein die Einbußen an Teilhabe- und Herrschaftsrechten infolge des Bezugsrechtsausschlusses sowie sonstige, mit einem Schaden der AG nicht identische Vermögensfolgeschäden[1323] als eine dem Schutzbereich des § 823 I BGB unterliegende Verletzung der Mitgliedschaft zu qualifizieren.
Die Ablehnung einer deliktsrechtlich relevanten Verletzung des Bezugsrechts im Hinblick auf die durch die Schädigung der Gesellschaft vermittelte Minderung des Wertes der Aktionärsbeteiligung wird vereinzelt damit begründet, dass die Aktionäre bereits durch das Anfechtungsrecht nach § 255 II AktG ausreichend geschützt seien[1324]. Mit dieser Begründung kann eine deliktsrechtlich relevante Verletzung des Bezugsrechts jedoch nicht abgelehnt werden. Eine Anfechtung des Ermächtigungsbeschlusses nach § 255 II AktG kommt regelmäßig erst gar nicht in Betracht, da die Bestimmung des Ausgabebetrages der neuen Aktien beim genehmigten Kapital grundsätzlich dem Vorstand und dem Aufsichtsrat überlassen bleibt[1325]. Die Verwaltungsmitglieder verletzen außerdem das Mitgliedschaftsrecht der Aktionäre, wenn sie die neuen Aktien Dritten ohne vorheriges Bezugsangebot an die Aktionäre zuteilen, obwohl die Voraussetzungen für die Ausnutzung der Ermächtigung nicht vorliegen. Dies gilt insbesondere auch dann, wenn der Vorstand den Ausgabebetrag der neuen Aktien aus nicht vertretbaren Gründen i.S.v. § 255 II AktG unangemessen niedrig festgesetzt hat. Nicht zuletzt steht vor allem für durchschnittliche Publikumsaktionäre der vermögensrechtliche Aspekt, also die Aufrechterhaltung des Wertes ihrer Beteili-

---

[1321] *Mertens*, in: Festschrift Fischer, S. 461, 469, 472. Nicht zu folgen ist ihm allerdings mit der Annahme deliktischer Ersatzansprüche dieser Schäden unter Rückgriff auf vermögensbezogene Verkehrspflichten. Anders, aber nicht überzeugend *Baums*, Der Geschäftsleitervertrag, S. 246 (Fußn. 54).

[1322] RGZ 158, 248, 255.

[1323] Zu den sonstigen Vermögensfolgeschäden, vgl. näher im 3. Teil, unter § 2 F II 2.

[1324] So etwa *Habersack*, Mitgliedschaft, subjektives und „sonstiges" Recht, S. 260.

[1325] Vgl. dazu oben, 2. Teil, § 4 A I.

gung im Vordergrund. Die Ablehnung einer deliktsrechtlich relevanten Verletzung des Bezugsrechts bei der Ausgabe der Aktien zu einem unangemessen niedrigen Preis würde daher dem wirtschaftlichen Gehalt eines solchen Eingriffs nicht gerecht. Nach dem Leitbild des AktG, das sich nach dem Publikums- bzw. Kleinaktionär in seiner Eigenschaft als Anleger richtet[1326], kommt nicht dem Schutz der Teilhabe- und Herrschaftsbefugnisse, sondern gerade dem Schutz der Vermögensrechte besonderer Stellenwert zu. Dies belegen vor allem die Regelungen der §§ 243 II 2, 255 II AktG[1327]. Die Vermögenskomponente des Aktieneigentums steht damit im Vordergrund. Das trifft insbesondere für die Kleinaktionäre zu, die auf die Unternehmenspolitik regelmäßig keinen relevanten Einfluss nehmen können und die Aktie vorwiegend als Kapitalanlage betrachten[1328]. Vor diesem Hintergrund wäre es nicht sachgerecht, in der zumindest reflexartigen Schädigung des Aktionärs keine deliktsrechtlich relevante Verletzung des Bezugsrechts zu erblicken. Auch wenn sich die Beeinträchtigung auf die Verwässerung des Anteilswertes der Aktionäre infolge eines unangemessenen Ausgabepreises der neuen Aktien beschränkt, ist folglich der dem Schutzbereich des § 823 I BGB unterliegende Kern der Mitgliedschaft verletzt[1329].

Die Begründung eines Schadensersatzanspruchs bereitet demnach in diesem Zusammenhang an sich keine Schwierigkeiten. Die eigentliche Problematik ergibt sich vielmehr aus dem Umstand, dass der zu geringe Emissionserlös primär die Gesellschaft schädigt und die Einbuße der Aktionäre insoweit ein bloßer Reflex dieses Gesellschaftsschadens ist. Es fragt sich daher, ob die vom Bezug neuer Aktien ausgeschlossenen Aktionäre derartige Reflexschäden überhaupt in ihr Privatvermögen ersetzt verlangen können. Diese Problematik der Ersatzleistung in Reflexschadensfällen wird an anderer Stelle eingehend erörtert[1330].

(2) Die deliktsrechtliche Bedeutung von Einbußen an Teilhabe- und Herrschaftsrechten

Die infolge eines unzulässigen Bezugsrechtsausschlusses eintretende Minderung an relativer Stimmrechtsmacht sowie die Einbuße von Herrschaftsrechten sind nicht bloßer Reflex der Wertminderung des Gesellschaftsvermögens[1331].

[1326] Siehe dazu *Mülbert*, Aktiengesellschaft, Unternehmensgruppe und Kapitalmarkt, S. 259 ff., 303 ff.; zustimmend auch *Habersack*, Die Mitgliedschaft, subjektives und „sonstiges" Recht, S. 302.

[1327] *Mülbert*, Aktiengesellschaft, Unternehmensgruppe und Kapitalmarkt, S. 99 m.w.N., 348.

[1328] Vgl. BGHZ 120, 141, 151.

[1329] So im Ergebnis auch *Cahn* ZHR 164 (2000), 113, 138 f.

[1330] Vgl. dazu unten, 3. Teil, § 2 F IV 4 a)-d).

[1331] Siehe dazu etwa *Baums*, Der Geschäftsleitervertrag, S. 231; ebenso im Ansatz *Kowalski*, Der Ersatz des Gesellschafts- und Gesellschafterschadens, S. 11, der im Ergebnis aber fälschlicherweise einen unmittelbaren Schaden angesichts der insoweit bestehenden Schwierigkei-

Der Bezugsrechtsausschluss kommt insoweit einem Eingriff in den Bestand der Mitgliedschaft nahe. Die Mitgliedschaft des Aktionärs kann zwar auch durch einen wiederholten Bezugsrechtsausschluss in ihrem Bestand nicht gänzlich beseitigt werden, jedoch dient das Bezugsrecht ebenso dem Interesse des Aktionärs an dem unveränderten Fortbestand seiner Mitgliedschaft auch unter veränderten Bedingungen[1332].
Einzelne Stimmen in der Literatur[1333] erkennen eine rechtlich erhebliche Beeinträchtigung der Teilhaberechte der Aktionäre durch einen unzulässigen Bezugsrechtsausschluss nicht an. Die Anfechtung des Hauptversammlungsbeschlusses nach 255 II AktG sei ein ausschließlich auf den Schutz des Vermögenswertes bezogener, abschließender Rechtsbehelf. Auf dieser Grundlage wäre für einen deliktischen Schutz des Bezugsrechts kein Raum. Dieser Standpunkt kann allerdings nicht überzeugen. Denn der Schutz vor einer Wertverwässerung der alten Aktien kann nicht den Eingriff in die Mitgliedschaft selbst rechtfertigen, sondern vielmehr nur die damit einhergehenden wirtschaftlichen Nachteile der Aktionäre ausgleichen. Die Regelung des § 255 II AktG trägt allein der Gefahr einer Wertverlagerung auf die neuen Aktien Rechnung. Die Aktionäre haben aber auch bei einem angemessenen Ausgabepreis der neuen Aktien die dem Bezugsrechtsausschluss eigene Verwässerung der Teilhabe- und Herrschaftsrechte hinzunehmen und dieser Eingriff in den Kern der Mitgliedschaft wird gerade nicht durch die Partizipation an dem Vermögenszuwachs kompensiert.

c) Fazit

Den Aktionären stehen bei einer rechtswidrigen Ausnutzung der Ermächtigung zur Kapitalerhöhung unter eigenmächtigem Ausschluss des Bezugsrechts Schadensersatzansprüche gegen die Gesellschaft gem. §§ 823 I, 31 BGB (analog) wegen Verletzung des Mitgliedschaftsrechts und des Bezugsrechts zu. Das Recht auf Aktienbezug untersteht als untrennbarer Bestandteil des Mitgliedschaftsrechts dem deliktsrechtlichen Schutz nach § 823 I BGB. Die mit einer Verletzung des Bezugsrechts einhergehenden Vermögensschäden sowie die

---

ten bei der Bezifferung des Stimmenverlustes in Geld verneint. *Mertens*, in: Festschrift Fischer, S. 461, 472 sieht dagegen in der Wertminderung einer Schachtelbeteiligung, die sich daraus ergibt, dass der aufgrund ihrer Funktion als Sperrminorität ausübbare Einfluss entscheidend herabgesetzt wird, einen unmittelbaren Schaden, der dem deliktischen Schutz gem. § 823 I BGB unterstehe. Vgl. dazu auch die Ausführungen zur Differenzierung zwischen einer Verwässerung im weiteren und im engeren Sinn: BGHZ 120, 141, 148; *Vollmer/Lorch* DB 1991, 1313, 1315; ebenso *Ebenroth/Müller* BB 1993, 509, 514. Kritisch dazu *Mülbert*, Aktiengesellschaft, Unternehmensgruppe und Kapitalmarkt, S. 192; *Martens* ZIP 1992, 1677, 1690 f.

[1332] Vgl. *Habersack*, Die Mitgliedschaft, subjektives und „sonstiges" Recht, S. 261 f.

[1333] Siehe insbesonder *Mülbert*, Aktiengesellschaft, Unternehmensgruppe und Kapitalmarkt, S. 262 ff., 324 ff., 339 ff.

Einbußen an Teilhabe- und Herrschaftsrechten stellen einen unmittelbaren Eingriff in den Kern der Mitgliedschaft und mithin eine deliktsrechtlich relevante Verletzung des Mitgliedschaftsrechts dar.

Die in § 280 I 2 BGB angeordnete Beweislastumkehr für das Verschulden findet auf die deliktischen Ansprüche allerdings grundsätzlich keine Anwendung[1334]. Der in seinem Bezugs- bzw. Mitgliedschaftsrecht verletzte Aktionär hat daher an sich das schuldhafte Handeln der Verwaltungsmitglieder bei der Ausnutzung der Ermächtigung zur Kapitalerhöhung darzulegen und zu beweisen. Dies wird einem Gesellschafter, der die Hintergründe der Entscheidungsfindung nicht kennt, jedoch kaum gelingen. Es bleibt daher zu klären, ob dem einzelnen Gesellschafter anderweitige Beweiserleichterungen für den Fall einer Schadensersatzklage nach deliktsrechtlichen Vorschriften zugute kommen.

d) Beweislastumkehr hinsichtlich des schuldhaften Handelns der Verwaltungsmitglieder

Angesichts der oben[1335] dargelegten Beweisschwierigkeiten hat das AktG in einigen Vorschriften (§§ 93 II 2, 117 II 2, 310 I 2, 318 I 2 AktG) eine Umkehr der Beweislast für das Verschulden angeordnet. Gem. § 93 II 2 AktG liegt die Beweislast für die Anwendung der Sorgfalt eines ordentlichen und gewissenhaften Geschäftsleiters bei den Vorstandsmitgliedern. Darin liegt für den Fall der Haftung des Vorstandes gegenüber der Gesellschaft eine der Gesellschaft günstige Abweichung von den allgemeinen Grundsätzen der sog. Normentheorie, nach der jede Partei die Voraussetzungen der ihr günstigen Norm zu beweisen hat[1336]. Nach der überwiegenden Ansicht im Schrifttum[1337] legt § 93 II 2 AktG dem Vorstandsmitglied die Beweislast nicht nur für fehlendes Verschulden, sondern auch für fehlende Pflichtwidrigkeit auf. Ebenso die nicht ganz einheitliche Rechtsprechung[1338] dürfte in diesem Sinne zu verstehen sein, wenngleich sich auch Hinweise für ein engeres, die Beweislast nur für das Verschulden umkehrendes Verständnis des § 93 II 2 AktG finden[1339]. Die praktische Bedeutung dieser Frage ist allerdings gering, da sich objektiver und sub-

---

[1334] Ständige Rechtsprechung für die frühere Regelung des § 282 BGB, vgl. nur BGHZ 51, 91, 104 f.; BGH NJW 1992, 1039 ff.

[1335] Siehe oben im 3. Teil, unter § 2 D V 2.

[1336] *Hüffer*, AktG, § 93, Rdn. 16, § 243, Rdn. 59.

[1337] *Mertens*, in: Kölner Kommentar zum AktG, § 93, Rdn. 102; *Hefermehl*, in: Geßler/Hefermehl/Eckardt/Kropff, Kommentar zum AktG, § 93, Rdn. 32; *Wiesner*, in: Münchener Handbuch, Aktiengesellschaft, § 26, Rdn. 9; a.A. (Umkehr der Beweislast nur für Verschulden) *Fleck* GmbHR 1997, 237, 239.

[1338] BGH NJW 1963, 46; LG Bochum ZIP 1989, 1557, 1559; OLG Hamm AG 1995, 512, 513.

[1339] Siehe etwa in BGH WM 1980, 1190 zur GmbH.

jektiver Sorgfaltsmaßstab im Sinne von § 93 I 1 AktG in aller Regel decken werden.
Den Regelungen, die die Darlegungs- und Beweislast für pflichtgemäßes Handeln den Mitgliedern des Vorstandes und des Aufsichtsrats auferlegen, liegt der Gedanke zugrunde, dass regelmäßig nur die mit einem Geschäftsführungsvorgang befassten Organmitglieder wissen, wie dieser sich tatsächlich abgespielt hat und der einzelne Aktionär als Außenstehender die notwendigen Beweismittel nicht beschaffen kann[1340].
Diese Beweisnähe der Geschäftsführung kennzeichnet auch die hier interessierende Fallgestaltung einer Inanspruchnahme der Gesellschaft bzw. der Verwaltungsmitglieder durch einen vom Bezugsrechtsausschluss betroffenen Aktionär. Die Durchführung einer genehmigten Kapitalerhöhung unter Ausschluss des Bezugsrechts ist eine Finanzierungsmaßnahme, die allein in den Zuständigkeitsbereich der Verwaltungsmitglieder fällt und die Aktionäre verfügen selbst bei ordnungsgemäßer ergänzender Berichterstattung des Vorstandes häufig nicht über ausreichende Beweismöglichkeiten, um ihre Ersatzansprüche hinreichend begründen zu können[1341]. Auch in diesem Fall sind die Verwaltungsmitglieder die Handelnden; die schuldhafte Verletzung des Bezugs- bzw. Mitgliedschaftsrechts erfolgt gerade durch sie und wird der Gesellschaft über § 31 BGB (analog) zugerechnet. Ebenso die Prozessvertretung der Gesellschaft nehmen der Vorstand und der Aufsichtsrat gem. § 246 II 2 AktG (analog) wahr, so dass deren Beweisnähe durchgängig erhalten bleibt.
Angesichts der Identität von Sach- und Interessenlage bei einer Klage des Aktionärs auf Schadensersatz wegen Verletzung seines Bezugs- bzw. Mitgliedschaftsrechts und den genannten Klagen, erscheint es geboten, dass dem gegen die Gesellschaft bzw. die Verwaltungsmitglieder klagenden Aktionär dieselben Beweiserleichterungen wie im Schadensersatzprozess der Gesellschaft gegen die Verwaltungsmitglieder zugute kommen. Die Beweislastverteilung muss bei der Aktionärsklage gegen die rechtswidrige Ausnutzung der Ermächtigung zur Kapitalerhöhung der besonderen Interessen- und Verfahrenslage angepasst werden[1342]. Es bietet sich eine Beweislastverteilung nach Gefahrenbereichen an[1343]. Die Rechtsprechung verteilt die Beweislast aus praktischen Gründen der Billigkeit und eines gerechten Interessenausgleichs zunehmend nach Gefahrenbereichen. Danach hat derjenige die maßgebenden Tatsachen zu beweisen, in dessen ausschließlicher Einflusssphäre sie sich abgespielt haben[1344].

[1340] Vgl. dazu etwa *Hopt*, in: Großkommentar zum AktG, § 93, Rdn. 276 f.
[1341] Näher dazu bereits oben im 3. Teil, unter § 2 D V 2.
[1342] Vgl. auch *Brondics*, Die Aktionärsklage, S. 166 f.; *Binge*, Gesellschafterklagen, S. 148.
[1343] Siehe *Brondics*, Die Aktionärsklage, S. 167 f. und wohl auch bereits *Schockenhoff*, Gesellschaftsinteresse und Gleichbehandlung beim Bezugsrechtsausschluß, S. 88 f., 92.
[1344] Siehe dazu *Thomas*, in: Thomas/Putzo, ZPO Kommentar, Vorbem § 284, Rdn. 25.

Der Beweis für Tatsachen, die in den Herrschaftsbereich der Gesellschaft fallen oder ihr aus sonstigen Gründen besser zugänglich sind, sollte daher der Gesellschaft obliegen, der Beweis für die übrigen Tatsachen dem klagenden Gesellschafter. Bei einer Schadensersatzklage gegen die Gesellschaft tragen mithin die Gesellschaft bzw. die Vorstandsmitglieder die Beweislast hinsichtlich einer ordentlichen und gewissenhaften Geschäftsführung bei Ausnutzung der Ermächtigung. Dasselbe gilt für die Aufsichtsratsmitglieder hinsichtlich einer pflichtgemäßen Überwachung der Vorstandstätigkeit (vgl. § 93 II 2 i.V.m. § 116, 117 II 2 AktG).
Danach haben die Verwaltungsmitglieder auch bei einer Inanspruchnahme durch die Gesellschafter auf der Grundlage des deliktsrechtlichen Ansatzes darzulegen und zu beweisen, dass sie beim Gebrauchmachen von der Ermächtigung unter Ausschluss des Bezugsrechts pflichtgemäß gehandelt haben. Der klagende Gesellschafter ist mithin von der Beweislast hinsichtlich eines schuldhaften Verwaltungshandelns befreit.

2. Schadensersatz aus §§ 823 II BGB i.V.m. 186 AktG und gem. § 826 BGB (i.V.m. § 31 BGB (analog))

Die Aktionäre könnten die Gesellschaft weiterhin gem. §§ 823 II BGB i.V.m. 186 AktG[1345] (i.V.m. § 31 BGB (analog)) wegen Verletzung des Bezugsrechts - soweit ein solches besteht - und aus § 826 BGB[1346] (i.V.m. § 31 BGB (analog)) wegen Verletzung des Bezugs- bzw. Mitgliedschaftsrechts in Anspruch nehmen.

a) Die Regelung des § 186 AktG als Schutzgesetz

Ein Schadensersatzanspruch aus §§ 823 II BGB i.V.m. 186 AktG (i.V.m. § 31 BGB (analog))setzt voraus, dass es sich bei der Regelung des § 186 AktG um ein Schutzgesetz i.S.v. § 823 II BGB handelt.
Gegen die Qualifikation des § 186 AktG als Schutzgesetz i.S.v. § 823 II BGB werden Bedenken vorgebracht[1347]. Da die Vorschrift des § 186 AktG ein mit der Mitgliedschaft verbundenes Einzelrecht (Bezugsrecht) regele und daher Ausdruck eines besonderen Sonderrechtsverhältnisses, sei sie keine Norm zur Regelung des allgemeinen Rechtsverkehrs.

[1345] *Lutter*, in: Kölner Kommentar zum AktG, § 186, Rdn. 41; *Wiedemann*, in: Großkommentar zum AktG, § 186, Rdn. 103; *Hefermehl/Bungeroth*, in: Geßler/Hefermehl/Eckardt/Kropff, Kommentar zum AktG, § 186, Rdn. 80; *Baumbach/Hueck*, AktG, § 186, Rdn. 11; *Raiser*, Recht der Kapitalgesellschaften, S. 229.
[1346] *Wiedemann*, in: Großkommentar zum AktG, § 186, Rdn. 103.
[1347] Siehe dazu *Martens*, in: Festschrift Steindorff, S.151, 167 f.; skeptisch insoweit wohl auch *Hüffer*, AktG, § 186, Rdn. 18.

Die Tatsache, dass § 186 AktG keine Regelung des allgemeinen Rechtsverkehrs darstellt, kann allerdings nicht gegen den Schutzcharakter dieser Norm angeführt werden[1348]. Schutzgesetze müssen den Einzelnen oder einzelne Personenkreise gegen Rechtsgutsverletzungen schützen. Indem die Vorschrift des § 186 I AktG Aktionären ein gesetzliches Bezugsrecht garantiert, schützt sie die Aktionäre, also einen bestimmten Personenkreis davor, ihre bisherige Beteiligungsquote im Verhältnis zum Grundkapital zu verlieren.

Die Frage, ob § 186 AktG als Schutzgesetz zu qualifizieren ist, hat für das Verhältnis der Aktionäre zur Gesellschaft jedoch kaum Bedeutung. Denn die Vorschriften der §§ 823 II BGB i.V.m. 186 AktG gewähren ohnehin keinen weitergehenden Schutz als der Anspruch aus § 823 I BGB wegen Verletzung des Bezugs- bzw. Mitgliedschaftsrechts. Von größerem Interesse für den Schutz der Aktionäre ist vielmehr die an anderer Stelle[1349] zu erörternde Frage, ob eine Verletzung des Bezugsrechts auch Ansprüche aus §§ 823 II BGB i.V.m. 186 AktG gegen die verantwortlichen Verwaltungsmitglieder bzw. im Verhältnis zu gesellschaftsfremden Dritten begründen kann.

b) Die vorsätzliche sittenwidrige Schädigung gem. § 826 BGB

Den vom Bezugsrechtsausschluss betroffenen Aktionären steht gegen die Gesellschaft ein Schadensersatzanspruch aus § 826 BGB zu, wenn die Verwaltungsmitglieder durch die rechtswidrige Ausnutzung der Ermächtigung zur Kapitalerhöhung ihnen vorsätzlich und in einer gegen die guten Sitten verstoßenden Weise Schaden zugefügt haben.

Unter den Beweggründen der Verwaltungsmitglieder herrscht allerdings meist die redliche Überzeugung, die Gesellschaftsinteressen zu wahren[1350]. Überschreiten die Verwaltungsmitglieder ausnahmsweise ihre Pflichten zum vermeintlichen Wohl der Gesellschaft, so kann nur schwer ein Verstoß gegen das allgemeine Anstands- und Billigkeitsgefühl angenommen werden. Denn die Verwaltungsmitglieder handeln im Zweifel zum Wohle der Gesellschaft. Selbst wenn sie sich aus eigennützigen Motiven über die Ermächtigungsgrenzen des Hauptversammlungsbeschlusses hinwegsetzen sollten, wird ein auf die Schädigung der Gesellschaft bzw. der Gesellschafter gerichteter Vorsatz nur schwierig nachzuweisen sein.

[1348] Ebenso *Cahn* ZHR 164 (2000), 113, 130 m.w.N.

[1349] Näher dazu unten, 3. Teil, § 2 E V 2 c) dd).

[1350] So auch die Feststellung des BGH in BGHZ 110, 323, 333 für das Vereinsrecht; siehe ferner *Hadding*, in: Festschrift Kellermann, S. 91, 111 und *Helms*, Schadensersatzansprüche wegen Beeinträchtigung der Vereinsmitgliedschaft, S. 127.

Der Anspruchsgrundlage des § 826 BGB kommt folglich für das gesellschaftsinterne Verhältnis mit Rücksicht auf deren hohen Tatbestandsvoraussetzungen keine nennenswerte Bedeutung zu[1351].

IV. Zwischenergebnis

Sieht man den Schadensersatzanspruch in dem mitgliedschaftlichen Rechtsverhältnis begründet, können die von einem eigenmächtigen Bezugsrechtsausschluss der Verwaltung betroffenen Aktionäre zunächst Schadensersatz wegen Unmöglichkeit der Erfüllung ihres Aktienbezugsrechts gem. §§ 280 I, III, 283 S. 1, 31 BGB (analog) von der Gesellschaft verlangen. Soweit den Aktionären kein Recht auf Bezug neuer Aktien aus § 186 I 1 AktG zusteht, weil das Bezugsrecht jedenfalls wirksam ausgeschlossen wurde, können sie die Gesellschaft wegen Verletzung des Mitgliedschaftsrechts gem. §§ 280 I, 241 II, 31 BGB (analog) auf Schadensersatz in Anspruch nehmen.
Darüber hinaus kommt eine Haftung der Gesellschaft für ihre Organmitglieder wegen Verletzung des Bezugs- bzw. Mitgliedschaftsrechts nach §§ 823 I, 823 II BGB i.V.m. § 186 AktG und aus § 826 BGB (i.V.m. § 31 BGB (analog)) in Betracht.

V. Die unmittelbare Haftung der Verwaltungsmitglieder, „sonstiger" Gesellschafter und gesellschaftsfremder Dritter

1. Die Haftung gem. § 117 I, II AktG

Nach der besonderen aktienrechtlichen Haftungsregelung des § 117 I AktG kann eine Person, die unter Benutzung ihres Einflusses auf die Gesellschaft ein Vorstands- oder Aufsichtsratsmitglied, einen Prokuristen oder Handlungsbevollmächtigten vorsätzlich dazu bestimmt, zum Schaden der Gesellschaft oder ihrer Aktionäre zu handeln, auch unmittelbar den Aktionären gegenüber zum Schadensersatz verpflichtet sein. Dasselbe gilt gem. § 117 II 1 AktG, wenn die Verwaltungsmitglieder neben einem vorsätzlich handelnden Einflussnehmer i.S.d. § 117 I 1 AktG unter Verletzung ihrer Pflichten nach § 93 (i.V.m. § 116) AktG handeln. Nach § 117 II 2 AktG liegt die Beweislast für die Anwendung der Sorgfalt eines ordentlichen und gewissenhaften Geschäftsleiters bei den Verwaltungsmitgliedern.
Den vom Bezugsrechtsausschluss betroffenen Aktionären können also Schadensersatzansprüche aus § 117 I, II AktG erwachsen, wenn mit der Ausnutzung der Ermächtigung zur Kapitalerhöhung unter Ausschluss des Bezugsrechts gesellschaftsfremde Sondervorteile zugunsten von Verwaltungsmitgliedern, ein-

[1351] So zutreffend *Habersack*, Die Mitgliedschaft, subjektives und „sonstiges" Recht, S. 200; *Baums*, Der Geschäftsleitervertrag, S. 232; vgl. auch RGZ 115, 289; BGHZ 75, 96, 114.

zelnen Aktionären, insbesondere einflussreichen Großaktionären, oder Dritten verfolgt werden.
Im Unterschied zu der Regelung des § 93 II AktG begründet § 117 I, II AktG selbständige Ansprüche der geschädigten Aktionäre gegen die verantwortlichen Verwaltungsmitglieder. Überdies können nach § 117 I AktG anderweitige Einflussnehmer, wie Mehrheitsgesellschafter oder gesellschaftsfremde Dritte, direkt in Anspruch genommen werden. Gem. § 117 I 2 AktG besteht eine Schadensersatzpflicht jedoch nur, wenn die Aktionäre - abgesehen von einem Schaden, der ihnen durch die Schädigung der Gesellschaft entsteht - unmittelbar selbst geschädigt sind.
Abgesehen von der Problematik der Ersatzleistung in Reflexschadensfällen, die an anderer Stelle[1352] näher erörtert wird, haften die Verwaltungsmitglieder, „sonstige" Gesellschafter bzw. außenstehende Dritte nach § 117 I, II AktG nur bei Vorliegen enger Anspruchsvoraussetzungen. In subjektiver Hinsicht setzt die Haftung eines Einflussnehmers aus § 117 I, II AktG Vorsatz voraus. Der Täter muss danach um die generelle Eignung der erwirkten Maßnahme zur Schädigung der AG oder ihrer Aktionäre wissen und sie dennoch wollen[1353]. Vor diesem Hintergrund ist eine unmittelbare Inanspruchnahme der Verwaltungsmitglieder, „sonstiger" Gesellschafter bzw. gesellschaftsfremder Dritter nach der besonderen aktienrechtlichen Haftungsregelung bereits wenig erfolgversprechend.

2. Die Haftung gem. §§ 823 I, 823 II BGB i.V.m. § 266 StGB und aus § 826 BGB

a) Einleitung

Neben dem mit der Aktionärsklage zu verfolgenden Schadensersatzanspruch auf der Grundlage des § 117 I, II AktG besteht für die Aktionäre die Möglichkeit der unmittelbaren Inanspruchnahme der Verwaltungsmitglieder, „sonstiger" verantwortlicher Gesellschafter und gesellschaftsfremder Dritter wegen Verletzung des Bezugs- bzw. Mitgliedschaftsrechts nach deliktsrechtlichen Vorschriften. Als Anspruchsgrundlagen kommen die Vorschriften der §§ 823 I, 823 II BGB i.V.m. § 266 StGB und § 826 BGB in Betracht[1354]. Da die Haftung nach

---

[1352] Ausführlich dazu unten, 3. Teil, § 2 F IV 4 b)-d).
[1353] *Hüffer*, AktG, § 117, Rdn. 7.
[1354] Vgl. zur Haftung nach § 823 I BGB bereits die Ausführungen oben im 3. Teil, unter § 2 C III 2 d) und E III 1; siehe auch *Habersack*, Die Mitgliedschaft, subjektives und „sonstiges" Recht, S. 268 f.; zur höchstrichterlichen Anerkennung der Vorschrift des § 266 StGB als Schutzgesetz zugunsten des Aktionärs: RGZ 115, 289 ff., 294 f.; 142, 223, 228 f.; 157, 213, 220; BGHZ 31, 258, 278 f.; vgl. ferner *Lutter*, in: Kölner Kommentar zum AktG, § 186, Rdn. 41; *Hefermehl/Bungeroth*, in: Geßler/Hefermehl/Eckardt/Kropff, Kommentar zum AktG, § 93, Rdn. 89 ff.; *Hüffer*, AktG, § 93, Rdn. 19; *Mertens* in: Kölner Kommentar zum AktG, § 93, Rdn. 170 ff.; *Wiedemann*, in: Großkommentar zum AktG, § 186, Rdn. 103; *Kowalski*, Der

§ 823 I BGB bereits bei leichter Fahrlässigkeit eingreift, kommt ihr entscheidende Bedeutung zu. Wie bereits dargelegt[1355], ist ein gesellschaftsinterner Schutz der Mitgliedschaft gem. § 823 I BGB sowohl im Verhältnis zu den Mitgliedern der Verwaltung als auch gegenüber „sonstigen" Gesellschaftern anzuerkennen, die auf die Durchführung der bezugsrechtsfreien Kapitalerhöhung hingewirkt haben. Außerdem ist die durch die Schädigung der Gesellschaft vermittelte Minderung des Anteilswertes der Aktionäre infolge einer Aktienausgabe zu einem zu niedrigen Ausgabepreis eine deliktsrechtlich relevante Verletzung des Bezugsrechts.
Das Haftungsrisiko gesellschaftsfremder Dritter, wie etwa der Erwerber der neuen Aktien und der bei der Durchführung der Kapitalmaßnahme eingeschalteten Kreditinstitute, wegen ihrer Beteiligung an der Kapitalerhöhung unter Ausschluss der Altaktionäre bedarf allerdings näherer Erörterung. Denn diese können allein aufgrund ihrer Beteiligung an der Kapitalerhöhung die Verletzung des Bezugs- bzw. Mitgliedschaftsrechts der Gesellschafter unterstützt haben.

b) Das Haftungsrisiko gesellschaftsfremder Dritter nach § 823 I BGB

Eine Haftung außenstehender Dritter, die nach § 823 I BGB bereits bei leichter Fahrlässigkeit eingreift, stößt auf Bedenken. Nicht nur die bei der Durchführung der Kapitalmaßnahme eingeschalteten Kreditinstitute, sondern auch die Erwerber der neuen Aktien laufen Gefahr, sich wegen ihrer Beteiligung an der bezugsrechtsfreien Kapitalerhöhung schadensersatzpflichtig zu machen, obwohl sie die Rechtswidrigkeit der Ausnutzung der Ermächtigung zur Schaffung genehmigten Kapitals regelmäßig nicht kennen. Ein solches Haftungsrisiko kann die Durchführung von Kapitalerhöhungen erheblich erschweren und die Funktionsfähigkeit des Kapitalerhöhungsverfahrens beeinträchtigen, was zweifellos zum Schaden der Gesellschaft und ihrer Mitglieder führen würde[1356]. Die Einschaltung von Emissionsbanken ist insbesondere bei der Durchführung von Kapitalerhöhungen der Publikumsgesellschaften nicht mehr wegzudenken, um die Kapitalerhöhungen einfacher und sicherer zum Abschluss zu bringen[1357].

Bei einer möglichen Haftung externer Dritter muss im Rahmen der Prüfung des Verschuldens zunächst die fehlende Offenkundigkeit des Schutzbereichs der Mitgliedschaft berücksichtigt werden. Denn die Mitgliedschaft erlangt im Unterschied zu sonstigen absolut geschützten Rechten und Rechtsgütern ihre konkrete Gestalt erst durch den Gesellschaftsvertrag und sonstige gesellschaftsinterne Beschlüsse.

Ersatz von Gesellschafts- und Gesellschafterschaden, S. 194 m.w.N.; *Ihlas*, Organhaftung und Haftpflichtversicherung, S. 137.

[1355] Vgl. dazu oben, 3. Teil, § 2 C III 2 d) und E III 1 b) bb) (2).

[1356] Auch *Cahn* ZHR 164 (2000), 113, 127 macht auf diese Bedenken aufmerksam.

[1357] Vgl. *Hüffer*, AktG, § 182, Rdn. 5.

Für die Erwerber der neuen Aktien ist es grundsätzlich nicht voraussehbar, ob den Altaktionären der Gesellschaft bei der Durchführung der Kapitalerhöhung ein Recht zum Bezug neuer Aktien aus § 186 I 1 AktG zusteht und der Vorstand von der Ermächtigung zur Kapitalerhöhung unter eigenmächtigem Bezugsrechtsausschluss Gebrauch macht oder der Bezugsrechtsausschluss zwar wirksam erfolgt, der Vorstand aber unter offensichtlicher Überschreitung der Ermächtigungsgrenzen das genehmigte Kapital einsetzt.
Sowohl den Verwaltungsmitgliedern als auch den übrigen Mitgesellschaftern, die auf die Durchführung der Kapitalerhöhung mit unzulässigem Bezugsrechtsausschluss hingewirkt haben, ist dagegen der Inhalt des Mitgliedschaftsrechts des betroffenen Aktionärs und das Bestehen eines Aktienbezugsrechts nach § 186 I AktG bekannt[1358]. Ebenso haben die bei der Durchführung der Finanzierungsmaßnahme eingeschalteten Kreditinstitute, die im Rahmen des regelmäßig stattfindenden zweistufigen Ausgabeverfahrens der neuen Aktien die gesamte Emission zunächst zu pari übernehmen und erst anschließend die neuen Aktien im Publikum plazieren[1359], grundsätzlich Kenntnis von der Ausgestaltung des Mitgliedschaftsrechts der Aktionäre. Wegen ihrer Sachnähe als Emissionsbanken wissen sie, ob ein unmittelbarer Bezugsrechtsausschluss durch die Hauptversammlung oder eine Ermächtigung des Vorstandes zum Ausschluss des Bezugsrechts vorliegt. Die Kreditinstitute können daher jedenfalls erkennen, ob der Vorstand bei Ausnutzung des genehmigten Kapitals das Bezugsrecht der Aktionäre eigenmächtig ausschließt. Sie können dagegen regelmäßig nicht beurteilen, inwieweit die Verwaltungsmitglieder bei einer Ermächtigung zum Bezugsrechtsausschluss gem. § 203 II AktG die Ermächtigungsgrenzen des Hauptversammlungsbeschlusses überschreiten. Nur in offenkundigen Missbrauchsfällen könnte die Rechtswidrigkeit des Verwaltungshandelns für sie erkennbar sein.
Nach alledem wird - wenn überhaupt - nur den bei der Durchführung der konkreten Kapitalmaßnahme eingeschalteten Emissionsbanken angesichts ihrer Sachnähe und Sachkenntnis fahrlässiges Handeln bei der Kapitalerhöhung unter sachlich nicht gerechtfertigtem Ausschluss der Altaktionäre vorgeworfen werden können. Die Erwerber der neuen Aktien haben dagegen im Regelfall keine Kenntnis von der Pflichtwidrigkeit des Verwaltungshandelns, so dass sie bei dem Erwerb der neuen Aktien grundsätzlich auch nicht die im Verkehr erforderliche Sorgfalt außer Acht lassen.

Damit das Haftungsrisiko der Kreditinstitute nicht dazu führt, dass sie sich nicht mehr gegenüber der Gesellschaft zur Zeichnung aller neuen Aktien und zu deren Unterbringung am Markt bereit erklären, erscheint es erwägenswert, bereits den Schutzbereich der Mitgliedschaft so zu bestimmen, dass ihre Verlet-

---

1358 Siehe *Habersack*, Die Mitgliedschaft, subjektives und „sonstiges“ Recht, S. 163.
1359 Siehe dazu *Hüffer*, AktG, § 182, Rdn. 5, § 186, Rdn. 44; *Kübler*, Gesellschaftsrecht, S. 221 f.

zung durch gesellschaftsfremde Dritte erst gar nicht in Betracht kommt. Die Ausgrenzung gesellschaftsfremder Dritter aus dem Kreis potentieller Schadensersatzschuldner hätte auf diese Weise jedoch erhebliche Wertungswidersprüche und Umsetzungsprobleme zur Folge[1360]. Denn wie sich aus den bisherigen Ausführungen zur Haftung der Gesellschaft, ihrer Verwaltungsmitglieder und „sonstiger" verantwortlicher Gesellschafter ergibt, kann der Schutzbereich der Mitgliedschaft der Aktionäre hinsichtlich der Wahrung der Quote und des Wertes ihrer Beteiligung seinem Zweck nach nicht allein auf das Hervorbringen des Bezugsrechts beschränkt werden. Genauso wenig kann die weitere Sicherung der Aktionärsinteressen ausschließlich durch das Bezugsrecht gewährleistet werden. Das Mitgliedschaftsrecht sorgt letztlich für die notwendige und ergänzende Sicherung der Aktionärsinteressen sowohl durch Abwehr- als auch durch Schadensersatzansprüche.
Es können daher nur einschränkende Anforderungen an die Verletzungshandlung gestellt werden, um ein unangemessenes Haftungsrisiko der Emissionsbanken zu vermeiden und einer Überdehnung des Aktionärsschutzes entgegenzuwirken. Der nach § 823 I BGB erforderlichen Verletzungshandlung müssen Grenzen gesetzt werden. Wie bereits ausgeführt[1361], setzt eine Haftung wegen Verletzung des Mitgliedschaftsrechts aus § 823 I BGB eine qualifizierte Eingriffshandlung voraus, die eine mitgliedschaftsbezogene Finalität aufweist, d.h. die Eingriffe müssen sich unmittelbar gegen den Kern der Mitgliedschaft der Aktionäre richten.

aa) Mitgliedschaftsbezogene Finalität der Eingriffshandlung?

Wie schon beim Deliktsschutz anderer Vermögensinteressen[1362], insbesondere des deliktischen Unternehmensschutzes nach § 823 I BGB, dient als haftungsbeschränkendes Korrektiv zur Auslese haftungsrelevanter Verhaltensweisen das Erfordernis der „Unmittelbarkeit des Eingriffs".
An dem Begriff der Unmittelbarkeit des Eingriffs, den das RG eingeführt hat, ohne ihn allerdings näher zu präzisieren[1363], hält der BGH als Voraussetzung für die Verletzung des Rechts am eingerichteten und ausgeübten Gewerbebetrieb in ständiger Rechtsprechung fest[1364]. Unter einem Eingriff in das Recht am einge-

---

[1360] So im Ergebnis auch *Cahn* ZHR 164 (2000), 113, 128 f.
[1361] Siehe dazu oben, 3. Teil, § 2 E III 1 a).
[1362] Siehe dazu *Mertens*, in: Münchner, BGB Kommentar, § 823, Rdn. 123 ff.; insbesondere zu den Erfordernissen des „unmittelbaren oder betriebsbezogenen" Eingriffs in die gewerbliche Betätigung als Voraussetzung des deliktischen Unternehmensschutzes: *Mertens*, in: Münchener, BGB Kommentar, § 823, Rdn. 489 ff.; *Zeuner*, in: Soergel, BGB Kommentar, § 823, Rdn. 108 ff.
[1363] Siehe RGZ 163, 21, 32.
[1364] BGHZ 29, 65, 69, 74; BGH NJW 1976, 1740, 1741; BGH NJW 1977, 2313 f.

richteten und ausgeübten Gewerbebetrieb sind nach heutiger Auffassung nur diejenigen Eingriffe zu verstehen, die „gegen den Betrieb als solchen gerichtet, also betriebsbezogen sind und nicht vom Gewerbebetrieb ohne weiteres ablösbare Rechte oder Rechtsgüter betreffen“[1365]. Das Kriterium der „Betriebsbezogenheit des Eingriffs“, das den Begriff der „Unmittelbarkeit des Eingriffs“ deutlicher machen soll, ist zwar kein scharfes Wertungskriterium[1366], jedoch durchaus geeignet, die deliktische Haftung angemessen zu begrenzen.
Die Mitgliedschaftsbezogenheit verlangt kein auf die Mitgliedschaft des Aktionärs zielendes vorsätzliches Handeln[1367]. Die Mitgliedschaftsbezogenheit kann sich aber aus der Tendenz des Eingriffs ergeben, wenn es z.B. in der Willensrichtung des Schädigenden liegt, durch bestimmte Maßnahmen die Mitgliedschaft in ihrem Kern zu beeinträchtigen[1368]. Mitgliedschaftsbezogen kann dagegen auch ein Eingriff sein, der allein in seiner objektiven Stoßrichtung auf den Kern der Mitgliedschaft zielt oder sonst als direkte Störung der Grundlagen der Mitgliedschaft des Aktionärs erscheint[1369].

Auf Seiten der Verwaltungsmitglieder fehlt es an der mitgliedschaftsbezogenen Finalität der Eingriffshandlung nur selten[1370]. Denn auf der Grundlage eines eigenmächtigen Bezugsrechtsausschlusses greifen sie stets unmittelbar - zumindest bedingt vorsätzlich - in das Bezugsrecht als untrennbaren Bestandteil des Mitgliedschaftsrechts und damit unmittelbar in den Kern der Mitgliedschaft ein. Soweit sie bei einem wirksamen Bezugsrechtsausschluss von der Ermächtigung zur Kapitalerhöhung missbräuchlich Gebrauch machen, greifen sie ebenso - jedenfalls fahrlässig - in den Kern der Mitgliedschaft der Altaktionäre ein.
Das Verhalten der an der Durchführung der Kapitalerhöhung mitwirkenden Erwerber der neuen Aktien stellt dagegen nicht ohne weiteres eine unmittelbare Verletzung des Kerns der Mitgliedschaft dar. Durch den Erwerb der Aktien tragen die Neuaktionäre lediglich zur Beeinträchtigung der mitgliedschaftlichen Belange der Altaktionäre bei. Das Handeln der Verwaltungsmitglieder bildet insoweit allerdings den Ansatzpunkt der Verletzungshandlung. Allein in dem Erwerb der neuen Aktien liegt damit noch keine qualifizierte Eingriffshandlung, die eine mitgliedschaftsbezogene Finalität aufweist. An der Finalität des Eingriffs wird es bei den Handlungen der Erwerber der neuen Aktien, die in Unkenntnis von der Rechtswidrigkeit der Ausnutzung der Ermächtigung zur bezugsrechtsfreien Kapitalerhöhung an der Durchführung der Kapitalmaßnahme mitwirken, regelmäßig fehlen.

[1365] Grundlegend BGHZ 29, 65, 74; BGHZ 55, 153, 161; BGHZ 59, 30, 35; siehe auch *Mertens*, in: Münchener, BGB Kommentar, § 823, Rdn. 493 m.w.N.
[1366] Kritisch *Steffen*, in: RGRK, BGB Kommentar, § 823, Rdn. 41 f.
[1367] Vgl. in anderem Zusammenhang BGHZ 69, 128, 139.
[1368] So in anderem Zusammenhang BGHZ 59, 30, 35; BGHZ 69, 128, 139.
[1369] Siehe zu Betriebsbezogenheit *Steffen*, in: RGRK, BGB Kommentar, § 823, Rdn. 43.
[1370] Vgl. dazu bereits oben, 3. Teil, § 2 E III 1 a).

Selbst wenn die bei der Durchführung der Kapitalerhöhung eingeschalteten Kreditinstitute in Anbetracht ihrer Sachnähe ausnahmsweise in Kenntnis eines eigenmächtigen Bezugsrechtsausschlusses handeln, kann ihnen ebenso wenig eine qualifizierte Eingriffshandlung vorgeworfen werden. Indem sie trotz ihrer Kenntnis von einem eigenmächtigen Bezugsrechtsausschluss die gesamte Emission zunächst zu pari übernehmen und anschließend die neuen Aktien im Publikum plazieren, ohne dabei die neuen Aktien den Altaktionären bei bestehendem Aktienbezugsrecht zum Bezug anzubieten, greifen sie nicht unmittelbar in den Kern der Mitgliedschaft ein. Die Banken übernehmen lediglich die Durchführung der Kapitalerhöhung für die Gesellschaft und tragen damit nur mittelbar dazu bei, dass die mitgliedschaftlichen Belange der Aktionäre beeinträchtigt werden. Ihr Verhalten zielt dagegen nicht auf eine Beeinträchtigung der Rechtsstellung der Altaktionäre ab. Das pflichtwidrige Handeln der Verwaltungsmitglieder stellt insoweit den Ansatzpunkt der Verletzungshandlung dar.

bb) Fazit

Nach den vorstehenden Ausführungen kann das Haftungsrisiko gesellschaftsfremder Dritter durch das Erfordernis einer qualifizierten Verletzungshandlung i.S.d. § 823 I BGB sachgerecht begrenzt werden. Danach kann weder den Erwerbern der neuen Aktien noch den im Rahmen des Kapitalerhöhungsverfahrens eingeschalteten Emissionsbanken ein unmittelbarer Eingriff in den Kern der Mitgliedschaft der Aktionäre vorgeworfen werden. Lediglich die pflichtwidrig handelnden Verwaltungsmitglieder greifen infolge der rechtswidrigen Ausnutzung der Ermächtigung zur Kapitalerhöhung unter Ausschluss des Bezugsrechts unmittelbar in den Kern der Mitgliedschaft ein. Die unerwünschte Gefahr eines überhöhten Haftungsrisikos gesellschaftsfremder Dritter nach § 823 I BGB besteht somit nicht.

c) Die Bedeutung der Anspruchsgrundlagen der §§ 823 II BGB i.V.m. 266 StGB, 826 BGB als Vorsatzdelikte

aa) Einleitung

Da es sich bei den Schadensersatzansprüchen aus §§ 823 II BGB i.V.m. 266 StGB, 826 BGB um Vorsatzdelikte handelt, können die übergangenen Aktionäre von den Verwaltungsmitgliedern, anderen verantwortlichen Gesellschaftern sowie gesellschaftsfremden Dritten, die auf die Durchführung der bezugsrechtsfreien Kapitalerhöhung hingewirkt bzw. sich daran beteiligt haben, nur dann Schadensersatz fordern, wenn ihnen eine vorsätzliche (sittenwidrige) Missachtung bzw. Verletzung des Bezugs- oder Mitgliedschaftsrechts vorgeworfen werden kann. Angesichts dieser erhöhten subjektiven Anspruchsvoraussetzungen sind die Anspruchsgrundlagen nur selten einschlägig[1371]. Was die Haftung wegen vorsätzlicher sittenwidriger Schädigung nach § 826 BGB anbelangt, wurde ihre geringe praktische Bedeutung bereits im Verhältnis zur Gesellschaft dargelegt[1372]. Es ist zweifelhaft, ob dagegen die Strafvorschrift des § 266 StGB, welche die höchstrichterliche Rechtsprechung[1373] als Schutzgesetz zugunsten der Aktionäre qualifiziert hat, gegen die rechtswidrige Ausnutzung der Ermächtigung zur Kapitalerhöhung durch die Verwaltung unter Ausschluss des Bezugsrechts einen wirkungsvollen Schutz gewährleisten kann.

bb) Wirkungsvoller Schutz durch die Strafvorschrift des § 266 StGB?

Die Verwaltungsmitglieder trifft die in § 266 StGB vorausgesetzte besondere Vermögensbetreuungspflicht[1374]. Hiergegen wird allerdings grundsätzlich weder bei gewagten noch bei unternehmerisch vertretbaren Geschäften verstoßen[1375]. Da sich der Inhalt der Vermögensbetreuungspflicht bei juristischen Personen in erster Linie nach dem Gesellschaftszweck richtet, ist der objektive Tatbestand des § 266 StGB erst erfüllt, wenn in Ausführung einer mit dem Gesellschaftszweck nicht mehr vereinbaren Leitung Maßnahmen getroffen werden, aus denen sich ein Schaden für die Gesellschaft und ihrer Gesellschafter ergibt[1376]. Der Anwendungsbereich des § 266 StGB ist daher nur für diejenigen Fälle eröffnet, in denen die Verwaltungsmitglieder die Grenzen der Ermächtigung überschreiten, die Kapitalmaßnahme nicht im „wohlverstandenen" Gesellschaftsinteresse liegt oder bei Ausgabe der neuen Aktien unter Ausschluss der Altaktionäre nicht der höchstmögliche Emissionserlös erzielt wird.
In subjektiver Hinsicht ist zumindest bedingter Vorsatz erforderlich, der sich sowohl auf die Pflichtverletzung als auch auf den Eintritt eines Vermögensschadens beziehen muss[1377]. Gerade daran wird es aber bei in der konkreten Unternehmenssituation unternehmerisch vertretbaren Maßnahmen regelmäßig fehlen. Es bestehen jedenfalls schwer überwindbare Nachweisprobleme. Den Verwaltungsmitgliedern müsste nachgewiesen werden, dass sie bei Durchführung einer bezugsrechtsfreien Kapitalerhöhung auf der Grundlage eines unmittelba-

---

[1371] Vgl. *Martens*, in: Festschrift Steindorff, S. 151, 167; *Ihlas*, Organhaftung und Haftpflichtversicherung, S. 137.

[1372] Siehe oben, 3. Teil, § 2 E III 2 b).

[1373] RGZ 115, 289, 295; 142, 223, 228 f.; BGH WM 1967, 287 f.; BGH WM 1969, 1081 f.

[1374] Für den Aufsichtsrat: Hamm NStZ 1986, 119; für den Vorstand: RGZ 71, 344; BGH NJW 1991, 990; BGH NJW 1988, 2483; vgl. auch *Lenckner/Perron*, in: Schönke/Schröder, StGB Kommentar, § 266, Rdn. 25; *Tröndle/Fischer*, StGB Kommentar, § 266, Rdn. 11.

[1375] *Lenckner/Perron*, in: Schönke/Schröder, StGB Kommentar, § 266, Rdn. 20; *Tröndle/Fischer*, StGB Kommentar, § 266, Rdn. 25.

[1376] Siehe dazu *Seydel*, Konzernbildungskontrolle bei der AG, S. 273.

[1377] *Tröndle/Fischer*, StGB Kommentar, § 266, Rdn. 26; *Lenckner/Perron*, in: Schönke/Schröder, StGB Kommentar, § 266, Rdn. 49.

ren Bezugsrechtsausschlusses der Hauptversammlung bereits im Ermächtigungsbeschluss oder einer Ermächtigung dazu gem. § 203 II AktG sowohl die Verletzung der Vermögensbetreuungspflicht als auch den Eintritt eines Vermögensschadens mit Wissen und Wollen verfolgt haben. Ungeachtet der Tatsache, dass sie das genehmigte Kapital unter offensichtlicher Überschreitung der Ermächtigungsgrenzen einsetzen, wird es den Verwaltungsmitgliedern allerdings im Regelfall auf eine günstige Eigenkapitalfinanzierungsmaßnahme ankommen, die in der gegenwärtigen Situation nur mit Durchführung einer bezugsrechtsfreien Kapitalerhöhung von Erfolg sein kann und u.U. auch zu einem mittelbaren Vorteil der Altaktionäre führen kann.

Den Verwaltungsmitgliedern kann allein für den Fall, dass weder die Hauptversammlung unmittelbar das Bezugsrecht nach § 203 I AktG ausgeschlossen hat noch der Vorstand zum Bezugsrechtsausschluss gem. § 203 II AktG ermächtigt wurde, ein bedingter Vorsatz sowohl hinsichtlich der Pflichtverletzung als auch in bezug auf die möglichen vermögensrechtlichen Nachteile der ausgeschlossenen Altaktionäre vorgeworfen werden. Die Vorstellung der Verwaltungsmitglieder, trotz des bekannten eigenmächtigen Bezugsrechtsausschlusses letztlich im „wohlverstandenen" Interesse der Gesellschaft tätig zu sein, beseitigt den bedingten Vorsatz insoweit nicht.

Nach alledem geht vom Strafrecht grundsätzlich kein wirkungsvoller Schutz gegen einen sachlich nicht gerechtfertigten Bezugsrechtsausschluss aus, ganz abgesehen davon, dass es systemfremd und für die Unternehmen insgesamt eher schädlich wäre, den Schutz der Minderheitsinteressen der Staatsanwaltschaft zu überantworten[1378].

cc) Andere Regelungen als Schutzgesetze?

Neben § 266 StGB werden zwar die Regelungen des § 92 I, II AktG sowie die Strafvorschriften der §§ 399, 400, 401, 404, 405 I Nr. 1 bis 4 AktG als Schutzgesetze zugunsten der Aktionäre anerkannt. Diese Normen kommen jedoch im Fall pflichtwidrigen Verwaltungshandelns bei Ausnutzung genehmigten Kapitals mit Bezugsrechtsausschluss nicht zum Tragen.

Die Regelungen des § 93 II, III AktG können nicht als Schutzgesetze zugunsten der Aktionäre qualifiziert werden, da sie allein dem Schutz der Gesellschaft vor Pflichtverletzungen durch die Verwaltungsmitglieder dienen[1379].

[1378] Vgl. *Seydel*, Konzernbildungskontrolle bei der AG, S. 273.

[1379] Allgemeine Meinung und ständige Rechtsprechung: RGZ 159, 211, 223 f.; 115, 289, 295 f.; BGH AG 1979, 263 f.; *Wiesner*, in: Münchener Handbuch, Aktiengesellschaft, § 26, Rdn. 30; *Hefermehl/Bungeroth*, in: Geßler/Hefermehl/Eckardt/Kropff, Kommentar zum AktG, § 93, Rdn. 90; *Mertens*, in: Kölner Kommentar zum AktG, § 93, Rdn. 169; *Thümmel*, Persönliche Haftung von Managern und Aufsichtsräten, Rdn. 299; im Ergebnis ebenso *Kowalski*, Der Ersatz von Gesellschafts- und Gesellschafterschaden, S. 196 ff.

Im Hinblick darauf, dass die besondere aktienrechtliche Haftungsgrundlage des § 117 I, II AktG den Aktionären gem. § 117 I 2 AktG prinzipiell keine Ansprüche zur Beseitigung eines Reflexschadens gewährt[1380], ist auch sie als eine zugunsten der Gesellschaft bestehende Anspruchsgrundlage kein Schutzgesetz für die Interessen der Aktionäre[1381].

dd) Die Regelung des § 186 AktG als Schutzgesetz?

Anders als bei der Haftung nach §§ 823 II BGB i.V.m. 266 StGB würde für eine Haftung aus §§ 823 II BGB i.V.m. 186 AktG bereits ein fahrlässiger Verstoß gegen das Schutzgesetz genügen. Die Vorschrift des § 186 AktG setzt kein Verschulden für den Eingriff in das Bezugsrecht voraus.
Die Annahme einer Haftung der Verwaltungsmitglieder, „sonstiger" Gesellschafter, die auf den rechtswidrigen Bezugsrechtsausschluss hingewirkt haben und insbesondere externer Dritter, mit denen die Aktionäre nicht durch das Mitgliedschaftsverhältnis verbunden sind, gem. §§ 823 II BGB i.V.m. 186 AktG stößt jedoch auf Bedenken. Ansprüche der vom Bezugsrecht ausgeschlossenen Aktionäre wegen Verletzung des § 186 I 1 AktG als Schutzgesetz werden nur vereinzelt für möglich gehalten[1382]. Gerade mit Blick auf die Haftung Dritter wegen Verletzung des Bezugsrechts wird der Schutzgesetzcharakter zunehmend bezweifelt. Danach könne nur die Gesellschaft in das Bezugsrecht eingreifen[1383].
Dieser Einwand spricht jedoch nicht gegen den Schutzgesetzcharakter des § 186 AktG. Wie bereits ausgeführt[1384], können die vom Bezugsrecht ausgeschlossenen Aktionäre sowohl die Verwaltungsmitglieder, „sonstige" Gesellschafter als auch in Ausnahmefällen außenstehende Dritte wegen Verletzung des Mitgliedschaftsrechts nach § 823 I BGB in Anspruch nehmen. Das Aktienbezugsrecht aus § 186 I 1 AktG ist untrennbarer Bestandteil des Mitgliedschaftsrechts und das Bezugsrecht sowie das Mitgliedschaftsrecht dienen insoweit gleichermaßen dazu, die Aktionäre vor Verwässerungen des Wertes und der Quote ihrer Beteiligung zu sichern. Es ist daher wenig plausibel, dass die Beeinträchtigung dieses Interesses durch Verwaltungsmitglieder, „sonstige" Gesellschafter oder gesell-

---

[1380] Vgl. dazu BGHZ 94, 55, 58 f.; 105, 121, 130 f.; 129, 136, 165 f.; ferner *Hüffer*, AktG, § 93, Rdn. 19 m.w.N., § 117, Rdn. 9. Zur Ersatzleistung in Reflexschadensfällen eingehend unten, 3. Teil, § 2 F IV 4 b)-d).
[1381] Siehe *Hüffer*, AktG, § 117, Rdn. 14; *Mertens*, in: Kölner Kommentar zum AktG, § 117, Rdn. 48; *Kowalski*, Der Ersatz des Gesellschafts- und Gesellschafterschadens, S. 202.
[1382] Vgl. etwa *Lutter*, in: Kölner Kommentar zum AktG, § 186, Rdn. 41 für den Fall, dass die Mitglieder des Vorstandes oder Aufsichtsrats „ungewöhnlich leichtfertig an der bestehenden Rechtslage vorbei agieren".
[1383] *Martens*, in: Festschrift Steindorff, S. 151, 168 ff., 171.
[1384] Vgl. oben, 3. Teil, § 2 E V 2 a), b).

schaftsfremde Dritte das eine, nicht aber das andere Aktionärsrecht verletzen soll[1385].
Entscheidender Ansatzpunkt, der gegen die Qualifizierung des § 186 AktG als Schutzgesetz spricht, ist vielmehr die Tatsache, dass weder die Mitglieder der Verwaltung noch „sonstige" Gesellschafter und gesellschaftsfremde Dritte Normadressaten sind. Allein die Gesellschaft, die das Bezugsrecht der Aktionäre zu erfüllen hat, ist Normadressat, so dass sie wegen Verletzung des Bezugsrechts nach §§ 823 II BGB i.V.m. 186 AktG haftet. Dabei ist unbeachtlich, dass die Organmitglieder die handelnden Personen sind, da deren Verhalten der Gesellschaft gem. § 31 BGB (analog) zugerechnet wird. Das Verhalten der Organmitglieder stellt in diesem Zusammenhang keinen selbständigen, von dem Gesellschaftsverhalten gesonderten Eingriff in das Bezugsrecht dar[1386].
Da auch das Bedürfnis nach Deliktsschutz ein Kriterium für die Anerkennung einer Vorschrift als Schutzgesetz ist[1387], spricht gegen den Schutzgesetzcharakter des § 186 AktG im Verhältnis zu den Verwaltungsmitgliedern, „sonstiger" Gesellschafter und außenstehender Dritter ebenso folgende Überlegung: Ein Bedürfnis für einen deliktsrechtlichen Schutz des Anspruchs auf Aktienbezug im Verhältnis zu den Mitgliedern der Verwaltung, „sonstiger" Gesellschafter und Dritten besteht nicht, weil bereits die Verletzung des Mitgliedschaftsrechts Schadensersatzansprüche nach § 823 I BGB gegen die Organmitglieder bzw. die verantwortlichen Dritten begründen kann. Das Interesse der Aktionäre an der Erhaltung der Quote und des Wertes ihrer Beteiligung ist damit bereits auf diesem Wege hinreichend gesichert.

Ferner würde eine Haftung nach §§ 823 II BGB i.V.m. 186 AktG zu einer unangemessenen Verantwortlichkeit sowohl der eingeschalteten Kreditinstitute als auch der Erwerber der neuen Aktien führen. Eine Haftung für jede fahrlässige Verletzung des Bezugsrechts würde den Aktionären aber aufgrund des einer gerichtlichen Kontrolle weitgehend entzogenen unternehmerischen Ermessens des Vorstandes kaum zusätzlichen Schutz bieten[1388].
Den Erwerbern der neuen Aktien könnte zwar mangels Kenntnis der Unzulässigkeit des Bezugsrechtsausschlusses regelmäßig kein Verstoß gegen § 186 AktG vorgeworfen werden. Für die Emissionsbanken, die sich gegenüber der Gesellschaft zur Zeichnung aller Aktien und zur Unterbringung am Markt verpflichten, könnte aber ein eigenmächtiger Bezugsrechtsausschluss durch die Verwaltungsmitglieder erkennbar sein. Für sie würde daher ein erhöhtes Haftungsrisiko bereits bei leichter Fahrlässigkeit eintreten. Anders als bei der Haftung aus § 823 I BGB käme es für die Haftung nach §§ 823 II BGB i.V.m. 186 AktG nicht auf eine qualifizierte Verletzungshandlung an, die eine mitglied-

[1385] Siehe dazu die Bedenken von *Cahn* ZHR 164 (2000), 113, 130 f.
[1386] *Martens* in: Festschrift Steindorff, S.151, 168.
[1387] Vgl. etwa *Mertens*, in: Münchener, BGB Kommentar, § 823, Rdn. 171.
[1388] *Cahn* ZHR 164 (2000), 113, 132.

schaftsbezogene Finalität aufweist, sondern vielmehr nur darauf, dass ein Schutzgesetz verletzt wird. Allein das Erfordernis einer qualifizierten Eingriffshandlung kann allerdings einem unangemessenen Haftungsrisiko gesellschaftsfremder Dritter Grenzen setzen.

Die Regelung des § 186 AktG intendiert daher als Schutzgesetz nur den Aktionärsschutz wegen Verletzung des Bezugsrechts gegenüber der Gesellschaft als Schuldnerin des Bezugsrechts[1389].

VI. Ergebnis

Den vom Bezugsrechtsausschluss betroffenen Aktionären stehen dem Grunde nach Schadensersatzansprüche gegen die Verwaltungsmitglieder, andere verantwortliche Gesellschafter und ausnahmsweise gegen außenstehende Dritte, die auf den rechtswidrigen Bezugsrechtsausschluss hingewirkt haben, sowohl nach dem speziellen aktienrechtlichen Haftungstatbestand des § 117 I, II AktG als auch nach deliktsrechtlichen Vorschriften (§§ 823 I, 823 II BGB i.V.m. 266 StGB, 826 BGB) zu. Trotz des Bedürfnisses der Aktionäre nach einer unmittelbaren Inanspruchnahme insbesondere der Mitglieder der Verwaltung kommt eine solche allerdings nur in Ausnahmefällen in Betracht. Es bestehen derart einschränkende Tatbestandsvoraussetzungen der einschlägigen Anspruchsgrundlagen - insbesondere in subjektiver Hinsicht -, dass unmittelbare Ersatzpflichten unter dem Gesichtspunkt der beschränkten Vorstandshaftung auf schlechthin unvertretbare Entscheidungen grundsätzlich nur von geringer praktischer Bedeutung sind. Allein in Fällen evidenter Ermessensfehler und offensichtlicher Überschreitung der Ermächtigungs-grenzen, wie insbesondere im Fall eines eigenmächtigen Ausschlusses des Bezugsrechts der Altaktionäre, hat eine direkte Haftung der Verwaltungs-mitglieder Aussicht auf Erfolg. Die entscheidende Anspruchsgrundlage ist § 823 I BGB, die bereits bei fahrlässigem Handeln eingreift. Nicht zuletzt kann eine unmittelbare Inanspruchnahme der Verwaltungsmitglieder nur insoweit zum Ziel führen, als der Umfang des Schadensersatzes deren finanzielle Leistungsfähigkeit nicht übersteigt.

F. Der Inhalt der Schadensersatzansprüche der Aktionäre

I. Einleitung

Wie die bisherigen Ausführungen gezeigt haben, stehen den Aktionären in Fällen eines sachlich nicht gerechtfertigten Bezugsrechtsausschlusses dem Grunde nach Schadensersatzansprüche zu, und zwar sowohl gegen die Gesellschaft als auch gegen die verantwortlichen Verwaltungsmitglieder, „sonstige" Gesellschafter und ausnahmsweise gegen gesellschaftsfremde Dritte, die sich an der

[1389] Vgl. dazu *Martens*, in: Festschrift Steindorff, S. 151, 168.

Durchführung der bezugsrechtsfreien Kapitalerhöhung beteiligt haben. Die Ausgangsfrage, ob diese Ansprüche einen gleichwertigen Ersatz für den Wegfall der präventiven gerichtlichen Kontrollmöglichkeit des Ermächtigungsbeschlusses in Form einer Anfechtungsklage darstellen, ist damit noch nicht geklärt. Da sich die Ausgleichs- und Präventionswirkung von Schadensersatzansprüchen nur unter Berücksichtigung ihres Inhaltes abschließend beurteilen lassen, wird im folgenden der Inhalt der Schadensersatzansprüche der Aktionäre erörtert, die ihnen wegen der Verletzung ihres Bezugs- bzw. Mitgliedschaftsrechts infolge eines unzulässigen Bezugsrechtsausschlusses zustehen. Dabei sind zunächst die einzelnen möglichen Schadenspositionen der Aktionäre sowohl in vermögensrechtlicher als auch in mitgliedschaftlicher Hinsicht darzulegen und auf ihre Ersatzfähigkeit zu überprüfen.

II. Die Schadenspositionen der Aktionäre

1. Der Vermögensschaden infolge Wertverwässerung

Ob mit dem Ausschluss des Bezugsrechts eine Wertverwässerung der alten Aktien zum Nachteil der übergangenen Aktionäre einhergeht, hängt von dem Ausgabepreis der neuen Aktien ab[1390].

Soweit die neuen Aktien aus einer bezugsrechtsfreien Kapitalerhöhung zu einem unter dem Börsenkurs der Altaktien liegenden Preis ausgegeben werden, so hat dies zunächst immer eine Verwässerung des Aktienvermögens der nicht an der Kapitalmaßnahme teilnehmenden Altaktionäre zur Folge, da das Grundkapital in diesem Fall prozentual stärker steigt als das Vermögen. Dieser Verwässerungseffekt nimmt dabei in dem Maße zu, in dem der Ausgabepreis der neuen Aktien den Börsenkurs zum Emissionszeitpunkt unterschreitet[1391].

Auch eine Unterschreitung des Börsenkurses um „nur" 3 %-5 % ist grundsätzlich relevant, da andernfalls die vom Bezugsrecht ausgeschlossenen Aktionäre die neuen Aktionäre „quersubventionieren"[1392] würden, was einer Enteignung zugunsten privater Dritter gleichzusetzen wäre. Die „Unwesentlichkeitsklausel" des § 186 III 4 AktG und der Standpunkt der überwiegenden Auffassung, nach

---

[1390] Siehe dazu bereits die Ausführungen im 3. Teil, § 2 E III 1 b) bb) (1.1) sowie die Quellenangaben in Fußn. 1311.

[1391] Vgl. dazu insbesondere *Aubel*, Der vereinfachte Bezugsrechtsausschluß, S. 15, 68 f.; siehe auch *Lutter*, in: Kölner Kommentar zum AktG, § 186, Rdn. 127 mit einem anschaulichen theoretischen Beispiel; ebenso *Hirte*, Bezugsrechtsausschluß und Konzernbildung, S. 7 f. Vgl. dazu ferner die Begründung des Initiativentwurfes zum Gesetz für kleine Aktiengesellschaften und zur Deregulierung des Aktienrechts (§ 186 III 4 AktG), BT-Drucks. 12/6721 vom 1.2.1994, S. 10, abgedruckt bei *Seibert/Köster/Kiem*, Die kleine Aktiengesellschaft, Rdn. 361, wonach die Gefahr des Kurswertverlustes dann nicht besteht, wenn die Ausgabe der jungen Aktien zumindest zum Börsenpreis erfolgt; ebenso etwa *Korthals*, Kapitalerhöhung zu höchsten Kursen, S. 115, 121.

[1392] So *Habersack*, Die Mitgliedschaft, subjektives und „sonstiges" Recht, S. 260.

dem der Ausgabebetrag den (Durchschnitts-) Börsenpreis der letzten fünf Börsentage vor Ausgabe der neuen Aktien höchstens um 5 % unterschreiten darf, während 3 % den Regelabschlag bilden[1393], können insoweit keine allgemeine Geltung beanspruchen. Sie stehen vielmehr in unlösbarem Zusammenhang mit den materiellen Zulässigkeitsvoraussetzungen des erleichterten Bezugsrechtsausschlusses gem. § 186 III 4 AktG[1394]: Börsennotierung der AG, Barkapitalerhöhung und Kapitalgrenze von 10%.

Durch die Börsenkursorientierung des Ausgabepreises der neuen Aktien werden die Aktionäre nur vor der Kurswertverwässerung ihrer Altaktien geschützt, nicht hingegen vor der Verwässerung des sogenannten „wirklichen" Wertes ihrer alten Aktien[1395]. Eine Verwässerung des Wertes ihrer Beteiligung tritt daher auch dann ein, wenn der Vorstand die jungen Aktien ohne vertretbare Erwägungen im Gesellschaftsinteresse zu einem niedrigeren Ausgabepreis begibt, als es ihrem „wirklichen" Wert entspricht. Nur ein angemessenen Abschlag auf den „inneren" Wert ist zu tolerieren, um eine erfolgreiche Plazierung der neuen Aktien am Kapitalmarkt zu erzielen. Bei einer Kapitalerhöhung gegen Sacheinlage ist zu beachten, welche Bedeutung neue Aktionäre und ihre Einlage haben. Soweit eine längerfristige Steigerung des Unternehmens- und Aktienwerts zu erwarten ist, sind ebenso Bewertungsabstriche für die Aktionäre zumutbar[1396]. Durch weitergehende Bewertungsabschläge wird allerdings ein Teil des Unternehmens ohne vertretbaren Grund ohne volle Gegenleistung auf Dritte verlagert[1397].

[1393] Vgl. dazu den Ausschlussbericht, BT-Drucks 12/7848, S. 9; ebenso *Seibert/Köster/Kiem*, Die kleine Aktiengesellschaft, Rdn. 230; *Aubel*, Der vereinfachte Bezugsrechtsausschluß, S. 63; teilweise kritisch *Marsch-Barner* AG 1994, 532, 537; *Korthals*, Kapitalerhöhung zu höchsten Kursen, S. 179 f.; *Lutter* AG 1994, 429, 442, der die Höchstgrenze bei 3 % ansetzt; *Hüffer*, AktG, § 186, Rn. 39 d bezweifelt, ob überhaupt mit bloßen Prozentsätzen auszukommen ist; nach *Schwark*, in: Festschrift Claussen, S. 357, 372 f. kann von starren Grenzen insoweit nicht ausgegangen werden; entscheidend sei die Bezifferung des Votalitätsrisikos.

[1394] Vgl. dazu etwa *Bayer* ZHR 163 (1999), 505, 537 f.

[1395] Insoweit sehen einige Stimmen in der Literatur zu Recht die aus der Einführung des § 186 III 4 AktG abzuleitende grundlegende Vorstellung des Gesetzgebers, Verwässerungsschutz sei durch Anlehnung des Ausgabebetrages der neuen Aktien an Börsenkurse zu leisten, als systemwidrig und im Ansatz verfehlt an: siehe dazu insbesondere *Hüffer*, AktG, § 186, Rdn. 39 b und *Zöllner* AG 1994, 336, 341; ebenso *Hoffmann-Becking* ZIP 1995, 1, 9 f. sowie *Hirte* ZIP 1994, 356, 359.

[1396] Siehe dazu bereits die Ausführungen im 2. Teil, § 4 A III 2 b) aa) (3.2) und bb).

[1397] Vgl. dazu bereits oben, 2. Teil § 4 A III 2 a) bb); siehe auch *Lutter*, in: Kölner Kommentar zum AktG, § 186, Rdn. 7 m.w.N, Rdn. 124; eingehend *Korthals*, Kapitalerhöhung zu höchsten Kursen, S. 113 ff., 132 f.; *Hoffmann-Becking* ZIP 1995, 1, 9 f. Anders dagegen wohl *Aubel,* Der vereinfachte Bezugsrechtsausschluß, S. 66, der gerade bezweifelt, dass eine durch die Ausgabe der neuen Aktien zum Börsenkurs eintretende Verwässerung des „wirklichen" Aktienwertes tatsächlich einen wirtschaftlichen Nachteil für die vom Bezugsrecht ausgeschlossenen Aktionäre darstellt. Der innere Wert der Aktien sei nämlich kein realisierbarer Vermö-

Soweit der Börsenkurs dem tatsächlichen Wert der Altaktien entspricht oder sogar höher ist, und die Ausgabe der neuen Aktien zum Börsenkurs erfolgt, verkörpert eine Aktie denselben oder sogar einen höheren Anteil an dem Vermögen der Gesellschaft als vor der Kapitalerhöhung. Die Verminderung des prozentualen Anteils am Gewinn und/oder Liquidationserlöses wird in diesem Fall mit der Erhöhung des Gesellschaftsvermögens wertmäßig ausgeglichen[1398]. Einen Vermögensschaden infolge Wertverwässerung der alten Aktien erleidet der vom Bezug neuer Aktien ausgeschlossene Aktionär demzufolge nur, wenn der Ausgabepreis der neuen Aktien den Börsenkurs unterschreitet oder die jungen Aktien von der Verwaltung ohne vertretbare Erwägungen im Gesellschaftsinteresse zu einem niedrigeren Ausgabepreis begeben werden, als ihrem „wirklichen" Wert entspricht. Wird bei der Ausgabe junger Aktien an Dritte unter Verletzung des Bezugs- bzw. Mitgliedschaftsrechts der Altaktionäre der Ausgabekurs von der Verwaltung so festgesetzt, dass eine Verwässerung des Beteiligungswertes nicht eintritt, können die Altaktionäre allenfalls Ausgleich für den Eingriff in ihre Beteiligungsquote fordern.

2. Sonstige Vermögensfolgeschäden[1399]

a) Entgangener Bezugsrechtswert

Eine weitere Einbuße der Gesellschafter in vermögensrechtlicher Hinsicht manifestiert sich in dem Wert des Aktienbezugsrechts aus § 186 I 1 AktG. Wenn der Ausgabepreis der neuen Aktien den Börsenkurs unterschreitet oder die jungen Aktien ohne sachlichen Grund zu einem niedrigeren Ausgabepreis als ihr „wirklicher" Wert begeben werden, entgeht dem vom Bezugsrecht ausgeschlossenen Aktionär ein Vermögensvorteil. Dieser entspricht dem Wert des Bezugsrechts[1400].

Dieser fiktive Bezugsrechtswert kann allerdings nur schwer ermittelt werden. Worin der Bezugsrechtswert bestehen soll und insbesondere wonach er sich bemisst, haben bisher weder die Rechtsprechung noch das Schrifttum genau ge-

---

genswert, sondern nur ein zwar berechenbarer, derzeit vom Markt aber nicht anerkannter Wert. Die Möglichkeit der Realisierung dieses Werts im Fall einer Liquidation des Unternehmens sei eher theoretischer Natur (siehe auch *Martens* ZIP 1994, 669, 672 (Fußn. 19)).

[1398] *Vollmer/Lorch* DB 1991, 1313, 1315; auf diesen Standpunkt verweist auch der BGH in BGHZ 120, 141, 148.

[1399] Die nachfolgenden Ausführungen können in Anbetracht der vielfältigen und unterschiedlichen nachteilhaften Auswirkungen von unzulässigen Bezugsrechtsausschlussfällen für die einzelnen Aktionäre nicht als abschließend angesehen werden. Mit den angeführten Beispielen soll lediglich die Möglichkeit weiterer, über einen Vermögensschaden infolge Wertverwässerung hinausgehender Vermögensschäden verdeutlicht werden.

[1400] Vgl. dazu *Martens*, in: Festschrift Steindorff, S.151, 165.

klärt. Unstreitig ist nur, dass je niedriger der Ausgabepreis der neuen Aktien festgesetzt wird, desto höher der rechnerische Wert des Bezugsrechts ist[1401].
Auf dem Gebiet der Betriebswirtschaftslehre wird der Wert des Bezugsrechts als Teil des Ertragswertes beschrieben, der dem Altaktionär aufgrund der Verringerung seiner Beteiligungsquote entgeht. Dabei wird folgende, variabel gefasste Berechnungsformel zugrundegelegt[1402]: Aktueller Börsenkurs – Emissionskurs / Bezugsverhältnis + 1 = Bezugsrechtswert.
Nach dieser Berechnungsmethode verbleibt aber durch die Anknüpfung an den aktuellen Ausübungswert ein „statisches" Element, das zu einer Unterbewertung des Bezugsrechts verleiten kann, da die Kurssteigerungen, die durch die Bezugsrechtsausübung hervorgerufen werden, nicht inbegriffen sind. Die Berechnungsformel kann zudem die zusätzlichen, durch das neue Eigenkapital eröffneten Ertragsaussichten nicht berücksichtigen. Diese bewirken regelmäßig, dass der Kurswert der Altaktien unmittelbar nach Bekanntwerden der Kapitalerhöhung zunächst ansteigt, bevor er sich dann im weiteren Verlauf dem niedrigeren Ausgabekurs der jungen Aktien annähert[1403]. Der kurzfristige Anstieg der Börsenkurse vor und im Zusammenhang mit der Kapitalerhöhung basiert auf der marktrechtlichen Vorwegnahme der zu erwartenden finanzierungsbedingten Gewinnsteigerungen.
Angesichts der täglichen Kursschwankungen der Aktien an der Börse kann es nicht zuletzt erforderlich sein, eine geringfügige Differenz (1-3 %) zwischen den Ausgabepreisen der Dritterwerber und der alten Aktionäre bei der Berechnung des fiktiven Bezugsrechtswerts in Kauf zu nehmen[1404].
Vor dem Hintergrund dieser besonderen Schwierigkeiten, die bei der Berechnung des fiktiven Bezugsrechtswertes bestehen, kann die Feststellung des dem klagenden Aktionär entgangenen Bezugsrechtswertes, also der Schadenshöhe allein dem Urteil eines Gutachters oder der freien Schadensschätzung durch das Gericht (§ 287 ZPO) überlassen bleiben.

b) Entgangener Gewinn infolge von Steigerungen des Unternehmenswertes

Nimmt der vom Bezugsrecht ausgeschlossene Aktionär beispielsweise nicht an einer unverhofften positiven Börsenkursentwicklung teil oder verbessert sich aufgrund einer Barkapitalerhöhung die Eigenkapitalrendite der Gesellschaft prozentual, steigt also der Barwert des auf die einzelne Aktie entfallenden künf-

---

[1401] Siehe etwa *Lutter*, in: Kölner Kommentar zum AktG, § 186, Rdn. 127 f., § 204, Rdn. 9; *Ekkenga* AG 1994, 59, 62 ff.

[1402] Vgl. dazu *Ekkenga* AG 1994, 59, 62 ff. m.w.N.

[1403] *Ekkenga* AG 1994, 59, 63 m.w.N.

[1404] Vgl. dazu etwa *Korthals*, Kapitalerhöhung zu höchsten Kursen, S. 129 f.

tigen Gewinns, hat er infolge des Bezugsrechtsausschlusses einen Vermögensfolgeschaden in Form des entgangenen Gewinns zu verzeichnen.
Dasselbe gilt für den Fall, dass den Aktionären infolge eines auf der rechtswidrigen Verschiebung der ursprünglichen Beteiligungsverhältnisse beruhender Kursverlust verbleibt, wie etwa der durch die Nichtveräußerung der alten Aktien zum günstigen Zeitpunkt vor Durchführung der bezugsrechtsfreien Kapitalerhöhung entgangene Gewinn oder in Form einer nachhaltigen Kursverschlechterung.

c) Nachteile in steuerlicher Hinsicht

Weiterhin erleidet ein Aktionär, der über die steuerlich notwendige 10 %-Beteiligung verfügt („steuerliches Schachtelprivileg"), infolge der bezugsrechtsfreien Kapitalerhöhung und der damit einhergehenden Minderung seiner ursprünglichen Beteiligungsquote unfreiwillige steuerliche Nachteile[1405].

d) Erhöhte Aufwendungen bei Zukauf von Aktien über die Börse

Soweit die vom Bezug neuer Aktien ausgeschlossenen Aktionäre neue Aktien über die Börse erwerben, um ihre bisherige Beteiligungsquote zu erhalten und dabei einen höheren Preis für die Aktien zahlen müssen als die Erwerber der neuen Aktien aus der bezugsrechtsfreien Kapitalerhöhung, haben sie einen Schaden in Gestalt der erhöhten Aufwendungen[1406].

3. Die Einbußen an Teilhabe- und Herrschaftsrechten

Da die relative Minderung der Stimmrechtsquote (§ 134 I 1 AktG) und der damit im Einzelfall einhergehende Verlust an Herrschaftsrechten (vgl. etwa §§ 93 IV 3, 122 I 1, 142 II, 147 I, 309 III AktG[1407]) zwangsläufige Folgen eines Bezugsrechtsausschlusses sind, hat der in unzulässiger Weise vom Bezugsrecht

---

[1405] *Aubel*, Der vereinfachte Bezugsrechtsausschluß, S. 17 m.w.N.; *Cahn* ZHR 164 (2000), 113, 148 f.

[1406] Siehe dazu *Aubel*, Der vereinfachte Bezugsrechtsausschluß, S. 32; ebenso *Lutter*, in: Kölner Kommentar zum AktG, Nachtrag zu § 186, Rdn. 17 spricht von einem relevanten finanziellen Sonderopfer; *Hefermehl/Bungeroth*, in: Geßler/ Hefermehl/Eckardt/Kropff, Kommentar zum AktG, § 186, Rdn. 82; *Hüffer*, AktG, § 186, Rdn. 18; *Lutter*, in: Kölner Kommentar zum AktG, § 186, Rdn. 41 und *Kallmeyer* AG 1993, 249, 251 erblicken den Schaden des vom Bezugsrecht ausgeschlossenen Aktionärs generell in der Differenz zwischen den Aufwendungen, die zum regulären Bezug notwendig gewesen wären, und den Kosten einer anderweitigen Beschaffung (über die Börse).

[1407] Siehe dazu BGHZ 71, 40, 45; vgl. auch *Hüffer*, AktG, § 186, Rdn. 2.

ausgeschlossene Aktionär in mitgliedschaftlicher Hinsicht stets einen Schaden zu verzeichnen[1408].

Die relative Minderung der Beteiligungsquote kann allein durch den Zukauf von Aktien kompensiert werden[1409]. Eine Pflicht des Vorstandes, den Quotenerhalt der Altaktionäre zu ermöglichen, indem er die Zukaufsmöglichkeit von Aktien gewährleistet, und zwar zu Bedingungen wie sie für Dritterwerber bestanden, wird im Schrifttum[1410] vereinzelt für den Fall des erleichterten Bezugsrechtsausschlusses nach § 186 III 4 AktG angenommen. Eine solche Verpflichtung kann jedoch weder für diesen Sonderfall noch einheitlich für alle bezugsrechtsfreien Kapitalerhöhungen überzeugen[1411]. Der Vorstand kann vielmehr nur in Ausnahmefällen verpflichtet sein, den Quotenerhalt durch Zuerwerb zu ermöglichen, und zwar wenn sich herausstellt, dass das Ermächtigungsvolumen lediglich teilweise für nicht mit den Bezugsrechten zu vereinbarenden Zwecken ausgenutzt wird. In diesem Fall hat der Vorstand das genehmigte Kapital in vollem Umfang auszuschöpfen und den noch nicht berücksichtigten, vom Bezugsrecht ausgeschlossenen Aktionären im Verfahren nach §§ 186 I 1, 203 I 1 AktG neue Aktien zum Bezug zu offerieren.

III. Die beschränkte Ersatzfähigkeit der Schadenspositionen

1. Einleitung

Die vorstehenden Ausführungen haben gezeigt, welche Schadenspositionen die übergangenen Aktionäre infolge eines unzulässigen Bezugsrechtsausschlusses erleiden können. Im folgenden wird geklärt, welche dieser Schadenspositionen ersatzfähig sind und wenn ja, auf welche Art und Weise.

Der Umfang des Schadensersatzanspruchs bemisst sich nach den Vorschriften der §§ 249 ff. BGB. Eine Schadensersatzpflicht besteht daher nur, wenn der gel-

---

[1408] Vgl. dazu etwa *Lutter*, in: Kölner Kommentar zum AktG, § 186, Rdn. 58.

[1409] Vgl. dazu *Martens* ZIP 1994, 669, 672; ders. ZIP 1992, 1677, 1691; *ders.*, in: Festschrift Steindorff, S. 151, 157; ebenso *Heinsius*, in: Festschrift Kellermann, S. 115, 128 und *Kübler* AG 1994, 141, 147.

[1410] Vgl. *Schwark*, Festschrift Claussen, S. 357, 373 f. mit Verweis auf die Gesetzesmaterialien zu der Vorschrift des § 186 III 4 AktG, BegrRegE, BT-Drucks. 12/6721 v. 1.2.1994, S. 10; *Lutter* AG 1994, 429, 443; *Korthals*, Kapitalerhöhung zu höchsten Kursen, S. 129 f. m.w.N.; einschränkend *Claussen* WM 1996, 609, 615; *Aubel*, Der vereinfachte Bezugsrechtsausschluß, S. 53 f. geht von einer Pflicht zur Gewährung eines Vorab-Bezugsrechts für Gesellschaften aus, deren Aktien ausschließlich im Freiverkehr oder nur in geringem Umfang gehandelt werden. Bei börsennotierten Publikumsgesellschaften sei eine Nachkaufsmöglichkeit dagegen grundsätzlich ohnehin gegeben (S. 41); kritisch dazu *Hoffmann-Becking* ZIP 1995, 1, 10; *Zöllner* AG 1994, 336, 341; *Groß* DB 1994, 2431, 2439 sowie *Marsch-Barner* AG 1994, 532, 540 lehnen dagegen die Zukaufsmöglichkeit von Aktien als Tatbestandsvoraussetzung des § 186 III 4 AktG ab.

[1411] Siehe näher dazu bereits oben im 2. Teil, unter § 4 B II.

tend gemachte Schaden nach Art und Entstehungsweise unter den Schutzzweck der verletzten Norm fällt[1412]. Bei den infolge des Bezugsrechtsausschlusses eingetretenen Schadenspositionen auf Seiten der Aktionäre muss es sich also um solche Nachteile handeln, die aus dem Bereich der Gefahren stammen, zu deren Abwendung die verletzte Norm des § 186 I 1 AktG erlassen worden ist. Der entstandene Nachteil - sei es in mitgliedschaftlicher oder vermögensrechtlicher Hinsicht - muss zu der von der Gesellschaft bzw. den Verwaltungsmitgliedern geschaffenen Gefahrenlage in einem inneren Zusammenhang stehen; eine bloß zufällige äußere Verbindung genügt nach den allgemeinen Grundsätzen des Schadensersatzrechts nicht[1413].

Die Schadensersatzansprüche der vom Bezug neuer Aktien ausgeschlossenen Aktionäre werden durch das rechtlich geschützte Interesse begrenzt, das im Einzelfall verletzt ist. Der Umfang der Schadenspositionen der Aktionäre, deren Ersatz sie unter dem Gesichtspunkt der Verletzung ihres Bezugsrechts bzw. ihres Mitgliedschaftsrechts verlangen können, ergibt sich aus dem Zweck dieser Rechte.

2. Die rechtlich geschützten Aktionärsinteressen

Die Aktionäre sollen durch das Bezugsrecht zum einen vor einer Verwässerung des Wertes ihrer Beteiligung geschützt werden. Zum anderen soll sichergestellt werden, dass die Aktionäre auch bei Begebung neuer Aktien ihre bisherige Beteiligungsquote aufrecht erhalten können[1414]. Die Aktionäre können daher für Einbußen, die diese Interessen beeinträchtigen, also für die mittelbare Wertverwässerung der ursprünglichen Beteiligung[1415], für den Verlust an Teilhabe- und Herrschaftsrechten und den damit im Einzelfall einhergehenden steuerlichen Nachteilen regelmäßig Schadensersatz verlangen[1416]. Dabei kommt es nicht darauf an, ob der Schadensersatzanspruch aus einer Verletzung des Bezugs- oder Mitgliedschaftsrechts resultiert. Denn sollte ein Aktienbezugsrecht aus § 186 I 1 AktG nicht bestehen, beruht ein Schadensersatzanspruch jedenfalls auf einer Verletzung des Mitgliedschaftsrechts, welches die durch das Bezugsrecht geschützten Interessen letztlich mitumfasst.

[1412] Siehe dazu *Heinrichs*, in: Palandt, BGB Kommentar, Vorb v § 249, Rdn. 62 m.w.N.
[1413] Siehe dazu *Heinrichs*, in: Palandt, BGB Kommentar, Vorb v § 249, Rdn. 62 m.w.N.
[1414] Vgl. dazu die Ausführungen in der Einleitung, § 1.
[1415] Sog. Reflexschäden sind zwar ersatzfähig, es gilt jedoch die besonderen Grundsätze zur Ersatzleistung in Reflexschadensfällen zu beachten, eingehend dazu im 3. Teil, unter § 2 F IV 4 b)-d).
[1416] *Cahn* ZHR 164 (2000), 113, 139 f., 148 f.; vgl. etwa zur Ersatzfähigkeit der möglichen Nachteile in steuerlicher Hinsicht infolge der kapitalerhöhungsbedingten Minderung einer 10 %-Beteiligung: *Mertens*, in: Festschrift Fischer, S. 461, 471 f.; zustimmend *Habersack*, Die Mitgliedschaft, subjektives und „sonstiges" Recht, S. 358 (Fußn. 56).

3. Anspruch auf „verbilligten" Aktienerwerb?

Es fragt sich, ob der entgangene Gewinn der Aktionäre wegen einer bei ordnungsgemäßem Vorgehen möglichen Chance, auf Grund des Bezugsrechts „verbilligte" Aktien zu beziehen oder das darauf gerichtete Bezugsrecht günstig zu veräußern, eine ersatzfähige Schadensposition darstellt.
Dagegen spricht, dass diese Interessen lediglich eine unbeabsichtigte Folge der Dauer des Bezugsverfahrens sind, die nicht vom Zweck des Bezugsrechts umfasst werden[1417]. Wenn die Gesellschaften den Bezugspreis gemessen am aktuellen Börsenkurs niedrig bemessen, ist dies eine Konsequenz des zeitlich gestreckten Bezugsverfahrens und des dadurch bedingten sog. Sicherheitsabschlags[1418]. Um zu verhindern, dass die Aktienplazierung fehlschlägt, weil der Börsenkurs zwischenzeitlich sinkt, muss der Ausgabebetrag von vornherein mit einem entsprechenden Risikoabschlag bemessen werden. Der Kursabschlag ist insoweit eine bloß notwendige Konsequenz der technischen Abwicklung des Bezugsrechts[1419].
Darüber hinaus erfüllt das Bezugsrecht auch dann seinen Zweck und ist damit nicht verletzt, wenn der Bezugspreis börsenkursorientiert ist oder dem „inneren" Wert der Anteile entspricht[1420]. Der Aktionär hat auf der Grundlage der gesetzlichen Bezugsrechtsregelung keinen Anspruch auf einen „billigen", unter Börsenkurs ausgegebenen Bezug neuer Aktien. Eine Kapitalerhöhung muss ihm zudem nicht die Möglichkeit verschaffen, ein nicht ausgeübtes Bezugsrecht auf dem Markt steuerfrei zu veräußern[1421].
Es ist zwar unstreitig, dass das Recht auf Bezug neuer Aktien zu einem günstigen Bezugspreis einen nicht unerheblichen Vermögensvorteil darstellt, der durch den Bezugsrechtsausschluss verloren geht. Dieser Vorteil steht jedoch in keinem teleologischen Zusammenhang mit der gesetzlichen Bezugsrechtsregelung[1422]. Der BGH hat auf diese finanzielle Vorteilhaftigkeit des Bezugsrechts bislang auch nicht abgestellt.
Selbst wenn es früher zum guten Ton deutscher Aktiengesellschaften gehörte, ihren Aktionären nebst der meist spärlichen Dividende von Zeit zu Zeit ein

---

[1417] *Seibert/Köster/Kiem*, Die kleine Aktiengesellschaft, Rdn. 197; *Martens* ZIP 1992, 1677, 1687 f.; *ders.* ZIP 1994, 669, 672; *Schwark*, in: Festschrift Claussen, S. 357, 363; *Cahn* ZHR 164 (2000), 113, 137, 140; so auch im Ergebnis *Mertens*, in: Kölner Kommentar zum AktG, § 93, Rdn. 175; anders dagegen wohl *Baums*, Der Geschäftsleitervertrag, S. 228 f.
[1418] *Martens* ZIP 1994, 669, 672.
[1419] *Martens* ZIP 1992, 1677, 1687.
[1420] *Groß* AG 1993, 449, 456; *Lutter*, in: Kölner Kommentar zum AktG, § 186, Rdn. 87; *Wiedemann*, in: Großkommentar zum AktG, § 186, Rdn. 177.
[1421] *Martens* ZIP 1994, 669, 672; *ders.* ZIP 1992, 1677, 1687; *Schwark*, in: Festschrift Claussen, S. 357, 363 f.; *Seibert/Köster/Kiem*, Die kleine Aktiengesellschaft, Rdn. 197.
[1422] *Martens* ZIP 1994, 669, 672.

günstiges Bezugsrecht als zusätzlichen Ertrag einzuräumen[1423], hat sich dies in den letzten Jahren deutlich geändert. Unter dem Einfluss der wirtschaftlichen Schwierigkeiten der frühen 90er Jahre und des stark gewachsenen Kapitalbedarfs der Unternehmen infolge sinkender Selbstfinanzierungskraft sowie zum Ausgleich von Verlusten, sind die Gesellschaften heute an höchsten Kursen für ihre Emissionen junger Aktien interessiert[1424]. Die Möglichkeit der Aktionäre, „verbilligte“ Aktien zu beziehen, schwindet damit immer mehr.
Es ist ein legitimes Interesse der Gesellschaft, einen möglichst hohen Preis für das auszugebende Kapital zu erzielen. Demnach ist der von (vor allem Klein-) Aktionären geäußerte Wunsch nach einem „billigen“ Bezugspreis auch unter dem Gesichtspunkt des Gesellschafterschutzes nicht zu rechtfertigen[1425].

4. Das Anlageinteresse als Bestandteil des Mitgliedschaftsrechts?

Weiterhin stellt sich die Frage, ob das rechtlich geschützte Aktionärsinteresse, bei Begebung neuer Aktien die ursprüngliche Beteiligungsquote aufrecht erhalten zu können, auch das Interesse der Aktionäre einschließt, an zukünftigen Steigerungen des Unternehmenswertes entsprechend ihrer bisherigen Anteile am Grundkapital teilnehmen zu können. Ein entgangener Gewinn, den die Aktionäre etwa infolge der mangelnden Teilnahme an einer positiven Börsenkursentwicklung bzw. einer prozentualen Verbesserung der Eigenkapitalrendite der Gesellschaft verzeichnen, könnte danach ersatzfähig sein.
Dies wird im Schrifttum mit der Begründung bestritten, dass der erforderliche Rechtswidrigkeitszusammenhang fehle[1426]. Die haftungsausfüllende Kausalität sei zwar gegeben, da der Aktionär bei Ausübung seines Bezugsrechts an einem etwaigen Wertzuwachs partizipiert hätte, doch entspreche diese Schadensfolge nicht dem Sinn und Zweck der verletzten Norm (§ 186 I AktG). Der Schutzzweck des § 186 I AktG sei auf den Schutz des Bezugsinteresses, also das Interesse des Aktionärs am Fortbestand der bisherigen Beteiligungsstruktur sowie an dem Werterhalt der Vermögensanteilsquote gerichtet und gerade nicht auf den Schutz des Anlageinteresses. Das Anlageinteresse umfasse im Gegensatz zum Bezugsinteresse das Interesse, langfristig an der Entwicklung des Vermögenswertes, vor allem des Börsenkurses der Aktien zu partizipieren, das der Aktionär bei entsprechendem Börsenhandel jederzeit durch Aktienerwerb über die Börse befriedigen könne. Für einen Schadensersatzanspruch bestehe demnach kein Anlass, wenn infolge der bezugsrechtsfreien Kapitalerhöhung die bisherige

---

[1423] Vgl. *Lutter* AG 1994, 429, 440.
[1424] *Wellkamp*, Aktionärsschutz, S. 145.
[1425] *Hirte* WM 1994, 321, 323.
[1426] So etwa *Martens*, in: Festschrift Steindorff, S. 151, 166.

Beteiligungsstruktur nicht berührt werde und der Ausgabekurs die Vermögensinteressen der übrigen Aktionäre nicht beeinträchtige[1427].
Dieser Standpunkt stößt auf Bedenken. Zum einen greifen die Erwägungen für nicht börsennotierte Gesellschaften von vornherein nicht. Zum anderen kann das Anlageinteresse auch bei börsennotierten Gesellschaften gerade nicht jederzeit durch einen entsprechenden Zukauf von Aktien befriedigt werden, sei es aufgrund einer Marktenge im Aktienhandel oder aufgrund eines nicht unerheblichen Preisanstiegs der Aktien, der auf der Steigerung des Börsenkurses beruht[1428]. Wenn die neuen Aktien an Dritte ausgegeben werden, besteht die Möglichkeit des Quotenerhalts für alle Gesellschafter überdies nur, wenn die Dritterwerber alle ihre Aktien veräußern. Die Zukaufsmöglichkeit von Aktien über die Börse stellt daher keinen gleichwertigen Ersatz für das Recht auf originären Aktienbezug dar. Selbst bei Ausgabe der neuen Aktien zu einem angemessenen Preis an Dritte, hat die Verletzung des Bezugsrechts für die Altaktionäre auch finanzielle Nachteile.
Vor diesem Hintergrund kann das Interesse, an der Entwicklung des Vermögenswertes der Gesellschaft und der Aktien zu partizipieren, nicht als ein unter mitgliedschaftlichen Gesichtspunkten irrelevantes Anlageinteresse angesehen werden, das durch das Bezugsrecht nicht geschützt wird. Das Anlageinteresse ist vielmehr auch ein Bestandteil des Mitgliedschaftsrechts, so dass ein infolge zukünftiger Steigerungen des Unternehmenswertes entstandener entgangener Gewinn eine ersatzfähige Schadensposition ist. So spricht auch der BGH davon, dass der „Entzug des Vorrechtes zur Investition von Kapital in das Unternehmen, an dem der Aktionär bereits Beteiligungsrechte hat, für ihn im allgemeinen einen schweren Eingriff in seine Mitgliedschaft..." darstellt[1429]. Das rechtlich geschützte Aktionärsinteresse, auch bei Begebung neuer Aktien die ursprüngliche Beteiligungsquote aufrecht erhalten zu können, umfasst auch das Interesse der Aktionäre, zusätzlich in die Gesellschaft zu investieren und entsprechend an einem etwaigen Wertzuwachs teilzunehmen[1430].

[1427] *Martens*, in: Festschrift Steindorff, S. 151, 166 sieht seine Überlegungen unter dem Aspekt der Grundsätze über die Kapitalerhaltung uneingeschränkt bestätigt. Gemäss §§ 56 ff. AktG sei es der Gesellschaft nicht erlaubt, Kurssicherungsgarantien zugunsten einzelner Aktionäre zu übernehmen, was bei der Berechnung von Schadensersatzansprüchen entsprechend berücksichtigt werden müsse. *Martens* spricht insoweit von einer in den §§ 56 ff. AktG angelegten Schadensersatzbegrenzung. Ebenso im Ergebnis *Hirte*, Bezugsrechtsausschluß und Konzernbildung, S. 241 f., der u.a. auf *Lutter* ZGR 1978, 347, 368 f. Bezug nimmt.

[1428] Vgl. dazu etwa die Ausführungen von *Korthals*, Kapitalerhöhung zu höchsten Kursen, S. 129 ff.

[1429] Vgl. etwa BGHZ 71, 40, 44; 83, 319, 321; 120, 141, 146.

[1430] So auch die überwiegende Auffassung in der Literatur: *Hüffer*, AktG, § 186, Rdn. 2, 25; *Lutter*, in: Kölner Kommentar zum AktG, § 186, Rdn. 7; *Hefermehl/Bungeroth*, in: Geßler/Hefermehl/Eckardt/Kropff, Kommentar zum AktG, § 186, Rdn. 84; *Wiedemann*, in: Großkommentar zum AktG, § 186, Rdn. 13; *Vollmer/Lorch* DB 1991, 1313, 1314; *Raiser*, Recht

5. Ersatz erhöhter Aufwendungen?

Ob die aus einem etwaigen Zukauf von Aktien über die Börse zu einem höheren Preis resultierenden Aufwendungen eine ersatzfähige Schadensposition darstellen, ist dagegen zweifelhaft. Durch das Bezugsrecht soll sichergestellt werden, dass die Aktionäre auch bei Begebung neuer Aktien ihre bisherige Beteiligungsquote aufrecht erhalten können. Die vom Bezug neuer Aktien ausgeschlossenen Aktionäre haben jedoch auf der Grundlage der gesetzlichen Bezugsrechtsregelung keinen Anspruch auf Zukauf von Aktien über die Börse zu denselben Ausgabebedingungen wie sie für die Dritterwerber bestanden. Soweit der Vorstand von der Ermächtigung zur Kapitalerhöhung in rechtswidriger Weise unter Ausschluss der Altaktionäre Gebrauch macht, haben die Aktionäre ebenso keinen Anspruch auf Zukauf von Aktien. Die rechtswidrige Ausnutzung der Ermächtigung zur bezugsrechtsfreien Kapitalerhöhung ändert nämlich nichts an der Wirksamkeit des Bezugsrechtsausschlusses[1431]. Vor diesem Hintergrund können die Aktionäre das Risiko der Kursentwicklung nicht auf die Gesellschaft abwälzen, indem sie Erstattung der Differenz zwischen dem hypothetischen Bezugspreis, der sich nach dem von den Dritterwerbern bezahlten Entgelt richtet, und einem infolge nachträglicher Kurssteigerungen höheren Erwerbspreis als Schadensersatz wegen Verletzung ihres Bezugs- bzw. Mitgliedschaftsrechts fordern[1432].

IV. Die Art des Schadensersatzes

1. Naturalrestitution gem. § 249 S. 1 BGB oder Geldersatz gem. § 251 BGB?

Ihrem Inhalt nach richten sich die Schadensersatzansprüche der Aktionäre in erster Linie auf Naturalrestitution gem. § 249 S. 1 BGB, also auf Wiederherstellung der ursprünglichen Beteiligungsverhätnisse. Auf Geldersatz können die Aktionäre erst in zweiter Linie verwiesen werden (vgl. §§ 249 S. 2, 251 I, II BGB), soweit die Wiederherstellung der bisherigen Beteiligungsquote unmöglich ist[1433].

---

der Kapitalgesellschaften, § 20, Rdn. 8; *Habersack*, Mitgliedschaft, subjektives und „sonstiges" Recht, S. 259; *Cahn* ZHR 164 (2000), 113, 142 f.; ebenso *Mülbert*, Aktiengesellschaft, Unternehmensgruppe und Kapitalmarkt, S. 333 f. misst dem „Investitionsvorrecht" des Aktionärs in diesem Fall eine eigenständige, über den in § 255 II AktG angelegten Verwässerungsschutz hinausgehende Bedeutung zu.

[1431] Vgl. dazu bereits oben, 3. Teil, § 2 E II 1 a).

[1432] So zutreffend *Martens*, in: Festschrift Steindorff, S. 151, 164 f. und *Cahn* ZHR 164 (2000), 113, 148.

[1433] Siehe dazu *Hefermehl/Bungeroth*, in: Geßler/Hefermehl/Eckardt/Kropff, Kommentar zum AktG, § 186, Rdn. 81; *Keuk-Knobbe*, in: Festschrift Ballerstedt, S. 239, 253; *Habersack*, Die Mitgliedschaft, subjektives und „sonstiges" Recht, S. 355; *Hirte*, Bezugsrechtsausschluß und

Ein vom Bezugsrecht ausgeschlossener Aktionär rügt mit seiner Schadensersatzklage den sachlich nicht gerechtfertigten Eingriff in seine Beteiligung. Der Schadensersatzanspruch richtet sich in erster Linie auf Wiederherstellung des ursprünglichen Zustands in natura, also die Beseitigung des Eingriffs. Dies gilt unabhängig davon, ob die Hauptversammlung die Kapitalerhöhung mit einem unzulässigen Bezugsrechstausschluss beschlossen hat und der Aktionär den Hauptversammlungsbeschluss gem. § 243 I AktG anfechten muss oder ob die Hauptversammlung den Vorstand zur bezugsrechtsfreien Kapitalerhöhung ermächtigte und dieser von der Ermächtigung in rechtswidriger Weise Gebrauch machte und daher der Aktionär eine der Anfechtungsklage nachgebildete Leistungsklage auf Rückgängigmachung des Eingriffs erheben muss.

Der Anspruch auf Schadensersatz in Geld tritt wie im allgemeinen Zivilrecht in den §§ 249 S. 2, 251 BGB an die Stelle des ursprünglichen Anspruchs auf Naturalrestitution, soweit die Wiederherstellung des bisherigen Zustandes unmöglich ist[1434]. Die Wiederherstellung der ursprünglichen Beteiligungsverhältnisse der Gesellschafter ist dann unmöglich, wenn die zur Durchführung der bezugsrechtsfreien Kapitalerhöhung erforderliche Eintragung im Handelsregister vorgenommen wurde[1435]. Mit Eintragung der Kapitalerhöhung entstehen die Mitgliedschaftsrechte in der Person der Dritterwerber.

2. Ersatzleistung durch Naturalrestitution

a) Rückgängigmachung der Kapitalerhöhung mit unzulässigem Bezugsrechtsausschluss?

Ob der vom Bezugsrecht ausgeschlossene Aktionär im Wege der Aktionärsklage die Rückabwicklung der Kapitalerhöhung mit rechtswidrigem Bezugsrechtsausschluss und auf diese Weise die Wiederherstellung seiner ursprünglichen Beteiligungsquote verlangen kann, ist zweifelhaft.

Konzernbildung, S. 232, 236 macht allerdings auch darauf aufmerksam, dass eine primäre Pflicht zur Naturalherstellung im Recht der Anfechtungsklage, das nach seinen Ausführungen bei Klagen gegen Vorstandsentscheidungen im wesentlichen analoge Anwendung findet (S. 205 ff.), nicht vorgesehen ist. Er verweist insoweit auf die Vorschrift des § 248 AktG, die nur von der prozessualen Rechtskraftwirkung spricht, ohne tatsächliche Rückabwicklungspflichten zu normieren. Im Ergebnis geht aber auch er zu Recht davon aus, dass diese Überlegungen nicht verhindern, aus dem Wesen der Anfechtung eine Pflicht zur Rückabwicklung von Maßnahmen abzuleiten, die auf der Grundlage einer angefochtenen Hauptversammlungsentscheidung vollzogen wurden (m.w.N. in Fußn. 138).

[1434] Vgl. *Hirte*, Bezugsrechtsausschluß und Konzernbildung, S. 236.

[1435] *Hirte*, Bezugsrechtsausschluß und Konzernbildung, S. 237.

aa) Die Problematik

Die Rückgängigmachung einer Verletzung von Aktionärsrechten ist insbesondere bei durchgeführten Maßnahmen im Außenverhältnis rechtlich oder tatsächlich unmöglich[1436].
Soweit die von den Gesellschaftern beanstandete Kapitalmaßnahme im Handelsregister eingetragen und öffentlich bekannt gemacht ist, ist sie im Außenverhältnis durchgeführt. Denn zu diesem Zeitpunkt wird der Erwerb der neuen Aktien aus der Kapitalerhöhung, welche die Verwaltung unter Verletzung des Bezugs- bzw. Mitgliedschaftsrechts der Altaktionäre ausgegeben hat, wirksam.
Die Rückgängigmachung der Kapitalerhöhung mit unzulässigem Bezugsrechtsausschluss muss allerdings nicht zwangsläufig unmöglich sein, wenn die Eintragung bereits erfolgt ist[1437].
Wenn der rechtswidrige Bezugsrechtsausschluss intern beseitigt werden kann, etwa indem ein Beschluss der Hauptversammlung nachträglich herbeigeführt wird, mit dem das Verwaltungshandeln in Einklang mit den Vorgaben der Ermächtigung steht, ergeben sich keine Probleme. Ist eine solche gesellschaftsinterne Berichtigung hingegen nicht möglich, müsste der Aktionär einen Leistungstitel erhalten, wonach das im Außenverhältnis abgeschlossene Geschäft rückgängig zu machen ist. Dies ist z.B. der Fall, wenn ein nachträglicher Beschluss der Hauptversammlung nicht zustande kommt oder die nachträgliche Billigung der Ausnutzung der Ermächtigung unter Bezugsrechtsausschluss nicht möglich ist, weil das Verwaltungshandeln bereits nicht mit dem „wohlverstandenen“ Gesellschaftsinteresse vereinbar war. Die Verletzung des Bezugs- bzw. Mitgliedschaftsrechts würde auf diese Weise unmittelbar das Außenverhältnis beeinträchtigen[1438], obwohl es allgemeiner Meinung entspricht, dass rechtliche Mängel im Innenverhältnis in Form fehlerhafter Vorstandsentscheidungen bei Ausnutzung der Ermächtigung zur Kapitalerhöhung die Rechtswirksamkeit des Erwerbs neuer Aktien durch Dritte nicht berühren[1439]. Die fehlerhafte Geschäftsführung darf letztlich auch bei einer Verletzung des Bezugs- bzw. Mitgliedschaftsrechts der Aktionäre nicht auf das Außenverhältnis zu Lasten der Dritterwerber durchschlagen.

bb) Verkehrsschutzgesichtspunkte

Nach den vorstehenden Überlegungen können die übergangenen Aktionäre bereits aus Gesichtspunkten des Verkehrsschutzes im Wege der Aktionärsklage grundsätzlich nicht die Rückabwicklung der bereits durchgeführten, im Han-

---

[1436] Siehe *Brondics*, Die Aktionärsklage, S. 108, 113.
[1437] *Hirte*, Bezugsrechtsausschluß und Konzernbildung, S. 237.
[1438] Vgl. dazu *Brondics*, Die Aktionärsklage, S. 113 mit Verweis auf RGZ 3, 123, 138.
[1439] Vgl. dazu die Quellenangaben in Fußn. 1261.

delsregister eingetragenen Kapitalerhöhung mit Bezugsrechtsausschluss verlangen. Die Einziehung der an Dritte ausgegebenen neuen Aktien gegen eine entsprechende Barabfindung nach den zu § 237 AktG geltenden Grundsätzen[1440] kommt daher nicht in Betracht.

Bei einer Rückabwicklung einer unter rechtswidrigem Bezugsrechtsausschluss vorgenommenen Kapitalerhöhung würde die Gesellschaft an Ansehen bei den Aktionären verlieren und die Neuaktionäre würden in ihrem Vertrauen auf wirksamen Erwerb junger Aktien enttäuscht. Insbesondere die Rückabwicklung eines im Wege genehmigten bezugsrechtsfreien Kapitals finanzierten Beteiligungserwerbs an einem anderen Unternehmen wäre wegen der Interessen Dritter unmöglich, da diese auf die unbeschränkte Vertretungsmacht des Vorstandes (vgl. §§ 78, 82 AktG) und auf den wirksamen Erwerb der ausgegebenen Aktien vertraut haben[1441].

Die Naturalrestitution ist bei einer mit Mängeln behafteten Verschmelzung nach erfolgter Eintragung im Handelsregister durch „Entschmelzung" in Übereinstimmung mit § 20 II UmwG nach § 16 III 6, 2. HS UmwG ebenso ausgeschlossen[1442].

Die Rückabwicklung eines solchen Rechtsgeschäfts wäre im übrigen mit erheblichen Schwierigkeiten und Kosten verbunden, die das Gesellschaftsvermögen intensiv belasten würden[1443]. Die Aktionäre können in einem solchen Fall, bei dem die Rückgängigmachung nur mit unverhältnismäßigen Aufwendungen möglich ist, gem. § 251 II BGB auf Schadensersatz in Geld verwiesen werden[1444].

Nicht zuletzt ist es wenig erfolgversprechend, die Beeinträchtigung der Beteiligung der Aktionäre im Verhandlungswege mit den neu aufgenommenen Gesellschaftern auf Gesellschaftskosten rückgängig zu machen[1445]. Auf diesem Wege könnte die Aktionärsklage zwar vor ihrer Wirkungslosigkeit bewahrt werden, es

---

1440 Vgl. dazu *Hüffer*, AktG, § 248, Rdn. 7 a für den Fall der Rückabwicklung einer fehlerhaften, aber bereits durchgeführten und eingetragenen Kapitalerhöhung. Im Gegensatz zur fehlerhaften Geschäftsführung bei Ausnutzung der Ermächtigung zum Bezugsrechtsausschluss entstehen hier - im Fall eines bereits ungültigen Hauptversammlungsbeschlusses - allerdings von vornherein keine Mitgliedschaftsrechte auf Seiten der Erwerber neuer Aktien, so dass die Rechtsfolge der Einziehung neu ausgegebener Aktien hier durchaus sachgerecht ist.

1441 *Brondics*, Die Aktionärsklage, S. 114.

1442 Siehe dazu *Zimmermann*, in: Kallmeyer, UmwG Kommentar, § 16, Rdn. 52 f.; *Bork*, in: Lutter, UmwG, § 16, Rdn. 34 und *Grunewald*, in: Lutter, UmwG, § 20, Rdn. 69 m.w.N.

1443 *Hirte*, Bezugsrechtsausschluß und Konzernbildung, S. 232, der zudem darauf verweist, dass der Rückgängigmachung eines Eingriffs in die Beteiligung der Aktionäre zudem der Grundsatz der realen Kapitalaufbringung entgegenstehen könne (vgl. dazu auch BGHZ 83, 122, 132).

1444 Nach *Schulz/Gardyan*, Die sogenannte Aktionärsklage, S. 71 wird dies bei Maßnahmen der Geschäftsführung in großen Aktiengesellschaften nicht selten der Fall sein.

1445 So allerdings *Hirte*, Bezugsrechtsausschluß und Konzernbildung, S. 233 f.

ist jedoch kein Grund dafür ersichtlich, warum die neuen Gesellschafter auf ihre Rechtsposition in Form der Rückübertragung der erworbenen Aktien verzichten sollten. Etwas anderes könnte nur gelten, wenn die Gesellschaft bzw. die Verwaltungsmitglieder ihnen dafür einen mehr als angemessenen Ausgleich anbieten würden, was nur selten der Fall sein wird.

cc) Fazit

Nur soweit es die Grenzen des Verkehrsschutzes zulassen, ist eine Rückabwicklung der bezugsrechtsfreien Kapitalerhöhung ausnahmsweise möglich[1446]. Ein vom Bezugsrecht ausgeschlossener Aktionär wird also die Rückgängigmachung der Kapitalerhöhung mit unzulässigem Bezugsrechtsausschluss im Wege der Aktionärsklage verlangen können, wenn sich der Verkehrsschutz erübrigt. Dies gilt etwa im Fall des Missbrauchs der Vertretungsmacht durch den Vorstand mit entsprechender Erkennbarkeit für die Erwerber der neuen Aktien und bei einem „konzernmäßigen Insich-Geschäft" [1447]. Eine Naturalrestitution im Wege der Rückgängigmachung der Kapitalerhöhung kann ausnahmsweise auch dann durchgesetzt werden, wenn die Erwerber der neuen Aktien ihrerseits den Altaktionären zum Schadensersatz und damit zur Mitwirkung an einer solchen Rückabwicklung verpflichtet wären[1448]. Ein solcher Fall käme jedoch nur bei vorsätzlichem sittenwidrigem Zusammenwirken mit den Verwaltungsmitgliedern (§ 826 BGB) und damit selten in Betracht.

Die Beschränkung der Naturalrestitution in Form der Rückgängigmachung der bezugsrechtsfreien Kapitalerhöhung auf Ausnahmefälle ist letztlich sachgerecht, da ein innergesellschaftlicher Konflikt im Vordergrund steht, der auch gesellschaftsintern ausgetragen werden sollte[1449].

Wann ein weiterer Ausnahmefall eingreift, kann angesichts der Vielschichtigkeit der berührten Interessen nicht abschließend beurteilt werden[1450]. Es kommt auf die jeweiligen Umstände im Einzelfall an[1451], wobei vor allem die Interessen der Beteiligten, das Schutzbedürfnis des Rechtsverkehrs und der Grundsatz der Rechtssicherheit Berücksichtigung finden müssen.

Der übergangene Aktionär kann folglich grundsätzlich nicht die Rückabwicklung der bezugsrechtsfreien Kapitalerhöhung im Wege der Aktionärsklage ver-

---

[1446] Vgl. auch *Brondics*, Die Aktionärsklage, S. 114 f.

[1447] BGHZ 83, 122, 132 mit Verweis auf BGHZ 50, 112; vgl. dazu auch *Brondics*, Die Aktionärsklage, S. 115 m.w.N.

[1448] Vgl. *Cahn* ZHR 164 (2000), 113, 143.

[1449] *Hommelhoff*, Die Konzernleitungspflicht, S. 473 ff. verlangt dagegen die Beseitigung des rechtswidrigen Eingriffs für den Fall, dass einem Konzernierungsvorhaben die Zustimmung der Hauptversammlung verweigert wurde; kritisch dazu etwa *Westermann* ZGR 1984, 352, 377 f.; anders auch BGHZ 83, 122, 132 f.

[1450] Vgl. *Keuk-Knobbe*, in: Festschrift Ballerstedt, S. 239, 249.

[1451] Siehe RGZ 85, 311, 314.

langen. Er ist vielmehr auf andere Maßnahmen zur Wiederherstellung seiner ursprünglichen Anteilsquote am Grundkapital der Gesellschaft angewiesen.

b) Zuteilung neuer Aktien

Soweit der Vorstand das Ermächtigungsvolumen zur Kapitalerhöhung lediglich teilweise für bezugsrechtunverträgliche Zwecke ausschöpft, die Gesellschaft entweder eigene Aktien erwirbt oder über einen erheblichen Bestand eigener Aktien verfügt, die nicht einer anderen Verwendung bedürfen (vgl. etwa § 71 III 2 AktG)[1452], hat die AG die Möglichkeit, den vom Bezugsrecht ausgeschlossenen Gesellschaftern neue Aktien zu denselben Ausgabebedingungen, wie sie für die Dritterwerber bestanden, zuzuteilen.

aa) Das Verfahren der Aktienzuteilung - Rückgriff auf den gesetzlichen Zuteilungsmaßstab des § 186 I 1 AktG

Verfügt die Gesellschaft über eigene Aktien und gibt sie diese an die übergangenen Altaktionäre aus, liegt es nahe, die Regeln für das Bezugsrecht auch auf das Verteilungsverfahren anzuwenden. Der Schadensersatz in Form der Zuteilung von Aktien tritt an die Stelle des verletzten Bezugs- bzw. Mitgliedschaftsrechts.

Die Gesellschaft hat den Aktionären entsprechend § 186 I 2 AktG eine Frist zur Anmeldung ihrer Ansprüche zu setzen und diese in Anlehnung an § 186 II AktG zusammen mit dem Ausgabebetrag bekannt zu machen. Nehmen die Aktionäre diese Möglichkeit nicht wahr, so stehen die betreffenden eigenen Aktien nach wie vor der Gesellschaft zur freien Verwendung zur Verfügung[1453].

Wird bei der Aktienzuteilung auf den gesetzlichen Zuteilungsmaßstab des § 186 I 1 AktG zurückgegriffen, ist das Prioritätsprinzip, nach dem nur diejenigen Aktionäre eine möglichst vollständige Wiederherstellung ihrer bisherigen Beteiligungsquote fordern können, die zuerst Ansprüche gegen die Gesellschaft geltend machen, von vornherein ausgeschlossen.

Nach den Regeln für das Bezugsrecht sind die neuen Aktien zudem an alle Aktionäre entsprechend ihrer ursprünglichen Beteiligungsquote zu verteilen.

Der Erhalt der bisherigen Beteiligungsquote ist in erster Linie für diejenigen Aktionäre von materieller Bedeutung, deren Anteil am Grundkapital ihnen bestimmte, an eine Beteiligungsquote geknüpfte Mitverwaltungsrechte vermittelt

---

[1452] *Hefermehl/Bungeroth*, in: Geßler/Hefermehl/Eckardt/Kropff, Kommentar zum AktG, § 186, Rdn. 81.

[1453] Vgl. dazu *Cahn* ZHR 164 (2000), 113, 145 f. m.w.N. für den Fall der schlichten Nichtausübung des Bezugsrechts; anders dagegen *Groß* ZHR 162 (1998), 318, 333 für den Fall des Verzichts auf das Bezugsrecht, wonach die Ansprüche der Aktionäre auf Zuteilung eigener Aktien den erwerbswilligen Gesellschaftern anwachsen.

hat. Es erscheint daher erwägenswert, diese Aktionäre im Rahmen des Verteilungsverfahrens zu Lasten der Kleinaktionäre zu bevorzugen, deren Rechtsstellung infolge der Reduzierung der Beteiligungsquote ohnehin nicht spürbar beeinträchtigt ist. Dagegen spricht jedoch, dass es bei der Verteilung der Aktien nicht auf die unterschiedliche Höhe der Beteiligungsquoten und deren Bedeutung für die Rechtsstellung der einzelnen Gesellschafter ankommen kann. Diese Kriterien stellen keine ungleichen Voraussetzungen i.S.v. § 53 a AktG dar, die ein Abweichen von dem gesetzlichen Zuteilungsmaßstab des § 186 I 1 AktG rechtfertigen könnten[1454]. § 53 a AktG erlaubt die unterschiedliche Behandlung von Aktionären nur, wenn dies auch im Gesellschaftsinteresse gerechtfertigt erscheint[1455]. Der Erhalt einer einflussrelevanten Quote dient hingegen grundsätzlich nicht den Gesellschaftsinteressen, sondern vielmehr allein den Interessen des betreffenden Aktionärs.

bb) Die Grenzen der Aktienzuteilung

Die Zuteilung neuer Aktien an die übergangenen Aktionäre kann sowohl in tatsächlicher als auch in rechtlicher Hinsicht auf Grenzen stoßen:

(1) Ausschließliche Passivlegitimation der Gesellschaft

Die Aktienzuteilung stößt schon deswegen auf Grenzen, weil sich der Anspruch der Aktionäre auf Aktienzuteilung von vornherein allein gegen die Gesellschaft selbst richten kann und gerade nicht gegen die Verwaltungsmitglieder, die eine solche Ersatzleistung nicht erfüllen können[1456]. Darüber hinaus ist es zweifelhaft, ob die Gesellschaft über den notwendigen Bestand eigener Aktien verfügt und wenn ja, ob die Zuteilung neuer Aktien an die übergangenen Gesellschafter die vollständige Wiederherstellung deren ursprünglicher Beteiligungsquote bewirken kann.
Der Erwerb eigener Aktien durch die Gesellschaft unterliegt zunächst dem Erwerbsverbot des § 71 I AktG sowie der 10 %-Grenze des § 71 II 1 AktG.

(2) Das Erwerbsverbot nach § 71 AktG

Der Erwerb eigener Aktien durch die Gesellschaft mit dem Ziel, den vom Bezugsrecht ausgeschlossenen, geschädigten Aktionären neue Aktien zuzuteilen und diesen mithin die Möglichkeit des Quotenerhalts als Schadensausgleich zu gewähren, ist gem. § 71 AktG grundsätzlich unzulässig. Die Zahlung des Er-

---

[1454] Vgl. *Cahn* ZHR 164 (2000), 113, 144 ff.

[1455] Siehe *Lutter*, in: Kölner Kommentar zum AktG, § 53a, Rdn. 14 und *Hüffer*, AktG, § 53a, Rdn. 10.

[1456] So zutreffend *Cahn* ZHR 164 (2000), 113, 143.

werbspreises liefe insoweit auf eine verbotene Einlagenrückgewähr i.S.d. § 57 I 1 AktG hinaus, als sie den Aktionären zufließt und nicht aus dem Bilanzgewinn erfolgt. Von diesem Grundsatz regelt § 57 I 2 AktG zwar eine Ausnahme, wenn § 71 I AktG den Erwerb eigener Aktien zulässt, weil dieser sonst an der Rückerstattungspflicht des § 62 AktG scheitern müsste[1457]. Einen Erwerb eigener Aktien zum Zweck der Entschädigung der übergangenen Aktionäre lässt jedoch der Numerus clausus der zulässigen Erwerbsgründe in § 71 I AktG nicht zu[1458]. Sollte die Gesellschaft dennoch entgegen § 71 I AktG eigene Aktien erwerben, ist das Erwerbsgeschäft der Gesellschaft gem. § 71 IV 1 AktG wirksam. Die Gesellschaft wird ungeachtet des gesetzlichen Verbots Inhaberin der Mitgliedsrechte[1459] und die Aktionäre können die neuen Aktien, welche die Gesellschaft binnen Jahresfrist (vgl. § 71 c I AktG) zum Kauf anbietet, wirksam erwerben. Diese Verfahrensweise hilft den Gesellschaftern aber letztlich nicht weiter, da sie die verbotene Einlagenrückgewähr gem. § 62 AktG wieder ausgleichen müssten.
Selbst wenn die Gesellschaft von einer etwaigen Ermächtigung zum Erwerb eigener Aktien nach § 71 I Nr. 8 AktG Gebrauch macht, um die Anteile anschließend den verbleibenden Altaktionären nach Maßgabe des § 186 I 1 AktG zum Erwerb anzubieten, ist die vollständige Wiederherstellung der bisherigen Beteiligungsverhältnisse nicht gesichert. Die Zuteilung der neuen Aktien an die übergangenen Gesellschafter ist durch § 71 II 1 AktG nur beschränkt möglich.

(3) Die 10 %-Grenze des § 71 II 1 AktG

Soweit die Gesellschaft eigene Aktien erwirbt, hat sie die aus § 71 II 1 AktG folgende 10 %-Grenze zu beachten. Danach dürfen auf die erworbenen Aktien zusammen mit anderen Aktien der Gesellschaft, welche diese bereits erworben hat und noch besitzt, nicht mehr als 10 % des Grundkapitals entfallen. Die Höchstmenge für den Erwerb eigener Aktien ist damit grundsätzlich auf 10 % des Grundkapitals begrenzt. Im Hinblick darauf, dass sich die Gesamtmenge der Aktien und das Grundkapital aufgrund der durchgeführten Kapitalerhöhung vergrößern, sinkt allerdings zugleich der auf das Grundkapital bezogene Prozentsatz des Bestandes eigener Aktien der Gesellschaft[1460].

[1457] *Hüffer*, AktG, § 57, Rdn. 20, § 71, Rdn. 1.
[1458] Vgl. *Hefermehl/Bungeroth*, in: Geßler/Hefermehl/Eckardt/Kropff, Kommentar zum AktG, § 186, Rdn. 82.
[1459] *Hüffer*, AktG, § 71, Rdn. 24.
[1460] *Cahn* ZHR 164 (2000), 113, 143.

Die vollständige Wiederherstellung der ursprünglichen Beteiligungsquoten der Altaktionäre durch Ausgabe eigener Aktien ist daher bereits in tatsächlicher Hinsicht ausgeschlossen[1461].
Erwirbt die Gesellschaft eigene Aktien, greift die Regelung des § 71 b AktG ein. Danach stehen der Gesellschaft aus eigenen Aktien keine Rechte zu. Der Gesellschaft wird insoweit jedoch nicht die Mitgliedschaft als solche entzogen, da sie ansonsten keine eigenen Aktien hätte, die sie auch nicht gem. § 71 c AktG veräußern könnte. Die Mitgliedsrechte existieren nur nicht bis die Aktien veräußert worden sind. Soweit die Aktien an die Altaktionäre ausgegeben werden, leben die Mitgliedschaftsrechte wieder auf[1462] und erhöhen dadurch wiederum die Gesamtmenge der Rechte, auf die sich die Quote des einzelnen Gesellschafters bezieht.

Im folgenden Abschnitt wird gezeigt, dass dem Ersatz einer Quotenverwässerung im Wege der Naturalrestitution nicht nur tatsächliche Gründe, sondern auch rechtliche Gründe entgegenstehen.

(4) Ungerechtfertigter Eingriff in die Rechtsstellung der Dritterwerber

Indem die Gesellschaft den übergangenen Altaktionären neue Aktien aus ihrem eigenen Aktienbestand zuteilt, verlieren die Mitgliedschaftsrechte der Dritterwerber, die an der Verteilung der eigenen Aktien nicht teilnehmen, an Gewicht. Ein derartiger Eingriff in die Rechtsstellung der neuen Aktionäre erfolgt, obwohl die Schadensersatzverpflichtung der Gesellschaft gegenüber den Aktionären grundsätzlich keine Rechtfertigung dafür bietet[1463].
Die Ausgabe einer großen Menge weiterer Aktien kann überdies den Aktienkurs senken und damit der Preisvereinbarung zwischen der Gesellschaft und dem Dritterwerber die Basis entziehen. Auf diese Weise wird in nicht gerechtfertigter Weise in die Rechtsstellung der Erwerber der neuen Aktien eingegriffen. Die Zuteilung neuer Aktien an die vom Bezugsrecht ausgeschlossenen Altaktionäre beeinträchtigt ohne sachlichen Grund das durch Gleichbehandlungsgrundsatz (vgl. § 53 a AktG) und Bezugsrecht gesicherte Recht der Dritterwerber auf Quotenerhalt.
Die Beeinträchtigung der Rechtsstellung der Dritterwerber durch die selektive Zuteilung eigener Aktien an die Altaktionäre ist in Anbetracht der regelmäßig fehlenden Verantwortlichkeit der Dritterwerber an der Verletzung des Bezugs- bzw. Mitgliedschaftsrechts der Altaktionäre grundsätzlich nicht zu rechtfertigen. Nur ausnahmsweise, wenn die Dritterwerber ihrerseits den Altaktionären

---

[1461] Vgl. dazu *Cahn* ZHR 164 (2000), 113, 143 f. mit einem anschaulichen Beispiel in Fußn. 112.
[1462] Siehe nur *Hüffer*, AktG, § 71 b, Rdn. 3.
[1463] Siehe *Cahn* ZHR 164 (2000), 113, 146.

wegen einer Pflichtverletzung bei der Beteiligung an der Kapitalerhöhung zum Schadensersatz und damit zur Mitwirkung an der Wiederherstellung des *status quo ante* unter Hinnahme der Nachteile verpflichtet sind, steht einer Naturalrestitution in Form der Zuteilung neuer Aktien nichts entgegen. Dies wird aber allenfalls dann der Fall sein, wenn die Dritterwerber die Verwaltungsmitglieder zur Verletzung der Aktionärsrechte verleitet oder einverständlich mit ihnen zur vorsätzlichen sittenwidrigen Schädigung der Gesellschaft zusammengewirkt haben. Dasselbe gilt, wenn sie bereits Aktionäre der Gesellschaft waren und sodann durch die Teilnahme an der Kapitalerhöhung ihre Treuepflicht gegenüber den Mitgesellschaftern verletzt haben.

c) Verpflichtung zur weiteren Kapitalerhöhung unter Ausschluss des Bezugsrechts der Dritterwerber?

Soweit die AG nicht über einen erheblichen Bestand eigener Aktien verfügt und den vom Bezugsrecht ausgeschlossenen Aktionären demnach keine neuen Aktien zuteilen kann, könnte die Gesellschaft zur Durchführung einer weiteren Kapitalerhöhung unter Ausschluss des Bezugsrechts der Dritterwerber verpflichtet sein.

Eine Rückgängigmachung des Eingriffs in die Beteiligungsverhältnisse der Altaktionäre könnte auf diesem Wege z.B. in der Form erfolgen, dass neben eine bereits erfolgte Sacheinlage in Gestalt einer Unternehmensbeteiligung zusätzliche Bareinlagen treten (vgl. das Prinzip der begleitenden Barkapitalerhöhung)[1464]. Durch eine solche zusätzliche Kapitalerhöhung wäre es der Gesellschaft möglich, die auf Quotenerhalt gerichteten Ersatzansprüche der Aktionäre im Wege der Naturalrestitution zu erfüllen. Eine vollständige Wiederherstellung der bisherigen Beteiligungsverhältnisse wäre auch auf diese Weise wegen der Ausgabe von Aktien an Dritte im Rahmen der ersten Kapitalerhöhung nicht denkbar, zumindest aber eine Annäherung an den bisherigen *status quo*[1465].

Gegen die Annahme einer Verpflichtung zur weiteren Kapitalerhöhung spricht allerdings zunächst, dass auf diesem Wege in unzulässiger Weise mittelbar der Aktionärsminderheit bzw. der Verwaltung infolge pflichtwidrigen Verhaltens die Entscheidung über die Form der Kapitalerhöhung eingeräumt würde

[1464] Siehe dazu *Lutter* ZGR 1979, 401, 406 f.; *Schockenhoff*, Gesellschaftsinteresse und Gleichbehandlung beim Bezugsrechtsausschluß, S. 35; vgl. auch *Pluta*, in: Das Wertpapier, Heft 22/1997, S. 182 ff., der bemängelte, dass der BGH im Rahmen seiner Rechtsprechungsänderung im „Siemens/Nold"-Urteil nicht auf die rechtlich mögliche und im Interesse der Minderheitsaktionäre gebotene begleitende Barkapitalerhöhung mit keinem Wort eingegangen ist.

[1465] Siehe *Cahn* ZHR 164 (2000), 113, 147.

und die Kompetenzen der Hauptversammlung insoweit ausgehöhlt würden[1466]. Die vom Gesetz als Mittel der Selbstfinanzierung der Gesellschaft zur Verfügung gestellte Kapitalerhöhung würde dadurch als Instrument der Schadensersatzleistung zweckentfremdet. Zudem kann der nach §§ 182 I, 186 III AktG erforderliche Hauptversammlungsbeschluss auch nicht durch ein rechtskräftiges Urteil gem. § 894 ZPO ersetzt werden, um die Verpflichtung zur Kapitalerhöhung insoweit durchzusetzen.
Der erforderliche Ausschluss des Bezugsrechts der Dritterwerber würde darüber hinaus deren Rechtsstellung verletzen, woran eine Schadensersatzleistung im Wege der Naturalrestitution letztendlich scheitern muss.

d) Verpflichtung zur Ausübung einer Ermächtigung nach § 71 I Nr. 8 AktG?

Es fragt sich, ob die Gesellschaft als verpflichtet angesehen werden kann, von einer etwaigen Ermächtigung zum Erwerb eigener Aktien nach § 71 I Nr. 8 AktG Gebrauch zu machen, um die Anteile anschließend den verbleibenden Altaktionären nach Maßgabe des § 186 I 1 AktG zum Erwerb anzubieten. Vor dem Hintergrund der vorstehenden Ausführungen scheidet auch eine solche Verpflichtung der Gesellschaft aus. Denn aus Sicht der Altaktionäre wäre ein solches Vorgehen nur vorteilhaft, wenn das von der Gesellschaft für den Rückerwerb geleistete Entgelt über dem von den Altaktionären zu entrichtenden Ausgabepreis läge. Dieser hätte sich wiederum an dem von den neuen Gesellschaftern gezahlten Erwerbspreis zu orientieren. Unter dieser Voraussetzung würden diese jedoch ohne sachliche Rechtfertigung sowohl eine Quoteneinbuße als auch eine Verwässerung des Wertes ihrer Beteiligung erleiden.

3. Fazit

Die Ausführungen haben gezeigt, dass der Ersatz einer Quotenverwässerung infolge einer Kapitalerhöhung mit unzulässigem Bezugsrechtsausschluss im Wege der Naturalrestitution aus tatsächlichen sowie aus rechtlichen Gründen regelmäßig ausscheidet. Die Schadensersatzansprüche der Aktionäre sind folglich grundsätzlich auf einen Ausgleich in Geld (§ 251 BGB) gerichtet.
Diese Risikoverteilung geht zu Lasten der Aktionäre. Denn die finanzielle Ausgleichsfähigkeit von Einbußen der Aktionäre an Teilhabe- und Herrschaftsrechten infolge des Bezugsrechtsausschlusses im Wege eines auf Geld gerichteten

---

[1466] Vgl. dazu auch *Hirte*, Bezugsrechtsausschluß und Konzernbildung, S. 235, der angesichts des steten Eigenkapitalbedarfs großer Publikumsgesellschaften in einer zusätzlichen Barkapitalerhöhung aber meist ein geeignetes Instrument zur Wiederherstellung der ursprünglichen Beteiligungsverhältnisse der Aktionäre erblickt.

Schadensersatzanspruchs scheidet im Regelfall aus[1467]. Neben dem grundlegenden Einwand, dass die Berechnung eines Geldersatzes für den Verlust von Herrschaftsbefugnissen, insbesondere bei durchschnittlichen Publikumsaktionären mit einer unbedeutenden Beteiligungsquote, problematisch ist[1468], ist der auf Geld gerichtete Ersatzanspruch der übergangenen Aktionäre aus § 251 I BGB dem Einwand des § 253 BGB ausgesetzt. Demnach kann der Geschädigte im Fall eines Nichtvermögensschadens grundsätzlich nur Naturalrestitution, nicht dagegen Entschädigung in Geld beanspruchen[1469].

Nur diejenigen Aktionäre, die in erheblichem Umfang an der Gesellschaft beteiligt sind, und deren Beteiligungsquote ihnen damit bestimmte Herrschaftsrechte vermittelt, können ausnahmsweise einen Vermögensschaden erleiden. Für sie stellt bereits die Einbuße derartiger Rechte infolge einer kapitalerhöhungsbedingten Quotenverringerung einen Schaden in vermögensrechtlicher Hinsicht dar[1470].

Soweit der vom Bezugsrecht ausgeschlossene Aktionär keinen ersatzfähigen Verwässerungsschaden bzw. sonstige Vermögensfolgeschäden davonträgt, bleibt die Verletzung der mitgliedschaftlichen Herrschaftsrechte in den Fällen des § 251 I BGB aber zum Nachteil der Aktionäre sanktionslos.

Den Aktionären kann vor diesem Hintergrund auch kein Austrittsrecht auf Kosten der Gesellschaft gewährt werden[1471], da das AktG zum einen kein Austrittsrecht der Aktionäre vorsieht und der Austritt zum anderen unter Abfindung aus dem Gesellschaftsvermögen wegen des Prinzips der aktienrechtlichen Vermögensbindung grundsätzlich nicht möglich ist[1472]. Für die von der freien Veräußerlichkeit der Aktien geprägte AG ist das Nichtbestehen eines Austrittsrechts herrschendes Dogma[1473]. Andernfalls wäre der mit dem Austritt einer nennens-

---

[1467] Siehe *Hirte*, Bezugsrechtsausschluß und Konzernbildung, S. 73, 137, 138 ff., 215; ähnlich wohl *Hefermehl/Bungeroth*, in: Geßler/Hefermehl/Eckardt/Kropff, Kommentar zum AktG, § 186, Rdn. 116.

[1468] Vgl. dazu *Habersack*, Die Mitgliedschaft, subjektives und „sonstiges" Recht, S. 358, wonach der durch den Eingriff in die Teilhaberechte entstandene Schaden nicht in Geld messbar sei; *Kowalski*, Der Ersatz des Gesellschafts- und Gesellschafterschadens, S. 11 f. hebt insoweit die Schwierigkeiten der Bezifferung des Stimmenverlusts bei kleineren Beteiligungen mangels entsprechender Bewertungsgrundlagen hervor; vgl. auch *Cahn* ZHR 164 (2000), 113, 142, 148.

[1469] Ein auf Naturalrestitution gerichteter Anspruch setzt keinen Vermögensschaden voraus; es genügt vielmehr die Verletzung irgendeines Interesses ungeachtet seines Vermögenswertes (vgl. nur *Heinrichs*, in: Palandt, BGB Kommentar, § 249, Rdn. 1; § 253, Rdn. 2).

[1470] Vgl. *Cahn* ZHR 164 (2000), 113, 148.

[1471] *Hirte*, Bezugsrechtsausschluß und Konzernbildung, S. 248 f. und wohl auch *Timm*, Die Aktiengesellschaft als Konzernspitze, S. 85 erwägen dagegen, den Aktionären ein Austrittsrecht einzuräumen, und zwar auf Kosten der Mehrheitsaktionäre.

[1472] Siehe dazu *Raiser*, Recht der Kapitalgesellschaften, § 19, Rdn. 1, § 12, Rdn. 48.

[1473] *Geßler*, in: Geßler/Hefermehl/Eckardt/Kropff, Kommentar zum AktG, § 68, Rdn. 67; *Lutter*, in: Kölner Kommentar zum AktG, § 68, Rdn. 23.

werten Zahl von Aktionären verbundene Liquiditätsabfluss sowohl für die Gesellschaft als auch für diejenigen Minderheitsaktionäre, die sich trotz des sachlich nicht gerechtfertigten Bezugsrechtsausschlusses für einen Verbleib in der AG entscheiden sowie die Gläubiger (Arbeitnehmer, Geschäftspartner) der Gesellschaft von erheblichem Nachteil.

4. Ersatzleistung in Geld

a) Einleitung

Der in Geld zu ersetzende Schaden ist in der Differenz zwischen den Aufwendungen zu erblicken, die zum regulären Bezug neuer Aktien notwendig gewesen wären (hypothetischer Bezugspreis), und den Kosten, die der Gesellschafter für einen Aktienerwerb über die Börse aufbringen muss[1474]. Orientierungspunkt ist insoweit der Börsenpreis[1475].
Die auf Geldersatz gerichteten Schadensersatzansprüche können grundsätzlich nur die Einbuße der übergangenen Gesellschafter an Vermögensrechten und nicht deren Einbuße an Herrschaftsrechten ausgleichen. Die Schadensersatzleistung in Geld kann damit den tatsächlichen Verlust an Herrschaftsmacht nur unvollkommen kompensieren.
Wie bereits ausgeführt[1476], haftet die Gesellschaft - als im Verhältnis zu den Verwaltungsmitgliedern finanzstärkerer Schuldner - den vom unzulässigen Bezugsrechtsausschluss betroffenen Aktionären überdies nur auf Schadensersatz in Geld, wenn solche Schadensersatzzahlungen durch offene Rücklagen finanziert werden können und auf diesem Wege das im Interesse des Gläubigerschutzes gebundene Vermögen nicht angegriffen wird.
Auch durch derartige Zahlungen wird aber letztlich die Einbuße der Altaktionäre nicht kompensiert werden können. Denn vermögensrechtlich stellt der Entzug des Bezugsrechts für die Aktionäre nur einen schwerwiegenden Eingriff in ihr Mitgliedschaftsrecht dar, wenn der Ausgabepreis der neuen Aktien entweder im Verhältnis zum „inneren" Wert der Aktien oder im Verhältnis zum Börsenkurs unangemessen ist. Da infolge eines unangemessen niedrigen Ausgabepreises aber das ohnehin angegriffene Gesellschaftsvermögen durch die Schadensersatzzahlungen an die Aktionäre weiter reduziert wird, ohne dass ein entspre-

---

[1474] *Lutter*, in: Kölner Kommentar zum AktG, § 186, Rdn. 41; *Hefermehl/Bungeroth*, in: Geßler/Hefermehl/Eckardt/Kropff, Kommentar zum AktG, § 186, Rdn. 82; *Hüffer*, AktG, § 186, Rdn. 18; *Kallmeyer* AG 1993, 249, 251.

[1475] Nach *Hirte*, Bezugsrechtsausschluß und Konzernbildung, S. 246 f. m.w.N. müsse der Ausgangspunkt für die Ermittlung der Höhe des „Ausgleichsanspruchs" dagegen der – unter Ertragswertgesichtspunkten bewertete – Zuwachs an Herrschaftsmacht oder Gewinnverteilungsmöglichkeiten sein, den der Mehrheitsaktionär selbst erfährt oder den dieser einem Dritten zuwendet.

[1476] Siehe dazu oben, 3. Teil, § 2 C III 2 c) aa) (3).

chender Regress bei den verantwortlichen Verwaltungsmitgliedern nach §§ 93 II, 116 AktG stattfindet, erfolgt im Ergebnis lediglich eine Wertverlagerung vom Beteiligungsvermögen der Aktionäre in ihr sonstiges Vermögen[1477]. Zugleich wird dadurch zum Vorteil der ersatzberechtigten Aktionäre der Beteiligungswert der übrigen Gesellschafter verringert, obwohl sie für die Schädigung der ersatzberechtigten Aktionäre haftungsrechtlich nicht verantwortlich sind.

Vor diesem Hintergrund ist eine unmittelbare Inanspruchnahme der verantwortlichen Verwaltungsmitglieder auf Geldersatz unerlässlich. Sie kann jedoch nur insoweit zum Ziel führen, als der Umfang des Schadensersatzes deren finanzielle Leistungsfähigkeit nicht übersteigt. Verlangt der klagende Aktionär zudem Schadensersatz für die mittelbare Wertminderung seiner Beteiligungsquote, die mit einer Minderung des Gesellschaftsvermögens korrespondiert und daher bloß einen Gesellschaftsschaden reflektiert, kann er nur insoweit Zahlung an sich selbst verlangen, als es die im folgenden zu erörternden Grundsätze zur Ersatzleistung in Reflexschadensfällen zulassen (vgl. §§ 117 I 2, 317 I 2 AktG).

b) Ersatzleistung in Reflexschadensfällen

aa) Einleitung

Die Durchsetzung eigener Schadensersatzansprüche der Aktionäre gegenüber den Verwaltungsmitgliedern und „sonstigen" einflussnehmenden Gesellschaftern wegen Verletzung ihres Bezugs- bzw. Mitgliedschaftsrechts stößt auf die Problematik der sog. „Reflexschäden"[1478]. Daran droht ein eigener Schadensersatzanspruch des Aktionärs zu scheitern[1479].

Spiegelt der Vermögensnachteil der Aktionäre nur den Schaden der Gesellschaft wider, so kann der einzelne Aktionär nach dem Rechtsgedanken der §§ 117 I 2, 317 I 2 AktG grundsätzlich allein die Erstattung des Entwertungsschadens an die Gesellschaft und nicht in das eigene Vermögen fordern[1480]. Die Aktionäre können Schadensersatz an sich persönlich nur für einen über den

---

[1477] Vgl. dazu überzeugend *Cahn* ZHR 164 (2000), 113, 151.

[1478] Vgl. dazu BGH NJW 1985, 1900; BGH NJW 1987, 1077, 1079 f.; BGH NJW 1988, 413, 415; BGH ZIP 1987, 29, 32 f.; siehe ferner *Brandes*, in: Festschrift Fleck, S. 13 ff.; *Müller*, in: Festschrift Kellermann, S. 317 ff.; *Hopt*, in: Festschrift Mestmäcker, S. 909, 925; vgl. auch *Hübner*, Managerhaftung, S. 22; *Baums* ZGR 1987, 554 ff.; *Mertens* in: Kölner Kommentar, § 93, Rdn. 170 ff.; *Hüffer*, AktG, § 93, Rdn. 19, § 117, Rdn. 9.

[1479] Mit einer auf § 117 AktG gestützten Klage hatte bis zum Jahre 1986 erst ein einziger Aktionär Erfolg (BGH AG 1985, 217).

[1480] Siehe BGHZ 94, 55, 58 f.; 105, 121, 130 f.; BGH NJW 1992, 3167, 3171 f.; BGH WM 1984, 1640 f.; BGH WM 1987, 1193 f.; vgl. zudem eingehend *Müller*, in: Festschrift Kellermann, S. 317, 331 ff.; *Mertens*, in: Festschrift Fischer, S. 461, 463; *ders.*, in: Kölner Kommentar zum AktG, § 117, Rdn. 38; *Hüffer*, AktG, § 117, Rdn. 9.

Schaden der Gesellschaft hinausgehenden eigenen Schaden verlangen[1481]. Dies entspricht dem allgemeinen gesellschaftsrechtlichen Grundsatz, dass jedwede Beeinträchtigung des Gesellschaftsvermögens allein im Wege der Wiederauffüllung dieses zweckgebundenen und dinglich dem Verband zugeordneten Sondervermögens auszugleichen ist[1482].
Eine unmittelbare Schadensersatzpflicht gegenüber den Aktionären wird zudem in Betracht gezogen, wenn diese den bei der Gesellschaft entstandenen Schaden ausgeglichen haben[1483]. Diese Vorgehensweise scheidet aber offensichtlich aus. Denn ein durchschnittlicher Aktionär wird regelmäßig nicht in der Lage sein, den erforderlichen finanziellen Ausgleich zu leisten.

Die gesellschaftsrechtliche Wertung der besonderen aktienrechtlichen Haftungsgrundlage des § 117 I 2 AktG modifiziert ungeachtet der bestehenden Anspruchskonkurrenz auch die Anwendung der deliktsrechtlichen Haftung[1484]. Andernfalls würde die gesellschaftsrechtliche Konzeption gänzlich ins Leere laufen.

Ein Schadensersatzanspruch der Aktionäre, dessen Erfüllung sie in ihr Privatvermögen fordern können, setzt demnach einen unmittelbaren Schaden voraus, der über den Schaden der Gesellschaft hinausgeht.

bb) Unmittelbarer Schaden?

Voraussetzung für einen sog. unmittelbaren Schaden ist, dass er unabhängig von dem Gesellschaftsschaden eintritt und ein Ausgleich des Gesellschaftsschadens nicht zugleich den Schaden des Gesellschafters behebt[1485]. So treten

---

[1481] BGH ZIP 1987, 29, 32 f.; *Mertens*, in: Kölner Kommentar zum AktG, § 93, Rdn. 171, 175; *Hüffer*, AktG, § 93, Rdn. 19, § 117, Rdn. 9; *Hübner*, Managerhaftung, S. 22; *Ihlas*, Organhaftung und Haftpflichtversicherung, S. 137. *Baums* ZGR 1987, 554, 557 bezweifelt dagegen bereits die Möglichkeit eines unmittelbaren Schadenseintritts, den der Aktionär an sich selbst ersetzt verlangen kann. Da den Regelungen der §§ 117 I 2, 317 I 2 AktG aber offensichtlich der Gedanke zugrunde liegt, dass die Gesellschafter abgesehen von einem Schaden, „der ihnen durch Schädigung der Gesellschaft zugefügt worden ist" auch einen Schaden erleiden können, können diese Bedenken keineswegs überzeugen (siehe dazu etwa *Wiedemann*, Organverantwortung und Gesellschafterklagen in der Aktiengesellschaft, S. 51 und eingehend *Brandes*, in: Festschrift Fleck, S. 13, 15 ff.).

[1482] Vgl. grundlegend dazu *Martens* ZGR 1972, 254, 280 ff.; *Winter*, Mitgliedschaftliche Treubindungen im GmbH-Recht, S. 56 f.; aus rechtsvergleichender Sicht *Schlechtriem*, in: Kreuzer, Die Haftung der Leitungsorgane von Kapitalgesellschaften, S. 9, 61 ff.

[1483] BGH AG 1987, 126 f.; vgl. auch *Mertens*, in: Kölner Kommentar zum AktG, § 93, Rdn. 176.

[1484] Vgl. dazu *Helms*, Schadensersatzansprüche wegen Beeinträchtigung der Vereinsmitgliedschaft, S. 59 m.w.N. (insbesondere unter Verweis auf BGHZ 96, 221, 229); a.A. dagegen *Mertens*, in: Kölner Kommentar zum AktG, § 93, Rdn. 89, der eine analoge Anwendung der Regelung des § 117 I 2 AktG ausdrücklich ablehnt.

[1485] Vgl. dazu *Kowalski*, Der Ersatz von Gesellschafts- und Gesellschafterschaden, S. 4.

etwa die mit einem unzulässigen Bezugsrechtsausschluss einhergehenden Einbußen an Teilhabe- und Herrschaftsrechten sowie die sonstigen Vermögensfolgeschäden, wie z.B. steuerliche Nachteile und entgangene Vermögensvorteile infolge von Steigerungen des Unternehmenswertes unabhängig von dem Gesellschaftsschaden ein. Derartige Einbußen reflektieren weder einen Schaden der Gesellschaft noch kann ein Ausgleich des Gesellschaftsschadens diese Schadenspositionen zugleich kompensieren. Es handelt sich hierbei um unmittelbare, mit einem Schaden der AG nicht identische Schadenspositionen, die von den Aktionären selbst geltend gemacht werden können.

Die Gesellschafter können demnach nur dann ohne weiteres Zahlung von Geldersatz in ihr Privatvermögen fordern, wenn sie weitere, über eine mittelbare Wertverwässerung der ursprünglichen Beteiligung hinausgehende Vermögens(folge)schäden geltend machen, die nach dem Schutzzweck des Bezugsrechts ersatzfähig sind. Ebenso können diejenigen Aktionäre Geldersatz an sich selbst verlangen, die in erheblichem Maße an der Gesellschaft beteiligt sind, deren Quote ihnen bestimmte an einen Mindestanteilsbesitz geknüpfte Rechte vermittelt und für die bereits die Einbuße derartiger Rechte ein Vermögensschaden ist. Der Schaden ist hier in der Differenz zwischen dem hypothetischen Bezugspreis und dem Marktpreis bei Durchführung der Kapitalerhöhung zu erblicken[1486]. Etwas anderes gilt dagegen für unwesentlich beteiligte Kleinaktionäre, die infolge der Verringerung ihrer Beteiligungsquote gerade keinen ersatzfähigen Vermögensschaden erleiden.

cc) Die Wertverwässerung der alten Aktien als Reflexschaden

Die Wertverwässerung der alten Aktien tritt bei Ausgabe der neuen Aktien zu einem zu niedrigen Ausgabepreis nicht unabhängig von dem Gesellschaftsschaden ein. Eine derartige Einbuße reflektiert vielmehr einen Schaden der Gesellschaft. Es handelt sich um einen Reflexschaden, der nach dem Rechtsgedanken der §§ 117 I 2, 317 I 2 AktG und entsprechend dem Grundsatz der Naturalrestitution grundsätzlich nur durch Leistung in das Gesellschaftsvermögen auszugleichen ist[1487].

Einzelne Stimmen in der Literatur[1488] erblicken dagegen in der Wertverwässerung der alten Aktien einen unmittelbaren Schaden des vom Bezugsrecht ausge-

---

[1486] Vgl. *Cahn* ZHR 164 (2000), 113, 148.

[1487] Siehe dazu *Cahn* ZHR 163 (1999), 554, 575; *ders.* ZHR 164 (2000), 113, 151; *ders.*, Kapitalerhaltung im Konzern, S. 104 ff. zum Anspruchsinhalt in den Fällen des Doppelschadens von Gesellschaft und Gesellschafter; vgl. auch *Lutter*, in: Kölner Kommentar zum AktG, § 182, Rdn. 26 f.; § 186, Rdn. 97, 101, § 204, Rdn. 31.

[1488] Vgl. *Kowalski*, Der Ersatz von Gesellschafts- und Gesellschafterschaden, S. 9; auch *Zöllner* ZGR 1988, 392, 399 (Fußn. 25) bejaht insoweit ohne entsprechende Begründung einen Anspruch aus § 117 I 2 AktG auf Ersatz des unmittelbaren Schadens.

schlossenen Aktionärs. Das Gesellschaftsvermögen werde infolge der Verkürzung der Mitgliedschaftsrechte nicht verringert, sondern gerade im Gegenteil durch die Kapitalerhöhung aufgestockt.
Diese Ansicht berücksichtigt jedoch nicht, dass der übergangene Aktionär einen Vermögensschaden in Form der Wertverwässerung der alten Aktien nur erleidet, wenn die Ausgabe der neuen Aktien zu einem unangemessen niedrigen Ausgabepreis erfolgt und in diesem Fall zugleich die Gesellschaft - ungeachtet der Kapitalerhöhung - einen Schaden in Form des entgangenen Gewinns erfährt. Hätte der Vorstand die neuen Aktien zu einem angemessenen Preis ausgegeben, hätte die AG eine höhere Einlage, also mehr Eigenkapital erhalten[1489].
Die Zahlung von Schadensersatz an die Aktionäre persönlich würde in diesen Fällen entweder zu einer doppelten Leistungspflicht der Organmitglieder gegenüber der Gesellschaft und den Aktionären führen oder bedeuten, dass der Gesellschaftsschaden ohne Ausgleich bliebe, soweit zunächst Leistung an die Aktionäre erfolgen würde[1490].

Der Ausgleich des Gesellschaftsschadens in Form des entgangenen Gewinns aufgrund eines zu niedrigen Ausgabepreises der neuen Aktien beseitigt die Verwässerung des Wertes der Aktionärsbeteilung. Denn der Ursprungswert der alten Aktien wird wieder erreicht, wenn der Gesellschaft der Differenzbetrag zwischen dem tatsächlichen und dem erzielbaren Ausgabebetrag erstattet wird[1491]. Ebenso wird die Verminderung des prozentualen Anteils am Gewinn und/oder Liquidationserlöses in diesem Fall mit der entsprechenden Erhöhung des Gesellschaftsvermögens wertmäßig ausgeglichen[1492].

c) Die gesellschaftsrechtlich delegierte Klagebefugnis als effektives Mittel zur Beseitigung des Verwässerungsschadens?

Nach den vorstehenden Überlegungen kann der vom Bezug neuer Aktien ausgeschlossene Aktionär den Gesellschaftsschaden infolge eines zu niedrigen Ausgabepreises der neuen Aktien nur für die Gesellschaft einklagen[1493]. Es fragt sich, ob diese gesellschaftsrechtlich delegierte Klagebefugnis für den einzelnen

---

[1489] Siehe *Lutter*, in: Kölner Kommentar zum AktG, § 204, Rdn. 29; *Klette* BB 1968, 1101, 1103; *Mestmäcker* BB 1961, 945, 948.
[1490] Vgl. *Cahn* ZHR 164 (2000), 113, 151 f.
[1491] So auch schon *Klette* BB 1968, 1101, 1105.
[1492] Vgl. dazu *Vollmer/Lorch* DB 1991, 1313, 1315; auf diese Ansicht verweist auch der BGH in BGHZ 120, 141, 148.
[1493] BGH WM 1984, 1640 f.; BGH WM 1987, 13 f.; BGH WM 1987, 1193 f.; vgl. auch *Mertens*, in: Festschrift Fischer, S. 461, 474 f. und *Brandes*, in: Festschrift Fleck, S. 13, 16 m.w.N., die sich insoweit auf das Grundprinzip des § 249 BGB berufen; kritisch zum Ersatz des gesamten Gesellschaftsschadens dagegen *Müller*, in: Festschrift Kellermann, S. 317, 320, 334.

Aktionär ein effektives Mittel zur Beseitigung seines Verwässerungsschadens ist.
Ein einzelner Aktionär wird angesichts der drohenden Prozesskostenbelastung nur selten bereit und in der Lage sein, den Schädiger in Höhe des Gesellschaftsschadens auf eigene Rechnung in Anspruch zu nehmen, obwohl der Wertverlust seiner Beteiligung nur einen Bruchteil des Gesamtschadens der Gesellschaft ausmacht[1494]. Bei Abwägung des Kostenrisikos gegen den zu erwartenden eigenen Vorteil für den Fall des Obsiegens wird ein Gesellschafter im Regelfall von einer auf Ausgleich des gesamten Gesellschaftsschadens gerichteten Klage absehen.
Der vom Bezugsrecht ausgeschlossene Aktionär ist nach dieser in § 117 I AktG zugrundegelegten Konzeption darauf verwiesen, abzuwarten bis die Gesellschaft selbst den Schaden gegenüber den Ersatzpflichtigen geltend macht. Soweit die AG Schadensersatz erhält, wird dadurch auch mittelbar sein Entwertungsschaden behoben. Angesichts der erwähnten Problematik prozessualer Geltendmachung von Ersatzansprüchen gegen die Verwaltungsmitglieder[1495] ist allerdings meist nicht damit zu rechnen, dass eine Haftbarmachung der Verwaltungsmitglieder wegen rechtswidriger Ausnutzung der Ermächtigung zur bezugsrechtsfreien Kapitalerhöhung erfolgt, sei es nach §§ 93 II, 116 AktG oder gem. § 117 I, II AktG. Ebenso wird das Minderheitsverlangen nach § 147 I, III AktG wenig erfolgversprechend sein. Der Aktionär wird demzufolge nur ausnahmsweise eine Entschädigung für die mittelbare Wertminderung seiner Altaktien erlangen.

d) Ausnahmelösung von der in § 117 I AktG zugrundegelegten Konzeption?

Vor dem Hintergrund der vorstehenden Ausführungen stellt sich die Frage nach einer Ausnahmelösung von dem Grundsatz, dass der Aktionär keinen Schadensersatz für den ihm zugefügten „Reflexschaden" in das eigene Vermögen fordern kann.

aa) Meinungsstand

Der BGH hat sich zunächst in zwei älteren Urteilen[1496] dafür ausgesprochen, dass der einzelne Gesellschafter ausnahmsweise den Ausgleich des Wertverlustes der Beteiligung durch Zahlung an sich selbst fordern kann. Er hat keinen sachlichen Grund gesehen, der eine Zahlung an den Gesellschafter persönlich

---

[1494] So etwa *Cahn* ZHR 163 (1999), 554, 575; vgl. dazu auch *Müller*, in: Festschrift Kellermann, S. 317, 333.
[1495] Siehe dazu bereits eingehend oben, 3. Teil, § 2 B II 2.
[1496] BGH WM 1967, 287; BGH WM 1969, 1081.

ausschließen könnte, wenn die Gesellschaft den ihr zustehenden Ersatzanspruch nicht geltend machte bzw. geltend machen wollte oder dem Schädiger in bezug auf den Anspruch der Gesellschaft die Einrede der Verjährung zustand[1497].

Ebenso haben Teile der Literatur[1498] zwei Ausnahmefälle anerkannt, in denen der Gesellschafter seinen mittelbaren Entwertungsschaden in sein Privatvermögen ersetzt verlangen darf: zum einen, wenn die Gesellschafter ohne Verstoß gegen zwingende Vorschriften der Kapitalerhaltung die Vermögensbindung hinsichtlich der Ersatzleistung aufgehoben haben und zum anderen, wenn die Gesellschafter beschließen, dass die Gesellschaft auf ihren Ersatzanspruch gegen den Ersatzpflichtigen verzichtet.

Die im Schrifttum überwiegende Meinung hat überdies die Haftung der Verwaltungsmitglieder und „sonstiger" verantwortlicher Gesellschafter gem. §§ 823 II BGB i.V.m. 266 StGB und nach § 826 BGB anerkannt[1499]. Die höchstrichterliche Rechtsprechung[1500] hat die Vorschrift des § 266 StGB als Schutzgesetz zugunsten des Aktionärs qualifiziert. Damit sei dem Aktionär die Geltendmachung seines in der Entwertung der Mitgliedschaft liegenden Vermögensschadens für den Fall ermöglicht, dass die Gesellschaft ihren Anspruch gegen die Verwaltungsmitglieder nicht geltend machen will oder aus rechtlichen Gründen nicht geltend machen kann[1501]. Der vom Bezugsrecht ausgeschlossene Aktionär könne daher auch ausnahmsweise gem. §§ 823 II BGB i.V.m. 266 StGB und aus § 826 BGB Ersatz des Reflexschadens von den Verwaltungsmitgliedern in sein Privatvermögen verlangen[1502].

[1497] Vgl. zur Besprechung der Entscheidungen: *Müller*, in: Festschrift Kellermann, S. 317, 319 f.; kritisch *Baums* ZGR 1987, 554, 561 f.

[1498] Siehe etwa *Brandes*, in: Festschrift Fleck, S. 13, 19 f.

[1499] Siehe oben, 3. Teil, § 2 E V 2 c) aa).

[1500] RGZ 115, 289, 295; 142, 223, 228 f.; BGH WM 1967, 287 f.; BGH WM 1969, 1081 f.

[1501] *Habersack*, Die Mitgliedschaft, subjektives und „sonstiges" Recht, S. 200; vgl. dazu auch *Baums* ZGR 1987, 554, 560 f.

[1502] RGZ 157, 213, 220; RGZ 115, 289 ff., 294 f.; *Baums*, Der Geschäftsleitervertrag, S. 221 f.; *Klette* BB 1968, 1101, 1103 ff.; nach *Kowalski*, Der Ersatz des Gesellschafts- und Gesellschafterschadens, S. 194 ff. rechtfertige es gerade die Intensität der Schädigung, den Gesellschaftern eigene, vom Bestand der Gesellschaftsansprüche unabhängige Forderungen gegen den Schädiger zu gewähren. Im Ergebnis qualifiziert er die Ansprüche aus § 826 BGB bzw. § 823 II BGB i.V.m. § 266 StGB auf Beseitigung des Reflexschadens jedoch als sübsidiär gegenüber entsprechenden Gesellschaftsansprüchen. Die Schwere der durch diese Vorschriften sanktionierten Pflichtverletzungen könne kaum die Nichtgeltendmachung der Gesellschaftsansprüche durch den Aufsichtsrat begründen und die Aktionäre könnten die Durchsetzung der Gesellschaftsansprüche in diesen Fällen im Regelfall erzwingen, § 147 AktG.

bb) Eigener Ansatz

Nach der in Rechtsprechung und Literatur vertretenen Ausnahmelösung kann ein Aktionär Ausgleich des Wertverlustes seiner Beteiligung durch Zahlung an sich selbst fordern, wenn die Gesellschaft den ihr zustehenden Ersatzanspruch nicht geltend machen will oder aus rechtlichen Gründen nicht mehr geltend machen kann. Vor Erörterung der Frage, ob diese Ausnahmelösung mit der in § 117 I AktG zugrundegelegten Konzeption vereinbar ist, ist zunächst zu klären, wie sie im Hinblick auf die unbestimmte Voraussetzung des „Untätigbleibens" der Gesellschaft hinsichtlich der Haftbarmachung der Verwaltungsmitglieder für die Praxis handhabbar umgesetzt werden kann, ohne dass es zu einer erheblichen Rechtsunsicherheit kommt.

(1) „Untätigbleiben" der Gesellschaft aus tatsächlichen Gründen?

Aufgrund der erwähnten Schwierigkeiten prozessualer Geltendmachung von Ersatzansprüchen der Gesellschaft gegen die Verwaltungsmitglieder ist im Regelfall nicht damit zu rechnen, dass eine Haftbarmachung der Verwaltungsmitglieder wegen einer rechtswidrigen Ausnutzung der Ermächtigung zur bezugsrechtsfreien Kapitalerhöhung erfolgt. Vor diesem Hintergrund könnte dem übergangenen Aktionär ein direkter Anspruch auf Ersatz seines mittelbaren Vermögensschadens infolge Wertverwässerung der alten Aktien zustehen, wenn das zuständige Organ, sei es der Aufsichtsrat oder eine Minderheit nach § 147 I, III AktG, offensichtlich nicht die ernsthafte Absicht hat, den der Gesellschaft zustehenden Ersatzanspruch geltend zu machen. Wie und woran ein solches „Untätigbleiben" der Gesellschaft aus tatsächlichen Gründen festgemacht werden kann bzw. darf, ist allerdings fraglich.
Es darf zunächst nicht außer Acht gelassen werden, dass sich der Aufsichtsrat trotz der haftungsrechtlichen Konfliktsituation, in der er sich befindet, noch anders entscheiden und eine sachgemäße Rechtsverfolgung wahrnehmen kann. Ebenso kann ein Minderheitsverlangen nach § 147 I, III AktG ausnahmsweise Erfolg haben. Ein „Untätigbleiben" der Gesellschaft in tatsächlicher Hinsicht kann daher vor Verjährung der Ersatzansprüche gem. § 93 VI AktG (und/oder gem. § 117 VI AktG) nicht mit hinreichender Sicherheit angenommen werden.
Würden Absprachen zwischen der Gesellschaft und den verantwortlichen Verwaltungsmitgliedern dergestalt, dass die Gesellschaft von einer Inanspruchnahme der Verwaltungsmitglieder wegen rechtswidriger Ausnutzung der Ermächtigung zur bezugsrechtsfreien Kapitalerhöhung absieht, für ein „Untätigbleiben"

der Gesellschaft genügen, wäre zudem eine Umgehung der besonderen Voraussetzungen eines Haftungsverzichts gem. § 93 IV 3 AktG offensichtlich[1503]. Aus Gründen der Rechtssicherheit kann der vom Bezugsrechtsausschluss betroffene Aktionär in Fällen des „Untätigbleibens" der AG in tatsächlicher Hinsicht damit nicht ohne weiteres berechtigt sein, Ersatz seines mittelbaren Vermögensschadens in sein Privatvermögen zu fordern . Nur in eindeutigen Fällen, in denen die Gesellschaft bereits aus rechtlichen Gründen die Verwaltungsmitglieder nicht mehr in Anspruch nehmen kann, kann mit hinreichender Sicherheit von einem „Untätigbleiben" der Gesellschaft ausgegangen werden, so dass die geschilderte Ausnahmelösung eingreifen könnte.

(2) „Untätigbleiben" der Gesellschaft aus rechtlichen Gründen

Die Gesellschaft bleibt untätig, soweit die Geltendmachung von Ersatzansprüchen gegen die verantwortlichen Verwaltungsmitglieder aus rechtlichen Gründen nicht mehr in Betracht kommt. Dies ist einerseits bei einem Erlassvertrag (§ 397 BGB), einem erklärten Verzicht der Gesellschaft auf die Schadensersatzforderungen gem. § 93 IV 3 AktG (und/oder gem. § 117 IV AktG) der Fall, und andererseits bei der Verjährung der Ersatzansprüche gem. § 93 VI AktG (und/oder gem. § 117 VI AktG)[1504].

(3) Die Gründe der in § 117 I AktG zugrundegelegten Konzeption

Nach überwiegender Ansicht geht die individualrechtlich entzogene Aktivlegitimation hinsichtlich der Geltendmachung des mittelbaren Schadens mit der gesellschaftsrechtlich delegierten Klagebefugnis für die Geltendmachung des unmittelbaren Schadens zwingend einher. Dies gebiete bereits der Grundsatz der Kapitalerhaltung[1505]. Könne jeder Aktionär für sich anteiligen Schadensersatz verlangen, so komme dies einer unzulässigen Einlagenrückzahlung oder Gewinnverteilung gleich. Diese Beschränkung sei gerechtfertigt, da bei der Schädigung der Gesellschaft im Hinblick auf die Zweckwidmung des Gesellschaftsvermögens[1506] in erster Linie dessen Restitution zu erlangen sei, eine gleichmä-

---

[1503] Vgl. zum Normzweck von § 93 IV 3 AktG: *Hopt*, in: Großkommentar zum AktG, § 93, Rdn. 353 und siehe näher zu den Voraussetzungen eines Haftungsverzichts unten, 3. Teil, § 2 F IV 4 d) dd) (1).

[1504] Vgl. dazu auch die unter aa) dargelegten Standpunkte von Rechtsprechung und Schrifttum. Die besonderen Voraussetzungen für einen Haftungsverzicht und für die Verjährung der Schadensersatzansprüche werden unten (3. Teil, § 2 F IV 4 d) dd) (1) und (2)) näher erörtert.

[1505] Siehe dazu bereits im 3. Teil, unter § 2 F IV 4 a), b) sowie BGH WM 1987, 13, 16 („IMS"); BGH AG 1988, 331, 333 („Kerkerbachbahn"); *Brandes*, in: Festschrift Fleck, S. 13, 17 i.V.m. 21; *Martens* ZGR 1972, 254, 276 ff.; vgl. *Baums* ZGR 1987, 554, 557 f.

[1506] BGH WM 1987, 13, 16 („IMS"); BGH WM 1987, 1193, 1195; BGH AG 1988, 331, 333 („Kerkerbachbahn"); BGHZ 129, 136, 165 f. („Girmes").

ßige Befriedigung aller geschädigten Aktionäre gewährleistet sein müsse[1507] und damit unnötige Regressansprüche aus ungerechtfertigter Bereicherung zu vermeiden seien[1508].
Diese Begründung der in § 117 I AktG zugrundegelegten Konzeption ist zwar sachgerecht, ob sie jedoch auch überzeugen kann, wenn die Gesellschaft auf ihre Ersatzansprüche gegen die Verwaltungsmitglieder gem. § 93 IV 3 AktG (und/oder gem. § 117 IV AktG) verzichtet oder ihre Ersatzansprüche gem. § 93 VI AktG (und/oder gem. § 117 VI AktG) verjährt sind, ist zweifelhaft.

(4) Die Ausnahmelösung für die Fälle des Haftungsverzichts und der Verjährung der Schadensersatzansprüche

Vereinzelte Stimmen im Schrifttum[1509] vertreten die Ansicht, die geforderte gleichmäßige Befriedigung aller geschädigten Aktionäre könne auch dadurch sichergestellt werden, dass ein geschädigter Altaktionär Klage auf Ersatz seines Entwertungsschadens in sein Privatvermögen erhebt. Im Fall seines Obsiegens seien die Schädiger verpflichtet, die Zahlung nicht nur auf den klagenden Gesellschafter zu begrenzen. Dies sei einerseits auf den Grundsatz der gleichmäßigen Behandlung der Aktionäre (§ 53 a AktG) zurückzuführen[1510] und andererseits deswegen sachgerecht, weil im Wege einer Naturalrestitution nach einem obsiegenden Urteil die ursprünglichen Beteiligungsverhältnisse der Aktionäre wieder hergestellt würden und dies ebenso allen Aktionären zugute käme. Da der Schadensersatzanspruch an die Stelle des nicht mehr realisierbaren Wiederherstellungsanspruchs trete, müsse auch dieser Ausgleich allen Aktionären gewährt werden[1511].
Dieser Ansatz überzeugt jedoch nicht. Denn erhebt ein Aktionär wegen Verletzung seines Bezugs- bzw. Mitgliedschaftsrechts eine auf Geldersatz gerichtete Klage gegen die verantwortlichen Verwaltungsmitglieder, so wirkt ein dieser Klage stattgebendes Urteil zunächst nach allgemeinen prozessrechtlichen

---

[1507] Vgl. BGH WM 1987, 1193, 1195; BGH AG 1988, 331, 333 („Kerkerbachbahn").
[1508] Siehe dazu *Brandes*, in: Festschrift Fleck, S. 13, 15, 17; *Wiedemann*, Organverantwortung und Gesellschafterklagen in der Aktiengesellschaft, S. 52. Zur bereicherungsrechtlichen Problematik: vgl. die Begründung des Regierungsentwurfs zu § 117 AktG, BT-Drucks. IV/171, S. 146, wonach der Schädiger auch bei einer späteren Zahlung an die nach wie vor geschädigte Gesellschaft nicht rechtlos gestellt sei, da er die an den oder die Aktionäre geleisteten Beträge wegen Wegfalls des rechtlichen Grundes gemäss § 812 I 2 BGB wieder zurückverlangen könne. Siehe dazu auch *Mertens*, in: Festschrift Fischer, S. 461, 474.
[1509] *Hirte*, Bezugsrechtsausschluß und Konzernbildung, S. 238.
[1510] Vgl. *Hirte*, Bezugsrechtsausschluß und Konzernbildung, S. 238; *Lutter* ZGR 1978, 347, 354 f.; a.A. wohl *Hefermehl/Bungeroth*, in: Geßler/Herfermehl/Eckardt/Kropff, Kommentar zum AktG, § 53 a, Rdn. 26; gegen eine solche Ausweitung des Gleichbehandlungsgrundsatzes auch *Martens* AG 1988, 118, 124 ff.
[1511] *Hirte*, Bezugsrechtsausschluß und Konzernbildung, S. 238.

Grundsätzen (vgl. § 325 ZPO) nur im Verhältnis der Parteien zueinander[1512]. Ob eine von den allgemeinen prozessrechtlichen Grundsätzen abweichende Bestimmung der subjektiven Grenzen der Rechtskraft eines der Aktionärsklage stattgebenden Urteils – etwa in Anlehnung an § 248 I 1 AktG - in Betracht kommt, ist bislang nicht hinreichend geklärt[1513]. Eine Rechtskrafterstreckung analog § 248 I 1 AktG wird bei einer Schadensersatzklage zu Recht – wenn überhaupt – nur für den Fall angenommen, dass der übergangene Aktionär auf Wiederherstellung der ursprünglichen Beteiligungsquote klagt. Ein dieser Klage stattgebendes Urteil kommt letztlich allen vom Bezugsrecht ausgeschlossenen Aktionären zugute. Eine auf Geldersatz gerichtete Klage unterscheidet sich dagegen von Aktionär zu Aktionär entsprechend seines Beteiligungsverhältnisses. Die Rechtskraft des einer individuellen Schadensersatzklage stattgebenden Urteils kann daher nicht ohne weiteres auch zu Gunsten der übrigen Aktionäre wirken[1514]. Ebenso wenig rechtfertigt der Grundsatz der gleichmäßigen Behandlung der Aktionäre gem. § 53 a AktG eine andere Betrachtungsweise.

Kann die Gesellschaft wegen eines erklärten Haftungsverzichts gem. § 93 IV 3 AktG oder bereits eingetretener Verjährung der Schadensersatzansprüche gem. § 93 VI AktG (und/oder gem. § 117 VI AktG) ihre Ersatzansprüche gegen die Verwaltungsmitglieder nicht mehr geltend machen, besteht die angeführte bereicherungsrechtliche Problematik nicht.

Soweit der Gesellschafter in den Fällen eines Haftungsverzichts oder einer Verjährung der Ersatzansprüche Leistung von Schadensersatz an sich selbst fordern kann, entzieht er der Gesellschaft auch grundsätzlich kein zweckgebundenes Vermögen, weil sich deren Ersatzforderung infolge der bewussten, dauerhaften Nichtgeltendmachung als wertlos darstellt[1515]. Die befürchtete Doppelbelastung

---

[1512] Zu den subjektiven Grenzen der Rechtskraft: *Vollkommer*, in: Zöller, ZPO Kommentar, Vor § 322, Rdn. 52 i.V.m. § 325, Rdn. 2 f.; *Thomas*, in: Thomas/Putzo, ZPO Kommentar, § 325, Rdn. 1 ff.

[1513] Für eine Rechtskrafterstreckung analog § 248 I 1 AktG etwa *Brondics*, Die Aktionärsklage, S. 188. Er bezieht seine Ausführungen auf die allgemeine Feststellungsklage im Vorfeld der Aktionärsklage und verweist in diesem Zusammenhang auf RGZ 85, 311, 313 f., wonach es ein „unlösbares Wirrsal" bedeute, wenn die beanstandete Maßnahme nur dem Kläger gegenüber unwirksam wäre, gegenüber den übrigen Aktionären aber weiter Bestand hätte; vgl. ebenso *Hüffer*, AktG, § 248, Rdn. 1. Für Ansprüche aus dem mitgliedschaftlichen Rechtsverhältnis wurde die Wirkung des Urteils für und gegen jedermann bisher befürwortet von *Binge*, Gesellschafterklagen, S. 175 ff.; zustimmend wohl auch *Hommelhoff*, Die Konzernleitungspflicht, S. 472 f. (Fußn. 48); einschränkend dagegen *Habersack*, Die Mitgliedschaft, subjektives und „sonstiges" Recht, S. 367 ff. Für eine Rechtskrafterstreckung sei - wenn überhaupt - nur insoweit Bedarf, als der Anspruch des Aktionärs aus der Verletzung seiner Mitgliedschaftsrechte infolge eines Kompetenzübergriffs der Verwaltung in den Zuständigkeitsbereich der Hauptversammlung herrühre und auf die Wiederherstellung des *status quo ante* gerichtet sei.

[1514] So etwa *Cahn* ZHR 164 (2000), 113, 146.

[1515] Vgl. dazu auch *Brandes*, in: Festschrift Fleck, S. 13, 20.

der haftpflichtigen Unternehmensleiter[1516] kommt daher im Regelfall erst gar nicht in Betracht.
Verzichtet die Gesellschaft gem. § 93 IV 3 AktG auf ihre Ersatzansprüche gegen die verantwortlichen Verwaltungsmitglieder, verzichtet sie auf diesem Wege auch wirksam darauf, dass der in seinem Bezugsrecht verletzte Aktionär die Erstattung des gesamten Entwertungsschadens an sie fordert. Andernfalls wäre der Verzicht für die ersatzpflichtigen Verwaltungsmitglieder wirtschaftlich wertlos. Denn sie müssten, wenn der Aktionär die Ersatzleistung an die Gesellschaft abzuführen hätte, im Ergebnis doch den Gesellschaftsschaden ersetzen, da nur auf diese Weise die Wertminderung des Gesellschaftsanteils zu beseitigen wäre.

Es darf zwar nicht außer Acht gelassen werden, dass der in § 117 I 2 AktG normierte Ausschluss der Erstattungsfähigkeit von „Reflexschäden" nicht ausdrücklich daran geknüpft ist, dass das zuständige Organ den Ersatzanspruch der Gesellschaft nicht geltend macht. Der Grundsatz der Zweck- und Kapitalbindung des Gesellschaftsvermögens gilt auch dort, wo die Gesellschaft bezüglich der Durchsetzung ihres Schadensersatzanspruchs untätig bleibt.
Es leuchtet aber nicht ein, warum der geschädigte Aktionär nur Schadensersatz an die Gesellschaft verlangen können und damit quasi in der Rolle des Aufsichtsrats für die Zweck- und Kapitalbindung des Gesellschaftsvermögens sorgen soll. Der Grundsatz der Kapital- und Zweckbindung kann dafür keine überzeugende rechtsdogmatische Begründung liefern. Er ist grundsätzlich nicht dazu geeignet, die schutzwürdigen Interessen der Geschädigten zurückzustellen[1517].
Für die Befugnis des Aktionärs, Ersatz des mittelbaren Entwertungsschadens an sich selbst zu verlangen, ist es zudem gerade unbeachtlich, ob die Gesellschaft selbst geschädigt ist oder nicht, wenn diese ihren Schaden ohnehin bewusst nicht geltend macht. Soweit die Gesellschaft auf ihre Ersatzansprüche gegen die verantwortlichen Verwaltungsmitglieder gem. § 93 IV 3 AktG verzichtet oder ihre Ersatzansprüche nach § 93 VI AktG (und/oder gem. § 117 VI AktG) verjährt sind, stellt es sich vielmehr so dar, als ob die Gesellschaft gar keinen Schaden erlitten hätte. Zu einem befürchteten „Wettlauf" zwischen Gesellschaft und Gesellschaftern in bezug auf die Geltendmachung und Vollstreckung der Ersatzansprüche sowie zu einer heraufbeschworenen faktischen Entwertung des Ersatzanspruchs der AG[1518] kann es insofern nicht kommen.
Ebenso der Grundsatz der Naturalrestitution, wonach ein Schaden dort ersetzt werden muss, wo er entstanden ist[1519], steht der Ausnahmelösung nicht entge-

---

1516 Vgl. *Thümmel*, Persönliche Haftung von Managern und Aufsichtsräten, Rdn. 300.
1517 *Müller*, in: Festschrift Kellermann, S. 317, 326 ff.
1518 Vgl. dazu *Baums* ZGR 1987, 554, 558; *Müller*, in: Festschrift Kellermann, S. 317, 332 f.
1519 So etwa *Cahn*, Kapitalerhaltung im Konzern, S. 110 (mit kritischen Stimmen in Fußn. 125); *ders.* ZHR 164 (2000), 113, 153; vgl. auch *Mertens*, in: Festschrift Fischer, S. 461, 474.

gen. Sofern der Ersatzanspruch der Gesellschaft aus rechtlichen Gründen nicht mehr durchgesetzt werden kann, kann die Zahlung an die Gesellschaft in Höhe des dieser entstandenen Schadens i.S.v. § 251 II BGB „unverhältnismäßig" sein[1520]. Die beklagten Verwaltungsmitglieder können daher im Rahmen des § 251 II BGB auf eine unmittelbare Entschädigung des Minderwertes der Beteiligung des Aktionärs ausweichen[1521].

cc) Zwischenergebnis

Die Aktionäre sind demzufolge ausnahmsweise berechtigt, Ersatz ihres mittelbaren Vermögensschadens infolge Wertverwässerung der alten Aktien in ihr Privatvermögen zu fordern, wenn die Gesellschaft auf ihre Ersatzansprüche gegen die verantwortlichen Verwaltungsmitglieder gem. § 93 IV 3 AktG verzichtet oder ihre Ersatzansprüche nach § 93 VI AktG (und/oder nach § 117 VI AktG) verjährt sind. Die Kosten und Risiken des Rechtsstreits bestimmen sich bei diesem individuellen Anspruch des übergangenen Gesellschafters nach dem weitaus geringeren Betrag der Minderung des Wertes seiner eigenen Beteiligung.
Im folgenden Abschnitt bleibt zu klären, welchen besonderen Voraussetzungen die hier zugrundegelegten Ausnahmefälle unterliegen und wann der vom Bezugsrechtsausschluss betroffene Aktionär folglich Ersatz seines mittelbaren Vermögensschadens in sein Privatvermögen verlangen kann.

dd) Voraussetzungen der individualrechtlichen Aktivlegitimation der Gesellschafter

(1) für den Fall des Haftungsverzichts

Verzichtet die Gesellschaft gem. § 93 IV 3 AktG auf ihre Ersatzansprüche gegen die Verwaltungsmitglieder berührt dies nicht die Ersatzansprüche der vom Bezug neuer Aktien ausgeschlossenen Aktionäre im Umfang der Wertminderung ihres Anteils. Denn die Mitgesellschafter können den übergangenen Aktionären nicht deren persönliche Schadensersatzansprüche dadurch entziehen, indem sie beschließen, den Ersatzanspruch der Gesellschaft nicht geltend zu machen[1522].
Ähnliches gilt für das in §§ 93 V, 117 V AktG vorgesehene Verfolgungsrecht der Gesellschaftsgläubiger. Nach §§ 93 V, 117 V AktG können die Gläubiger der Gesellschaft die Ersatzansprüche der Gesellschaft gegen die pflichtwidrig

[1520] So *Baums* ZGR 1987, 554, 559 f.; wohl auch *Müller*, in: Festschrift Kellermann, S. 317, 327; siehe ferner *Cahn*, Kapitalerhaltung im Konzern, S. 111 m.w.N. einerseits; andererseits zweifelnd *ders.* ZHR 164 (2000), 113, 153.
[1521] Vgl. *Mertens*, in: Festschrift Fischer, S. 461, 475.
[1522] Siehe dazu *Brandes*, in: Festschrift Fleck, S. 13, 20.

handelnden Verwaltungsmitglieder geltend machen, soweit sie von dieser keine Befriedigung erlangen. Da dieses Verfolgungsrecht der Gesellschaftsgläubiger unabhängig vom Gesellschaftsanspruch besteht, kann den Gläubigern gem. §§ 93 V 3, 117 V 2 AktG insbesondere kein Verzicht der Gesellschaft auf die Ersatzansprüche gegen die Verwaltungsmitglieder entgegengehalten werden. Soweit die pflichtwidrig handelnden Verwaltungsmitglieder Schadensersatz an einen Gläubiger der Gesellschaft leisten, geht der Gesellschaftsanspruch dagegen unter und deren Verbindlichkeit gegenüber dem Gläubiger erlischt[1523].
Die Geltendmachung einer Schadensersatzforderung der Gesellschaft gegen die Verwaltungsmitglieder durch die Gläubiger setzt allerdings voraus, dass die Mitglieder der Verwaltung ihre Sorgfaltspflichten wenigstens grob fahrlässig verletzt haben (vgl. § 93 V 2, 1. HS AktG). Eine solche grob fahrlässige Sorgfaltspflichtverletzung wird den Verwaltungsmitgliedern nur vorgeworfen werden können, wenn sie die Ermächtigung zur Schaffung genehmigten bezugsrechtsfreien Kapitals unter offensichtlicher Überschreitung der Ermächtigungsgrenzen des Hauptversammlungsbeschlusses ausgenutzt oder wenn sie trotz fehlender Ermächtigung zum Bezugsrechtsausschluss die neuen Aktien an Dritte unter Ausschluss der Altaktionäre ausgegeben haben.
Nur soweit bei einer klaren Überschreitung der durch die Hauptversammlung statuierten Ermächtigungsgrenzen nicht bereits der Aufsichtsrat, dessen Entscheidungsermessen in diesem Fall auf Null reduziert ist, tätig wird oder ein Gesellschafter die drohende Prozesskostenbelastung ausnahmsweise auf sich nimmt und die Verwaltungsmitglieder in Höhe des Gesellschaftsschadens verklagt, besteht demnach die Möglichkeit der Rechtsverfolgung durch die Gesellschaftsgläubiger. Machen die Gläubiger der Gesellschaft von ihrem Verfolgungsrecht nach §§ 93 V, 117 V AktG Gebrauch, sind die in ihrem Bezugs- bzw. Mitgliedschaftsrecht verletzten Aktionäre nicht befugt, Ersatz ihres mittelbaren Entwertungsschadens in ihr Privatvermögen zu fordern. Andernfalls würde eine doppelte Leistungspflicht der Organmitglieder bestehen.

Ein Haftungsverzicht der Gesellschaft - als Voraussetzung für die individualrechtliche Aktivlegitimation der Gesellschafter – ist nur in den Grenzen des § 93 IV 3 AktG zulässig. Danach ist ein Verzicht der Gesellschaft auf Ersatzansprüche gegen die Verwaltungsmitglieder grundsätzlich erst nach Ablauf einer Dreijahresfrist möglich[1524], wenn die Hauptversammlung zustimmt und nicht eine Minderheit, deren Anteile zusammen 10% des Grundkapitals erreichen, Widerspruch zur Niederschrift erhebt.

[1523] Näher dazu *Hüffer*, AktG, § 93, Rdn. 33 f. m.w.N.

[1524] Die Dreijahresfrist gilt nach § 93 IV 4 AktG nur ausnahmsweise dann nicht, wenn die Verwaltungsmitglieder zahlungsunfähig sind (§ 17 II InsO), sich mit mit ihren Gläubigern vergleichen, um ein Insolvenzverfahren abzuwenden, und für den Fall, dass die Ersatzpflichten in einem Insolvenzplan geregelt werden sollen, vgl. *Hüffer*, AktG, § 93, Rdn. 30.

Durch das Erfordernis eines Zustimmungsbeschlusses der Hauptversammlung soll verhindert werden, dass sich der Vorstand und Aufsichtsrat gegenseitig von der Haftung befreien[1525]. Für eine Zustimmung genügt die einfache Mehrheit der erschienenen Stimmberechtigten in der Hauptversammlung, soweit die Satzung kein anderes Mehrheitserfordernis festlegt (§ 133 I AktG)[1526].

Die vom Bezugsrechtsausschluss betroffenen Aktionäre werden regelmäßig bestrebt sein, eine Schadensersatzklage gegen die Verwaltungsmitglieder zu erheben, um auf diesem Wege mit geringem Prozesskostenrisiko Ersatz ihres eigenen mittelbaren Entwertungsschadens zu erlangen. Wenn der Aufsichtsrat oder eine Minderheit nach § 147 I, III AktG offensichtlich nicht die ernsthafte Absicht hat, den der Gesellschaft zustehenden Ersatzanspruch geltend zu machen, werden die übergangenen Aktionäre daher einem Haftungsverzicht der Gesellschaft gem. § 93 IV 3 AktG zustimmen. Ein auf die Geltendmachung von Ersatzansprüchen gerichtetes Minderheitsverlangen nach § 147 I, III AktG kann zwar durch den Haftungsverzicht der Gesellschaft nicht gegenstandslos werden[1527]. Diejenigen Aktionäre, die gegen den Verzicht der Gesellschaft einen Widerspruch zur Niederschrift erheben, schließen sich aber nur selten zusammen, um nach § 147 I, III AktG gemeinsam vorzugehen. Nicht zuletzt das ihnen nach § 147 IV AktG auferlegte Kostentragungsrisiko wird sie davon abhalten.

Das Erfordernis eines Zustimmungsbeschlusses der Hauptversammlung stellt demzufolge für die individualrechtlichen Aktivlegitimation der Gesellschafter keine hohe Hürde dar. As problematisch erweist sich vielmehr die in § 93 IV 3 AktG verankerte Sperrfrist von drei Jahren.

Die Dreijahresfrist beginnt mit Entstehung der Schadensersatzansprüche, so dass es auf die Möglichkeit klageweiser Durchsetzung ankommt. Rechtsgeschäfte oder Rechtshandlungen, die vorher vorgenommen werden, bleiben ungültig. Auf diese Weise soll verhindert werden, dass der Aufsichtsrat als Vertreter der AG (vgl. § 112 AktG) über Ersatzansprüche disponiert, bevor das eigentliche Ausmaß des Schadens übersehbar wird[1528].

Das bedeutet für die vom Bezug neuer Aktien ausgeschlossenen Aktionäre, dass sie vom Zeitpunkt der Kenntniserlangung der schadensbegründenden Voraussetzungen an erst nach Ablauf von drei Jahren gegen die verantwortlichen Verwaltungsmitglieder auf Ersatz ihres Vermögensschadens infolge Wertverwässerung der alten Aktien klagen können. Erst zu diesem Zeitpunkt kann nämlich sicher beurteilt werden, ob die Gesellschaft aus rechtlichen Gründen hinsicht-

---

[1525] *Hopt*, in: Großkommentar zum AktG, § 93, Rdn. 354 m.w.N.

[1526] *Hüffer*, AktG, § 93, Rdn. 29; *Hopt*, in: Großkommentar zum AktG, § 93, Rdn. 355 f.; *Mertens*, in: Kölner Kommentar zum AktG, § 93, Rdn. 123; betroffene Vorstandsmitglieder können danach die Stimmrechte aus ihren Aktien nicht ausüben (§ 136 I AktG).

[1527] Vgl. etwa *Hüffer*, AktG, § 93, Rdn. 29.

[1528] *Hüffer*, AktG, § 93, Rdn. 28; *Hefermehl/Bungeroth*, in: Geßler/Hefermehl/Eckardt/Kropff, Kommentar zum AktG, § 93, Rdn. 59.

lich der Haftbarmachung der Verwaltungsmitglieder untätig bleibt oder nicht. Die individualrechtliche Aktivlegitimation der Gesellschafter ist dadurch für einen Zeitraum von drei Jahren blockiert.
Die Verjährung der Schadensersatzansprüche der vom Bezugsrecht ausgeschlossenen Gesellschafter ist gehemmt, solange sie die Verwaltungsmitglieder nicht auf Ersatz ihres Vermögensschadens infolge der Wertverwässerung der alten Aktien verklagen können. Der Geltendmachung der Schadensersatzansprüche der Gesellschafter steht ein vorübergehendes rechtliches Hindernis entgegen. Die Möglichkeit, Feststellungsklage oder Klage auf künftige Leistung zu erheben, schließt die Hemmung der Verjährung nicht aus. Die mit dem Gesetz zur Modernisierung des Schuldrechts[1529] eingeführte Regelung des § 205 BGB begrenzt zwar nunmehr die Hemmung der Verjährung auf Fälle, in denen der Schuldner auf Grund einer Vereinbarung mit dem Gläubiger vorübergehend zur Verweigerung der Leistung berechtigt ist. Die Verjährung muss aber auch dann gehemmt sein, wenn ein anderweitiges rechtliches Hindernis der Geltendmachung des Anspruchs entgegensteht. Die Hemmung der Verjährung beruht schließlich nach wie vor auf dem Gedanken, dass die Zeit, während der Gläubiger den Anspruch wegen rechtlicher oder tatsächlicher Hindernisse vorübergehend nicht geltend machen kann, bei sachgerechter Interessenabwägung nicht in die Verjährungsfrist einbezogen werden darf[1530].
Veräußert der Gesellschafter innerhalb der dreijährigen Sperrfrist seine Aktien, bleibt er auch aktivlegitimiert. Auf die Fortdauer der Aktionärseigenschaft während eines Schadensersatzprozesses kann es nicht ankommen, da dieser Umstand nichts an der Verletzung des Bezugs- bzw. Mitgliedschaftsrechts ändert[1531]. Ob Ähnliches für die Passivlegitimation der Verwaltungsmitglieder und die Fortdauer deren Amtszugehörigkeit gilt, ist zweifelhaft. Mit anderen Worten geht es um die Frage, ob die Gesellschafter die Verwaltungsmitglieder nach Ablauf der Dreijahresfrist auch dann noch in Anspruch nehmen können, wenn die Verwaltungsmitglieder, die für den rechtswidrigen Bezugsrechtsausschluss verantwortlichen waren, nicht mehr im Amt sind. Sowohl die Amtszeit der Vorstandsmitglieder (§ 84 I 1 AktG) als auch die der Aufsichtsratsmitglieder (vgl. § 102 I AktG) beträgt höchstens fünf Jahre. Eine Haftung der Vorstands- und Aufsichtsratsmitglieder gegenüber der Gesellschaft nach §§ 93 II 1, 117 I, II AktG endet mit Ablauf der Amtszeiten[1532]. Die vom Bezugsrecht ausgeschlos-

---

[1529] Vgl. dazu den Entwurf der Bundesregierung in der Fassung der Beschlussempfehlung des Rechtsausschusses vom 10.10.2001 (BT-Drucks. 14/7052).
[1530] Nach *Heinrichs*, in: Palandt, BGB Kommentar, 62. Auflage, § 205, Rdn. 3 kommt eine analoge Anwendung des § 205 BGB n.F. auf andere rechtliche Hindernisse in Betracht, wenn das rechtliche Hindernis in seinen Wirkungen einem vereinbarten Leistungsverweigerungsrecht gleichsteht.
[1531] Siehe dazu oben, 3. Teil, § 2 C III 1 a) bb).
[1532] Vgl. *Hüffer*, AktG, § 93, Rdn. 12.

senen Gesellschafter haben zwar nach deliktsrechtlichen Vorschriften (§§ 823 I, 823 II BGB i.V.m. 266 StGB, 826 BGB) eigene Forderungen gegen die Verwaltungsmitglieder. Eine Haftung der Verwaltungsmitglieder gegenüber den Gesellschaftern hängt danach nicht davon ab, ob die Verwaltungsmitglieder, die für den rechtswidrigen Bezugsrechtsausschluss verantwortlich waren, noch im Amt sind. Die deliktsrechtlichen Anspruchsgrundlagen setzen nicht voraus, dass es sich bei den Anspruchsgegnern um Vorstands- und Aufsichtsratsmitglieder einer AG handelt. Es wäre jedoch rechtspolitisch bedenklich, die gesellschaftsrechtliche Wertung der besonderen aktienrechtlichen Haftungsgrundlagen der §§ 93 II 1, 117 I, II AktG, die an die Amtsstellung des Schadensersatzverpflichteten anknüpfen, im Rahmen der deliktsrechtlichen Anspruchsgrundlagen unberücksichtigt zu lassen. Läuft die Amtszeit der Vorstands- und Aufsichtsratsmitglieder ab, so haben sie keine Inanspruchnahme mehr durch die Gesellschaft zu befürchten. Es würde zu einer nicht unerheblichen Rechtsunsicherheit führen, könnten sie danach noch von den einzelnen Gesellschaftern auf Schadensersatz verklagt werden. Der deliktische Schutz des Mitgliedschafts- bzw. Bezugsrechts der Aktionäre würde auf diese Weise zu einer unangemessenen Kollision mit dem Gesellschaftsrecht führen, weil der Einsatz des Deliktsrechts zugunsten der Aktionäre die Interessen der Vorstands- und Aufsichtsratsmitglieder an Rechtssicherheit erheblich beeinträchtigen würden. Eine Haftung der Verwaltungsmitglieder gegenüber den Gesellschaftern nach deliktsrechtlichen Vorschriften (§§ 823 I, 823 II BGB i.V.m. 266 StGB, 826 BGB) muss daher ebenso wie die Haftung der Verwaltungsmitglieder gegenüber der Gesellschaft nach §§ 93 II 1, 117 I, II AktG mit Ablauf der Amtszeiten enden. Die vom Bezugsrechtsausschluss betroffenen Aktionäre können demzufolge nach Ablauf der Dreijahresfrist die Verwaltungsmitglieder nur dann auf Ersatz ihres mittelbaren Vermögensschadens in Anspruch nehmen, wenn die Verwaltungsmitglieder, die für den rechtswidrigen Bezugsrechtsausschluss verantwortlichen waren, auch noch im Amt sind.

(2) für den Fall der Verjährung der Schadensersatzansprüche

Die Schadensersatzforderungen der Gesellschaft gegen die Verwaltungsmitglieder verjähren gem. § 93 VI AktG und/oder gem. § 117 VI AktG innerhalb von fünf Jahren. Das bedeutet für die vom Bezug neuer Aktien ausgeschlossenen Aktionäre, dass sie erst nach Ablauf von fünf Jahren die verantwortlichen Verwaltungsmitglieder auf Ersatz ihres Vermögensschadens infolge Wertverwässerung der alten Aktien verklagen können. Wie bereits ausgeführt[1533], ist die Verjährung der Schadensersatzansprüche der Gesellschafter zwar gehemmt, solange sie die Verwaltungsmitglieder nicht auf Ersatz ihres Vermögensschadens

---

[1533] Siehe dazu bereits die Ausführungen im vorhergehenden Abschnitt für den Fall des Haftungsverzichts.

verklagen können. Die fünfjährige Sperrfrist gestaltet sich jedoch für die Gesellschafter noch problematischer als die in § 93 IV 3 AktG verankerte Dreijahresfrist. Denn die Gesellschafter können demzufolge die Verwaltungsmitglieder nur dann erfolgreich in Anspruch nehmen, wenn die Verwaltungsmitglieder, die für den rechtswidrigen Bezugsrechtsausschluss verantwortlich waren, nach Ablauf ihrer fünfjährigen Amtszeit wiederholt bestellt wurden oder ihre Amtszeit verlängert wurde. Dies wird nur selten der Fall sein.

Die Verjährung der Schadensersatzforderungen der Gesellschaft gegen die Verwaltungsmitglieder kann einerseits auf einer bewussten Entscheidung der Gesellschafter für die Nichtgeltendmachung der Ersatzansprüche beruhen. Andererseits kann die Verjährung auch infolge eines unbewussten Untätigbleibens der Gesellschaft, etwa aus Unkenntnis oder versehentlich, eingetreten sein. In letzterem Fall kann allerdings nicht zu Gunsten der Gesellschaft angenommen werden, dass diese dennoch Ausgleich ihres Schadens erlangen kann, indem der übergangene Aktionär nur die Erstattung des gesamten Entwertungsschadens an die Gesellschaft fordern darf[1534]. Auf diesem Wege würden die Schadensersatzansprüche der Gesellschaft, die sie infolge der Verjährung gegenüber den Verwaltungsmitgliedern nicht mehr durchsetzen kann, im Ergebnis durch die Aktionäre durchgesetzt. Die Einrede der Verjährung wäre in diesem Fall für die Verwaltungsmitglieder wirtschaftlich wertlos. Im übrigen dürfte es sich in der Praxis kaum feststellen lassen, ob die Gesellschaft bewusst oder unbewusst auf die rechtzeitige Einleitung verjährungsunterbrechender Maßnahmen verzichtet hat.

ee) Fazit

Der geschädigte Aktionär kann von den Verwaltungsmitgliedern Ersatz seines mittelbaren Entwertungsschadens in sein Privatvermögen nur fordern, wenn die geschilderte Ausnahmelösung zur Durchsetzung des mittelbaren Vermögensschadens infolge der Wertverwässerung der alten Aktien tatsächlich eingreift. Voraussetzung dafür ist, dass die Gesellschaft auf ihre Schadensersatzforderungen gegen die Verwaltungsmitglieder gem. § 93 IV 3 AktG wirksam verzichtet hat, die Gesellschaftsgläubiger nicht von ihrem Verfolgungsrecht nach §§ 93 V, 117 V AktG Gebrauch machen, sich kein nach § 147 I, III AktG erforderliches Minderheitsquorum bildet und die verantwortlichen Verwaltungsmitglieder nach Ablauf der dreijährigen Sperrfrist noch im Amt sind, oder die Ersatzforderungen der Gesellschaft gem. §§ 93 VI AktG (und/oder gem. § 117 VI AktG) verjährt sind und die verantwortlichen Verwaltungsmitglieder wiederholt bestellt wurden bzw. deren Amtszeit verlängert wurde. Die individualrechtliche Aktivlegitimation der Gesellschafter wird sich demzufolge auf seltene Ausnahmefälle beschränken.

[1534] Anders dagegen *Brandes*, in: Festschrift Fleck, S. 13, 20.

V. Ergebnis

Der Ausgleichs- und Präventionswirkung der Ersatzansprüche der übergangenen Gesellschafter wegen Verletzung ihres Bezugs- bzw. Mitgliedschaftsrechts kommt vor allem im Hinblick auf den prinzipiellen Ausschluss der Ersatzleistung im Wege der Naturalrestitution, dem möglichen Haftungsausfall der Gesellschaft bei auf Geldersatz gerichteten Schadensersatzansprüchen sowie dem grundsätzlich fehlenden Geldausgleich in Reflexschadensfällen kaum praktische Bedeutung zu. Nur soweit die Gesellschafter weitere, über eine mittelbare Wertverwässerung der ursprünglichen Beteiligung hinausgehende Vermögens(folge)schäden geltend machen, die nicht mit einer Minderung des Gesellschaftsvermögens korrespondieren und nach dem Schutzzweck des Bezugsrechts ersatzfähig sind, können sie ohne weiteres von den Verwaltungsmitgliedern Zahlung von Geldersatz in ihr Privatvermögen fordern.
Die Ansprüche und die Rechtsschutzmöglichkeiten, die den Aktionären wegen Pflichtverletzungen der Verwaltungsmitglieder im Fall des genehmigten Kapitals mit Bezugsrechtsausschluss zustehen, stellen demzufolge grundsätzlich keinen gleichwertigen Ersatz für den Wegfall der präventiven gerichtlichen Kontrollmöglichkeit des Ermächtigungsbeschlusses in Form einer Anfechtungsklage dar. Im Gegenzug dazu sind die Entscheidungen der Verwaltung in Zukunft regelmäßig gegenüber Angriffen kleiner Aktionärsminderheiten hinreichend abgesichert. Pflichtwidriges Verwaltungshandeln bei Ausnutzung des genehmigten Kapitals mit Bezugsrechtsausschluss bleibt damit häufig sanktionslos, so dass den Verwaltungsmitgliedern in den Grenzen vertretbaren Handelns ein flexibler Spielraum zur Ausübung der Geschäftsführungs- und Finanzierungstätigkeit zusteht.

Zusammenfassung der Ergebnisse

1. Mit dem Erlass des „Siemens/Nold"-Urteils und der Aufgabe der „Holzmann"-Doktrin geht eine enorme Liberalisierung des Bezugsrechtsausschlusses im Fall des genehmigten Kapitals einher. Der BGH hat die dem Vorstand nach §§ 186 IV 2, 203 I 1, II 2 AktG obliegenden Berichtspflichten im Vorfeld der Ermächtigung deutlich herabgesetzt. Die Erteilung von „Vorratsermächtigungen" an den Vorstand zur Schaffung bezugsrechtsfreien genehmigten Kapitals ist nunmehr möglich. Den Konflikt zwischen den von der Rechtsprechung zum Schutz der Aktionäre bislang auf der Grundlage der gesellschaftsrechtlichen Betrachtungsweise statuierten strengen Berichtsanforderungen des Vorstandes und den Regelungszwecken des genehmigten Kapitals hat der BGH damit eindeutig zugunsten des genehmigten Kapitals, also einer flexiblen Finanzierung der Gesellschaften entschieden.

2. Die Erfolgschancen von Anfechtungsklagen gegen Kapitalerhöhungen mit Bezugsrechtsausschluss, die auf unzureichende Information durch den Vorstand gestützt sind, werden sich drastisch reduzieren. Der Rechtsschutz der Aktionäre verlagert sich auf die zweite Stufe der genehmigten Kapitalerhöhung, und zwar hinsichtlich der Überprüfung der Rechtmäßigkeit des Handelns der Verwaltung bei Ausnutzung der Ermächtigung. Der Ausschluss des Bezugsrechts beim genehmigten Kapital wird daher nicht mehr zwangsläufig zum Risiko für die Aktiengesellschaften.

3. Die „Siemens/Nold"-Rechtsprechung erstreckt sich nach ihrem Sinn und Zweck auf genehmigte Sach- und Barkapitalerhöhungen börsennotierter und nicht börsennotierter Gesellschaften.

4. Die Berichtspflichten des Vorstandes im Vorfeld der Ermächtigung lassen sich nach der „Siemens/Nold"-Rechtsprechung wie folgt umschreiben:
Soweit zum Zeitpunkt der Ermächtigung des Vorstandes noch keine konkreten Pläne für den Einsatz des genehmigten Kapitals vorliegen, darf sich der Vorstand auf die abstrakte Umschreibung des Verwendungszwecks gegenüber der Hauptversammlung beschränken. In Anbetracht der Bedeutung eines Beteiligungserwerbs an einem anderen Unternehmen orientieren sich die Berichtspflichten des Vorstandes bei Akquisitionsvorhaben auch an der bisherigen Akquisitionspolitik des Unternehmens.
Bei Vorliegen konkreter Pläne sind die Berichtspflichten des Vorstandes durch das Geheimhaltungsinteresse der Gesellschaft und das Entwicklungsstadium der konkreten Planung begrenzt. Nur bei Vorliegen konkreter und endgültiger Pläne, die nicht der Geheimhaltung bedürfen, hat der Vorstand über die allgemeine Umschreibung des Verwendungszwecks hinausgehende Einzelheiten seiner

Planung offen zu legen. In diesen Fällen hat er überdies die Kapitalerhöhungen in ein genehmigtes Kapital I mit Bezugsrecht und ein genehmigtes Kapital II ohne Bezugsrecht aufzuspalten, um der Gefahr einer Anfechtung der Ermächtigung zur Kapitalerhöhung mit Bezugsrechtsausschluss wegen etwaiger Berichtsmängel vorzubeugen.
Unterliegt der Vorstand der gesellschaftsrechtlichen Verschwiegenheitspflicht nach § 131 III Nr. 1 AktG und/oder dem kapitalmarktrechtlichen Weitergabeverbot gem. § 14 I Nr. 2 WpHG, hat er die Geheimhaltungsinteressen der Gesellschaft in seinem Bericht anzuzeigen und schlüssig zu begründen.

5. Um das regelmäßige Publizitätsdefizit im Vorfeld der Ermächtigung auszugleichen und den Aktionären die Kontrolle des Bezugsrechtsausschlusses noch vor Durchführung der Kapitalerhöhung zu ermöglichen, hat der Vorstand die Aktionäre grundsätzlich unmittelbar vor Ausnutzung der Ermächtigung über den Bezugsrechtsausschluss und dessen Gründe ergänzend - entsprechend den erleichterten wertpapierhandelsrechtlichen Veröffentlichungspflichten - zu unterrichten. Das Weitergabeverbot nach § 14 I Nr. 2 WpHG entfällt in diesem Verfahrensstadium im Regelfall, da die Tatsache der unmittelbar bevorstehenden Ausnutzung eines genehmigten Kapitals grundsätzlich gem. § 15 I 1 WpHG zu veröffentlichen ist. Nur ausnahmsweise kann der Emittent wegen bedeutender Geheimhaltungsinteressen von der Ad-hoc-Publizitätspflicht befreit sein (vgl. § 15 III 1 WpHG).

6. In materieller Hinsicht hat die „Siemens/Nold"-Rechtsprechung vom „wohlverstandenen" Gesellschaftsinteresse auf das Erfordernis der sachlichen Rechtfertigung eines Bezugsrechtsausschlusses keinen Einfluss. Aufgrund des gerichtlicher Überprüfung entzogenen weiten Bereichs unternehmerischen Ermessens ist eine Angleichung der herkömmlichen Lehre von der sachlichen Rechtfertigung und der Missbrauchskontrolle (§§ 138 I BGB, 243 II AktG) längst vollzogen. Dem Vorstand wurde bereits bislang nicht mehr als eine vertretbare unternehmerische Entscheidung im Gesellschaftsinteresse abverlangt.

7. Die im „Siemens/Nold"-Urteil angeführten Handlungsgrenzen des Vorstandes bei Ausnutzung der Ermächtigung zur Kapitalerhöhung haben nur geringe Bedeutung. Die konkrete Kapitalmaßnahme wird aufgrund der weiten Umschreibung moderner Unternehmensgegenstände regelmäßig mit dem in der Satzung festgelegten Unternehmensgegenstand vereinbar sein. Ebenso wird sich das konkrete Finanzierungsvorhaben grundsätzlich mit den abstrakten Vorgaben der Ermächtigung decken. Die Hauptversammlungsentscheidung verliert damit weitestgehend ihre Legitimations- und Kontrollfunktion. Eine Abgrenzung zur unzulässigen Pauschalermächtigung kann allein in offensichtlichen Missbrauchsfällen vorgenommen werden. Damit der Ermächtigungsbeschluss der Hauptversammlung nicht jegliche das Vorstandsermessen begrenzende Wirkung einbüßt, muss die Entscheidung der Aktionäre zumindest auf eine von Anfang an nur beschränkte Ermächtigung - durch Festlegung bestimmter Bezugsrechtsausschlusszwecke und gegebenenfalls durch Bestimmung eines bestimmten Ermächtigungszeitraums und/oder eines bestimmten Nennbetrages - gerichtet sein. Die Flexibilität der Unternehmensleitung wird durch die Möglichkeit der Umwidmung der ursprünglichen Ermächtigung hinreichend gewährleistet.

Die Formel vom Gesellschaftsinteresse ist ein schwieriger Maßstab für die Beurteilung der Zulässigkeit eines Bezugsrechtsausschlusses. Denn dem Vorstand steht bei der Prüfung, ob die Durchführung des konkreten Finanzierungsvorhabens im „wohlverstandenen" Interesse der Gesellschaft liegt, grundsätzlich ein weites unternehmerisches Ermessen zu. Es besteht mithin nur eine sehr begrenzte gerichtliche Überprüfbarkeit der Vorstandsentscheidung.

8. Gem. § 204 I 1 AktG kann die Hauptversammlung dem Vorstand die Entscheidung über die Bedingungen der Aktienausgabe überlassen. Der Vorstand muss und darf sich bei der Festsetzung des Ausgabepreises bemühen, den höchstmöglichen Erlös für die neuen Aktien zu erzielen. Als rechtliche Preisuntergrenzen hat er sowohl den Börsenpreis als auch das Verbot eines „unangemessen niedrigen" Ausgabekurses gem. § 255 II AktG zu berücksichtigen. Aus vertretbaren kaufmännischen Erwägungen darf er den Ausgabepreis der neuen Aktien auch unter ihrem „wahren" Wert festlegen.
Bei der Zuteilung der neuen Aktien ist der Vorstand nicht verpflichtet, den Altaktionären den Erhalt der Beteiligungsquote durch Zukauf von Aktien zu ermöglichen. Hat der Vorstand das Ermächtigungsvolumen allerdings nur teilweise für bezugsrechtsunverträgliche Zwecke ausgenutzt, muss er den Altaktionären neue Aktien zum Bezug anbieten.
Kann der Zweck des Bezugsrechtsausschlusses bei einer Barkapitalerhöhung nicht mehr verwirklicht werden, hat der Vorstand - soweit die Durchführung der Kapitalerhöhung im Handelsregister noch nicht eingetragen ist - das Verfahren der Aktienausgabe vorläufig einzustellen. Im Anschluss daran ist er befugt, die konkrete Kapitalmaßnahme der Hauptversammlung nach den „Holzmüller"-Grundsätzen vorzulegen, um eine Änderung der Ermächtigung zu erreichen. Mit Eintragung der Durchführung der Kapitalerhöhung muss der Vorstand verhindern, dass die emissionsbegleitenden Banken auf den gezeichneten Aktien „sitzen bleiben". Ein Wiederaufleben der ursprünglichen Bezugsrechte der Altgesellschafter kommt in Betracht, wenn die Hauptversammlung dem Vorstand die Entscheidung über den Ausschluss des Bezugsrechts gem. § 203 II 1 AktG überlassen und der Vorstand mit den Konsortialbanken entsprechende Angebotspflichten vereinbart hat.

Ergeben sich bei der Durchführung einer Sachkapitalerhöhung nach Eintragung im Handelsregister Leistungsstörungen, hat der Sacheinleger statt der Sacheinlage den Ausgabebetrag der neuen Aktien in bar zu leisten (vgl. § 205 IV 4 AktG) und der Vorstand die erbrachte Sacheinlage herauszugeben.

9. Die Schranke für die Zulässigkeit eines Bezugsrechtsausschlusses liegt bei vertretbaren unternehmerischen Entscheidungen des Vorstandes. Sofern eine solche vorliegt, wird sie akzeptiert mit der Folge, dass sowohl eine Aufhebung des Bezugsrechtsausschlusses als auch eine Haftung der Organmitglieder entfällt. Nur soweit der Vorstand nicht auf informierter Tatsachengrundlage oder aufgrund von gesellschaftsfremden Eigeninteressen tätig wird, der Ausschluss des Bezugsrechts also missbräuchlich ist, können die in ihren Rechten beeinträchtigten Aktionäre die Vorstandsentscheidung wegen evidenter Ermessensfehler mit Erfolg angreifen.

10. Die präventive Überwachung des Vorstandes bei Ausnutzung der Ermächtigung zur Kapitalerhöhung durch den Aufsichtsrat in Form des Zustimmungsvorbehalts nach § 204 I 2 AktG stellt kein effektives Kontrollinstrument dar. Angesichts der engen Interessenverflechtungen zwischen den Verwaltungsorganen ist der Aufsichtsrat nicht geeignet, primär die Aktionärsinteressen bei seiner Entscheidung wahrzunehmen. Eine Pflichtwidrigkeit der Aufsichtsratsmitglieder im Rahmen ihrer Überwachungstätigkeit wird regelmäßig zum Nachteil der Aktionäre sanktionslos bleiben. Denn der für die Haftbarmachung der Aufsichtsratsmitglieder zuständige Vorstand wird meist von einer Inanspruchnahme nach §§ 93 II, 116 AktG absehen. Die Hürden des § 147 I, III AktG werden im Regelfall auch die Aktionäre von einer Inanspruchnahme der Aufsichtsratsmitglieder abhalten.

11. Die nachträgliche Kontrolle der Vorstandsentscheidung nach der „Siemens/Nold"-Rechtsprechung in Form der möglichen Entlastungsverweigerung und der Vorstandshaftung nach § 93 II AktG kann den Schutz der Aktionärsinteressen nicht sicherstellen. Sie stellt keinen gleichwertigen Ersatz für den Wegfall präventiver gerichtlicher Kontrolle des Ermächtigungsbeschlusses im Wege des Anfechtungsverfahrens dar. Sowohl die Inanspruchnahme der Vorstandsmitglieder nach § 93 II AktG durch den Aufsichtsrat als auch das Minderheitsverlangen der Aktionäre gem. § 147 I, III AktG ist praktisch ausgeschlossen, so dass weder die Verwässerung des Anteilswertes der vom Bezugsrecht ausgeschlossenen Aktionäre noch deren Einbußen an Teilhabe- und Herrschaftsrechten mit einer Schadensersatzleistung in das Gesellschaftsvermögen kompensiert werden können.

12. Nur die Aktionärsklage nach dem Vorbild der „Holzmüller"-Entscheidung ist für den Rechtsschutz der Aktionäre gegen die (drohende) rechtswidrige Ausnutzung der Ermächtigung von praktischer Bedeutung. Der vom Bezugsrecht ausgeschlossene Aktionär kann seine Klage sowohl auf die Beeinträchtigung des mitgliedschaftlichen Rechtsverhältnisses zur Gesellschaft (sog. verbandsrechtlicher Ansatz) als auch auf die Beeinträchtigung des subjektiven Rechts der Mitgliedschaft als „sonstiges" Recht i.S.d. § 823 I BGB (sog. deliktsrechtlicher Ansatz) stützen. Verletztes Recht kann das Mitgliedschaftsrecht und das Aktienbezugsrecht gem. § 186 I 1 AktG sein. Der verbandsrechtliche Anspruch richtet sich allein gegen die Gesellschaft. Der deliktsrechtliche Anspruch geht sowohl gegen die Gesellschaft als auch die verantwortlichen Verwaltungsmitglieder sowie ausnahmsweise gegen „sonstige" Gesellschafter bzw. gesellschaftsfremde Dritte, welche die Verwaltung zur Verletzung der Aktionärsrechte verleitet bzw. daran mitgewirkt haben.
Die Gesellschaft haftet für in Ausübung der Verwaltungstätigkeit begangene schuldhafte Handlungen ihrer Verwaltungsmitglieder gem. § 31 BGB (analog). Da Regressansprüche der Gesellschaft gegen die Verwaltungsmitglieder nur selten prozessual durchgesetzt werden, bleibt es im Regelfall bei einem Schaden der Gesellschaft. Die Haftung der Gesellschaft im Rahmen von auf Geldersatz gerichteten Ansprüchen steht allerdings stets unter dem Vorbehalt der Vereinbarkeit mit den Kapitalerhaltungsgrundsätzen (vgl. § 57 I 1, III AktG).

13. Präventive Rechtsbehelfe gegen die drohende rechtswidrige Ausnutzung der Ermächtigung kommen in Form einer Unterlassungs-, Beseitigungs- bzw. Feststellungsklage oder im Wege einer einstweiligen Verfügung in Betracht.
Angesichts der langwierigen Verfahrensdauer bei Klageerhebung und der Eilbedürftigkeit einer Entscheidung wegen der drohenden Registereintragung werden die Weichen für die wirtschaftliche Effektivität der Aktionärsklage in erster Linie im einstweiligen Verfügungsverfahren gestellt. Die Verletzung des Bezugs- bzw. Mitgliedschaftsrechts der Aktionäre kann allein durch die Anordnung der einstweiligen Unterlassung der Eintragung der Kapitalerhöhung im Handelsregister abgewendet werden. Auf der Grundlage einer folgenorientierten Interessenabwägung wird der Verfügungsanspruch des Aktionärs allerdings nur unter engen Voraussetzungen anzunehmen sein.

14. Eine präventive Kontrolle der Vorstandsentscheidung durch die Aktionäre setzt voraus, dass der Vorstand die Aktionäre noch unmittelbar vor Durchführung der Kapitalmaßnahme über die Einzelheiten seines Finanzierungsvorhabens im Wege der ergänzenden Berichterstattung informiert. Die praktische Bedeutung der Aktionärsklage hängt überdies entscheidend von der Darlegungs- und Beweislastverteilung im Prozess sowie dem bestehenden Prozesskostenrisiko ab. Selbst bei einer Streitwertbegrenzung analog § 247 II AktG besteht für

die Gesellschafter ein außer Verhältnis zum Wert ihrer Beteiligung und mithin zum wirtschaftlichen Erfolg ihrer Klage stehendes unwägbares Prozesskostenrisiko. Insbesondere die Kostenrisiken eines einstweiligen Rechtsschutzverfahrens in Form einer möglicherweise angeordneten Sicherheitsleistung (§§ 936, 921 S. 2 ZPO) und einer etwaigen verschuldensunabhängigen Schadensersatzpflicht aus § 945 ZPO sind für die Aktionäre eine nahezu unüberwindbare Hürde. Diese Kostenrisiken werden die Gesellschafter - außer in Fällen unzweifelhafter Überschreitung der Ermächtigungsgrenzen durch den Vorstand - regelmäßig von der Einleitung präventiver Rechtsbehelfe gegen die drohende rechtswidrige Ausnutzung der Ermächtigung abhalten. Die Klägerrolle werden daher - wenn überhaupt - nur Großaktionäre oder Aktionärsvereinigungen wahrnehmen.
Die präventiven Rechtsmittel der Gesellschafter nach der „Siemens/Nold"-Rechtsprechung gewährleisten folglich keinen adäquaten Ausgleich für den Wegfall der gerichtlichen Kontrolle des Ermächtigungsbeschlusses in Form einer Anfechtungsklage.

15. Die Kontrolle der Vorstandsentscheidung hat in erster Linie wegen des möglichen Publizitätsdefizits vor Durchführung der bezugsrechtsfreien Kapitalerhöhung künftig ihren Schwerpunkt in der Nachkontrolle, nämlich in Form der Diskussion auf der nächsten Hauptversammlung und gegebenenfalls gerichtlicher Überprüfung im Rahmen eines Schadensersatzprozesses.

16. Der von einem eigenmächtigen Bezugsrechtsausschluss der Verwaltung betroffene Aktionär kann Schadensersatz wegen Unmöglichkeit der Erfüllung seines Aktienbezugsrechts gem. §§ 280 I, III, 283 S. 1, 31 BGB (analog) von der Gesellschaft verlangen. Soweit den Aktionären kein Recht auf Bezug neuer Aktien zusteht, weil die Hauptversammlung oder der Vorstand das Bezugsrecht jedenfalls wirksam ausgeschlossen hat, haftet die Gesellschaft den Aktionären wegen Verletzung des Mitgliedschaftsrechts gem. §§ 280 I, 241 II, 31 BGB (analog), wenn der Vorstand von der Ermächtigung zur bezugsrechtsfreien Kapitalerhöhung rechtswidrig Gebrauch gemacht und die neuen Aktien an Dritte unter Ausschluss der Altaktionäre ausgegeben hat. Gem. § 280 I 2 BGB wird das Verschulden vermutet.
In Anspruchskonkurrenz kommt weiterhin eine deliktsrechtliche Haftung der Gesellschaft wegen Verletzung des Bezugs- bzw. Mitgliedschaftsrechts nach §§ 823 I, 823 II BGB i.V.m. § 186 AktG und aus § 826 BGB (i.V.m. § 31 BGB (analog)) in Betracht. Dabei kommen dem klagenden Aktionär entsprechend dem Rechtsgedanken der Vorschriften §§ 93 II 2, 117 II 2, 310 I 2, 318 I 2 AktG dieselben Beweiserleichterungen zugute wie im Schadensersatzprozess der Gesellschaft gegen die Verwaltungsmitglieder. Überdies gelten besondere

Beweiserleichterungen hinsichtlich des Nachweises eines Schadens in vermögensrechtlicher Hinsicht.

17. Den Aktionären stehen ebenso dem Grunde nach Schadensersatzansprüche gegen die Verwaltungsmitglieder, andere verantwortliche Gesellschafter und gesellschaftsfremde Dritte zu, die auf die Durchführung der Kapitalerhöhung mit rechtswidrigem Bezugsrechtsausschluss hingewirkt bzw. sich daran beteiligt haben. Neben dem mit der Aktionärsklage zu verfolgenden Anspruch aus § 117 I, II AktG besteht die Möglichkeit der unmittelbaren Inanspruchnahme der Verwaltungsmitglieder, „sonstiger" verantwortlicher Gesellschafter und gesellschaftsfremder Dritter wegen Verletzung des Bezugs- bzw. Mitgliedschaftsrechts aus deliktsrechtlichen Vorschriften (§§ 823 I, 823 II BGB i.V.m. 266 StGB, 826 BGB). Es bestehen allerdings derart einschränkende Tatbestandsvoraussetzungen der einschlägigen Anspruchsgrundlagen - insbesondere in subjektiver Hinsicht -, dass unmittelbare Ersatzpflichten grundsätzlich nur von geringer praktischer Bedeutung sind. Allein in Fällen evidenter Ermessensfehler und offensichtlicher Überschreitung der Ermächtigungsgrenzen, wie insbesondere im Fall eines eigenmächtigen Ausschlusses des Bezugsrechts der Altaktionäre, hat eine direkte Haftung der Verwaltungsmitglieder Aussicht auf Erfolg. Die entscheidende Anspruchsgrundlage ist § 823 I BGB, die bereits bei fahrlässigem Handeln eingreift.

18. Eine angemessene Entschädigung der Aktionäre wegen Verletzung ihres Bezugs- bzw. Mitgliedschaftsrechts scheidet im Regelfall aus. Der Ersatz einer Quotenverwässerung im Wege der Naturalrestitution kommt zunächst aus tatsächlichen sowie aus rechtlichen Gründen prinzipiell nicht in Betracht. Eine Rückabwicklung der bezugsrechtsfreien Kapitalerhöhung ist aus Gesichtspunkten des Verkehrsschutzes grundsätzlich ausgeschlossen. Die Zuteilung neuer Aktien an die übergangenen Gesellschafter stößt ebenso auf Grenzen. Einerseits unterliegt der Erwerb eigener Aktien durch die Gesellschaft sowohl dem Erwerbsverbot des § 71 I AktG als auch der 10 %-Grenze des § 71 II 1 AktG. Andererseits verlieren die Mitgliedschaftsrechte der Dritterwerber ohne sachlichen Grund an Gewicht, wenn die Gesellschaft den übergangenen Altaktionären neue Aktien aus ihrem eigenen Aktienbestand zuteilt. Aus diesem Grund scheidet auch eine Verpflichtung zur weiteren Kapitalerhöhung unter Ausschluss des Bezugsrechts der Dritterwerber sowie eine Verpflichtung der Gesellschaft aus, von einer etwaigen Ermächtigung zum Erwerb eigener Aktien nach § 71 I Nr. 8 AktG Gebrauch zu machen.

19. Die vom Aktienbezug ausgeschlossenen Gesellschafter sind im Regelfall auf Schadensersatz in Geld verwiesen. Diese Risikoverteilung geht zu Lasten der Aktionäre. Auf Geldersatz gerichtete Schadensersatzansprüche können den tatsächlichen Verlust an Teilhabe- und Herrschaftsrechten nur unvollkommen kompensieren. Die Gesellschaft haftet den Gesellschaftern nur auf Schadensersatz in Geld, wenn solche Schadensersatzzahlungen zu Lasten offener Rücklagen finanziert werden können. Die Einbußen der Altaktionäre werden auch durch derartige Zahlungen nicht kompensiert werden können. Aufgrund eines unangemessen niedrigen Ausgabepreises wird das ohnehin angegriffene Gesellschaftsvermögen durch Schadensersatzzahlungen an Aktionäre weiter reduziert, ohne dass ein entsprechender Regress bei den verantwortlichen Verwaltungsmitgliedern stattfindet. Es findet daher lediglich eine Wertverlagerung vom Beteiligungsvermögen der Aktionäre in ihr sonstiges Vermögen statt. Zugleich wird der Beteiligungswert der übrigen Gesellschafter verringert, obwohl sie für die Schädigung der ersatzberechtigten Aktionäre haftungsrechtlich nicht verantwortlich sind.

20. Eine unmittelbare Inanspruchnahme der verantwortlichen Verwaltungsmitglieder kann nur insofern zum Ziel führen, als dass der Umfang des Schadensersatzes deren finanzielle Leistungsfähigkeit nicht übersteigt. Verlangt der klagende Aktionär Ersatz für die mittelbare Wertverwässerung seiner Altaktien, die ein bloßer Reflex des Gesellschaftsschadens infolge eines zu geringen Emissionserlöses ist, kann er nur insoweit Zahlung an sich selbst fordern, als es die entwickelten Grundsätze zur Ersatzleistung in Reflexschadensfällen ausnahmsweise zulassen (vgl. §§ 117 I 2, 317 I 2 AktG). Dies ist etwa der Fall, wenn die Gesellschaft auf ihre Schadensersatzforderungen gegen die Verwaltungsmitglieder gem. § 93 IV 3 AktG wirksam verzichtet hat, die Gesellschaftsgläubiger nicht von ihrem Verfolgungsrecht nach §§ 93 V, 117 V AktG Gebrauch machen, sich kein nach § 147 I, III AktG erforderliches Minderheitsquorum bildet und die verantwortlichen Verwaltungsmitglieder nach Ablauf der dreijährigen Sperrfrist noch im Amt sind, oder die Ersatzforderungen der Gesellschaft gem. §§ 93 VI AktG (und/oder gem. § 117 VI AktG) verjährt sind und die verantwortlichen Verwaltungsmitglieder wiederholt bestellt wurden bzw. deren Amtszeit verlängert wurde.
Nur soweit die Gesellschafter weitere, über einen Verwässerungsschaden hinausgehende Vermögens(folge)schäden geltend machen, die nach dem Schutzzweck des Bezugsrechts ersatzfähig sind, wie etwa steuerliche Nachteile oder Verluste infolge von Steigerungen des Unternehmenswertes, können sie ohne weiteres Zahlung von Geldersatz in ihr Privatvermögen verlangen. Ebenso können diejenigen Aktionäre, die in erheblichem Maße an der Gesellschaft beteiligt sind, deren Quote ihnen bestimmte an einen Mindestanteilsbesitz geknüpfte Rechte vermittelt und für die bereits die Einbuße derartiger Rechte ein Vermögensschaden ist, Geldersatz fordern.

21. Der Ausgleichs- und Präventionswirkung der zur Verfügung stehenden nachträglichen Sanktionen kommt kaum praktische Bedeutung zu. Die Ansprüche und die Rechtsschutzmöglichkeiten, die den Aktionären wegen Pflichtverletzungen der Verwaltungsmitglieder im Fall des genehmigten Kapitals mit Bezugsrechtsausschluss zustehen, sind damit grundsätzlich kein gleichwertiger Ersatz für den Wegfall der präventiven gerichtlichen Kontrollmöglichkeit des Ermächtigungsbeschlusses in Form einer Anfechtungsklage. Pflichtwidriges Verwaltungshandeln bei Ausnutzung des genehmigten Kapitals mit Bezugsrechtsausschluss bleibt häufig sanktionslos, so dass den Verwaltungsmitgliedern in den Grenzen vertretbaren Handelns ein flexibler Spielraum zur Ausübung der Geschäftsführungs- und Finanzierungstätigkeit zusteht.

Literaturverzeichnis

Abeltshauser, Thomas E. Leitungshaftung im Kapitalgesellschaftsrecht - Zu den Sorgfalts- und Loyalitätspflichten von Unternehmensleitern im deutschen und US-amerikanischen Kapitalgesellschaftsrecht - Köln, Berlin, Bonn, München 1998

Altmeppen, Holger Ausgliederung zwecks Organschaftsbildung gegen die Sperrminorität? DB 1998, 49 ff.

Assmann, Heinz-Dieter Rechtsanwendungsprobleme des Insiderrechts AG 1997, 50 ff.

Assmann, Heinz-Dieter / Schneider, Uwe H. Wertpapierhandelsgesetz-Kommentar 2. Auflage Köln 1999 (zitiert: *Bearbeiter*, in: Assmann/Schneider, WpHG)

Aubel, Stephan Der vereinfachte Bezugsrechtsausschluß - Aktionärs- und Gesellschaftsinteressen beim vereinfachten Bezugsrechtsausschluß nach Maßgabe des § 186 Absatz 3 Satz 4 AktG - Frankfurt am Main, Berlin, Bern, New York, Paris, Wien 1998

Barthel, Carl W. Unternehmenswert: Die nutzungsorientierten Bewertungsverfahren - Zur Fragwürdigkeit des sogenannten „Allgemeingültigkeitsanspruches des Ertragswertverfahrens" - DStR 1995, 343 ff.

Baumbach, Adolf/ Hueck, Alfred Aktiengesetz 13. Auflage München 1968 (zitiert: *Bearbeiter*, AktG)

Baumbach, Adolf/ Lauterbach, Wolfgang/ Albers, Jan/ Hartmann, Peter Kommentar zur Zivilprozeßordnung 59. Auflage München 2001

Baums, Theodor Der Geschäftsleitervertrag - Begründung, Inhalt und Beendigung der Rechtsstellung der Vorstandsmitglieder und Geschäftsführer in den Kapitalgesellschaften und Genossenschaften -
Köln 1987

Baums, Theodor Ersatz von Reflexschäden in der Kapitalgesellschaft - Besprechung der Entscheidung BGH WM 1987, 13 ff. -
ZGR 1987, 554 ff.

Baums, Theodor Haftung wegen Falschinformation des Sekundärmarktes
ZHR 167 (2003), 139 ff.

Baums, Theodor Stellungnahme zur Aktienrechtsreform 1997
in: AG Sonderheft 1997, 26 ff.

Bayer, Walter Kapitalerhöhung mit Bezugsrechtsausschluß und Vermögensschutz der Aktionäre nach § 255 Abs. 2 AktG
ZHR 163 (1999), 505 ff.

Becker, Helmut Bezugsrechtsausschluß gemäß § 186 Absatz 4 Satz 2 des Aktiengesetzes in der Fassung der 2. EG-Richtlinie
BB 1981, 394 ff.

Benner-Heinacher, Jella Kollidiert die Auskunftspflicht des Vorstands mit dem Insidergesetz?
DB 1995, 765 f.

Binge, Christoph Gesellschafterklagen gegen Maßnahmen der Geschäftsführer in der GmbH
Köln, Berlin, Bonn, München 1994

Bork, Reinhard Das „Klageerzwingungsverfahren" nach § 147 Abs. 3 RefE AktG – Auf dem Weg zur „Aktionärsklage"?
in: RWS Forum 10 Gesellschaftsrecht 1997, S. 53 ff.
Hrsg.: Hommelhoff, Peter; Röhricht, Volker
Köln 1998
(zitiert: *Bearbeiter*, in: RWS Forum Gesellschaftsrecht 1997)

Bosse, Christian
Informationspflichten des Vorstands beim Bezugsrechtsausschluss im Rahmen des Beschlusses und der Ausnutzung eines genehmigten Kapitals
ZIP 2001, 104 ff.

Boujong, Karlheinz
Anmerkung
Dzwir 1997, 326 ff.

Brandes, Helmut
Ersatz von Gesellschafts- und Gesellschafterschaden
in: Festschrift für Hans-Joachim Fleck, S. 13 ff.
Hrsg.: Goerdeler, Reinhard; Hommelhoff, Peter; Lutter, Marcus; Wiedemann, Herbert
Berlin, New York 1988
(zitiert: *Brandes*, in: Festschrift Fleck)

Brondics, Klaus
Die Aktionärsklage
Berlin 1988

Bungert, Hartwin
Bezugsrechtsausschluß zur Plazierung neuer Aktien im Ausland - Zum Deutsche-Bank-Urteil des BGH vom 7. März 1994
WM 1995, 1 ff.

Bungert, Hartwin
Die Liberalisierung des Bezugsrechtsausschlusses im Aktienrecht
NJW 1998, 488 ff.

Bungert, Hartwin
Festschreibung der ungeschriebenen „Holzmüller"-Hauptversammlungszuständigkeiten bei der Aktiengesellschaft - Besprechung der Gelatine-Urteile des BGH vom 26.4.2004
BB 2004, 1345 ff.

Burgard, Ulrich
Adhoc-Publizität bei gestreckten Sachverhalten und mehrstufigen Entscheidungsprozessen
ZHR 162 (1998), 51 ff.

Cahn, Andreas
Ansprüche und Klagemöglichkeiten der Aktionäre wegen Pflichtverletzungen der Verwaltung beim genehmigten Kapital
ZHR 164 (2000), 113 ff.

Cahn, Andreas Entscheidungen des Bundesaufsichtsamtes für den Wertpapierhandel nach § 15 Abs. 1 Satz 2 WpHG
WM 1998, 272 ff.

Cahn, Andreas Grenzen des Markt- und Anlegerschutzes durch das WpHG
ZHR 162 (1998), 1 ff.

Cahn, Andreas Kapitalerhaltung im Konzern
Köln, Berlin, Bonn, München 1998

Cahn, Andreas Pflichten des Vorstandes beim genehmigten Kapital mit Bezugsrechtsausschluß
ZHR 163 (1999), 554 ff.

Claussen, Carsten P. Aktienrechtsreform 1997
AG 1996, 481 ff.

Claussen, Carsten P. Das Gesetz über die kleine Aktiengesellschaft - und die ersten praktischen Erfahrungen
WM 1996, 609 ff.

Claussen, Carsten P. Die vier aktienrechtlichen Änderungsgesetze des 12. Deutschen Bundestages – Reform oder Aktionismus?
AG 1995, 163 ff.

Claussen, Carsten P. Hauptversammlung und Internet
AG 2001, 161 ff.

Damm, Reinhard Einstweiliger Rechtsschutz im Gesellschaftsrecht
ZHR 154 (1990), 413 ff.

Diekmann, Hans / Leuering, Dieter Der Referentenentwurf eines Gesetzes zur Unternehmensintegrität und Modernisierung des Anfechtungsrechts (UMAG)
NZG 2004, 249 ff.

Dreher, Meinrad Anmerkung
JZ 1997, 1074 ff.

Dreher, Meinrad Nochmals: Das unternehmerische Ermessen des Aufsichtsrats - Antwort auf Marcus Lutter, ZIP 1995, 441 -
ZIP 1995, 628 f.

Deutsche Börse AG
Insiderhandelsverbote und Ad hoc-Publizität nach dem Wertpapierhandelsgesetz - Erläuterungen und Empfehlungen zur Behandlung kursbeeinflussender Tatsachen gemäß §§ 12 ff. Wertpapierhandelsgesetz
WM 1994, 2038 ff.

Ebenroth, Thomas
Die Kompetenzen des Vorstands und der Aktionärsschutz in der Konzernobergesellschaft
AG 1988, 1 ff.

Ebenroth, Carsten Thomas / Damm, Thomas
Die Kompetenzen des Vorstandes einer Aktiengesellschaft bei der Durchführung und Abwehr unkoordinierter Übernahmen (Teil I)
DB 1991, 1105 ff.

Ebenroth, Thomas/ Müller, Andreas
Die Beeinträchtigung der Aktionärsinteressen beim teilweisen Bezugsrechtsausschluß auf Genußrechte
BB 1993, 509 ff.

Eichele, Hans
Finanzanalysten und Wirtschaftsjournalisten als Primärinsider
WM 1997, 501 ff.

Ekkenga, Jens
Börsengang und Bezugsrechtsausschluß
in: VGR, Gesellschaftsrecht in der Diskussion 2000, VGR Bd. 3 (2001), S. 77 ff.
Köln 2001

Ekkenga, Jens
Das Organisationsrecht des genehmigten Kapitals (Teil I)
AG 2001, 567 ff.

Ekkenga, Jens
Das Organisationsrecht des genehmigten Kapitals (Teil II)
AG 2001, 615 ff.

Ekkenga, Jens
Die Ad hoc-Publizität im System der Marktordnungen - Plädoyer für eine Kapitalmarktrechtliche statt gesellschaftsrechtliche Interpretation des § 15 WpHG
ZGR 1999, 165 ff.

Ekkenga, Jens
Kapitalmarktrechtliche Aspekte des Bezugsrechts und Bezugsrechtsausschlusses
AG 1994, 59 ff.

Falkenhausen, Bernhard von	Verfassungsrechtliche Grenzen der Mehrheitsherrschaft nach dem Recht der Kapitalgesellschaften (AG und GmbH) Karlsruhe 1967
Fleck, Hans-Joachim	Zur Beweislast für pflichtwidriges Organhandeln GmbHR 1997, 237 ff.
Feddersen, Dieter / Kiem, Roger	Die Ausgliederung zwischen „Holzmüller" und neuem Umwandlungsrecht ZIP 1994, 1078 ff.
Fischer, Michael	Der Entscheidungsspielraum des Aufsichtsrats bei der Geltendmachung von Regreßansprüchen gegen Vorstandsmitglieder BB 1996, 225 ff.
Flume, Werner	Allgemeiner Teil des Bürgerlichen Rechts Erster Band / Zweiter Teil Die juristische Person Heidelberg, New York, Tokyo 1983
Frey, Caspar/Hirte, Heribert	Das Vorab- Bezugsrecht auf Aktien und Optionsanleihen ZIP 1991, 697 ff.
Fuhrmann, Lambertus	„Gelatine" und die Holzmüller-Doktrin: Ende einer juristischen Irrfahrt? AG 2004, 339 ff.
Fürhoff, Jens / Wölk, Armin	Aktuelle Fragen zur Ad hoc-Publizität WM 1997, 449 ff.
Gerkan, Hartwin von	Die Gesellschafterklage - Korreferat - ZGR 1988, 441 ff.
Gerkan, Hartwin von	Gesellschafterbeschlüsse, Ausübung des Stimmrechts und einstweiligen Rechtsschutz ZGR 1985, 167 ff.
Geßler, Ernst/Hefermehl, Wolfgang/ Eckardt, Ulrich/Kropff, Bruno	Kommentar zum Aktiengesetz Band I §§ 1-75 München 1973 (§§ 1-22), 1984 (§§ 23-53), 1983 (§§ 53 a-75) Band II §§ 76-147 München 1973/1974

Band IV §§ 179-240
München 1989 (§§ 179-191),
1993 (§§ 192-206),
1994 (§§ 207-240)
Band V §§ 241-290
München 1984 (§§ 241-261),
1986 (§§ 262-290)
(zitiert: *Bearbeiter*, in: Geßler/Hefermehl/Eckardt/Kropff, Kommentar zum AktG)

Goette, Wulf — Anmerkung
DStR 1997, 1463

Götz, Heinrich — Die Pflicht des Aufsichtsrats zur Haftbarmachung von Vorstandsmitgliedern - Besprechung des ARAG-Urteils des BGH -
NJW 1997, 3275 ff.

Götz, Heinrich — Organhaftpflichtprozesse in der Aktiengesellschaft - Eine Entgegnung auf Kallmeyer, AG 1997, 107 ff. -
AG 1997, 219 ff.

Götz, Heinrich — Stellungnahme zur Aktienrechtsreform 1997
in: AG Sonderheft 1997, 38 f.

Götz, Heinrich — Zustimmungsvorbehalte des Aufsichtsrats der Aktiengesellschaft
ZGR 1990, 633 ff.

Götz, Jürgen — Die unbefugte Weitergabe von Insidertatsachen - Anmerkungen zu § 14 Abs. 1 Nr. 2 WpHG -
DB 1995, 1949 ff.

Götze, Cornelius — „Gelatine“ statt „Holzmüller“ – Zur Reichweite ungeschriebener Mitwirkungsbefugnisse der Hauptversammlung
NZG 2004, 585 ff.

Groß, Wolfgang — Bezugsrechtsausschluß bei Barkapitalerhöhungen: Offene Fragen bei der Anwendung des neuen § 186 Abs. 3 Satz 4 AktG
DB 1994, 2431 ff.

Groß, Wolfgang — Bookbuilding
ZHR 162 (1998), 318 ff.

Groß, Wolfgang Der Inhalt des Bezugsrechts nach § 186 AktG - Ein Beitrag zum gekreuzten und faktischen Bezugsrechtsausschluß - AG 1993, 449 ff.

Groß, Wolfgang Deutsches Gesellschaftsrecht in Europa EuZW 1994, 395 ff.

Groß, Wolfgang Vorbereitung und Durchführung von Hauptversammlungsbeschlüssen zu Erwerb oder Veräußerung von Unternehmensbeteiligungen AG 1996, 111 ff.

Groß, Wolfgang Zuständigkeit der Hauptversammlung bei Erwerb und Veräußerung von Unternehmensbeteiligungen AG 1994, 266 ff.

Großfeld, Bernhard Aktiengesellschaft, Unternehmenskonzentration und Kleinaktionär Tübingen 1968

Großfeld, Bernhard Anmerkung JZ 1981, 234 ff.

Großfeld, Bernhard Europäische Unernehmensbewertung NZG 2002, 353 ff.

Großfeld, Bernhard Unternehmens- und Anteilsbewertung im Gesellschaftsrecht: Zur Barabfindung ausscheidender Gesellschafter 3. Auflage Köln 1994

Großfeld, Bernhard Unternehmens- und Anteilsbewertung im Gesellschaftsrecht 4. Auflage Köln 2002

Großfeld, Bernhard/ Brondics, Klaus Die Aktionärsklage - nun auch im deutschen Recht - Anmerkung zum Urteil des Bundesgerichtshofes vom 25.2.1982 – II ZR 174/80 - JZ 1982, 589 ff.

Großkommentar zum Aktiengesetz Hrsg.: Hopt, Klaus J.; Wiedemann, Herbert 7. Lieferung: §§ 23-40 4. Auflage

Berlin, New York 1997
11. Lieferung: §§ 92-94
4. Auflage
Berlin, New York 1999
5. Lieferung: §§ 179-191
4. Auflage
Berlin, New York 1995
18. Lieferung: §§ 192-206
4. Auflage
Berlin, New York 2001
6. Lieferung: §§ 241-255
4. Auflage
Berlin, New York 1996
(zitiert: *Bearbeiter*, in: Großkommentar zum AktG)

Grupp, Alexander — Börseneintritt und Börsenaustritt: individuelle und institutionelle Interessen
Berlin 1995

Habersack, Mathias — Aktienrecht und Internet
ZHR 165 (2001), 172 ff.

Habersack, Mathias — Die Aktionärsklage - Grundlagen, Grenzen und Anwendungsfälle
DStR 1998, 533 ff.

Habersack, Mathias — Die Mitgliedschaft - subjektives und „sonstiges" Recht
Tübingen 1996

Habersack, Mathias — Unwirksamkeit „zuständigkeitsbegründender" Durchbrechungen der GmbH-Satzung sowie darauf gerichteter schuldrechtlicher Nebenabreden - Besprechung der Entscheidung BGH NJW 1993, 2246 -
ZGR 1994, 354 ff.

Hadding, Walther — Ergibt die Vereinsmitgliedschaft „quasi-vertragliche" Ansprüche, „erhöhte Treue- und Förderpflichten" sowie ein „sonstiges Recht" im Sinne des § 823 I BGB? - Besprechung der Entscheidung BGHZ 110, 323 -
in: Festschrift für Alfred Kellermann, S. 91 ff.
ZGR Sonderheft 10

	Hrsg.: Goerdeler, Reinhard; Hommelhoff, Peter; Lutter, Marcus; Odersky, Walter; Wiedemann, Herbert Berlin, New York 1991 (zitiert: *Hadding*, in: Festschrift Kellermann)
Happ, Wilhelm/ Semler, Johannes	Adhoc-Publizität im Spannungsfeld von Gesellschaftsrecht und Anlegerschutz - Zum Begriff der „Tatsache" in § 15 WpHG bei mehrstufigen Entscheidungsprozessen - ZGR 1998, 116 ff.
Heermann, Peter W.	Unternehmerisches Ermessen, Organhaftung und Beweislastverteilung ZIP 1998, 761 ff.
Heermann, Peter W.	Wie weit reicht die Pflicht des Aufsichtsrats zur Geltendmachung von Schadensersatzansprüchen gegen Mitglieder des Vorstands? AG 1998, 201 ff.
Heidmeier, Heiner	Die Ad-hoc-Publizität gemäß § 44 a BörsG im System der Berichtspflichten für börsennotierte Aktiengesellschaften AG 1992, 110 ff.
Hein, Thomas	Rechtliche Fragen des Bookbuildings nach deutschem Recht WM 1996, 1 ff.
Heinsius, Theodor	Bezugsrechtsausschluß bei der Schaffung von Genehmigtem Kapital, Genehmigtes Kapital II in: Festschrift für Alfred Kellermann, S. 115 ff. ZGR Sonderheft 10 Hrsg.: Goerdeler, Reinhard; Hommelhoff, Peter; Lutter, Marcus; Odersky, Walter; Wiedemann, Herbert Berlin, New York 1991 (zitiert: *Heinsius*, in: Festschrift Kellermann)
Heinsius, Theodor	Organzuständigkeit bei Bildung, Erweiterung und Umorganisation des Konzerns ZGR 1984, 383 ff.
Heinze, Meinhard	Einstweiliger Rechtsschutz in aktienrechtlichen Anfechtungs- und Nichtigkeitsverfahren ZGR 1979, 293 ff.

Helms, Arne — Schadensersatzansprüche wegen Beeinträchtigung der Vereinsmitgliedschaft
München 1998

Henn, Günter — Handbuch des Aktienrechts
6. Auflage
Heidelberg 1998

Henze, Hartwig — Die „zweistufige" Konzernverschmelzung
AG 1993, 341 ff.

Henze, Hartwig — Höchstrichterliche Rechtsprechung zum Aktienrecht
2. Auflage
Köln 1994

Henze, Hartwig — Höchstrichterliche Rechtsprechung zum Aktienrecht
3. Auflage
Köln 1997

Henze, Hartwig — Höchstrichterliche Rechtsprechung zum Aktienrecht
5. Auflage
Köln 2002

Henze, Hartwig — Prüfungs- und Kontrollaufgaben des Aufsichtsrats in der Aktiengesellschaft - Die Entscheidungspraxis des BGH -
NJW 1998, 3309 ff.

Heuer, Carl-Heinz — Wer kontrolliert die „Kontrolleure"? - Anmerkungen zur Kochs-Adler-Entscheidung des Bundesgerichtshofes -
WM 1989, 1401 ff.

Hirte, Heribert — Anmerkungen und Anregungen zur geplanten gesetzlichen Neuregelung des Bezugsrechts
ZIP 1994, 356 ff.

Hirte, Heribert — Bezugsrechtsausschluß und Konzernbildung
Köln, Berlin, Bonn, München 1986

Hirte, Heribert — Beteiligungserwerb und Sacheinlage im Entwurf des Umwandlungsgesetzes
AG 1990, 373 ff.

Hirte, Heribert

Geldausgleich statt Inhaltskontrolle – Vermögensbezogener Aktionärsschutz in der börsennotierten AG -
WM 1997, 1001 ff.

Hirte, Heribert

Gesellschaftsinteresse und Gleichbehandlung beim Bezugsrechtsausschluß
ZHR 154 (1990), 374 ff.

Hirtz, Barnd

Darlegungs- und Glaubhaftmachungslast im einstweiligen Rechtsschutz
NJW 1986, 110 ff.

Hölters, Wolfgang

Handbuch des Unternehmens- und Beteiligungskaufs
5. Auflage
Köln 2002

Hoffmann-Becking, Michael

Gesetz zur „kleinen AG" – unwesentliche Randkorrekturen oder grundlegende Reform?
ZIP 1995, 1 ff.

Hoffmann-Becking, Michael

Neue Formen der Aktienemission
in: Festschrift für Otfried Lieberknecht,
S. 25 ff.
Hrsg.: Niederleithinger, Ernst; Werner, Rosemarie; Wiedemann, Gerhard
München 1997
(zitiert: *Hoffmann-Becking*, in: Festschrift Lieberknecht)

Hommelhoff, Peter

Anlegerinformationen im Aktien-, Bilanz- und Kapitalmarktrecht
ZGR 2000, 748 ff.

Hommelhoff, Peter

Die Konzernleitungspflicht
Köln, Berlin, Bonn, München 1982

**Hommelhoff, Peter/
Röhricht, Volker**

RWS Forum 10 Gesellschaftsrecht 1997
Köln 1998
(zitiert: *Bearbeiter*, in: RWS Forum Gesellschaftsrecht 1997)

Hopt, Klaus J.

Aktionärskreis und Vorstandsneutralität
ZGR 1993, 534 ff.

Hopt, Klaus J. Die Haftung von Vorstand und Aufsichtsrat - Zugleich ein Beitrag zur corporate governance-Debatte -
in: Festschrift für Ernst-Joachim Mestmäcker, S. 909 ff.
Hrsg.: Immenga, Ulrich; Möschel, Wernhard; Reuter, Dieter
Baden-Baden 1996
(zitiert: *Hopt*, in: Festschrift Mestmäcker)

Hopt, Klaus J. Europäisches und deutsches Insiderrecht
ZGR 1991, 17 ff.

Hopt, Klaus J. Grundsatz- und Praxisprobleme nach dem Wertpapierhandelsgesetz
ZHR 159 (1995), 135 ff.

Horn, Norbert Die Haftung des Vorstands der Aktiengesellschaft nach § 93 AktG und die Pflichten des Aufsichtsrats
ZIP 1997, 1129 ff.

Hübner, Ulrich Managerhaftung - Rechtsgrundlagen und Risikopotentiale einer persönlichen Inanspruchnahme der Unternehmensleiter von Kapitalgesellschaften -
München 1992

Hüffer, Uwe Aktienbezugsrechte als Bestandteil der Vergütung von Vorstandsmitgliedern und Mitarbeitern - gesellschaftsrechtliche Analyse
ZHR 161 (1997), 214 ff.

Hüffer, Uwe Aktiengesetz
4. Auflage
München 1999
(zitiert: *Hüffer*, AktG)

Hüffer, Uwe Aktiengesetz
5. Auflage
München 2002
(zitiert: *Hüffer*, AktG, 5. Auflage)

Hüffer, Uwe Anfechtungsbefugnis und Mindestanteilsbesitz - Vorschläge und Überlegungen zu einer gesetzlichen Neuorientierung

in: Festschrift für Hans Erich Brandner, S. 57 ff.
Hrsg.: Pfeiffer, Gerd; Kummer, Joachim; Scheuch, Silke
Köln 1996
(zitiert: *Hüffer*, in: Festschrift Brandner)

Hüttemann, Rainer | Unternehmensbewertung als Rechtsproblem
ZHR 162 (1998), 563 ff.

Ihlas, Horst | Organhaftung und Haftpflichtversicherung
Berlin 1997

Ihrig, Hans-Christoph | Genehmigter Kapital- und Bezugsrechtsausschluß
WiB 1997, 1181 f.

Immenga, Ulrich | Mehrheitserfordernisse bei einer Abstimmung der Hauptversammlung über die Übertragung vinkulierter Namensaktien
BB 1992, 2446 ff.

Joussen, Peter | Auskunftspflicht des Vorstands nach § 131 AktG und Insiderrecht
DB 1994, 2485 ff.

Kallmeyer, Harald | Bezugsrecht und Bezugsrechtsausschluß Vorschlag für eine neue Bezugsrechtsdoktrin von AG und KGaA
AG 1993, 249 ff.

Kallmeyer, Harald | Umwandlungsgesetz Kommentar - Verschmelzung, Spaltung und Formwechsel bei Handelsgesellschaften -
Köln 1997
(zitiert: *Bearbeiter*, in: Kallmeyer, UmwG)

Kerber, Markus | Anmerkung
DZWir 1998, 326 ff.

Keuk-Knobbe, Brigitte | Das Klagerecht des Gesellschafters einer Kapitalgesellschaft wegen gesetz- und satzungswidriger Maßnahmen der Geschäftsführung
in: Festschrift für Kurt Ballerstedt, S. 239 ff.
Hrsg.: Flume, Werner; Raisch, Peter; Steindorff, Ernst
Berlin 1975

(zitiert: *Keuk-Knobbe*, in: Festschrift Ballerstedt)

Kiem, Roger /Kotthoff, Jost — Ad-hoc-Publizität bei mehrstufigen Entscheidungsprozessen
DB 1995, 1999 ff.

Kimpler, Frank — Die Abgrenzung der Zuständigkeiten von Hauptversammlung und Vorstand bei der Kapitalerhöhung
Frankfurt am Main, Berlin, Bern, New York, Paris, Wien 1994

Kimpler, Frank — Probleme im Falle des Bezugsrechtsausschlusses beim genehmigten Kapital und bei Kapitalerhöhungen in Tochtergesellschaften
DB 1994, 767 ff.

Kindler, Peter — Bezugsrechtsausschluß und unternehmerisches Ermessen nach deutschem und europäischem Recht
ZGR 1998, 35 ff.

Kindler, Peter — Die sachliche Rechtfertigung des aktienrechtlichen Bezugsrechtsausschlusses im Lichte der Zweiten Gesellschaftsrechtlichen Richtlinie der Europäischen Gemeinschaft
ZHR 158 (1994), 339 ff.

Kindler, Peter — Unternehmerisches Ermessen und Pflichtenbindung
ZHR 162 (1998), 101 ff.

Kleindiek, Detlef — Deliktshaftung und juristische Person: zugleich zur Eigenhaftung von Unternehmensleitern
Tübingen 1997

Klette, Dieter — Die Rechtsfolgen eines zu niedrigen Emissionskurses beim genehmigten Kapital
BB 1968, 1101 ff.

Klette, Dieter — Die Überpari-Emission bei der Kapitalerhöhung gegen Einlagen (Teil II)
DB 1968, 2261 ff.

Knoll, Leonhard

Der Wert von Bezugsrechten und die materielle Rechtfertigung des Bezugsrechtsausschlusses bei Wandelschuldverschreibungen
ZIP 1998, 413 ff.

Kölner Kommentar zum Aktiengesetz

Hrsg.: Zöllner, Wolfgang
Band 1 §§ 1-147
1. Auflage
Köln, Berlin, Bonn, München 1985
Band 1 §§ 1-75
2. Auflage
Köln, Berlin, Bonn, München 1988
Band 2 §§ 148–290
1. Auflage
Köln, Berlin, Bonn, München 1985
Band 2 §§ 76-117
2. Auflage
Köln, Berlin, Bonn, München 1996
Band 5 / 1 §§ 179-240 AktG mit Nachtrag zum Gesetz vom 2. August 1994
2. Auflage
Köln, Berlin, Bonn, München 1995
(zitiert: *Bearbeiter*, in: Kölner Kommentar zum AktG)

Kommentar zum Umwandlungsrecht

Hrsg.: Goutier, Klaus; Knopf, Rüdiger; Tulloch, Anthony
Heidelberg 1996
(zitiert: *Bearbeiter*, in: Kommentar zum Umwandlungsrecht)

Korthals, Kerstin

Kapitalerhöhung zu höchsten Kursen - Eine Untersuchung unter Berücksichtigung des Aktionärsschutzes bei der Ausgabe von Aktien im US-amerikanischen Recht -
Frankfurt am Main, Berlin, Bern, New York, Paris, Wien 1995

Kort, Michael

Bestandsschutz fehlerhafter Strukturänderungen im Kapitalgesellschaftsrecht
München 1998

Kowalski, André

Der Ersatz von Gesellschafts- und Gesellschafterschaden - Zum gesellschaftsrechtlichen Zweckbindungsgedanken -
Köln 1990

Kreß, Simone
Gerichtliche Beschlußkontrolle im Kapitalgesellschaftsrecht
München 1996

Kreuzer, Karl
Die Haftung der Leitungsorgane von Kapitalgesellschaften
Baden-Baden 1991
(zitiert: *Bearbeiter*, in: Kreuzer, Die Haftung der Leitungsorgane von Kapitalgesellschaften)

Krieger, Gerd
Aktionärsklage zur Kontrolle des Vorstands- und Aufsichtsratshandelns
ZHR 163 (1999), 343 ff.

Kropff, Bruno
Aktiengesetz
Düsseldorf 1965

Kübler, Friedrich
Aktie, Unternehmensfinanzierung und Kapitalmarkt
Köln 1989

Kübler, Friedrich
Erleichterter Bezugsrechtsausschluß: Hoffnungen für den Kapitalmarkt?
WM 1994, 1970

Kübler, Friedrich
Gesellschaftsrecht
3. Auflage
Heidelberg 1990

Kübler, Friedrich
Sind zwingende Bezugsrechte wirtschaftlich sinnvoll?
ZBB 1993, 1 ff.

Kübler, Friedrich/ Mendelson, Morris/ Mundheim, Robert H.
Die Kosten des Bezugsrechts – Eine rechtsökonomische Analyse des amerikanischen Erfahrungsmaterials
AG 1990, 461 ff.

Kümpel, Siegfried
Bank- und Kapitalmarktrecht
2. Auflage
Köln 2000

Kümpel, Siegfried
Zum Begriff der Insidertatsache
WM 1994, 2137 ff.

Lutter, Marcus
Anmerkung
JZ 1998, 50 ff.

Lutter, Marcus Bezugsrechtsausschluß und genehmigtes Kapital
BB 1981, 861 ff.

Lutter, Marcus Das neue „Gesetz für kleine Aktiengesellschaften und zur Deregulierung des Aktienrechts"
AG 1994, 429 ff.

Lutter, Marcus Die Rechte der Gesellschafter beim Abschluß fusionsähnlicher Unternehmensverbindungen
DB 1973, Beilage Nr. 21

Lutter, Marcus Die Treupflicht des Aktionärs - Bemerkungen zur Linotype-Entscheidung des BGH
ZHR 153 (1989), 446 ff.

Lutter, Marcus Gesellschaftsrecht und Kapitalmarkt
in: Festschrift für Wolfgang Zöllner, S. 363 ff.
Band I
Hrsg.: Lieb, Manfred; Noack, Ulrich; Westermann, Harm Peter
Köln, Berlin, Bonn, München 1998
(zitiert: *Lutter*, in: Festschrift Zöllner)

Lutter, Marcus Materielle und förmliche Erfordernisse eines Bezugsrechtsausschlusses - Besprechung der Entscheidung BGHZ 71, 40 (Kali + Salz) -
ZGR 1979, 401 ff.

Lutter, Marcus Theorie der Mitgliedschaft
AcP 1980, 84 ff.

Lutter, Marcus UmwG
Band I (§§ 1-151)
Band II (§§ 152 – 325)
2. Auflage
Köln 2000
(zitiert: *Bearbeiter*, in: Lutter, UmwG)

Lutter, Marcus Zum unternehmerischen Ermessen des Aufsichtsrats
ZIP 1995, 441

Lutter, Marcus/Krieger, Gerd Rechte und Pflichten des Aufsichtsrats
3. Auflage
Freiburg im Breisgau 1993

Lutter, Marcus/ Leinekugel, Rolf

Der Ermächtigungsbeschluß der Hauptversammlung zu grundlegenden Strukturmaßnahmen - zulässige Kompetenzübertragung oder unzulässige Selbstentmachtung?
ZIP 1998, 805 ff.

Luttermann, Claus

Zum Börsenkurs als gesellschaftsrechtliche Bewertungsgrundlage
ZIP 1999, 45 ff.

Marsch, Reinhard

Zum Bericht des Vorstands nach § 186 Abs. 4 Satz 2 AktG beim genehmigten Kapital
AG 1981, 211 ff.

Marsch-Barner, Reinhard

Die Erleichterung des Bezugsrechtsausschlusses nach § 186 Abs. 3 Satz 4 AktG
AG 1994, 532 ff.

Martens, Klaus-Peter

Der Ausschluß des Bezugsrechts
ZIP 1992, 1677 ff.

Martens, Klaus-Peter

Der Ausschluß des Bezugsrechts:
BGHZ 33, S.175
in: Festschrift für Robert Fischer, S. 437 ff.
Hrsg.: Lutter, Marcus; Stimpel, Walter; Wiedemann, Herbert
Berlin, New York 1979
(zitiert: *Martens*, in: Festschrift Fischer)

Martens, Klaus-Peter

Der Bezugsrechtsausschluß anläßlich eines ausländischen Beteiligungserwerbs
in: Festschrift für Ernst Steindorff, S. 151 ff.
Hrsg.: Baur, Jürgen F.; Hopt, Klaus J.; Mailänder, K. Peter
Berlin, New York 1990
(zitiert: *Martens*, in: Festschrift Steindorff)

Martens, Klaus-Peter

Die Anzeigepflicht des Verlustes des Garantiekapitals nach dem AktG und dem GmbHG - Zur Informationspolitik in den Kapitalgesellschaften -
ZGR 1972, 254 ff.

Martens, Klaus-Peter

Die Entscheidungsautonomie des Vorstands und die „Basisdemokratie" in der Aktiengesellschaft
ZHR 147 (1983), 377 ff.

Martens, Klaus-Peter | Die Vergleichs- und Abfindungsbefugnis des Vorstands gegenüber opponierenden Aktionären
AG 1988, 118 ff.

Martens, Klaus-Peter | Richterliche und gesetzliche Konkretisierungen des Bezugsrechtsausschlusses
ZIP 1994, 669 ff.

Medicus, Dieter | Deliktische Außenhaftung der Vorstandsmitglieder und Geschäftsführer
ZGR 1998, 570 ff.

Meilicke, Wienand/ Heidel, Thomas | Die Pflicht des Vorstandes der AG zur Unterrichtung der Aktionäre vor dem Bezugsrechtsausschluß beim genehmigten Kapital
DB 2000, 2358 ff.

Mertens, Hans-Joachim | Deliktsrecht und Sonderprivatrecht - Zur Rechtsfortbildung des deliktischen Schutzes von Vermögensinteressen
AcP 1978, 227 ff.

Mertens, Hans-Joachim | Der Aktionär als Wahrer des Rechts? Aktuelle Probleme der Durchsetzung von Aktionärsinteressen
AG 1990, 49 ff.

Mertens, Hans-Joachim | Die Geschäftsführungshaftung in der GmbH und das ITT-Urteil
in: Festschrift für Robert Fischer, S. 461 ff.
Hrsg.: Lutter, Marcus; Stimpel, Walter; Wiedemann, Herbert
Berlin, New York 1979
(zitiert: *Mertens*, in: Festschrift Fischer)

Mertens, Hans-Joachim | Unternehmensgegenstand und Mitgliedschaftsrecht - Urteilsanmerkung zu LG Mainz vom 1.4.1977 -
AG 1978, 309 ff.

Mestmäcker, Ernst-Joachim | Zur aktienrechtlichen Stellung der Verwaltung bei Kapitalerhöhungen
BB 1961, 945 ff.

Mülbert, Peter O.
Aktiengesellschaft, Unternehmensgruppe und Kapitalmarkt
München 1995

Müller, Gerd
Gesellschafts- und Gesellschafterschaden
in: Festschrift für Alfred Kellermann, S. 317 ff.
ZGR Sonderheft 10
Hrsg.: Goerdeler, Reinhard; Hommelhoff, Peter; Lutter, Marcus; Odersky, Walter; Wiedemann, Herbert
Berlin, New York 1991
(zitiert: *Müller*, in: Festschrift Kellermann)

Münchener
Kommentar zum Aktiengesetz
Hrsg.: Kropff, Bruno; Semler, Johannes
Band 1 (§§ 1-53)
2. Auflage
München 2000
Band 7 (§§ 222-277)
2. Auflage
München 2001

Münchener
Kommentar zur Zivilprozeßordnung
Hrsg.: Lüke, Gerhard; Walchshöfer, Alfred; Wax, Peter
Band 1 (§§ 1-354)
1. Auflage
München 1992
2. Auflage
München 2000
Band 3 (§§ 803-1048)
EGZPO, GVG, EGGVG, IZPR
1. Auflage
München 1992
Band 3 (§§ 803–1066)
EGZPO, GVG, EGGVG, IZPR
2. Auflage
München 2001

Münchener
Kommentar zum Bürgerlichen Gesetzbuch
Hrsg.: Rebmann, Kurt; Säcken, Jürgen; Rixecker, Roland
Band 2 (§§ 241-432)
Schuldrecht Besonderer Teil III
Band 5 (§§ 705-853)
PartGG, ProdHaftG

Sachenrecht
Band 6 (§§ 854-1296)
3. Auflage
München 1997

Münchener Handbuch des Gesellschaftsrechts, Band IV, Aktiengesellschaft
Hrsg.: Hoffmann-Becking, Michael
2. Auflage
München 1999
(zitiert: *Bearbeiter*, in: Münchener Handbuch, Aktiengesellschaft)

Mutter, Stefan Unternehmerische Entscheidungen und Haftung des Aufsichtsrats der AG
Köln 1994

Noack, Ulrich Hauptversammlung und Neue Medien
BB 1998, 2533 ff.

Noack, Ulrich Moderne Kommunikationsformen vor den Toren des Unternehmensrechts
ZGR 1998, 592 ff.

Palandt, Otto Kommentar zum Bürgerlichen Gesetzbuch
59. Auflage
München 2000
(zitiert: *Bearbeiter*, in: Palandt, BGB Kommentar)

Palandt, Otto Kommentar zum Bürgerlichen Gesetzbuch
62. Auflage
München 2003
(zitiert: *Bearbeiter*, in: Palandt, BGB Kommentar, 62. Auflage)

Pananis, Panos Zur Abgrenzung von Insidertatsache und ad-hoc-publizitätspflichtigem Sachverhalt bei mehrstufigen Entscheidungsprozessen
WM 1997, 460 ff.

Peemöller, Volker H. Grundsätze der Unternehmensbewertung - Anmerkungen zum Standard IDW S 1
DStR 2001, 1401 ff.

Piltz, Detlev Jürgen — Die Unternehmensbewertung in der Rechtsprechung
2. Auflage
Düsseldorf 1989

Pluta, Jörg — Stellungnahme
Das Wertpapier, Heft 22/1997, S. 182 ff.

Priester, Hans Joachim — Satzungsänderung und Satzungsdurchbrechung - Voraussetzungen und Grenzen satzungsdurchbrechender Beschlüsse -
ZHR 151 (1987), 40 ff.

Priester, Hans-Joachim — Die klassische Ausgliederung - ein Opfer des Umwandlungsgesetzes 1994
ZHR 163 (1999), 187 ff.

Quack, Karlheinz — Die Schaffung genehmigten Kapitals unter Ausschluß des Bezugsrechtes der Aktionäre
ZGR 1983, 257 ff.

Raiser, Thomas — Das Recht der Gesellschafterklagen
ZHR 153 (1989), 1 ff.

Raiser, Thomas — Pflicht und Ermessen von Aufsichtsratsmitgliedern - Zum Urteil des OLG Düsseldorf im Fall ARAG/Garmenbeck -
NJW 1996, 552 ff.

Raiser, Thomas — Recht der Kapitalgesellschaften
2. Auflage
München 1992

Rehbinder, Eckard — Zum konzernrechtlichen Schutz der Aktionäre einer Obergesellschaft - Besprechung der Entscheidung BGHZ 83, 122 „Holzmüller" -
ZGR 1983, 92 ff.

Reichert, Bernhard — Handbuch des Vereins- und Verbandsrechts
7. Auflage
Neuwied, Kriftel, Berlin 1999

Reuter, Alexander — Das Auskunftsrecht des Aktionärs - neuere Rechtsprechung
DB 1988, 2615 ff.

Reuter, Dieter Die Mitgliedschaft als sonstiges Recht i.S.d. § 823 I BGB
in: Festschrift für Hermann Lange, S. 707 ff.
Hrsg.: Medicus, Dieter; Mertens, Hans-Joachim; Nörr, Knut Wolfgang; Zöllner, Wolfgang
Stuttgart, Berlin, Köln 1992
(zitiert: *Reuter*, in: Festschrift Lange)

Riegger, Bodo Der Börsenkurs als Untergrenze der Abfindung? - Anmerkungen zum Beschluß des Bundesverfassungsgerichts vom 27.4.1999 -
DB 1999, 1889 ff.

Riegger, Bodo Hauptversammlung und Internet
ZHR 165 (2001), 204 ff.

Riegger, Bodo/ Mutter, Stefan Zum Einsatz neuer Kommunikationsmodelle in Hauptversammlungen von Aktiengesellschaften
ZIP 1998, 637 ff.

Schanz, Kay-Michael Börseneinführung
Recht und Praxis des Börsengangs
München 2000

Scheifele, Bernd Zur Praxis des gekreuzten Bezugsrechtsausschlusses
BB 1990, 497 ff.

Schlaus, Wilhelm Auskauf opponierender Aktionäre
AG 1988, 113 ff.

Schlitt, Michael/ Seiler, Oliver Einstweiliger Rechtsschutz im Recht der börsennotierten Aktiengesellschaften
ZHR 166 (2002), 544 ff.

Schmidt, Karsten Die Vereinsmitgliedschaft als Grundlage von Schadensersatzansprüchen
- Positive „Vertragsverletzung" und „sonstiges Recht" im Innenrecht des Vereins -
JZ 1991, 157 ff.

Schmidt, Karsten Gesellschaftsrecht
3. Auflage
Köln, Berlin, Bonn, München 1997

Schneider, Uwe/ Singhof, Bernd

Die Weitergabe von Insidertatsachen in der konzernfreien Aktiengesellschaft, insbesondere im Rahmen der Hauptversammlung und an einzelne Aktionäre - Ein Beitrag zum Verhältnis von Gesellschaftsrecht und Kapitalmarktrecht -
in: Festschrift für Alfons Kraft, S. 585 ff.
Hrsg.: Hönn, Günther; Kouzen, Horst; Kreutz, Peter
Neuwied 1998
(zitiert: *Schneider/Singhof*, in: Festschrift Kraft)

Schockenhoff, Martin

Der rechtmäßige Bezugsrechtsausschluß
AG 1994, 45 ff.

Schockenhoff, Martin

Gesellschaftsinteresse und Gleichbehandlung beim Bezugsrechtsausschluß
Köln, Berlin, Bonn, München 1988

Schönke, Adolf/ Schröder, Horst

Strafgesetzbuch Kommentar
26. Auflage
München 2001

Schulz/Gardyan, Olaf

Die sogenannte Aktionärsklage
Berlin 1991

Schumann, Günter

Optionsanleihen: rechtliche Grundlagen und aktuelle Probleme
Köln, Berlin, Bonn, München 1990

Schuschke, Winfried/ Walker, Wolf-Dietrich

Vollstreckung und Vorläufiger Rechtsschutz
Kommentar zum Achten Buch der ZPO
Band II, Arrest, Einstweilige Verfügung
(§§ 916–945 ZPO)
2. Auflage
Köln, Berlin, Bonn, München 1999

Schwark, Eberhard

Börsengesetz - Kommentar zum Börsengesetz und zu den börsenrechtlichen Nebenbestimmungen
2. Auflage
München 1994

Schwark, Eberhard

Der vereinfachte Bezugsrechtsausschluß - zur Auslegung des § 186 Abs. 3 Satz 4 AktG

in: Festschrift für Carsten Peter Claussen, S. 357 ff.
Hrsg.: Martens, Klaus-Peter; Westermann, Hans Peter; Zöllner, Wolfgang
Köln, Berlin, Bonn, München 1997
(zitiert: *Schwark*, in: Festschrift Claussen)

Seibert, Ulrich
„Kleine AG" im Rechtsausschuß verabschiedet
ZIP 1994, 914 ff.

Seibert, Ulrich/ Köster, Beate-Katrin/ Kiem, Roger
Die kleine Aktiengesellschaft
3. Auflage
Köln 1996

Semler, Franz-Jörg
Einstweilige Verfügungen bei Gesellschafterauseinandersetzungen
BB 1979, 1533 ff.

Semler, Johannes
Einschränkung der Verwaltungsbefugnisse in einer Aktiengesellschaft
BB 1983, 1566 ff.

Semler, Johannes
Leitung und Überwachung der Aktiengesellschaft: die Leitungsaufgabe des Vorstands und die Überwachungsaufgabe des Aufsichtsrats
2. Auflage
Köln, Berlin, Bonn, München 1996

Sethe, Rolf
Die Berichtserfordernisse beim Bezugsrechtsausschluß und ihre mögliche Heilung am Beispiel der Emission junger Aktien und Genußrechte
AG 1994, 342 ff.

Seydel, Eberhard
Konzernbildungskontrolle bei der Aktiengesellschaft
1. Auflage
Baden-Baden 1995

Simon, Jürgen
Zeitliche Begrenzung des Bezugsrechtsausschlusses beim genehmigten Kapital
AG 1985, 237 ff.

Simon, Stefan
Von „Holzmüller" zu „Gelatine" - Ungeschriebene Hauptversammlungszuständigkei-

ten im Lichte der BGH-Rechtsprechung (Teil I)
DStR 2004, 1482 ff.

Soergel, Hs. Th.
Kommentar zum Bürgerlichen Gesetzbuch mit Einführungsgesetz und Nebengesetzen
Hrsg.: Hofrat, Bayer; Siebert, W.; Baur, Jürgen F.
Band 1
Allgemeiner Teil (§§ 1-240)
12. Auflage
Stuttgart, Berlin, Köln, Mainz 1987
Band 5 / 2
Schuldrecht IV / 2 (§§ 823-853)
12. Auflage
Stuttgart, Berlin, Köln 1999
(zitiert: *Bearbeiter*, in: Soergel, BGB Kommentar)

Sommerschuh, Dietrich
Der Emissionskurs bei der Begebung neuer Aktien
AG 1966, 354 ff.

Spindler, Gerald
Internet und Corporate Governance - ein neuer virtueller (T)Raum?
ZGR 2000, 420 ff.

Staub, Hermann
Großkommentar zum Handelsgesetzbuch
Hrsg.: Canaris, Claus-Wilhelm; Schilling, Wolfgang; Ulmer, Peter
Erster Band
Einleitung (§§ 1-104)
4. Auflage
Berlin, New York 1995

Stebut, Dietrich von
Geheimnisschutz und Verschwiegenheitspflicht im Aktienrecht
Köln, Berlin, Bonn, München 1972

Steinbeck, Claudia
Überwachungspflicht und Einwirkungsmöglichkeiten des Aufsichtsrats in der Aktiengesellschaft
Berlin 1992

Steinhauer, Carsten
Der Börsenpreis als Bewertungsgrundlage für den Abfindungsanspruch von Aktionären
AG 1999, 299 ff.

Sturies, Rainer — Bezugsrechtsausschluß bei Kapitalerhöhung - Voraussetzungen und Berichtspflicht - Anmerkungen zur neueren Rechtsprechung des BGH
WPg 1982, 581 ff.

Sünner, Eckart — Aktionärsklage zur Kontrolle des Vorstands- und Aufsichtsratshandelns - Auch vor dem Hintergrund der US-Erfahrungen mit dem Shareholder Derivative Suit -
ZHR 163 (1999), 364 ff.

Sünner, Eckart — Aktionärsschutz und Aktienrecht - Anmerkungen zur Seehafenbetriebe-Entscheidung des BGH -
AG 1983, 169 ff.

Technau, Konstantin — Rechtsfragen bei der Gestaltung von Übernahmeverträgen („Underwriting Agreements") im Zusammenhang mit Aktienemissionen
AG 1998, 445 ff.

Timm, Wolframm — Die Aktiengesellschaft als Konzernspitze - die Zuständigkeitsordnung bei der Konzernbildung und der Konzernumbildung
Köln, Berlin, Bonn, München 1980

Timm, Wolfram — Der Bezugsrechtsausschluß beim genehmigten Kapital
DB 1982, 211 ff.

Timm, Wolfram — Minderheitenschutz im GmbH-Verschmelzungsrecht
AG 1982, 93 ff.

Thomas, Heinz/ Putzo, Hans — Zivilprozeßordnung
22. Auflage
München 1999

Thümmel, Roderich C. — Haftung für geschönte Ad-hoc-Meldungen: Neues Risikofeld für Vorstände oder ergebnisorientierte Einzelfallrechtsprechung?
DB 2001, 2331 ff.

Thümmel, Roderich C. — Persönliche Haftung von Mangern und Aufsichtsräten - Haftungsrisiken bei Managementfehlern, Risikobegrenzung und D&O Versicherung

2. Auflage
Stuttgart, München, Hannover, Berlin, Weimar, Dresden 1998

Trapp, Christoph
Erleichterter Bezugsrechtsausschluß nach § 186 Abs. 3 S. 4 AktG und Greenshoe
AG 1997, 115 ff.

Trockels, Friedrich
„Business Judgement Rule“ und „Corporate Take-overs“
AG 1990, 139 ff.

Tröndle, Herbert/ Fischer, Thomas
Strafgesetzbuch und Nebengesetze
50. Auflage
München 2001

Ulmer, Peter
Die Aktionärsklage als Instrument zur Kontrolle des Vorstands- und Aufsichtsratshandelns - Vor dem Hintergrund der US-Erfahrungen mit dem shareholders` derivative action-
ZHR 163 (1999), 290 ff.

Van Venrooy, Gerd J.
Berichtspflicht des Vorstands beim genehmigten Kapital? - Ein Beitrag zur Auslegung der §§ 186 Abs. 4 Satz 2, 203 Absatz 2 Satz 2 AktG -
DB 1982, 735 ff.

Veil, Rüdiger
Aktuelle Probleme im Ausgliederungsrecht
ZIP 1998, 361 ff.

Volhard, Rüdiger
„Siemens/Nold“: Die Quittung
AG 1998, 397 ff.

Vollmer, Lothar
Die Verteilung der Finanzierungskompetenzen bei der Aktiengesellschaft - Ein ungelöstes Problem der aktienrechtlichen Finanzverfassung
AG 1991, 94 ff.

Vollmer, Lothar/ Lorch, Bernhard
Der Ausschluß des Bezugsrechts von Minderheitsaktionären auf Genußscheine und andere stimmrechtslose Titel
DB 1991, 1313 ff.

Weber, Martin
Vormitgliedschaftliche Treubindungen: Begründung, Reichweite und Vorauswirkung gesellschaftsrechtlicher Treuepflichten
München 1999

Wellkamp, Ludger
Aktionärsschutz
Bonn 1998

Wellkamp, Ludger
Die Gesellschafterklage im Spannungsfeld von Unternehmensführung und Mitgliedsrechten
DZWir 1994, 221 ff.

Westerfelhaus, Herwarth
IDW-Unternehmensbewertung verkennt Anforderungen der Praxis
NZG 2001, 673 ff.

Westermann, Peter
Organzuständigkeit bei Bildung, Erweiterung und Umorganisation des Konzerns
ZGR 1984, 352 ff.

Wiedemann, Herbert
Ausgabekurs und Bezugskurs beim mittelbaren Bezugsrecht
WM 1979, 990 ff.

Wiedemann, Herbert
Die Unternehmensgruppe im Privatrecht
Tübingen 1988

Wiedemann, Herbert
Organverantwortung und Gesellschafterklagen in der Aktiengesellschaft
Düsseldorf 1989

Willamowski, Marcus
Bookbuilding - Die marktorientierte Emission von Aktien nach deutschem und US-amerikanischem Recht -
Köln 2000

Winter, Martin
Mitgliedschaftliche Treubindungen im GmbH-Recht
München 1987

Wittich, Georg
Erfahrungen mit der Ad hoc-Publizität in Deutschland
AG 1997, 1 ff.

Wölk, Armin
Ad hoc-Publizität - Erfahrungen aus der Sicht des Bundesaufsichtsamts für den Wertpapierhandel
AG 1997, 73 ff.

Würdinger, Hans
Aktienrecht
4. Auflage
Karlsruhe 1981

Zimmer, Daniel
Das Gesetz zur Kontrolle und Transparenz im Unternehmensbereich - Ein „Omnibus-Gesetz" bringt die Aktienrechtsnovelle 1998 und weitere wichtige Neuerungen für das Handels- und Wirtschaftsrecht -
NJW 1998, 3521 ff.

Zöller, Richard
Kommentar zur Zivilprozeßordnung
Bearb. v.: Geimer, Reinhold; Greger, Reinhard; Gummer, Peter; Herget, Kurt; Philippi, Peter; Stöber, Kurt; Vollkommer, Max
21. Auflage
Köln 1999
(zitiert: *Bearbeiter*, in: Zöller, ZPO Kommentar)

Zöllner, Wolfgang
Aktienrechtsreform in Permanenz - Was wird aus den Rechten des Aktionärs?
AG 1994, 336 ff.

Zöllner, Wolfgang
Die Anpassung dividendensatzbezogener Verpflichtungen von Kapitalgesellschaften bei effektiver Kapitalerhöhung
ZGR 1986, 288 ff.

Zöllner, Wolfgang
Die sogenannten Gesellschafterklagen im Kapitalgesellschaftsrecht
ZGR 1988, 392 ff.

Zöllner, Wolfgang
Kontrollrechte des einzelnen Aktionärs: Beschränkung, Erweiterung und Mißbrauchsbekämpfung
in: ZGR Sonderheft 12: Reformbedarf im Aktienrecht, S. 147 ff.
Hrsg.: Semler, Johannes; Hommelhoff, Peter; Doralt, Peter; Druey, Jean Nicolas
Berlin, New York 1994
(zitiert: *Zöllner*, in: ZGR Sonderheft 12)

Zutt, Jürg
Einstweiliger Rechtsschutz bei Stimmbindungen
ZHR 155 (1991), 190 ff.

FSC
www.fsc.org
MIX
Papier | Fördert gute Waldnutzung
FSC® C083411

Kolibri 360 GmbH
Ferdinand-Jühlke-Straße 7
99095 Erfurt, Deutschland
produktsicherheit@kolibri360.de

Druck:
CPI Druckdienstleistungen GmbH
im Auftrag der
Kolibri 360 GmbH
Ferdinand-Jühlke-Str. 7
99095 Erfurt